定本
発掘調査のてびき

― 各種遺跡調査編 ―

文化庁文化財部記念物課

は じ め に

　埋蔵文化財は、わが国の各地域に普遍的に存在する、豊かで生き生きとした歴史的な財産である。こうした地域の歴史を証言する埋蔵文化財は、未来に伝えるべき存在であり、現代においてそれを失うことは極力避けなければならない。したがって、開発事業などとの調整を図りつつ、また国民の理解と協力を得ながら、それらを適切に保存・活用することが、文化財保護行政上、重要な課題となる。

　埋蔵文化財の発掘調査は、埋もれた遺構や遺物とその相互関係を明らかにし、地域における歴史的意義を把握するうえで必要不可欠なものである。一方、それがどのような目的であれ、多少なりとも解体や現状の改変をともなうことは避けられない。したがって、発掘調査には、高い精度と各種の情報の的確な把握が強く求められる。

　文化庁では、行政目的でおこなう発掘調査の客観化と標準化を図るため、平成22年3月に『発掘調査のてびき―集落遺跡発掘編―』『発掘調査のてびき―整理・報告書編―』を刊行した。同書は、文化庁によって設置された「埋蔵文化財発掘調査体制等の整備充実に関する調査研究委員会」が平成16年10月に報告した『行政目的で行う埋蔵文化財の調査についての標準』を受けて、平成17年から作成に着手したものであり、全国における周知の埋蔵文化財

包蔵地の約7割を占める集落遺跡をおもな対象としている。

しかしながら、さまざまな種類の遺跡に対応するには、集落以外の遺跡についても標準的な手引書が必要と考え、ひきつづき『発掘調査のてびき―各種遺跡調査編―』の作成を開始した次第である。本書では、墳墓、寺院、官衙、城館、生産遺跡を中心に、貝塚や洞穴遺跡をはじめとするその他の遺跡についても取り上げた。これによって、主要な遺跡については、そのほとんどを網羅できたことになる。

適正な発掘調査の実施と、それを可能にする発掘担当者の知識と技術の向上および充実した体制の整備のために、本書を含めた『発掘調査のてびき』を活用願いたい。

なお、本書の作成は、文化庁が独立行政法人国立文化財機構 奈良文化財研究所に委託して『発掘調査のてびき』作成検討委員会およびその作業部会を開催し、原稿執筆から編集作業までを各委員とともにおこなった。関係者に心から感謝の意を表したい。

平成25年3月

文化庁文化財部記念物課

例　言

1．本書『発掘調査のてびき―各種遺跡調査編―』(以下『各種遺跡編』という。)には、埋蔵文化財の保護を目的として実施する発掘調査のうち、集落遺跡以外の各種の遺跡を対象とする場合の具体的手順と方法を示した。「発掘調査」とは、現地における発掘調査作業(以下「発掘作業」という。)および発掘作業の記録と出土品の整理から発掘調査報告書(以下「報告書」という。)作成までの作業(以下「整理等作業」という。)をへて、報告書の刊行をもって完了する一連の作業を指す。

2．本書は、集落遺跡を中心とする発掘作業を扱った『発掘調査のてびき―集落遺跡発掘編―』(以下『発掘編』という。)と、整理等作業を扱った『同―整理・報告書編―』(以下『整理編』という。)の2冊(ともに平成22(2010)年3月刊行)とあわせて、『発掘調査のてびき』三部作を構成する。本書をもって『発掘調査のてびき』は完結する。

3．本書は、平成22(2010)年度から24(2012)年度にかけて、文化庁文化財部記念物課が、独立行政法人国立文化財機構 奈良文化財研究所(以下「奈文研」という。)に業務を委託し、作成した。

4．本書の作成にあたっては、平成22(2010)年度に設置した「『発掘調査のてびき』作成検討委員会」(以下「作成委員会」という。)の指導と助言を受け、同時に設置した「『発掘調査のてびき』作成検討委員会作業部会」(以下「作業部会」という。)および奈文研委員の協力を得た。作成委員会は3回、作業部会は6回にわたって開催した。

5．作成委員会委員の構成は、次のとおりである。
　　甲元眞之(座長)、上原真人、小野正敏、須田勉、田辺征夫、寺澤薫、松村恵司、御堂島正、和田晴吾

6．作業部会委員の構成は、次のとおりである。
　　赤司善彦、網伸也、飯村均、池淵俊一、伊藤武士、宇垣匡雅、江浦洋、大橋泰夫、岡寺良、岡林孝作、坂井秀弥、重藤輝行、七田忠昭、千田嘉博、高橋克壽、冨田和気夫、菱田哲郎、藤澤良祐、村上恭通、望月精司、若狭徹

7．奈文研委員の構成は、次のとおりである。
　　青木敬、石村智、井上和人、井上直夫、海野聡、小澤毅、小田裕樹、小野健吉、金田明大、小池伸彦、高妻洋成、杉山洋、清野孝之、玉田芳英、中村一郎、箱崎和久、平澤毅、廣瀬覚、松井章、森川実、山﨑健、山中敏史、渡辺晃宏、渡辺丈彦

8．本書で扱う遺物の整理等作業は、『整理編』で扱っていないものをおもな対象とした。

9．本書では、6世紀以前については時代名称による表記とし、7世紀以降はできるだけ世紀を用いた表記とした。ただし、寺院や城館などは、原則的に創建時期を示している。また、遺跡名などの「跡」は省略したものもあり、文化財指定の名称とは必ずしも一致しない場合がある。

10．本書では、外来語のカタカナ表記は、国語審議会の答申にもとづいて平成3（1991）年6月28日に告示された内閣告示第2号の『外来語の表記』に準拠し、英単語の末尾が -er、-or、-arとなるものは、すべて長音符号「ー」をつける表記に統一した。

11．執筆にさいしては多数の文献などを参照したが、本書の性格を勘案して、巻末の参考文献には、入手や閲覧が比較的容易な一般書籍を中心に掲げた。

12．執筆にあたっては、梅本康広、狭川真一、橋本裕行、山下信一郎の協力を得た。また、挿図の作成には、石田由紀子、大久保徹也、大橋由美子、岡田愛、小倉依子、金田あおい、鎌倉綾、鎌田礼子、栗山雅夫、小林圭一、神野恵、橘朋子、田村朋美、土井智奈美、西村真紀子、平林幸男、山崎純男、横田洋三の協力を受けた。

13．本書の執筆は、作業部会委員、奈文研委員および上記の協力者と文化庁がおこなった。

14．本書の編集は、文化庁（禰宜田佳男、水ノ江和同、近江俊秀、林正憲、国武貞克）と奈文研（小澤毅、金田明大、山中敏史）がおこない、濱口典子の協力を得た。

発掘調査のてびき　各種遺跡調査編　　目　次

はじめに
例　言

第Ⅰ章　遺跡の種類と把握 …………………………………………1
第1節　遺跡の種類 ……………………………………………2
第2節　遺跡種類の把握とその意義 …………………………3
第3節　保存目的調査 …………………………………………6

第Ⅱ章　墳墓の調査 ………………………………………………7
第1節　旧石器・縄文時代の墓 ………………………………8
　　1　旧石器・縄文時代の墓概説 …… 8　　4　発掘方法と留意点 …………… 10
　　2　発掘調査の準備と計画 ………… 9　　5　遺物の整理 …………………… 10
　　3　墓の構造と諸要素 ……………… 10　　6　調査成果の検討 ……………… 11

第2節　弥生時代の墓 …………………………………………12
　　1　弥生時代の墓概説 ……………… 12　　4　発掘方法と留意点 …………… 15
　　2　発掘調査の準備と計画 ………… 13　　5　遺物の整理 …………………… 19
　　3　墓の構造と諸要素 ……………… 14　　6　調査成果の検討 ……………… 21
　　コラム　古人骨の取扱いと分析 …… 24

第3節　古墳時代の墓 …………………………………………26
　　1　古墳時代の墓概説 ……………… 26　　5　横穴系の埋葬施設 …………… 38
　　2　発掘調査の準備と計画 ………… 27　　6　発掘方法と留意点 …………… 42
　　3　墳丘・周濠・外表施設 ………… 32　　7　遺物の整理 …………………… 60
　　4　竪穴系の埋葬施設 ……………… 34　　8　調査成果の検討 ……………… 69
　　コラム　木芯粘土室 ……………… 40　　コラム　地下式横穴墓 ………… 59
　　コラム　装飾古墳 ………………… 43

第4節　古代・中世・近世の墓 ………………………………75
　　1　古代・中世・近世の墓概説 …… 75　　4　発掘方法と留意点 …………… 80
　　2　発掘調査の準備と計画 ………… 77　　5　遺物の整理 …………………… 82
　　3　墓の構造と諸要素 ……………… 78　　6　調査成果の検討 ……………… 83
　　コラム　末期古墳 ………………… 84

第Ⅲ章　寺院の調査 …………………………………………………………… 85

第1節　寺院概説 …………………………………………………… 86
  1　古代寺院 ……………… 86 2　中世寺院 ……………… 89

第2節　発掘調査の準備と計画 …………………………………… 91
  1　寺院の特徴 …………… 91 4　測量と地区割り ……… 95
  2　遺跡情報の事前収集 … 92 5　調査計画の策定 ……… 96
  3　試掘・確認調査による把握 …… 94

第3節　寺院の建築構造 …………………………………………… 97
  1　金堂・講堂・本堂 …… 97 4　回廊と僧房 ………… 100
  2　塔 ……………………… 97 5　その他の堂 ………… 101
  3　門 ……………………… 99

  コラム　湯　屋 ……………… 102

第4節　寺院遺構の諸要素 ………………………………………… 103
  1　礎石建物 …………… 103 4　区画施設 …………… 111
  2　掘立柱建物 ………… 108 5　付属施設 …………… 113
  3　建物にともなう遺構 ………… 108

  コラム　地鎮・鎮壇 ………… 115

第5節　発掘方法と留意点 ………………………………………… 116
  1　礎石建物の発掘 …… 116 3　瓦の分布と記録 …… 119
  2　建物構成の確認 …… 118

第6節　遺物の整理 ………………………………………………… 121
  1　瓦　塼 ……………… 121 3　仏像・仏具など …… 129
  2　土　器 ……………… 128 4　その他の遺物 ……… 131

第7節　調査成果の検討 …………………………………………… 132
  1　遺構の検討 ………… 132 3　調査成果の総合的検討 ……… 135
  2　遺物の検討 ………… 133

第Ⅳ章　官衙の調査 …………………………………………………………… 137

第1節　官衙概説 …………………………………………………… 138
  1　都　城 ……………… 138 5　古代山城 …………… 146
  2　国　府 ……………… 139 6　駅家・関 …………… 148
  3　郡　衙 ……………… 142 7　その他の官衙 ……… 150
  4　城　柵 ……………… 144

  コラム　神籠石と山城 ……… 151

第2節　発掘調査の準備と計画 ･･･ 152
　　　　1　官衙の特徴 ･･････････････152　　4　測量と地区割り ･･････････157
　　　　2　遺跡情報の事前収集 ･･････153　　5　調査計画の策定 ･･････････157
　　　　3　試掘・確認調査による把握････156

第3節　官衙遺構の諸要素 ･･･ 159
　　　　1　建　物 ･････････････････159　　3　祓　所 ････････････････････165
　　　　2　区画施設 ･･･････････････161

第4節　発掘方法と留意点 ･･･ 166
　　　　1　建物の発掘 ･････････････166　　3　遺物の取り上げ ･･････････169
　　　　2　区画施設の発掘 ･････････167
　　　　コラム　条坊と方格道路網 ･･･････170

第5節　遺物の整理 ･･･ 171
　　　　1　出土文字資料 ･･･････････171　　5　腰帯具 ･･････････････････178
　　　　2　土　器 ･････････････････176　　6　武器・武具 ･･････････････179
　　　　3　瓦　塼 ･････････････････177　　7　祭祀具 ･･････････････････180
　　　　4　文房具 ･････････････････177　　8　炭化穀類 ･･･････････････181
　　　　コラム　木簡の解読 ･･････････173　　**コラム**　度量衡 ･････････････182

第6節　調査成果の検討 ･･･ 183
　　　　1　遺構の検討 ････････････183　　3　調査成果の総合的検討･･･････187
　　　　2　遺物の検討 ････････････185

第Ⅴ章　城館の調査 ･･ 189

第1節　城館概説 ･･･ 190
　　　　1　城館の成立と展開 ･･･････190　　3　台場・砲台と西洋式城郭 ･･････193
　　　　2　城館の発展 ････････････191
　　　　コラム　東北の古代末〜中世初め
　　　　　　　　の城と柵 ･･････････194

第2節　発掘調査の準備と計画 ･･･ 195
　　　　1　遺跡情報の事前収集 ･････195　　3　試掘・確認調査による把握････201
　　　　2　地表観察の方法と記録 ･･･198　　4　調査計画の策定と安全管理････201
　　　　コラム　山林寺院と山城 ･････････203
　　　◆　縄張り図の作成方法 ･････････204

第3節　城館遺構の諸要素 ･･･ 206
　　　　1　曲　輪 ････････････････206　　3　建　物 ･････････････････212
　　　　2　区画・防御施設 ･････････208
　　　◆　石切丁場 ･･････････216
　　　　コラム　チャシとグスク ･･････････219　　**コラム**　城館と庭園 ･･････････220

第4節　発掘方法と留意点⋯⋯⋯⋯⋯⋯⋯⋯⋯⋯⋯⋯⋯⋯⋯⋯⋯⋯⋯⋯⋯⋯⋯⋯⋯⋯⋯⋯⋯221
　　　1　区画・防御施設の発掘⋯⋯⋯221　　3　石垣の調査⋯⋯⋯⋯⋯⋯⋯224
　　　2　曲輪・建物の発掘⋯⋯⋯⋯⋯222

第5節　遺物の整理⋯⋯⋯⋯⋯⋯⋯⋯⋯⋯⋯⋯⋯⋯⋯⋯⋯⋯⋯⋯⋯⋯⋯⋯⋯⋯⋯⋯⋯⋯⋯⋯⋯228
　　　1　遺物の種類⋯⋯⋯⋯⋯⋯⋯⋯228　　3　武器・武具⋯⋯⋯⋯⋯⋯⋯229
　　　2　土　器⋯⋯⋯⋯⋯⋯⋯⋯⋯⋯228

第6節　調査成果の検討⋯⋯⋯⋯⋯⋯⋯⋯⋯⋯⋯⋯⋯⋯⋯⋯⋯⋯⋯⋯⋯⋯⋯⋯⋯⋯⋯⋯⋯230
　　　1　遺構の検討⋯⋯⋯⋯⋯⋯⋯⋯230　　3　調査成果の総合的検討⋯⋯⋯232
　　　2　遺物の検討⋯⋯⋯⋯⋯⋯⋯⋯231

第Ⅵ章　生産遺跡の調査⋯⋯⋯⋯⋯⋯⋯⋯⋯⋯⋯⋯⋯⋯⋯⋯⋯⋯⋯⋯⋯⋯⋯⋯⋯233

第1節　窯業遺跡⋯⋯⋯⋯⋯⋯⋯⋯⋯⋯⋯⋯⋯⋯⋯⋯⋯⋯⋯⋯⋯⋯⋯⋯⋯⋯⋯⋯⋯⋯⋯⋯⋯234
　　　1　窯業遺跡概説⋯⋯⋯⋯⋯⋯⋯234　　4　発掘方法と留意点⋯⋯⋯⋯⋯247
　　　2　発掘調査の準備と計画⋯⋯⋯237　　5　遺物の整理⋯⋯⋯⋯⋯⋯⋯⋯250
　　　3　窯業遺構の構造と諸要素⋯⋯239　　6　調査成果の検討⋯⋯⋯⋯⋯⋯252
　　　コラム　焼土坑の見分け方⋯⋯⋯240　　コラム　最北端と最南端の
　　　　　　　　　　　　　　　　　　　　　　　　　須恵器窯⋯⋯⋯⋯⋯⋯243

第2節　製鉄・鍛冶遺跡⋯⋯⋯⋯⋯⋯⋯⋯⋯⋯⋯⋯⋯⋯⋯⋯⋯⋯⋯⋯⋯⋯⋯⋯⋯⋯⋯⋯255
　　　1　製鉄・鍛冶遺跡概説⋯⋯⋯⋯255　　4　発掘方法と留意点⋯⋯⋯⋯⋯263
　　　2　発掘調査の準備と計画⋯⋯⋯257　　5　遺物の整理⋯⋯⋯⋯⋯⋯⋯⋯266
　　　3　製鉄遺構の構造と諸要素⋯⋯259　　6　調査成果の検討⋯⋯⋯⋯⋯⋯268
　　　コラム　近世たたらの床釣り⋯⋯270

第3節　鋳造遺跡⋯⋯⋯⋯⋯⋯⋯⋯⋯⋯⋯⋯⋯⋯⋯⋯⋯⋯⋯⋯⋯⋯⋯⋯⋯⋯⋯⋯⋯⋯⋯⋯⋯271
　　　1　鋳造遺跡概説⋯⋯⋯⋯⋯⋯⋯271　　4　発掘方法と留意点⋯⋯⋯⋯⋯275
　　　2　発掘調査の準備と計画⋯⋯⋯271　　5　遺物の整理⋯⋯⋯⋯⋯⋯⋯⋯277
　　　3　鋳造遺構の構造と諸要素⋯⋯272　　6　調査成果の検討⋯⋯⋯⋯⋯⋯277

第4節　製塩遺跡⋯⋯⋯⋯⋯⋯⋯⋯⋯⋯⋯⋯⋯⋯⋯⋯⋯⋯⋯⋯⋯⋯⋯⋯⋯⋯⋯⋯⋯⋯⋯⋯⋯278
　　　1　製塩遺跡概説⋯⋯⋯⋯⋯⋯⋯278　　4　発掘方法と留意点⋯⋯⋯⋯⋯282
　　　2　発掘調査の準備と計画⋯⋯⋯280　　5　遺物の整理⋯⋯⋯⋯⋯⋯⋯⋯283
　　　3　製塩遺構の構造と諸要素⋯⋯281　　6　調査成果の検討⋯⋯⋯⋯⋯⋯283

第5節　玉作り遺跡⋯⋯⋯⋯⋯⋯⋯⋯⋯⋯⋯⋯⋯⋯⋯⋯⋯⋯⋯⋯⋯⋯⋯⋯⋯⋯⋯⋯⋯⋯⋯284
　　　1　玉作り遺跡概説⋯⋯⋯⋯⋯⋯284　　4　発掘方法と留意点⋯⋯⋯⋯⋯285
　　　2　発掘調査の準備と計画⋯⋯⋯284　　5　遺物の整理⋯⋯⋯⋯⋯⋯⋯⋯287
　　　3　玉作り遺構の構造と諸要素⋯285　　6　調査成果の検討⋯⋯⋯⋯⋯⋯288

第6節　農業関係遺跡⋯⋯⋯⋯⋯⋯⋯⋯⋯⋯⋯⋯⋯⋯⋯⋯⋯⋯⋯⋯⋯⋯⋯⋯⋯⋯⋯⋯⋯289
　　　1　農業関係遺跡概説⋯⋯⋯⋯⋯289　　3　発掘方法と留意点⋯⋯⋯⋯⋯290
　　　2　発掘調査の準備と計画⋯⋯⋯290　　4　調査成果の検討⋯⋯⋯⋯⋯⋯291
　　　コラム　溜池と淡水漁労⋯⋯⋯⋯292

第 7 節　その他の生産遺跡……………………………………………………………293
　　　　コラム　方言がそのまま遺跡名に‥295　**コラム**　デジタル写真の保存………296

第Ⅶ章　その他の遺跡の調査………………………………………………297

　第 1 節　貝　　塚………………………………………………………………………298
　　　　1　貝塚概説………………298　　4　遺物の整理………………302
　　　　2　発掘調査の準備と計画………298　　5　調査成果の検討…………302
　　　　3　発掘方法と留意点………300

　　　　コラム　南の貝製品……………303

　第 2 節　洞穴遺跡………………………………………………………………………304
　　　　1　洞穴遺跡概説……………304　　4　遺物の整理………………306
　　　　2　発掘調査の準備と計画………304　　5　調査成果の検討…………306
　　　　3　発掘方法と留意点………305

　　　　コラム　湿地遺跡………………307

　第 3 節　道路・交通関係遺跡…………………………………………………………308
　　　　1　道路・交通関係遺跡概説……308　　4　発掘方法と留意点………311
　　　　2　発掘調査の準備と計画………309　　5　調査成果の検討…………312
　　　　3　道路の構造と諸要素………310

　第 4 節　庭園遺跡………………………………………………………………………313
　　　　1　庭園遺跡概説……………313　　4　遺物の整理………………317
　　　　2　発掘調査の準備と計画………315　　5　調査成果の検討…………317
　　　　3　発掘方法と留意点………315

　第 5 節　祭祀・信仰関係遺跡…………………………………………………………318
　　　　1　神　社……………………318　　3　山岳信仰遺跡……………321
　　　　2　経　塚……………………320　　4　その他の祭祀・信仰遺跡………323

　　　　コラム　近代遺跡と発掘調査………324

第Ⅷ章　遺跡の保存と活用……………………………………………325

　第 1 節　発掘調査に求められること…………………………………………………326
　　　　1　発掘作業と整理等作業………326　　2　報告書に求められること………327

　第 2 節　埋蔵文化財の保存と活用のために…………………………………………328
　　　　1　基本的な考え方…………328　　3　今後に向けて……………329
　　　　2　保存と活用のありかた………328

英文目次	330
図　版	333
参考文献	341
図表出典	346
索　引	363
おわりに	406

発掘調査のてびき　集落遺跡発掘編　　　　　　　　　　目　次

　　はじめに
　　例　言

第Ⅰ章　埋蔵文化財の保護
　　第1節　埋蔵文化財の保護と発掘調査
　　第2節　埋蔵文化財の発掘と『発掘調査のてびき』

第Ⅱ章　集落遺跡概説
　　第1節　序　論　　　　　　　　　　　　第5節　古墳時代
　　第2節　旧石器時代　　　　　　　　　　第6節　古　代
　　第3節　縄文時代　　　　　　　　　　　第7節　中・近世
　　第4節　弥生時代

第Ⅲ章　発掘調査の準備と運営
　　第1節　埋蔵文化財包蔵地　　　　　　　第4節　測量基準点の設置
　　　　　コラム　くぼみとして残った遺構　　　　　コラム　世界測地系への移行
　　第2節　調査計画の策定と準備　　　　　第5節　発掘前の地形測量
　　第3節　発掘作業の運営と安全管理　　　第6節　発掘区とグリッドの設定
　　　　　　　　　　　　　　　　　　　　　第7節　遺跡の探査

第Ⅳ章　土層の認識と表土・包含層の発掘
　　第1節　遺跡における土層の認識　　　　◆　土層をより深く理解するために
　　第2節　表土の掘削と包含層の発掘
　　　　　コラム　層相断面図

第Ⅴ章　遺構の調査
　　第1節　遺構検出の方法　　　　　　　　第5節　その他の建物
　　第2節　遺構の掘り下げと遺物の取り上げ　　　　コラム　オンドル
　　第3節　竪穴建物　　　　　　　　　　　第6節　土　坑
　　　　　コラム　柄鏡形竪穴建物　　　　　　　　　コラム　氷　室
　　　　　コラム　カマドの発掘手順　　　　　　　　コラム　トイレ
　　　　　コラム　焼失竪穴建物の炭化材　　第7節　溝
　　　　　コラム　竪穴建物と埋葬　　　　　第8節　井　戸
　　　　　コラム　周溝をもつ建物　　　　　第9節　生産関連遺構
　　第4節　掘立柱建物
　　　　　コラム　竪穴・掘立柱併用建物

第Ⅵ章　遺構の記録
　　第1節　実　測　　　　　　　　　　　　第3節　写　真
　　第2節　記録と情報

第Ⅶ章　自然科学調査法の活用
　　第1節　自然科学分析と試料採取　　　　第3節　土層・遺構の転写と切り取り
　　第2節　脆弱遺物の取り上げ

　　英文目次
　　図　版
　　参考文献
　　図表出典
　　索　引

発掘調査のてびき　整理・報告書編　　目　次

例　言

第Ⅰ章　整理と報告書作成の基本方針
第1節　発掘調査報告書　　　　　第2節　整理等作業の流れ

第Ⅱ章　記録類と遺構の整理
第1節　発掘記録類の基礎整理　　　第2節　遺構・土層の整理と集約

第Ⅲ章　遺物の整理
第1節　洗浄・選別・注記・登録　　　第6節　金属製品の観察と実測
　　　　コラム　遺物分類の考え方　　第7節　木製品・大型部材の観察と実測
第2節　接　合　　　　　　　　　　第8節　自然科学分析
第3節　実測の理念と方針　　　　　　　　　コラム　非破壊分析
　　　　コラム　考古学と計量　　　第9節　復　元
第4節　土器・土製品の観察と実測　　第10節　写　真
　　◆　デジタル図化　　　　　　　第11節　遺物の保存処理
第5節　石器・石製品の観察と実測

第Ⅳ章　調査成果の検討
第1節　遺構の検討　　　　　　　　第3節　調査成果の総合的検討
　　　　コラム　柱間寸法と尺度
第2節　遺物の検討
　　　　コラム　遺物の数量表示

第Ⅴ章　報告書の作成
第1節　構成と規格　　　　　　　　第5節　入稿と校正
第2節　文章の作成　　　　　　　　　　　　コラム　色校正の基本
第3節　図表の作成　　　　　　　　第6節　印刷と製本
第4節　レイアウトと編集

第Ⅵ章　報告書の記載事項
第1節　報告書の構成　　　　　　　第4節　調査の方法と成果
第2節　調査の経過　　　　　　　　第5節　総　括
第3節　遺跡の位置と環境

第Ⅶ章　資料の保管と活用
第1節　記録類の保管と活用　　　　第2節　出土品の保管と活用

英文目次
図　版
付　編
参考文献
図表出典
索　引
おわりに

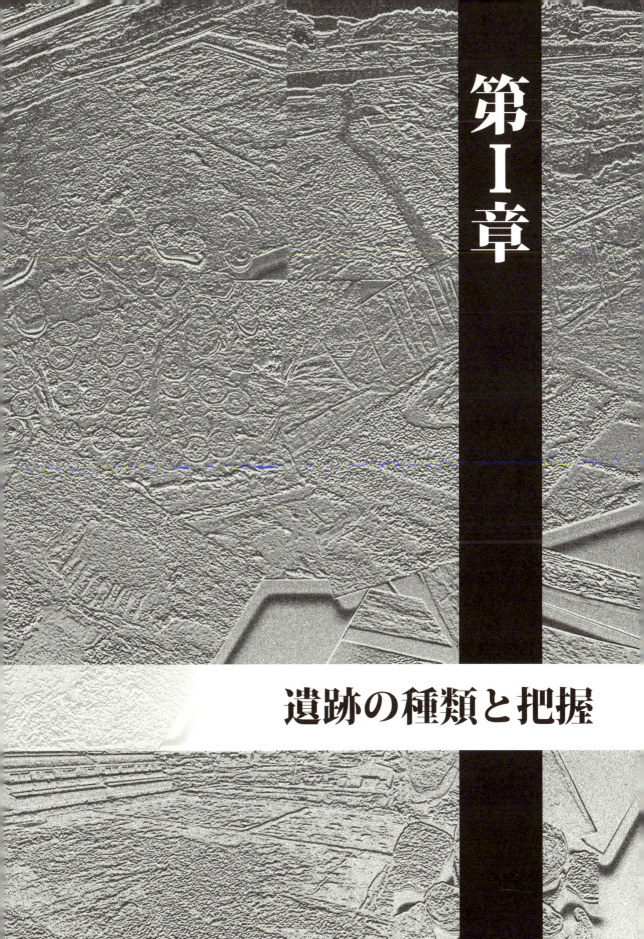

第Ⅰ章

遺跡の種類と把握

第1節
遺跡の種類

遺跡の分類　遺跡とは、過去における人間の活動痕跡であり、それは遺構・遺物・遺物包含層として現在に遺存する。遺跡は、そこでおこなわれた人間の活動内容の違いにもとづき、集落遺跡や生産遺跡、墳墓、官衙などに分けたり、立地の違いによって、湿地遺跡、洞穴遺跡、砂丘遺跡などに区分したりするなど、いくつかの分類方法があるが、学術的・行政的に明確な分類基準が定められているわけではない。

史跡の指定基準とその種類　埋蔵文化財保護行政では、史跡の指定基準にもとづいて遺跡を分類したのが最初である。昭和25(1950)年に施行された文化財保護法にともない、昭和26(1951)年5月に告示された「特別史跡名勝天然記念物及び史跡名勝天然記念物指定基準」では、史跡を次のように分類している(平成7年3月改正)。

　一　貝塚、集落跡、古墳その他この類の遺跡
　二　都城跡、国郡庁跡、城跡、官公庁、戦跡その他政治に関する遺跡
　三　社寺の跡又は旧境内その他祭祀信仰に関する遺跡
　四　学校、研究施設、文化施設その他教育・学術・文化に関する遺跡
　五　医療・福祉施設、生活関連施設その他社会・生活に関する遺跡
　六　交通・通信施設、治山・治水施設、生産施設その他経済・生産活動に関する遺跡
　七　墳墓及び碑
　八　旧宅、園池、その他特に由緒のある地域の類
　九　外国及び外国人に関する遺跡

このうち、埋蔵文化財であり、考古学的な発掘調査によってその価値づけがおこなわれるものとしては、貝塚、集落跡、古墳、都城跡、国郡庁跡、城跡、社寺の跡、旧境内、祭祀信仰、交通、生産施設、園池などがある。

埋蔵文化財包蔵地の分類　文化財保護委員会(現文化庁)では、昭和35(1960)年度から3ヵ年をかけて、埋蔵文化財包蔵地の全国的な分布調査を実施した。そこでは、埋蔵文化財包蔵地が、集落・貝塚・洞穴・散布地などの生活痕跡、古墳・横穴などの墳墓、都城・地方官衙・古代城柵などの官衙、中近世の城館、寺院、窯業・製鉄・製塩などの生産関係、その他の7種類に大別され、138,756遺跡が埋蔵文化財包蔵地として登録された。

その後も、この分類にしたがい、埋蔵文化財包蔵地の実態調査が何度かおこなわれた。現在は、集落跡(散布地を含む)、貝塚、都城・官衙跡、城館跡、寺社跡、生産遺跡、古墳・横穴その他の墳墓、その他、の9種類に分類して集計し、平成24年度には、465,021ヵ所が埋蔵文化財包蔵地として登録されている(文化庁ホームページ)。

本書で扱う遺跡の種類　平成22(2010)年3月に刊行した『発掘調査のてびき―集落遺跡発掘編―』では、埋蔵文化財包蔵地のうち約7割を占める集落遺跡を対象に、具体的な発掘調査の方法について記述した。

今回の『発掘調査のてびき―各種遺跡調査編―』では、埋蔵文化財包蔵地の分布調査における分類基準を参考にしつつ、これまでの考古学的な調査研究の成果をふまえ、集落以外の遺跡として、墳墓、寺院、官衙、城館、生産遺跡(窯業、製鉄・鍛冶、鋳造、製塩、玉作り、農業関連など)の5種類の遺跡をおもな対象とし、その他の遺跡として、貝塚、洞穴、道路・交通関係、庭園、祭祀・信仰関係の遺跡を取り上げることとした。

なお、『発掘調査のてびき―集落遺跡発掘編―』で扱った集落遺跡と、今回扱う各種の遺跡を合わせると、遺跡種類の9割以上が含まれることから、この2回の『発掘調査のてびき』の刊行により、発掘調査の対象となる遺跡の大部分は網羅できたと考えられる。

第2節
遺跡種類の把握とその意義

墳墓 人を埋葬した墓は、墳丘のあるものとないものがある。墓は、居住域内やその隣接地、あるいは居住域から離れた場所に設けられるものがあり、いずれも単独で存在・散在する場合と、密集した墓域を形成する場合とがある。

墳丘をもたない墓では、地域や時代を越えて、土坑墓（土壙墓）が大半を占め、木棺墓や石棺墓がこれに次ぐ。また、弥生時代には、九州北部の甕棺墓や関東北部の再葬墓など、地域特有の墓が造られ、古代には火葬墓が出現する。

墳丘をもつ墓には、北海道南部の縄文時代に見られる周堤墓のほか、弥生時代の方形周溝墓や墳丘墓、古墳などがある。

墓は、それ自体の構造や副葬品などが、当時の習俗や習慣、人間の他界観や社会の階層などを反映することが多い。このため、考古学的な研究が積極的におこなわれ、当時の生活様式や社会構造の復元などの成果が収められてきた。さらに、地域や時代によっても種類や構造が異なることから、地域性や時期的な変遷も明らかにされている。

寺院 寺院は、仏教の拠点となる宗教施設であり、わが国では、仏教が伝来した6世紀中頃以降に設けられた。初期には居宅を寺とした寺院もあったが、ほどなく金堂や塔、講堂などの主要堂塔を整えた本格的寺院の建設が始まり、仏道修行の場としての山林寺院や、池に臨む堂を備えた浄土教寺院も営まれた。

従来は、これらを含め、おもに古代寺院が注目されてきたが、近年は、広大な境内地に多数の子院が配置された中世寺院についても発掘調査をおこなうようになり、大きな成果を上げつつある。

また、古代寺院では、四天王寺式や法隆寺式などの定型的な伽藍配置をとるもの以外に、単独の堂からなるものや、変則的な配置・構成をとるものも存在し、多様なありかたを示すことが、地方寺院の調査などから明らかになってきた。

なお、寺院では、狭義の宗教活動の場である主要堂塔ばかりでなく、そうした活動を維持するための経営施設の存在も注目されはじめ、その実態の把握が重要課題の一つとなっている。

寺院には、宗教活動や仏教思想の違い、時代と地域の様相が反映されており、周辺の関連遺跡や立地にも着目することで、寺院の果たした役割や造営主体を明らかにし、その社会的背景を解明することが求められる。

このほか、瓦生産に代表されるような寺院関連の手工業生産の実態や、それと寺院との関係を探ることも重要である。

図1　墳墓（久保泉丸山遺跡）

図2　寺院（夏見廃寺）

官衙　本書では、おもに日本の古代律令国家成立以降の官衙を対象とする。

律令国家は、都城の中核となる宮に官衙を集中的に設けて、国家行政の拠点とした。また、地方は、国、郡（評）、里（郷）という行政単位に区分し、国府（国衙）や郡衙（郡家）を拠点として、地方行政を遂行した。九州には、外交や西海道諸国を統括する大宰府、東北には蝦夷支配にあたった多賀城などの城柵も置かれた。

地方官衙には、このほか、西日本の対外的な防衛拠点である古代山城、都と地方を結ぶ駅路に置かれた駅家や関をはじめとする交通施設、国府や郡衙に関係する官営工房や正倉別院、郷倉など、多様な性格のものが存在していた。

また、一つの官衙が複合的な機能を果たしているものや、複数の官衙で構成されるもの、周辺施設を含めた官衙遺跡群を構成するものもある。さらに、政治的状況などによって移転した例や、官衙の補完的役割を果たした施設もあるなど、さまざまである。

官衙は、人々の統治のほか、行政執行にかかわる行事や業務を担うことを目的として、国家が設けた施設などの遺構と、そこでの活動にともなう物品などの遺物、諸施設が置かれた地理的・歴史的環境といった情報を含んでいる。これらを的確に把握することは、古代国家の実態を明らかにするうえで重要な意味をもつ。

官衙には、その機能のほか、支配機構の推移や、官衙による物資調達や税物徴収のありかたなどが反映されており、それに加えて古墳や寺院など周辺遺跡との関係も勘案することで、律令国家による地域支配の成立や変遷過程を解明する重要な手がかりとなる。

城館　本書でいう城館とは、中世から近世にかけての、防御機能を備えた領主居館と、山上などに築かれた防御施設をともなう山城や城郭を指す。その形状はさまざまであり、時代や地域だけではなく、造営者や造営目的によっても大きな違いを見せる。また、防御施設としての面よりも、地域における政治的拠点としての意味合いが強いものもある。

城館は、通常、その立地により、おもに平地に立地する平地居館と、山上に立地する山城もしくは城郭に大別されるが、山城の麓に平地居館が立地するなど、両者が一体となって機能していることも少なくない。

城館の主要な防御施設としては、堀、土塁、柵があり、切岸や石垣などがこれに加わる。これらの施設と、人工的な平場である曲輪を効果的に配することで、防御機能を果たしている。

従来、中世の地域史は、おもに文献史料にもとづいて語られることが多かったが、それぞれの地域で拠点となった城館を発掘調査することにより、当時の土木技術や戦闘形態だけではなく、物

図3　官衙（多賀城）

図4　城館（竹田城）

流や祭祀・儀礼も含めた社会構造をより重層的に把握することが可能となる。

生産遺跡　生産とは、人間が自然に働きかけることで、必要な物品を作り出したり獲得したりするための行為であり、そうしたさまざまな生産活動の痕跡（表1）を、生産遺跡と総称している。

生産遺跡の存在は、生産のための施設や生産関連遺構のほか、生産に用いる各種の道具、原材料や燃料の採取場所、製作過程を示す未成品、生産過程で生じる破損品や不良品、屑などの生産関連遺物から推定できる。

生産関連遺構は、集落内などに単独で存在する場合もあるが、たとえば窯跡のように、数基あるいは十数基、数十基がまとまって存在する場合もある。一定の範囲に、同種もしくは複合的な生産関連遺構が存在するときに、それを集落遺跡などとは区別して、生産遺跡とよぶことが多い。

生産遺跡の種類は多様であるが、集落内や集落にともなう土器焼成坑、鉄鍛冶遺構、工房関係施設、畑や水田、水場、貯木遺構などの遺構については発掘編（212頁）で触れた。本書では、それ以外の、集落とは直接関係しない窯業、製鉄・鍛冶、鋳造、製塩、玉作り、条里型水田を生産遺跡としておもに取り上げる。

生産遺跡の実態を把握することは、たんなる技術史的な問題にとどまらず、生産にあたった工人などのありかたや支配者層とのかかわりのほか、生産地と消費地との関係から想定される流通体制といった、当時の生産機構や社会体制の解明にもつながる。

表1　おもな生産活動とその痕跡

	種　類	おもな遺構	特徴的な遺物など
栽培・飼育	水稲栽培	水田（畦畔）、用水路、堰	農具、イネ遺存体、水田雑草遺存体
	畑　作	畑（畝、畝間溝、畦畔など）	農具、作物遺存体
	牧畜（飼育）	牧（柵、土塁、足跡など）	獣骨（ウシ、ウマ、ブタなど）
加工（製品の材質別）	石製品	採石場、工房	原料、未成品、石屑、工具（砥石・穿孔具）
	骨角製品		未成品
	木製品	水場、伐採地（杣）	未成品、伐採屑
	土製品、陶磁器	焼成坑、窯、灰原（物原）、工房（ロクロピットなど）	窯道具、不良品、破損品、成形具
	繊維製品		紡錘車、編み具、織り具（織機）
	漆製品		漆容器（土器） 刻みの入ったウルシノキ
	青銅製品	炉、工房	原料、炉片、坩堝、取瓶、鞴羽口、鋳型、青銅滓、工具、砥石
	ガラス製品	炉、工房	原料、炉片、坩堝、取瓶、鞴羽口、鋳型、ガラス滓、工具、砥石
	鉄素材（製鉄）	炉、工房	原料、炉片、坩堝、取瓶、鞴羽口、鋳型、鉱滓（椀形滓）
	鉄製品（鍛冶）	鍛冶炉、工房	鍛冶具（槌、鉄床、砥石）、鞴羽口、鉄滓（鍛冶滓）、鍛造剥片、粒状滓
	塩	製塩炉、塩田、製塩土器層	製塩土器

第3節
保存目的調査

保存目的調査と記録保存調査　行政目的でおこなう保存目的調査と記録保存調査（発掘編4頁）は、いずれも考古学にもとづく発掘調査であることに変わりはなく、手法的にも差はないが、理念と目的は大きく異なる。

　保存目的調査は、遺跡の現状保存を図ることをめざし、あるいはそれを前提として、遺跡の内容や性格、歴史的意義を明らかにするために、必要な情報を抽出する発掘調査である。とくに近年では、まちづくりや地域おこしの重要な施策として位置づけられることも多く、その件数は着実に増えつつある。

　これに対して、記録保存調査は、開発事業との調整の結果、現状保存が図れないと判断された場合の措置として、遺跡のもつすべての情報を適切に得るために完掘することを前提とした発掘調査であり、現在は、行政目的でおこなう発掘調査の9割以上を占める。

基本的事項　保存目的調査の対象となる遺跡は、地域にとって歴史上・学術上の価値が高く、将来的にも貴重な財産になることが見込まれるものである。したがって、遺跡の歴史的な位置づけと価値を明確にし、保存・活用していくうえで必要かつ基礎的な情報を得ることがおもな目的となる。

　ただし、保存目的調査であっても、遺跡を解体することは避けられない。したがって、調査対象範囲を適切に設定し、精度の高い発掘調査をおこなって、最大限の情報を抽出することが重要である。また、遺跡の性格などについて将来の再検討も可能なように、遺構の掘り下げなども最小限にとどめ、できるだけ現状のままで残しておくことが求められる。

　保存目的調査は、ほとんどが公費によって実施されることから、現地の公開はもちろん、費用対効果をふまえた国民への説明責任を果たせる内容でなければならない。また、調査指導委員会などを設置して、発掘調査の方法や成果に対する客観的意見を仰ぐ必要もある。

　このほか、行政判断として遺跡の取扱いを決めるための発掘調査と、保存が決定した以降におこなう整備・活用のための発掘調査では、同じ保存目的調査であっても、その具体的な目的や内容が異なることを理解しておく。

　発掘担当者は、上記の保存目的調査と記録保存調査との理念・目的・手法の違いを十分に認識することが不可欠である。そして、個人的な興味や関心を満たすためだけの発掘調査は厳に慎まなければならない。

具体的な発掘調査方法　保存目的調査では、まず発掘調査の目的を明確にし、その時点での最良の体制を整えて、期間と経費に関する適切な計画の立案と準備、最先端の研究にもとづく手法の導入を遺漏なくおこなう。発掘作業では、目的に応じて最適な発掘区を設定し、必要最小限の掘り下げをおこなうが、情報の抽出状況に注意しつつ、どこまで掘り下げるかを慎重に判断する。

　保存目的調査の場合、比較可能な発掘調査例の増加、発掘技術や自然科学分析などの手法の質的向上と精密化、考古学的研究の進展といった将来的な展望も考慮することが重要である。このため、土層観察用畦（あぜ）を適切かつ積極的に残し、再検証が可能な状態を保持するよう努める。また、遺物の取り上げについても、一定の基準や方向性にもとづいた選択が望まれる。

報告書　保存目的調査の報告書については整理編（181頁）で詳述したが、少なくとも総括の部分では、その保存目的調査だけを対象にするのではなく、記録保存調査など過去の調査成果があれば、それらも含めて、地域史の再構築という観点に立った総合的な内容にすることが求められる。遺跡の整備・活用などにさいしては、こうした報告書がその基礎資料となる。

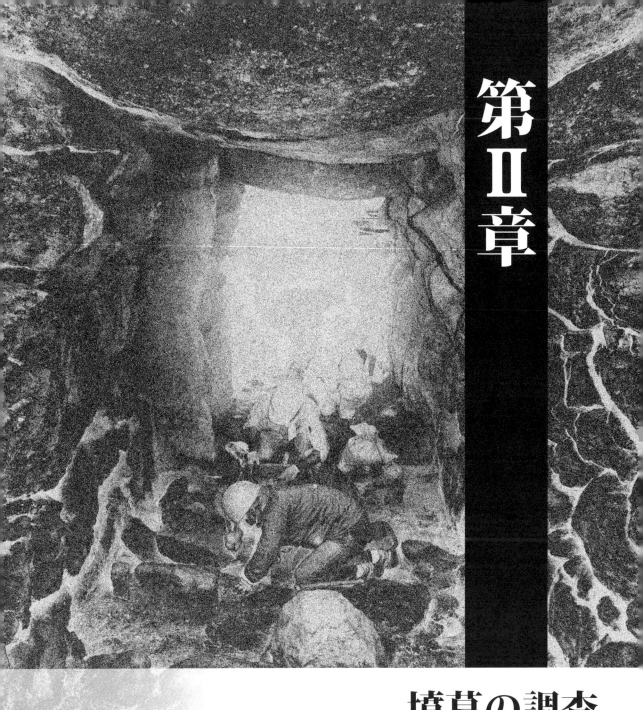

第Ⅱ章

墳墓の調査

第1節
旧石器・縄文時代の墓

1 旧石器・縄文時代の墓概説

A 墓の種類

旧石器時代の墓 わが国では、旧石器時代の墓として確実なものは現在のところ知られていないが、発掘編(11頁)で示したように、湯の里4遺跡(北海道)でその可能性が想定されている。

縄文時代の墓 縄文時代でもっとも一般的な墓は土坑墓であり、日本列島全域で全期間にわたり、普遍的に存在する。次に多いのが埋設土器で、西日本では後期後半から出現する。

石棺墓や、墓坑内に石を並べた配石墓は、後期の関東や中部に分布し、木棺墓は、晩期の西日本で数例確認されている。

再葬墓も、早期以降、日本列島全体で認められる。中妻貝塚(茨城県・後期)のように、複数遺体の特定部位の骨を集める集骨墓(図5)や、骨を方形に組む盤状集骨墓、骨を土器に納める再葬墓、岩立遺跡(沖縄県・後期)のように、岩陰で風葬や集骨をおこなう崖葬墓(図6)など、その葬法は多様である。

これらの墓のうち、九州の埋設土器は甕棺墓として、一方、東日本の再葬墓はほぼそのままの形態で、いずれも弥生時代へと受け継がれていく。

その他の墓 このほか、関東の中期の遺跡で、廃棄された竪穴建物のくぼみを墓に転用した廃屋墓が知られている(発掘編156頁)。また、洞穴を墓に利用した例もある。

貝塚や洞穴では、人骨が遺存する場合には墓と判断できるが、そうでない場合は、密集することが少なく、副葬品もほとんどないため、墓と認識するのが難しい。

なお、東日本の竪穴建物には、出入口とみられる床面に深鉢形土器を埋設することがあり、埋甕

図5 集骨墓(中妻貝塚)

図6 崖葬墓(岩立貝塚)

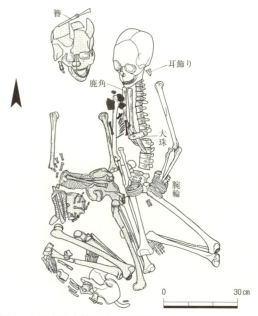

図7 人骨の出土状況(山鹿貝塚)

とよばれる。かつては、埋設土器全般を埋甕と称していたが、近年は限定的に使用されることが多い。埋甕は、通常、乳幼児や胎盤を埋葬したと想定されているが、それを確認できた例はない（発掘編142頁）。

B 墓域

墓域と集落　縄文時代の墓は、密集して墓域を形成することもある。ただし、墓域が居住域から離れる例はまれで、環状集落の中央部や居住域に近接する貝塚など、墓域が集落の構成要素の一つとなるのが一般的である。

三内丸山遺跡（青森県）（発掘編17頁）など東北の前～中期の遺跡では、集落に近接して複数の墓域が形成され、土坑墓が列状に並ぶ。また、幼児用の埋設土器や成人用の配石墓が密集する地点も認められる。

東北や中部、関東では、前～後期に掘立柱建物群と竪穴建物群、貯蔵穴群を同心円状に配した環状集落が発達し（発掘編17頁）、中央広場に多数の土坑墓が群をなして存在する。集落の直径が100m以上に及ぶ例もあり、中央の土坑墓群は、西海渕遺跡（山形県・中期）のように、放射状に配されることもある（図8）。

周堤墓　北海道の中部や南部に分布する後～晩期の周堤墓では、大規模な環状の盛り土の内側に土坑墓群が配置される。キウス周堤墓群4号墓（後期）では、外径75m、内径45m、高さ5mの堤を構築している。また、この周囲にも同様の規模の周堤墓が密集し、広大な墓域を形成する。

環状列石　東日本には、土坑墓が中央広場を囲んで環状に集中する環状墓も存在する。これらの中には墓標とみられる石を置いた例もあり、それが連結して環状列石になったとする説もあるが、石の下に土坑墓がない例も一定数認められる。

こうした環状列石は、中期後半～後期を中心に東日本で展開し、北海道南部から東北北部にかけては、後期初めに直径40m程度にまで大型化する。大湯環状列石（秋田県・後期前半）では、立石を中央にもつ放射状の配石が、直径約50mの二重の環状列石を形成している。

2 発掘調査の準備と計画

発掘調査に先立つ準備と計画については、次節（13頁）を参照されたい。

墓の発掘にさいしては、人骨が遺存する場合や副葬品の存在を想定して準備する。また、微細遺物の回収のため、埋土をすべてフルイにかけたり、水洗選別をおこなったりすることが必要となる場合もあり、そうした作業に要する期間や経費も想定しておきたい。

3 墓の構造と諸要素

縄文時代の墓のうち、土坑墓については発掘編（196頁）で触れた。埋設土器や石棺墓、木棺墓については、次節（14頁）で述べる。

図8　放射状に配された土坑墓群（西海渕遺跡）

4 発掘方法と留意点

　縄文時代の墓の発掘は、基本的に発掘編(123頁)に準じておこなう。とくに、土坑墓については、同書(196頁)を参照されたい。

人骨調査の留意点　貝塚や洞穴に遺体が埋葬された場合は、貝や石灰岩から溶出するカルシウムにより、人骨が良好に遺存することがしばしばある。また、砂丘に設けられた墓でも、人骨の遺存状態がよいものがある。

　そうした場合には、埋葬姿勢や合葬の有無、再葬にともなう骨部位の欠落などにも十分に留意する。土坑墓には1体を埋葬するのがもっとも一般的であるが、数体の合葬も普遍的に存在し、まれに数十体以上の多遺体埋葬や再葬も見られる。このため、埋葬順序や骨部位の出土状況にも注意して観察する。

副葬品の検出　土坑などが墓と推定されるときには、副葬品の出土も予測して掘り下げる。そして、必要に応じて、埋土をフルイにかけるか水洗選別をおこなうなどして、微細遺物も見落とさないようにする。

装身具出土状況の確認　装身具の出土状況を詳細に検討することにより、装着部位や使用方法が判明することがある。

　カリンバ3遺跡(北海道・後〜晩期)の土坑墓から出土した赤漆塗りの櫛(図9-7)や腕輪、玉類(同1〜3・5)、頭飾り、耳飾りなどの装身具類は、その出土位置から、身体の各部位に装着されていたと考えられている。また、国府遺跡(大阪府・前期)では、玦状耳飾りが頭蓋骨の両側の耳元から1点ずつ出土し、耳飾りとしての使用が確認された。

　このほか、山鹿貝塚(福岡県・後期)の成人女性2体と幼児1体の合葬例では、翡翠製大珠や骨角製簪、サメ歯製耳飾り、多数の腕輪などが装着さ

れ(図7)、特殊な扱いを受けた立場の人間と推定されている。

遺物出土位置の確認　縄文時代の墓では、厚葬の風習がまれであり、人骨を除くと、墓から出土する遺物は、棺に用いた土器と副葬品にかぎられる。そのため、年代認定の難しいものが多い。墓から土器片などが出土する場合もあるが、そのさいは、のちに混入した可能性も視野に入れ、出土位置や層位を慎重に検討したうえで、年代を推定する必要がある。

5 遺物の整理

遺物の種類　先述のように、墓から出土する遺物は、棺に用いた土器と副葬品にかぎられる。以下、本書では、被葬者が着装する装身具なども副葬品に含めて記述することとする(図9)。

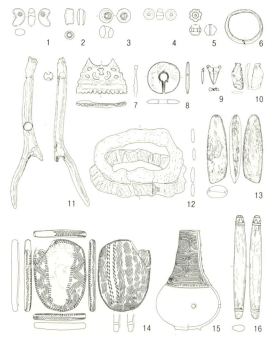

1〜3：滑石製玉類　4：翡翠製玉　5：土製玉　6：貝輪
7：漆塗り櫛　8：玦状耳飾り　9：骨製簪　10：石匙
11：鹿角製垂飾　12：漆塗り腕輪　13：石斧
14：足形付土板　15：土器　16：石棒　(縮尺・表現法不同)

図9　縄文時代の墓の副葬品

副葬品は、地域によって多様だが、石鏃・石斧・石棒・石剣・玉類などの石器・石製品や、簪・首飾り・腕飾り・腰飾りなど石製・骨製・貝製・木製の装身具のほか、土偶や特定の土器が副葬されることもある。

　なかでも、乳幼児の手や足を押しつけた土板は、早期と後～晩期の東北北部から北海道にかけて分布し、早世した子どもへの追憶や通過儀礼にともなって作られたと考えられている。

遺物の観察　土器は、大きさや器種、出土状況により、棺か供献したものかを区別する。いずれの場合も、底部や胴部の穿孔（図9-15）、口縁部の欠損が見られることがあるので、風化の度合いや割れ面の状態を観察し、それらが人為的な行為によるものか検討する必要がある。

　棺に用いる土器のほとんどは、一般的な深鉢や浅鉢である。煮炊具（にたきぐ）として使用されていた土器を転用することも多いため、煤（しゃすい）の付着の有無など、使用痕跡に注意する。

　また、葬送儀礼にさいして火を使用した可能性も想定されるので、石棒や石刀などの石製品は被熱痕跡の有無を確認したい。翡翠や琥珀（こはく）製品などでは、原材料の産地同定をおこなう。

6 調査成果の検討

墓の認定　縄文時代の墓の大半は土坑墓であるが、人骨が遺存する例や副葬品をともなう例は1割にも満たない。したがって、まずはその土坑が墓か否かを判別することが、墓制や集落構造を考えるうえでもっとも基本的な作業となる。

　もちろん、それには発掘作業での検討が欠かせないが、その後の整理等作業の段階でも、出土遺物などの詳細な観察や、ほかの土坑墓との位置関係、さらには集落全体の中でのありかたなどを検討することで、墓と認定できる場合がある。逆に、発掘作業の段階で墓と判断したものでも、整理等作業の結果、墓とは認めがたいという結論にいたることもある。

　このように、墓の認定にあたっては、発掘作業と整理等作業で得られた情報を総合的に検討する必要がある。

親族関係と階層の検討　親族関係や婚姻関係の復元には、人骨の遺存が条件となる。従来は、抜歯状況や形質人類学的な分析から、それらを検討してきたが、近年では、古DNA分析（整理編78頁）もおこなわれるようになってきた。

　副葬品の有無や多寡、質の差は、立場の違いや階層制のあらわれと考えられている。副葬品は、材質によって遺存状況が異なるため、検出したものだけを対象とするのではなく、ほかの遺跡の出土例などを参考にすることも必要である。

　なお、先述の成人女性2体と幼児1体を合葬した山鹿貝塚の事例については、人骨の抜き取りや移動が認められることから、階層制というより、シャーマンなど特殊能力を備えた者の埋葬とする見解もある。人骨や副葬品による検討のさいには、総合的な判断が求められることに注意したい。

集落構成要素としての墓　墓は、複数が密集して墓域を形成する例も多いが、それらは基本的に集落の構成要素の一つであり、居住域のほか、捨て場としての貝塚、道具の製作場、食物の貯蔵施設などとの位置関係の把握が重要となる。

　上野原（うえのはら）遺跡（鹿児島県・早期）では、特殊な壺形土器が立った状態で密集して出土した。出土地点を検討した結果、これらは環状集落の中央広場に位置することが判明し、再葬用の土器である可能性が指摘されている。東日本の環状集落に酷似した環状集落が、早期の九州南部に存在することが明らかになった例として注目される。

　このように、縄文時代でも墓から得られる情報は多い。当時の生活や社会を復元するうえで、墓は不可欠な存在であることを理解し、十分に検討する必要がある。

第2節
弥生時代の墓

1 弥生時代の墓概説

A 墓の種類

早～中期の墓 弥生時代早期の九州北部には土器棺墓が存在する。また、早～前期の九州西北部を中心に、支石墓が分布する。これは、中国大陸東北部から朝鮮半島にかけての支石墓が、初期農耕文化とともに取り入れられたものである。

前～中期の西日本では、土坑あるいは木棺や石棺、土器棺に遺体を埋葬するが、九州北部では、前期末に成人用の大型甕棺墓が出現し、中期にはそれが圧倒的多数を占めるようになる。近畿では、木棺などの埋葬施設の周囲を溝で画する方形周溝墓が前期後半に出現し、中期に盛行する。なかには、周溝内にも埋葬する例がある。

東海以東では、中期中頃まで再葬墓が見られる。再葬墓では、一般に、土葬→骨化・解体・破砕→選骨→土器への収容→土器の集積と埋納、という流れが推定されている。その後、中期後半には再葬墓が低調となり、関東では方形周溝墓、東北では土坑墓が設けられるようになる。

後期の墓 後期前半の様相には不明な部分が多いが、中期と大きくは変わらないとみられる。一方、後期後半になると、おもに盛り土で築造された墳丘墓が出現する。その形態には地域差があり、山陰では四隅突出型、近畿から関東南部では、前方後円形や前方後方形などが認められる。

また、この時期には、密集した土坑群が見つかることもあり、墓の可能性が指摘されている。

B 墓域と墓群

方形周溝墓 集落における居住域や墓域、生産域のありかたをみると、平野部では地形的に高い場所を居住域とし、水を得やすい低い場所に水田、斜面に畑を設けることが多い。そして、墓は、居住域周辺の微高地を選んで集中的に設けられ、墓域を形成する傾向がある。

大塚遺跡と歳勝土遺跡（ともに神奈川県・中期）のように、居住域と墓域の全貌がほぼ明らかになった例はまれであるが、各地の発掘例でも、墓域と居住域とは明確に区別されている。

また、墓群としてみると、東武庫遺跡（兵庫県）では、前期の段階から方形周溝墓の規模に大小があり、単数埋葬と複数埋葬のものが混在することが明らかになっている（図10）。

甕棺墓 九州の甕棺墓は、墓域や墓群を形成するのが一般的である。列状または塊状に分布したり、すでに存在する埋葬施設をよけるように、それらの周辺に埋葬施設があらたに群集したりする場合もある。

甕棺墓群のなかに木棺墓などを設ける例もしばしばあり、成人用甕棺墓の上部や周辺に、日常用

図10　方形周溝墓群（東武庫遺跡）

の土器を転用した小児棺が構築されていることも多い。また、墳丘をともなう甕棺墓もある。

再葬墓　東日本の再葬墓は、いくつかの墓坑が接するように群をなすものが多い。根古屋遺跡(福島県・前〜中期)など、弧状あるいは環状に集合して墓域を形成することもある(図11)。

こうした墓域から、素掘りの土坑が検出される場合もある。墓群と重なって包含層が存在する例や、焼けた人骨片が土器や土坑の内外から出土する例もあり、墓域の空間構成のありかたや、そこでのさまざまな行為が推定されている。

再葬墓と集落の関係が判明したものはほとんどないが、中野谷遺跡群(群馬県・前〜中期)では、同時期の小集落が複数確認されており、再葬墓群は、こうした小集落の人々が共同で営んだ墓群と推定されている。

2 発掘調査の準備と計画

遺跡情報の事前収集　弥生時代の墓で、明瞭な墳丘をともなうものはかぎられる。そのため、一般に地表でそれらを確認するのは困難であり、発掘調査で初めて発見されることが多い。したがって、隣接する発掘区の状況が明らかになっている場合などを除き、墓の存在を想定して発掘調査に着手することは難しい。

しかし、甕棺墓群のように、分布調査によって存在を推定できるものもあり、丘陵上に墓域を設けることが多い地域では、墓の存在を想定して発掘作業に着手することもある。また、完形に復元できる土器が過去に採集されている遺跡では、再葬墓が存在した可能性も考慮して、発掘調査に臨む必要がある。

いずれにしても、それぞれの地域で明らかになっている墓のありかたや、遺跡の立地を念頭におき、分布調査や地元での聞き取り、過去の記録の検討などを十分におこなって、情報の収集に努めることが重要である。

試掘・確認調査　試掘・確認調査では、表土や包含層の掘り下げのさいに、低い土饅頭状の盛り土のほか、石や木などの墓標、祭祀土坑の有無にも注意を払う。また、装身具など、墓に特有の遺物からその存在が明らかになることもあるので、遺物は小片であっても十分に観察する。

方形周溝墓の場合、周溝を部分的に検出しても、それと認識できないおそれがある。規模や埋土が共通する溝が平行して検出されたり、単独の溝であっても、打ち欠きや穿孔のある完形に近い土器が出土したりする場合には、方形周溝墓の可能性も考慮し、盛り土の有無など、溝の両側の土層の状況も観察しながら、慎重に発掘作業を進める必要がある。

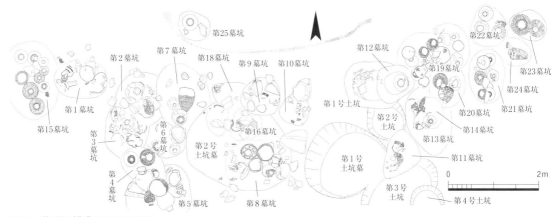

図11　墓群の構成(根古屋遺跡)

一方、大型の甕の破片や、丹塗磨研土器など墓に特有の土器が出土した場合には、甕棺墓が検出される可能性がある。

調査計画の策定　墓の存在が明らかになれば、ほかの墓や墓群の範囲の把握に努める。丘陵では、墓群が斜面の下方に広がっていることもあるので、墓群の範囲を早めに把握し、排土置き場から除外した調査計画を立てる必要がある。

墓域には、埋葬施設が集中するとともに、遺物を多量に含む包含層がしばしば重複する。墓の遺構と包含層との関係は、葬制や葬送儀礼を考えるうえで重要な情報となるので、両者を整合的に把握できる調査計画の策定が求められる。

3　墓の構造と諸要素

A　墳丘と外表施設

墳　丘　方形周溝墓や台状墓などを除くと、顕著な墳丘をともなう例は少ないが、前述のように、甕棺墓などの群集状態に規則性が見られるものでは、低い墳丘が目印となって造墓位置が規制された可能性がある。

方形周溝墓は、洪水による土層で埋没した例などから、1m以上の盛り土による墳丘をもつものも確認されている。方形周溝墓の墳丘の盛り土は、追葬時に、埋葬施設だけでなく、墳丘全体を覆うように付加されることもあった。

墳丘上から土器が出土する例も多く、これらに人為的な穿孔や打ち欠きがみられる場合は、供献土器とみなすことができる。

外表施設　一般に、特別な外表施設はともなわないが、甕棺墓など、群集状態に規則性が見られるものでは、何らかの墓石や墓標が存在した可能性もある。

また、埋葬施設の上部で列石などが検出されることもあり、それらが墓石や墓標のような役割を果たしていたと考えられる例もある。上部に大石を置く支石墓は、墓標をともなう代表例といえる。なお、台状墓や墳丘墓では、貼石や列石などの外表施設をもつこともある。

B　埋葬施設

遺体を納める施設には、木棺、箱式石棺、土器棺、甕棺、土坑があり、特殊なものとして、木槨や石槨もある。土坑墓については、発掘編(196頁)を参照されたい。

木棺墓　墓坑内に木棺を据えた墓を、木棺墓とよぶ。一部の地域を除き、弥生時代のおもな埋葬施設の一つである。墓坑の平面は方形を呈することが多く、まれに二段の墓坑をもつものもある。

木棺は、組合式の箱形木棺が主流を占める(図12)。墓坑の底面に、小口を据え付けるための掘方があるものと、ないものとがある。このほか、刳抜式のものも見られる。

棺内に副葬品が置かれることはきわめてまれだが、遺体に着装したとみられる玉類や腕飾りなどが出土する例もある。また、地域によっては土器や石などを枕としていることもあり、これらは副葬品と区別する必要がある。

人骨の取扱いについては別に触れたが(24頁)、一つの棺に複数の遺体を埋葬していることもあるので、注意を要する。埋葬姿勢には、伸展葬と屈葬の両者が認められる。

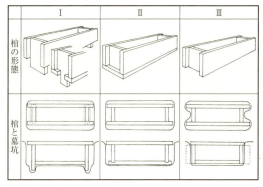

図12　組合式箱形木棺

箱式石棺墓　箱式石棺は、墓坑内に板状の石材を組み合わせ、蓋石を架けた棺である。弥生時代から古墳時代の西日本に多く、基本的に伸展葬である。床石の代わりに小石を敷く例も見られる。石材の数や組み合わせ方、加工の程度はさまざまであり、棺材には、その地域で産出する板状の石材を用いることが多い。

　大型の石材を使用した箱式石棺には、墳丘をともなう例や豊富な副葬品をもつ例などもあり、階層差を反映している可能性がある。

土器棺墓　遺体を土器に入れて地中に埋めた墓を、土器棺墓と総称している。土器を棺として用いることは、西日本では普遍的に見られ、その多くは日常用の土器を転用したものである。成人の埋葬には適していない大きさであることから、小児用と考えられる。

甕棺墓　一方、土器棺墓の特殊例として、九州北部では、前期末～後期初頭に、器高が1mに及ぶ大型の埋葬専用の甕棺を用いた甕棺墓が普及する。それらは、墓坑を掘り、場合によっては、その壁面からさらに横穴を掘って甕棺を埋置する。基本的には屈葬であり、内部に土砂などが流入していなければ、人骨が遺存することも多い。

　2個の甕棺を合わせ口にしたものが多数を占めるが、甕棺に大型の鉢形土器を蓋としてかぶせた例や、甕棺に石で蓋をした例などもある。土器の合わせ口に、粘土で目張りしたものも多い。この粘土に玉類を混ぜ込んでいることがあるので、注意を要する。

　副葬品は、棺内に入れられる例が多いが、墓坑内に土器や鉄製品、まれに銅鏡などを副葬する場合もある。

再葬墓　再葬墓には、遺体の腐朽や骨の選別などのための一次葬の施設と、骨を納めた土器を埋納する二次葬の施設とがある。

　一次葬の施設としては、土坑や洞穴、岩陰などがある。不明な点も多いが、墓域内の土器を納めていない土坑には、遺体を腐朽させたのち、骨の選別的な取り出しや破砕をおこない、その一部を土器に収納した一次葬の施設が含まれている可能性がある。

　沖Ⅱ遺跡（群馬県・前期）では、土器に近接して礫を敷いた土坑があり、焼けた骨の細片が出土したことから、そこで骨を焼く処理がおこなわれたと推定されている。これ以外にも、特定部位の骨が集積された土坑があり、土器に収納しなかった残りの骨を片づけたものと解釈されている。

　二次葬にかかわる施設としては、選別した骨を土器に納めて埋置した素掘りの墓坑があるが、まれに土器を岩陰に据え置くこともある。

　骨を納める土器は、専用に製作されたもののほか、生活用の土器が用いられる場合もある。そのため、煤が付着しているものもある。

　一つの墓坑に納める土器の数は、1個から十数個まで幅があるが、後者は、死亡時期が異なる複数の人の骨をそれぞれの土器に入れ、一度に埋納した可能性が考えられる。複数の人の骨を一つの土器にまとめて納めた例や、一人の骨を異なる土器に分けて入れた例もある。

　なお、土器に収納されなかった骨のうち、歯や指の骨には、穿孔して装身具とした例がある。

4 発掘方法と留意点

A　表土・包含層の掘り下げ

表土の掘り下げ　表土を除去するさいには、墓坑上に小規模な盛り土や、墓標となる石、木柱の痕跡が存在する可能性も考慮する。周辺を含めて広範囲にグリッドを設定し、上記の構造物の有無に注意しながら、掘り下げる。

包含層の掘り下げ　包含層は、層位ごとに掘り下げ、小グリッドごとに遺物を取り上げる。葬送にともなう土器や石製品の分布にも注意を払い、

再葬墓の場合は、微小な骨片や焼土などの存在も念頭において作業を進める。

B 墳丘と周溝の発掘

墳丘の発掘 方形周溝墓には、台地上に築造されたものと、沖積地に築造されたものがある。前者は、権田原(ごんたっぱら)遺跡(神奈川県・中期)のように、墳丘自体が低いか、削平された例が多いが(図13)、後者には、洪水による堆積物に覆われて、築造時に近い形状で墳丘が遺存する例もある。

墳丘の発掘作業では、規模や形状、周溝の方向が明らかとなった段階で、十字形または格子状に土層観察用畦(あぜ)を設定し、掘り下げを進める。

墳頂部では、墓坑上に石などを置いたり、土器などを供献したりしている可能性も考慮する。

墳丘の盛り土は、たんに土を積み上げただけでなく、周囲を環状に盛り上げたのち、内部に盛り土したものがある。こうした墳丘の築造方法は、地域的な特性や築造技術を明らかにするうえで重要である。

記録保存調査では、墳丘の盛り土の発掘が不可欠で、できるだけ面的に掘り下げて断ち割りをおこない、土層を観察する必要がある。

周溝の発掘 周溝の発掘手順は、溝の発掘に準じる(発掘編203頁)。ただし、群集した方形周溝墓の場合は、隣接する周溝墓との先後関係を把握できるように、土層観察用畦を設けて観察することが欠かせない。古墳時代の例であるが、久宝寺(きゅうほうじ)遺跡(大阪府・古墳前期)では、周溝内に堆積した洪水砂層を鍵層として上下の堆積物を検討し、築造の順序を推定している。

周溝内には、土器棺や土坑墓などの埋葬施設が設けられることもあり、それぞれに小さな盛り土をともなったとみられる例も報告されている。そうした周溝内埋葬の存在も念頭におき、慎重に掘り下げる。

周溝内の埋葬施設は、通常、平面的に掘り下げ、墓坑の掘方の有無などを確認するが、必要に応じて、先に断ち割る場合もある。墓坑の掘方が識別できたときは、周溝の堆積物と掘り込み面の層位的関係を確認することが重要である。それによって、周溝内埋葬が、周溝墓の築造当初のものか、堆積がある程度進んでからおこなわれたものかなど、埋葬の時期を判断できることもある。

周溝から出土する土器には、供献土器として墳丘上に置かれたものが転落したものと、投棄されたものがある。土器の人為的な穿孔や打ち欠きにも注意して、これらの土器の性格を識別することが求められる。

C 埋葬施設の発掘

墓坑の検出 埋葬施設の発掘では、まず墳頂部を平面的に精査し、墓坑を確認する。

方形周溝墓の場合、埋葬のたびに一定の盛り土がおこなわれることもあるので、同じ面ですべての墓坑などが検出されるとはかぎらない。そのため、墳頂部での検出作業が終了したのちも、盛り土を薄く剥いで、下部に別の墓坑などの遺構がないかを確かめる。

複数の埋葬施設を検出したときは、層位的関係や墓坑の掘り込み位置を検討し、どの埋葬施設が墓群形成の契機となったのかなど、形成順序の復

図13 方形周溝墓(権田原遺跡)

元に努め、その検証ができるように必要な記録を作成する。横隈狐塚遺跡（福岡県・中期）など、複数の墓坑が重複する場合は、重複関係を確認して記録する（図14）。

墓坑の掘り下げ　墓坑の遺存状態が良好なものは、検出面では、土坑墓であるか、木棺墓や箱式石棺墓であるか識別できない。そうした場合は、馬渡・束ヶ浦遺跡（福岡県・中期）のように、墓坑の検出後、土層観察用畔を十字形に残すか、半截するなどして、埋土の土層を確認し、土層図を作成しつつ、平面的に掘り下げる（図15）。

重複した墓坑は、新しいものから順に掘り下げ、それぞれを図面と写真などで記録する。木棺墓や木蓋をもつ土坑墓では、蓋の腐朽と陥没にともなう土層の堆積を確認し、下部の構造を推測しながら掘り下げる。

木棺の検出　埋葬施設が木棺の場合は、条件が整えば、木棺そのものが残っていることもある。太秦遺跡（大阪府・中期）のように、棺材が残っていなくても、木質部分を土質の変化で確認できる例があるため、断面を観察しつつ、慎重に掘り下げる必要がある（図16）。

墓坑の底面には、小口を据えつけるための掘方が掘られている例があり、それから木棺の構造や

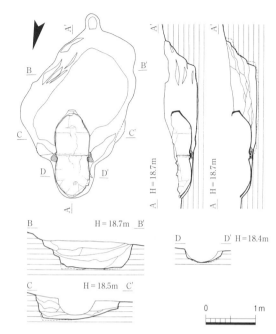

図15　甕棺墓の墓坑（馬渡・束ヶ浦遺跡）

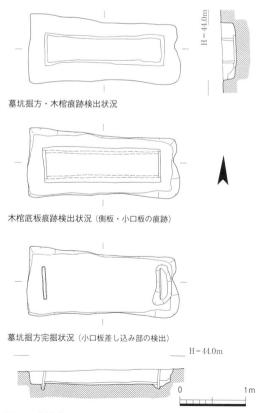

墓坑掘方・木棺痕跡検出状況

木棺底板痕跡検出状況（側板・小口板の痕跡）

墓坑掘方完掘状況（小口板差し込み部の検出）

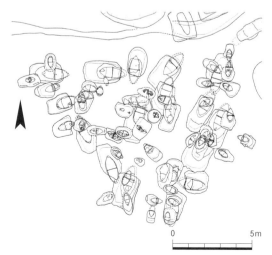

図14　甕棺墓などの群集（横隈狐塚遺跡）

図16　木棺墓（太秦遺跡）

内法を推定できることもある。また、木棺の底の形状が残っている場合もあるので、注意する。

副葬品については、出土位置や層位を慎重に検討することにより、棺内に納めたのか、棺外に置かれたのかを明らかにする。

甕棺内の掘り下げ　甕棺内は、副葬品、人骨などの存在を考慮して掘り下げる。甕棺のひび割れや接合部の隙間などがなく、埋葬時の密閉状態をとどめ、中に土砂などが流入していない場合は、人骨が遺存する可能性が高い。人骨の出土が予想されるときは、形質人類学の専門家などに発掘調査への参加を求める（24頁）。

甕棺の内部で玉類が確認された場合は、着装状態が復元できることもあるので、動かさないように、刷毛などを用いて慎重に作業する。

甕棺墓の記録　甕棺墓の記録は、写真に加えて、平面図と半截した縦断面図、見通し図を作成することが基本となる。甕棺墓は、甕棺を埋置する角度が、時期によって変化することが知られているので、それを記録するうえでも、縦断面図は、口縁部と底部の中心を通る線で作成する（図15）。土圧による器形の歪みはそのまま記録する。

また、遺物や人骨の検出、あるいは実測図の作成や写真撮影のため、完形の甕棺でも、吉野ヶ里遺跡の例（佐賀県・中期）のように、必要に応じて割って調査することがある（図17）。

人骨を検出したときは、出土状況を実測し、写真を撮影する。実測は、人骨の部位や向きなどを把握したうえでおこない、あとで照合できるように注記して取り上げる（24頁）。

墓坑底面に接した側の甕棺外面の断面は、内面の断面図の作成後、器壁の厚さを考慮して復元的に描く。そして、棺をとりはずしたのち、圧痕を測って修正する。

再葬墓の発掘　再葬墓では、通常、複数の墓坑が存在するので、それらの重複関係を確認することが必須となる。とくに、泉坂下遺跡（茨城県・中期）など、複数の土器が密集するもの（図18）では、墓坑の断面や土層を詳細に観察しながら掘り下げ、それらの土器埋納が、複数の人の骨を一括して埋葬したことによるものか、のちの追加埋葬によって集積したものかを識別する。そして、土器の位置関係や重なりのほか、土器周辺の空白部分も意識して、適宜、写真と図面で記録する。

また、破砕された管玉やその細片、石器や剥片類がともなうことも多いので、墓坑埋土は、自然科学分析用の試料を採取し、残りをフルイにかける。再葬墓の発掘では、一般に、土器を手がかりとして墓坑の検出をおこなうが、周辺に土器をともなわない土坑が存在することもあり（13頁）、注意を要する。

再葬墓の土器棺は、写真を撮影し、平面図と、

図17　甕棺墓の発掘（吉野ヶ里遺跡）

図18　再葬墓の発掘（泉坂下遺跡）

各個体の関係が把握できる断面図を作成する。可能であれば、内部の土は土器棺ごと持ち帰り、整理室で取り出すのが望ましい。

土器棺を取り上げたのち、墓坑の掘方を精査して、土器棺を置いたくぼみや、土器棺を支えるための石あるいは粘土の有無などに注意を払い、据えつけ方法や固定方法を記録する。

箱式石棺の記録　箱式石棺では、写真を撮影して、古坊遺跡（福岡県・後期）のように、蓋石の平面図と、蓋石を除去した時点での平面図のほか、縦断面に側壁の見通し、横断面に小口壁の見通しを加えた図を作成する。底面に敷石や副葬品があれば、それも平面図に描き込む（図19）。

石材の加工などが観察できれば、必要に応じて、大縮尺の詳細図を部分的に作成する。石材を取り除いたのちに、墓坑の掘方の実測図を作成し、粘土を充塡している場合は、その範囲を図化する。

副葬品の取り上げ　武器形青銅製品や鉄製武器の検出と取り上げにさいしては、柄（把）や鞘などに残る有機物の痕跡、青銅製品では鋳造や使用痕跡などの情報を失わないように、細心の注意を払う。また、埋葬施設の中でも、棺の底面に近い埋土については、フルイにかけるなどして、微細な副葬品の抽出を心がける。

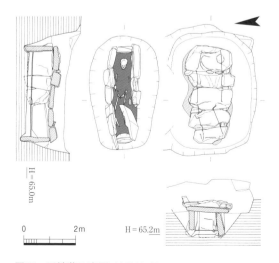

図19　石棺墓の実測（古坊遺跡）

D　葬送にともなう土坑の発掘

九州北部の甕棺墓をはじめとする弥生時代の墓域では、葬送にともなう土器などを廃棄した土坑が検出されることがある。発掘方法は通常の土坑と変わらないが、集団墓の場合は墓群との対応関係を考えながら発掘する必要がある。

また、フケ遺跡（佐賀県・中期）の祭祀土坑のように、土器の時期や土坑の形態・埋土から、5回以上の祭祀が推定された例もある。墓域では継続的に祭祀がおこなわれた可能性があるので、1回の祭祀にともなうものか、複数回の祭祀によるものかを検討しながら掘り進め、状況に応じて、図や写真などで記録する。

5　遺物の整理

遺物整理の方法については、整理編（11頁）とあわせて、次節（60頁）も参照されたい。ここでは、若干の留意点を指摘するにとどめる。

副葬品の種類　弥生時代の墓では、被葬者が身につけた玉類や腕輪といった装身具に加えて、石剣・石鏃などの石製品や武器形青銅製品、鉄製品、鏡が副葬されることがある（図20）。

武器形青銅製品は朝鮮半島製と日本製に分かれ、鏡には中国製と朝鮮半島製、日本製がある。玉類や貝製の腕輪類などには、原材料の産地や製作地が判明するものもある。

供献遺物などの整理　葬送にともなう土坑や墳丘、周溝から、丹塗磨研土器や特殊器台などの供献遺物が出土することがある。供献土器の中には、意図的に打ち欠いたり穿孔したりしたものもある。また、甕棺にも、棺の調整のため、埋葬時に意図的に打ち欠いた例が見られる。

打ち欠かれた破片は、ほかの遺構に混入したり、包含層に含まれたりすることがあるので、必要に応じて、発掘時の出土状況と突き合わせつつ、遺

第Ⅱ章　墳墓の調査

構どうしや遺構と包含層間での接合を試みるのが望ましい。

青銅製品と鉄製品の観察　青銅製や鉄製の実用品は、木や布などの有機物で作られた柄や鞘などが組み合わされているので、それらの痕跡に注意する。箱に入っていたか、布にくるまれていたかが、有機物から判明することもある。

　青銅製品は、湯口や湯冷え、鋳掛など青銅製品の鋳造に関する情報と、使用痕や研ぎなどによる製作後の変形に注意して観察する。鏡は、破片を磨いたり穿孔したりして、装身具に転用することもある。こうした微細な情報にも十分な注意を払う必要がある。

　また、鏃や剣の切っ先の破片などが被葬者の近辺から出土した場合は、石製・金属製にかかわらず、副葬されたものか、殺傷された人体にともなうものかが問題となる。人骨が残っていれば、その傷から判断し、武器片しか残らないときは、その折損状況や使用痕から推定する。

微細遺物の採取　墓坑や棺内から採取して持ち帰った土壌試料は、フルイにかけるか水洗選別をおこない、すべての遺物を回収する。

　土器棺内の土を取り出すさいには、骨類のありかたや土の変色状況、副葬品の埋納状況などを記録する。骨類が遺存するときは、部位の選別や複数遺体の骨の合葬、粉砕骨の埋納なども念頭において観察する。残りの土は水洗選別する。

　なお、地点ごとや棺の内外に分けて土壌試料を

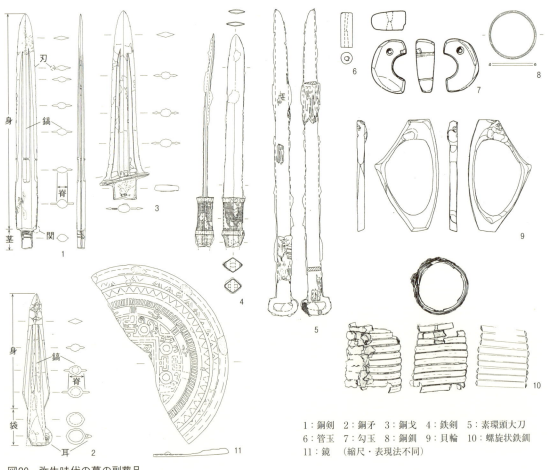

1：銅剣　2：銅矛　3：銅戈　4：鉄剣　5：素環頭大刀
6：管玉　7：勾玉　8：銅釧　9：貝輪　10：螺旋状鉄釧
11：鏡　（縮尺・表現法不同）

図20　弥生時代の墓の副葬品

採取し、自然科学分析をおこなって、リンや水銀朱など、土壌成分を比較することも重要である。

大型土器の復元　甕棺などの大型土器の復元では、復元中に歪みが生じたり、自重で崩壊したりするおそれがある。そのため、二液性のエポキシ系樹脂の接着剤（整理編17頁）を使用するとともに、状況に応じて、竹ヒゴなどの補助的な材料や、接合した部分を石膏や樹脂で補強する方法も併用するのがよい。

展示などの活用が見込まれるものについては、復元した状態で収納する。一方、そうした機会が少ないと判断されるものは、復元したままでは収納に要するスペースが大きくなるので、記録作成後に、もとの破片の状態に戻して収納することもある。ただし、その場合は、再復元が容易なようにしておく。

6　調査成果の検討

A　遺構の検討

計測値の整理　埋葬施設の主軸方位は、方眼北または真北を基準にした角度で整理する（整理編111頁）。そのさいには、遺跡が立地する地形との関係にも注意し、丘陵上に立地する場合は、丘陵の向きとの関係も検討する。

墓坑や木棺・石棺などの計測値は、計測の部位や方法を統一し、それを明示する。計測点が異なる値で規模の比較や分類などをおこなっても有効性に欠けるからである。

報告書では、こうした計測値の検証と追認が可能となるような表記や記述に努め、必要な場合は凡例を設けて示す。

埋葬形態の復元　木棺のように腐朽しやすい材質の棺は、発掘時点での観察結果を検討し、棺材がどのように組み合わされたかなどを可能なかぎり復元する。

屈葬か伸展葬かなどの埋葬姿勢も問題となる。埋葬姿勢は、人骨が遺存していれば比較的容易に判断できるが、そうでない場合は、墓坑や棺の規模、副葬品の出土状況から推定する。

墓の分類　墓は、規模と主軸方位、遺跡内での位置や配置関係、埋葬施設における棺の有無、木棺・石棺・土器棺といった材質の違い、部材の組み合わせ方法などを基準に分類する。時期と地域によってさまざまなありかたを示すので、地域の状況を十分ふまえておこなうのが望ましい。そのさいは、たんに機械的に区分するのではなく、時期や階層差、集団の違いなどとの対応関係を考慮することが求められる。

また、特殊な遺構は、分類したうえで、類例を収集して比較し、地域の中での形成や変遷の過程を考えるとともに、ほかの地域との関係や、移住者の墓の可能性などについても検討する。

時期の推定　甕棺墓や土器棺墓は、土器自体の分類と編年によって、時期をほぼ推定できる。埋葬施設の調査で副葬品などが出土すれば、個々の副葬品やその組み合わせから、さらに詳細な時期の特定が可能となる。

一方、甕棺墓や土器棺墓以外の墓では、土器などの副葬品が出土しないかぎり、時期の判断が難しいことが多い。そうした場合は、遺構の分類や墓坑の重複関係、墓群の形成過程、地域の墓の形態、埋葬施設の変遷など、さまざまな情報を勘案して推定することになる。

B　遺物の検討

遺物の分類や編年についての基本的事項は、整理編（120頁）を参照されたい。

出土状況の整理　遺物の検討にあたっては、墳丘や埋葬施設、周溝など、1基の墓を構成する遺構ごとに出土状況を整理する。

たとえば、墳丘の発掘で出土した遺物の場合、表土と包含層、流土中、あるいは墳丘の上面と盛

り土内、というように、出土状況を厳密に区別して整理し、どの遺構にともなう遺物かを慎重に見きわめる。墓坑や埋葬施設から出土した遺物は、墓坑内の層位ごとや、棺内をさらに細分した位置ごとにまとめる。このほか、墓が造られた時期と直接関係しない遺物が混じることもあるので、注意を要する。

副葬品からは、出土位置や配置状況などの丹念な検討により、多くの情報が得られる。たとえば、青銅製品や鉄製品では、柄などが残っていなくても、副葬されている墓の大きさから、長さを推定できる例もある。棺内から出土した装飾品は、遺体との位置関係から、着装されていたかどうかを推定できることも少なくない。

墓から出土する遺物には、集落の遺物と異なり、精製品など非日常的なものや非実用的なもののほか、意図的な破砕や穿孔などによって実用性を失ったものなどが存在する。これらは、儀礼などに用いた特殊な遺物と考えられる。

出土状況や位置も含めて、そうした遺物を慎重に分析・検討することにより、墓でおこなわれた儀礼や、当時の埋葬習俗についての手がかりを得ることが可能となる。そのさいには、墓や集落から出土する遺物ばかりでなく、民俗例など、さらに視野を広げた類例の収集と、幅広い比較検討が必要となる場合もある。

時期の推定　墓の時期を推定することは、ほかの遺構と同様に、遺跡の評価や総括をおこなううえでも欠かせない作業である。最新の研究成果をふまえて、類例と比較しながら進めたい。

そのためには、先述のように、個々の遺物の時期をふまえて、遺構ごと、あるいは墓坑の層位や棺内を細分した位置ごとに出土状況を把握し、遺物の組み合わせを復元する。そして、これらにもとづき、総合的に墓の時期を推定する。

墓が集まって群を構成する場合には、個々の時期をそれぞれ検討したのち、最終的に墓群全体の時期を推定していくことになる。

製作地の分析　被葬者の活動範囲や交流関係、当時の流通のありかたや地域圏などを解明し、遺跡の位置づけや評価をおこなううえで、遺物の製作地や原材料の産地を明らかにすることは、重要な意味をもつ。

検討にあたっては、製作地の違いを想定したうえで遺物を分類し、その結果をもとに、同じ器種や型式がまとまって出土する地域を特定する。石材などは、石種の分析から産地を比定できることもある。

そのさい、その地域で見出せない特徴をもつなど、ほかの地域からの搬入が想定される遺物については、製品の移動なのか、それとも工人が移動して製作したのか、検討する必要がある。また、土器棺や甕棺では、どの地域の系譜を引くのか、といった検討も求められる。

こうした場合、考古学的な分析はもちろん不可欠であるが、それに加えて、土器の胎土分析や、青銅製品と鉄製品の成分分析など、自然科学分析も効果的に利用したい。

C　調査成果の総合的検討

墓域の形成過程　墓は、複数が集合して、墓群を形成するのが一般的である。そうした墓群が、時間をへるにつれて、どのような順序と約束に従って築造されていったのかを明らかにするには、まず、墓域全体の広がりをある程度把握する必要がある。そして、副葬品のほか、墓坑や埋葬施設の形状と構造、遺構の重複関係などから、墓域の形成過程を復元していくことになる。ここでは、八尾南遺跡（大阪府・弥生後期〜古墳前期）の例を挙げておく（図21）。

こうした手順をふむことによって、一つの時期に多数の墓が造営されたかのように見える墓域も、複数の集団が、あらかじめ決められた範囲に順次築造した墓の集積と判明した例も多い。それらは、

ほかの時代にもありうることであり、造墓規制の存否と内容を明らかにすることが求められる。

この視点は、単独の墓に対しても適用できる。方形周溝墓では、周溝の再掘削などにより墓の面積を増加させ、追加の埋葬に備えたものがある。一方、墓の中心からずれた位置に最初の埋葬がなされた例は、次に葬られるべき人物が予定されていたことを示すと考えられる。

墓群構成単位の性格　墓群の分析から導かれた構成単位については、それぞれの間で副葬品の有無や内容に差があるかないかを整理する。そして、乳幼児の遺体を納める土器棺の存否や、墓の構造の差などを考慮し、そこに集団の違いが現れていないかなどを検討する。

また、甕棺墓や石棺墓など、埋葬人骨の遺存状況が良好なものは、形質人類学的方法を用いて、相互の血縁関係の有無を調べることができる。

このように、墓群が何を反映しているかを明らかにすることは容易でないが、血縁や出自などと何らかの関係を示している可能性がある。

被葬者の階層差の検討　墓は、社会的な階層と関連することが多い。とくに、弥生時代以後は、墳丘や埋葬施設の規模と構造、副葬品の量や質などに階層差が反映されやすい。そのため、どのような階層に位置づけられるのか、墓群内や単位内で検討するとともに、一定の地域や同時代のほかの遺跡とも比較する。

一例を挙げれば、標準的な方形周溝墓群であっても、墓域の広さや存続年代、有力者の墓の存否や内容について、周辺の事例と比較検討することによって、地域における階層的な位置を推定できる。そこには、その墓群の被葬者が属していた集落の性格も反映されている可能性が高い。

葬送儀礼の復元　葬送儀礼の様相と痕跡は時期や地域によってさまざまである。たとえば、方形周溝墓の溝内から出土する土器のほか、丹塗磨研土器や特殊器台など特有の土器の出土状況、あるいは、火を焚いた痕跡や赤色顔料の散布のありかたなどは、葬送儀礼を復元する手がかりとなる。

ただし、遺物の出土状態は、儀礼の最終的な姿や、片づけられた状態を示していることが多く、儀礼の復元は必ずしも容易ではない。しかし、遺物の器種構成や量、穿孔や破砕の状態といった要素の分析をつうじて、どのような儀礼がおこなわれたのか、推定できる場合もある。楯築遺跡（岡山県・後期）では、高杯などの小型の器種の出土状況から、飲食儀礼がおこなわれたことが推定されている。

こうした葬送儀礼の解明によって、墓や墓群の間での儀礼の共通点や相違点などを知ることができ、それをもとに、儀礼の広がりや墓の階層性を把握することも可能となる。

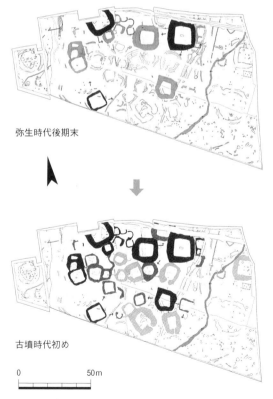

図21　造墓状況の推移（八尾南遺跡）

古人骨の取扱いと分析

古人骨分析で得られる情報 墓から出土した古人骨を分析することにより、被葬者の性別、死亡年齢、身長、外傷や病気、出産歴、栄養状態、血縁関係などが明らかとなる。また、古DNA分析で血縁関係や系統関係を論じることが可能となり、安定同位体分析をおこなえば、個人ごとの食性も検討できる（整理編78頁）。古人骨から得られるこうした情報は、当時の埋葬原理や親族構造の復元、生業や食生活の研究に大きく寄与する。

古人骨の検出作業 古人骨の分析には専門的知識が必要なため、形質人類学者など、分析にあたる専門家（分析担当者）に依頼することが多い。その場合、発掘調査のなるべく早い段階から分析担当者と連携し、古人骨の発掘を共同で進めていくのが望ましい。検出にさいしては、古人骨を傷つけないよう、竹ベラなどを使用し、金属製の移植ゴテなどは避ける。

出土状況の記録 被葬者の埋葬姿勢や頭位方向は、当時の埋葬習俗を検討する重要な情報である。そのため、出土した骨の部位や方向（近位／遠位、前方／後方、外側／内側）（図22）と各骨の位置を記録するとともに、骨格部位ごとの標高も記しておく。ここでは、門田遺跡（福岡県・弥生中期）の実測例を示す（図23）。

人骨の分離骨格模型と比較しながら実測図を描くと、骨の部位や方向・位置を確認でき、正確な図を効率的に作成することができる。なお、副葬品などの遺物が出土した場合や、赤色顔料などを確認した場合には、古人骨との位置関係を正確に記録する。

古人骨の出土状況の記録では、写真も重要な意味をもつので、さまざまな角度から撮影しておく。発掘作業の進行に合わせて、何段階かにわたり撮影するのが望ましい。

なお、骨を水洗いすると、保存状態が変化して脆弱になるだけでなく、古DNA分析にも影響を及ぼす。そのため、むやみに洗わずに、取扱いは分析担当者と相談する。

古人骨の取り上げ 出土した古人骨は、露出した状態では脆弱化するので、写真撮影や実測などの作業はすみやかにおこない、取り上げまでの時間を短縮することを心がける。

古人骨を取り上げるさいには、あとで照合できるように、個々の骨の番号を実測図にも書き

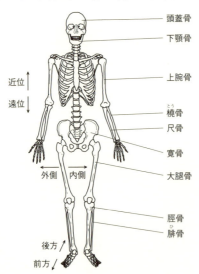

図22 おもな骨格部位と骨の方向のよび方

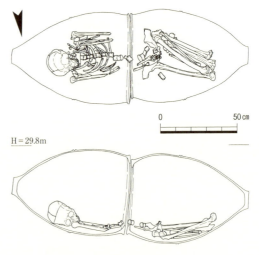

図23 出土状況の実測（門田遺跡）

入れておく。分析担当者が現地で取り上げられない場合には、発掘担当者が出土状況を詳細に記録して、分析担当者に伝える必要がある。

取り上げた古人骨の運搬や一時保管では、安定同位体分析や放射性炭素年代測定などの分析に影響を与えないよう注意する。具体的な方法は、遺存状況や分析手法によって異なるため、分析担当者に相談することが重要である。

重要な骨格部位　頭蓋骨は、性別の判定や年齢の推定などを可能にする多くの情報をもつ重要な部位である。また、頭蓋骨の形態小変異や歯冠の計測値は、血縁関係の推定に用いられる。下顎骨も、未成年者であれば、歯の萌出状況から年齢を推定することができる。頭蓋骨や下顎骨の周辺には、脱落した歯が残されていることがあるので、土ごと採取してフルイにかける。

寛骨（かんこつ）は、性差がもっともよく現れる部位であり、信頼性の高い性別判定が可能となる。女性の場合は、妊娠痕から出産歴を検討できる。

四肢骨は、最大長から身長が推定できるため、破損しないよう注意深く取り上げる。保存状態が悪いものは、取り上げる前に最大長を計測しておく。また、骨端（ゆごう）の癒合状態により、年齢を推定できる。子供の骨は、骨幹と骨端が分離しているので、見落とさないように注意する。

複数埋葬　複数個体の人骨が混在した状態で出土したときには、埋土を詳細に観察し、同時に埋葬されたのか、追葬や改葬なのかを判断する。後者の場合は、層位や共伴遺物、人骨の保存状態の違いなども考慮して、埋葬の順序や相互の時間的間隔を検討する。写真は、複数個体の人骨の位置関係がわかるように撮影する。

これらの検討と記録を適切におこなわなければ、人骨の分析から血縁関係を推定したとしても、親族関係を復元することは困難となる。

火を受けた人骨　日本列島は火山灰性の酸性土壌と高温多雨の気候のため、一般に古人骨の保存条件に恵まれていない。しかし、骨は火を受けると残りやすくなるので、火葬骨は遺存する例が多い。また、焼骨であっても、残存部位、性別、年齢を明らかにできることがある。

火を受けた人骨は、表面に亀裂や収縮が確認され、黒色や白色に変化する。被熱によって細片化しやすくなるため、フルイなどを用いて微細資料も採取することが重要である。

整理等作業での留意点　取り上げた古人骨は、遺跡の堆積環境の影響を大きく受けており、状態にもよるが、基本的には水洗いしないほうがよい。とくに保存状態が悪い場合は、洗浄により骨が劣化するので、暗所で自然乾燥させ、歯ブラシや筆で泥や砂を落とすようにする（整理編78頁）。

また、台帳を作成して古人骨の残存部位を記入し、性別、年齢、身長などが推定できれば、それらの情報も記載する。

報告書作成時の留意点　古人骨の所見を報告するさいに重要なのは、第三者の検証が可能なように、部位や計測値、非計測的形質の観察所見などの基礎的データを提示することである。

また、被葬者の性別や年齢、身長については、どの部位にもとづき、どういう方法で推定したのかを明示する。ただし、年齢区分については、分析担当者によって、区分の名称や定義が一定しないため、それらをふまえて記載する必要がある（整理編78頁）。

なお、取り上げや保存処理のさいに薬品類を使用した場合は、その名称も記載しておく。

古人骨の保管　古人骨は、カビが生えないように、温度と湿度を一定に保った状態で保管する。古人骨については、調査成果を示すだけでなく、第三者による追認または再検証が可能なようにしておく必要がある。

したがって、分析を外部委託した場合にも、分析結果とともに、古人骨自体も返却を受け、適切に保管することが求められる。そして、報告書には、保管している機関や場所などを明記し、必要に応じて公開できるようにする。

第3節
古墳時代の墓

1 古墳時代の墓概説

A 墓の種類

古墳の出現 古墳時代には、弥生時代から引き続いて、土坑墓や木棺墓、箱式石棺墓なども造られたが、あらたに古墳が築造されるようになる。古墳は、近畿中央部の大型の前方後円墳を筆頭とする階層性と儀礼などに共通性がみられ、この時代を特徴づける墓である。ここでは、古墳を中心に概観する。

古墳の墳丘形態は、前方後円墳、前方後方墳、方墳、円墳が大半を占めるが、双方中円墳や上円下方墳、八角墳などもある。

古墳の埋葬施設 古墳時代の前半期には竪穴系の埋葬施設が築造される。これらは、上から掘り込んだ墓坑内に設けたもので、出入口(横口部)はない。石を積み上げて構築した竪穴式石室(竪穴式石槨)や、粘土で棺を包んだ粘土槨などがその代表的な例である。このほか、棺を直接埋置したものもある。

一方、後半期になると、横穴系の埋葬施設が出現する。石を積んで玄室を造り、そこへの通路となる羨道をつけた横穴式石室や、丘陵斜面に玄室と羨道を掘り込んだ横穴墓、地下に竪坑を掘削したのちに横方向の羨道と玄室を構築した地下式横穴墓、小規模な石槨に出入口をつけた横口式石槨などである。一般に、横口式石槨を除くと、遺体を納める玄室へ容易に入ることができるため、追葬が可能であるが、単葬を前提とした構造のものもある。こうした空間に納められた棺には、木棺や石棺、陶棺、土器棺、漆棺などがある。

このほかに、特殊な埋葬施設として、木芯粘土室があり(40頁)、その中には、内部で遺体を焼いた例も見られる。

B 墓域と墓群

古墳群 古墳は、原則として、個人の埋葬を念頭においた墓であるが、単独で立地することは少なく、埼玉古墳群(埼玉県・中～後期)のように、通常は古墳群を形成する(図24)。

古墳群とは、特定の墓域内に分布する古墳のまとまりをいい、一定の期間に展開した造墓活動の累積である。累代の有力者の古墳群のほか、大型古墳と周辺の中小規模の古墳などからなる古墳群や、後述する園養山古墳群(滋賀県・後期～7世紀)(72頁図78)のように、顕著な差をもたない小規模な古墳が密集した古墳群など、その規模や性格はさまざまである。

立地 大型古墳は、前期では、小高い丘陵の尾根上に立地することが多く、玉手山古墳群(大阪府・前期)や向日丘陵古墳群(京都府・前～中期)のように、同一丘陵上に継続して築かれるものがある。こうした古墳は、前期前半には単独で立地する例が多いが、赤塚古墳や免ヶ平古墳(ともに大分県・前期)のように、周囲に小型の古墳をともなうこともある。

前期末以降、大型古墳は、台地上や平野部にも立地するようになる。中期では、大型古墳の周囲に中小規模の円墳や方墳、その他の埋葬施設など

図24 密集する古墳群(埼玉古墳群)

が、階層秩序を視覚的に示すかのように分布する例もある。ただし、五色塚古墳と舞子浜遺跡（ともに兵庫県・前期）、太田茶臼山古墳と総持寺遺跡（ともに大阪府・中期）のように、埴輪棺墓や小型の古墳で構成される墓群が、大型古墳からやや離れて位置することもある。

後期になると、横穴墓群も含めて、中小規模の古墳は群集墳のかたちをとり、おもに丘陵斜面を利用して密集するようになる。また、7世紀以降の終末期古墳は、とくに丘陵の南斜面を選択して築かれることが多い。

2 発掘調査の準備と計画

A 遺跡情報の事前収集

立地環境の情報　古墳の調査では、現地を事前に観察することが欠かせない。それによって古墳の数や古墳をとりまく環境、墳丘についての情報などを得ることができる。

古墳の有無やその数は、墳丘がよく残存しているときはわかりやすいが、そうでない場合は、葺石の確認、土器や埴輪片の採集が大きな手がかりとなる。土器や埴輪片は、古墳の時期を知るうえでも重要な資料である。

古墳をとりまく環境については、築造場所が山頂か斜面かといった立地のほか、周辺の地形や地目、そこからの眺望などに留意する。また、単独で築かれているのか、それとも古墳群を構成しているのか、という点も重要である。

古墳群を構成する場合には、群の規模や群の中での位置、ほかの古墳との関係なども把握する必要があり、発掘調査の対象となる古墳だけでなく、古墳群全体を広く観察する。

墳丘の地表観察　墳丘については、遺存状態がよい部分や、逆に崩壊・改変が著しい部分など、現状を把握しながら、全体を観察する。

墳丘の観察では、まず、墳端の位置を推定することが重要である。通常、墳端は埋没していて、見かけの墳端と実際の墳端とは厳密には一致しないが、傾斜変換部がおおむね墳端の位置を示している例が多い。墳丘全体を詳細に観察して、傾斜変換部を把握し、発掘調査の範囲や、墳端を把握するためのトレンチの位置と規模を決定する。なお、墳端が水平であることは少なく、とくに傾斜地に築かれた古墳では、墳端が傾斜に沿って下降するので、観察にさいしては地形に留意する。

墳丘の平面が円形か方形かという点も重要である。保存状態がよいものや墳丘規模が大きなものは比較的容易に判断できるが、小型の古墳などでは、円墳が崩れたり方墳の稜線が失われたりして、墳形を誤認することもあるため、慎重な観察が求められる。判断が難しいときには、墳形を明らかにできるような発掘方法を検討する。

墳丘の高さや墳頂平坦面の広さも重要な要素である。前方後円墳では、前方部の規模や形状、前方部頂と後円部頂の比高（高低差）などが観察項目となる。段築（32頁）の有無についても観察し、段築が認められるときは位置や規模を把握する。また、葺石や埴輪の有無にも注意する。

周濠（周溝）や周堤をともなうものでは、その範囲や規模を確認する。それ以外にも、平坦面の形成や丘陵尾根の切断など、墳丘築造にともなう地形改変がなされることもあるので、周囲の地形の観察が必要となる。

埋葬施設の情報　横穴式石室が開口している場合には、石材の状況や石室の高さから、本来の床面までの深さを推測できる。壁体として積まれた石材の大きさや段数なども、古墳の年代を判断する指標の一つとなる。また、石室が破壊されていても、石材を据えたくぼみの形状や石材の遺存状況によって、石室の主軸やおよその規模を推定できることがある。

前期や中期の小規模な埋葬施設でも、石材のあ

りかたや盗掘坑の方向などが、埋葬施設の種別や規模を推定するうえで参考となる。

なお、既存の資料や計測値があれば、それらと照合しておく。また、すでに消滅した古墳に関する情報も念頭において調査する。

横穴墓の踏査　一般に、横穴墓は、丘陵斜面の開口部や不自然なくぼみの存在によって認識できることが多い。ほぼ同じ標高で群集することが多いため、横穴墓の痕跡を確認した場合は、標高の近い場所を中心に、周辺を踏査する必要がある。

地図・空中写真の利用　墓の立地を把握するうえでは、地図や空中写真が効果的である。とりわけ、開発などにより周辺の地形が改変されているときは、旧状を記録した地図や空中写真の利用が欠かせない。また、たとえば両宮山古墳（岡山県・中期）のように、規模が大きく、現地で形状を把握するのが難しい大型古墳などを俯瞰するさいにも役立つ（図25）。

なお、過去の水田畦畔などの形状を示す地籍図も、地形改変で失われた古墳や、墳形・周濠の旧状を知る資料となる。ここでは、山の神古墳（福岡県・中期）の例を挙げておく（図26）。

史料・地名・伝承などの利用　戦前に刊行された郡史などには、古墳の位置や数を復元できる記述や略図が収載されていることがあるので、過去の記録は閲覧しておきたい。そのほか、地籍図などに「四十塚」「塚の元」といった、古墳の所在を示す字名が記されている例もしばしばあり、古墳の所在を考える手がかりとなる。

また、過去の開墾や工事にさいして、遺物や石材が出土したという伝承にも、古墳や古墳群の内容を推定できる情報が含まれることがあるので、地元での聞き取りは積極的におこないたい。

物理探査　埋没した墳丘の形状や、埋葬施設の規模・主軸などを事前に把握するためには、物理探査が有効である。西都原古墳群（宮崎県・前期～7世紀）では、地中レーダー探査によって、削平された古墳を含む古墳群の全貌が判明しつつある。また、前波長塚古墳（岐阜県・前期）では、後円部の墓坑から前方部側にのびる墓坑通路の検出につながる情報が得られている。調査の指針を得るうえでも、積極的に導入を図りたい。

B　試掘・確認調査による把握

古墳の試掘・確認　開発用地内に古墳が存在する可能性があるときは、古墳の数や規模などを把握するために、試掘・確認調査をおこなう。

そのさいには、周濠や盛り土の有無、土器や埴輪の有無、石材のありかたなどに注意し、古墳か自然地形か、それ以外の塚かを検討する。出土遺

図25　空中写真による周濠などの観察（両宮山古墳）

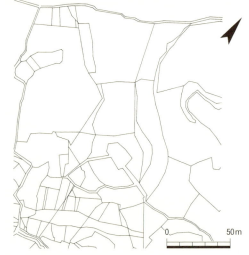

図26　地籍図に残る古墳の輪郭（山の神古墳）

物は、少量であっても、年代などを知る手がかりとなるので、小片も含めて十分に検討する。

トレンチの設定　通常、試掘・確認調査のトレンチは、事前の地表観察によって想定した墳丘の主軸およびそれに直交する方向のほか、必要に応じて、墳端や周濠が推定される位置に設定する。ここでは、昼飯大塚古墳（岐阜県・中期）の例を挙げておく（図27）。

丘陵などの傾斜地にある古墳では、斜面下方側の墳丘の土が流出し、墳端や周濠がわかりにくくなっていることも多いため、斜面上方側のトレンチから発掘を開始し、その成果にもとづいて、ほかのトレンチを掘り下げていく方法をとる。

周濠の堆積土中には、副次的な埋葬が見られる例や、供献土器が置かれる例もあるので、トレンチの掘り下げは慎重におこなう。

墳頂部のトレンチでは、とりわけ慎重な掘り下げが求められる。墓坑など埋葬施設に関連する遺構を確認したときは、その上面で掘り下げを中止し、以後の本格的な調査に委ねる。また、そうした遺構を確認できなくても、さまざまな埋葬施設を想定して、試掘トレンチ内を深く掘り下げることは避け、トレンチの位置や幅・長さを変更するなど、十分な配慮が求められる。

なお、全面調査の実施を前提とし、古墳の数の確定を目的とした試掘・確認調査などでは、トレンチの数を最小限にし、目的の情報が得られた時点で、トレンチの掘り下げを終了する。

横穴墓の試掘・確認　横穴墓は、墓道がきちんと埋め戻されると、地表観察による確認が難しいことがある。そのため、横穴墓が集中する地域では、分布調査のさいに横穴墓が確認できなかった場合も、その存在を念頭において試掘・確認調査をおこなう必要がある。

一般には、横穴墓が想定されるくぼみに、等高線に直交したトレンチを設定して確認するが、数の把握を目的として、等高線に沿った細長いトレンチを設けることもある。

C　測量と地区割り

地形測量　発掘作業に着手する前には、地形測量をおこなう。古墳の立地状況を示すため、墳丘や周濠の外側もある程度含んだ範囲を対象とし、通常、縮尺は1/100か1/200、等高線間隔は20cmか25cmを基本とする。小規模な墳丘では、縮尺を1/50程度とすることもある。地形測量の方法と、それに先立って実施する測量基準点の設置については、発掘編（70・81頁）を参照されたい。

測量作業では、地表観察の結果もふまえて、墳丘の形状を的確に表現できる単点の選択と図化を心がける。墳頂平坦面の範囲や段築のテラスの端部、墳端、盗掘坑の形状などは、等高線とは別の表現で図示する。作業を外部委託する場合でも、発掘担当者が現地で適切に指示する必要がある。

基準線の設定　一般に、墳丘の調査にあたっては、まず基準となる線を設定する。記録保存調査では、墳丘の盛り土を撤去して地山面に達するまで、終始、この基準線が発掘作業の基本となる。

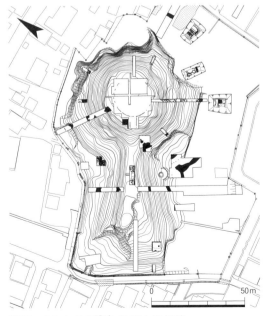

図27　トレンチの設定（昼飯大塚古墳）

その設定に不都合があったり、のちに変更したりした場合は、記録の整合性に問題を生じることになるので、当初から周到に計画する。

前方後円（方）墳や帆立貝式古墳では、測量図などをもとに、墳丘の主軸を基準とすることが多い。その場合、後円部の円の中心と、くびれ部幅や前方部幅の中点などを結ぶかたちで主軸を設定することになる。

つづいて、後円（方）部の中心を通り、主軸に直交する線を設定する。竪穴系埋葬施設は、後円（方）部の中央に設けられることが多いので、この2本の線はその発掘にさいしても使用することができる。ただし、埋葬施設が中心からはずれたり、主軸に斜交したりするときは、その部分の基準線を別途設定する必要がある。

以上の作業は、墳丘に主軸のない円墳などでも同様におこなう。ただし、横穴式石室をもつ円墳や方墳では、基準線の設定は、石室の調査や、場合によっては石室解体の工程とも密接にかかわってくる。したがって、まず横穴式石室の位置とその主軸を確認し、そこから基準線を導き出すほうが合理的である。

地区割りの方法　地区割りは、同じ基準で全国に適用できる標準的グリッドもあり（発掘編85頁）、古墳群など広い範囲を対象とした地区割りでは、平面直角座標系にもとづいて設定する方法が簡便かつ効果的である。

一方、個々の古墳については、上記の2本の基準線をもとに、墳丘の主軸に合わせた2～3m程度のグリッドを設定することも多い。また、横穴式石室をもつ円墳では、前述のように、石室の主軸を基準線としたグリッドを設定するのが一般的である。ただし、墳丘が左右対称でないものや、前方部の形状が不明確なものもあるので、主軸の決定は慎重を要する。

いずれにしても、平面直角座標系以外の任意のグリッドを設定する場合には、グリッドの基準となる点の平面直角座標値と座標系からの偏角を報告書などにも明示し、位置関係の把握と平面直角座標系への換算が容易なようにする必要がある。

なお、石室などの左右は、入口の反対側を奥壁というのに合わせて、入口から見た場合のよび方とするのがわかりやすい（図28）。

D　調査計画の策定と安全管理

調査対象範囲　古墳の周囲には、小型の古墳やその他の埋葬施設などをともなう例がしばしばあり、横穴墓の周辺では、小横穴など関連遺構が存在することがある。また、過去に削平されて、地表からは墳丘が認識できない古墳も多い。このほか、墳丘上に、中世の墓など後世の遺構が重複することもある。これらの遺構も調査対象となる。

くわえて、古墳の周囲には、土器の供献など儀礼の痕跡や殯屋、古墳に向かう通路などの遺構が存在する可能性もあり、流出した墳丘外表の遺物が出土することもある。なお、植山古墳（奈良県・7世紀）のように、背後の丘陵上に、墳丘を取り囲む柵を設けた例も見られる。

したがって、調査の対象範囲は、こうした関連遺構の存在も考慮して、十分な広さを確保することが求められる。

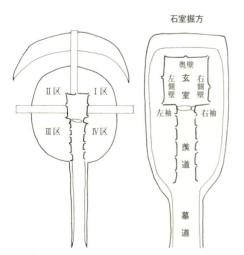

図28　横穴式石室の地区割りと部分名称の例

調査計画の策定　墳丘と周濠の発掘調査は、埋葬施設と一体的に計画する。墳丘規模の大小、周濠などの有無、外表施設や埴輪の有無、埋葬施設の種別と規模や数、埋葬施設が盗掘されているかどうか、といった要件によって、調査の期間と規模は大きく変わってくる。予断をもって調査計画を立てることは避けなければならないが、先に述べた地表観察から、そのうちのかなりの部分は推定が可能であり、観察で得られた情報をもとに、調査計画を策定する。

埋葬施設の保存状態が良好な場合は、発掘作業に時間を要するため、余裕のある計画を立てる。ただし、発掘成果に応じて、当初の計画を修正しつつ作業を進めていくことも必要である。

発掘の工程　一般に、発掘作業は、墳形の把握から、墳丘と外表施設の検出という順に進め、並行して埋葬施設を発掘するという工程をへる。

図29　古墳群と発掘中の通路（婦本路古墳群）

図30　支保工を設置した石室の発掘（熊野神社古墳）

竪穴系の埋葬施設では、墳丘の中心点や盛り土の特徴などが判明した段階で、墳丘の掘り下げも念頭において発掘作業に着手するのが望ましい。一方、横穴式石室では、墳丘の掘り下げを優先すると、石室の崩壊をまねくおそれがあるので、早い段階で埋葬施設の発掘に着手する。

埋葬施設に続いて墳丘の掘り下げを進めるが、その段階で、予期しない位置に埋葬施設が重複して存在する可能性も考慮しておく。

なお、竪穴系の埋葬施設などで、長期間の発掘作業が予想されるときには、雨水の流入や乾燥を防ぐ覆屋の設置が必要となる。

墳丘の盛り土全体を除去する場合には、排土の量も多くなるため、排土をどこに置くか、よく検討しておく。横穴墓の発掘作業では、排土処理の関係上、丘陵頂部付近のものから発掘を開始し、丘陵上部の発掘をある程度終えた段階で、下部の発掘に着手するのが効率的である。

なお、発掘調査に先立って、樹木の伐採が必要となることも多いが、そのさいには、重機によって墳丘などが損傷を受けないよう、工事関係者との十分な打ち合わせや立会が求められる。

安全管理　古墳や横穴墓は、丘陵の頂部や斜面に構築された例が多く、そこにいたる経路も急斜面であることが少なくない。そうした場合は、婦本路古墳群（岡山県・後期）のように、滑り止めや転倒防止のため、状況に応じて、階段や土嚢による足場・通路の設置、安全ロープの装着などをおこない、安全確保に努める（図29）。このほか、土砂の流出防止にも留意しなければならない。

横穴式石室では、石室の石組が緩んだり、石材が破損したりしていることがある。調査前や調査中には石材の状況をよく観察し、危険が予想されるときには、熊野神社古墳（東京都・7世紀）のように、支保工を設置する（図30）。とくに、天井石が失われているものでは、壁体上端の石材が不安定になっていることが多いので、その部分につい

ては早めに写真撮影と実測をおこない、石材を撤去することもある。

これらの作業が予測される場合には、外部委託の予算を措置しておく。また、石室の石材にかぎらず、撤去した石材は、トレンチ内や斜面の下方に転落するおそれがあるため、安全な場所に安定させて置く。

このほか、墳丘の断ち割りや周濠の埋土の発掘作業では、トレンチ上端の幅を広げるなどして、法令の定めに従った安全な勾配を確保し（発掘編66頁）、著しく深い掘り下げは避ける。

3 墳丘・周濠・外表施設

以下、古墳時代に特徴的な墓の構造について述べる。土坑墓などについては、発掘編（196頁）や前節までを参照されたい。

A 墳丘と周濠

墳丘 墳丘は、通常、盛り土または地山の削り出し、あるいは両者の組み合わせによって造られる。ただし、鶴尾神社4号墳（香川県・前期）のように、石だけを用いて構築した積石塚もまれにある（図31）。墳丘の斜面には葺石が施される例も多い。

平面形・立面形 墳丘の平面は、円形または方形が基本で、7世紀以降は、八角墳や上円下方墳も築かれた。前方後円墳や前方後方墳は、大型古墳の代表的な墳形である。前方部が短い帆立貝式古墳は、それらに次ぐ規模のものが多い。

墳丘の立面は、大型の古墳では一般に、墳端外側の平坦面、墳丘斜面、段築のテラス、墳頂平坦面から構成される（図32）。前方後円墳では、段築が3段以上になる例もある。一方、後期古墳などでは、墳頂に平坦面を設けないものもある。

なお、九州や山陰の横穴墓では、丘陵の頂部に後背墳丘とよばれる墳丘をともなうことがある。そうした墳丘は、尾根の中央ではなく、横穴墓が造られた斜面寄りに立地するので、通常の古墳の墳丘とはある程度区別できることが多い。

平坦面 埋葬施設の上部にあたる墳頂平坦面は、もっとも重要な葬送儀礼の空間であり、石敷を施すこともある。また、中央部に方形壇を設けるものもある。

墳頂平坦面の外周や、墳丘中段の段築のテラスには、しばしば円筒埴輪を立てめぐらす。埴輪とともに木製立物が見つかることもある。

埋葬施設を囲んで、木柱列や埴輪列による方形区画、柴垣状の小穴列などが検出される例もある。方形区画の内部に、家形埴輪や威儀具、武器・武具を表現した形象埴輪、儀礼にともなう供献土器

図31　積石塚（鶴尾神社4号墳）

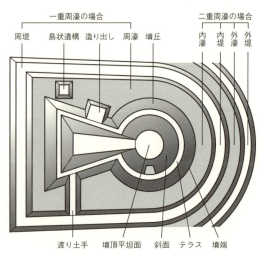

図32　古墳の構造と名称

や玉類、土製品が置かれることもある。

　横穴式石室は、段築のテラスや墳端に向かって開口し、その前面は前庭などの儀礼空間となる。

造り出し　造り出しは、墳丘に付加された祭祀用の空間で、方形平面を基本とする（図32）。円筒埴輪列のほか、家や水鳥などの形象埴輪群、祭祀用の土器や土製品、石製品などが置かれ、まれに副次的な埋葬施設が設けられる。

周濠　周濠は、墳丘の隔絶性や荘厳性を保つための施設であり、水のない状態のものも多かったとみられる。通常、濠は水を湛えたものをあらわすが、ここではそうでないものも含めて、周濠とよぶ。また、小型古墳などにともなう幅の狭いものは、周溝と表記する。

　丘陵上の古墳では、周濠をともなわない例もあるが、溝で尾根と古墳本体とを分断することが多い。中期を中心に、盾形や馬蹄形の定型的な周濠や周堤が発達し、二重濠を備えたものも現れる。二重濠の場合は、内濠と外濠の間に内堤（中堤）を、外濠の外に外堤を備える。外堤の外側に、さらに狭い溝をめぐらすこともある。周濠内に島状遺構を設けた例もある（図32）。

渡り土手　周濠の中に、濠を横断して墳丘部に渡る施設を設けたものがあり、渡り土手とよぶ。濠を掘削するさい、地山を土手状に掘り残した例が多いが、濠の掘削後に盛り土した例もある。

　渡り土手は、工事資材の搬入路や葬送のさいの通路として機能したと推定されており、渡り土手のない古墳の中にも、葬送後に渡り土手が取り除かれたものが含まれている可能性がある。そのため、墳端と周堤内側の相対した位置に突出部が残っていないかなど、渡り土手の痕跡の有無に注意を払う必要がある。

B　埴輪配列

円筒埴輪列　古墳でもっとも普遍的に見られる円筒埴輪は、墳端外側の平坦面や段築のテラス、墳頂平坦面の縁辺などに、列状に並べられた。また、造り出しなどの付属施設や周堤にもめぐらされ、形象埴輪や須恵器を用いた儀礼空間を区切る役割も果たしていた。個々の円筒埴輪の間隔は古墳によって異なるが、ほぼ隙間なく接するように並べられることが多い。ただし、墳端外側の平坦面や周堤上ではまばらとなる傾向がある。

　円筒埴輪列には、普通円筒埴輪の間に朝顔形円筒埴輪を数本おきに立てるのが一般的である。朝顔形円筒埴輪に代えて、鍔付の壺形埴輪を普通円筒埴輪に載せることも少なくない。また、壺形土器を円筒埴輪のように配列した例もある。

墳頂　円筒埴輪が区画の意味をもって列状に配置されるのに対し、形象埴輪は特定の場所にある意味をもって配列される。形象埴輪は、時代の推移にともなって、種類と配列の場所や方法が変化した。

　まず、前期の早い段階に、木柵を模すかたちで方形に囲う円筒埴輪列が現れる。この内側に、土と石の方形壇をともなうこともある。やがて、円筒埴輪列の内部に、家形埴輪が鶏形埴輪とともに置かれ、前期後半には、石山古墳（三重県・中期）のように、それらを蓋や盾、靫、甲冑などの武具を中心とする器財埴輪がとりまくようになる（図33）。こうした基本形態は後期まで続くが、そこに人物埴輪や動物埴輪が加わることはない。

段築のテラスなどの平坦面　段築のテラスや墳丘裾には、後期になると、各種の人物埴輪や動物埴輪が並べられるようになる。とくに関東に顕著であり、後述する周堤上や別区など、墳丘外での配列の変形として登場したと考えられている。段築のテラスでは、横穴式石室の開口部を意識したものが多く、テラスの広さや形の制約から、列状の配列をとりやすい。

　一方、中期後半以後、帆立貝式古墳の低平な前方部の墳頂平坦面に、同様の人物埴輪や動物埴輪が群をなして並ぶことがあり、やはり墳丘外での

埴輪群と共通した構成を示す。

造り出し・島状遺構　中期に定型化した造り出しには、祭祀の場として、特徴的な埴輪配列が見られることがある。行者塚古墳（兵庫県・中期）の西造り出しがその典型である。墳丘側の一辺に入口をもつ方形埴輪列の内部に家形埴輪群が置かれ、それらの前から供物形土製品が出土した。造り出しでは、こうした祭祀に人物埴輪や動物埴輪が加えられる場合もある。

造り出しと類似した施設に、島状遺構がある。巣山古墳（奈良県・中期）の例が典型で、それが造り出しと融合したものが宝塚1号墳（三重県・中期）の例と考えられている。これらは、周囲に州浜を表現して水鳥形埴輪などを配置し、水辺の光景をあらわす。周辺に囲形埴輪や舟形埴輪を置くこともあるので、島状遺構の周囲も注意深く観察する必要があり、この点は造り出しについても同様である。

周堤・別区　人物埴輪や動物埴輪のもっとも本格的な配列が、墳丘本体とは離れた周堤の上や別区などで見られる。今城塚古墳（大阪府・後期）では、柵形埴輪で分けられた四つの区画に、大型の家形埴輪と人物埴輪や動物埴輪が群をなして、多数配列されていた。

これらの内容の分析から、古墳時代の葬送儀礼や被葬者の生前のようすなどについて復元が試みられている。

4　竪穴系の埋葬施設

A　種　類

竪穴式石室　竪穴式石室は、棺を保護する施設であり、石を積み上げて構築された（図35）。壁面は、板状の石材を使用した板石積が基本であるが、亜角礫や角礫を用いることもある。その背後には控え積みをおこない、さらに裏込めとして、小円礫や土などを充塡する。

棺に合わせて、石を持ち送りながら構築するため、壁面は上にいくほど内側にせり出すものが多く、幅の狭くなった開口部に天井石を架ける。石室の上面は、一般に、粘土を亀甲状に盛り上げて覆うが（粘土被覆）、石材で覆う場合（石材被覆）もある。床面には、木棺を安置するため、通常、中央がくぼんだ粘土棺床を設ける。ただし、小礫を敷いた礫床を備えるものや、棺床に相当する施設がないものもある。

前期の竪穴式石室は、将軍山古墳（大阪府・前期）のように、長大な木棺の外形を反映して、内部空間は長さ6〜7mにも達する（図34）。幅は1m前後と狭長で、一方（頭側）の幅が広く、他方（足側）が狭いのが普通である。

棺は、前期後半から、一部の地域で石棺が採用されはじめ、中期には、室宮山古墳（奈良県・中期）など近畿の有力古墳を中心に、長持形石棺と竪穴式石室の組み合わせが定型化する。それとともに、竪穴式石室は前期のものより長さを減じ、幅広のものへと変化する。この型式の石室は、やがて形

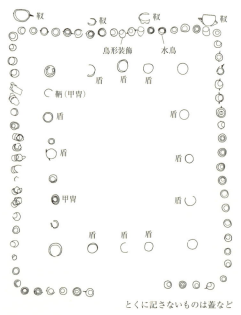

図33　墳頂平坦面の埴輪配列（石山古墳）

骸化して、中期のうちに姿を消す。

中期の中小古墳では、短小化した多様な竪穴式石室が採用された。そうした中には、朝鮮半島南部の石室の影響を直接的に受けたとみられる一群の存在も指摘されている。

粘土槨　粘土槨は、大量の粘土で棺を直接包んだ施設をいい、竪穴式石室の石材部分を粘土に置き換えたものと考えられている。構造的には、島の山古墳（奈良県・中期）（図版2上）のように、木棺を安置するための下半部の粘土棺床と、木棺上半部を覆う粘土被覆とに分かれる。

初期には、多量の粘土を用いたものが多いが、前期末以降、構造の簡略化とともに、粘土の使用量が減る傾向がある。中期には、木棺の短小化とともに規模が縮小し、粘土被覆をまったく省略するなど、形骸化が進む。

木棺直葬　棺を墓坑内に直接埋めることを、棺の直葬という。木棺を直葬したものを木棺直葬、石棺を直葬したものを石棺直葬とよぶ。

木棺直葬は、中小の古墳を中心に、もっとも広く採用された竪穴系埋葬施設である。墓坑底面に直接棺を置く例のほか、久宝寺1号墳（大阪府・前期）など、墓坑底面に土で棺床をつくる例も多い（図36）。

棺床は、平坦な墓坑底面に土を置いて全体にかさ上げし、木棺を置く部分をくぼめる場合と、墓坑の底面を木棺の大きさに合わせて掘りくぼめ、そこに土を貼りつける場合がある。棺の安置後、墓坑はそのまま土で埋め戻される。

その他の埋葬施設　古墳の竪穴系埋葬施設としては、このほかに、数は少ないものの、棺を礫で包んだ礫槨や、木炭で包んだ木炭槨がある。また、

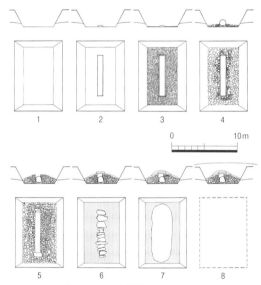

図35　竪穴式石室の構築過程

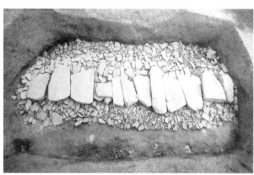

図34　竪穴式石室（将軍山古墳）

図36　木棺直葬（久宝寺1号墳）

第Ⅱ章 墳墓の調査

原間6号墳（香川県・中期）のように、棺を覆う箱状の施設を木材で構築した木槨の例もある。

古墳時代には、弥生時代とほとんど変わらない木棺墓や箱式石棺墓、土器棺墓、土坑墓なども存続した。木棺や箱式石棺は、小規模な古墳の埋葬施設に用いられることが多い。

B 墓坑

掘込墓坑と構築墓坑　大型の古墳では、通常、墳丘がある程度完成した段階で、盛り土の上面から墓坑を掘り込む。小規模な古墳では、地山を整形した面から掘り込むこともある。

このように、墓坑の大部分が土を掘り込んで造られた墓坑を、掘込墓坑とよぶ。これに対して、中央に空間を残して周囲に盛り土し、中央のくぼんだ部分を整形して墓坑とするものを、構築墓坑とよぶ。下半部を掘込墓坑、上半部を構築墓坑とした折衷的なありかたを示すこともある。

墓坑通路　墓坑に付属する施設として、外部から墓坑内へ通じる切り通し状の通路を設ける場合がある。墓坑掘削土の排出作業や埋葬施設の構築材の搬入作業、あるいは埋葬やそれにともなう儀礼のさいの通路という意味で、作業道や墓道などとよばれることもある。ここでは、機能を限定せず、墓坑通路とよぶ。

前方後円墳の後円部の埋葬施設では、墓坑通路は原則として前方部側に向かってのびる。埋葬施設を構築し、墓坑通路を埋めたのちに、改めて排水溝の掘方を掘削する例もあるが、前波長塚古墳のように、墓坑通路が排水溝の掘方を兼ねる例もある（図37）。

排水施設　前期の竪穴式石室や粘土槨では、防湿・排水のための処置を入念に施した例が知られている。墓坑の底面に小礫を厚く敷くなどして、棺床を周囲よりも高い位置に置き、排水溝を設けることが多い。排水溝は、素掘りの掘方の下部に礫を充填し、上部を埋め戻した暗渠とする。墓坑から墳丘外へ通じるものもある。

粘土槨や木棺直葬では、礫を充填した排水溝を周囲にめぐらすものや、棺床の下に穴を掘り、礫を詰めた集水用の設備をともなうものがある。

C 棺

木 棺　木棺は、古墳時代をつうじて使用された。地下水の影響で良好に遺存する例や、金属製品などに接した木質の一部が遺存する例もある。近畿を中心とした地域では、コウヤマキ製が圧倒的に多いことが知られている。

竪穴系埋葬施設でおもに使用されたのは、樹幹を半截し、内側を割り抜いて蓋と身とした刳抜式木棺と、板などの部材を組み合わせて製作した組合式木棺である。また、近畿では、中小の木棺直葬墳の一部に、鉄釘を使用して部材を結合した釘付式木棺が用いられた。

刳抜式木棺には、七廻り鏡塚古墳（栃木県・後期）など、底面を舟底状に加工した全体に扁平な舟形木棺（図38上）と、雨の宮1号墳（石川県・前期）など、両端を垂直に切り落とした円筒形を呈する割

図37　墓坑通路と排水溝（前波長塚古墳）

竹形木棺（51頁図55）の2種類がある。前〜中期前半には、長さ5〜6mを超える長大なものがしばしば見られ、中期をつうじて短小化する傾向がある。

組合式木棺には、平らな蓋が組み合う箱形木棺と、土保山古墳（大阪府・中期）のように、箱形の身に断面逆U字形の蒲鉾形の蓋が組み合う長持形木棺（図38下）の2種類がある。刳抜式木棺は、前期を中心に盛行した。組合式木棺は、前期にも見られるが、中〜後期に盛行する。

遺構のうえでは、刳抜式木棺は、断面がU字形の溝状の痕跡として残る。曲率がゆるやかなものや、曲率が一定せず、正円の一部をなさないものは舟形木棺、半円に近い場合は割竹形木棺が想定される。一方、断面がコの字形のものは、組合式木棺と推定できる。いずれも、通常はどちらかの小口の幅が広く、他方が狭い。原則として、幅の広い側が被葬者の頭位となる。

石 棺　箱式石棺を除くと、古墳時代で石棺が出現するのは、前期後半である。構造上、刳抜式石棺と組合式石棺に大別される。

竪穴系埋葬施設で用いた刳抜式石棺には、割竹形石棺と舟形石棺などがある。ともに、特定の地域で産出する凝灰岩や砂岩などで製作されることが多く、おもにその一帯の有力古墳で使われた。

割竹形石棺は、割竹形木棺の形態を石棺に写し

舟形木棺と箱形木棺（七廻り鏡塚古墳）

長持形木棺（土保山古墳）

図38　木棺の種類

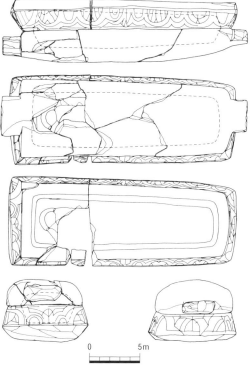

図39　舟形石棺（山頂古墳）

第Ⅱ章　墳墓の調査

たもので、初期の例ほど断面形が円形に近く、縄掛突起を除いた両端をまっすぐに切り落とした形状をとる。舟形石棺は、山頂古墳（福井県・前期）のように、身が舟底状をなし、頂部が平坦な蓋をもつ扁平なものが多いが（図39）、さまざまな形態がある。

組合式石棺の代表例は、長持形石棺である。その祖型は、松岳山古墳（大阪府・前期）など前期後半に出現し、中期には室宮山古墳のように定型化した（図40）。

棺身は、底石の上に側石を載せ、短側石を長側石ではさんで組み合わせる。短側石の上端は弧状に加工し、蒲鉾形の蓋石を載せる。兵庫県で産出する凝灰岩（竜山石）で製作されたものが、近畿を中心に、大型古墳で多く用いられた。

九州から関東までの広い地域でも、大型古墳を中心に、長持形石棺の影響を受けたとみられる組合式石棺が点々と見られる。

その他の棺　以上のほかに、円筒埴輪を転用した埴輪棺や、埴輪製作技術で作られた円筒棺がある。また、土器棺、舟材などを転用した木棺、弥生時代以来の箱式石棺なども用いられた。

D　副葬品の配置

棺内と棺外　竪穴系埋葬施設の副葬品は、棺内に置くものと、棺外に置くものとがある。

竪穴式石室では、棺外副葬品は、棺と側壁の間のわずかな隙間に置かれることが多い。

棺外にそうした空間のない粘土槨や木棺直葬では、棺外副葬品は、棺の脇に添えて棺床上に置かれる。棺側に、副葬品を置くための平坦面を設けるものもある。中期古墳では、そこに革盾や槍などを並べた例がしばしば見られる。

このほか、墓坑を埋め戻す過程で、副葬品をまとめて置くことがあり、そうした副葬品を納めるための箱が確認された例もある。

副葬品埋納施設　遺体を埋葬する埋葬施設とは別に、副葬品を納めるための施設をとくに設ける場合もある。

前期の竪穴式石室では、埋葬用の石室（主室）のかたわらに、簡略化した石室や特殊構造の小石室（副室）を設けて副葬品を納めた例がある。粘土槨や木棺直葬では、遺体を納めた木棺以外に、副葬品のみを納めた木棺を置くことがある。土保山古墳では、両者がほぼ同形同大であった。

大型の前方後円墳では、副葬品埋納施設を前方部に設けたものや、副葬品埋納用の小墳丘を別に築造したものがある。

5　横穴系の埋葬施設

A　種　類

横穴式石室　横穴系の埋葬施設は、基本的に、遺体や棺を納める玄室の一方の壁に、羨道などの通路を設けた構造となっている。一般的に見られるのは、石を積み上げて構築した横穴式石室である（図41-1～3）。

横穴式石室は、前期末～中期初めに朝鮮半島か

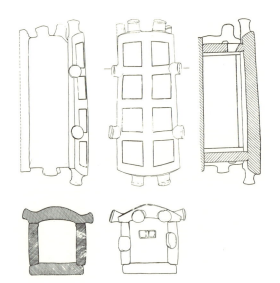

図40　長持形石棺（室宮山古墳）

ら伝わり、まず九州北部の玄界灘沿岸の大型古墳に導入された。その後、九州の北部や中部、近畿中央部が核となり、これらの地域で主流となった石室の型式が各地に伝播する。後期以降は、羨道や前室にも棺や遺体を安置する例が増加した。

横穴式石室の場合、その重量を支えるための強固な基盤が必要となる。小規模な古墳では、通常、地山を基盤とするが、大規模な古墳になると、盛り土を基盤とすることも多く、構造を強固にするためのさまざまな工夫が施される。

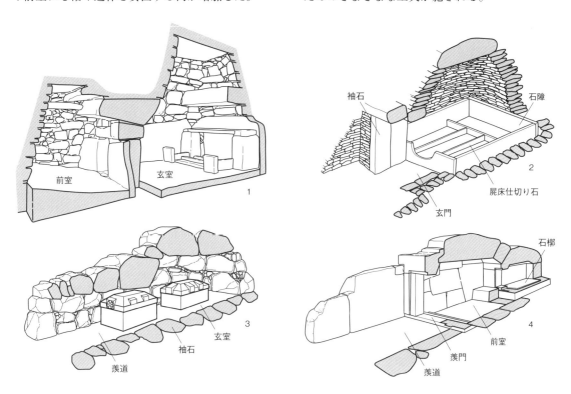

1：九州北部の横穴式石室　2：九州中部の横穴式石室　3：近畿中央部の横穴式石室　4：横口式石槨
図41　横穴系埋葬施設の構造

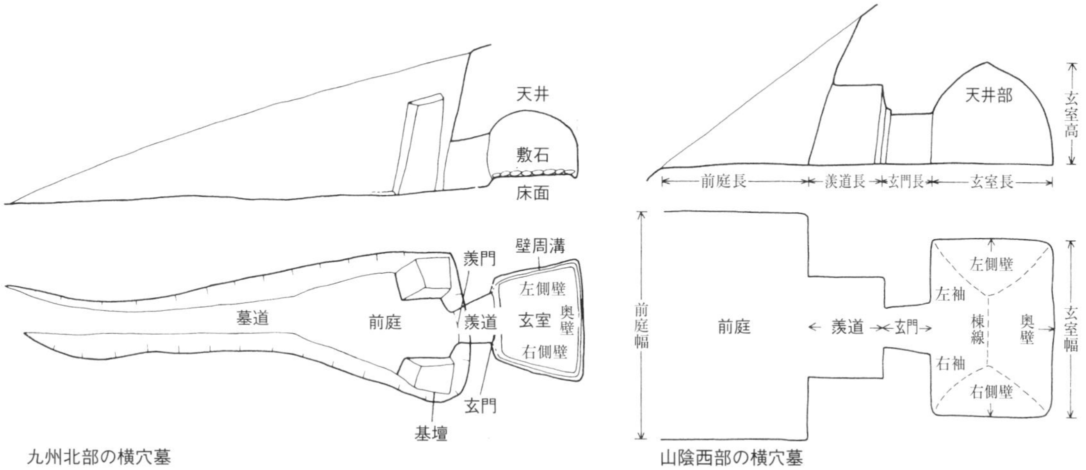

図42　横穴墓の構造と名称

今城塚古墳では、石室の基底部を支える大がかりな石組が見つかっている。また、熊野神社古墳では、掘込地業をおこなったのちに横穴式石室を構築している。

竪穴系横口式石室　竪穴式石室の短辺に横口を設け、斜め上方にのびる短い羨道や墓道がとりつくものを、竪穴系横口式石室とよぶ。無袖ないし両袖で、玄門部には石を積むなどして閉塞する。天井は平らで、玄室の平面は長方形を呈する。

横口式石槨　石槨に羨道や墓道がつくものなどを、横口式石槨という。小規模な床石をともなうこともある。羨道をもつ場合は、一般に、羨道の幅が石槨より広い。朝鮮半島の石室や家形石棺に構造上の系譜が求められる例がある。観音塚古墳（大阪府・7世紀）のように、丁寧に加工した切石を用いることが多いが（図41-4）、巨石を割り抜いたものもある。

横穴墓　加工が容易な凝灰岩などの地盤の丘陵斜面を水平方向に掘削し、羨道や玄室などを設けるものを、横穴墓とよぶ。墓道や前庭、羨道の一部を石で構築する場合もある。また、先述のように、墳丘をともなうこともある。

横穴墓の形態はさまざまであり（図42）、とくに玄室の平面形や天井の形態は、系譜や地域差を強く反映している。棺を使用しない例や、木棺または石棺を安置した例のほか、屍床を造り出したものや、須恵器の屍床をともなうものもある。

B　棺と屍床

木棺　横穴系の埋葬施設に納められた棺のうち、もっとも一般的なものは木棺である。棺材が遺存していない場合でも、木棺の部材を結合した釘や鎹などが出土すれば、旭山E-9号墳（京都府・7世紀）のような釘付式箱形木棺と推定できる（図

木芯粘土室

丸太で組んだ骨組みの上部を粘土で覆って構築した横口式の埋葬施設を、木芯粘土室あるいは横穴式木室とよんでいる。また、そのうち、埋葬後に内部に火をかけたものを、カマド（竈）塚とよぶ場合がある。

近畿や東海、北陸などの須恵器生産地周辺で多く検出され、須恵器生産者と関連する墳墓とみる説もある。上寺山古墳（大阪府・後期）は、構造がよくわかる例である（図43）。

木芯粘土室の調査では、通常の横穴系埋葬施設と同様に、埋葬位置や棺の構造、副葬品の出土状況などを明らかにするとともに、平面と断面の観察により、柱穴の配置や上屋の構造についても検討する必要がある。

なお、火を受けた棺材などが出土すれば、埋葬後に埋葬施設内部に火がかけられたことを示す有力な証拠となる。

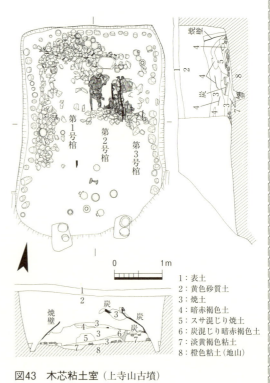

図43　木芯粘土室（上寺山古墳）

44-2)。この種の木棺は、近畿中央部や山陽東部など特定の地域に偏る傾向がある。

そうした金具を用いない木棺としては、葉佐池古墳（愛媛県・後期）などの組合式箱形木棺がある（図44-1）。このほか、寺口忍海E-21号墳（奈良県・後期）のように、床面に残る木棺の底の痕跡から、刳抜式木棺の存在を推定できた例もあるが、ごく少ない。

石棺　刳抜式石棺としては、藤ノ木古墳（奈良県・後期）のような刳抜式家形石棺がある（図44-3）。また、組合式石棺としては、御旅所北古墳（大阪府・後期）などの家形石棺（図44-4）や箱式石棺が多く見られる。

刳抜式家形石棺の石材には、熊本県の阿蘇溶結凝灰岩や兵庫県の凝灰岩、大阪府の二上山凝灰岩などが多用された。これらは、近畿やその周辺の大型古墳を中心に用いられており、棺の階層性がうかがえる。

陶棺　陶棺は、土師質と須恵質に大別され、屋根の形状や脚の数で細分される。近畿中央部や山陽東部などに偏在する。蓋や身に格子状の突帯をつけた亀甲形陶棺のほか、定西塚古墳（岡山県・後期）のように切妻や寄棟の屋根をもつ家形陶棺も見られる（図44-5）。

漆棺　7世紀になると、木棺や陶棺、石棺の表面に漆を塗ったり、布を漆で貼り固めたりした漆棺が現れる。薄い木板を用いた釘付式箱形木棺を胎として、混和材を混ぜた漆で布を貼り重ねながら固め、表面に精製した漆を塗って仕上げたものを、漆塗り木棺とよぶ。一方、木胎がなく、布を漆で貼り重ねて作ったものを、夾紵棺とよぶ。このほか、籠を胎とした漆塗り籠棺や、夾紵棺と同様の手法で製作した棺台も知られている。漆棺は、身分が高い人物の墓に採用された。

屍床・石障・石屋形　近畿中央部の横穴式石室は、棺を用いる例がほとんどだが、九州北部や九

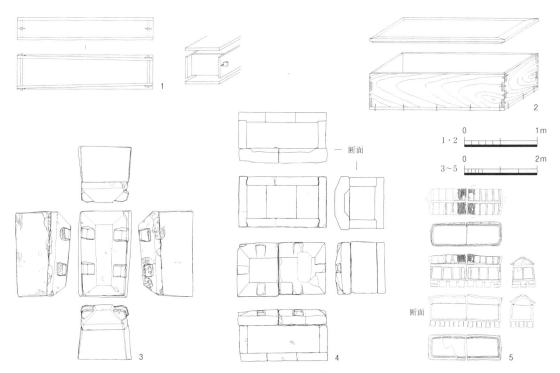

1：組合式箱形木棺　2：釘付式箱形木棺　3：刳抜式家形石棺　4：組合式家形石棺　5：陶棺
図44　横穴系埋葬施設に納めた棺

州中部の横穴式石室では、棺を用いず、屍床仕切り石で玄室内をいくつかの屍床に区画し、遺体を安置することもある。九州中部では、玄室の四壁に沿って石障(せきしょう)を立てる例も多い(39頁)。

屍床は、玄室の奥壁沿いに1基、左右の側壁沿いに各1基をコの字形に設けたものが目立つ。このほか、後期の九州中部を中心として、家形石棺の前面を開放したようなかたちに板石を組んだ石屋形(いしやかた)を奥壁沿いに設けた例がある。

石障や石屋形には、玄室の壁面とともに、彫刻や顔料の塗布により文様が描かれる場合がある。こうした装飾古墳は、九州の北部や中部を中心として分布する。

C 副葬品の配置

棺内 横穴系の埋葬施設では、追葬のための空間を確保する目的で、以前の埋葬にともなう副葬品や、ときには遺体までも、石室の隅や羨道などに片づけることがある。また、開口しやすい構造のため、盗掘されているものも多い。したがって、竪穴系の埋葬施設に比べると、副葬品が本来の配置をとどめている例はごく少ない。

副葬品を置く位置は、棺内または屍床内と、棺外または屍床外とに大きく分かれる。前者には、装身具などが多く見られ、遺体に着装した状態で納められていた可能性がある。

棺外 棺外または屍床外で副葬品を置く空間としては、玄室の棺や屍床の周囲、袖部、羨道、前室などがある。

棺や屍床の周囲には、装飾性の高い武具や馬具、装身具が置かれることが多い。また、棺や屍床の前面には須恵器などの土器が副葬されることがあり、とくに袖部や閉塞部の外側には、須恵器の甕や壺といった大型の容器を置いた例がある。このほか、国富中村古墳(くにどみなかむら)(島根県・後期)(図版1)のように、袖部などの壁面に副葬品を立てかけていたものもある。

6 発掘方法と留意点

ここでは、おもに古墳の発掘方法と留意点を述べる。土坑墓については発掘編(196頁)、木棺墓については前節(14頁)を参照されたい。

A 墳丘と周濠の発掘

表土の掘り下げ 表土の掘り下げは、事前に設定した基準線に合わせて土層観察用畦(あぜ)を残し、墳頂部から墳端に向かって面的に進める。

墳頂部や段築のテラスでは、埋葬施設上の方形壇などの高まりや木棺の腐朽による落ち込み、柵、柱穴、石敷、木製立物を立てた痕跡といったさまざまな遺構のほか、埴輪や祭祀土器、供物形土製品、石製品などの遺物の存在に注意しつつ、掘り下げをおこなう。

葺石の発掘 葺石をもつ古墳では、崩落した葺石は記録したうえで取りはずし、本来の葺石面を検出する。墳丘から転落した葺石の量によって、本来の葺石の高さを復元できる可能性もあり、その把握にも努めたい。ただし、本来の葺石面が崩落し、裏込めが露出している場合もあるので、それを葺石面と誤認しないようにする。

葺石の記録としては、平面図や立面図と主要部分の断面図が必要である。葺石には、井出二子山(いでふたごやま)古墳(群馬県・中期)のように、目地の通った石列が一定間隔で見られることがある(44頁図47)。こうした石列で区画された施工単位や、葺石面の不連続と石使いの異同、基底石の設置方法などにも注意して記録する。

なお、後期古墳では、墳端に石を積み上げた外護列石(がいごれっせき)をもつ例があるが、列石の一部が墳丘の盛り土で覆われている場合や、墳丘の内部に構築された石列が、盛り土の流出によって露出している場合もある。これらは、墳丘との関係を確認し、掘りすぎないようにする。

装飾古墳

装飾古墳とは　石棺や横穴式石室の内部には、彩色や線刻、彫刻などで絵や文様を描いたものがあり、これらを装飾古墳と総称している。古墳時代前期後半～終末期にかけて、全国で約600基が確認されているが、盛行するのは後期と7世紀以降の終末期である。

前～中期前半の段階では、石棺の蓋や身の部分に線刻や彫刻を施す例が中心だが、中期後半になると、横穴式石室の壁面や石障などに彩色する例が九州を中心に出現し、後～終末期にかけては関東や東北にまで分布が拡大する。

装飾の主題としては、円文や三角文をはじめとする幾何学文様のほか、人物、舟、武器、武具、動物など、さまざまな図文があり、それらが複雑に組み合うこともある。竹原古墳（福岡県・後期）では、人物と馬、翳などが描かれ、説話の一場面を表現したものと考えられている（図45）。また、高井田横穴（大阪府・後期）では、舟や人物の線刻が多く見られ（図46）、主題を意図的に選択していることがうかがえる。

終末期には、高松塚古墳やキトラ古墳（ともに奈良県）のように、漆喰を塗った石室壁面に、四神や人物群像などを描いた例もある。これらは、中国や朝鮮半島の壁画墓の影響を受けたものと推定されている。

装飾の調査　埋葬施設に装飾が発見された場合、装飾の種類やその状況によっては、外気に触れた段階から劣化が始まるので、写真や図面ですみやかに現状を記録する。写真撮影では、彩色を正確に記録できるように、使用フィルムや照明などにも配慮する。また、写真測量（発掘編236頁）のほか、線刻や彫刻では三次元レーザー測量（同239頁）の併用も有効である。

こうした装飾については、類例の増加や研究の進展、技術の進歩で理解が深まったり、情報把握の精度が向上したりして、あらたな知見が得られることもある。そのため、古い時期の記録しかないときは、再実測や再撮影などをおこない、改めて記録を作成することが望ましい。

埋葬施設内部の環境も、定期的に記録をとりながら監視することが重要である。とくに、彩色は環境変化に大きな影響を受けるため、発見当初の温湿度環境などを把握したうえで、変化が生じないよう対処することが欠かせない。

図45　彩色壁画（竹原古墳）

図46　線刻壁画（高井田横穴）

第Ⅱ章　墳墓の調査

周濠の発掘　周濠についても、墳丘に設定した基準線（29頁）を利用して、発掘区や土層観察用畦を設定する。

周濠の発掘では、造り出しや島状遺構、周堤、渡り土手といった施設のほか、木製構造物が存在する可能性にも留意する。土層の変化や石、木材、遺物に注意し、一気に掘り下げるのは避ける。

上記の施設上の平坦面や周濠の底面などでは、祭祀関係の遺物が出土することも予想される。また、造り出し近くの墳端の濠底に石敷を施して、導水施設をあらわす囲形埴輪を置いた例も知られている。

周濠に堆積した土は水分を多く含むため、各種の有機質遺物がしばしば遺存する。木製品としては、鋤や鍬をはじめとする耕具のほか、箕や修羅といった運搬具、木製立物などの祭具、柵などの建築部材、舟の部材などの出土例がある。このほか、自然木や種実類などが出土することも多く、それらは古墳周辺の植生や植物利用のありかたを反映している可能性があるので、必要に応じて自然科学分析をおこなう（発掘編265頁）。

周濠の土層観察では、土地利用の変遷にも着目する必要があり、花粉分析をはじめとする自然科学分析も活用したい。また、周濠の外側に周堤が存在する可能性も考慮して、周濠外の埴輪の分布や盛り土の有無、周堤のさらに外側をめぐる溝の存在などにも留意する。

群集墳の場合は、周濠（周溝）どうしの重複関係の把握が重要である。先行する古墳を避けるために、周濠の平面形が歪んだものもあり、古墳の築造順序を知る手がかりとなる。

なお、周濠内や墳丘の周辺には、新井原12号墳（長野県・中期）のように、馬を埋葬した土坑など関連遺構が存在することもある。

周濠のない古墳の発掘　周濠をもたない古墳では、墳丘に連続する面を確認することが欠かせない。地山削り出しの部分と盛り土部分の識別や、墓道の検出、地形の整形状況などを確認し、遺物の出土状況にも注意を払う。

墳丘築造方法の調査　墳丘の表面を露出させて記録したのち、埴輪など外表の遺物の調査と取り上げ、埋葬施設と墳丘の精査・解体などの作業をおこなう。埴輪配列や埋葬施設の発掘については後述するので（47頁）、ここでは、横穴式石室をもつ如来2号墳（群馬県・7世紀）を例にとり、墳丘の築造方法を明らかにするための墳丘解体調査の手順を述べる（図48）。

墳丘の解体には、土層観察用畦を残しつつ、盛り土を層位的に掘り下げていく方式と、トレンチを密に設定して断ち割りを優先し、その土層断面を観察する方式がある。

横穴式石室をもつ古墳では、石室の石材の積み上げと墳丘の築造が連動するため、積み上げ過程にある盛り土の上面が、そのつど、石材を運び上げる斜路として機能したと考えられる。その過程

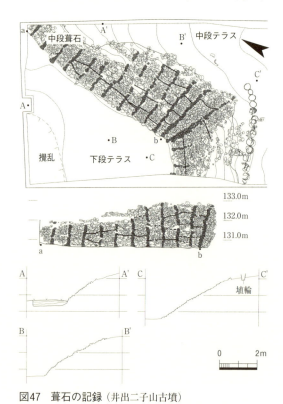

図47　葺石の記録（井出二子山古墳）

を土層断面から読み解くことが重要である。

トレンチは、横穴式石室の主軸に直交する位置や、石室の奥壁背後の主軸に沿った位置に設定するほか、掘方のない石室の場合などでは、石室の主軸に斜交する位置に設けるのも有効である。

各トレンチでは、平面観察をおこないながら地山まで掘り下げ、土層断面を記録する。そのさいには、平面と土層断面の位置関係を正確に把握できるよう、基準となる点を平面図と断面図の双方に明記する。そして、盛り土の単位やその広がりを追跡するとともに、硬化面などについても記録をとる。また、石室の石材や裏込め、墳丘盛り土の関係も把握する。

盛り土の観察では、墳丘の中心部を築成してから外側に土を盛ったのか、周囲に盛り土して環状の高まりや一定の高さの平坦な壇を造成したのち、内側に土を充填したのか、版築状の基盤造成が見られるのか、などの点に注意したい（図49）。

このほかにも、地域や時期、墳丘の規模、埋葬施設の種類などにより、墳丘の築造には多様な方法が採用されている可能性も念頭におく。

盛り土の単位や層の厚さ、土質の選択なども、重要な観察項目となる。盛り土は、切り取った土の塊や、土を入れた土嚢を積み上げたものがある。

図48　墳丘の解体調査（如来2号墳）

第Ⅱ章　墳墓の調査

また、岩谷古墳（山口県・後期）のように、横穴式石室を覆う第一次墳丘と、その上にさらに土を積み重ねて築造した第二次墳丘とに区別できる例もある（図50）。

墳丘の土層観察や記録が終了したのち、土層観察用畔を撤去して、石室の石材を取りはずす。石室の解体については後述する（56頁）。

地山の調査　墳丘の盛り土を掘り下げたあとは、地山の情報を記録する。そのさいには、基盤の造成、草木の焼き払い処理、築造前の祭祀痕跡などの有無について確認する。このほか、人形塚古墳（千葉県・後期）に見られるような設計線（図51）が掘り込まれていないか、設計の基準となった杭の痕跡などがないかも注意する。

墳丘の盛り土の下には、竪穴建物や掘立柱建物、畑、周溝墓など、先行する別の遺構が良好に遺存することもある。こうした下層遺構は、墳丘解体調査の副産物といえるが、それによって、古墳築造の上限が知られ、以前の土地利用状況が明らかになる場合もある。

保存目的調査　保存目的調査では、墳形や墳丘規模を把握するのに必要な最小限の範囲を調査対象とする。そのため、トレンチの位置や規模を十分に検討したうえで、発掘作業に着手する。墳丘の掘り下げや断ち割りは最小限にとどめる。葺石がある場合は、脱落などが生じないよう、遺構の保全に注意しながら作業を進める。

トレンチの埋め戻しにあたっては、その部分の崩落を防ぐため、土嚢などで補強するのも有効である。埋め戻しの終了後も、土が安定するまでの間、定期的な見回りが求められる。

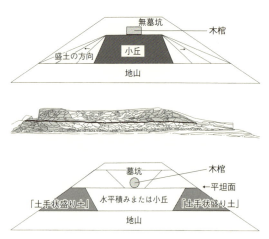

図49　墳丘の築造方法

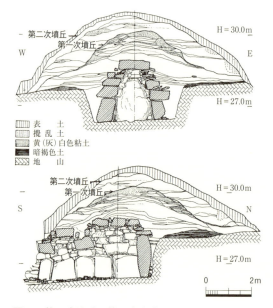

図50　第一次墳丘と第二次墳丘（岩谷古墳）

図51　墳丘下の設計線（人形塚古墳）

B　埴輪列の発掘

円筒埴輪列の記録と取り上げ　円筒埴輪列の発掘では、それらを立てた手順や方法、完成時の状態などを解明することを目的とする。そのさいには、葺石や敷石の施工との関係、埴輪列内外の柱穴との関係などを常に意識する必要がある。

まず、墳丘崩落土や攪乱土などに混じって埴輪片が出土する段階では、グリッド単位で層位ごとに取り上げる。埴輪がもとの形態をある程度とどめている場合は、出土状況を適宜図化し（図52-3）、そのまとまりごとに取り上げる。

掘り下げが進み、原位置に近い状態で倒壊するなどして、割れ落ちた埴輪片が出土した場合には、すぐに取り上げることは避け、周囲の状況もよく観察して、相互の位置関係が確認できるように図面や写真で記録する。

埴輪基底部の輪郭がある程度見え、埴輪片が周囲に集中して出土し始めた段階では、さらに詳細な検討が必要となる。残存する埴輪基底部に識別番号（H1、H2…など）をふり、図に記入する。そして、周囲の埴輪片については、個々の基底部との位置関係を明記し（H1内やH1東など）、出土状況が有意なものと判断した場合は、写真を撮影し、

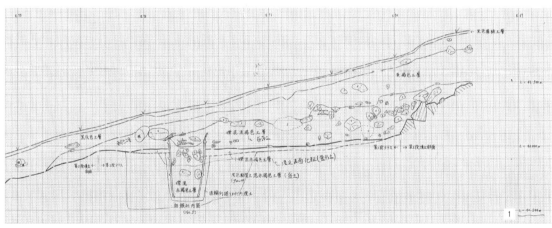

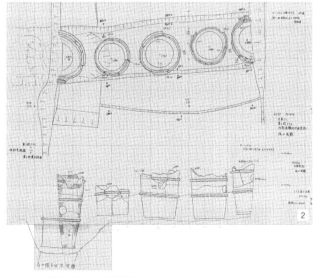

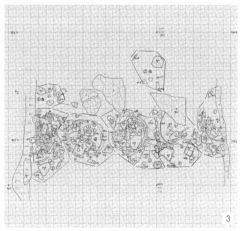

1　埴輪列と墳丘、流出土の関係を示した断面図
2　埴輪列の平面図と立面図
3　埴輪列検出時の取り上げ図

図52　円筒埴輪列の実測例（行者塚古墳）

第Ⅱ章　墳墓の調査

　必要に応じて図化をおこなう。図化した破片には、標高も記入しておく。
　こうした破片の記録や取り上げとあわせて、埴輪を立てたときの、段築のテラスや墳頂平坦面の最終仕上げ面を確認する。埴輪のまわりに礫を敷き詰めているものはわかりやすいが、そうでないものは、断面観察により確認する（図52-1）。
　本来の位置をとどめる埴輪が、基底部からある程度の高さまで復元可能な場合は、破片を一時的に接合して、できるだけ往時に近い状態にし、写真撮影や図化をおこなうことも試みたい。これらの接合では、接着剤は用いず、竹ヒゴなどで支える程度でよい。

埴輪列掘方の検出と掘り下げ　円筒埴輪は、基底部を土中に埋め込んで立てる。掘方を設けて立てるものには、円筒埴輪1本ごとに壺掘り状の掘方を掘って立てる場合と、布掘り状の掘方を掘り、数本を立て並べる場合とがある。
　布掘り状の掘方では、個々の埴輪の高さを揃えるため、底に土を入れてかさ上げすることが多く、掘方の底が埴輪の底面よりかなり低い例がある。一方、埴輪の基底部を打ち欠いて高さを調節した例も少なくない。なお、布掘り状の掘方には、まれに作業単位が認められる。
　こうした掘方は、埴輪基底部を検出した状況で確認できることもあるが、通常は、埴輪周囲の土をある程度掘り下げないと認識できない。また、掘方がまったくない例もあり、これらについては、埴輪の設置後に土を盛って基底部を埋め込んだ可能性が考えられる。したがって、断ち割りや断面観察などによって、埴輪を立てた方法を確かめることが必要である。
　つづいて、掘方をともなうものについては、掘方の埋土を埴輪列の軸線に沿って掘方の底まで半截し、断面と埴輪の一側面を先の立面図に描き足す（図52-2）。
　また、この段階で、掘方の有無にかかわらず、埴輪の内部の土も半截するなどして観察し、埴輪を安定させるために、埴輪円筒の中に礫や土を入れたりしていないか確認する。それらの記録ののち、残った埋土を掘り上げ、埴輪を取り上げる。そのさいには、上部の透かし孔がどちらを向いていたのかなどが復元できるように、図面や写真と照合できる目印をつけておくとよい。
　円筒埴輪を取り上げたあとは、掘方に作業単位が認められないかどうかなどを検討する。

形象埴輪の発掘　形象埴輪の検出や取り上げなどの方法は、円筒埴輪と基本的に変わらない。しかし、円筒埴輪とは違って、基底部を埋め込まずに据え置いたものもあるので、基底部の有無にかかわらず、ある程度の大きさの破片は、写真や図面で出土状況を記録したうえで取り上げる。
　形象埴輪が面的な広がりをもって分布する場合は、その範囲に方眼を設定して記録するのが有効である。そのさい、人物埴輪や動物埴輪などは、置かれた向きが問題となるので、図化や取り上げのさいに、それが判別できるようにする。
　こうした形象埴輪の配列は、当時の人々の古墳や死後の世界についての考え方を反映している。その配列の復元や、そこに示された場面の解釈の当否は、発掘作業の精度や情報の質と量に大きく左右されることを認識しておきたい。

周濠内や墳丘斜面の埴輪の発掘　周濠内や墳丘斜面から出土する埴輪は、立てた場所から移動していることが多いが、本来の位置や配列に関する情報をとどめる場合は、出土状況を記録する。
　また、埴輪が周濠に倒れ込んだり、転落したりした状況が認められるときは、周濠の底よりかなり高い位置であっても、本来はどこにあったものが、どの段階で転落したか、という視点から記録する。このためには、土層観察用畦の設定と土層の十分な検討が不可欠であり、それによって、埴輪を包含する土層の成因や流れ込みの状況を明らかにする。

C 竪穴系埋葬施設の発掘

発掘調査の流れ　竪穴系の埋葬施設では、埋葬施設の構築と埋葬とを一体的におこなうため、儀礼を含めて、埋葬にともなうさまざまな行為の痕跡が累積的に残されている。発掘調査では、そうした行為全体の復元を念頭におき、遺構や遺物の関係の把握に努める。

　発掘作業は、原則として、埋葬施設の構築や、それと同時に進めたとみられる埋葬の手順を逆に遡る。大まかには、墓坑の検出→墓坑の掘り下げ→埋葬施設の検出→埋葬施設内部の掘り下げ→副葬品の検出→副葬品の取り上げ→墓坑の完掘、という手順で進めることになる。

　竪穴系埋葬施設の平面形は、一般に、遺体を中心として左右対称で、主軸が明確である。したがって、埋葬施設を発掘するさいの基準線は、通常、その主軸と中心点をもとに設定する。ただし、掘り下げ前にそれらの位置を知るのは困難なため、当初は墳丘の主軸または平面直角座標系による基準線（30頁）を使用し、墓坑や埋葬施設の形状を観察しつつ、適宜、基準線を見直していくという方法をとることが多い。

墓坑の検出と掘り下げ　まず、埋葬施設を覆う盛り土を少しずつ掘り下げながら、面ごとに平面を精査し、墓坑の掘り込み面を確認する。盛り土の上から墓坑を掘り込んだものでは、墳丘の盛り土と墓坑埋土とが類似し、掘り込み面の確認が容易でない場合もあるので、この作業は慎重におこなうことが求められる。

　墓坑の平面が検出できれば、土層の変化に注意しつつ、墓坑埋土を平面的に掘り下げる。そのさいには、墓坑の埋め戻し手順を明らかにするために、埋葬施設の主軸方向とそれに直交する方向に土層観察用畦を設定するか、四分法を用いるかして（発掘編124頁）、墓坑埋土の状況を記録する。こうした土層観察は、埋葬施設内部を掘り下げる場合も、同様に必要である。

盗掘坑　古墳の埋葬施設は盗掘を受けていることが多く、盗掘坑が地表面にくぼみとして残るものもある。それらは、後世の人々による古墳への働きかけの痕跡であり、古墳にともなう遺構の一つとして取り扱う。盗掘坑の形状はさまざまで、複数の盗掘坑が重複していることもあるので、平面と断面を十分検討し、個々の形状や重複関係などをできるだけ明らかにする。

　盗掘坑は、基本的に、埋葬施設の掘り下げに先立って完掘する。埋土中には、掻き出された副葬品や埋葬施設の用材の一部が混じることがある。また、盗掘坑の壁に埋葬施設の断面が現れていることもしばしばあるため、壁面を十分に観察し、埋葬施設に関する情報の収集に努める。

陥没痕　埋葬施設自体の陥没痕が見つかることも多い。木部が腐朽して内部空間がつぶれたり、天井石が落下したりして生じたもので、通常は、後出（うしで）2号墳（奈良県・中期）のように、陥没部に腐植土などが溜まり、黒っぽい有機質土層を形成する（図53）。

　陥没痕は、埋葬施設の位置や方向などを推測する手がかりとなる。反面、陥没にともなう土層の不整合や遺物の移動を意識せずに発掘すると、思わぬ誤りを犯すおそれがあるので、注意したい。

埋葬施設の検出と内部の掘り下げ　竪穴式石室では、埋葬施設を覆う粘土などを除去したのち、

図53　木棺の陥没痕（後出2号墳）

天井石を取り上げる。ただし、石室の遺存状態によって対応が大きく異なるため、安全にも十分配慮したうえで方針を決定する。

　石室内部の堆積土は、おもに二次的に流入した土であるが、有機質の副葬品や木棺の痕跡などにも注意して、慎重に掘り下げる。

　粘土槨の粘土被覆は、内部に納めた木棺の腐朽により、陥没しているものが多い。棺内に落ち込んだ粘土は、土質の差や赤色顔料の塗布面などを手がかりとして、丁寧に除去する。断面と平面を精査し、粘土の単位や積み方にも留意しながら、粘土棺床と粘土被覆を掘り分ける。

　竪穴式石室の壁面や天井、床面、粘土槨の粘土の表面には、しばしば赤色顔料が塗布される。雨の宮1号墳のように、棒や握りこぶしで粘土を叩き締めた痕跡や、布の圧痕、踏みならしたさいの足形などが残る例もある（図54）。下池山古墳（奈良県・前期）では、粘土中に数層にわたって粗布を敷き込んでいた。これらの検出では、粘土の表面をできるだけ傷つけないように心がけるとともに、掘り下げにあたって、分析用の試料を適宜採取することが求められる。

　このほか、竪穴式石室の裏込め土や粘土槨の粘土、墓坑の埋土の中に鉄製品などが埋め込まれている場合もあるので、注意したい。

木棺直葬の検出と掘り下げ　　木棺は、土中で腐朽していく過程で蓋の上部などが土圧でつぶれ、内部の空間に墓坑埋土が入り込む。この内部に入り込んだ土と、木棺の周囲を埋め戻した土との微妙な違いが、木棺痕跡として認識できる。棺材の部分が、性質の異なる土に置き換わっていることもある。

　木棺の痕跡を検出するさいの要点は、棺の内外での土質の違いを、できるだけ高い位置で見つけることである。そのためには、墓坑埋土に残された陥没痕を注意深く追って掘り下げるとともに、土質の微妙な差を見落とさないよう、平面精査と断面観察を繰り返す必要がある。

　木棺直葬では、棺床の土と、木棺安置後に墓坑を埋め戻した土とを識別することも重要となる。棺外遺物は、通常、棺床の土の上面に置かれるので、掘りすぎて遺物が周囲から浮き上がってしまわないよう注意する。

副葬品の検出と取り上げ　　副葬品や人骨などを検出し、破損しないように取り上げるには、棺の内外の土を慎重かつ精密に掘り下げなければならない。このため、掘り下げには移植ゴテや竹ベラなどを使用し、刷毛や筆、エアーブラシ、乾湿両用掃除機なども利用する。

　掘り上げた土には、玉などの微細な遺物が含まれている可能性があるので、盗掘坑の埋土も含めて、すべてを水洗選別やフルイにかける。鏡の周辺の土などは、できれば鏡とともにそのまま切り取って持ち帰り、室内で観察や分析をおこないたい。切り取らずに持ち帰った土も、水洗選別やフルイかけの前にX線透過撮影をおこない、あらかじめ微細な破片を回収しておくのが望ましい。

　土中に長期間埋まっていた副葬品は、発掘によって環境が変化し、劣化が急速に進行する場合がある。副葬品の検出や出土状態の保全、取り上げでは、現地で保存科学の専門家の助言を受けつつ、共同して作業にあたるようにする。

　近年は、X線CT（整理編82頁）をはじめ、微細な有機物の痕跡などからさまざまな情報を引き出

図54　粘土槨に残る叩き締め痕跡（雨の宮1号墳）

す技術も進歩しており、発掘作業での副葬品の取扱いにはいっそうの配慮が求められる。

棺の取扱い　棺は、埋葬施設を構成する遺構としての十分な記録を作成したうえで取り上げる。

箱式石棺のように、特別な加工を施さない板石を組み合わせた石棺は、全体構造が把握できる記録を現地で作成し、棺材の板石は試料を持ち帰る程度にとどめることが多いが、記録保存調査などではすべて持ち帰り、活用することもある。

木棺痕跡　粘土槨や木棺直葬では、腐朽した木棺の痕跡が、空洞や締まりのない土として残っていることがある。とくに、粘土槨の場合は、粘土被覆が陥没しているものでも、粘土で木棺を直接包み込む構造のため、木棺の外形をかなり正確に復元できる条件を備えている。状況によっては、雨の宮１号墳のように、棺の形態や小口面の縄掛突起の配置と形状など、外形的な特徴まで明らかにできることもある（図55）。

棺内の構造についても、赤色顔料の塗布状況から、棺内の仕切りが明らかにされた例や、枕の痕跡が検出された木棺直葬の例があるので、問題意識をもった丁寧な調査をおこなう。

墓坑構造の把握　記録保存調査で墓坑を完掘する場合、構築墓坑（36頁）では、墳丘の解体調査に合わせて、墓坑の構築状況を明らかにする必要がある。一方、墓坑がないものでは、埋葬施設の掘り下げと墳丘の部分的解体を並行して進めることになる。

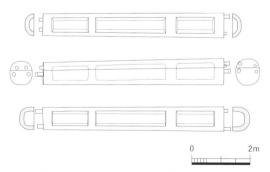

図55　木棺痕跡による木棺の復元（雨の宮１号墳）

保存目的調査では、それぞれの調査目的に応じて、明らかにすべき点を整理し、必要な作業を絞り込んで実施することが求められる。断ち割りなど、部分的な掘り下げによって十分な情報が得られるのであれば、発掘範囲を最小限にとどめる方法を選択する。面的に掘り下げる場合にも、土層観察用畦を残し、再検証が可能なようにする。副葬品などの出土遺物をすべて取り上げるかどうかは、遺跡保存の観点のほか、保存環境の問題や盗掘の危険性の有無も含めて専門家の意見を求め、総合的に判断する。

記録作成の留意点　石室など、遺構実測の具体的な方法は、後述する横穴系埋葬施設の場合と同様である（54頁）。

竪穴式石室や粘土槨にともなう粘土被覆の上面や、棺床に残された木棺痕跡、墓坑の完掘状況などについては、形状をより立体的に示すため、等高線図の作成を含めた記録方法を考慮する。

石種同定・赤色顔料等の試料採取　竪穴式石室には、遠隔地から運んだ石材を使用したものもあり、専門家に石種の同定や産地の推定を依頼する必要がある。試料を持ち帰って同定作業をおこなうことが多いが、多種の石材を使用している場合は、使用比率などを知るうえでも、現地での同定作業が不可欠となる。

赤色顔料などは、専門家の協力の下で試料を採取し、蛍光Ｘ線分析などの材質分析（整理編82頁）をおこなう。場所によって顔料を使い分けた例もあるので、試料は複数の箇所から採取したい。

D　横穴系埋葬施設の発掘

調査の前提　横穴式石室をはじめとする横穴系埋葬施設の発掘では、石室と墳丘の構築は密接に結びついており、複数の構築工程をへていることや、複数回の埋葬がなされた例が多いことを念頭におかなければならない。以下、横穴式石室を中心に、発掘方法を説明する。

第Ⅱ章　墳墓の調査

墓道の調査　墓道や墓道前面では、硬化面や腐植土（旧表土）が複数遺存し、墓前祭祀にともなう土器などの遺物や、横穴式石室内から掻き出された副葬品が出土することが多い。

石材などによる閉塞施設と墓道との関係、それらと堆積土との関係は、墓前祭祀の形態や埋葬回数を推測する資料となるため、後述するように十分な注意を払う（57頁）。

墓道の発掘では、縦断面の土層を観察し、土層図を作成する。ここでは、寺口千塚10号墳（奈良県・後期）の例を示す（図56）。墓道内の土が人為的に埋め戻されたのか、自然堆積なのかを確認するには、横断面の記録も必要となる。

土層と閉塞部の関係を観察することで、複数回にわたる埋葬や墓前祭祀との対応を把握できることもある。遺物についても出土状況を慎重に観察し、追葬や祭祀の単位に関する情報が得られた場合は、記録を作成して、単位ごとに取り上げるようにする。

なお、羨道がなく墓道も短い横穴式石室では、検出当初は竪穴式石室との識別が難しいものもある。その場合は、墓道や閉塞施設の有無を早い時点で把握し、確認した時点で横穴式石室としての調査を進めることになる。

閉塞部の調査　横穴式石室では、羨道に石や土を積んだり、玄門に板石を立てたりして閉塞するのが一般的だが、二子山3号墳（福井県・後期）のように、木板を用いたと推定できる例もある。

石積で閉塞したものは、石室とは別に、平面図と石室の主軸方向の縦断面を記録する（図56）。必要があれば、入口や玄室側からの見通し図も作成する。そして、おもに縦断面と墓道の土層の関係から、閉塞が最終埋葬時だけか、先行する埋葬時の閉塞石も下部に残るかを確認する。

石材には、顔料などが残ることがあるので、個々の石材にも注意を払う。また、閉塞した石積の間に土器などの遺物が含まれるときは、位置を記録して取り上げる。

羨道部と玄室の掘り下げ　横穴式石室内は、本来、密閉された空間である。石室内部の堆積土は、開口部や石室の隙間や崩落部から自然に流入したものが多いが、追葬時に土を入れて床面を造り直すこともあり、注意を要する。

後世に埋葬や祭祀などで二次的に利用された可能性がある場合は、石室内の土の堆積状況を記録しつつ、面的に掘り下げる。そうした再利用が認められないと判断したときは、石室の床面を覆う層の上面まで掘り下げる。ただし、流入した土の中にも副葬品などが含まれることがあるため、それらも精査し、必要に応じてフルイにかける。いずれの場合も、石室内の土層観察用畦の設定と土層の観察は不可欠である。

床面近くは、副葬品が出土する可能性が高く、掘り下げや副葬品の検出と取り上げの作業は、竪穴系埋葬施設内部と同様に進める。掘り上げた土は、玉類や歯などの微細遺物を含む可能性がある

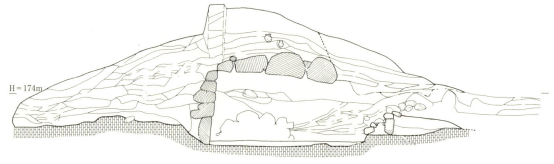

図56　横穴式石室と墳丘の縦断面図（寺口千塚10号墳）

ので、すべてフルイにかける。

　石室の壁体などの石材が除去されている場合は、抜取痕跡を検出して掘り下げる。それにより、石材が一部失われていても、石室の規模や形態を推測することができる。ただし、この段階では、石材設置のための掘方までは掘り下げない。

床面の掘り下げ　横穴式石室では、複数の床面が確認されることもある。鋤崎古墳群9号墳（福岡県・後期）のように、敷石をともなう複数の床面が重複する例（図57）のほか、敷石をともなわない例や床面ごとに状況が異なる例もあり、慎重な観察が求められる。敷石の下に排水溝を設けるものもある。

　また、棺台となる石のありかたから、木棺の配置や数がわかる例も多い。これらの情報は、埋葬回数や埋葬位置を推定する根拠となる。

　なお、記録保存調査では、床面を一枚ずつ除去して精査することになるが、保存目的調査では、部分的な掘り下げにとどめる。

遺物の取り上げ　後世の再利用や盗掘などを受けていない横穴式石室では、石室内から多量の遺物が出土することが多い。こうした遺物には、初葬時や追葬時のものが含まれているため、出土状況を記録して取り上げる。

　床面に接した遺物のうち、装身具は着装状態をとどめているか確認し、平面図と写真などで詳細に記録したのち、取り上げる。

　武器・武具・馬具などの金属製品や土器は、副葬状態をとどめているか、先行する埋葬にともなうものが追葬時の片づけなどで移動しているかを確かめ、記録したあとで取り上げる。土器などの大型の遺物については、立面図を作成することもある（図57）。副葬状態をとどめているものは、遺物自体の形態や機能を復元するうえでも、有効な資料となる。

　金属製品や有機物などの脆弱な遺物は、現地で保存処理を施したのちに取り上げることもある。土器の中から、貝や動物骨、種実類が出土した例もあるので、注意を要する。

　釘付式木棺を使用した場合は、棺材が遺存していなくても、釘や鎹が出土することによって、それと認識できる。釘や鎹は、板材が倒壊した状態を反映している場合もあるので、出土位置や向きなどの情報も記録することが求められる。

　埋葬人骨の取り上げについては、コラム（24頁）を参照されたい。

写真撮影　横穴式石室の壁面に実測基線を設定するときは、それに先立って石室内を撮影する。

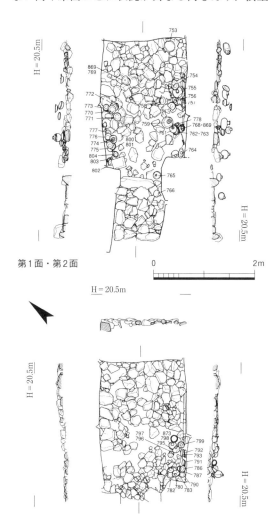

図57　石室内の遺物出土状況（鋤崎古墳群9号墳）

第Ⅱ章　墳墓の調査

天井部が残存していれば、ストロボなどの光源が必要となる。また、対象までの距離が短いため、広角レンズを使用することが多い。装飾古墳などでは、色も忠実に記録する必要があるので、写真撮影の専門家に協力を求めるのが望ましい。

　横穴式石室の写真は、奥壁と側壁全体とを一つの画面に収めることが難しい。玄門部や天井の隅などの細部には、地域性や時期差が反映されている場合がある。こうした点も考慮し、細部写真も計画的に撮影する。また、実測図では表現しにくい石材の質感や加工痕など細部の技法も、写真で記録するように心がける（図58）。

実測図の作成　横穴式石室の平面図では、箱式石棺や竪穴式石室と同様に、床面の輪郭を記録する。これに、敷石や棺台、家形石棺など床面上の施設、副葬品など遺物の出土状況を描き入れる。壁体の石材が除去されているときは、抜取痕跡もあわせて図化する。箱式石棺などでは、蓋石を除去した状態の平面図も作成する。作成にあたっては、石室の主軸線や、それに直交する基準線を設定して測る。

　左右の側壁の立面図は、石室の主軸の位置で縦断面図を作成し、側壁側の見通しを加える。奥壁や玄門の立面図は、玄室中央部などの適切な位置で横断面図を作成し、奥壁側と玄門側の見通しを加筆する。天井部が完存する場合は、天井石の配置や壁の持ち送りの程度を示すため、見上げ図を作成することもある（図59）。

　前室や羨道についても、それぞれ横断面図を作成し、玄門部前面や羨門部内面、羨門部前面などの立面の見通しを描き加える。

　これらの立面図を作成するさいには、石材の重なり具合や接し方など、微細な部分にも注意を払い、線画で表現する。石材の間に土が充塡されて

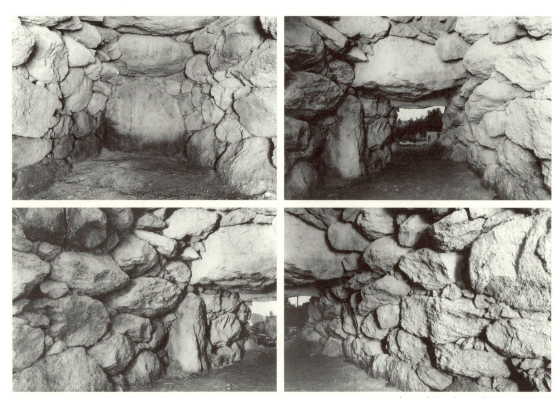

図58　横穴式石室の記録写真（見野古墳群4号墳）

左上：奥壁　右上：玄門側　下：側壁

いることもあるので、それを含めた壁面の十分な観察が求められる。

作成した複数の図面は、図面間の不整合や矛盾がないか、現地で入念に確認して整合させる。

立面や断面の実測にあたっては、通常、トータルステーションやトランシット（セオドライト、経緯儀）を用いて、奥壁や側壁に、石室の主軸と平行または直交する鉛直方向の基準線をいくつか設ける。また、水平方向の基準線は、石室内にレベル（水準儀）を立てるなどして設定する。

かつては、基準線をチョークで描くことも多かったが、石室の汚損につながるうえに、精度も欠けるため、水糸を張るほうがよい。水糸を張るための釘を、基準線上の石の隙間などに打ち込み、釘と釘を水糸で結んで基準線とする。鉛直方向と水平方向の基準線の交点に釘を打つ必要はない。釘がぐらつくときは、楔状に加工した木材を軽く打ち込んで釘を打ったり、突っ張り材を石室の四隅に立て、そこに水糸を張ったりするなどの工夫をする。

なお、同じ基準線上に水平方向や垂直方向の水糸を2本張ると、それらが重なって見える面を基準として、そこからの距離を正確に測定できる。

遺構の図化縮尺は1/20を基本とし（発掘編226頁）、石材が小さい場合や小型の石室などは1/10とするのが一般的である。

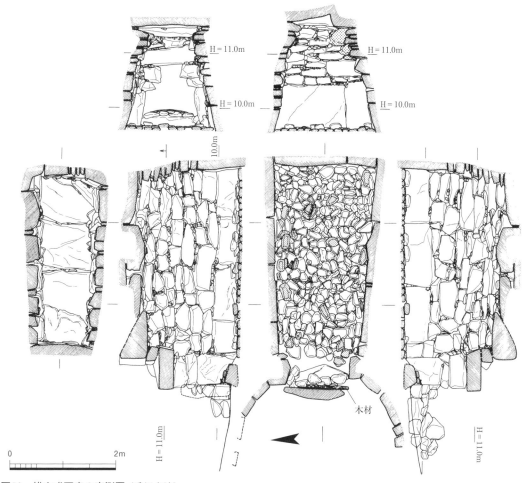

図59　横穴式石室の実測図（番塚古墳）

第Ⅱ章 墳墓の調査

遺物の出土状況は、通常、1/10の縮尺で実測するが、必要に応じて、より大縮尺の詳細図も作成する。石室の大きさにもよるが、報告書では1/40～1/80程度の縮尺で掲載することが多い。

こうした線画としての実測図とは別の記録法として、三次元レーザー測量（発掘編239頁）や写真測量（同236頁）がある。とくに、三次元レーザー測量は、線画では難しい石材の微妙な凹凸や質感も表現でき、立体物の記録方法としてすぐれている（図60）。また、任意の視点から見た立体画像や等高線図の作成も可能なので、今後、積極的に活用を図りたい。

墳丘の掘り下げと石室の解体　一般に、横穴式石室の石材は、墳丘の築造とともに隠れてしまう部分が多い。そのため、盛り土を除去した状態の石室の俯瞰図を無理に作成する必要はない。

ただし、列石と石室の石材が組み合って構築されたものでは、一連の図を作成することもある。列石には、墳端をめぐる外護列石も含まれるが、細谷古墳群（京都府・後期）のように、墳丘の盛り土内に収まり、墳丘築造のある段階には埋められたものも多い（図61）。その場合は、石室の構築と墳丘の築造の関係を面的にとらえ、それぞれの面で石室、墳丘盛り土、列石の状況を把握して、実測と写真撮影をおこなう。

石室などの壁体を解体するときは、石を一気に除去するのは避ける。墳丘の盛り土の単位を考慮しつつ、盛り土の掘り下げと並行して、できるだけ石材の積み上げ単位や、石積の横方向の目地ごとに、一石ずつ取りはずす。石室の解体作業では、補強資材を使用し、石室の崩壊の危険に備えるなど、あくまでも安全面への配慮を優先しなければならない。

石室の構築工程については、盛り土を掘り下げるさいに残した土層観察用畦を利用し、石室主軸の延長線やそれに直交する線上での土層断面と、石室石材背後の断面図から復元するのが効率的であり、危険も少ない。

解体作業の各段階では、そのつど、石室の平面、石材の使い方や積み方、石積の間に置かれた小礫

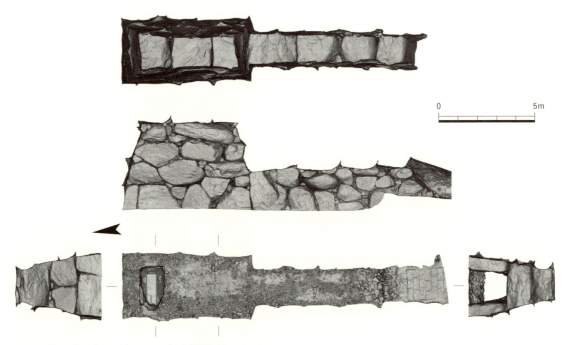

図60　横穴式石室の三次元レーザー測量図（牧野古墳）

のありかた、壁体背後の裏込めの状況などを観察し、記録する。

石室の石材を除去したのちは、基底部の石材の据付掘方を検出し、その平面や断面を図面や写真で記録する。石室の基底部に地業や敷石を施すものもあるので、注意したい。

保存目的調査では、石室の解体修理が必要なものを除き、石室を解体しないのはもちろん、石室裏込め部分の発掘も最小限とする。石材が不安定な場合は、無理にトレンチを設定しないほうがよい。その他の部分についても同様で、トレンチ発掘にとどめたり、土層観察用畦を残したりして、再検証できるようにしておく。

E 横穴墓の発掘

横穴墓の発掘方法や留意点は、横穴式石室とほぼ同じであり、ここでは、とくに注意すべき点を述べる。地下式横穴墓はコラム（59頁）を参照されたい。

墓道の検出 表土掘削に続いて、墓道や前庭の輪郭を検出する。墓道を埋め戻した土の上に黒色土が認められることが多く、検出は比較的容易だが、そうでない場合もあるので、見落とさないようにする。また、岩質不良などのため、掘削を途中で断念したものが見つかることもある。これらも、隣接する横穴墓との構築順序を把握し、必要な記録をとる。

墓道の掘り下げ 墓道や前庭を平面検出したのち、墓道の主軸に合わせて土層観察用畦を設定し、掘り下げをおこなう。その過程で玄室が確認されれば、あらたな土層観察用畦を適宜設ける。

墓道や前庭には、島田池横穴墓群（島根県・後期）のように、複数の黒色土層が見られ、それを中心として多量の土器が出土することが多い（図62）。墓道を埋め戻したのちに形成されるこうした黒色

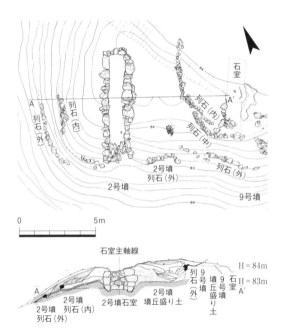

図61 横穴式石室と列石の記録（細谷2・9号墳）

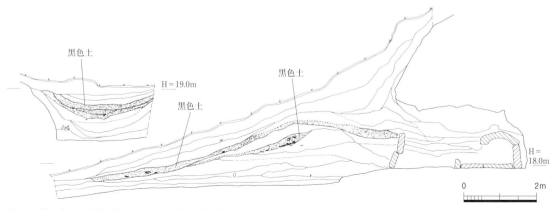

図62 横穴墓の土層と黒色土（島田池横穴墓群）

土を鍵層にして、その数やそれを切り込んだ土層を丁寧に観察することで、追葬や儀礼の状況や回数が推定できる。

墓道や前庭を掘り下げていくときには、この黒色土や遺物の広がりを手がかりに、追葬面を面的に確認する。

なお、前庭の壁面には、小横穴を設けて、墓前祭祀で使用した須恵器などを収納した例もあるため、人骨の有無や閉塞状況などに注意して、埋葬施設か土器収納施設かを判断する。

比較的大型の横穴墓では、前庭や玄室を掘削した排土を利用して、前庭の前面部を整地しているものがある。この場合、前庭の整地土や旧地表面の直上で、横穴墓造営にともなう祭祀関係の遺物が出土することがあるので、それらを流入土の遺物と誤認しないようにする。こうした整地土については、隣接する横穴墓間の先後関係を明らかにするため、その間を横断する土層観察用畦を設定し、土層断面を観察して記録をとる。

墓道の記録　墓道や前庭では、玄室内から掻き出された遺物や、儀礼などで破砕された大甕などが出土することがある。そのさいは、追葬時の行為や儀礼などのありかたがわかるように、出土状況の写真撮影や図化をおこなう。

破砕された大甕などは、破片の面的な広がりを把握することで、追葬面を確認できる。上下の層で破片が接合する例もあり、儀礼を復元する重要な情報源となる。また、ほかの横穴墓や後背墳丘から出土した土器との間で接合関係をもつなど、横穴墓群の群構成や当時の集団関係を復元する有力な手がかりが得られることもある。

閉塞施設の発掘　横穴式石室と同様、玄室の出入口は、石を積み上げて閉塞したり、板石や木の板などを閉塞板として立て、前面を石で固定して閉塞したりするのが一般的である。また、その部分の床面や壁面には、閉塞板をはめ込むための掘り込みをもつものが多い。こうした閉塞状況が見られたときは、墓道を縦断する土層観察用畦を除

図63　閉塞部での土器祭祀（高広横穴墓群）

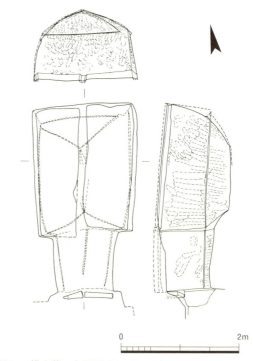

図64　横穴墓の実測図（神門横穴墓）

去し、閉塞施設を丁寧に検出する。

閉塞部では、しばしば、土器の供献などの儀礼行為がおこなわれた。また、高広横穴墓群(島根県・後期)のように、閉塞石の上に土器を置く場合(図63)や、横穴の掘削に用いた鋤先などの掘削用具を置く場合もあるので、慎重に観察して記録をとる。

ついで、閉塞している石などを除去し、閉塞状況の平面図や立面図を完成させる。

墓道の堆積土と羨道や玄室内の流入土の堆積が連続する場合は、閉塞していた木の板などがはずされたり腐朽したりした結果であることが考えられるため、墓道を縦断する土層観察用畦を残したまま、墓道、羨道、玄室相互の土層のつながり具合を詳細に観察し、閉塞板の痕跡の有無や追葬面を確認して記録する。

羨道と玄室内の掘り下げ　羨道と玄室内の掘り下げや記録の方法は、横穴式石室に準拠する。

掘り下げにあたっては、天井部の崩落やひび割れ、岩質などに注意し、危険な場合はあらかじめ

地下式横穴墓

地下式横穴墓は、おもに古墳時代中〜後期に、宮崎県から鹿児島県東部にかけて造られた地域性の強い墓である。これまでに1,000基以上が確認されており、九州南部の古墳時代を考えるうえで欠かせない墓制といえる。

埋葬施設　埋葬施設は、垂直方向に竪坑を掘り、その底部から水平方向に羨道と玄室を掘った横穴系の構造で、追葬が可能である。石、土、板などで羨道部を閉塞し、竪坑を埋め戻すのが一般的で、竪坑上部を板石で閉塞することもある。円形などの墳丘をともなう例もあるが、外表施設を確認できないものが多い。群集して存在し、通常の古墳と混在する地域もある。

玄室の形状　玄室の形状は家形を指向しており、天井は、基本的に寄棟か、本庄地下式横穴墓群(宮崎県・後期)で見られるような切妻屋根形に成形するが(図65-左)、時期が下ると、アーチ形やドーム形のものが増える。玄室の平面形には、長方形、方形、楕円形があり、羨道が玄室主軸に平行する妻入と、直交する平入がある。

平野部では、妻入の長方形平面を呈し、豪華な副葬品をもつ大型のものから、小型のものまであるが、6世紀中頃からは、平入で規模の縮小した例が増え、格差が認められなくなる。

一方、霧島山麓などでは、島内地下式横穴墓群(宮崎県・中期)のように、当初から平入が多く(図65-右)、規模の差はさほど顕著でない。

被葬者像　地下式横穴墓については、その構造の特殊性により、史料に見える「隼人」と結びつけられることもあったが、年代のずれなどから、現在では疑問視されている。

物理探査の利用　地下式横穴墓は、地上にほとんど痕跡を残さないため、不時の発見が多く、これまでは計画的な調査が困難であった。しかし、近年は、物理探査を利用してその存在を確認し、適切に保存・活用しようとする動きが進んでおり、今後も継続的な取り組みが期待される。

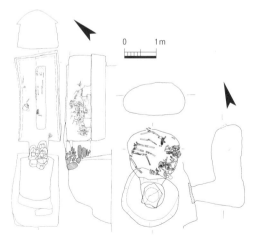

本庄地下式横穴墓群　　島内地下式横穴墓群

図65　地下式横穴墓

第Ⅱ章　墳墓の調査

天井部を除去するなど、安全を十分に確保する。

なお、玄室などでは、内部を片づけて追葬することがある。こうした場合、玄室内からは追葬時の遺物しか出土しないことも多いが、それを横穴墓の築造時期と誤認しないよう、片づけなどの痕跡に留意する。

遺物の取り上げと記録　横穴墓などでは、須恵器の蓋杯がしばしば土器枕として用いられるので、出土位置に注意するとともに、油脂状の付着物の有無などにも留意し、本来の用途や横穴墓内での使われ方などの情報も把握する。

また、横穴墓では、横穴式石室に比べて、人骨が良好な状態で残ることが多く、その記録に遺漏がないよう配慮する。

実測図の作成　横穴墓の実測は、基本的に横穴式石室に準拠し、墓道と玄室で主軸がずれる場合は、それぞれに合わせた基準線を設定し、平面図と断面図、立面図を作成する。とくに、玄室の天井部の形状と構造は、横穴墓の系譜や地域性、年代を知る重要な手がかりとなるため、平面図や立面図に、棟の線などを破線や実線で適切に表現する。ここでは、神門横穴墓（島根県・後期）の例を示しておく（図64）。

玄室内の壁面や石棺には、工具による加工痕が良好に残るものがある。これらは、掘削や加工に用いた工具や工程を復元する情報源となるので、十分に観察し、的確な表現で記録することが求められる。状況によっては、部分的に型取りするのも有効である。

このほか、線刻壁画や彩色壁画が残る例もまれにあるので、見落とさないように注意したい。

なお、墳丘をともなう場合は、横穴墓と墳丘との位置関係を示す平面図や断面図を作成するのが望ましい。また、横穴墓はほぼ同じ標高ごとに小群を形成することが多いため、各横穴墓の開口部を示した、群構成がわかる全体の立面配置図を作成する必要がある。

7　遺物の整理

A　鏡

種類　古墳から出土する鏡は、形状や文様構成により、多数の鏡種に分類される。これらは、面径に偏りが認められ、三角縁神獣鏡に代表される大型鏡や、獣形鏡などの中型鏡、珠文鏡などの小型鏡がある。

観察　鏡種と寸法、文様構成を正確に把握するとともに、同型鏡（同笵鏡）の有無についても検討する必要がある。

鏡の表面や鈕孔の部分には、布や紐などの有機物が付着している可能性があり、検出作業や取り上げの段階から注意を払う。また、錆や欠損箇所といった遺存状態の観察も不可欠で、取り上げ後は、X線写真なども活用しながら、状況に応じて適切な保存処置をおこなう。文様の鋳出具合のほか、笵傷や鋳張りなどの製作技術に関する情報、研磨や穿孔など二次的な使用に関する痕跡も重要な観察項目となる。

実測　平面図と断面図を作成し、鈕孔の形状も示す。従来は線画や拓本によるのが一般的であったが、近年では三次元レーザースキャナーで計測したデータを画像出力する方法も用いられている（図66-1）。実物に接触することなく、高精度の図面作成が可能であり、資料保存の観点からも積極的に利用したい。

B　石製品・石製模造品

種類　古墳時代の石製品には、碧玉や緑色凝灰岩を素材とするものと、滑石を素材とするものがあり、前者を狭義の石製品、後者を石製模造品とよぶことが多い。

狭義の石製品としては、腕輪形、紡錘車形、鏃形、琴柱形、容器形（合子、坩）などがある。また、

1：鏡　2：冠　3：帯金具　4・5：腕輪形石製品（鍬形石、石釧）　6：合子形石製品　7：紡錘車形石製品　8：垂飾付耳飾り　9：耳環　10〜12：石製模造品（斧、刀子、坩）　13：勾玉　14：トンボ玉　15：白玉　16：丸玉　17：切子玉　18：管玉　（縮尺・表現法不同）

図66　古墳時代の墓の副葬品（1）

第Ⅱ章　墳墓の調査

石製模造品としては、農工具（刀子、斧、鎌、鑿、鉇）、武器（鏃、剣、刀）、容器・什器（坩、器台、臼、杵）のほかに、鏡、釧、紡錘車、円板などがある。

観察　古墳からの出土品は、丁寧に研磨して仕上げたものが大半であり、製作途中の痕跡はほとんど残されていないが、生産遺跡から出土した未成品などを参考にすることで、製作工程にかかわる痕跡を見出せることもある。また、全体的な形状、削りや研磨といった製作技法、石種などの違いにより、一括遺物の中からいくつかのまとまりを抽出できる場合がある。

実測　実測方法は、一般的な石器とほぼ同様であり、平面図と側面図、断面図を作成する。ただし、車輪石や石釧、合子形・紡錘車形石製品のように、回転体として把握できる器種は、土器の実測図と同じく、側面図は中心線の左側に外面、右側に内面と断面を描く。文様も表現し、削りや研磨などがあれば、その粗密や方向を示す。

C　玉類

種類　玉類は、その形状から、管玉、勾玉、丸玉、小玉、平玉、切子玉、算盤玉、棗玉などに分類される。素材としては、碧玉、緑色凝灰岩、滑石、翡翠、瑪瑙、琥珀、水晶、金、銀、金銅、土、ガラスなどがある。

ガラス玉は、古墳の調査でもっとも頻繁かつ大量に出土し、主要成分により、鉛ガラス、鉛バリウムガラス、カリガラス、ソーダ石灰ガラスなどに区分される。色調は、主要成分や着色剤の違いにより、青、緑、黄、橙、茶、黒色など変化に富む。厳密な成分の同定には、蛍光Ｘ線分析（整理編83頁）が不可欠であるが、大量の玉類をすべて分析するのは現実的でない。形状や製作技法、色調による分類と併用しつつ、効率的に分析することが望ましい。

観察　一般的な石製品と同様に、古墳出土の石製玉類についても、製作工程の全容を把握するのは難しいが、仕上げの手法や穿孔技法に関しては観察が可能である（287頁）。

ガラス玉の製作技法は、外面の状態、透明度、内部の気泡や筋の観察により、引き伸ばし法（管切り法）、巻きつけ法、鋳造法などを識別できる（図67）。ルーペでの観察に加えて、実体顕微鏡やＸ線透過撮影による観察が効果的である。

実測　平面図と側面図を作成し、必要に応じて、部位ごとに断面図も描く。管玉や切子玉など、一定の長さをもつものは、側面図と小口部分の平面図を示す。穿孔があるものは、側面図に孔の断面を破線で記入し、両面穿孔の場合は孔の変換点も明示する。

D　冠・耳飾り・帯金具ほか

種類　冠や耳飾り、帯金具などは、銅に鍍金した金銅製品が大半を占めるが、金製や銀製なども一定量存在する。上記の製品以外に、腕輪や指輪、髪飾りなどもある。耳飾りは、装飾性に富む垂飾付耳飾りと単体の耳環とがあり、後者は中小規模の古墳から出土することも多い。

観察　古墳時代の金工製品は、接合や彫金、鍍金などに高度な技法が用いられており、その観察には、実体顕微鏡やＸ線写真の活用が有効である。技術的な観点とともに、資料の恒久的な保存を念頭においた調査も欠かせず、厳密な材質同定には蛍光Ｘ線分析による裏づけを要する。また、一般の金属製品と同様、錆や欠損状況を十分に把

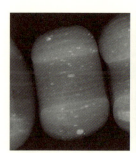
引き伸ばし法

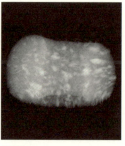
鋳型法

図67　ガラス玉の製作技法（Ｘ線画像）

握し、ほかの製品や有機質素材に装着されたり、布などに覆われたりした痕跡の有無についても十分に観察する。

実　測　平面図、側面図、断面図を適宜作成する。立体的な形状をもつものについては、文様や装飾の全体像が示せるように、配置や展開方法を工夫することが求められる。

E　武器・武具・馬具

種　類　武器には、鏃、弓、剣、矛、刀、槍（図68）、武具には、甲冑、盾、靫、胡籙（図69）、馬具には、轡、鐙、鞍、杏葉、雲珠、辻金具、三環鈴、馬鐸（図70）などがある。

材質は、鉄製品が多いが、木製や革製、青銅製、金銅製もある。また、鉄製品の一部に木材、布、革を付属させるもの、鉄の表面に金銅張りや象嵌などを施すものもある。木部については、樹種同定をおこないたい。

観　察　基本的な観察視点は、整理編（55頁）を参照されたい。

武器は、刃部の位置や向き、各部分の形状のほか、木製や骨角製、革製などの装具の有無と取りつけ方、漆膜や布の付着の有無などが、注意すべき観察項目となる。

刀や剣などでは、意識的に折り曲げられたもの、刃部が薄すぎるもの、刃がつけられていないものなど、武器としての実用性を欠く場合もあるので、注意したい。また、柄頭（把頭）や鍔、刀身などについては、象嵌などの装飾の有無、装飾付大刀については柄頭などの装飾部分の形状や文様をよく

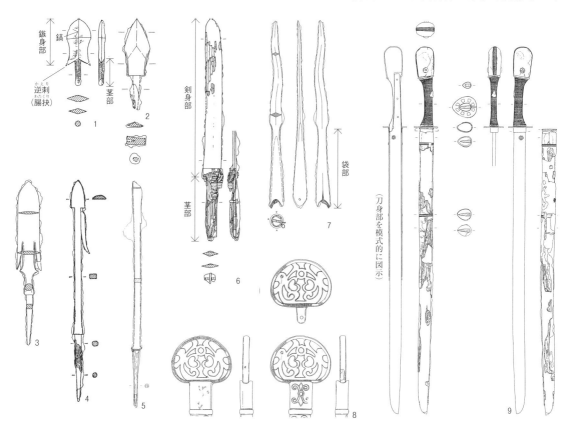

1：銅鏃　2〜5：鉄鏃　6：鉄剣　7：鉄矛　8：双龍環頭大刀柄頭　9：円頭大刀　（縮尺・表現法不同）
図68　古墳時代の墓の副葬品（2）

第Ⅱ章 墳墓の調査

観察する。

　甲冑や馬具は、複数の部品を革や鋲で組み合わせるため、本来の形状に組まれた資料を十分に観察し、構造を理解しておく。複数の部品が錆着して出土する例が多く、観察しにくい反面、本来の組み合わせ方の復元に役立つ場合もある。

　甲冑の地板の形状や帯金の段数、革綴か鋲留かなどは、時期判定の手がかりとなるので、入念に観察する。鋲や孔、革・木・布とそれらの痕跡、蝶番や鉄板、小札の形状や厚さのほか、その湾曲や屈曲の具合などにも注意する。

実　測　基本的な実測方法と留意点は、整理編（55頁）で述べたとおりである。

　武器は、通常、平面と側面、断面を実測するが、両面で状況が異なるものは、裏面も図化する。断面は、刃部のほか、茎や柄など特徴的な部分を数ヵ所示す。大刀は、腰に下げたとき、体の外側となる面と内側の面を意識した図とする。布や木質、骨角、革、漆膜などが残存するときは、繊維や木目の方向、範囲、材質を表現する。象嵌など装飾が残るものは、部分的に拡大した詳細図が有効である。鏃の長頸化など、時期を判断する指標とな

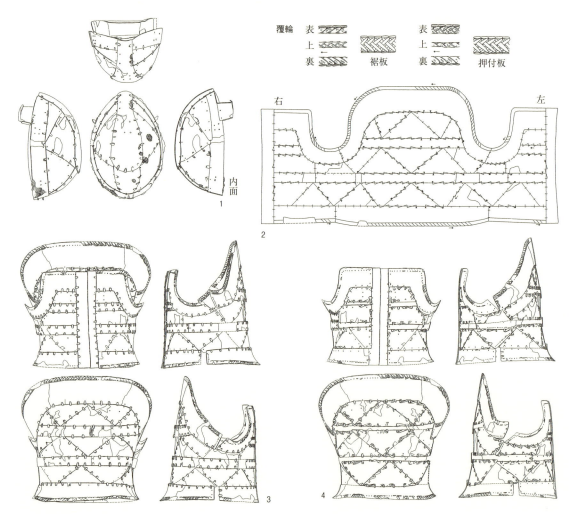

1：三角板革綴衝角付冑　2：三角板革綴短甲（模式図）　3：同（外面）　4：同（内面）　（縮尺不同）
図69　古墳時代の墓の副葬品（3）

64

Ⅱ-3 古墳時代の墓

る部分はとくに注意して描写する。

　甲冑では、部品ごとに、内外両面と数ヵ所の断面を示す必要がある。革、鋲、孔の位置は、痕跡も含めて図示し、革綴や鋲留といった技法が判別できるようにする。また、部品の位置や革綴の方向を示す模式図も描く。甲冑では部品を組み上げた状態での平面図と側面図のほか、必要に応じて展開図も作成したい（図69）。ほぼ全形が復元できる場合は、短甲では内外各4面、冑では真上と真下から見た図を含めた6面の図を作成する。

　馬具も、各部材の位置や連結方法などがわかるように図示し、製作技法を示す模式図もつける。

　盾や靫など、革製や編物製の武具は、基本的に平面と断面、可能であれば裏面も実測する。編み方や糸綴じ方向、孔の位置などにも注意し、製作技法が判明するものは、模式図などで示す。

F　棺

整理の流れ　木棺や石棺などでは、棺として機能した状態を基準に、平面、側面、断面を図示するほか、組合式木棺では、仕口などがわかるように、部材ごとの図も作成する。木や石を加工したさいの工具痕などは、必要に応じて拓本で示す。また、棺材の石種や樹種の同定をおこなう。

　石棺や陶棺が破片になって出土したり、釘付式木棺の木部が失われて釘だけが出土したりしたときは、遺物整理の過程で十分に観察し、棺全体の復元を試みる。

　埴輪棺や土器棺といった転用棺の整理法は、通常の埴輪や土器と同様である。

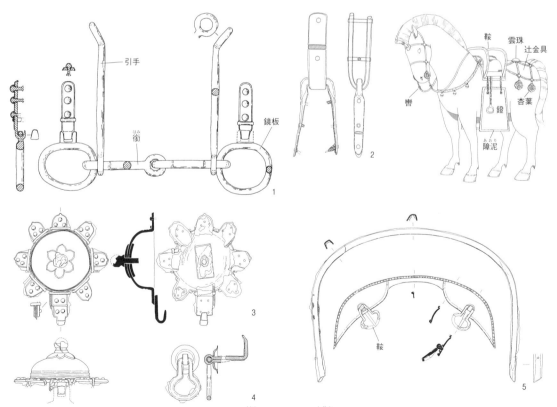

1：素環鏡板付轡　2：鐙吊り金具　3：雲珠　4：鞍金具（鞍）　5：鞍金具（後輪）　（縮尺・表現法不同）
図70　古墳時代の墓の副葬品（4）

釘付式木棺の整理 釘は鉄製がほとんどだが、7世紀には銅釘も用いられた。釘付式木棺は、横穴式石室の床面上に置かれることが多く、木棺の痕跡が残りにくい。ただし、部材どうしを緊結していた釘にはしばしば木部が付着するので、棺材の切断面と繊維方向を観察して記録する。

漆膜の整理 漆棺の場合、木胎はほとんどが腐朽して失われ、表面の漆膜のみが破片となって出土するのが一般的である。

こうした漆膜は脆弱で、乾燥などで変形しやすいため、慎重に取り扱う。裏面の下地漆には、しばしば木胎表面の凹凸が転写されている。釘付式木棺と同様、棺材の切断面と繊維方向は、棺の構造や形状を復元する手がかりとなることから、詳細に観察して記録する。

棺金具 釘付式木棺、漆塗り木棺や夾紵棺などでは、専用の棺金具を取りつける場合がある。鐶とそれをぶら下げるための脚、座金具からなる鉄製や金銅製などの鐶座金具は、棺身の両長側面に2個ずつ取りつけ、運搬具に棺を固定するさいに使用したと考えられている。

G　埴輪

埴輪とは 埴輪は、古墳の表面に立てた土製の焼物のことをいうが、広義には、埴輪と同様に用いた石人・石馬や木製立物なども含む。ここでは、一般的な土製の埴輪を対象に説明する。

円筒埴輪の種類 円筒埴輪は、土管状の単純な形態の普通円筒埴輪と、上部がいったんくびれてそこからラッパ状に口が開く朝顔形円筒埴輪に大別される（図71）。

後者は、器台に土器を載せた原初形態を模したもので、通常は二重口縁の壺を載せた形態であるが、前期にはそれとは異なるものもある。

形象埴輪の種類 形象埴輪は、家形埴輪、器財埴輪、動物埴輪、人物埴輪などに大別することができる（図72）。

家形埴輪は、屋根の造りや床の表現の違い、壁の有無などに、性格や機能の違いが表現されている。それに類するものに、導水施設をあらわした囲形埴輪がある。また、これらが配列された場所を取り巻くように、柵をかたどった埴輪を並べることもある。

器財埴輪には、蓋、衝立、靫、甲冑、盾、鞆、大刀、翳、帽子のほか、玉杖（いわゆる石見型盾）や双脚輪状文などがある。動物埴輪には、馬、猪、犬、鹿、牛、鶏、水鳥、魚などがある。人物埴輪は、女子では巫女、男子では力士、武人、盾持人が代表的なものである。

円筒埴輪の整理 円筒埴輪は、製作技法や形態的特徴にもとづく編年研究が進んでおり、古墳の築造時期を知る重要な資料となる。同時に、地域的な特徴や古墳間での比較などから、当時の社会を復元する情報も得られている。

円筒埴輪の整理では、まず、規格や全形をできるだけ把握することが求められる。通常、基底部が残る個体を中心に、接合と復元を試みる。そのさい、全形をとどめないものでも、製作技術や形態、工具の同定作業などから、同規格の個体と認定できる場合は、類例を参考に全形を復元したり、図上で復元したりする。

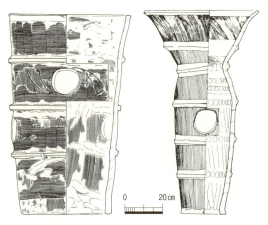

普通円筒埴輪（中期）　　朝顔形円筒埴輪（後期）

図71　円筒埴輪

Ⅱ-3 古墳時代の墓

1〜4：家　5：囲　6：柵　7：蓋　8：衝立　9：靫　10：甲冑　11：盾　12：鞆　13：玉杖　14：大刀　15：翳
16：双脚輪状文　17：椅子　18：舟　19：馬　20：猪　21：鶏　22：水鳥　23〜25：女子　26〜29：男子　（縮尺・表現法不同）

図72　形象埴輪

全形を復元できないものについても、口縁部や胴部、基底部をそれぞれ観察・実測し、種類と数量、寸法などを記録する。また、透かし孔や突帯の形状のほか、製作技法にも注意を払う。ただし、報告するさいには、1点ずつ詳述することは避けて、一定の基準に従い、統計的な所見を含めて簡潔にまとめる。個体ごとの情報は、観察表などで示すとよい。

円筒埴輪の観察項目　円筒埴輪に特有な製作技法として、ハケ目調整が挙げられる（図73-1・2）。突帯を貼りつけたのちに外面に施すもので、その方向や施し方などには時期的な変遷が見られる。編年の重要な指標となるため、十分に観察し、実測図に表現する。

後期には、須恵器生産の影響で、回転台を利用したカキ目を施す地域も現れるが、一般には、突帯貼りつけ後の外面調整は省略される。

外面調整と同じく、内面調整にも時期的な変遷が認められるので、細かく観察する。

なお、円筒埴輪には製作途中で倒立させたものがあるが、それは上記のような調整手法、突帯の形状、粘土紐の接合状態などを観察することによって判断できる。

このほか、突帯を貼りつける位置への目印（図73-3）のつけ方、断続ナデや押圧技法（同-4）など、突帯の貼りつけ方にはいくつかの手法があるので、それらもよく観察して表現する。歪みを生じやすい基底部に施されるオサエ（同-5）やケズリ（同-6）も同様で、後期に多く見られる。

こうした観察のもとに、同一の製作技法や形態的特徴などによって、出土した一括遺物を分類する。これは、製作者個人や集団の異同を抽出し、埴輪の生産体制を解明するための作業である。

この過程では、埴輪の胎土や焼成の違いなどにも留意する。焼成に関しては、窖窯を採用した中期中頃以前の製品には、野焼きによる黒斑が付着するため（図73-1）、土師質と須恵質の識別以外に、黒斑の有無や位置も記す。

また、使用工具にも注意する。工具は、おもにハケ目の条痕を比較することによって同定し、その結果を拓本や細部写真で示す。ヘラ記号もそうした工具の違いに対応することがあるので、対応関係を確認する。

形象埴輪の整理　形象埴輪の整理も、接合作業までは円筒埴輪と同様におこなうが、復元すると

1　ヨコハケ目（前期）

2　ヨコハケ目（中期）

3　突帯貼りつけ位置の目印

4　突帯上の押圧

5　底部オサエ

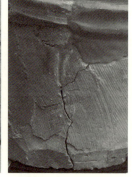
6　底部ケズリ

図73　円筒埴輪の調整手法

内部が観察できなくなる場合は、復元前か復元途中に内面の情報を記録しておく。

復元した個体は、正面や側面をはじめ、複数の実測図を作成し、製作技法がよく現れる断面や内面の図も適宜加える。製作技法を実測図や写真で表現しにくいものは、製作工程を模式図で復元的に示すとよい。

破片は、埴輪の種類や部位を特定したうえで、本来の向きや傾きになるように図化する。部位や種類を特定できない場合は、水平に置いた状態で実測するが、そのさいも、粘土紐の積み上げ痕跡や剥離痕跡などから、天地を推定する。これらは、種類ごとにまとめてレイアウトし、報告する。

顔料の塗布は、円筒埴輪にも例があるものの、形象埴輪のほうが圧倒的に多い。ベンガラと推定される赤色顔料がほとんどだが、関東地方の形象埴輪などでは、それに加えて、緑や白など、複数の色を同時に用いた彩色が施されていることがあり、詳細な観察が求められる。肉眼で観察しにくいものは、ポリライトなどの照明器具を用いると見えやすくなる。顔料の正確な同定には、蛍光X線分析などの自然科学分析が不可欠である。

8 調査成果の検討

以下に述べる調査成果の検討に関しては、前節（21頁）をあわせて参照されたい。

A 遺構の検討

計測値の整理　墳丘や周濠、埋葬施設の規模は、階層性や投入された労力を検討するための情報の一つとなるので、適切な計測点で計測した数値を整理しておく。

埋葬位置と埋葬回数の推定　横穴式石室などの横穴系埋葬施設では、埋葬の位置と回数を推定する必要がある。また、埋葬時の遺体の取扱いそのものを解明する視点も欠かせない。

埋葬位置については、石室内であれば、棺を用いたかどうか、棺はどのように復元できるかをまず検討する。木棺の場合は、木質が腐朽して失われているものが多いが、たとえば釘付式木棺では、釘に残る棺材の切断面や繊維方向の痕跡と、釘の出土状況を合わせて検討することで、釘の使用部位や棺材の組み合わせ方、さらには棺の規模や向きが復元できることもある。また、緊結金具の出土位置や棺台の位置などから、棺の配置が判明することもある。

遺体の頭位は、耳環など装身具の位置などから推定できる。しかし、追葬などで片づけられている場合、副葬品と遺体との対応関係は、床面や閉塞部、墓道などの状況も勘案して、総合的に判断しなければならない。

こうした棺や遺物、床面、閉塞部、墓道などの状況の詳細な分析と、土器をはじめとする遺物の時期のばらつきとを対応させることによって、初葬や追葬といった埋葬回数の推定が可能となる。

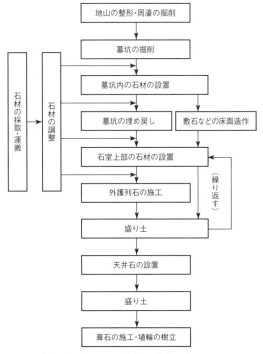

図74　横穴式石室をもつ古墳の築造工程

第Ⅱ章　墳墓の調査

ただし、埋葬後に石室へ入り、副葬品などを破壊したり再配置したりする例もあるので、それらの可能性も念頭におく。また、後世の再利用や盗掘などにかかわる遺物が混じることもあり、注意を要する。

古墳築造工程の復元　大型の古墳などの築造は、整地、墳丘の土盛り、埋葬施設の構築、墓坑の埋め戻しといった各種の工程からなる。それらの工程の内容と順序は、発掘調査時の各種の情報を総合して復元する（図74）。

たとえば、横穴式石室をもつ古墳では、盛り土や葺石、石積などの発掘記録類を整理して、各工程での作業手順と施工単位、施工範囲、石材の搬入経路を推定し、労働力編成のありかたや施工集団の差などを検討する。そのさいには、構築の技法と材料や、遺構についての土木工学的な観点から、工程の復元に整合性があるかどうかの確認も必要である。竪穴式石室や横穴式石室では、排水の問題も考慮する。

なお、特徴的な技術や工法については、類例を探すことにより、施工集団などを推定できる可能性がある。また、石材など構築材料で、産地がかぎられるものは、同じ材料を用いた古墳群相互の関係や地域間交流、運搬に要した労働力などを検討する手がかりとなる。

B　遺物の検討

出土状況の整理　遺物については、どの遺構のどの段階に対応するのかを、出土状況とあわせて慎重に見きわめる必要がある。

遺物の組み合わせの復元　まとまって出土した遺物群は、個々の遺物の整理をふまえて、遺物の組み合わせを検討する。

たとえば、武器や甲冑、馬具などは、そうした組み合わせの復元が重要であり、横穴系埋葬施設の副葬品に時期の異なる複数の組み合わせが見ら

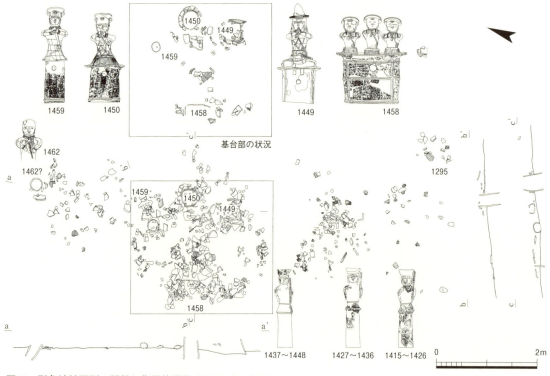

図75　形象埴輪配列の記録と復元的図示（綿貫観音山古墳）

れるときは、追葬の回数や時期を推定する材料になる。したがって、製作時期の違いや仕様、技法の共通性などから、それらの組み合わせを抽出し、どれがどの段階で副葬されたのか、出土状況も考え合わせて慎重に判断する。

遺物の構成・配置・用途の検討　埴輪については、墳頂や段築のテラスなどに立て並べられた埴輪列や、造り出しなどに置かれた埴輪群の配列と、その構成を明らかにする必要がある。このため、個々の資料や発掘時の取り上げ記録を整理したのち、どの埴輪がどの位置に、どの面をどちらに向けて立てられていたかという、群としての配列状況の復元を試みる。

当然、基底部が原位置に残っていた個体が優先されるが、まとまって出土した破片資料も、本来の位置を推定しやすい。ここでは、綿貫観音山古墳（群馬県・後期）の例を掲げておく（図75）。

葬送儀礼に用いられた土器群は、その構成を明らかにするとともに、破片の接合関係や打ち欠きなど、墓での取扱いと儀礼の具体的な行為を示す情報との関連にも注意する。

たとえば、墳丘や石室の内外から多量の遺物が出土したときは、出土位置などによっていくつか

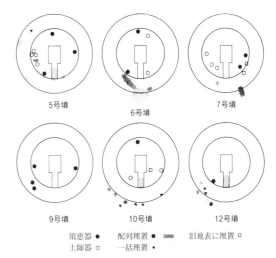

図76　群集墳の埋置土器の配置

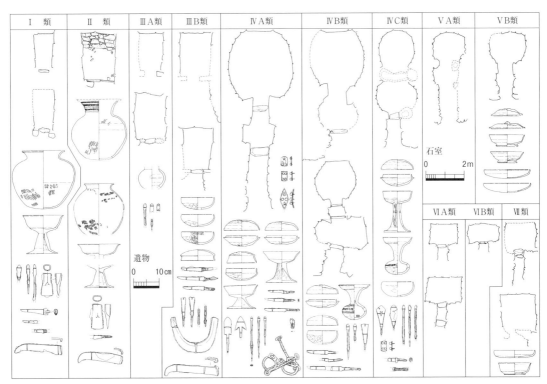

図77　横穴式石室と出土遺物

の群に分け、それぞれの群での遺物の取扱い方を類型化するなどして、その意義を考えるようにする（図76）。

また、盗掘や攪乱による影響が少ないと判断されるものは、副葬品の構成や数量を正確に把握したうえで、出土状況を検討する。たとえば玉類では、首飾り、手玉、耳玉、足玉、枕のいずれであったのかなど、本来、どのような用途として用いられたのかを明らかにする。

築造時期の推定　埴輪が出土する古墳では、埴輪編年から時期を推定することができる。また、土器などの副葬品があれば、それによって時期を推定しうる。

ただし、横穴系埋葬施設では、追葬のほか、再利用や盗掘のため、墓が築造された時期とは直接かかわらない遺物が混じる場合がある。一方、石室の再利用などにさいして、玄室や羨道の内部の棺や副葬品を片づけていることもある。したがって、玄室や羨道から出土した遺物ばかりでなく、墓道などに掻き出された遺物にも注意し、築造時のものが含まれていないか検討する。

また、こうした遺物の時期の検討とともに、地域における埋葬施設の変遷のありかたなども考慮して、総合的に築造時期を推定する（図77）。

製作地の分析　遺物の製作地の分析は、製作地やそれに比定される地域の製品と比較検討することで可能となる。

たとえば、円筒埴輪では、その観察結果や出土状況との詳細な対比にもとづく分類と、埴輪窯から出土した製品との比較により、製作地と供給先の関係が追究され、工人組織など生産体制の復元も試みられている。

棺の場合も、とくに石棺については、生産と流通のありかたから、地域間交流や階層構造、政治的関係を復元する研究が進展している。組合式木棺は、結合金具の有無により、系譜関係が推定で

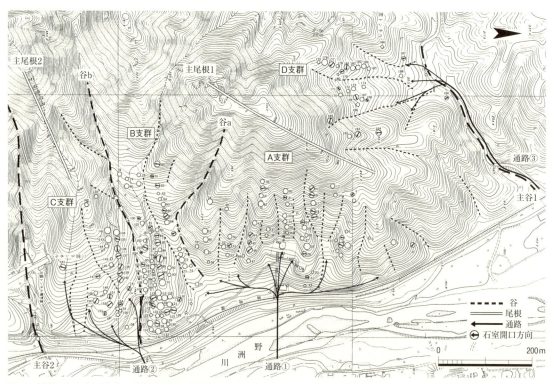

図78　群集墳の支群構成の検討（園養山古墳群）

きる。埴輪棺や陶棺に関しても、どの地域の系譜を引くものか、などの検討が求められる。

こうした製品や原材料の入手経緯の背景として、有力者間の交流や中央との政治的なつながり、東アジアの国際関係などを推定する研究成果もある。遺跡の総合的評価をおこなうためには、遺物の製作地や素材の産地のほか、朝鮮半島や中国大陸を含めた遠隔地の遺物との系譜関係についても、必要に応じて検討することが望ましい。

C　調査成果の総合的検討

群構成と形成過程の把握　古墳は、墳丘や埋葬施設、副葬品などの質や量に著しい格差がある。それらを手がかりに、古墳間の階層関係、ひいては当時の社会状況を読み取ることが可能である。とりわけ、一定の墓域内で展開した造墓活動が累積した古墳群には、さまざまな築造契機や造営主体、時間差、階層差が重層的に絡み合って内包されている。

そうした墓域の形成過程や群構成の検討は、とくに群集墳などにおいて必要となる。丘陵斜面を埋めつくすように多くの古墳が築かれた群集墳でも、いくつかの支群や単位を抽出することで、造墓過程を復元できることが多い。

支群の抽出にあたって注意しなければならないのは、個々の墓の立地と自然地形との関係である。通常、群集墳では、丘陵の起伏を利用しながら、造墓活動が展開される。そのさいに、谷部分は墓に向かう通路として利用された可能性が高く、それらの復元が墓と墓の間の関係を把握する重要な指標となる。ここでは、園養山古墳群の例を示しておく（図78）。また、そこから墓域の割り当てを推定した研究もある。

こうした墓の位置関係とともに、埋葬施設の構造や開口方向などに一定の相関性が認められるかどうかを検討することで、墓域内の支群や単位が抽出できることが多い。横穴墓の支群では、床面の標高などによって、さらにいくつかの小群に分けられるものもある。

人骨の遺存状況が良好な横穴墓などの場合は、形質人類学的方法や遺伝学的分析を用いて、相互の血縁関係や遺伝的関係、埋葬形態などの情報を得ることができる。これらも、支群や造墓単位を把握する有効な手がかりとなる。

なお、横穴式石室を埋葬施設とする典型的な後期群集墳では、あらたに墓を築造する場合と追葬する場合の両方の視点から、時期別の展開過程を復元する必要がある。

葬送儀礼の復元　古墳は、その造営から埋葬、それらにともなう儀礼、そして廃絶にいたるすべての痕跡が複合した遺跡である。その主体となるのは被葬者ではなく、死者を埋葬した人びとであり、そこに反映されている彼らの社会や思想、死に対する観念などを読み解くことが求められる。

埋葬の前後にも、さまざまな儀礼や行為がおこなわれる。たとえば、追葬時の片づけのほか、埋葬後に人骨や遺体の関節を動かす処置などがなされることもある。そうした埋葬にかかわる一連の行為を復元することが重要となる。そのさい、埋葬儀礼には、個々の墓に対してのものと、墓群に対してのものとがあり、また、一度かぎりの儀礼と、継続的におこなわれる儀礼とがあることにも注意したい。

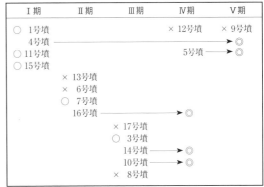

図79　群集墳の構成と追葬の年代

横穴式石室では、追葬にともなって、以前の遺体や副葬品が動かされたり、攪乱されたりしていることが多い。こうした築造と初葬や追葬の関係は、墓群の展開過程とともに、図表を用いて示すとわかりやすい（図79）。

埋葬施設を除いた墳丘周囲での儀礼は、より多様である。それらの復元にあたっては、古墳の築造時つまり初葬時のものと、追葬時のもの、のちの祭祀関連のものなどを識別することが必要となる。埋葬後に一定期間を経過したのち、何らかの儀礼にさいして溝を掘り直した例や、築造時より100年以上も新しい時期の土器が供献された例もある。このため、出土した遺物を単独で評価するのは難しい。

一方、正しく復元された形象埴輪の配列からは、当時の儀礼に関するさまざまな情報が得られ、その分析は大きな意味をもつ。そうしたさいには、埴輪の群構成だけではなく、古墳全体のどの位置に、どの段階で設置されたものかを考慮し、それを見た当時の人々のことも念頭におく。

被葬者像の検討　古墳時代の群集墳には、被葬者の系譜や出自が反映されている可能性が高く、たとえば渡来系集団特有の副葬品や、葬送儀礼に用いられた遺物などは、それらを推定する手がかりとなる。また、古墳の分布状況とともに、個々の調査成果から得られた古墳の諸属性を整理し、近隣の墓域や集落との対応関係も考慮したうえで、墓群の性格を検討することが重要である。

地方の群集墳以外の古墳、とりわけ有力者の古墳は、近畿中央部の大型古墳群がそうであるように、一つの集落や生活圏をはるかに越えた広い地域の中で、特定の場所に集中的に築造されたと考えられる。その範囲は、のちの郡あるいはそれ以上の広がりをもつと推定されることもあり、被葬者と埋葬した集団の勢力の大きさや性格を反映するとみられている。それらの地域と有力者集団の分布、政治勢力と古墳との関係を、慎重かつ積極的に検討することが望まれる。

このためには、地域の中で、その古墳が編年的にどう位置づけられ、同時期にどのような古墳が周辺に展開するのかを明確にする必要がある。そして、墳丘や周濠、埋葬施設の規模、副葬品の状況、埴輪の生産と供給体制などから、そこに反映されている被葬者の社会的地位を検討する。埋葬施設や副葬品に特殊性が認められるときは、被葬者の系譜や生前の活動と関係している可能性があり、被葬者像を推定する手がかりとなる。また、これらの様相から、地域間や中央と地方の政治的な関係を追究することもできる。

こうした検討をへたのち、それまでに明らかになっている情報をもとに、地域全体の動向の中で個々の古墳を位置づける。地域全体の古墳の編年を提示するとわかりやすい（図80）。

なお、渡来系工人集団を束ねたとみられる被葬者や、特殊な生業に従事したと推定される被葬者については、近隣の集落の特異性や生産遺跡との関連なども検討する必要がある。

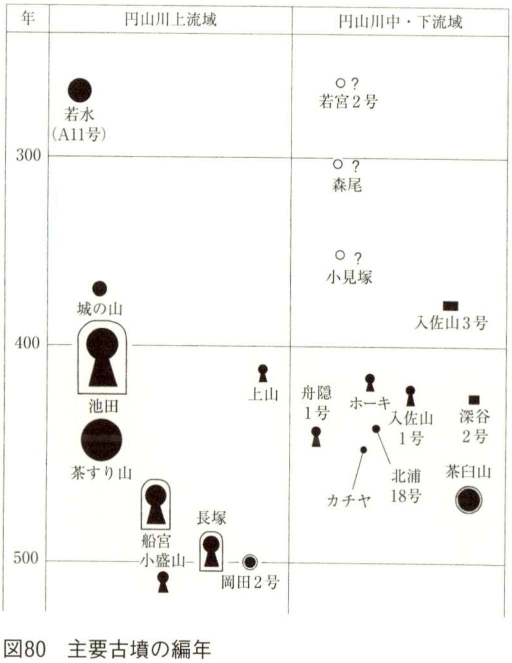

図80　主要古墳の編年

第4節
古代・中世・近世の墓

1 古代・中世・近世の墓概説

A 墓の種類

古代の墓 『続日本紀』には、700年に僧の道昭が初めて火葬されたことが見え、8世紀前半には、天皇や貴族、僧侶など上位の階層を中心に、火葬の風習が広がった。高級官人の火葬墓には、専用に作られた金属製の蔵骨器を用いるものや、三彩陶器などの高級品を蔵骨器に用いるものもあり、墓誌をともなうこともある。9世紀になると、畿内では火葬墓の造営は低調となるが、東国では逆に火葬の風習が定着し、多様な蔵骨器をもつ火葬墓が造られるようになる。

律令(喪葬令)の規定では、都城や道路近くでの埋葬が禁じられたため、天皇や皇族、官人の墓は、おもに都城や寺院・官衙周辺の山麓や山中、あるいは本貫地など、故人ゆかりの土地に造られた。それらの墓は、身分に応じた墓域をともなっていたことが、『延喜式』(諸陵寮式)の記載などから知られる。一方、庶民の遺体は、周辺の河原などに遺棄されたことが文献史料に記されるが、火葬も徐々に受け入れられていった。

中世の墓 中世になると、法華堂や阿弥陀堂に遺体や遺骨を埋葬する墳墓堂が現れる。墳墓堂は天皇や貴族によって採用され、その後、上級武士にも取り入れられた。

御家人の神氏の氏寺であった文永寺(長野県・12世紀後半～15世紀)の境内には、神氏一族の共同納骨施設と考えられる大型の五輪塔がある。この地下に設置した常滑焼の大甕からは多量の骨片が出土し、五輪塔前面の石床にあけた穴から甕に納めたことが知られる。甕の型式と出土銭貨によって、12世紀後半～15世紀に納骨されたことも判明している。また、この時期には、屋敷の中に造った屋敷墓も存在する。

14世紀には、複数の小型の石組墓などからなる集団墓地が見られるようになる。地域の領主層の墓と推定され、当初のものには経塚をともなう例が多い。こうした墓には石塔を建てることもあるが、墓標としての石塔(図81)が定着するのは、14世紀後半以降である。

それにともなって、東日本では15世紀に、墓標として製作した緑泥片岩製の板碑が小型化し、生産量が増大する。西日本でも、五輪塔の小型化と量産化が進む。なお、近世になると、墓標は石塔からたんなる墓碑へと変化する。

このほかに、中世の墓制を特徴づけるものとして、納骨信仰が挙げられる。これにより、本来の墓とは別に、分骨して霊場などに納める行為が、12世紀の高野山(和歌山県)で始まったとされ、13世紀に入ると、元興寺極楽坊(奈良県)など都市部の寺院にも広がる。

その後も、納骨の風習は、時代をへるごとに盛んとなり、14世紀には各地の霊場や一族墓でも見られる。そして、15世紀に入ると、庶民による納骨もおこなわれるようになる。また、幅広く信仰を集めた高野山では、東北や東海、四国など、地域の枠を越えた納骨が認められる。

一方、中世には地域特有の墓も見られ、鎌倉を中心とする関東南部では、斜面に横穴を掘って火葬骨を安置する墓が造られた。これらの墓はやぐらとよばれ、岩盤を横穴状に掘り込んだ、平面が

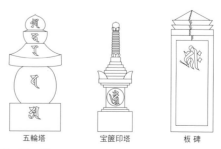

図81 石塔

長方形で平らな天井をもつ玄室に、短い羨道がつく形態が基本である。人骨が出土することから、納骨のための施設とみられるが、供養施設としての機能も想定されている。

中世の葬法は多様であり、土葬のほか、火葬などで骨にしたものを土坑や蔵骨器に納めた例、また、火葬した場所をそのまま墓とした例もある。こうした違いは、階層差や地域差を反映するものと考えられる。なお、民俗学では、遺体を埋葬する埋め墓と、墓参用の詣り墓とを分ける、両墓制の存在が指摘されており、考古学による実態の解明が課題となっている。

近世の墓　一族墓として築かれた武士の墓の多くは、戦国時代の動乱により断絶する。また、庶民の墓も、集落の移転や城下町の形成などの流れの中で再編成される。このため、中世の墓と近世の墓は連続しないことも多い。

近世でも、中世と同様に、階層や身分ごとに墓域が形成された。そして、大名家の墓所に代表されるように、ほかの墓域から独立した空間に規則的に配され、墓群の中でも、被葬者の階層を規模や形状の違いによってより明確に示す墓が現れるようになる。また、庶民の墓も、特定の場所に密集する傾向を強め、現在の墓につながる大規模な墓地が全国各地で生まれる。

なお、幕府がおこなった寺檀制度により、庶民と寺とが永続的な葬祭の関係を結んだことで、寺と墓、庶民と墓地との関係が固定化された。

一方、葬法は、仏教や神道、儒教などの影響を受け、地域によっても異なっていた。遺体は、火葬する場合とそうでない場合があり、都市では土葬とともに火葬もおこなわれたが、農村では土葬の比率が高かった。沖縄の亀甲墓など、強い地域性をもつ独特の墓が造られた地域もある。

図82　中世の集団墓（栗栖山南墳墓群）

B 墓域と墓群

古代の墓域と墓群　古代の墓は、おもに丘陵や尾根の頂部、もしくはやや下った南斜面に造ることが多いが、平野部に設けた例もある。また、古墳時代の群集墳内など、前代の墓域の中に造られることもあり、横穴式石室や横穴墓などの埋葬施設を墓として再利用することもあった。文献史料や絵画資料からは、河川や墓地へ遺棄した例や、火葬骨を散骨した例も知られる。

墓には、単独で造られるものと、群集するものとがある。火葬骨を納めた単独墓である太安万侶墓（奈良県・723年）は、2本の尾根が張り出す丘陵の基部に造られており、尾根も含めた広い範囲を墓域としていたとみられる。伊福吉部徳足比売墓（鳥取県・710年）は、平野を見下ろす山の中腹に造られた。

群集する墓は、丘陵の頂部や斜面に平坦面を造成して造られる。大迫遺跡（福岡県・8〜9世紀）では、階段状の平坦面を設けて、多数の火葬墓を造っている。また、火葬墓が、木棺墓や土坑墓など、ほかの葬法の墓と混在することもある。

中世の墓域と墓群　中世の墓域のありかたは、時期や地域によって複雑かつ多様であるが、大別すると集団墓と屋敷墓に分かれる。

集団墓は、現代の墓地と同様に、墓が一定の範囲に造られて群をなすものである。一の谷中世墳墓群（静岡県・13〜17世紀）や栗栖山南墳墓群（大阪府・14〜15世紀）のように、集落からやや離れた丘陵や山地の斜面などに形成されるのが一般的である（図82）。丘陵地では、しばしば南斜面や集落の方向を意識して墓が造られる。

集団墓は、数百年にわたる造墓によって形成されたものが多く、墓の数が数千基に及ぶこともある。また、集団墓の中心には、納骨施設として大型の五輪塔を設置した例がある。

屋敷墓は、11世紀後半〜14世紀を中心とした時期に、屋敷地の内部や隣接地に1〜2基の墓が造られるものである（発掘編197頁）。

また、中世墓では、墓の形状などから、特定の宗教によって結びついた集団の墓と認定できる場合がある。府内教会墓地（大分県・16世紀）などで検出されたキリシタン墓では、墓坑を規則的に配し、胸の上で手を組んだ伸展葬で埋葬していることが知られている。

近世の墓域と墓群　近世の墓は、中世と同じく、丘陵地に継続して造営されるものと、寺院地内の墓として現代まで継続するものなどがある。一般に、農村部では、地域ごとに山間部や河川沿いに造られ、都市部では郊外の寺院を中心に形成される例が多い。多数の墓が密集する傾向を示すが、その配置は概して不規則である。

2 発掘調査の準備と計画

試掘トレンチの設定　古代以降の墓は、さほど大きな造成や墳丘をともなわず、副葬品や供献土器なども少ないのが一般的である。このため、事前の地形観察や分布調査などで墓の存在を知るのは容易でない。ただし、丘陵の頂部や緩やかな南斜面を選地するものが多いので、試掘・確認調査にあたっては、それらの地点に試掘トレンチを設定し、墓の有無を確認する。

また、都城や寺院などとの位置関係から、墓が存在する可能性のある地域を推定できることもあり、そうした地域の試掘・確認調査では、墓の存在を見逃さないようにする。

情報の事前収集　中世以降の墓では、石仏や石塔などが露出していたり、墓にかかわる字名が残っていたりして、墓群の存在が推定できる場合もある。これらに留意して、事前に情報の収集に努めるとよい。

そのほかの点については、前節までに述べたことと基本的に変わらない。

第Ⅱ章　墳墓の調査

3 墓の構造と諸要素

A　墳丘と外表施設

墳　丘　古代以降の墓では、墳丘は概して小規模であり、大きな墳丘を築くことはまれである。また、盛り土が流失して痕跡が残るだけのものも多く、意識的な確認を心がける必要がある。

区画施設　墓の周囲には、周溝を方形や円形にめぐらす例や、石列を方形にめぐらす例、河原石を敷き詰める例も多い。平城京の上層では、墓を囲んで掘立柱を立てた例（奈良県・9世紀前半）が見つかっている（図83・85）。

外表施設　中世や近世の墓では、栗栖山南墳墓群のように、五輪塔などの石塔や石仏が墓標として立てられることがあり（図84）、真光寺の伝一遍上人墓（兵庫県・13世紀）など、石塔内に蔵骨器を納めるものもある。

また、墓に碑を立てることや、樹木を植えることなどを記した文献史料もあり、墓を表示する施設の存在についても注意を払いたい。

なお、長期間にわたって営まれた中・近世墓群は、その間に改変されることもあって、完全な形で検出されるものはさほど多くない。ただし、埋葬施設しか遺存しない場合でも、周辺の状況から、集石や盛り土、周溝、石塔などの外表施設を復元できる可能性がある。

B　埋葬施設

種　類　古代以降は、あらたな葬法として火葬が加わることにより、埋葬方法も多様化する。火葬の場合は、専用の蔵骨器や、日常の容器を転用した蔵骨器に骨を納めるほか、個人のための墓を設けず、散骨したり寺院などへ納骨したりすることもある。逆に、分骨して、一人の遺骨を複数の墓に埋葬した例もある。

土中に遺体を埋葬する方法は、棺や蔵骨器を用いるものと用いないものとに大別される。棺の大きさは、遺体をそのまま埋葬する土葬や、遺骨の状態にしてから埋葬する火葬など、遺体処理の方法によって異なり、通常、その違いは埋葬施設の構造や大きさとも関連する。

以下、火葬墓と土葬墓の埋葬施設について記述する。

火葬墓　火葬墓は、地面に蔵骨器が入るだけの大きさの墓坑を掘ったものが一般的である。

古代の火葬墓では、杣之内火葬墓（奈良県・8世紀）のように、墓坑掘削に先立って掘り込みをおこない、粘土と砂を互層に突き固めた地業を施した例がある。蔵骨器の周囲には、木炭で覆う木炭槨や、石組、木組を構築することもあり、蔵骨器を土器や石櫃などの外容器に納めたものも認められる。一方、蔵骨器をもたず、火葬骨のみを埋置したと考えられる例もある。

中世以降では、石櫃などを造り、蔵骨器を納め

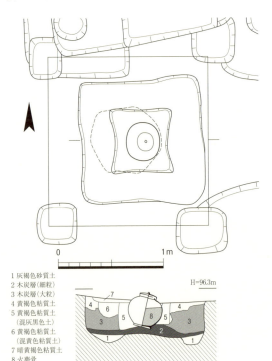

1　灰褐色砂質土
2　木炭層（細粒）
3　木炭層（大粒）
4　黄褐色粘質土
5　黄褐色粘質土
　（混灰黒色土）
6　黄褐色粘質土
　（混黄色粘質土）
7　暗黄褐色粘質土
8　火葬骨

図83　古代の火葬墓（平城京上層）

たものがある。また、火葬した土坑をそのまま墓坑として利用することも多くなり、そうしたものでは、土坑の壁面が焼けて赤変・硬化した例が見られる。

蔵骨器　蔵骨器には、金属製品やガラス製品、土器類のほか、石櫃や石塔などの石製品、木櫃や曲物などの木製品があり、布などにくるむ場合もある。骨の小片や歯冠などを納めたと考えられる小型のものもある。一つの墓群にさまざまな種類の蔵骨器が混在する例も多い。

　中・近世の火葬墓では、火消し壺や焙烙(ほうろく)などの日常用の容器を蔵骨器として転用することが増え、外面に煤が付着するなど、日常品として使用していたときの痕跡が認められるものもある。また、古市城(ふるいちじょう)(奈良県・15～16世紀)の例のように、蔵骨器の外面に年号や経文などの墨書や刻書を施したものもある。

土葬墓　土葬墓は、遺体を墓坑内にじかに埋葬した直葬(じきそう)と、木棺や桶、甕などに遺体を入れて埋葬したものとがある。古代では、墓坑内に木棺だけを納めた例が多いが、木炭槨や木槨を構築することもある。

　とくに、木棺の周囲全体を木炭で覆う木炭槨木棺墓は、西野山(にしのやま)古墓(京都府・9世紀初め)や柿崎(かきざき)古墓(新潟県・9世紀後半)など、副葬品をもつ厚葬墓の例も多く、社会的地位の高い被葬者のものと考えられている。

　中世以降の土葬墓では座棺が主流となり、桶や甕などを棺として利用した例が増加する。それとともに、直葬の場合でも座位で埋葬することが一般化したため、墓坑も、平面が長方形や正方形または円形で、深いものが主流となる。

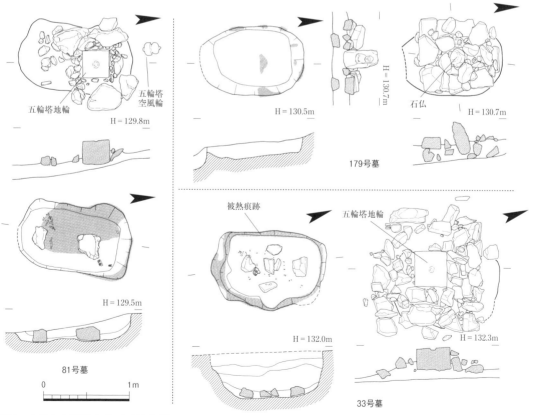

図84　中世の火葬墓（栗栖山南墳墓群）

第Ⅱ章　墳墓の調査

C　墓関連施設

火葬遺構　骨片が出土する土坑であっても、必ずしも墓とはかぎらず、荼毘に付した火葬遺構である場合もある。古代の例は少ないが、大迫遺跡では、壁面や底面が被熱のため赤変・硬化した長方形土坑が検出されている。また、平安京周辺には、火葬をおこなった場所を祭祀の対象として整備した、火葬塚とよばれる塚状施設がある。

中世には、長方形や楕円形の土坑で、通気口としての張り出し部をもつ火葬遺構が現れ、石を配して棺台とするなど、火葬の効率を上げるための工夫が施される。

通　路　墓に向かう通路が設けられている場合もあるので、墓周辺の発掘も慎重におこないたい。栗栖山南墳墓群では、ひな壇状に造成された墓域の北西側で、丘陵の下方から墓に向かう通路が検出されている（76頁図82）。

4　発掘方法と留意点

A　火葬墓の発掘

火葬墓の検出　火葬墓は、地表観察による事前の予測が難しく、試掘・確認調査や表土掘削の段階で発見されることが多い。

とくに、丘陵地などで、表土掘削のさいに炭などが検出されたときは、周辺に火葬墓が存在しないか注意して、遺構を検出する。土坑の埋土に炭や灰、骨片が含まれる場合や、古代以降の壺・甕など完形の土器が見つかった場合は、火葬墓の可能性を念頭におき、周囲に墳丘や周溝などの痕跡がないかを精査する。

墓坑の掘り下げ　火葬墓の可能性がある土坑は、長軸方向と短軸方向に十字形の土層観察用畦を設定するなどして、土層を観察しつつ慎重に掘り下げる。蔵骨器が確認できれば、そこに断面が

かかるように、土層観察用畦を設ける。

蔵骨器と考えられる土器が出土したり、木材の腐朽痕跡や釘などが規則的に検出されたりした場合、あるいは火葬骨がまとまって出土した場合には、通常、火葬墓と判断できる。

火葬墓では、釘や小さな骨片が出土することも多いので、掘り下げた埋土をフルイにかけるなど

検出状況

発掘状況（手前：墓坑完掘、奥：木炭層露出）

墓坑完掘状況

図85　火葬墓の発掘（平城京上層）

Ⅱ-4 古代・中世・近世の墓

して、有機質遺物や微細遺物の採取を心がける。

なお、葬送儀礼として砂をまく作法もあり、白色砂などが検出されることもある。墓坑の底に砂を敷いた太平寺・安堂古墓(大阪府・9世紀後半～10世紀前半)のような例や、銭貨を置いた汐井掛遺跡5号墓(福岡県・8世紀後半)などの例もあり、掘り下げ時には十分に注意する。

蔵骨器が出土した場合は、取り上げ後に、墓坑底面に残る蔵骨器底部の圧痕も記録し、埋置した位置や角度を復元するための情報を得る。

遺物の記録と取り上げ　埋土内から遺物が出土したときは、出土位置と層位を確認し、墓坑掘削時や蔵骨器埋納時、墓坑の埋め戻し時など、どの段階のものかを判断して、出土状況を記録する。また、土器や鏡を破砕して供献することもあるので、出土状況を記録し、遺物取り上げのさいに取り残しがないよう留意する。木炭は、樹種同定などに備え、必要に応じて試料を採取する。

蔵骨器には、蓋を固定する紐や蔵骨器を包む布などの有機質が付着している可能性があるため、取り上げのさいは注意したい。蓋がかぶった状態のものは、現地では蓋を開けず、整理室に持ち帰って慎重に調査する。

火葬遺構　火葬遺構の発掘では、土坑の構造のほか、土坑の壁面などが火を受けて硬化したり変色したりしているか、といった点に注意して作業を進める。また、土坑の底面に小さな凹凸が認められることもあるが、これは火力を上げるために炭をかき回した痕跡である可能性がある。

埋土には、拾骨し残した火葬骨などが遺存することもあるので、フルイにかけて採取する。

B　土葬墓の発掘

木棺墓や土坑墓の発掘方法は、前節までに述べたほかの時代の場合と大差はない。

配列の確認　中世以降は、多数の墓が密集することが多いが、通路などに規制されて、直線的に並ぶなどの規則性が見出せることもある。

出土遺物が少なく、時期決定が困難なものであっても、遺構相互の重複関係や配列の規則性などに注意して発掘し、先後関係を把握する。

検出作業の留意点　副葬品には、土器や陶磁器以外に、漆製品や烏帽子など、原形をとどめにくいものが含まれることもある。大宰府の例(福岡県・12世紀後半)のように、それらが化粧箱などに入れられた状態で出土したものもあり(図86)、慎重な検出と取り上げが求められる。

人骨が出土した場合は、埋葬姿勢とともに、副葬品との位置関係を把握する。帯金具や刀子、数珠などは、被葬者が着装していたのか、別に埋納されたのか、また埋納場所が棺内か棺外かを、出土状況から見きわめる。

近世の墓では、桶や甕に埋葬されるなどして、密封状態にあったものは、衣服や頭髪などが残ることもあるので注意する。

また、近世には、六道銭を副葬する習俗が見られる。6枚の銭貨を副葬するのを基本とするが、枚数や貨幣の種類には地域差や時期差、階層差がある。これらの銭貨は、遺体の胸付近からまとまっ

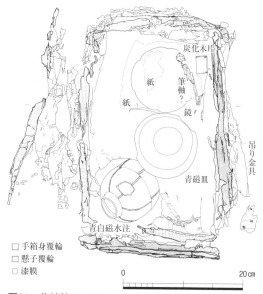

図86　化粧箱(大宰府)

て出土することが多いが、銭貨を袋に入れて首にかけた例や、手に握らせたと考えられる例もあり、銭貨の出土状況と人骨との位置関係から、埋納状況を復元する必要がある。

　取り上げのさいには、銭貨周囲の有機質付着物の有無にも注意する。六道銭は、渡来銭、古寛永銭、新寛永銭など、鋳造時期の異なる銭種が一緒に納められていることがある（図87-12）。

5　遺物の整理

　遺物の整理に関しては、整理編（11頁）および2節（19頁）と3節（60頁）を参照されたい。ここでは、古代以降の墓に特徴的な遺物を中心に記述し、灯火器については後述する（129頁）。

遺物の種類　古代以降の墳墓から出土する遺物には、棺や蔵骨器、副葬品があり、まれに墓誌や買地券（ばいちけん）が出土することもある。副葬品としては、鏡・刀・刀子・銭貨・帯金具・鏃などの金属製品、鉄滓、土器・陶磁器などの土製品、砥石などの石製品、木櫃・化粧箱・漆容器・衣服・布などの有機質製品がある（図87）。

使用の痕跡　墳墓から出土する遺物には、葬送儀礼や埋葬習俗にかかわる、さまざまな痕跡が残されている。遺物の観察では、そうした葬送儀礼にさいしての使用痕跡に注意する。

　蔵骨器や副葬品には、口縁部、体部、底部、高台に、穿孔や打ち欠きなどの意図的な加工を加えることがある。これらの多くは、葬送儀礼にともなうものと考えられるが、蔵骨器の底部穿孔には排水・湿気処理機能も推定されている。

　また、土器や鏡などが割れた状態で出土した場合は、それが意図的な行為によるのか、埋没時の土圧などによるのかを、割れ口の観察や発掘時の所見もふまえて、慎重に判断する。

被熱の痕跡　火葬墓から出土する遺物には、火葬をへて蔵骨器内に入れられたものと、蔵骨器の埋納時に供献したものとがある。これらは、被熱の有無を観察して区別する。

蔵骨器　蓋がかぶった状態の蔵骨器は、内部の土を掘り出す前に、Ｘ線ＣＴ（整理編82頁）などで内部を調査することが望ましい。その後、蓋をはずして、土を上から順に掘り下げ、納骨状況や遺物の出土状況を観察して記録する。内部の土はフルイかけや水洗選別をおこない、微細な副葬品や人骨、有機質遺物を回収する。

墨書・刻書（こくしょ）　副葬品には、墨書や刻書を施した例もある。これらは、墓誌や吉祥句、呪語、地名、人名、官職名など多岐にわたっており、葬送儀礼や埋葬習俗の復元のほか、被葬者の推定の手がかりとなる。

　文字は、埋没時における風化などで不鮮明になっていることも多いので、痕跡の有無に注意したい。墨痕が遺存する可能性があれば、赤外線画像（整理編82頁）などを用いて観察し、解読する。

石塔の観察　五輪塔や宝篋印塔（ほうきょういんとう）、板碑、墓碑といった石塔などには、梵字（ぼんじ）や図像、紀年銘、供養銘などの刻書や墨書が見られる場合がある。それらは、風化したものでも、光を当てて陰影を調整しながら表面を細かく観察することによって確認できることが多い。こうした刻書や墨書も拓本や写真などで記録する。

　石塔をはじめとする石造物は、石材や加工痕についての観察も必要である。風化程度の違いや表面の変色度合いも観察すると、地中に埋められていた部分と地上に出ていた部分とを識別できることもある。実測にさいしては、これらの痕跡も表現するとともに、できるだけ製作当初の姿を復元することが望まれる。

　また、石材は、石種の同定など自然科学分析をおこなうことによって、石材原産地との関係が明らかになる場合がある。近畿では、近世以降、和泉砂岩を用いた石造物が広く流通しており、石種の同定で、石造物の時期をある程度絞り込むこ

II-4 古代・中世・近世の墓

とがある。

なお、石塔には、内部に火葬骨や蔵骨器を納める穴をあけたものもあるので、石材の形状や加工にも注意を払う。

火葬骨の自然科学分析　火葬骨は、個体数や被葬者の年齢、性別といった情報を得るため、形質人類学的方法などによる分析をおこないたい。それによって、全身骨を拾骨したのか、一部のみか、第二頸椎（いわゆる喉仏）を拾骨しているかなど、拾骨方法を復元する手がかりが得られることもある（24頁）。

6 調査成果の検討

調査成果の検討については、基本的に2節（21頁）と3節（69頁）の記述と共通する部分が多いが、ここでは若干の留意点を補足しておく。

遺構の検討　墓の規模などの各属性については、同一基準の計測値にもとづいて、遺構の時期ごとに整理することにより、規模の変化傾向などを読み取れる場合がある。また、夷王山墳墓群（北海道・15世紀）では、形態の違いから、和人墓か

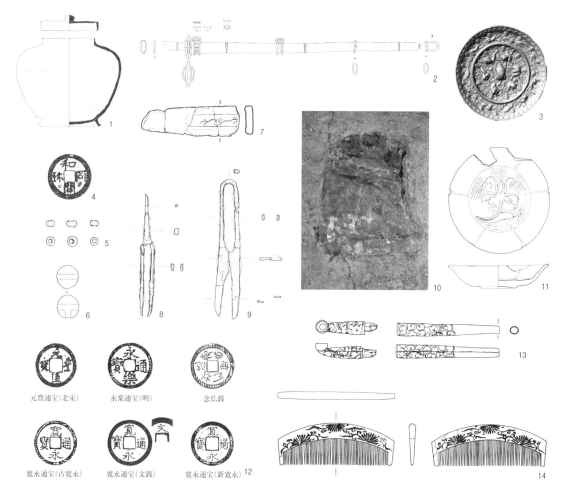

1：蔵骨器　2：大刀　3：海獣葡萄鏡　4：銭貨　5：ガラス小玉　6：水晶辻玉　7：墨　8：鑷子（毛抜き）　9：鋏
10：烏帽子　11：打ち欠きのある青磁皿　12：六道銭　13：煙管　14：櫛　　（縮尺・表現法不同）

図87　古代〜近世の墓の副葬品と蔵骨器

アイヌ墓かが識別されているなど、形状の違いが被葬者に結びつくこともある。

遺物の検討　弥生〜古墳時代と同様に、古代や中世の墓の副葬品や供献遺物についても、組み合わせが意味をもつことがある。

たとえば、古代では、男性の墓から腰帯具や武器類が、女性の墓からは鏡や毛抜き、鋏、合子などの化粧道具が出土する例がある。また、修験者の墓からは錫杖などの副葬品が、キリシタン墓地からは十字架やメダイが出土するなど、副葬された遺物の組み合わせを検討することで、被葬者の性格の一端が判明する場合が多い。

なお、高級品の陶磁器などを用いた蔵骨器には、伝世されたり、改葬のさいに用いられたりしたものもあるので、蔵骨器の年代のみで時期を決定するのではなく、墓の形態や副葬品の時期も含めた検討が求められる。

調査成果の総合的検討　古代の都城のように、墓の立地場所が制約される場合は、被葬者の居住地と対比するのが難しいが、中世以降は、墓地が集落と一定の関係をもって設けられる。そのため、集落内の階層に応じた墓域の構成のありかたを解明する意識をもち、調査成果の検討にあたることが必要である。

なお、古代以降の墓については、文献史料などを援用することにより、被葬者を絞ることができる場合もある。また、中世以降の墓では、寺院との関係や、特定の宗派と葬法との結びつきが強くなるという特徴があり、そうした点も考慮して、関連分野にも視野を広げた検討が望まれる。

末期古墳

末期古墳とは　7〜10世紀に、東北北部から北海道の石狩平野にかけて築造された直径10m前後の円墳を、末期古墳という。石狩平野のものは、北海道式古墳ともよばれる。

数基から百数十基ほどが群集して築造され、埋葬施設は木棺直葬が一般的だが、横穴式石室の影響を受けた石室も北上川流域を中心に存在する。東北南部以南の古墳と比べると、末期古墳は独立して築造されることがなく、均質な集団墓であるという特徴がみられる。

末期古墳は、律令国家の支配領域外に分布し、文献史料に「蝦夷」と記された人々とかかわりをもつ墓とする説がある。

代表的な末期古墳　阿光坊古墳群(青森県)は、残存状況が良好な、末期古墳の代表例である(図88)。存続期間は7世紀初め〜9世紀末と長く、108基が確認され、200基以上が群集すると推定される。いずれも、周溝をもつ直径10m程度の円墳で、墳丘の高さは1m程度と低い。

副葬品には、大刀や蕨手刀が見られるほか、湖西窯(静岡県)産の7〜8世紀の須恵器など、律令国家の統治下にあった地域から運ばれたと考えられるものが含まれ、両地域の活発な交流を読み取ることができる。

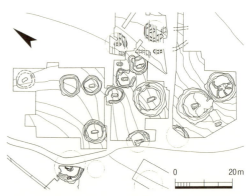

図88　末期古墳(阿光坊古墳群)

第Ⅲ章

寺院の調査

第1節
寺院概説

1 古代寺院

A 伽藍配置の変遷

初期寺院の伽藍配置　古代寺院の中心部には、本尊仏を安置する金堂や、舎利を安置する塔、僧尼の講説の場である講堂などの建物が配された。金堂と塔は、中門からめぐる回廊内に配置するのが基本であり、回廊は、講堂に取りつくものと、講堂前面で閉じるものがある。これらの堂塔の配置（伽藍配置）には一定の法則性が認められ、時期的な変遷を追うことができる（図89）。

最古の本格的寺院である飛鳥寺（奈良県・6世紀末）は、塔を中心として、北と東西に金堂を配した一塔三金堂の配置をとるが、7世紀前半までの主流は、塔と金堂を南北に並べた四天王寺式伽藍配置である。その後、百済大寺と考えられる吉備池廃寺（奈良県・7世紀中頃）では、塔を西、金堂を東に並列する配置をはじめて採用した。いわゆる法隆寺式伽藍配置であり、その成立はこの時点に遡る。

一方、川原寺（奈良県・7世紀後半）では、中金堂の南に、塔と西金堂を向かいあわせた一塔二金堂の配置を採用する。こうした伽藍配置は時期がかぎられるが、中金堂の位置に講堂を置く一塔一金堂の観世音寺式伽藍配置は、その影響下に成立した。また、法隆寺式伽藍配置の塔と金堂が入れ替わっているものを法起寺式伽藍配置とよぶが、それは、観世音寺式では東面する金堂を南面させ

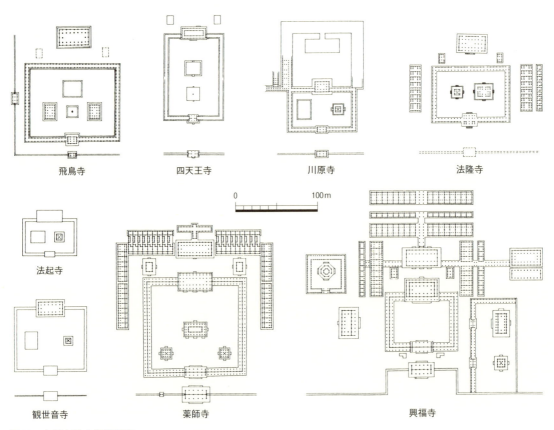

図89　古代寺院の伽藍配置

た配置と考えることもできる。

法隆寺式や法起寺式の伽藍配置は全国に広く分布し、こうした中央の伽藍配置を積極的に受容した在地勢力の姿がうかがえる。それに対して、観世音寺式伽藍配置は、観世音寺(福岡県・7世紀後半)や多賀城廃寺(宮城県・8世紀前半)など、東西の重要拠点を中心に分布する。

官寺の伽藍配置　680年に全国の寺院は、国家による財政的援助の違いから三つの階層に区分され、官が治める官寺が明確化される。同年、造成が進んでいた藤原京の官寺として、薬師寺(本薬師寺)(奈良県)の建立が始まり、回廊内の金堂前面に東西両塔をおく伽藍配置が成立した。

その後、平城京の官寺としての性格をもつ大安寺や興福寺、そして東大寺(いずれも奈良県・8世紀)では、塔は回廊外に置かれ、回廊が金堂に取りついて、金堂前面に広い儀式空間を確保するようになる。全国に建立された多くの国分寺は、こうした伽藍配置を基本としていた。

多様な伽藍配置　一方、寺院の中には、個性的な伽藍配置をとるものも多数存在する。それらの中には、鳥坂寺(大阪府・7世紀後半)や夏見廃寺(三重県・7世紀後半)、上野廃寺(和歌山県・7世紀後半)(96頁図98)のように、地形上の制約から、塔や講堂の位置をずらした例のほか、檜隈寺(奈良県・7世紀後半)や上淀廃寺(鳥取県・7世紀後半)のように、独自の伽藍配置を採用した例もある。とりわけ、地方寺院では、独自の配置や主要堂塔の一部を欠く配置など、多様性が著しく、たとえば小山池廃寺(広島県・7世紀末)では、塔の東西に金堂と講堂を並べている。

B　古代寺院の空間構成

古代寺院の構成　寺院には、中心部の堂塔の周囲に、寺院の経営を支えた施設が存在する。8世紀の額田寺(額安寺・奈良県)のようすを描いた『額田寺伽藍並条里図』では、金堂や塔が建つ空間の東に、倉や竈屋、板屋などが配された空間があり、さらに「東太衆」や「南院」と記された区画が設けられている(図90)。

このように、塔や金堂などの建物で構成された中心部を伽藍地、大衆院や政所院、倉垣院などの寺院経営の場を付属院地とよび、伽藍地と付属院

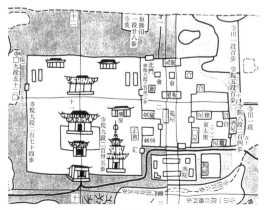

図90　『額田寺伽藍並条里図』が描く寺院

図91　寺院地の構成(上総国分寺)

第Ⅲ章　寺院の調査

地を合わせた総体としての寺院空間を寺院地(寺域・寺地)と称する。また、寺院地の周囲には、寺院が所有する田や畑などの耕地が広がっており、寺院に付属する瓦窯や金属工房の存在も想定できる。これら寺院の周辺空間を寺辺地、荘園など寺院が所有する土地全体を寺領とよぶ。

付属院地の調査　寺院の発掘調査は、基壇の高まりや瓦の分布する場所が遺跡として認識しやすいこともあって、かつては伽藍地をおもな対象としてきた。しかし、上総国分寺・国分尼寺(千葉県・8世紀)では、付属院地にも本格的な発掘調査が及び、寺院地と伽藍地の関係がはじめて確認された(図91)。

付属院地は、建物遺構の構造や配置、出土遺物の内容から、その性格が推定できる。たとえば、大型の掘立柱建物がL字形やコの字形に配置される空間は、寺務を取り扱う政所院あるいは大衆院に比定され、倉とみられる総柱建物が規則的に配置される空間は倉垣院である可能性が高い。ただし、すべての寺院が独立した付属院地を備えていたわけではないことに注意する必要がある。

C　寺院の展開

集落内寺院　古代寺院の中には、集落と密接に関連した、集落内寺院とよばれる小規模なものも存在する(発掘編38頁)。

神宮寺　8世紀には、神が神身としての苦悩から逃れるため、仏法に帰依していくという神仏習合の考え方により、神社に帰属する寺院として、神宮寺が建立されるようになる。『多度神宮寺伽藍縁起資財帳』によれば、神宮寺とはいえ、伽藍地のほかに独自の付属院地や寺領を備えていたことがわかる。宇佐弥勒寺(大分県・8世紀)では、講堂基壇をはじめ、寺院地を囲む築地塀や門などが検出されている。

山林寺院　古代寺院の多くは平地に造営されるが、丘陵上や山中に建つ寺院もある。修学の場である平地寺院に対して、丘陵や山地に営まれ、禅行修道の場としての性格をもつ寺院を山林寺院という。ただし、山林寺院は、俗地から隔離された空間ではなく、僧侶の活動をつうじて、本寺である平地寺院と強いかかわりをもっていた。

図92　山林寺院(大知波峠廃寺)

8世紀後半〜9世紀になると、山林寺院は平地寺院との関係を保ちつつも、仏堂を寺院地内の奥まった平坦地に建立し、それに付属する建物をその前面に配置するようになる。そして、これら複数の仏堂空間が緩やかに結合し、山林寺院としての広い宗教空間を形成する。

 全山が宗教的に結びついた山林寺院の代表例には、延暦寺（京都府・滋賀県・9世紀）がある。広大な山中に、東塔、西塔、横川と分けて伽藍を配置し、地形に応じてそれぞれに堂塔が建てられた。また、大知波峠廃寺（静岡県・10世紀）でも、平坦地を削り出して、仏堂とそれに付属する建物を次々と造営し、山中に独自の宗教空間を形成している（図92）。

浄土教寺院と臨池伽藍　11世紀には、寝殿造系庭園の影響もあって、池に臨む堂をもつ浄土教寺院が展開しはじめる。藤原道長が土御門邸の東に造営した法成寺（京都府・11世紀前半）では、当初は、池の西に阿弥陀堂を配した、いわゆる浄土教伽藍を建立するが、のちに池の北に大日如来を安置した金堂や五大堂、講堂などを造営し、密教的要素を加味した伽藍を完成させた。

 阿弥陀浄土の空間を再現する浄土教寺院の流れは、平等院鳳凰堂（京都府・11世紀後半）などに受け継がれるが、浄土教寺院の枠を越えた臨池伽藍も各地で造営されるようになる。密教的理念にもとづく法勝寺（京都府・11世紀後半）や、薬師如来を本尊とする毛越寺（岩手県・12世紀）などはその好例である。

寺院と邸宅　臨池伽藍に付属して、院家とよばれる御所や、寺院造営にかかわった貴族の邸宅や領主の居館が、寺院内あるいは隣接地に存在することもある。法成寺には、出家した藤原道長が住む寝殿があり、平等院鳳凰堂でも、池の東の対岸に小御所が造営された。また、院政期の白河殿や鳥羽殿、法住寺殿も御所と御堂が強く結びついており、奥州平泉でも同様の景観が見られた。

 臨池伽藍の影響は関東の武家社会にも及ぶ。鎌倉開府前の北条氏居館の隣接地には、願成就院（静岡県・12世紀末）が建てられ、鎌倉では幕府推定地の北東に、平泉の大長寿院を模した永福寺（神奈川県・12世紀末）が建立された。

2 中世寺院

中世寺院の発掘調査　寺院の発掘調査は、長い間、古代寺院をおもな対象としてきたが、1976年の根来寺（和歌山県・12世紀）の計画的な発掘で、東西、南北とも2kmに及ぶ大規模な旧境内地の様相が明らかにされたのを契機に、中世寺院も注目されるようになった。そして、伯耆大山寺（鳥取県・15世紀）（図93）、若狭神宮寺（福井県・13世紀）、白山平泉寺（福井県・15世紀）（図94）、百済寺（滋賀県・12世紀）などの発掘調査をつうじて、広大な境内地に、多数の子院が計画的に配置された中世寺院の姿が明らかになりつつある。

中世寺院の成立　中世寺院は、諸国の国分寺や若狭神宮寺など、古代寺院を復興させて成立したもののほか、特定の氏族が檀越となって建立したもの、村や宿市に営まれるものなど、成立の事情

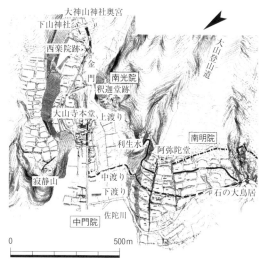

図93　中世寺院（伯耆大山寺）

第Ⅲ章　寺院の調査

や立地は多様である。

若狭神宮寺に代表されるように、古代寺院を復興した例が大きな割合を占めるのも特徴の一つであり、これは古代寺院が聖地として信仰されていたことと関係するとみられる。また、神社に別当寺が付属し、寺院に寺鎮守が祀られるなど、神仏習合が進展したのも中世であり、寺院と神社の境界は明確でなかった。

中世寺院の大きな特徴としては、古代寺院とは異なる建物配置をとることも挙げられる。くわえて、大威徳寺(岐阜県・14世紀)のように、都市から離れた山岳地に立地するものは、古代寺院に比べて寺院地の規模が広く、総じて遺存状態が良好なことも特徴である。

また、浄土思想の普及や、中国からの禅宗の伝来によって、いわゆる鎌倉新仏教が成立したことは、伽藍配置にも影響を及ぼした。禅宗寺院の伽藍では、建長寺(神奈川県・13世紀)のように、三門と仏殿、法堂が直線上に並び、庫院と僧堂(101頁)が相対する傾向が認められる。塔は、造営されたとしても、寺院の中心部から離れて配置されている。

中世には、新仏教だけでなく、旧仏教でもあらたな動きがあった。西大寺の僧忍性が、東国へ律宗を布教するため、筑波山麓に建立した極楽寺(茨城県・13世紀)はそうした代表例である。忍性の布教を契機として、筑波山麓では、五輪塔や灯籠をはじめとする石造物、鋳物、瓦などが大和の技術で作られたように、東国への仏教波及は、寺院にともなう手工業生産にも大きな影響を与えた。

広大な領域　中世には、寺院を核とした都市的な空間が形成されることもあった。敏満寺(滋賀県・13世紀)は、多くの子院だけでなく、町屋や城館、墓地、集落、社も含み、その地域の中心地としての役割も果たしていた。白山平泉寺も、石垣などで区画された方形の敷地に、数千にのぼる子院を構え、その外側に市を設けるなど、まさに宗教都市としての威容を誇った(図94)。

また、中世寺院は、周囲の山野に経塚や墳墓、納骨遺跡、行場遺跡、修法遺跡など、各種の宗教遺跡をともなう。経塚は、伊勢湾を望む朝熊山経塚(三重県・12世紀)のように、風光明媚の地に営まれたものも多い。中世寺院を調査するさいには、こうした寺院周辺の各種関連遺跡の存在も考慮する必要がある。なお、寺院境内の一角に墓地を設けることが一般化するのも中世以降である。

近世寺院　近世になると、中世寺院の系譜を継ぐ寺院や、大名が建立した大規模な寺院以外にも、江戸幕府の寺請制度に支えられて、数多くの寺院が成立した。これらは、本堂と庫裡(庫裏)、その他の建物を基本構成とした伽藍配置をとることが多い。

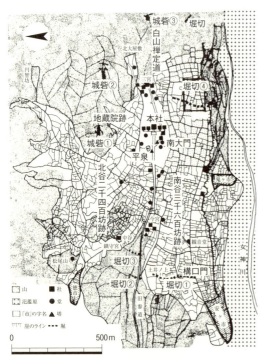

図94　宗教都市化した寺院(白山平泉寺)

第2節
発掘調査の準備と計画

1 寺院の特徴

特徴の把握　寺院は、基壇の痕跡や礎石・瓦の分布などにより、発掘調査以前からそれと推定できる例が比較的多く、とくに7世紀までの瓦葺の礎石建物は、基本的に寺院とみなしてよい。

しかし、藤原宮(ふじわらきゅう)(奈良県・694〜710年)に瓦葺の礎石建物が採用されたことを契機として、官衙(かんが)にもこうした構造が導入されるため、8世紀以降の遺跡では、単純に礎石や瓦の出土から寺院と認定することはできない。一方、寺院であっても瓦を使用しない例が存在するので、両者を明確に区分するには、寺院に多く見られる特徴を把握したうえで、総合的に判断する必要がある。

適切な判断と対処　このほか、地表では礎石や瓦などを確認できず、試掘・確認調査や記録保存調査が進んだ段階で寺院と判明する例も少なくない。そうした場合も、できるだけ早い段階で寺院と判断して、それに適した調査方法を選択し、すみやかに対処することが求められる。

A 古代寺院の特徴

建物の配置と構成　前節で示したように、古代寺院は、ある程度定型化した伽藍配置をとるものが多い。それらについては、建物配置が寺院と認識する決め手となる。もっとも、地方寺院の伽藍配置には非定型的で多様なものが多いため、建物配置だけで寺院かどうかは判断しがたいが、一般的には以下のような傾向が認められる。

- 中心的な建物は、方位や軸線を揃えて、計画的に配置される。
- 塔が存在する。
- 梁行1間または2間の回廊が主要堂塔を囲む。

建物の基礎構造と規模　古代寺院の建物遺構の特徴としては、次の点を挙げることができる。

- 主要堂塔は、瓦葺の礎石建物が主体であり、基壇をともなう。
- 礎石には、上面に柱座(はしらざ)や地覆座(じふくざ)を造り出すものがある。
- 金堂と講堂は廂(ひさし)をもち、桁行(けたゆき)は5間ないし7〜9間、梁行(はりゆき)は4間が一般的である。桁行総長が10m以上に及ぶ大規模なものが多い。
- 築地塀(ついじべい)を区画施設として多用する。

遺物の特徴　以下は古代寺院の遺物にしばしば見られる特徴であるが、官衙でも認められることがある。とくに、官衙には、近接して寺院が存在したり、内部に小規模な仏堂が存在したりすることもあるので、一部の遺物だけでは、全体の性格を誤認するおそれがある。このため、以下の遺物についても、出土状況や出土量を十分に検討するなど、その評価には注意が必要である。

- 出土瓦に鴟尾(しび)や垂木先瓦(たるきさきがわら)が含まれる。
- 塑像(そぞう)、金銅仏(こんどうぶつ)など仏教関係遺物が出土する。
- 金属工芸品などの特殊遺物が出土する。
- 墨書土器や木簡、灯明皿(とうみょうざら)が出土する。
- 仏具として特徴的な器種の土器が出土する。

その他の特徴　寺院の場合、「コンドウ(金堂)」「ダイモン(大門)」など、それに関連する地名がしばしば残ることがあり、かつての伽藍の一部が現在まで受け継がれていることもある。

性格の総合的判断　上記のように、寺院にはいくつかの特徴がある。とくに塔は寺院特有のものといえるが、塔をともなわない寺院も存在するので、注意したい。

いずれにしても、部分的な確認調査などでは、寺院と認定するのが難しい場合があり、それは、多様なありかたを示す地方寺院ではなおさらである。したがって、遺跡全体の中での建物群の位置関係や、諸施設を含めた全体の構造的特徴を総合的に検討することにより、寺院とそれ以外の遺跡の違いを見出すことが求められる。

B 中世寺院の特徴

遺構と立地の特徴　中世寺院の遺構や立地には、古代寺院と共通する特徴のほか、次のような独自の特徴がしばしば認められる。
- 経塚が近接した場所に造営される。
- 火葬墓群などの墓地が近接して営まれる。
- 供養塔や納経塔、墓標などの石塔が近接して営まれる。
- 金属製品などの生産遺構や町屋遺構が周辺に存在する。
- 石組などによる池や庭園の遺構をともなう。
- 方3間の建物がある。
- 山林寺院では中世山城と重複する例もある。

遺物の特徴　中世寺院の遺物には、茶椀や茶臼のような喫茶関連の遺物や、火鉢、温石、文房具など、僧侶の生活とかかわるものが多い。

なお、中世に創建された寺院では、小規模な建物配置をとり、瓦葺でない建物も増加する。そのため、遺構や遺物からは、領主の城館などとの違いを見出すことが難しい場合もある。

2 遺跡情報の事前収集

A 地表観察

遺構の痕跡　寺院の主要な堂塔は、瓦葺の礎石建物で、基壇をともなうことが多い。そのため、地表観察では、土壇の高まりや礎石、瓦の分布などを見逃さないようにする。

また、礎石については、寺院に特有な塔の心礎を含めて、周辺の石塔や石垣などに転用されていないか、過去に持ち去られていないか、観察と追跡をおこなう必要がある。毛原廃寺(奈良県・8世紀)では、地元の聞き取り調査により、大正年間に礎石が掘り出された状況の写真や、当時出土した瓦の存在が明らかになっている。

また、回廊や区画施設は、田畑の区画や溝、道路などのかたちで地表に残されていることもあるので、地形図や空中写真、地籍図も利用しながら、その痕跡を探すように努める。主要堂塔が一部でも判明しているときは、それと一致した方位を示す現存地割を見出すことにより、寺院地などの区画を推定できることもある。

遺物　畑地の場合は、耕作によって遺物が地表に露出することが多い。瓦や塼(塼)、土器のほかに、塑像や塼仏の断片、仏具など金属製品の破片が採集されることもある。瓦の集中地点は、主要堂塔の有力な候補地となるため、瓦の分布範囲や密度にも注意を払いたい。

なお、過去に採集された遺物が、地元や個人の所蔵品として保管されている場合も多く、そういった資料についての調査も求められる。

地形　山林寺院では、平場の配置を知ることが重要となる。9世紀以降の山林寺院の堂塔は、谷筋に沿った参道に面して配置される傾向にある(203頁)。しかし、平場が埋没している場合も少なくないので、地形図では読み取れない微地形を現地で把握し、眺望も含めて周辺の景観との関係を確認しておく必要がある。

B 地図・空中写真の利用

地形図　寺院地や伽藍地(88頁)を推定する手がかりとして、地形図の利用は欠かせない。地形条件にもよるが、寺院の堂塔は、方位を統一するなど、計画的に配置されることが多い。そうした造営計画を明らかにするには、1/1,000以上の大縮尺の地形図を作成することが不可欠である。耕地整理などで微地形や土地区画が改変されているときは、旧地形図を入手しておくと便利である。また、地籍図(発掘編88頁)も伽藍配置を復元する手がかりとなることが多い。

空中写真　空中写真や人工衛星が撮影した画像からは、微地形のほか、小さな道路や地割など、

Ⅲ-2 発掘調査の準備と計画

さまざまな情報を読みとることができる。ソイルマークやクロップマークによって、寺院地を囲む溝や濠を判読することに成功した例もあり、積極的に活用したい（発掘編88頁）。

それらの情報は、白黒画像からでも取得可能だが、詳細な情報を得るには、カラー画像が望ましい。また、連続撮影された2枚以上の写真があれば、実体鏡などを用いて地形を立体的に把握することができる。なお、空中写真を新規に撮影する場合は、できるだけ休耕期を選ぶようにする。

C 史料・絵画・地名などの利用

史料 現在まで法灯を保つ寺院には、縁起や資財帳、寺伝、絵図類などが残されていることも多い。とくに、江戸時代は各地で地誌類の編纂が活発におこなわれ、それらには中世以前の伝承のほか、当時はすでに廃絶していた寺院についても開山や本尊などの伝承が記されている場合がある。また、中近世の紀行文などに寺院についての記述が見られることもある。

なお、古代寺院については早くから研究が進められたため、戦前の調査記録が残されている例も少なくない。こうした記録類は、発掘調査をおこなう前に必ず確認し、記録に見える状況と現状とを対照する作業をしておく。

絵画資料 絵画資料には、寺院や神社を主題とした一群があり、民衆への布教を目的として平安時代末頃から描かれた縁起絵（図95）や垂迹図などが著名である。また、室町時代以降は、神社への参詣を誘う目的で、参詣曼荼羅が描かれるようになる。このほか、伽藍配置や建築物を入念に描いた各種の寺社絵図があり、江戸時代末頃に流行した名所図会にも多くの寺院が描かれている。

これらの絵画資料は、伽藍配置などを推定するうえで貴重な手がかりとなる。ただし、建物を強調したり移動させたりして、実際とは異なる構図にしたものや、理想の伽藍を描いたものなどもあるので、当時の寺院を忠実に描写したものとはかぎらないことに留意する必要がある。

地名 地名も、寺院の名称や所在地を探る手がかりとして重要である。国分寺や国分尼寺にちなむ「国分寺」「国分」、「法華寺」「法花寺」などはその代表例といえる。ただし、全国に数多く残る寺号地名には、中世以降につけられたものも多い。また、キリシタンの弾圧により寺号地名に改変した例もあるので、そうした地名がいつまで遡るのかは検討を要する。

小字名や通称地名も参考となる。地籍図は必ずしも正確な区画を示してはいないが、一筆ごとに記載された小字名には、「堂前」「門前」など、建物配置を推定する手がかりとなるものや、建物名を残すものがあるので、注意しておきたい。

D 仏像・民俗調査

仏像 古記録などにより、金堂や本堂に安置されていた本尊仏の大きさや重量、材質などの情報を得られることがある。また、廃仏毀釈によって失われた寺院の仏像が、集落の家々の輪番制で護られていた例もある。こうした仏像の情報を事前に得ることによって、仏殿の内陣の規模や構造

図95 寺院の縁起絵（観世音寺）

第Ⅲ章　寺院の調査

をある程度推測できる場合もある。

　また、木彫像が主流となる平安時代以前は、乾漆像や銅像の例も見られるが、地方寺院では、安価に制作できる塑像が主流を占めていた。そうした時代や地域による素材の違いにも注意する。

民俗調査　地域の暮らしと信仰は不可分で、古来の仏教信仰が、民俗行事に深く根を下ろしていることがある。また、神仏が集落内の祠堂や仏堂に、あるいは路傍の石像や石塔として祀られている例も多い。それらの来歴や伝承に、失われた寺院とかかわる情報を見出せることもある。このような民俗調査も、遺跡情報の事前収集の一環として実施することが望ましい。

E　物理探査

探査の方法　物理探査には、発掘編で説明したように（90頁）、いくつかの方法がある。ここでは、寺院での応用について紹介する。

　電気探査は、電気抵抗値から埋納物の物性に関する情報が得られる可能性があり、礎石や基壇の状況のほか、旧地形の把握などに有効である。地中レーダー（GPR）探査は、迅速で解像力にすぐれ、柱穴や区画溝などの形状も把握しうる。電磁誘導探査と磁気探査は金属製品の確認に有効であり、磁気探査は瓦窯や鋳造遺構、鍛冶遺構を確認するさいにも効果を発揮する。

探査の事例　東大寺東塔院（奈良県・8世紀）では、地中レーダー探査により、塔基壇内部の礎石抜取穴や根石の存在を確認した（図96）。基壇周辺の浅い位置では、瓦堆積などの可能性がある幅広い反射、深い位置では基壇外装や階段の石材とみられる反射が認められる。また、史料に見える回廊や門についても、一部を除いて、位置や規模を推定できた。

　東側の門や回廊の想定位置では、瓦堆積などによる幅広く強い反射が認められる一方、西側では、逆に周囲よりも反射が弱い部分があり、基壇外装の石材が抜き取られた状況を想定できる。

　このように、物理探査は事前情報の収集のうえで有効であり、発掘調査を効率的に進めるためにも、必要に応じて活用するのが望ましい。ただし、性格や年代に関する情報は取得できないことも認識しておかなければならない。

3　試掘・確認調査による把握

主要堂塔の確認　寺院の遺構は広い範囲に及ぶことが多く、試掘・確認調査で、建物の柱穴や礎石据付穴、瓦などの分布状況を把握することが、調査計画の策定には不可欠である。

　寺院の建物の柱間寸法は7～10尺が多く、10尺以上のものも存在するので、試掘・確認調査のトレンチの幅は、できるだけ3m以上となるようにする。3mより狭い幅では、柱穴や礎石据付穴を検出できないおそれがあるからである。

　主要堂塔とみられる基壇の高まりが残る場合や、試掘段階でそうした遺構の存在が判明した場合は、伽藍の中軸線を推定して、周囲の建物位置を確認できるようなトレンチを設定する。通常は、

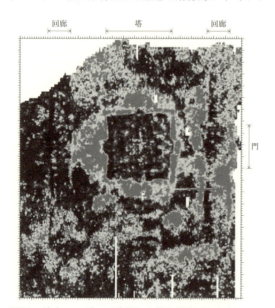

図96　地中レーダーで確認した塔と回廊（東大寺）

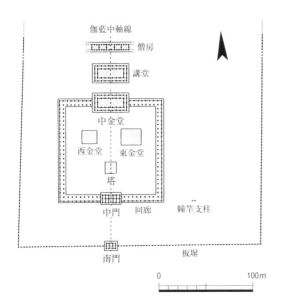

図97　伽藍中軸線と主要堂塔（下野薬師寺）

建物の棟方向もしくはそれに直交する方向にトレンチを設けることになる。

中軸線の把握　一般に、主要堂塔は、下野薬師寺（栃木県・7世紀後半）のように、この中軸線に合わせた方位をもち、柱筋を揃えたり、一定の方眼地割にしたがって配置されたりする例が多い（図97）。そのため、早い段階で伽藍中軸線を確定することは、発掘調査の効率化にもつながる。

なお、基壇の高まりに設けたトレンチでは、掘り下げ開始後、ただちに遺構面に達することが多く、重要な遺物が出土することもあるので、表土から手掘りにより慎重に掘り下げる。

4　測量と地区割り

測量精度　寺院の発掘調査では、建物の造営方位や柱間寸法、造営尺、建物間距離などの検討が欠かせない。また、建物の上部構造を復元するさいには、より詳細な数値情報が求められることもある。そうした精密な実測データを得るためには、高い測量精度が必要となる。

くわえて、寺院の発掘は広範囲にわたり、かつ複数年にまたがることが多い。さらに、寺院と周辺の官衙などを含めた空間分析が要求されることもある。このため、発掘区内はもちろん、遠く離れた地区間でも相互の位置関係を正確に把握できる測量精度を確保しなければならない。

したがって、できるだけ公共の施設や敷地に、恒久的な観測が可能な基準点を複数設置し、平面直角座標系（世界測地系）にもとづいて測量することが望ましい。基準点の精度は3級基準点や3級水準点以上とし、なるべく広い範囲で視通が得られるようにする（発掘編72頁）。

なお、主要堂塔の遺構細部の寸法を精密に測るときには、1/10や1/20の実測図から計測するだけでなく、現地でスチールテープなどを用いて実長を測定するのも有効である。

地形測量　寺院やその周辺の微地形を発掘前に把握しておくことは、調査計画を策定し、発掘作業による改変以前の状況を記録するためにも重要である。寺院を区画する溝や土塁、築地塀の痕跡のほか、基壇の高まりなどを認識し、地形と伽藍配置の関係、寺院諸施設の空間構成を検討するうえでも、地形測量をおこなう意義は大きい。

発掘対象範囲の現地測量では、通常、1/100か1/200程度の大縮尺の地形図を作成する（発掘編81頁）。これ以外に、調査計画を策定するなど、全体を把握するためには、より小縮尺の1/500〜1/2,500の地形図も必要となる。

地区割り　寺院の発掘の地区割りは、遺跡全体に及ぶことはもちろん、周囲の遺跡との整合性を保ち、複数年にわたる場合でも相互の位置関係が明確でなければならない。

寺院では、伽藍中軸線にもとづく独自の地区割りがしばしばおこなわれてきた。しかし、すべての遺構の方位がそれに揃うとはかぎらず、大きく方位を異にするものも多い。さらに、そうした地区割りを設定するまでの間に検出した遺構や遺物の取扱いが問題となるほか、周囲の遺跡との関係

がわかりにくくなるという欠点もある。

以上の点を考えると、遺跡ごとに独自の地区割りを設定する意味は乏しく、平面直角座標系にもとづく地区割りに統一して、実測基線もそれに則るのが望ましい。また、汎用性のある標準的グリッドの適用も可能である（発掘編85頁）。

伽藍中軸線や個々の建物の方位などは、この平面直角座標系との関係で簡単に把握できる。くわえて、近年普及しているGPSによる位置情報の利用も容易である。なお、こうした地区割りは、発掘区やトレンチの向き、断ち割りの方向などを規制するものではなく、それらは状況に応じて適宜設定する。

5 調査計画の策定

調査の目的　寺院跡は、開発によって偶然その存在が明らかになることもあるが、遺跡として周知・保存されているものも多い。それらでは、寺院の範囲の把握や整備を目的とした発掘調査がしばしば実施される。また、今日まで法灯が受け継がれている寺院では、境内整備に先立って発掘をおこなうこともある。

寺院は、時代や地域、造営者や信仰形態の違いにより、立地や規模、伽藍配置が一様ではない。とりわけ、中世以降は多くの宗派が成立し、浄土思想にもとづく臨池伽藍や禅宗寺院が展開するなど、いっそう多様な姿を見せるようになる。

このため、発掘調査にさいしては、それまでの寺院研究の成果を参考にして課題を整理し、調査の目的を明確にしておく必要がある。

調査計画　次に、その目的を達成するために、必要最小限で最大の効果が期待できるような調査計画を策定する。これらは、事前に収集した遺跡情報などを生かすことで、より綿密なものとすることが重要である。とくに保存目的調査では、遺構に重大な影響を及ぼさないような発掘区の設定を心がける。また、伽藍地だけでなく、周辺の付属院地の存在も想定して、その実態の解明も調査計画に組み込むようにする。

このほか、特殊な仏教遺物が出土したり、建築構造の検討が必要となったりすることも多いので、美術工芸や建築史などの専門家の助言が得られるような体制を整えておくことが望ましい。

一方、開発にともなう発掘作業などの過程で、寺院の可能性が浮上してきた場合は、すみやかに寺院の調査へと計画を立て直し、保存措置も念頭においた調査方法を検討する必要がある。

調査計画の柔軟な見直し　寺院の伽藍配置は多様であり、夏見廃寺（三重県・7世紀末）や上野廃寺（和歌山県・7世紀後半）など、講堂の位置をずらした例（図98）のほか、地方寺院では、仏殿や塔だけを設置した例も少なくない。また、伽藍中軸線は寺院地の中心にあるとはかぎらず、付属院地などを設けるために、伽藍地が寺域の一方に偏っていることも多い。

そうした点にも留意し、作業の進行状況を確認しつつ、得られた成果に応じて、トレンチの設定を変更したり追加したりするなど、試行錯誤や軌道修正を柔軟におこなう姿勢が求められる。

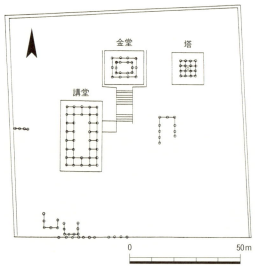

図98　非定型的な伽藍配置（夏見廃寺）

第3節
寺院の建築構造

1 金堂・講堂・本堂

金堂・講堂 古代の金堂の平面は、桁行5間または7間、梁行4間の四面廂建物(間面記法を用いて表現すると、三間四面または五間四面、発掘編161頁)が一般的で、通常は板床を張らない土間とする。基壇を高くし、複雑な組物を用いるなど、建築的にもっとも格の高い形式をもつ。

金堂の背後に建つ講堂は、桁行総長を金堂と同程度かそれよりも大きくとることが多い。通常は土間で、基壇をやや低くし、簡単な組物を用いるなど、金堂より格の低い形式とするのが一般的である(図99−a)。掘立柱建物の例もある。

別院の堂 西大寺(奈良県・8世紀後半)や観世音寺(福岡県・7世紀後半)の資財帳などには、主要堂塔とは別の区画(別院)の中心施設として、桁行規模の等しい2棟の建物を並べて建てたものが記載されている。これらは、二面廂あるいは四面廂の建物(正堂)の正面に、同じ桁行規模の建物(礼堂)を並立させて一体的に使用し、礼拝空間を拡大する手段である。

なお、前面に礼拝空間を確保するためには、礼堂を設ける以外に、正面に孫廂を設けて平面を拡大する方法もあった。

平安時代の堂 11〜12世紀には、廊でつないだ建築群を池に臨んで建てる、いわゆる浄土教伽藍の影響を受けて、桁行3間・梁行3間の四面廂建物(一間四面堂、方三間堂)の阿弥陀堂建築が各地で建てられた。白水阿弥陀堂として著名な願成寺阿弥陀堂(福島県)が代表例である。

本堂 中世の本堂建築は、古代寺院の系譜を引くものや禅宗中心施設(仏殿や法堂)を除くと、先述したような礼堂をもつ建物などから発展したと考えられている。すなわち、床を張り、平面は内陣と外陣に分かれた梁行の大きな堂に、一体的な屋根を架ける形式である(図99−b)。

一方、鎌倉時代以降には、南宋の影響を大きく受けた禅宗建築も建てられた。古代の金堂に相当する仏殿と、講堂に相当する法堂は、いずれも土間の建築で、禅宗様とよばれる独特の様式を用いる。法堂の背後には、通常、住持の居所である方丈が建ち、しばしば庭園が付属する。

室町時代になり、禅宗寺院の子院である塔頭が成立すると、その中心施設として、方丈の系譜を引く建物が建てられる。これらは、本堂や方丈、客殿などとよばれた。東福寺竜吟庵方丈(京都府・1428年頃)が現存最古の例であり、正背面側2列、左右3列の計6室からなる床張りで、正面側に広縁を備え、玄関を付属させた形式をもつ。

2 塔

塔の種類 木造の塔には、三重塔や五重塔のような多重塔(以下、たんに塔と表記)のほか、平安時代に密教が導入されたのちに建てられるようになった多宝塔がある(図100)。

塔の構造 7〜8世紀の塔は、独立して立つ心柱の周囲に四天柱、その四周に12本の側柱をめぐらせた正方形の平面をもつのが通例である。7世紀までの塔では、心礎(心柱を受ける礎石)の上

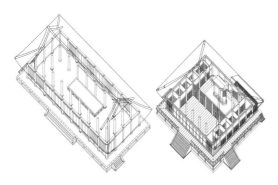

a 古代寺院の講堂(唐招提寺) b 中世寺院の本堂(当麻寺)

図99 寺院の中心建築

第Ⅲ章　寺院の調査

面が基壇内や地表下にある地下式心礎が多いが、8世紀以降は、心礎の上面が基壇上に出る地上式心礎が一般的となる。

12世紀になると、心柱を初重の天井の上に立てる三重塔が現れ、四天柱のうち正面側2本を省略して、背面側2本の四天柱間を来迎壁（仏像背後の壁）とする例や、これを背後にずらして側柱と柱筋を揃えない例、さらに四天柱を4本とも省略する例も現れる。この場合、柱配置だけでは小仏堂と区別しにくいが、塔は複雑な組物を用いて軒の出を大きくとるのが通例であり、基壇の高まりや雨落溝を検出できれば、塔かどうかを判断する材料になる。五重塔は、基本的には近世になっても、心柱を基壇上に立てる。

三重塔では、11世紀頃から、内部に床を張り、四周に縁を設けて基壇外装を施さず、縁下を亀腹（107頁）とするのが一般的になる。

多宝塔の構造　多宝塔は、平面が円形の塔身に四手先程度の複雑な組物をもった屋根をかけて覆い（宝塔）、塔身部に裳階を差しかけた形式から発展したと考えられている。しかし、円形の平面を残す多宝塔はほとんど現存しない。通常は心柱が

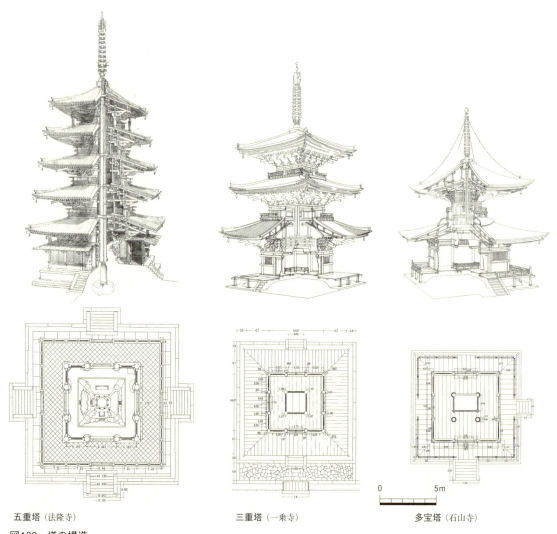

五重塔（法隆寺）　　　三重塔（一乗寺）　　　多宝塔（石山寺）

図100　塔の構造

なく、12本の側柱（各面3間）と四天柱をもつ平面が古式で、三重塔同様、鎌倉時代には内部の柱を省略する。

平面規模をみると、8世紀の塔は、国分寺を中心に、建物の一辺が30尺を超える例もあるが、近世にいたるまで、一辺が大きくても20尺前後、基壇規模は40尺前後の例が多い。

3 門

門の形式　門は両脇に遮蔽施設をともない、棟通りか外側の柱間に扉口を設けるのが一般的である。桁行柱間数と扉口の数により、五間三戸や三間一戸などとよぶ。寺社の桁行3間以上の門は、仁王像や随身像などを置くために、扉口を設けた柱筋の両端間を壁とすることが多い。ただし、両端間を壁とせず、三間三戸とした山田寺南門（奈良県・7世紀後半）のような発掘例もある。

門の種類　門は、柱配置や構造などから、二重門、楼門、八脚門、四脚門、薬医門、棟門などに分けられる（図101）。

二重門は、屋根が二重になる形式の門をさし、楼門は、屋根は一つだが、上層に床を張って縁を張り出す門をさす。二重門や楼門は、桁行3間以上で柱間寸法も大きい傾向がある。八脚門は、桁行3間・梁行2間の総柱の単層門をいい、四脚門は桁行1間・梁行2間の単層門をいう。現存例では、古式の四脚門の控柱は親柱より小さな角柱となっている。薬医門は、梁行1間で、正面側の太い親柱の背後に細い控柱を立てる門をさし、現存例では桁行は1～3間である。棟門は、親柱のみで梁行方向の控柱をもたない門をさすが、補助的な支柱をともなう場合もある。

2本一対の柱からなる遺構の性格としては、棟門のほか、四脚門や薬医門の親柱、幢竿支柱（113頁）、鳥居などが想定される。それらの区別にあたっては、立地のほか、両脇に取りつく遮蔽施設の状況、柱間寸法、雨落溝や雨垂れ痕跡（110頁、発掘編178頁）などが判断材料となる。

また、桁行3間・梁行2間の遺構の場合、二重門、楼門、八脚門の可能性がある。二重門と楼門は、複雑な組物を使って軒の出を大きくし、入母屋造とした例が多い。これに対して、八脚門は、簡単な組物で切妻造とするのが一般的である。このため、二重門と楼門は、通常、基壇の出が大きく、基壇の出が桁行と梁行でほぼ等しくなる。柱配置だけでなく、基壇規模や雨落溝、雨垂れ痕跡が判明すれば、上部構造を考えやすくなる。

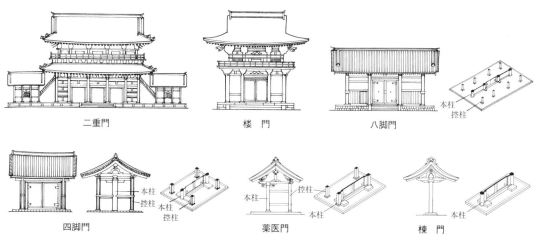

図101　門の種類

第Ⅲ章　寺院の調査

なお、中世以降には、三門とよぶ門が現れる。三解脱門の略称といわれ、古代寺院の中門に相当するが、特定の門形式を示すものではない。

4 回廊と僧房

回廊　古代寺院の中門から発して、主要堂塔の建つ空間を囲む廊状の建物を回廊とよび、梁行1間のものを単廊、梁行2間のものを複廊という

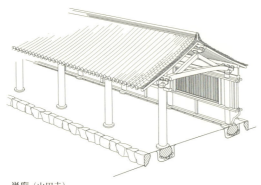

単廊（山田寺）

複廊（興福寺）

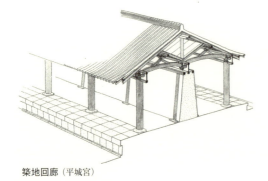

築地回廊（平城宮）

図102　回廊の種類

（図102）。単廊は外側の柱筋、複廊は棟通りの柱筋に壁や連子窓などを設けるのが通例である。

複廊の棟通り部分を築地塀とするものを、築地回廊とよぶ（図102）。今のところ、確実な例は平城宮や長岡宮などの宮殿にしかないが、単廊の梁行柱間が桁行に比べて大きい場合は、築地部分が削平された可能性を考慮する必要がある。

なお、回廊から派生する廊や、建物間をつなぐ廊を軒廊とよぶ。軒廊には壁や連子窓などを設けないのが一般的である。

平安時代の寺院では、回廊を設ける例は少なくなるが、いわゆる浄土教伽藍では、中心建物から翼廊や尾廊とよぶ軒廊がのびる。中世になると、禅宗寺院を中心とした伽藍では、三門から仏殿を囲い、周辺建物へ接続する軒廊を設ける。

古代寺院の回廊は、儀式のさいに用いたり、回廊内を部分的に囲って部屋状にしたりすることもあった。また、回廊の一部には門や扉口を設ける。桁行の柱間寸法が両側と異なる部分は、門や扉口の可能性を考慮する必要がある。

僧房（尼房）　僧尼が居住するため、講堂・食堂の背後やその両側、伽藍地の両脇などに設けた桁行の長い建物を、僧房（尼房）とよぶ。古代の資財

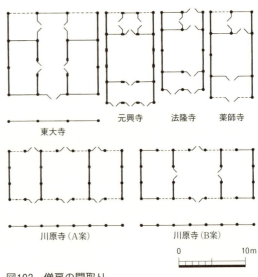

図103　僧房の間取り

100

帳では大房や小子房などと記される。現存する大房の例としては、二面廂（梁行4間）の法隆寺東室（奈良県・8世紀）、小子房の例としては、身舎のみ（梁行2間）の法隆寺妻室（12世紀）がある。また、薬師寺（奈良県・8世紀）では、大房と小子房を一房ごとに仕切り、付属屋を建てて一体的に使用したことが発掘で判明している。なお、建物が長大になる僧房では、部分的に土間の通路（馬道）を設けることもある。

大房は、桁行2間分あるいは3間分を一つの房（部屋）とし、通常は内部を床張りとして間仕切りを設けた（図103）。古代の資財帳に見える僧の数と僧房の規模からみて、大房と小子房を一体とした一房には、8〜12人ほどが居住していたと推定されている。

中世の禅宗寺院では、僧は寝食全般を僧堂や禅堂、雲堂などとよばれる建物でおこなった。僧堂は、古代の僧房と食堂を合わせた機能をもち、仏殿前方の、中軸線をはさんで庫院と相対する位置に置かれた。ただし、文献史料などから、中世でも古代寺院のような僧房が存在したことが判明している。なお、中世には、古代の僧房の一部を改造して仏堂とした例がある。

5 その他の堂

経楼・鐘楼　経楼と鐘楼は、現存する法隆寺西院の経蔵（8世紀）（図104）と鐘楼（11世紀再建）や古代寺院の資財帳などから、同形同大の建物と考えられる。古代寺院では、回廊の内外どちらに建つかという差違はあるものの、講堂前方の左右に位置する例が多く、講堂の両脇や講堂の背後左右に配した例もある。杉崎廃寺（岐阜県・7世紀後半）では講堂の東方に1棟だけが建つ。

南面する伽藍では、経楼・鐘楼はほぼ例外なく南北棟とし、平面は桁行3間・梁行2間で、棟通りの柱があるものとないものがある。法隆寺西院の経蔵や鐘楼は、棟通りにやや細い柱をともなう楼造の建築で、遺跡から発見される遺構もおおむねそれに合致するが、これとは別に、総柱式の柱配置をとるものもある。なお、経楼や鐘楼が伽藍中軸線の左右どちらに建つかは明確でない。

経楼や鐘楼は、いわゆる浄土教伽藍では、金堂や講堂からのびる翼廊の先端に置かれたが、平安時代以降、定型的な伽藍配置がすたれると、比較的自由に配置されるようになる。中世の禅宗寺院では、三門と仏殿をつなぐ回廊内に鐘や太鼓が置かれ、鐘楼や鼓楼は建てられなかったらしい。

その他の建造物　食堂は、伽藍中軸線上の講堂の背後か、伽藍中軸線からずらして建てられる。古代寺院では金堂や講堂をしのぐ規模の大きな建物もあるが、平安時代になると必要性が薄れ、建てられないこともある。中世の禅宗寺院では、先述した僧堂がその機能の一部を担った。なお、古代寺院の資財帳から、食堂には大炊殿や倉などの建物が付属していたことがわかる。

食堂の遺構には、平城京の興福寺（奈良県・8世紀前半）や西大寺のほか、百済寺（大阪府・7世紀後半）や平安京の西寺（京都府・9世紀初め）などの例があるが、国分寺を含めて、地方での確認例は少ない。講堂が食堂を兼ねた可能性とともに、伽藍中心部だけでなく、周辺施設を含めた発掘成果の検討が必要である。

このほかに、区画施設として、築地塀や掘立柱塀、土塀がある（111頁）。

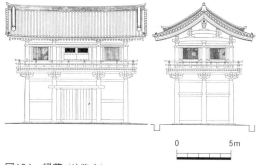

図104　経蔵（法隆寺）

湯屋

湯屋とは　湯屋は、寺院に付属する教義実修のための堂舎の一つで、僧侶が法要の前に体を清浄にする施設をいう。湯を浴びて垢を洗い落とすところが湯屋であり、蒸気浴で汗を流すのは風呂とよんで区別されていた。

古代の湯屋遺構　現在確認されているもっとも古い湯屋遺構は、宝菩提院廃寺（京都府）のもので、900年前後とみられる。しかし、川原寺（奈良県・7世紀後半）から藤原宮期（694～710年）の湯釜鋳造遺構が見つかっており、有力寺院ではこの頃までには設けられていた可能性が高い。また、平城宮中央区の平城太上天皇西宮の後殿（奈良県・9世紀初め）では、浴槽と導水溝、排水溝とみられる遺構が検出され、宮中の湯殿と考えられている。なお、平城京（奈良県）上層の11世紀後半の井戸枠に用いた曲物には、「湯屋□延久参年四月十日」の墨書が残る。

配置と構造　奈良・平安時代の寺院の資財帳によれば、湯屋は中心伽藍からはずれた大衆院のような付属院地の一角に置かれていた。

こうした付属院地には、竈屋（炊事場）も設けられるので、湯屋と竈屋の遺構を識別する必要がある。資財帳によると、湯屋で使用する釜は一つで、かつ格段に大きく、中・小規模の釜を複数使用する竈屋とは異なる。したがって、湯釜を据えた大型の竈（カマド）の痕跡が単体で確認されれば、湯屋遺構の可能性が高いといえる。

宝菩提院廃寺の湯屋　古代寺院で唯一の確認例となる宝菩提院廃寺の湯屋は、礎石・掘立柱併用建物で、切妻造の板葺と復元されている。

屋内には釜場と浴場があり、釜場には、直径1.7mの大型の竈が単体で設置された。焚口は竈の西側にあり、竈内部の床面に人頭大の河原石を3個並べた上に、湯釜を据え置く。竈の周囲は、扁平な河原石を敷き詰めて舗装していた。

この石敷の舗装は廂部分の床面まで広がっているので、その上に湯船を置いて浴場とし、取湯式の入浴をおこなったと推定されている。ただし、排水溝の上に床板を張って、湯船を置いた浴室を復元することも可能である。

また、屋外には、隣接して井戸が設けられている。井戸の外観は『一遍上人絵伝』（1299年）に見える湯屋に近似している。

課題　古代寺院や中世寺院の発掘調査では、これまで、伽藍中心部の解明に主眼が置かれてきた。しかし、僧侶の日常生活や経済活動のようすを明らかにするためには、伽藍地の外側の付属院地の調査が重要になってくる。

湯屋の調査では、現存する建築遺構や絵画資料との比較が不可欠である。さらに、仏教史や美術史、建築史などにも視野を広げて検討することが求められる。

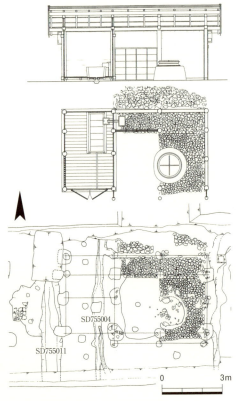

図105　湯屋の構造（宝菩提院廃寺）

第4節
寺院遺構の諸要素

1 礎石建物

A 礎石とそれにともなう遺構

礎石建物とは 礎石の上に柱を立てる建物を礎石建物という。礎石を介することで荷重を受ける面積が広くなるため、掘立柱建物に比べて耐荷重にすぐれている。また、柱を地中に埋めないので腐朽しにくく、柱の耐用年数も掘立柱建物より長くなるという利点がある。

日本では、飛鳥寺（奈良県・6世紀末）の堂塔が礎石建物のはじまりとされ、その後、寺院の主要建築の基礎構造として広く定着していった。

古代の礎石建物は、寺院や官衙以外では、一部の集落や邸宅などに見られる程度で、きわめてかぎられていた。したがって、礎石建物の存在は、寺院や官衙と推定する有力な指標となる。

礎石の種類 礎石には、自然石や割石のほか、割石の表面を削ったもの、柱がのる柱座を設けたもの（柱座造り出し）などがある。また、扉の軸を受ける穴をもつものもある。柱座を設けた礎石は寺院に多く見られ、柱座の形状は円形や方形をはじめ、方形柱座の上に円形柱座を造り出したもの、地覆がのる地覆座を設けたものなど、多様である（図106）。

礎石の石材は、寺院の近辺で採取することが多いが、遠方から運搬する場合もあった。また、柱位置によって、異なる石種を使い分けた例も知られているので、注意を要する。

心礎 塔の中心に立てた心柱を受ける礎石を心礎という。心礎は、その位置により、上面が地上に出る地上式と、地中に埋め込まれる地下式に大別され、地下式心礎は7世紀までの塔に多い。

心礎は、自然石をそのまま利用した例もあるが、上野廃寺（和歌山県・7世紀後半）のように、心柱をはめ込む円形の割り込みをもつものが多い（図107）。また、長大な心柱は途中で継ぎ、継ぎ目に添柱を打ちつける。この添柱を受けたとみられる半円形のくぼみを、割り込みの外周に接して3個ないし4個彫り込んだ心礎もある。

これ以外に、心礎上面の割り込みから外側に向けて、排水用の溝を彫ることもある。また、割り込みの底や心礎の側面に、舎利を納めるための小さな穴（舎利穴）をあけた例も認められる。この舎利穴の蓋を受ける段差を設けたものもある。

礎石の据えつけ 礎石を据えつけるさいには、その部分にまず円形や方形平面の壺掘りをおこなうことが多く、これを礎石据付穴という。壺掘り

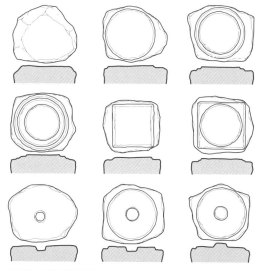

図106 礎石の種類

図107 塔の心礎と礎石（上野廃寺）

ではなく、複数の礎石位置を溝状につないだ布掘りとする例もある。一方、地表や基壇上にそのまま礎石をおくか、基壇築成の途中で礎石を据えて周囲に盛り土するなどして、礎石据えつけのための掘り込みをもたない例もある。

礎石据付穴は、基壇上面や整地層あるいは造営時の地表から掘り込むものと、基壇築成の途中で掘り込むものとがある。同じ位置で掘立柱建物から礎石建物へ改築することもある（図108）。

地下式心礎で大きな礎石据付穴を掘り込む場合は、しばしば、心礎を搬入するための斜路が設けられる。この斜路は、塔の心柱を立ち上げるさいにも利用されたと考えられる。

根石・根巻粘土　礎石の据えつけにあたっては、礎石を安定させるとともに、上面の高さを調節するため、通常、礎石の下や周囲に複数の礫を入れ込む。これらを根石とよぶ。根石は、礎石の形状に沿って円形や擂鉢状に置くことが多いが、数個だけ配した例もある。根石の大きさはさまざまであり、なかには瓦片を利用した例もある。また、礎石を安定させる目的で、礎石の周囲に粘土（根巻粘土）を盛り上げることもある。この確認には、礎石周囲の土層の十分な観察が必要となる。

一方、山王廃寺（群馬県・7世紀）のように、基壇上面の心柱のまわりに、蓮弁状に加工した石を並べて装飾的効果をもたせたものもある。なお、地下式心礎の場合、心柱の地中部分の周囲に粘土を巻いたり、板や瓦を巻いたりして保護した例が知られている。

礎石抜取穴・落とし込み穴　礎石を抜き取るために、礎石の周囲に掘り込んだ穴を、礎石抜取穴とよぶ。これによって、礎石の位置が推定できる。また、後世の耕作などで礎石が妨げとなったときは、礎石の近くに深い穴を掘って礎石を落とし込むことがある。こうした礎石落とし込み穴も、礎石位置を推定する手がかりとなる。

B　建物の基礎地業と基壇

掘込地業　瓦葺の屋根や収納物によって大きな荷重がかかる礎石建物や築地塀を造営する場合、地面を掘り下げたのち、粘土や砂、礫などを突き固めながら埋め戻す、一種の地盤改良工事をおこなうことがある。これを掘込地業とよぶ。

掘込地業は、基壇が削平されて失われても遺存することが多く、礎石建物の存在を推定する有力な手がかりとなる。また、掘込地業の範囲から、建物基壇の平面規模をほぼ推定できるため、掘込地業を検出したときは、平面形や規模の確認がまず必要となる。これらは、掘り込む範囲に応じて、総地業、壺地業、布地業の3種類に分かれる。

総地業　建物の範囲全体に掘込地業を施す工法を総地業とよぶ（図109）。平面形は正方形や長方形を呈するものが多く、竪穴建物と紛らわしいこともあるので、総地業と認定するには、断面観察で土層の状態や締まり具合を検討することが求められる。また、総地業の底面に、栗石詰めの暗渠や溝など、排水や湿気抜きの施設を設けた例もあり、断ち割り調査のさいには、底面の状況を観察することも重要である。

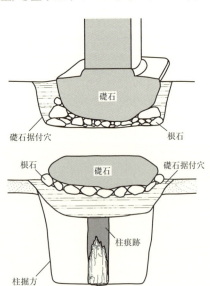

図108　礎石の据えつけと掘立柱からの改築

Ⅲ-4 寺院遺構の諸要素

総地業は飛鳥寺の塔の造営にさいして採用され、以後、寺院の主要堂塔における代表的な掘込地業工法として用いられた。

壺地業　壺地業は、礎石位置だけを壺掘りして埋め固めた掘込地業で、平面形は円形ないし方形を呈する。総地業をおこなったのち、基壇築成のある段階でさらに壺地業を施した例もある。

布地業　礎石列にあたるところを溝状に掘り込んで埋め固めた掘込地業を布地業とよぶ。布地業は、柱の並びを復元する有力な手がかりとなる。

版築　掘込地業や基壇、築地塀を造成するさいには、土を薄く何層にもわたって突き固める工法を用いることが多い。これを版築とよぶ。土質が異なる土や砂を交互に積んだ例も多く、積み土の中に瓦や河原石を突き込むこともある。版築のそれぞれの層理面に、突き固めるさいに使用した棒（突き棒）の当たりが認められる場合もある。

基壇　周囲より高くした建物の土壇を基壇とよぶ。基壇には、防湿のほか、建物の荘厳化や、礎石建物の場合は地盤固めとしての機能がある。数十cm以上の高さをもち、基壇外装をともなうものと、縁石や横板材をめぐらす程度の低平なものに大別される。

基壇は、築成方法により、版築などで盛り土した盛り土基壇と、周囲の地盤を削り下げて基壇を造り出した地山削り出し基壇に分けられる。

盛り土基壇には、掘込地業をともなうものと、地山面や整地土の上面から盛り土するものがある。いずれの場合も、基壇規模より一回り大きく盛り土してから周囲を削ったようである。

一方、地山削り出し基壇は、安芸国分寺金堂（広島県・8世紀）のように、地盤が強固なときに用いられることがあった。また、地山削り出しと盛り土を併用した基壇も、興福寺中金堂（奈良県・8世紀前半）や上野廃寺講堂（和歌山県・7世紀後半）、賞田廃寺金堂（岡山県・7世紀後半）、観世音寺金堂（福岡県・7世紀後半）などに見られる。

C　基壇外装

基壇外装（図110）は、基壇の保護と装飾のために設けた石積などの施設の総称であり、側面の外装のほか、上面の舗装を含めることもできる。

切石積基壇　凝灰岩や花崗岩の切石を用いた基壇外装で、地覆石を並べた上に羽目石を立て、その上に葛石を置くのが基本的な構造である。7世紀後半までは、石材相互をかみ合わせるための切り欠き細工は見られないが、それ以降は、石材相互をかみ合わせる細工を施すものが現れる。さらに8世紀に入ると、羽目石の間に束石を備えた壇正積基壇が成立する。地覆石の下には延石を置く場合もある。これらは、平城京の諸大寺で採用され、国分寺の造営などを契機として各地に広まっていく。壇正積基壇は、もっとも格式の高い基壇外装であった。

乱石積基壇　玉石などの自然石や一部加工した石を積み上げたものと、河原石や割石を1列並べただけの縁石状のものに大別できる。乱石積基壇は、豊浦寺金堂（奈良県・7世紀前半）など初期の寺院のほか、地方寺院に広く採用されている。また、畿内の大規模な寺院でも、金堂や塔など主要堂塔以外ではしばしば認められ、古代寺院では一般的な基壇外装である。

瓦積基壇　おもに瓦を積み上げた基壇外装である。完形の平瓦を積む場合や、半截した平瓦を積む場合があり、丸瓦や軒瓦、磚（塼）、玉石などを

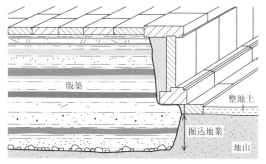

図109　掘込地業（総地業）と基壇

第Ⅲ章　寺院の調査

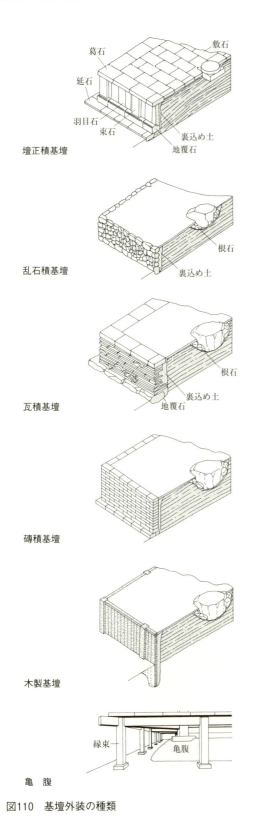

図110　基壇外装の種類

混用することもある。平瓦の平積を基本とするもの、平瓦の平積と玉石積や塼を併用したもの、平瓦を合掌積したもの、平瓦を立て並べたものに大別される。平瓦の平積は、地覆石をともなうものと、ともなわないものに細分できる（図111）。

瓦積基壇は各地に存在するが、とくに近畿を中心に分布し、なかでも近江、山背地域に集中する。それらは、平瓦の平積を基本とするものと、平瓦の平積と玉石積や塼を併用したものが多い。平瓦の合掌積は、韓国扶余の軍守里廃寺（百済・6世紀）に祖型が求められ、崇福寺弥勒堂（滋賀県・7世紀後半）や瀬田廃寺金堂（滋賀県・8世紀後半）などの例がある。平瓦を立て並べたものは、横見廃寺の講堂と推定されている東方建物（広島県・7世紀）で、創建時の乱石積基壇を改変した例などが見られるが、限定的である。

7世紀代の瓦積基壇については、渡来系氏族との関係が想定されているが、8世紀以降は国分寺

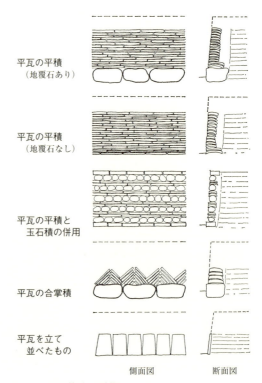

図111　瓦積基壇の種類

にも採用されるなど、広く普及する。

瓦積基壇は比較的容易に積み直すことができるので、補修の有無に注意する必要がある。また、積まれた瓦は、基壇の構築年代の上限を示すが、必ずしも建物の年代と一致するとはかぎらない。

塼積基壇 塼を積み上げた基壇外装である。7世紀後半の上野廃寺東塔(和歌山県)や宮の前廃寺金堂・塔(広島県)、8世紀の美濃国分寺金堂・塔(岐阜県)や田辺廃寺東塔(大阪府)などで確認されている。なお、宮の前廃寺金堂では、塼と割石を併用している。

木製基壇 木材で構築される基壇外装である。横滝山廃寺金堂(新潟県・7世紀後半)や毛越寺講堂(岩手県・12世紀)などの板を縦方向に立て並べた構造のもの、遠江国分寺金堂(静岡県・8世紀)のように長い板を横方向に用いたもの、三河国分寺塔(愛知県・8世紀)などの角材を立て並べたものに大別できる。このほか、切石積の各部材に代えて木材を用いた基壇外装が存在した可能性も想定される。

亀腹 亀腹は、縁をともなう床張り建物の床下部分に設けた基壇で、端部は丸みをもち、表面を粘土や漆喰などで固める。遅くとも平安時代後期には出現し、寺社建築に多く見られる。床束建物(発掘編166頁)で縁をともなう場合は、亀腹の有無を検討する必要がある。

基壇外装の痕跡 基壇外装材が失われても、その据付痕跡や抜取痕跡を検出できれば、基壇規模の復元が可能となる。そうした抜取痕跡は溝状を呈することが多いので、雨落溝と誤認しないように注意する。

切石の地覆石を用いた場合は、据付痕跡の底面に板石の目地が圧痕として残る例や、抜き取るさいに掘り起こした痕跡がくぼみとして残る例がある。これらから地覆石の大きさを復元できることもあり、注意深い観察が求められる。

一方、自然石の地覆石の場合は、据付痕跡の底面に、地覆石の凹凸の圧痕が残ることがある。また、風化しやすい石では、接地していた面が剥離して残っていることもある。

ただし、回廊など低い基壇では、地覆石を省略する場合もある。

基壇外装を施工するさいには、基壇土と外装材の間に隙間が生じるため、この隙間を裏込め土で埋める。通常、裏込め土は版築土に比べると締まりがなく、それを識別することで基壇端を把握することができる。裏込め土に瓦が混入する例も多く、そこから基壇の築造・修復や堂塔の建て替えの時期を推定できる場合もある。

裏込め土や外装材の据付痕跡や抜取痕跡には、石材を加工あるいは破壊したときの小片がしばしば混入する。これによって切石積基壇などと判断できるとともに、石種も判明するので、埋土なども入念に観察することが重要である。

木製基壇の場合は、木質部分が遺存することはまれであり、地覆や羽目板の据付掘方や抜取痕跡のほか、羽目板などを支えるために立てた支柱の

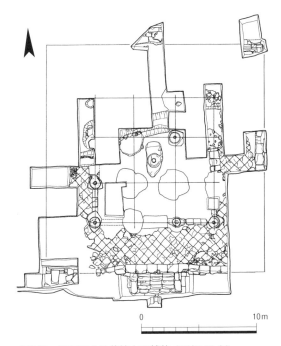

図112 切石による基壇上面舗装(河内国分寺)

柱穴などが、基壇の規模や構造を復元する手がかりとなる。また、腐朽して造り替えた可能性もあるので、そうした点にも注意が必要である。

基壇上面の舗装　基壇の上面は、切石や塼、瓦などを敷き詰めて舗装するほか、漆喰で固めたり、叩き締めたりする。上野廃寺講堂では、基壇の上面を黄白色粘質土で覆い、叩き締めていた。

石敷や塼敷は、石や塼の辺が基壇縁と平行するように敷いた布敷と、河内国分寺塔（大阪府・8世紀）のような、45°方向に傾けた四半敷とに分かれる（図112）。

2　掘立柱建物

掘立柱建物の特徴や属性については、発掘編（158頁）を参照されたい。

付属院地の掘立柱建物　寺院では、付属院地に掘立柱建物が建てられていることが多い。政所院や修理院などの諸施設が確認された上総国分寺（千葉県・8世紀）では、政所院に大型の掘立柱建物群が整然と配置されていた（87頁図91）。

掘立柱から礎石建ちへの建て替え　一方、伽藍地でも掘立柱建物から礎石建物へ建て替えた例がある。上総国分尼寺の尼房（千葉県・8世紀）は、掘立柱建物が規模を変えて礎石建物に建て替えられており、尼僧の定員や組織の変遷に対応すると考えられている。このように、礎石建物の下層に掘立柱建物が存在する可能性も念頭におく必要がある（166頁）。

3　建物にともなう遺構

整　地　建物の造営にさいして平坦な地盤を造成するには、地面を掘削してならす方法（切り土）と、客土する方法（盛り土）があり、両者を併用することも多い。通常、寺院の造営では、何らかの整地をともなったと考えられる。整地にあたって、

鳥羽離宮の金剛心院（京都府・12世紀中頃）のように、土止め用の石垣を積み、それを埋め込む工法をとった例もある。ただし、造成された面は必ずしも水平とはかぎらず、基壇の高さが正面と背面で異なる場合も少なくない。

斑鳩寺（法隆寺若草伽藍）（奈良県・7世紀前半）では、金堂の掘込地業と基壇の構築は整地前、塔の基壇は整地後に構築したことが明らかになっている。また、新堂廃寺（大阪府・7世紀）では、再建時に塔周辺を改めて整地している。このように、整地土を把握することは、堂塔を建てた順序や時期を推定するうえで重要な意味をもつ。

舗　装　建物の周囲や、回廊で囲まれた内側に、石や瓦、塼を敷く舗装もしばしばおこなわれた。石敷は、石材の大きさや加工の有無により、切石敷、玉石敷、砂利敷などとよび分けている。

切石敷は、山田寺金堂（奈良県・7世紀中頃）周囲の犬走りなどに見られるが、ごく少ない。塼敷も少数しか見られず、舗装範囲も限定的である。これに対して、河原石を敷きつめる玉石敷は、比較的多くの例がある。このほか、山田寺のように、回廊で囲まれた内側を瓦敷とした例もあるが、少数にとどまる。

なお、舗装をおこなうのは創建時とはかぎらず、修理などにともなって、二次的に舗装した例のほか、数回にわたり舗装し直した例もある。

暗　渠　基壇・回廊・築地塀などの下を通して外部に排水するときや、苑池などへの給排水には、暗渠が用いられることが多い。

暗渠は、自然石・切石などの石組や木樋が多いが、飛鳥寺周辺や川原寺（ともに奈良県・7世紀）などでは土管が用いられた。内部に堆積した土壌を分析することで、上下水など暗渠の用途がわかる場合があるので、目的に応じて土壌試料を採取しておくのが望ましい。

地　覆　壁を受ける水平方向の材を地覆という。柱筋で柱穴間をつなぐ溝状の遺構（柱筋溝状

遺構、発掘編177頁）は、地覆の据付痕跡や抜取痕跡である可能性が高い。礎石建物の場合は、礎石間に瓦や石、磚などを敷き並べた地覆が残ることがある。

また、山田寺や川原寺のように、礎石に地覆座を彫り込んだ例も多い。山田寺回廊では、外側の礎石に地覆座があり、内側の礎石にはないことから、外側を壁とし、内側は吹放し（吹放ち）だったことがわかる。地覆座の方向と有無は、柱筋や壁の位置など、建物の上部構造を復元する重要な手がかりとなる。

間柱　おもな柱の間に立てたやや細い柱を、間柱（まばしら）という。間柱は、地覆上に立てるものや、小礎石の上に立てるもの、掘立柱のものがある。壁建ち建物の柱も間柱の一種といえる。間柱は、土壁の存在を知る指標となる。

階段　階段は、基壇や床張り建物などへの昇降施設である。鳥坂寺（とさかでら）金堂（大阪府・7世紀後半）のように、地覆石や羽目石、耳石（みみいし）、踏石（ふみいし）を凝灰岩などの切石でつくる切石積（図113）のほか、階段の外装や踏面（ふみづら）に磚を用いた磚積、自然石や割石を用いた乱石積、瓦を積み上げた瓦積などの種類がある。通常、それらは基壇外装と一体化した構造をとる。

これ以外に、木材を組み合わせた木製階段も存在した。それらは、階段状に切り込んだササラ桁（げた）を斜めに架けた上に、踏板になる横木を架ける構造をもつ。ササラ桁の下端は、石や木材で受けるものと、毛越寺講堂の南面階段など、地面に埋め込むものとがある。

階段は盛り土でつくることが多いが、その部分を、基壇の築成と一連の作業で造り出すものと、基壇完成後に付加するものとがある。前者では、地覆石やその据付痕跡が階段の出に合わせて突出するが、後者では、階段部分の基壇外装の地覆石や雨落溝を埋め込む場合もある。いずれの方法によったかは、階段と基壇内部の土質の違いや取りつき部分の断面観察、地覆石据付痕跡などから判断できる。興福寺中金堂では、当初は三つあった南面の階段を、一つの幅広い階段に改造したことが判明している。

壇正積基壇にともなう階段の勾配は、一般的には45°ないしはそれに近い数値とされ、階段の出から基壇の高さを推定できる。ただし、勾配が緩やかなものや、階段の上部が基壇の内側へ入り込む構造のものもあるので、注意を要する。

足場穴　建物軸部の組み立てや軒回りの造作、屋根の葺き上げや修繕、解体時の作業などでは、足場が必要となる。掘立柱で足場を組んだ場合は、小型の柱穴が建物周囲や内部に残ることがあり、

図113　切石積の階段（鳥坂寺）

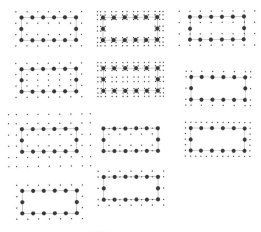

図114　足場穴の種類

第Ⅲ章　寺院の調査

それらを足場穴とよぶ。

足場穴は、その配置によっていくつかの類型に分けられる（図114）。天台寺金堂（福岡県・7世紀後半）では、礎石がもとの位置から移動し、基壇も削平されていたが、足場穴の配置状況から、基壇や建物の平面を復元することができた。このように、足場穴は、建物や基壇を復元する大きな手がかりとなる。

雨落溝・雨垂れ痕跡　雨落溝全般については発掘編（178頁）を参照されたい。寺院の雨落溝には、側壁や底に切石、瓦、塼、玉石などを用いたものと、素掘りのものとがある。

切石組の雨落溝は、切石積基壇にともなうことが多いが、河内寺廃寺の塔（大阪府・7世紀）のように、乱石積基壇と切石組の雨落溝が併存する例もある。瓦組の雨落溝は、上野廃寺の回廊などに見られ、乱石積基壇にともなうこともあった。塼組の雨落溝は、官衙遺構に例があるが、寺院ではほとんど確認例がない。玉石や割石を用いた雨落溝は、乱石積基壇にともなうことが多いが、瓦積基壇などにともなう例もある。

こうした雨落溝には、底に石を敷くものと敷かないものがあるが、6世紀末～8世紀までは、時期が下るにつれて雨落溝の幅が減少し、底石が相対的に大型化する傾向がある。素掘りの雨落溝は、掘立柱建物に多く見られる。また、雨落溝は、造り替えによって構造が変化することもあり、唐招提寺金堂（奈良県・8世紀後半）の雨落溝は、素掘りから切石組へ改造されている。

雨落溝は、すべての建物に設けられたわけではなく、また当時の地表面が削平されると遺存しにくい。しかし、旧地表面が残っているときは、雨落溝が存在しない場合でも、軒先から落ちた雨水のため、溝状のくぼみや帯状の砂の薄い堆積が形成されることがある。これを雨垂れ痕跡とよぶ（発掘編178頁）。遺構検出のさいには、そうした痕跡を削りとってしまわないよう注意する。

現存する古代寺院の建築では、雨落溝は軒先の直下かやや内側に位置しており、その位置から軒の出を推定することができる。そして、軒の出は、組物の形式など、建物の構造や格式を推定する重要な情報となる。

須弥壇　金堂をはじめ、主要な堂宇の多くには、仏像を安置する壇が造られた。これを須弥壇といい、通常は建物の身舎中央部の背面寄りに設けられる。古代寺院では、須弥壇が身舎の大部分を占める例もある。

盛り土による須弥壇の場合は、一般に周囲を石や瓦、塼、板材などで外装する。発掘例では内部の盛り土部分だけが遺存するものが大半であり、基壇の上面がよく残っていれば、その痕跡を確認できることもある。一方、木製の須弥壇の場合は、束石などを除き、痕跡が残らないことが多い。

坂田寺の推定金堂（奈良県・8世紀）では、盛り土の外側を凝灰岩切石で外装し、そこに地覆や羽目、束、葛や格狭間を浮き彫りする。来美廃寺の推定金堂（島根県・8世紀）の須弥壇では、上面に

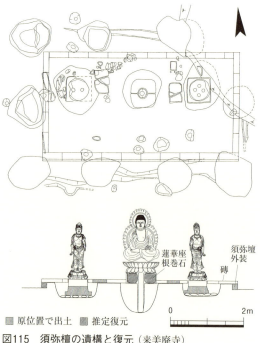

■ 原位置で出土　■ 推定復元　　0　　　　2m

図115　須弥檀の遺構と復元（来美廃寺）

磚が敷きつめられ、仏像を安置するための穴が残っていた(図115)。このほか、上野廃寺講堂のように、礎石で仏像台座を受けるものもある。また、鳥坂寺講堂(8世紀)では、須弥壇の前面に階段を設けていた。

なお、須弥壇の盛り土から鎮壇具が出土することもあるので、注意が必要である(115頁)。

礼拝石　山田寺金堂の南面階段の前には、犬走りに接して、礼拝石とよぶ2.4×1.2mの切石が置かれていた。同様のものは、四天王寺(大阪府・7世紀前半)や鳥坂寺の金堂前面でも見られる。例は少ないが、主要堂塔の周辺にこうした遺構が存在する可能性にも留意する。

その他　このほかにも、堂塔の造営にかかわる遺構が検出されることがある。中宮寺塔(奈良県・7世紀前半)では、心柱を引き上げるために組んだやぐらの柱穴とみられる穴を検出している。また、本門寺五重塔(東京都・1607年)では、礎石下にあたる位置に杭を打ち込んでおり、礎石の位置を確定する目印と考えられる。このような建物造営作業にともなう遺構の存在も見落とさないよう、十分な観察が求められる。

4　区画施設

A　掘立柱塀・柵

掘立柱塀とは　掘立柱を直線的に立て並べ、その間に壁を設けた区画・遮蔽施設を、掘立柱塀とよぶ。通常は、建物としては組み合わない柱穴が一定の間隔で並んだ状態で検出され、一段高い基底部をともなうこともある。また、壁の基部を据えつけたり抜き取ったりした痕跡が溝状に残ることもあるので、注意を要する。

寺院における掘立柱塀の採用は、飛鳥寺など、6世紀末〜7世紀前半の初期寺院に遡り、以後、各地に普及する。

構造と種類　掘立柱塀には、屋根をともなうものと、ともなわないものがある。柱列に沿って平行する溝が設けられている場合は、雨落溝の可能性を考慮する必要がある。また、瓦の分布状況から、瓦葺の屋根と判明した例もある。

壁構造としては、土壁や横板壁などがある。平城宮中央区大極殿院(奈良県・8世紀前半)の木樋は、藤原宮(奈良県・694〜710年)の大垣の掘立柱を転用したと考えられている。その痕跡から、土壁であったことがわかっており(図116)、寺院の区画施設も同様の構造と推定される。

山田寺では、東辺の掘立柱塀が倒壊した状態で検出された。出土した屋根の構造材や瓦から、瓦葺屋根の土壁構造で、幅約2.1m、残存高0.7mの基壇と雨落溝をともなう。また、飛鳥寺の寺院地北辺をかぎる掘立柱塀は、直径35cmの柱を立てた方形の柱掘方が約2.7m間隔で並び、外側に平行する溝を設けていた。

なお、『信貴山縁起絵巻』などの絵画資料からは、柱に横板を落とし込んで壁とした横板塀の構造が知られる。

柵　掘立柱塀と同様、柱穴列として検出されるが、屋根や壁を設けない区画施設である。遺構から掘立柱塀と区別することは必ずしも容易でない

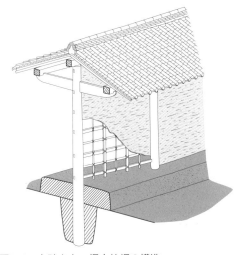

図116　土壁をもつ掘立柱塀の構造

が、柱筋の通り具合がよくないものや、柱が細いものなどは、柵の可能性を考慮する必要がある。ただし、柱列がどのような場所に設けられているかも勘案して、性格を判断する。

B 築地塀・土塀

構造と種類 土を突き固めながら積み上げた壁体に屋根を架けた構造の区画・遮蔽施設を、築地塀（築地・築垣）とよぶ（図117）。屋根は瓦葺が多いが、板葺も存在した。また、壁体の上に板材を並べ、さらに土をのせたものを、上土塀とよぶ。一方、基部に石を並べた上に、ブロック状の粘土を積んで壁体としたものなどを土塀と総称しており、中世以降に一般化する。築地塀に比べて幅が狭く、1m未満のものが多い。粘土の間に瓦をはさみ込むこともある。

寺院の築地塀としては、7世紀後半に遡る川原寺東辺の築地塀が初出とされる。以後、畿内の寺院を中心に、寺院地や伽藍地の区画施設などで見られ、8世紀以降は地方寺院にも多くの例がある。掘立柱塀よりも視覚的効果が高い区画・遮蔽施設として、宗教的空間を荘厳化し、権威づけるために採用されたと考えられる。

版築・堰板・添柱 築地塀の壁体は、通常、整地された基部の上に、版築で築成される（図118）。築地塀の基部は、盛り土や地山の削り出しによるもののほか、掘込地業をともなうものもある。

築地塀の版築では、堰板を添柱で固定して枠を作り、その内側に土を数cmごとの単位で積み上げて突き固める。壁体が必要な高さまで達したのちは、桁行方向に順次移動して、同様の作業をおこなう。一般に、桁行方向の施工単位は3～6m程度であり、版築土などにこうした枠単位の施工を示す継ぎ目が残ることがある。壁体を積み上げるさいの堰板下端の間隔を築地塀の基底幅という。

築地塀の遺存状態がよい場合は、壁体の積み土やその崩壊土が、土手状の高まりとして検出される。しかし、築地塀本体が失われても、版築の痕跡は遺存することがある。たとえば、壁体の両脇では、堰板を固定した添柱の柱穴がしばしば検出される。また、堰板下端の当たりなどが残ることもあり、そうした痕跡から、築地塀の存在や基底幅を確認できる場合もある。

このほか、築地塀の両側か一方の側に平行して、壁体用の土を採取した土坑が連続して並ぶことがあり、これらをそのまま雨落溝として利用した例も見られる。

図117 築地塀の構造

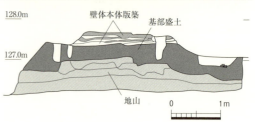

図118 築地塀の断面（上野国分寺）

寄　柱　築地塀には、寄柱をともなう例もある。寄柱は、作業の工程で一時的に立てる添柱と異なり、壁体とともに屋根を支える柱で、やはり壁体の両側に一定の間隔で立てられる。ベンガラなどで表面を塗装することもあり、装飾的な要素ももつ。礎石建ちのものと掘立柱のものがあり、後者は添柱と紛らわしいが、概してそれよりも深く大きな柱掘方をともなう。また、壁体内に食い込んだ位置となる点が異なる。こうした寄柱の痕跡も、築地塀と判断する根拠となる。

屋根・雨落溝　築地塀の両側には、雨落溝が設けられることが多い。これには、前述の土取りの土坑を利用したものもある。なお、築地塀の壁体と雨落溝の間を、犬走りとよぶ。2条の溝が平行し、その間に遺構がない場合は、築地塀と雨落溝にあたる可能性がある。また、雨落溝の埋土に瓦が混入していることで、瓦葺の築地塀と確認できることも多い。

規　模　築地塀の基底幅は、山田寺で1.2m、高麗寺（京都府・7世紀）が1.5mである。地方の例では、上野国分寺（群馬県・8世紀）や夏見廃寺（三重県・7世紀末）の寺院地南辺のものが1.8mであり、長者ヶ原廃寺（岩手県・11世紀）は1.9m、陸奥国分寺（宮城県・8世紀）の伽藍地南辺では2.5mであった。築地塀の高さは、削平のため遺構からは把握しがたいが、『延喜式』（木工寮式）の規定には、基底幅3尺で高さ7尺、基底幅6尺で高さ13尺など、7種の規格が示されており、高さを推定するさいの参考となる。

掘立柱塀から築地塀へ　築地塀は、山田寺の寺院地東辺や下野国分寺（栃木県・8世紀）の伽藍地東辺などで見られるように、ほぼ同位置で掘立柱塀から造り替えた例も多い。したがって、築地塀を確認した場合には、下層遺構の有無についても留意する必要がある。

C　溝

機能と種類　溝の特徴や属性などについては、発掘編（201頁）を参照されたい。寺院の溝は、機能によって、区画溝や地割溝のほか、雨落溝、取水用や排水用の溝などに分けられる。また、護岸施設の有無や構造により、素掘溝、石組溝、板組溝などに分類される。

区画溝　飛鳥寺では、寺院地の北辺を区画する掘立柱塀の外側に、幅2.4m、深さ約1mの溝がある。一方、武蔵国分寺（東京都・8世紀）では、伽藍中心部の区画施設とは別に、伽藍地と寺院地の外周をそれぞれ素掘溝のみで区画する。伽藍地を区画する溝は、幅2.3〜2.9m、深さ0.9mである（図119）。寺院地などの外周を区画する溝を把握することは、維持経営施設なども含めた寺院の範囲や実態を知るうえでも重要である。

5　付属施設

幢　幡　寺院や官衙では、儀式などのさいに、長大な竿柱に布などでできた幢幡を垂れ下げた（図120）。この竿柱を幢竿といい、幢竿が倒れないように支える柱を幢竿支柱という。

統一新羅の寺院には石造の幢竿支柱をもつ例が多数あるが、日本の古代寺院で確認されている幢竿支柱は、いずれも掘立柱である。2本柱の例が多いが（図121）、4本柱の例もある。

幢竿支柱の柱掘方には、壺掘りや布掘りのほか、

図119　伽藍地を区画する溝（武蔵国分寺）

第Ⅲ章　寺院の調査

布掘りした底面をさらに壺掘りするものなど、多様な形態がある。武蔵国分尼寺（東京都・8世紀）では、一辺を斜めに掘り下げた柱穴が確認され、幢竿を斜めに立てた遺構と推定されている。

幢幡の位置は、武蔵国分尼寺では推定金堂の前面と推定講堂の背後、山田寺や小山廃寺（奈良県・7世紀）は金堂と中門の間の西側、新堂廃寺では南門の外、下野薬師寺（栃木県・7世紀後半）は回廊と東塔の間、巨勢寺（奈良県・7世紀）では講堂の背後など、さまざまである。また、主要堂宇の周囲だけでなく、寺院地の周囲などに立てた例もある。

建物としてまとまらない大型の柱穴が独立して存在し、とくに2本で一対となる場合は、こうした幢竿支柱の可能性を想定する必要がある。

灯籠　仏前に献灯する灯籠は、仏教とともに日本にもたらされ、仏法がこの世の闇を照らすことを灯火にたとえた。しかし、しだいに照明としての機能が重視され、さまざまな灯籠が作られるようになる。材質は石製が多いが、奈良時代には東大寺（奈良県・8世紀）金堂前の金銅八角灯籠のような銅製灯籠なども制作されている。

金堂正面に置かれる屋外の灯籠を台灯籠とよび、基礎の上に竿や中台、火袋、笠を設ける。山田寺金堂の前面では、蓮華文を刻んだ灯籠の基礎が原位置に残り、火袋の破片が出土した。また、遠江国分寺では、金堂正面の中軸線上に、灯籠の竿を埋め込んだ穴があり、竿の木片が出土している。なお、『観世音寺資財帳』（905年）には「板葺六角高一丈」の「燈楼」の記載がある。

参道　参道は、堂塔間をつなぐ通路として確認されることが多い。石などで舗装するほか、側溝で区画しただけの例もある。服部廃寺（岡山県・7世紀）では、路面にこぶし大の河原石を敷きつめており、新堂廃寺では、両側に側溝をもつ幅2.9mの参道を検出した。また、四天王寺では、中門北側の階段と同じ幅の参道が塔南側の階段まで続いていた。

また、武蔵国分寺では、金堂から南へ約500mの地点で、参道と推定される道路と、参道入口を表示したとみられる門（鳥居）状の遺構を確認している。このように離れた地点でも、寺院関連の遺構が残る場合があるので、注意を要する。

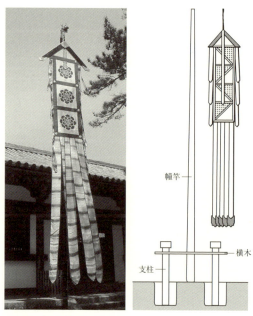

図120　幢　幡

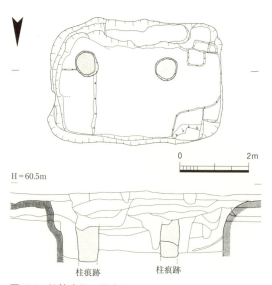

図121　幢竿支柱の柱穴（下野薬師寺）

地鎮・鎮壇

地鎮 地鎮とは、土地を開いたり建物を造営したりするさいに、その土地の神を鎮め祭る行為を指す。通常は、銭貨や宝玉など、種々の呪具を埋納する行為をともない、そうした埋納物を地鎮具とよぶ。

地鎮具には、呪具のみを直接土中に埋めるものと、呪具を容器に納めて埋めるものとがある。このほか、容器のみが出土する場合もあるが、これらはおもに有機物からなる内容物が消失したためとみられる。容器には土師器の甕や須恵器の壺を用いることが多く、容器を正立させる例のほか、倒立させる例もある。いずれにしても、この種の埋納物には意図的な埋納状況がうかがえ、ほかの遺構と区別できることが多い。

地鎮具の容器については、内容物を取り出す前に、Ｘ線ＣＴなどで内部を確認するのが望ましい（図122）。なお、蓋をもつ須恵器の短頸壺などは、胞衣壺の可能性もあるので注意したい。

平城京（奈良県・8世紀）では、地鎮具とみられる埋納物が約140例出土している。それには、興福寺南大門や西隆寺回廊（ともに8世紀）など、寺院から出土した例も含まれるが、いずれも須恵器の壺や土師器の甕に銭貨やガラス玉を納めており、京内の宅地と寺院の間で、地鎮具の容器の種類や中身に大きな違いはない。

正倉院文書には、法華寺や石山寺などで陰陽師が鎮祭に関与した記録があり、寺院でのこうした古代の地鎮は陰陽師が執行したことがわかる。しかし、寺院などで彼らが鎮めたのは、寺院地内の一定の範囲であって、次に述べる鎮壇とは区別する必要がある。

鎮壇 鎮壇具は、寺院の金堂や塔など主要堂塔の基壇や須弥壇に埋められたもので、仏教的な儀軌によったとされる。8世紀の代表例としては、興福寺中金堂の須弥壇から出土した鎮壇具一式が挙げられる。品目では宝玉類、金属容器、刀剣、鏡、銭貨など、材質では金、銀、金銅、水晶、琥珀、真珠、瑪瑙などがある。前述の地鎮具と比べると、品目が豊富かつ豪華であり、銭貨や宝玉もその数が圧倒的に多い。

737年に書写された雑密経典『陀羅尼集経』には、祭壇の中央に穴を掘り、金、銀、真珠、珊瑚、琥珀の五宝と、大麦、小麦、稲穀、小豆、胡麻の五穀を埋めよ、と記す。五穀は土中では遺存しにくいが、発掘調査では注意を要する。

また、基壇を築くさいに、銭貨をまいて地を鎮めることもあるので、基壇土の中に銭貨が含まれていないか、確認する必要がある。

平安時代以降に純密が導入され、鎮壇は大きく変化する。9世紀に建立された興福寺南円堂は、空海による純密の鎮壇の初例である。

純密では、輪宝と橛もしくは独鈷杵を基壇の中央などに埋める。興福寺菩提院大御堂（12世紀末）、石清水八幡宮護国寺（京都府・19世紀）などの例がある。また、輪宝を描いた墨書土器が、近世以降の民家の下から出土することもある。

なお、密教の地鎮である土公供の作法は、陰陽道の影響を受けて平安時代以降に成立したもので、土公（土公神）は陰陽道の神格である。

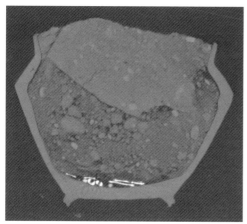

図122　地鎮具のＸ線ＣＴ写真（興福寺）

第5節
発掘方法と留意点

1 礎石建物の発掘

　寺院の建物は、ほとんどが礎石建物か掘立柱建物であった。掘立柱建物の発掘方法については発掘編（180頁）で紹介したので、ここでは礎石建物について述べる。

礎石にともなう遺構の発掘　礎石建物の発掘では、まず、礎石の位置を確認する作業をおこなう。発掘区の幅は、先に述べたように、3m以上を確保することが望ましい（94頁）。

　礎石が失われていても、礎石の位置は、礎石据付穴や根石、礎石抜取穴、礎石落とし込み穴などを検出することで推定できる。また、足場穴からの推定も可能である（109頁）。これらの遺構との先後関係を、平面で確認する。

　平面検出を終えた遺構の掘り下げは、礎石抜取穴や礎石落とし込み穴など、新しい遺構から順次おこない、ついで礎石据付穴を段下げする。そのさいには、根巻粘土などの有無や、根石が原位置をとどめるか、二次的に移動しているかも確認する。建て替えにともなって、時期の異なる根石群が重複することもあり、礎石据付穴や根石の間に瓦が含まれるなど、造営や建て替えの時期の手がかりとなる遺物が出土することもあるので、注意する。掘り下げの方法や記録のとり方は、掘立柱建物の柱穴に準じる（発掘編183頁）。

　礎石の据えつけ方法などを把握するには、平面実測や写真撮影の終了後、必要に応じて、礎石据付穴の半截や断面調査をおこなう。なお、前身となる掘立柱建物を礎石建物に建て替えたり、腐朽した掘立柱の根元に石をかませたりした例もあるため、そうした下層遺構の有無にも留意する。

基壇の発掘　堂塔の基壇が高まりとして残るときは、建物本体の平面とともに、基壇の規模と構造を確認する。主軸方位に合わせて、直交する2方向のトレンチを十字に入れるか、その2方向に土層観察用畦を設けた発掘区を設定するのが一般的である。また、建物に関する詳細な情報を得るために、基壇の1/4あるいは1/2を平面的に発

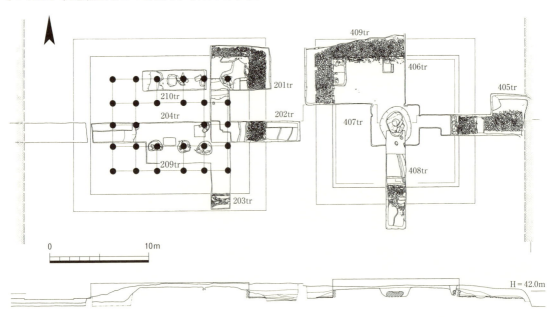

図123　発掘区の設定（高麗寺）

掘するなど、発掘区を拡張することもある。ここでは、高麗寺（京都府・7世紀）の金堂と塔の発掘区の例を掲げておく（図123）。

寺院の主要堂塔の基壇では、須弥壇の痕跡や地鎮・鎮壇にともなう埋納遺構（115頁）が存在することもあるので、注意を要する。

基壇外装は、当初の状態をとどめる例はごく少なく、延石や地覆石などの最下部が残存する程度か、それらも抜き取られて、据付痕跡や抜取痕跡しか残らないものが多い。延石の据付痕跡は、通常、断面が箱形の溝として検出され、石材加工のさいに生じた小片が混入することもある。また、瓦積基壇や乱石積基壇などでは、地覆として並べた瓦や玉石などが遺存する例もある。基壇外装の発掘時には、こうした遺構のほか、雨落溝や雨垂れ痕跡にも注意を払う。

また、基壇外装の修理や改造の有無、埋没状況についても詳細に観察し、記録する。片山廃寺（大阪府・8世紀初め）では、塔の切石積基壇を瓦積基壇に改造しており、穴太廃寺再建金堂（滋賀県・7世紀後半）では、一部崩壊した瓦積基壇を乱石積で補修している。また、大宅廃寺（京都府・7世紀後半）では、瓦積基壇の外側に焼土や炭を多量に含む瓦層が堆積し、平安時代に火災で廃絶したことが明らかになった。

基壇の各辺が判明すれば、基壇の角が想定される位置に発掘区を設定して確認することで、基壇の規模や方位を確定できる。

基壇の断ち割り調査　基壇の築成方法などを明らかにするため、基壇の一部を断ち割ることもある。これによって、版築や礎石の据えつけ状況のほか、地盤や整地との関係を把握できる。また、出土遺物から、基壇の築成時期についての情報が得られる場合もある。

なお、豊浦寺（奈良県・7世紀前半）（図124）や額田廃寺（三重県・7世紀後半）のように、基壇の下で、先行する掘立柱建物の存在を確認し、堂塔の造営過程を知る資料となった例もある。ただし、断ち割り調査やそうした下層遺構の発掘は、物理探査（94頁）の活用なども含めて、遺構保存との兼ね合いの中で、どこまでおこなうか、調整を図る必要がある。

塔基壇の発掘　塔基壇を対象とした発掘では、心礎についての情報を取得することも欠かせない。地上式心礎であれば、しばしば、根石をともなう大規模な据付穴や抜取穴などが検出される。ここでは、野中寺（大阪府・7世紀中頃）の例を示しておく（図125）。これらの発掘手順は、ほかの

図124　基壇下層の掘立柱建物（豊浦寺）

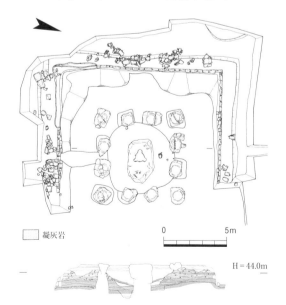

図125　塔基壇の平面と断面（野中寺）

礎石と基本的に変わらない。

一方、地下式心礎では、心柱の痕跡や抜取穴が基壇上に残ることになる。この場合は、掘立柱に準じた手順で発掘を進め、最終的には基壇を断ち割るなどして、心礎の据えつけ状況を確認する。

地下式心礎の舎利穴や心柱の基部には、埋納した舎利荘厳具などが残されていることもある。このため、慎重な作業が要求され、状況に応じて土をフルイにかけることも必要となる。

なお、基壇の断ち割りは、作業の安全性を確保しつつ、遺構への影響を最小限にとどめるよう努める。舎利荘厳具を取り出した穴などが掘られている場合は、その壁面や底面を利用して観察するのも効果的である。

基壇の断面は、版築の状況のほか、心礎をどの段階で据えつけたか、そのために斜路を設けているか、心柱を立てたのちの版築をどのようにおこなったか、などに着目して観察し、塔の造営工法や造営過程にかかわる情報を抽出する。また、心柱の引き上げに用いたやぐらの柱穴などの遺構の有無にも注意する。

2 建物構成の確認

主要堂塔の解明　寺院の発掘は、できるだけ中心と推定される部分から開始し、主要堂塔の遺構を確認したのち、それを定点として、伽藍配置を解明していくのが効率的である。規模の大きな基壇が残る場合は、主要堂塔にあたる可能性が高いので、通常はその発掘から着手する。主要堂塔の場合は、基壇が削平されていても、掘込地業によって礎石建物の存在を確定できることがある。

そして、確認した礎石建物や基壇を基準に、建物の方位や推定される伽藍中軸線を念頭において、発掘区を追加し、ほかの建物を確認していく。

中門・回廊の確認　主要堂塔が明らかになれば、そこから外側に向けて発掘区を設定し、中門や回廊の存在を確認する。伽藍地の正面となる中門から回廊が発する例が多いが、中門の位置は伽藍地の中軸線上に存在するものと、金堂の正面などに合わせて中軸線からずれるものがある。

中門をはじめとする門の基壇は、金堂や塔などに比べて低いため、遺存しにくく、その検出には整地層などを含めた慎重な観察が求められる。また、伽藍が南面せず、東面する例などもあるので、注意を要する。

回廊は、基壇がさらに低く、版築をともなわない例も多い。回廊の位置や建物との取りつきを明らかにするには、複数の発掘区を設定することが必要となる。講堂など、回廊が接続する可能性が高い建物では、基壇の両側に回廊の取りつき痕跡がないか、とくに注意を払う。

なお、回廊は礎石建ちとはかぎらず、日向国分寺（宮崎県・8世紀）のような掘立柱の回廊もある。また、杉崎廃寺（岐阜県・7世紀後半）など、掘立柱塀で堂塔を囲んだものや、衣川廃寺（滋賀県・7世紀後半）のように、地形上、回廊の存在が想定できない寺院もある。

回廊外と付属院地の発掘　講堂や経楼、鐘楼、僧房（尼房）などの建物は、回廊と接続させるか、

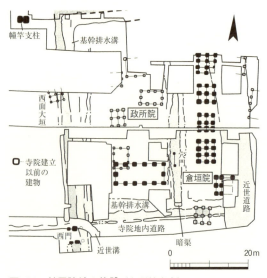

図126　付属院地の施設（九頭神廃寺）

その外側に置かれ、多くの場合、これらの伽藍地を囲む築地塀や掘立柱塀、溝などの区画施設が設けられた。通常、中門の南には南門が置かれるが、それから発する区画施設には、伽藍地を囲むものと、寺院経営を支える付属院地を含めた寺院地全体を囲むものとがある。寺院の発掘では、伽藍地だけではなく、こうした寺院地内の空間構成を明らかにすることが重要となる。

上総国分寺（千葉県・8世紀）では、築地塀や掘立柱塀で囲んだ伽藍地の周囲に、溝で区画した付属院地が広がり、伽藍地の北側には、政所院の建物が整然と配置されていた（87頁図91）。また、伽藍地に隣接した別区画として付属院地を置く例や、主要建物の周囲に付属院地を設ける例もある。九頭神廃寺（大阪府）では、8世紀後半に、築地塀で囲んだ区画を主要堂塔の北西に設けて、倉を含む掘立柱建物を配していた（図126）。

付属院地の建物は、まれに礎石建物も存在するが、ほとんどが掘立柱建物である。このため、寺院で掘立柱建物を多数検出した場合は、付属院地にあたる可能性を考慮する必要がある。

区画施設の確認　寺院地の範囲を知るには、周囲に残された土手状の高まりや地形が変わる部分などに発掘区を設定し、築地塀や掘立柱塀、溝といった区画施設の確認に努める。遺構が検出できれば、その延長や角となる部分にも発掘区を設けて確認することで、寺院地の範囲を確定できる。

掘立柱塀や溝の発掘手順は、発掘編（180・203頁）で記したとおりである。築地塀や土塁などは、積み土の基底部や崩壊土の堆積を精査して検出する。壁体が残っていない場合でも、平行する溝や版築にともなう痕跡のほか、溝の埋まり方や埋土の状況などからも、築地塀や土塁の存在を推定できることがある。

寺院関連生産遺跡の調査　寺院の周辺では、鉄製品を調達するための鍛冶関連遺構や、青銅製品を生産した鋳造関連遺構、瓦窯など、生産関連遺構がしばしば発見される。これらの発掘方法については、第Ⅵ章（233頁）を参照されたい。いずれも短期間で操業を停止した例が多く、寺院造営の実態を解明する貴重な資料となる。

山林寺院の調査　山林寺院では、複数の平場を造成し、最奥部に主要な仏堂を建てることが多い。中世の仏堂は古代とは構造が異なり、礎石も小ぶりな自然石を使用した例が見られる。また、さまざまな堂舎が付属することがあるので、同じ平場に共存した建物群を明らかにする必要がある。

このほか、複数の平場をもつ場合には、子院などの存在が想定でき、それぞれの平場に発掘区を設定して実態を解明することが求められる。また、平場を形成する整地や石垣の構築など、寺院地全体の造成にかかわる技術の分析も課題となる。たとえば、勝持寺（京都府・15世紀）では、子院の平場を造成するため、途中で石積を設けて土止めとし、盛り土と礫敷を交互におこなって石垣を構築した過程が明らかとなっている（図127）。

3 瓦の分布と記録

瓦分布が示すもの　寺院跡から出土する瓦は、ほとんどが二次的に移動したものであるが、大量の瓦を動かすには多くの労力を要するので、遠くまで運ばれることは少ない。廃棄する場合も、もとの位置の近くに穴を掘って埋める例が多い。

図127　平場の造成過程（勝持寺）

第Ⅲ章　寺院の調査

そのため、瓦の分布には一定の意味があり、これをグリッド単位で記録すれば、瓦を葺いた建物などの位置をある程度推定できることもある。ここでは、西隆寺(奈良県・8世紀後半)の例を掲げておく(図128)。また、建物本体の痕跡が失われていても、瓦が方形の額縁状の平面分布を示す場合は、内部に瓦葺建物の存在を想定できる。

このほか、瓦の型式差を把握し、出土位置との対応関係を明らかにできれば、それらの瓦を葺いた堂塔や造営の順序、一つの堂塔での場所による使用瓦の違いを推定する材料となる。

なお、山田寺回廊(奈良県・7世紀中頃)や縄生廃寺塔(三重県・7世紀後半)のように、瓦葺の屋根が倒壊した状態を保って検出されることもまれにある(図129)。これらは、屋根に瓦をどのように葺いていたかがわかる重要な資料であり、出土状況の詳細な記録を作成するとともに、それとの対応が明確となるよう、瓦も慎重に取り上げる必要がある。

層序的把握の重要性　整地層や溝などに堆積した瓦も、一度に掘り上げるのではなく、層序を検討し、その区分に従って取り上げる。たとえば、整地層からの出土であれば、整地の時期の上限を示す資料となり、また層位ごとに分けることで、時期による変化が明らかになる場合もある。

北白川廃寺(京都府・7世紀後半)では、回廊西側の南北大溝の下層は創建期の桶巻作りの平瓦、上層は一枚作りで縄タタキの平瓦が多数を占め、製作技術の変化があったことを確認している。

保存目的調査での瓦の取り上げ　保存目的調査では、瓦もむやみに取り上げないようにする。ただし、創建の時期や変遷などを確認するために瓦の分析が必要となる場合は、一括遺物としてまとまりがよい部分を選び、範囲をかぎってすべての瓦を取り上げ、数量的な分析にも耐えられるようにするのが望ましい。軒瓦など特定の遺物だけを抽出するのは、遺物全体の資料的価値を損なうおそれがあるので、避けなければならない。

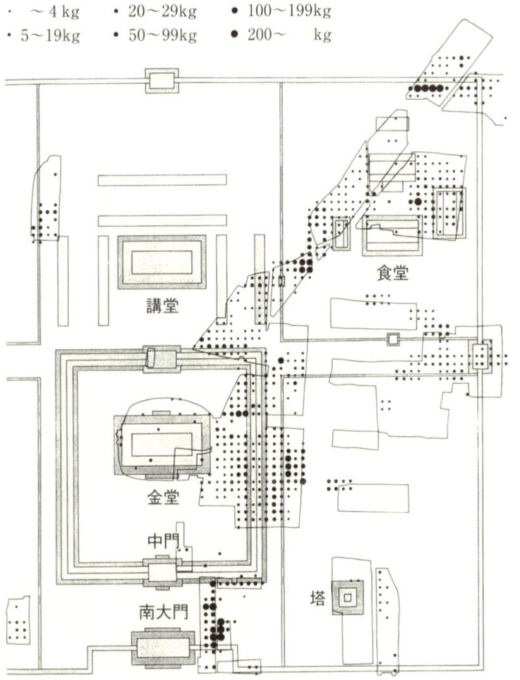

図128　瓦の分布と記録 (西隆寺)

図129　倒壊した回廊の瓦 (山田寺)

第6節
遺物の整理

1 瓦 塼

A 瓦の種類

丸瓦・平瓦 丸瓦（男瓦）と平瓦（女瓦）で屋根を葺く本瓦葺（図130）の寺院では、出土瓦の大部分を占めるのは、屋根全体を覆っていた丸瓦と平瓦である。

丸瓦は、円筒を半截した形状をもち、隣り合う平瓦の間に、凸面を上にして重ねる。重ねる部分に玉縁とよぶ段差がある有段式（玉縁式）丸瓦と、一方がややすぼまった円筒を半截して、狭端部に広端部を重ねていく無段式（行基式）丸瓦に分かれる。屋根に葺くさい、有段式では玉縁の反対側、無段式では広端側を軒先に向ける。

平瓦は、緩い曲率をもった板状の瓦で、屋根に最初に葺かれる。凹面を上にして重ね、雨水を流す機能をもつ。両端の幅がやや異なるのが一般的で、狭端側を軒先に向け、広端側に次の平瓦の狭端側を重ねて葺く。

軒丸瓦・軒平瓦 屋根の軒先には、文様をつけた軒丸瓦（鐙瓦）と軒平瓦（宇瓦）を使用することが多い。これらの文様や製作技法は、時代的特性をよくあらわし、寺院の年代を知る重要な資料となっている。

軒丸瓦は、丸瓦の先端に円形の瓦当を接合したかたちの瓦で、通常、瓦当には木製の范型（瓦范）による文様が施される。軒丸瓦の文様は、当初は素弁蓮華文が主体であり、7世紀中頃以降は単弁蓮華文（山田寺式）や複弁蓮華文（川原寺式・法隆寺式）などの特徴的な蓮華文が創出されて、時代とともに変化していく（図131）。平安時代後期以降は巴文が主流となる。

飛鳥寺（奈良県・6世紀末）など初期の寺院では、軒先に軒平瓦を使わず、平瓦の広端側を下にして葺いたが、7世紀中頃には櫛状の工具を用いて重弧文を挽いた軒平瓦が製作される。これらは、凸面側に顎部の粘土を貼り足して文様面を形成し、茅負への据わりも安定させている。斑鳩寺（法隆寺若草伽藍）（奈良県・7世紀前半）などでは、当初は手彫りの唐草文、のちには范型による唐草文を施した軒平瓦を使用している。

なお、軒平瓦の凸面に、瓦当面から十数cmほどの間隔をおいて、赤色顔料が線状に残ることがある。瓦座や茅負を塗装するさいに付着したもので、それらの部材が丹塗りとわかるとともに、瓦座や茅負から軒先までの長さも判明する。補修用の瓦でもこうした赤色顔料が残る例があり、その位置や色調（成分）の比較から、補修の実態についての手がかりが得られる場合もある。

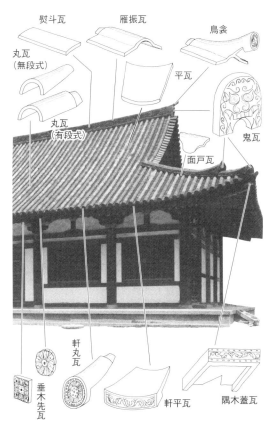

図130 瓦の種類と使用場所

隅切瓦　丸瓦・平瓦や軒丸瓦・軒平瓦には、隅を斜めに打ち欠いたり切り欠いたりしたものがあり、隅切瓦と総称している。大多数は、大棟や降棟から斜めに下る隅棟に接した部分に用いるために後部を加工するので、それらは総瓦葺の入母屋造や寄棟造であったことを示す資料となる。

一方、前部を斜めに切り欠くものも少数あり、回廊の角など屋根の入隅に用いたと考えられる。

熨斗瓦・面戸瓦・雁振瓦　熨斗瓦は、棟の雨仕舞のために積み上げた瓦である。平瓦を縦に半截することが多く、当初から熨斗瓦として製作したもののほか、葺き上げのさいに平瓦を割って熨斗瓦としたものもあり、後者は平瓦との区別がつきにくい。通常の半分程度の幅で、側面に平行する破面をもつ平瓦については、熨斗瓦の可能性を考える必要がある。

面戸瓦は、棟に接した部分の丸瓦と平瓦の谷間を埋める瓦である。大棟に用いるものは左右対称に近く（蟹面戸）、隅棟に用いるものは左右非対称となる（隅面戸、鰹面戸）。製作途中の丸瓦を加工して作ることが多いが、屋根を葺くさいに丸瓦を割って面戸瓦にした例もある。

雁振瓦（伏間瓦）は、棟に積んだ熨斗瓦の頂部を覆う瓦で、中世以降、専用の道具瓦として製作されるようになる。それ以前は、平瓦や丸瓦を並べて同様の機能を果たした。

鬼瓦・鳥衾・鴟尾　鬼瓦は、棟の端に取りつける、雨仕舞を兼ねた飾り瓦である。鬼瓦の上には反り上がった鳥衾がのる。鬼瓦の文様は、7世紀までは蓮華文や重弧文などであったが、8世紀になると、范型による鬼面をもつものが出現する。鬼面を手作りで表現する鬼瓦は平安時代後期までに出現したとみられ、立体的な般若面を作り出す鬼瓦は室町時代以降に成立する。

大棟の両端を飾った鴟尾は、沓形の瓦質の製品が一般的である。古式の鴟尾は、側面から鰭部にかけて狭い段をもつが、しだいに側面の段差は消滅し、鰭部の段差だけが残る一方、縦帯が発達していく。そして、8世紀には、鰭が頂部をめぐらない初唐様式の鴟尾が製作された。鴟尾は、ほとんどの場合、破片で出土するため、全体像を把握しにくいが、粘土紐を積み上げて成形したさいの継ぎ目を水平に置くことで、どの部分にあたるのかをある程度推測できる。

垂木先瓦・隅木蓋瓦など　古代の寺院では、垂木の木口に打ちつけた垂木先瓦が出土することがある。これには、飛檐垂木などに用いた方形のものと、地垂木などに用いた円形のものがあり、中心や四隅に釘孔が残る。また、数は少ないが、それらより大型の方形で、尾垂木や隅木の木口に使用したとみられるものもある。

このほか、隅木の先端を保護するためにかぶせた隅木蓋瓦もときおり出土し、専用品以外に、軒

1：斑鳩寺　2：山田寺　3：川原寺
4：法隆寺西院伽藍　5：薬師寺　6：東大寺

図131　軒瓦文様の変遷

平瓦や平瓦を転用した例もある。これらは、茅負に合わせて、後部を三角形に切り欠いている。

B 瓦の観察と記録

丸瓦の観察視点　瓦の整理にあたっては、出土瓦の大多数を占める丸瓦と平瓦の様相をまず把握する必要がある。

丸瓦は、通常、模骨とよぶ円筒形や截頭円錐台形の型を回転台上に据えて布筒をかぶせ、粘土板を巻きつけて成形する。粘土紐を巻き上げた例もあるが、さほど一般的ではない。こうした土管状の粘土円筒を叩き板などで叩き締めて形を整え、乾燥させたのち、半截して仕上げる。模骨は、一木作りのほか、細い板を連結したものもあるので、丸瓦凹面に残るそれらの痕跡に注意する。

丸瓦は、凸面が丁寧にナデ調整されることが多く、成形時の痕跡が残りにくいが、残存するタタキ目や、分割のために入れた截線の方向、半截後の調整手法、凹面の布目や布筒の綴じ合わせ目などを観察して分類する。

また、狭端部の資料を集成して、無段式丸瓦と有段式丸瓦の数量比を把握することも重要である。無段式丸瓦は製作技法が単純なため、地方寺院でよく用いられたが、有段式丸瓦を主体とする寺院もあり、技術的系譜を考える材料となる。

なお、玉縁の凹面には、胴部から一連の布目が残るのが一般的で、これらは肩の部分に粘土を付加して仕上げる。一方、7世紀前半までの有段式丸瓦は、玉縁の凹面に布目がなく、胴部の上に玉縁の粘土を付加し、回転を利用して成形する。

平瓦の観察視点　平瓦は、製作技法が桶巻作りから一枚作りへ変化したことが判明しているので、それを考慮した観察と分類をおこなう。

桶巻作りでは、布筒をかぶせた桶（模骨）に粘土板や粘土紐を巻きつけて成形した粘土円筒を、叩き板などで叩き締めて乾燥させたのち、凹面側から切り込みを入れて、3〜5分割する（図132）。こうした桶巻作りの認定には、凹面に残る桶の側板痕跡や布筒の綴じ合わせ目、分割のための切り込み、割ったさいの破面などが指標となる。

このほか、粘土板を切り取ったときの糸切り痕の方向や、桶に巻きつけた粘土板の合わせ目の方向、粘土紐の巻き上げ痕にも注意する。志筑廃寺（兵庫県・7世紀後半）では、粘土板の合わせ目と糸切り痕の観察から、複数の工人が2枚の粘土板を桶に巻きつけた可能性が想定されている。

また、タタキ目の分類や観察も重要である。叩き締めの状態から、桶の回転方向や工人の動きを

凸面の叩き締めの痕跡

凹面に残る桶巻作りの痕跡

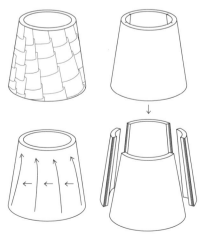
叩き板による叩き締め　　粘土円筒の分割

図132　桶巻作り平瓦の叩き締めと分割

第Ⅲ章　寺院の調査

復元でき、叩き板の刻み目と、製作技法や桶との対応関係を分析することで、工人集団の構成や実態の把握も可能となる。

一方、8世紀に入ると、平瓦は、凸型の成形台を用いた一枚作りによる大量生産が始まる。これらの平瓦は、凹面に残る布端や調整手法、叩き板を粘土から離れやすくするためにまく離れ砂、凸面のタタキ目などから分類する。平城宮（奈良県・710〜784年）では、8世紀前半のうちに一枚作りへ転換したが、地方ではその後も桶巻作りが残る例がある。

軒丸瓦の観察視点　軒丸瓦の観察は、丸瓦に準じておこなうとともに、以下の点に注意する。

軒丸瓦の製作技法には、成形・乾燥した丸瓦を瓦当部の粘土に接合する接合式と、瓦当部および丸瓦部を一体的に成形する一本作りがある。一本作りは、縦置きの模骨を用いたものと、横置きの成形台を用いたものに分かれ、縦置き型は7世紀後半以降に出現した。横置き型は8世紀中頃に平城宮の造瓦工房で考案され、国分寺造営にともなって各地へ伝わった。

接合式の軒丸瓦では、接合する丸瓦先端部の加工と、瓦当部への接合方法を十分に観察する。丸瓦の先端部は、斜めに切り落としたり、刻みを入れたりして接合を強化するものと、加工せずにそのまま接合するものがある。一方、瓦当部側には、接合溝や刻み、粘土補強など、接合を強化するためのさまざまな工夫を施し、これらが工人集団の差や時代性を示す場合がある。

大きな流れとしては、薄い瓦当部の上端近くに、少量の粘土で丸瓦を接合するものから、厚い瓦当部の下がった位置に、多量の粘土で接合するものへと変化する（134頁図143）。

軒平瓦の観察視点　軒平瓦の観察は、平瓦に準じておこなうとともに、以下の点に注意する。

軒平瓦は、はじめから軒平瓦として、平瓦部も一体的に成形されることが多い。これらも、桶巻作りの工程で製作されたものか、一枚作りで製作されたものかなど、さまざまな視点から観察する必要がある。

たとえば、山田寺（奈良県・7世紀中頃）の重弧文軒平瓦では、粘土板を桶に巻いた状態で顎部の粘土を貼り足し、回転を利用して型挽き施文したのちに分割するものから、分割後に型挽き施文するものへと変化する。そして、8世紀初めには、一枚作りの型挽きになっていく。范型を用いた唐草文軒平瓦も、同様に、桶巻作りから一枚作りへと変化する。

顎の形態は時代的特性をよく示し、大局的には直線顎や段顎から曲線顎へ移行した。一枚作りの場合の顎部は、粘土塊を成形台上で積み上げ、ケズリとナデで調整するのが基本である。凸面のタタキ目は、7世紀末の本薬師寺や藤原宮（ともに奈良県）以降、縄タタキが一般的となる。

なお、一枚作りの軒平瓦の製作技法は多様で、凸型の成形台に敷いた布を瓦の凸面まで巻き込ん

図133　瓦当面の范傷進行

で、布の上から押える技法や、平瓦部の広端部を折り曲げて瓦当面とする技法、軒丸瓦と同じように、成形・乾燥した平瓦を瓦当部の粘土に接合する技法なども見られる。これらは、技術的な系譜や生産地を知る手がかりとなることもある。

瓦当面の観察視点　木製の范型で文様を押圧した軒丸瓦や軒平瓦では、しばしば木目に沿って范型に生じた傷（范傷）が、反転したかたちで瓦当文様に現れる。瓦当面の観察では、こうした范傷の位置や進行状況（図133）のほか、傷んだ范型の彫り直しなどがないかを確認する。

范傷は、同じ范型を用いた同范瓦かどうかを判定する最大の指標となり、これによって生産地と供給先のほか、異なる生産地や寺院間での製品または范型の移動を確定することができる。また、范傷の進行は製作の先後関係を確実に示すので、堂塔の建立順序や、同范瓦を出土する生産地や寺院の先後関係を知ることも可能となる。

中・近世瓦の整理　中世には、あらたな体制のもとで瓦の生産が増加する。中世瓦は、タタキ目や面取りなどの製作技法、胎土、焼成の違いにより、古代瓦と区別できる。

中世瓦の観察視点として、丸瓦では、凹面に残る布筒の吊り紐痕（図134）の形状や玉縁部の面取りなどが、年代を知る手がかりとなる。

一方、平瓦では、中世前期になると凸面のタタキ目が大型化し、凹面の布目をナデ消す例が多くなる。また、平瓦の凹凸両面に離れ砂が見られることから、一枚作りに代わり、数枚を重ねて成形する積み重ね技法が成立したと考えられている。凸面側の端部がバリ状となるものが多く、凹型の調整台上で側面や端面を調整する。そして、中世後期には、凹凸両面を丁寧にナデ消すようになる。

軒瓦の文様は、巴文や唐草文などに単純化するが、寺院間の同范関係や型式分類による年代比定は有効である。製作技法では、軒平瓦の顎部の形状や瓦当部の作り方が時代性をよく示し、重要な観察視点となる（図135）。

近世になると、寺院だけでなく、城郭にも多くの瓦が使用されるため、造営年代が明らかな城郭出土資料を年代の定点とすることができる。

製作技法では、素材となる粘土板の切り取り方法が、従来の糸切りから、16世紀末には鉄線によるものへと転換する。糸切りの場合は弧状をなす多数の条線が残るのに対し、鉄線切りの場合は、砂粒の移動が横方向の筋として現れる。

平瓦は、中世に比べて縦の長さが相対的に短くなり、凹面の布目も認められなくなる。規格化も進むので、大きさや厚さなどの計測値を数量的に検討することが必要である。なお、丸瓦と平瓦を一体化した桟瓦は、16世紀後半には成立し、17世紀以降、広く普及する。

拓本・実測・写真　個々の瓦の情報を提示するさいには、実測図や拓本、写真を用いて、特徴を的確に表現するよう努める。

軒瓦は、瓦当面の文様を拓本で示し、接合方法や瓦当部の成形技法などを実測図であらわすのが一般的である。ただし、拓本は、文様を明瞭に示すことができる反面、范傷や文様の立体感は表現できないことも多い。それらは写真による提示が有効であり、范傷などが明瞭にとらえられるように、ライティングや撮影方法を工夫する。必要に

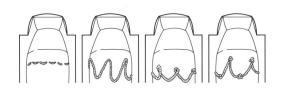

図134　中・近世の丸瓦凹面の吊り紐痕

折り曲げ技法

顎貼りつけ技法

瓦当貼りつけ技法

図135　中・近世の軒平瓦瓦当部の製作技法

第Ⅲ章　寺院の調査

応じて瓦当面の細部も撮影し、なるべく多くの情報を示すことが求められる。

　実測図は、軒丸瓦では瓦当面の中心、軒平瓦では中心飾りを通る部分の断面を示すのが基本である。圏線のように、どの部分の断面にもかかるものは断面で、それ以外の珠文(しゅもん)などは見通しで示すのがわかりやすい。破片の場合は中心部が残らないことも多いが、軒丸瓦では丸瓦との接合関係、軒平瓦では顎部の形状などがわかるような表現を心がける（図136）。

　軒瓦の実測図は、瓦当を左にして、瓦当面が垂直となるようにレイアウトすることが多いが、丸瓦部や平瓦部がよく残るものは、縦断面の凸面側を水平としたほうが視覚的に安定する。

　丸瓦や平瓦は、凸面のタタキ目や凹面の調整などを拓本で表現して、中心部の断面や見通しをあらわす実測図と組み合わせるのが一般的である。通常は玉縁や狭端を上にし、凹凸両面を並べる場合は、凸面を左、凹面を右に置く。ただし、軒瓦に合わせて、狭端を右にし、上から凸面、凹面の順で並べることもある。拓本や断面図で表現できない製作技法上の特徴などは、細部写真で示す。

瓦の数量的把握　出土瓦を数量的に把握することは、各種の瓦の比率や総量を知り、後述する屋

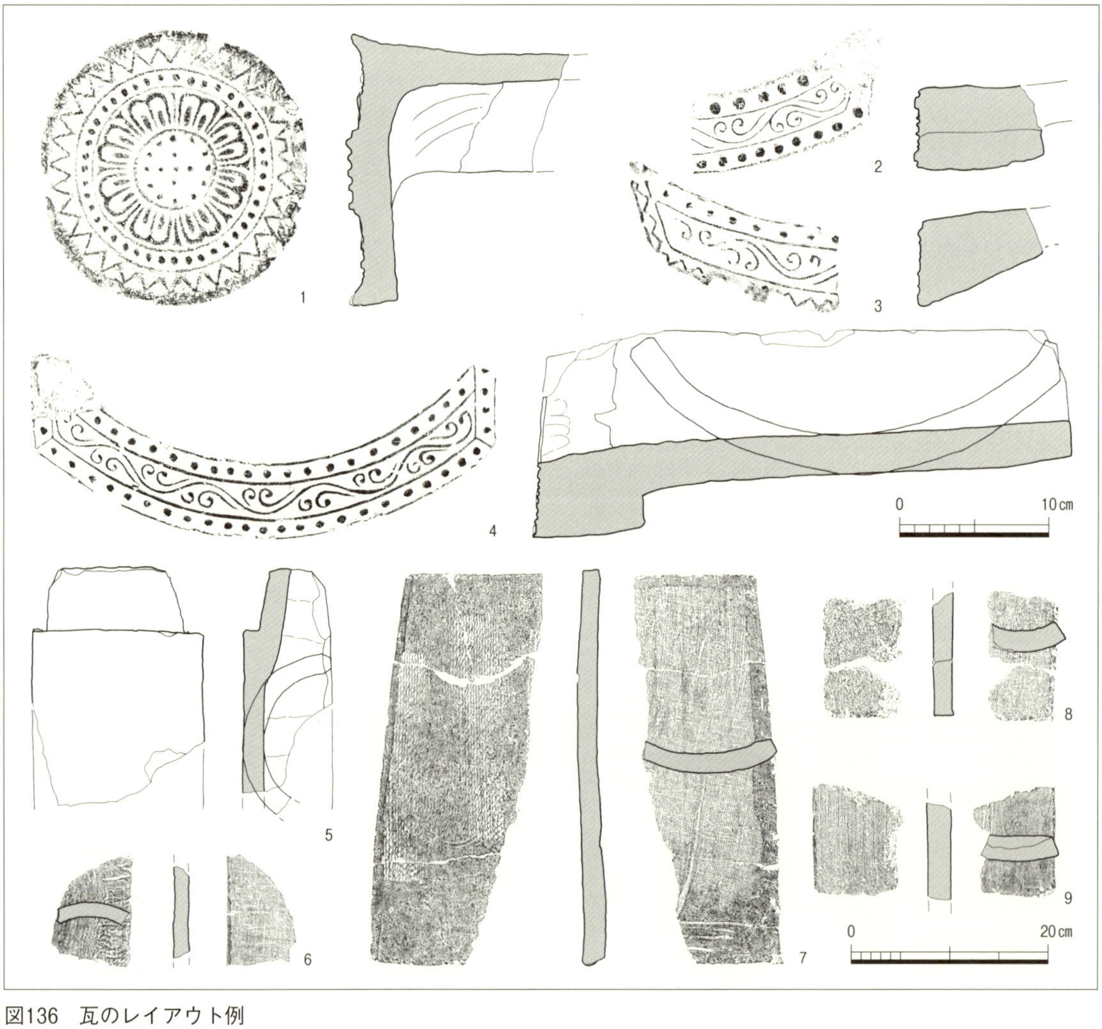

図136　瓦のレイアウト例

根構造を復元するためにも不可欠である。

これには、単純に破片数を記録する方法もあるが、発掘作業の時点でどの程度の破片数となるかは偶然性に左右され、また丸瓦と平瓦では差があるとみられる。したがって、破片数から個体数やその比率を直接導くことはできない。

また、丸瓦や平瓦の四隅の総数を数え、それを4で割って最小個体数を算出する隅数(すみすう)計測法があり、有効性が確かめられている。しかし、隅を含む破片の遺存率という不確定要素を含み、隅を含まない破片は捨象されてしまう欠点をもつ。

したがって、規格性が強く、種類や型式ごとに重量がほぼ一定した瓦の場合は、それぞれの総重量を計測し、種類や型式ごとに完形品1個体あたりの標準(平均)重量で割って、何個体分に相当するかを示すのが効果的である。こうした重量計測法では、すべての資料を対象とした迅速な処理が可能であり、それにより算出した個体数(重量比換算個体数)は、個体数比を復元するもっともよい指標となる(整理編126頁)。

C 屋根の構造と瓦の葺き方

屋根形式と瓦 瓦には用途に合わせてさまざまな種類があるが、隅切瓦や隅木蓋瓦が切妻(きりづま)造の建物にはほとんど用いられない、といった例外を除くと、屋根形式(発掘編163頁)に違いがあっても、瓦の使用状況には大きな差がない。

屋根瓦の葺き方 中世以前の瓦葺は、屋根の斜面をつくる垂木の上に板(野地板(のじいた))を張り、土(葺土(ふきつち))をのせて平瓦を並べたのち、平瓦間にも土を置いて丸瓦をかぶせる、というのが基本であった。水漏れを防ぐために、平瓦は葺き重ね部分を丸瓦より長くし、全長の1/2から2/3程度まで重ねて葺く(図137)。

この非重複部分を、葺足(ふきあし)とよぶ。葺足の長さは、平瓦の凹面に残された風化部分の観察などから推

図137 屋根瓦の葺き方(西国寺)

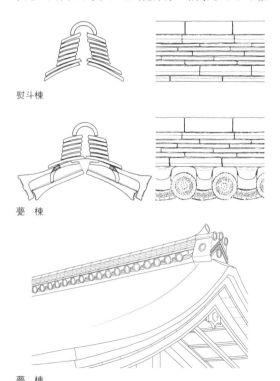

図138 熨斗棟と甍棟

第Ⅲ章　寺院の調査

定できる。また、丸瓦と平瓦の比率がわかる状態で出土した一括資料があれば、その個体数比から葺足を算出することも可能である。

　一般に瓦葺というと、屋根全体に瓦を用いた総瓦葺を指すことが多いが、檜皮葺（発掘編164頁）などの屋根の棟部分だけに瓦を用いることもあった。これらは、熨斗瓦だけを積んだ熨斗棟と、その下に軒丸瓦と軒平瓦を並べ、装飾効果を高めた甍棟に分かれる（図138）。

　発掘調査では、出土した瓦の種類と数量の分析から、総瓦葺だったのか、それとも熨斗棟や甍棟だったのかを推定することが可能である。出土量が多く、通常の丸瓦や平瓦が卓越する場合や隅切瓦を含む場合は、基本的に総瓦葺と考えてよい。一方、瓦の総量とくに通常の平瓦の数量がかぎられ、熨斗瓦や軒瓦の比率が大きい場合は、熨斗棟あるいは甍棟が想定される。

　なお、掘立柱建物に瓦を葺くこともあるが、礎石建物に比べて耐荷重の点で劣るため、その多くは総瓦葺ではなく、甍棟や熨斗棟であった。総瓦葺と判断するには、瓦の種類や数量に加えて、柱の沈下痕跡の有無などにも着目する必要がある。

D　塼の観察と記録

塼とは　粘土を一定の形状に加工し、焼成した煉瓦を塼（塼）とよぶ。奈良時代に、寺院や官衙の建物基壇の外装材として普及するが、ここでは官衙の例も含めて記述する。

塼の使用例　寺院で塼を用いた例は、美濃国分寺（岐阜県・8世紀）、伊勢国分寺（三重県・8世紀）、田辺廃寺（大阪府・7世紀末）、上野廃寺（和歌山県・7世紀後半）などに見られる。また、官衙での例としては、平城宮中央区大極殿院や内裏東方官衙（ともに奈良県・8世紀）、大宰府政庁（福岡県・8世紀）などがある。

　塼は、平面が正方形または長方形のものがほとんどだが、これ以外にも三角形や多角柱状を呈する例や、段を作り出すなどの特殊な加工を施した例も見られる。また、まれに、範型を用いて文様を施した文様塼や施釉塼もある。

整理上の留意点　塼については、その大きさや形状を正確に記録することが、基礎的かつ重要な作業となる。基壇外装のように、遺構の一部を構成するものについても、発掘の時点で計測・記録することが求められる。

　塼は、表面のナデ調整などで、製作時の痕跡が失われていることも多いが、剥離面や破損面の状況から、木枠ないし箱状のものにブロック状の粘土を詰めて製作したことがわかる資料もある。そうした点も含めた入念な観察が必要である。

2　土　器

　土器全般については整理編（21頁）に譲り、ここでは寺院に特徴的なものについて記述する。

仏具の種類　寺院特有の土器といえるのは、おもに仏具であり、須恵器を主体とするが、施釉陶器や黒色土器もある。仏具は、6世紀に朝鮮半島から金属器としてもたらされ、以後、日本ではそれらを模倣した土器が数多く製作された。

　これには、多口瓶（多嘴壺）、浄瓶、水瓶、托、鉄鉢、火舎、香炉、杯、皿、高杯などがあり、とくに多口瓶、浄瓶、托は寺院に特有の器種といえる。また、土師器や黒色土器B類（内外面に炭素を吸着させた土師器）の高台をもつ小型の椀と皿も特徴的な器種で、次項で触れる六器（130頁）のように、組み合わせて使用した。

　また、寺院では、施釉陶器や輸入陶磁器も比較的多く出土する。前者では奈良三彩、後者では長沙窯の水注や越州窯の瓶などが代表例であり、時代が下ると、白磁や青磁が多くなる。

奈良三彩　奈良三彩は、唐三彩を模して製作したもので、精良な胎土に、通常は緑釉と白釉、褐釉を施すが、広義には緑釉と白釉のみの二彩や緑

釉単彩もこれに含める。唐三彩と違って化粧土は用いず、藍釉や黒釉もない。また、俑（人形）もなく、食器や瓶類などの容器が主体である。興福寺の旧境内（奈良県・8世紀）では、煤のついた奈良三彩の小型杯（図139-10）が出土し、西金堂造営にかかわる「造仏所作物帳」(736年)に記された「二彩油杯」にあたるとみられている。

奈良三彩は、祭祀具として使用する小壺を除くと、基本的には仏具であり、それらが出土するのは、寺院や仏教関連遺跡と考えてよい。地方では、集落の竪穴建物から出土した例もあるが、それらも何らかの仏教施設との関連をうかがわせる。

灯火器 仏教行事に灯明は欠かせない存在である。「神雄寺」の墨書土器や彩釉山水陶器などが出土した馬場南遺跡（京都府・8世紀）では、数千点を数える土器の多くが灯火器であった。

灯火器は、通常、煤の付着により、それと判断できる。ただし、漆も似たような付着状況を示すことがあるので、注意を要する。洗浄は、煤の痕跡を失わないように慎重におこなう。

灯火器の器種としては、杯や皿が圧倒的に多いが、蓋を用いることもあり、高杯の脚部を反転させた使用例もある。中世以降は、南都諸大寺などの例外はあるものの、土師器の杯や皿は食膳具としての役割が低下し、基本的に灯火器として用い

られるようになる。

漆付着土器・硯 寺院の造営にさいしては、多量の漆が使われ、漆が付着した土器が出土することも多い。これらは、運搬や貯蔵、パレットなど、それぞれの機能に応じた分析が必要である。たとえば、運搬具の産地分析からは、寺院の造営活動のようすを知る手がかりが得られる。

このほか、寺院では硯も多く出土するが、これについては次章(177頁)で後述する。

寺院地各所の土器様相 一般に、伽藍の中心部では土器はあまり出土しない。

一方、僧が起居する僧房や子院など、生活に密接にかかわる地域では、伽藍地に比べて比較的多くの土器が出土する。日常生活に関連したものが多いが、仏具も一定量見られる。

薬師寺の僧房（奈良県・8世紀）は、973年の焼亡後、再建されることなく地中に埋もれてきた。僧房は細かい房に区切られ、各房は、前室、中室、後室に分かれる。前室には、施釉陶器などの仏具が集中し、中室の壁ぎわには、食器や灯火器がまとまっていた。このことから、仏間としての前室、生活の場としての中室、物品の収納所としての後室という、僧侶の生活空間が復元できる。なお、前室出土の三彩は奈良時代のもので、200年間にわたり伝世されたことを物語る。

また、寺院の維持経営にかかわる厨などが設けられた付属院地では、日常の生活用の土器が多く出土する。付属院地や寺院地の周囲を画する溝から、大量の土器が出土することもある。これらも、その寺院の歴史を知るために重要であり、出土した層位を把握したうえで、年代や器種構成、産地同定などの分析をおこなう。

3 仏像・仏具など

仏像や仏具は寺院に特徴的な遺物といえるが、ここでは、寺院以外の例も含めて記述する。

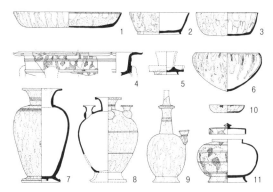

1：皿　2・3：杯　4：火舎　5：托　6：鉢　7：壺
8：多口瓶　9：浄瓶　10：油杯　11：香水壺　（縮尺不同）

図139　奈良三彩の仏具

第Ⅲ章　寺院の調査

塑　像　塑像は、おもに7世紀後半から8世紀にかけて多数制作され、ほかの素材の仏像に比べて出土例も多い。心木に縄などを巻きつけ、粘土を貼って作るため、通常は、土中にあると塑像としての形態が失われてしまう。しかし、火を受けると、粘土が焼き固められて遺存することがあるので、火災痕跡が認められる場合は、とくに注意が必要である。

火災にあった川原寺の廃棄物を処理した川原寺裏山遺跡（奈良県・9世紀）では、塔本塑像の侍者像や、丈六・半丈六の如来像の塑像断片が発見されている。また、薬師寺西塔（奈良県・8世紀）からも、塔本塑像とみられる大量の塑像断片が出土した。このほか、雪野寺（滋賀県・7世紀後半）、上淀廃寺（鳥取県・7世紀後半）、斎尾廃寺（鳥取県・7世紀後半）などでも塑像の出土例がある。

出土する塑像は、断片のうえ、塑土が剥落しかけた状態のものもしばしばある。それらは、早急に保存措置を講じて、形状の維持と表面の彩色などの剥落を止める必要がある。

塑像以外の仏像　遺跡から出土する仏像には、金属製のものもある。金銅製や青銅製が多いが、それ以外の素材で作られた仏像の例も知られている。大峯山寺経塚（奈良県・11～15世紀）では金製の阿弥陀如来坐像や菩薩坐像、東京都八王子市南大沢では、鉄製観音菩薩立像が出土している。

このほか、九州では、鉢形嶺経塚（長崎県・11世紀）や四王寺山経塚（福岡県・12世紀）出土の如来像のように、滑石製の仏像も見られる。

仏　具　仏具には、仏像を荘厳する荘厳具や、鉄鉢のように、供養の道具として仏前に揃える供養具、仏教儀式のさいに打ち鳴らす梵音具、密教の儀式に使う密教法具などがある。

供養具は、金剛杵や金剛鈴などが単独で出土するほか、複数が組み合うことも多い。火舎の左右に閼伽器、塗香器、花鬘器が並ぶ六器や、灑水器と塗香器からなる二器などはその一例である。修法の場では、これらを組み合わせて、種々の修法壇を構成した。

梵音具の出土例も、少数ではあるが知られている。千葉県成田市八代椎木からは、「宝亀五年」（774年）の紀年銘梵鐘、長野県松本市宮淵町では「長保三年」（1001年）の紀年銘をもつ鰐口と蝶形磬が出土している。

経塚や地鎮遺構から密教法具が出土する例も多い。たとえば、那智経塚（和歌山県・12世紀）では、密教法具や金剛界曼荼羅の成身会を立体的にあらわした金剛界成身会壇具や、密教大壇を構えたのちに埋納した仏具が出土している。また、北岡遺跡（大阪府・15世紀）では、溝から大小2個の金銅製五鈷杵が、普賢寺遺跡（大阪府・13～14世紀）では、遺構は明確でないものの、銅製火舎香炉や銅製の六器と二器が出土した（図140）。このほか、上栗須寺前遺跡（群馬県・14世紀）では、銅製火舎香炉と銅製花瓶に、青磁や白磁を転用した六器をともなう例がある。

とくに二器などの密教法具では、経筒の蓋をはじめとするほかの器物と形状が類似するものもあり、器名比定は慎重におこなう必要がある。

青銅製品の整理　青銅製の仏像や仏具は、土などの付着や錆のため、本来の形状が明確でないこともある。それらは、まずX線写真などで形状や

図140　密教法具（普賢寺遺跡）

遺存状況を把握したのち、錆落としをおこなう。こうした作業では、細かな文様が施される部位があることを念頭においた慎重さが求められる。

仏像では、頭部とくに面相の細かな特徴から年代を判別できる場合があり、目、鼻、頭部の形状や螺髪（らほつ）などの特徴を逃さないように注意する。また、密教法具では、持ち手部分の文様が年代の指標となることが多い。

4 その他の遺物

瓦塔・木製小塔　木造の塔を模した、瓦質または須恵質の小塔を、瓦塔（がとう）とよぶ。奈良時代に出現し、平安時代に盛行した。小型の掘立柱建物などの仏教施設に納めることが多い。相輪部（そうりん）、屋蓋部（おくがい）、軸部、基壇の4部分からなり、柱や組物を丹念に表現する例もあるので、整理や復元にあたっては建築学的知識が必要となる。

一方、元興寺（がんごうじ）の木製の小塔（奈良県・8世紀）のように、実際の建築の雛型となりうるものもあり、まれにその部材が出土することがある。

金属製品　寺院では金属製品が出土することが多い。前述の仏像や仏具のほか、鉄鉢など土器に模倣された器種も見られ、箸や匙といった食膳具や、幢幡（どうばん）の飾り金具をはじめとする荘厳具もしばしば出土する。また、建物にかかわる金属製品も、垂木先金具、風鐸（ふうたく）、風招（ふうしょう）、相輪など多くの種類がある。これらの整理法は、整理編（55頁）で述べた内容に準じる。

建築部材　木質の建築部材については、整理編（60頁）を参照されたい。基壇外装の切石などは、もとの位置から遊離した状態で出土することが多い。そのため、本来の位置を推定する必要があり、それによって基壇の種類や構造も明らかになる。石材の産地同定も大切である。

寺院が火災にあった場合は、壁土などが残ることもある。スサ入り粘土が焼け締まった状態で出土したときは、ほかの圧痕の有無やスサの入り方、粘土の塗り重ね方などに注意して観察する。壁土であれば木舞（こまい）、屋根の葺土であれば瓦の圧痕が残ることもある。また、山崎廃寺（やまざき）（京都府・7世紀後半）や上淀廃寺のように、壁土の上塗り白土（はくど）が残るものでは、堂内を飾った壁画の一部が発見される可能性もある。

いずれにしても脆弱（ぜいじゃく）な遺物のため、保存措置を講じて早急に取り上げる必要がある。

文字資料　寺院から出土する文字資料には、木簡のほか、墨書土器（ぼくしょ）、刻書土器（こくしょ）、文字瓦などがある。これらの整理法については次章の出土文字資料の項（171頁）で述べる。

木簡のなかで、とくに寺院にかかわりが深いものとして、柿経（こけらきょう）がある。ヒノキの薄い板（柿）に経文を一行ずつ書いたもので、中世の庶民信仰を物語る。故人の追善供養や本人の後生安楽などを祈願して書写し、寺院に奉納したり川に流したりした。束ねて奉納したものがまとまって出土することも多く、出土状況を記録し、全体として分析する必要がある。

墨書土器には、寺院や寺院付属施設の名称を記したものがあり、寺院の構成を考える重要な手がかりとなる。上総国分寺（かずさ）（千葉県・8世紀）では、講師院を示す「講院」や三綱所（さんごうしょ）を示す「綱所」、写経所を示す「経所」などの墨書土器が出土し、国分寺内に設けた施設の呼称が判明している。

文字瓦はヘラ書きや押印、叩き板の刻み、墨書などで文字を記した瓦で、文字には郷里地名や人名、寺名などがある。寺院の造営過程に携わった地域や人々、瓦の製作や調達・貢進にかかわる情報を直接示す重要な資料である。

これらの文字資料の整理では、文字の読解だけでなく、文字が記された位置や方向、筆跡などについても十分に観察する。

第7節
調査成果の検討

1 遺構の検討

堂塔の性格と伽藍配置の把握　検出した建物遺構が寺院内のどの施設にあたるかを判断するためには、最初に個々の建物遺構や基壇の平面形、規模と構造、年代について整理したのち、それぞれの位置関係について検討をおこなう。

こうした情報と、各地の寺院の調査成果や現存建築から得られている各堂塔の建築的特徴、伽藍配置とを比較する。あわせて、出土遺物の特徴なども考慮し、検出遺構を金堂や塔、講堂、中門などに比定していく。

たとえば、一辺10mを超える正方形の基壇建物では、塔がまず候補となる。また、講堂は、一般に金堂より桁行総長が長く、その背後に位置するので、それらが講堂と判断する目安となる。

なお、発掘調査で伽藍の建て替えが明らかになることもある。たとえば、法隆寺の西院伽藍（奈良県）は7世紀後半に再建したもので、7世紀初めに創建された斑鳩寺（若草伽藍）は、それとは異なる四天王寺式伽藍配置であったことが確認された。両者は方位も異にしており、斑鳩寺の方位は近辺の偏向地割に合致する。また、穴太廃寺（滋賀県・7世紀中頃）も、創建当初は周囲の地割に合わせて、南西を正面とする観世音寺式伽藍配置をとっていたが、その後、大津宮（滋賀県・667～672年）の方位に一致した法起寺式伽藍配置で再建されている（図141）。

多様な形態の地方寺院　地方寺院には、定型化した伽藍配置にあてはまらない独自の伽藍配置をもつ例も多く、堂塔の性格を判断するのが難しいものもある。

台渡里廃寺（茨城県・7世紀後半）では、検出した複数の基壇から、金堂と塔が東西に並び、その南東に中門、南西に講堂を配置した伽藍が想定されている。しかし、これ以外にも、経楼などとみられる方形基壇や性格不明の基壇があり、建物の性格が確定できていない（図142）。

また、上淀廃寺（鳥取県・7世紀後半）では、金堂の東に二つの塔が南北に並び、さらにその北にも塔が造営途中だったとされている。これら三つの塔は、いずれも心礎が検出されたため、塔と判明したが、堂塔の比定は、こうした変則的な構成

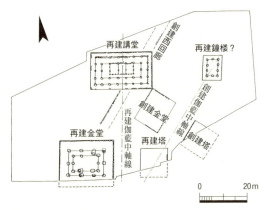

図141　方位を違えた伽藍の再建（穴太廃寺）

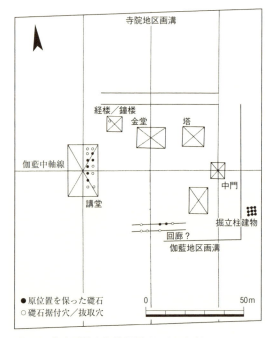

図142　非定型的な伽藍配置（台渡里廃寺）

も念頭においておこなう必要がある。

このほか、地方寺院では、講堂が食堂の機能を兼ねた可能性もあり、検出した建物群や遺物を総合的に検討して判断することが求められる。

堂塔の建立順序の把握　通常、寺院は一定の配置計画の下に造営されるが、すべての堂塔が当初から建立されたわけではない。薬師寺式伽藍配置をとる田辺廃寺（大阪府・7世紀末）では、東塔の造営は8世紀末まで下る。同様に二つの塔をそなえた百済寺（大阪府・7世紀後半）も、双塔の建立は8世紀末に下る可能性が高い。

また、創建当初は一堂だけであったが、のちに塔や講堂を建立して、伽藍が整備された寺院も多い。『出雲国風土記』の意宇郡山代郷の新造院に比定される来美廃寺（島根県・8世紀）は、風土記の記載どおり、当初は厳堂（金堂）のみの寺院で、のちにその東西に塔、西塔の南方下段に講堂を付加したと考えられる。

このように、遺跡として残るのは、あくまでも寺院がたどった歴史を示す最終的な姿であり、そこから堂塔の建立順序や時期、同時併存の建物などを識別する作業が必要となる。

そうした作業にあたっては、調査成果から堂塔間の距離や主軸の方位を計測し、切りのよい尺数による設定などの配置計画や個々の方位の違いなど、造営の実態を導き出すように努める。

ただし、地形の影響を受けて、堂塔の位置がずらされることもある。夏見廃寺（三重県・7世紀後半）や上野廃寺（和歌山県・7世紀後半）は、地形的な制約から、中軸線の西側に講堂を置くなど、本来の配置計画を変更したとみられる例である（96頁図98）。また、方位の違いは、年代差を反映する場合もあるが、当時の測量精度の不足により生じたものもあるので、注意を要する。

このほか、整地層との関係や基壇にともなう遺物の比較検討も欠かせない作業であり、それによって堂塔の建立順序を知る手がかりが得られる

こともある。たとえば、版築基壇の断ち割り調査などで、遺物をまったく含まないものと、瓦片などを若干包含するものの両者を確認した場合、一般に、遺物を含まない基壇は、瓦片を含む基壇よりも古いと判断できる。通常、寺院では、金堂が最初に建立されるので、そうした遺物を含まない基壇建物は金堂にあたる可能性が高い。

なお、建物本体の補修や再建とかかわって、基壇にはしばしば補修や造り直しの痕跡が認められ、それに対応した瓦をともなうことも多い。寺院の発掘調査では、これらの点も考慮して、堂塔の建立順序や補修、再建の有無を見きわめ、伽藍の変遷を明らかにすることが求められる。

また、伽藍地だけではなく、付属院地との関係を含めた寺院地全体の構造とその変化をたどることも必要である。

2　遺物の検討

創建軒瓦の抽出　寺院の創建年代の推定は、出土した軒瓦の年代観によるところが大きい。その編年は、史料から創建年代がほぼ確定できる寺院で出土する軒瓦のうち、最古とみられる型式を年代の定点として組み立てられてきた。

寺院の調査では、出土した軒瓦でもっとも古いと考えられるものを、文様を構成するさまざまな属性などから検討し、上記の軒瓦編年と照合して、創建年代を推定するのが一般的である。

注意を要するのは、再建などにさいして、復古的な文様をもつ軒瓦がしばしば製作される点である。この場合は、文様を年代の指標とすることはできない。また、山田寺（奈良県・7世紀中頃）のように、軒瓦の笵型が長期間にわたって使用された例もあり、同笵瓦であっても、製作年代が大きく異なることがありうる（図143）。このため、文様以外の製作技法や笵傷の進行などにも十分留意し、総合的観点から、創建軒瓦にふさわしいもの

第Ⅲ章　寺院の調査

を抽出する。

　なお、創建軒瓦と考えられる一群でも、複数の範型で製作された資料が存在し、それぞれの出土位置の違いなどから、別々の堂塔への使用が推定できることもある。これらは建立の時期差を示している可能性があり、とくに文様間に型式学的な差が認められる場合は、堂塔の建立順序を反映するものと判断してよい。

軒瓦の組み合わせ　創建時とそれ以降を含めて、軒丸瓦と軒平瓦の組み合わせを推定することも、重要な課題となる。何度も再建された寺院などを除くと、通常は、出土量がもっとも多い軒丸瓦と軒平瓦の組み合わせが、創建時の主体をなしたと考えられる。そして、これより年代が下る軒瓦で、様式的に同時期とみられるものは、補修用としての組み合わせが想定できる。

　ただし、たとえば同范の軒丸瓦であっても、一定以上の期間にわたって製作され、複数の軒平瓦と組み合う例もある。これらは、瓦製作と堂塔建立の時期差に直結することが多い。軒瓦の組み合わせは、こうした点や出土状況も考慮したうえで

考えていく必要がある。

瓦からみた屋根景観　軒瓦と丸瓦、平瓦、道具瓦の比率は、屋根形式によって異なり、その復元にあたっては、瓦の数量分析が欠かせない。

　山背(城)国分寺(京都府・8世紀)では、塔周辺の出土瓦のほうが、金堂周辺に比べて、軒瓦に対する丸瓦と平瓦の数的比率が小さいことが確認されている。これらは、屋根面積に対する軒の総延長の割合に差があったことを反映しており、僧房のような細長い建物や築地塀に瓦を葺く場合は、軒瓦や熨斗瓦の比率がさらに高まる。逆に、築地塀で軒瓦がほとんど出土しないときは、軒瓦を使用していない可能性がある。

　また、瓦の総量とくに通常の平瓦の数量がかぎられ、熨斗瓦や軒瓦の比率が相対的に大きいものは、総瓦葺ではなく、屋根の棟部分だけに瓦を葺いた熨斗棟や甍棟と考えられる(127頁)。この場合、軒瓦の比率が大きければ甍棟、小さければ熨斗棟が想定できる。

瓦の年代と土器の年代　軒瓦の文様や製作技法の検討から導き出すことができるのは、基本的に、

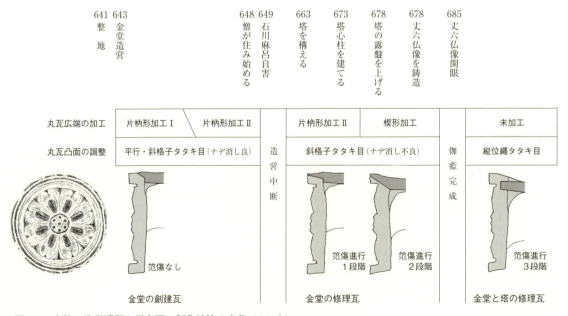

図143　寺院の造営過程と軒丸瓦の製作技法の変化（山田寺）

製作年代である。そして、屋根に葺くことができる量に達するまで製作が続けられたのち、供給される。この供給年代は、製作年代と近接することも多いが、とくに製作年代の上限との間には差を生じることもある。また、供給後、廃棄されるまでの期間が使用年代にあたり、瓦の場合は、葺き替えや再利用を含めて、それがきわめて長いのが特徴である。

瓦の廃棄は、建物の補修や寺院の廃絶など、さまざまな状況下でおこなわれる。遺跡から出土する遺物は、それらが廃棄された年代の上限を示すが、このために、同じ型式のものであっても、廃棄年代は大きく異なることがある。また、通常、瓦の使用年代はほかの遺物に比べて長いので、寺院などで瓦と土器が共伴した場合は、一般に瓦のほうが土器よりも古い年代を示す。

一方、堂塔の建立にさいしては、しばしば整地や基礎地業をおこなうが、こうした層から出土する土器などの遺物は、建立時期の上限を示し、瓦の供給年代に近接する可能性がある。

文字瓦と墨書土器　寺院では文字資料が出土することも多く、その代表的なものが文字瓦と墨書土器である。墨書土器は、施設の名称や性格を知る手がかりとなることがある。

また、文字瓦は、瓦の製作や調達の実態などを反映しており、寺院の造営過程を明らかにするうえで重要な資料となる。これらの分析では、文字の解読にくわえて、考古資料としての詳細な観察が求められる。そして、造営のどの段階にどういった瓦群とともに供給されたのか、何のために文字が記されたのかを検討する。

3 調査成果の総合的検討

寺院の性格の把握　以上のような遺構と遺物の分析をふまえて、寺院の性格を総合的に検討する作業をおこなう。

たとえば、大津宮の周辺では、宮に通じる主要道路に沿って、7世紀後半に、一塔二金堂の南滋賀廃寺や観世音寺式伽藍配置の崇福寺が創建され、穴太廃寺も法起寺式伽藍配置で再建された（以上、滋賀県）。

南滋賀廃寺の伽藍配置は川原寺（奈良県・7世紀後半）と共通する。また、川原寺と同笵の軒丸瓦は、南滋賀廃寺や崇福寺のほか、法起寺式伽藍配置の高麗寺（京都府・7世紀）でも出土し、川原寺から高麗寺、そして南滋賀廃寺や崇福寺へと笵型が運ばれたことが判明している。

これらの寺院は、同笵品を含めて、ほぼ共通した文様の軒瓦を葺き、しかも瓦積の基壇外装を多用する点でも、強い結びつきを示す。遷都にともなう寺院造営として、国家的主導や渡来系氏族の技術的関与があったことがうかがえる。

なお、上記の同笵軒丸瓦は、地域ごとに製作技法が異なることから、別々の工人集団による製作と推定されるが、高麗寺ではこれを祖型とした軒丸瓦を製作し、周辺に同じ系列の瓦が広く分布する。主流となる軒瓦文様や製作技法をいちはやく受容した事実とあわせて、中央の政権と結びついた地域の拠点寺院としての性格が想定される。

軒瓦の同笵関係の把握　同じ笵型から製作した軒瓦が複数の寺院などで出土する場合は、とくに注意を要する。それらは、製作の先後関係を確定する最良の指標となると同時に、瓦生産に携わった工人集団の動向や寺院相互の結びつきを知る有効な材料となるからである。

たとえば、飛鳥寺（奈良県・6世紀末）や豊浦寺（奈良県・7世紀前半）、斑鳩寺からは同笵の軒丸瓦が出土し、斑鳩寺と四天王寺（大阪府・7世紀前半）では、別の同笵軒丸瓦が出土する。これらは、笵型の彫り直しや笵傷の進行により、前者は飛鳥寺→豊浦寺→斑鳩寺、後者は斑鳩寺→四天王寺という先後関係が判明している（図144）。製作技法が共通する一方、地域ごとに胎土や焼成が異なるた

め、同系列の工人集団の移動が想定される。

このように、遺跡間で同笵関係が確認されるときは、笵傷の進行状況や製作技法、胎土などを比較することで、製作の先後関係と、工人集団や生産地の異同を把握できる。また、片方が瓦窯であれば、生産地と供給先の関係も明らかになる。同じ工人集団が製作した瓦が複数の寺院へ供給される場合や、寺院ごとに異なる工人集団の間で笵型が移動した場合など、具体的な瓦生産の状況を介して、造営の実態に迫ることも可能である。

僧寺と尼寺 律令（僧尼令）に規定されるように、古代寺院には僧寺と尼寺が存在した。飛鳥寺と豊浦寺、斑鳩寺と中宮寺（奈良県・7世紀前半）、川原寺と橘寺（奈良県・7世紀後半）なども、近接して営まれた僧寺と尼寺の関係にある。また、細工谷遺跡（大阪府・7世紀後半～8世紀前半）では、「百済尼」「百尼寺」と記された墨書土器が出土し、摂津百済寺の近辺に百済尼寺が所在したことが明らかとなっている。

なお、8世紀に創建された国分尼寺は、ほとんどのものが塔を造営していない。しかし、これを除くと、塔を備えた尼寺も多く、遺構や遺物から僧寺と尼寺を区別するのは容易でない。

寺院と瓦葺 斎宮の忌詞で「瓦葺」が寺院を指すように、瓦は寺院を特徴づける遺物といえる。しかし、降雪量の多い地域では、若狭国分寺（福井県・8世紀）など、主要堂塔に瓦を葺かない寺院も存在するので、注意を要する。また、平安時代は、全国的に瓦葺が減少する傾向にある。このように、瓦が出土しない場合や出土量が少ない場合でも、建物配置や土器、仏教関係遺物など、さまざまな属性を検討することにより、遺跡の性格の特定や実態の解明が求められる。

地域の中の寺院 基壇上に朱色の柱を立て、屋根には瓦を葺くという大陸伝来の新しい建築様式で6世紀末に建立が始まった寺院は、国家による仏教興隆策もあって、7世紀後半以降、急激に増加する。こうした寺院は、仏教儀礼や追善供養をつうじて、精神的な拠り所としての役割を果たしたほか、権威の象徴としても機能したとみられている。寺院については、こうした視点から、ほかの遺跡との関係を地域の中で総合的に把握する必要がある。

たとえば、寺院と豪族居宅や官衙、集落との関係、あるいは幹線道路や古墳群との位置関係などは、その地域における寺院の役割を推定するうえで貴重な情報となる。また、寺院がもつ景観上の意味も重要であり、立地や地理的環境もふまえて、存在意義を考える視点が欠かせない。

新堂廃寺（大阪府・7世紀）の北西の丘陵上には、お亀石古墳が位置する。この古墳の横口式石槨の周囲には新堂廃寺創建期の平瓦を積んでおり、この寺院を造営した氏族の墓と推定されている。また、新堂廃寺の東には拠点集落や古道が存在し、そこからの眺望が意識されていた。

中世寺院に対しても同様な視点が求められる。中世の寺社勢力は、広大な所領をもって発展する一方で、橋や道路などを整備し、地域の人々の葬送儀礼にも深くかかわった。こうした寺院は、宗教以外の文化や政治、経済、技術の面でも地域社会を統合する一つの核となっており、地域史全体を視野に入れて、周辺の遺跡群との関係を検討する必要がある。

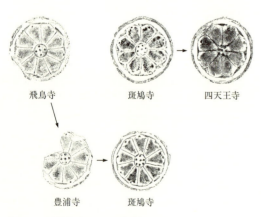

図144　同笵軒丸瓦の先後関係

第IV章

官衙の調査

第1節
官衙概説

1 都城

都城とは　わが国では7世紀末に、条坊をともなう都城が成立した。これは、中国を規範とする中央集権国家の建設の一環として位置づけられ、天皇と国家の権威を内外に示す舞台装置ともなった。本来、都城という言葉は、城壁（羅城）で囲まれた都を意味するが、日本では城壁が全周する例は確認されていない。しかし、『日本書紀』には683年12月に「都城・宮室」と見えるので、それらも都城とよばれていたことがわかる。

都城は、中核となる宮と、その外側の条坊街区からなり、全体を京と称している。条坊は、縦横の道路でほぼ等間隔に区画された街割りを意味し、これによって、宅地を規格的に分け与えることが可能になるとともに、その位置を「○条○坊」と数詞を用いて簡単に示せるようになった。

宮には、天皇のすまいである内裏と皇太子のすまいである東宮、国家的な儀式や政務の場としての大極殿・朝堂のほか、二官八省と総称される多数の官衙（曹司）がおかれた。一方、条坊街区には、左右の京職をはじめとする宮外官衙や東西の市、皇族や貴族、一般の官人、庶民のすまいが設けら

れていた。また、大小の寺院や、相模など諸国の出張所のような施設もあった。

都城の成立　日本で最初に成立した条坊制都城は、藤原京（奈良県・694～710年）であり、造営の開始は天武朝（672～686年）まで遡る。これと並行して、683年には副都としての難波京（大阪府）の建設が図られているものの、686年に核となる宮が焼失し、完成にいたらなかった。また、それらに先行する後飛鳥岡本宮（奈良県・656～672年）の段階で、羅城に相当する区画施設を周囲の山々にめぐらせた可能性があるが、条坊街区の存在は確認されていない。

都城形態の変遷　藤原京は、東西10坊、南北10条（ともに約5.3km＝10里）の正方形の京域の中央に、正方形の宮（約920m＝2,600大尺四方）を配置したとする説が有力である。

一方、次の平城京（奈良県・710～784年）では、京域の基本形が東西8坊（約4.3km＝8里）、南北9条（約4.8km＝9里）の長方形へ変化し、宮はその北端中央に位置するようになる。ただし、平城京は、この長方形部分の東側に外京とよぶ張り出しをもち、そこには興福寺や元興寺をはじめとする寺院などが配置された。

宮を北端近くにおく都城の基本形は、以後も長

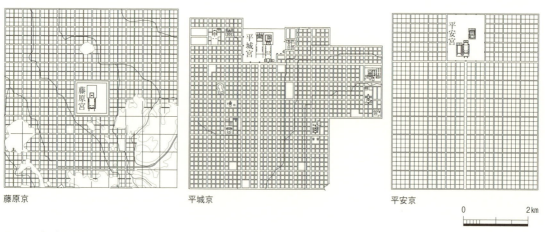

図145　都城の変遷

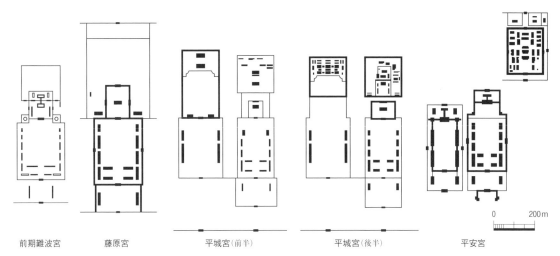

前期難波宮　　藤原宮　　平城宮(前半)　　平城宮(後半)　　平安宮

図146　宮の中枢部の変遷

岡京(京都府・784〜794年)にほぼ受けつがれ、つづく平安京(京都府・794年〜12世紀)にも踏襲される。この過程で、道路幅の違いによる宅地面積の差を減じる工夫もこらされた。

宮の構造の変遷　宮は本来、貴人のすまいを意味し、私的な空間の前面や周囲に公的な空間がしだいに付加され、面積の拡大と機能の充実が図られていった。その一端は、飛鳥板蓋宮(奈良県・643〜655年)から飛鳥浄御原宮(奈良県・672〜694年)にいたる構造変化からもうかがえる。一方、難波長柄豊碕宮(大阪府・651〜686年)に比定される前期難波宮は、広大な朝堂院をもち、飛鳥諸宮とは隔絶した規模の宮として成立した。

藤原宮の形態は、この前期難波宮と類似する点が多いが、それまでの宮とは異なり、中枢部の建物や宮を囲む大垣と門に、はじめて瓦葺や礎石建ちの構造を採用している。また、大極殿の独立性が高まり、平城宮や平安宮に継承される12朝堂の朝堂院の形式が確立した。

平城宮は、宮域が東側に張り出し、大極殿・朝堂に相当する施設が東西に2ヵ所存在するのが特徴である。これらは、奈良時代前半には、即位や元日朝賀などの国家的な儀式や宴会の場としての中央区(礎石建物、4朝堂)と、日常的な政務の場としての東区(掘立柱建物、12朝堂)という使い分けがおこなわれた。

一方、恭仁京(京都府・740〜744年)や難波京(744年)、紫香楽宮(滋賀県・745年)などへの短期間の遷都をはさんで、奈良時代後半になると、平城宮の儀式と政務の機能は、礎石建物に建て替えた東区の大極殿・朝堂(12朝堂)に統合される。そして、中央区の朝堂には宴会の場としての機能が残された。以後、こうした東西の区画の並立と使い分けは、平安宮の朝堂院(12朝堂)と豊楽院(4朝堂)に受けつがれることになる。

以上のように、都城や宮の構造には当時の政治や社会のありさまが反映されており、発掘調査でそれを解明することは、律令国家の成立と展開の過程をあとづけるうえでも重要な意義をもつ。

2　国　府

地方行政単位と国府　律令国家は、全国を畿内と東海道、東山道、北陸道、山陽道、山陰道、南海道、西海道の七道に区分し、諸国の行政組織を国、郡、里(のちに郷と改称)の3段階に分けた。国には大国、上国、中国、下国の4等級があり、地方統治の拠点である国府が置かれた。また、九

州には、西海道諸国を統括する大宰府（福岡県・7世紀後半〜11世紀）が設置された（図版4上）。

国府には、国司や国博士・国医師ら正規の役人のほか、学生や兵士、雑徭として雑務にあたる徭丁らが勤務していた。国司は中央からの派遣官で、守、介、掾、目の四等官や史生からなり、領域内の地方行政全般をとりおこなった。

国府の諸施設　国府の施設は、国内行政の中枢施設である国庁、行政実務を分掌する曹司、国司が宿泊する国司館、徭丁らの居所、民家などから構成される。このうち、国庁とその周辺の曹司群とを、国衙とよぶ。国府は交通の要所に置かれ、近辺には国分寺と国分尼寺のほか、郡衙（郡家）や駅家、軍団を配置することもあった。国府は、国内の政治や経済、文化、交通の中心として、政治的地方都市の様相を呈していた。

国　庁　国衙の中枢をなす国庁は、下野、近江、伯耆、肥前などの諸国で見つかっている。国庁は国府でもっとも特徴的な施設であり、その遺跡を国の役所と判断する有力な指標になる。

国庁の主要建物は、大型の正殿とその前面左右の脇殿で、左右対称のコの字形または品字形に配置され、周囲を塀や溝で囲んだ方形の区画を形成する。伯耆国庁（鳥取県・8世紀後半〜10世紀）のように、脇殿の前後に楼閣か高床倉庫とみられる総柱建物をともなう例、陸奥国庁である多賀城政庁（宮城県・8世紀前半〜11世紀前半）のように、後殿やその周辺の建物を設けた例もある。

国庁の向きは、東向きの美作国庁（岡山県・8世紀前半〜9世紀中頃）を例外として、いずれも南面する。同じ位置を踏襲して基本構造も変わらず、10世紀代に廃絶するものが多い。なお、8世紀中頃以降は、掘立柱建物から瓦葺礎石建物に、区画施設は掘立柱塀から築地塀に建て替えられる傾向があり、全国的に整備が進む。

国庁の規模は、通常、一辺が70〜90mと郡庁に比べて一回り大きい。郡衙より上級の官衙である国衙の格式を反映しているとみられる。

儀礼・饗宴空間としての国庁　国庁は、在地の郡司層以下に国家権力を誇示する儀礼の場、あるいは「化外民」や「蕃客」に対する外交・饗宴の場としての機能がもっとも重視された。元日朝賀の儀礼では、正殿を大極殿に準じた施設として拝礼や饗宴がおこなわれ、天皇を頂点とする律令体制の中で、国司と郡司が支配と服属の関係を確認する場として位置づけられていた。

政務の場としての国庁　国庁は、政務の場としても機能した。各国の国庁で硯が検出され、下野国庁（8世紀前半〜10世紀）の近くから多数の木簡が出土していることは、国庁で文書作成を含む政務が執行されたことを示す。脇殿や後殿とその周辺の建物は、政務執行の場としての役割も果たしていたと推定される。

曹　司　曹司の行政実務としては、文書や帳簿の作成、租税の徴収・管理・貢進、国衙の維持と運営にかかわる諸物資や経費の調達、その出納事

図147　国府の諸施設（下野国府）

務などがある。また、「国厨」の墨書土器や鍛冶工房が示すように、給食や饗宴の準備を担当した国厨家や鉄製品の生産にかかわる曹司も存在した。

曹司には、伯耆のように、外周を溝や塀で囲んだ国衙域内に国庁とともに一体的に配置される場合と、下野や伊勢、肥前のように、明確な国衙域を形成せず、各曹司が国庁とは別に独立・分散する場合とがある。後者では、国庁や曹司の間に国司館や徭丁らの宿泊施設が介在することもある。

分散的な占地の曹司には、国庁周辺の道路に沿って配置した例もあるが、肥前国府（佐賀県・8世紀前半～10世紀末）のように、必ずしも統一的な計画のもとには配置されず、曹司ごとに建物方位が異なる例もある。また、鹿の子C遺跡（茨城県・8～9世紀）の武器工房など、国衙から離れた場所に設けたものもある。

曹司は、通常、掘立柱の中核的建物と実務的な建物から構成され、竪穴建物を含むこともある。これらの建物群は、外周を塀や溝で区画した一院を形成するものと、建物が群としてまとまるが、外周の区画施設をともなわないものとがある。

曹司の施設は、8世紀中頃から新設・増築される傾向があり、曹司組織が拡充されていくようすを示している。しかし、曹司の構造は業務内容により多様で、一般に、時期による変化も大きく、国庁に比べて継続性が希薄である。

国司館　国司館は、中央から派遣される国司の宿舎である。『万葉集』には国司館での饗宴、『土佐日記』には国司交替にともなう守館での送別の宴が見える。筑後国府の国司館（福岡県・9世紀後半）や山王遺跡で見つかった国司館（宮城県・10世紀前半）では、食膳用の土器が多数出土しており、饗宴の場でもあったことを裏づけている。

なお、下野国府（図147）では、東西約70m、南北約100mの範囲を掘立柱塀で区画し、東西に並ぶ2棟の廂付建物を中心にして、前後に三面廂建物や廂のない建物数棟を計画的に配した区画が確認されている。「介〔館ヵ〕」の墨書土器が出土しており、介館と推定される。

国司館の建物の構造や配置は多様であるが、基本的には、一辺が1町近くの敷地をもち、主屋にあたる廂付建物と前面の広場、副屋や雑舎にあたる複数の建物で構成される。廂付建物や礎石建物、築地塀、苑池をともなう例があることは、国司館の格式の高さを示している。

山王遺跡や下野国府では、国司館に比定できる大規模な廂付建物が10世紀前半に造営され、国庁に代わる儀礼や政務の場として機能したとみられる。国司館には、出挙（143頁）や職分田経営など経済活動の拠点として、国衙から離れた場所に設置された例もあると考えられる。

旧国府像の見直し　国府については、周防国府（山口県・7世紀後半～11世紀）の復元に代表されるように、従来、都城の縮小版であり、京の条坊に準じて道路が1町単位の方格状に施工された地方都市と推定されてきた。

国府方八町説は、こうした説を前提に通説化したものである。しかし、実際には、国府は都城と違って、独自の領域をもつ特別な行政単位としては位置づけられていない。また、発掘調査でも、8町四方の国府域や1町単位の方格地割を備えた国府を確認した例はなく、これまでの国府像は疑問視されている。

国府の景観　一方、下野国府では、国庁の前面から幅約9mの南北道路がのび、多賀城の前面や伊勢国府（三重県・8世紀中頃～10世紀）では、方格状の道路の存在も確認されている。このように、国府では、国庁を中心とした主要道路を基準に、国司館や曹司を配置した。また、下総国府（千葉県・8世紀前半～9世紀中頃）からは「右京」の墨書土器が出土しており、国府は京に対応するような空間として意識されていたらしい。

ただし、計画的な地割が認められる下野国府でも、全域に均等な地割が施工されたわけではなく、

第Ⅳ章 官衙の調査

地割方式も京とは異なる。多賀城前面の方格地割も、8世紀末以降、徐々に整えられた。したがって、国府の方格地割は、造営当初からの計画にもとづくものではなく、国衙機構の充実に対応して国府域が拡大し、道路や溝による区画が付加・整備されたものと推定される。

3 郡衙

郡の等級 地方行政単位である郡を統治する役所が、郡衙（郡家）である。郡衙には、正規の役人である郡司と、定員外の員外郡司や下級職員、各種の業務にかかわる徭丁らが勤務していた。郡司は、大領、少領、主政、主帳の四等官からなり、地方の豪族が任用されて、国司の監督のもと、郡域内の地方行政全般を統括した。

郡は、管轄する里（郷）の数によって、大郡（20～16里）、上郡（15～12里）、中郡（11～8里）、下郡（7～4里）、小郡（3～2里）の五つの等級に分けられた。等級により、郡司の定員や徭丁の数にも違いがある。

郡衙の諸施設 郡衙は、「上野国交替実録帳」（1030年頃、以下「実録帳」と略記）に記されるように、郡庁、正倉、館、厨家を主要施設とし、そのほかに実務を分掌する曹司も存在した。

泉官衙遺跡（福島県・7世紀後半～10世紀前半）では、郡庁院と正倉院、館院、寺院（推定）が、それぞれ塀や溝で囲まれた区画を形成し、丘陵に沿って東西約1kmの範囲に配置されている（図148）。また、天良七堂遺跡（群馬県・7世紀後半～10世紀）のように、郡庁と正倉が、大溝で囲まれた同じ敷地内に設けられることもある。一方、根

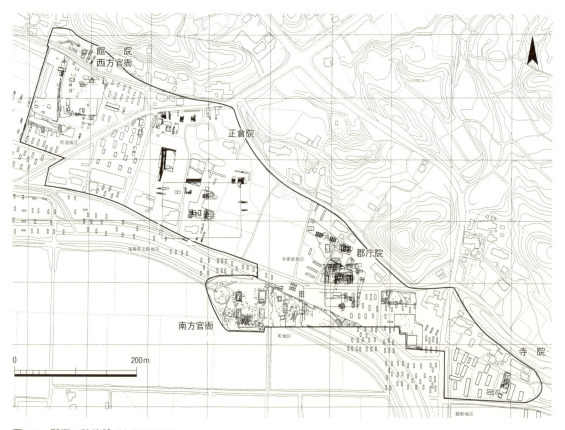

図148　郡衙の諸施設（泉官衙遺跡）

岸遺跡(福島県・7世紀後半〜10世紀)のように、正倉院や郡庁院などが丘陵上に位置し、丘陵端部の傾斜を利用して、人為的な区画施設をもたない例もある。このように、郡衙では、全域や個々の官衙を囲む施設がともなうとはかぎらない。

郡衙の面積は、関和久官衙遺跡(福島県・7世紀後半〜10世紀中頃)で90,000㎡、長者原遺跡(神奈川県・7世紀後半〜10世紀)では43,000㎡と、郡によってばらつきがあるが、地形の制約があるものを除けば、40,000㎡を超える例が多い。

郡庁　郡庁は郡衙の中枢施設であり、政務や儀礼、饗宴の場であった。「実録帳」には「庁屋」や「公文屋」などが見え、郡庁は基本的に、複数の殿舎と庁庭にあたる広場を備えていたことがわかる。発掘で確認された各地の郡庁では、細長い建物を方形やコの字形に配したもの、品字形配置のもの、左右非対称の変則的配置のものがあり、郡庁の構造や配置は多様であった。また、同じ郡でも、時期によって構造が変化することが多い。

郡庁の規模は、一辺が100m近くに及ぶ天良七堂遺跡や万代寺遺跡(鳥取県・8世紀初め〜9世紀初め)のような例もまれにあるが、50m前後が一般的である。

郡庁は、国庁と異なり、瓦葺の建物はほとんどない。ただし、名生館官衙遺跡(宮城県・8世紀)のように瓦を用いた例もまれにある。また、『令集解』儀制令によると、郡庁の門は、「倉庫院」や「厨院」の門とは異なって、国庁の門とともに公門と位置づけられている。この点から、郡庁は、門をともなう区画を形成していたと推定される。発掘例では独立した門がないものも多いが、八脚門や四脚門の南門をともなう例もある。

正倉　正倉は、おもに稲穀(稲籾)や穎稲(稲穂の束)を収納した倉庫であり、収納物によって、穀倉、穎倉、穎屋、義倉、糒倉などに区別される。これらが建ち並ぶ一画が正倉院である。

穀倉は、主として稲穀をばら積みで永年貯蔵し、穎倉と穎屋は穎稲を保管する。穎稲の一部は、籾殻を取り除いた舂米として都へ運ばれたが、多くは種籾や食糧として農民らに高利で貸し付ける出挙稲として運用された。その利息は、中央政府への貢進物資の調達経費や、国司の巡行や公的な使臣の往来にかかわる経費、国衙や郡衙の維持経費などにあてられた。義倉は、貧窮民の救済用に徴収した粟などを収納し、糒倉は、米を蒸して乾燥させた保存食料である糒を納めていた。

正倉は、通常、「倉」とよばれた総柱建物の高床倉庫と、「屋」とよばれた揚床または平地床(発掘編165頁)とみられる倉庫からなる。日秀西遺跡(千葉県・7世紀後半〜10世紀初め)のように、数棟が直線的に並んで群をなし、それらが整然と配置されるのが一般的である。倉は何度も建て替えて、長期間使用した例が多い。

正倉の倉は、一般に、集落の倉より大型であり、桁行3間・梁行3間や桁行4間・梁行3間の平面形式が主体をなす。そして、このほかに大型の倉が1棟ないし2棟程度含まれることが多い。それは、法倉とよばれた穀倉で、おもに飢饉や疫病のさいに民衆に与えた稲穀などを収納した。

那須官衙遺跡(栃木県・7世紀後半〜10世紀前半)では、こうした大型の倉を丹塗りで瓦葺としている。また、三軒屋遺跡(群馬県・7世紀後半〜10世紀)では、平面が八角形の総柱礎石建物が検出され(156頁図157)、「実録帳」に見える「八面甲倉」に比定されている。こうした正倉の格の高さは、国家の威信や支配の正統性を誇示するものでもあったことを示唆している。

正倉別院　稲穀や穎稲は、郡衙の一角に置かれた正倉院のほかに、郡衙とは別の場所に正倉別院を設けて収納する場合もあった。団原遺跡(島根県・8〜10世紀)は、『出雲国風土記』に見える意宇郡山代郷に別置された正倉院にあたる。

倉庫令の規定と実態　律令(倉庫令)には、倉は高く乾燥した場所に設けて、そばに池や溝を掘り、

倉から50丈（約150m）以内には館舎を建ててはならない、と規定されている。発掘例でも、正倉は台地上や段丘上に建てられたものが多く、収納物の保存のための湿気防止策がとられたことを示す。ただし、関和久官衙遺跡のように、低丘陵が隣接していても、河川交通による輸送の便を優先して、低地に正倉を設けた例もまれにある。

正倉院の多くは大溝で囲まれ、ほかの建物から隔てて類焼を防ぐとともに、正倉院への出入りを規制していた。正倉は、郡庁や館と離れて独立した区画を形成することが多いが、実際には、ほかの館舎から50丈以上離すという、倉庫令の規定どおりに設置された例はほとんどない。

正倉院の敷地は、平沢官衙遺跡（茨城県・8世紀前半～11世紀）のように53,000㎡（東西258m、南北約205m）に及ぶものから、岡遺跡（滋賀県・7世紀後半～9世紀末）のように7,000㎡（東西約110m、南北約60m）程度のものなど、郡によって広狭がある。この差は、郷の数や、正倉を郡衙の正倉院に集中させたか、正倉別院を設けて分散したか、などの違いによるとみられる。

館・厨家　館は宿泊施設、厨家は食膳準備や食糧・食器の調達管理にあたった施設である。「実録帳」によると、郡ごとに1館から4館まであり、「宿屋」「向屋」「副屋」「厨」または「厩」からなる。しかし、発掘遺構では画一的な施設は見出せず、多様なありかたを示す。御子ヶ谷遺跡（静岡県・8世紀前半～9世紀）では、館や厨家を板塀や土塁で囲んでいる。

その他の施設　赴任国司などが利用した伝馬や伝子は、郡衙に配属する場合と、郡衙とは別の場所に配置する場合とがあったと考えられている。官道に沿った官衙は、そうした交通関係施設の可能性も考慮する必要がある。

史料には、武器庫が併置された郡衙の例も見える。また、下野国府から出土した木簡には、「郡雑器所」という曹司の名が記されていた。このほか、金属製品の工房や、性格を特定できない建物群の検出例もあり、徭丁らの宿泊施設が置かれていた可能性もある。これらの施設は、郡衙に集中的に設けられる場合と、一部が別の場所に分置される場合とがあった。

なお、『常陸国風土記』などから、郡衙の門前に槻（ケヤキ）の大木がそびえていた例も知られ、門前には祭儀の空間があった。郡衙の西北隅か北西方向に神が祀られることもある。郡衙の発掘では、空閑地におけるこうした巨木の痕跡や、神社の遺構、祭祀遺物にも留意する必要がある。

また、郡衙の近くには、7世紀後半～8世紀初め頃に創建された寺院や、終末期古墳が存在する例が多い。弥勒寺官衙遺跡群（岐阜県・7世紀後半～10世紀前半）のように、郡衙と寺院、祭祀遺跡が近接して見つかっているものもある。

4　城　柵

城柵の成立と変遷　東日本の古代城柵は、蝦夷や柵戸などの移民の支配統括を目的として、日本海側の越後と出羽、太平洋側の陸奥国北半に設置された軍事・行政機関である。城柵は段階的に北進し、設置後には郡が建てられて、その地域では国郡制と城司制による地域支配がおこなわれたと推定されている。

城柵には、国司や史生、鎮官など中央からの派遣官が城主あるいは城司として駐在し、その監督の下に兵士が駐屯していた。

城柵の史料上の初見は、『日本書紀』が記す647年の越後国渟足柵（新潟県）の設置である。陸奥国側では、737年の多賀柵（陸奥国府多賀城）（宮城県）などを初見とし、天平宝字年間（757～765年）の「柵」から「城」への呼称変更をへて、9世紀末まで城柵関係の記事が史料に散見する。

城柵としては、これまでに、太平洋側で7世紀後半以降の14遺跡、日本海側では8世紀以降の3

遺跡が把握され、実態の解明が進んでいる。それらの城柵は、さまざまな変遷と統合をへて、律令体制が衰退する10世紀中頃〜11世紀前半に終末を迎えた(図149)。

なお、10世紀以降には、城柵設置地域より北でも、胡桃館遺跡(秋田県・9世紀後半〜10世紀)や新田(1)遺跡(青森県・縄文〜近世)のように寺院や官衙の関連遺跡が展開しており、律令国家の支配や城柵との関係も考慮する必要がある。

基本構造 城柵は、中心となる政庁とその外側の曹司域(外郭)を、それぞれ区画施設で囲む二重構造を基本形とする。さらにこの外側(外周郭)を区画施設で囲んだ三重構造の例もある。

政庁や外郭などの外周区画施設と城内の施設を構成する遺構は、ほかの官衙と基本的には変わらない。ただし、区画施設、門、政庁の主要殿舎などに瓦葺の例がある点や、外郭の外周区画施設の規模が大きく、築地塀に加えて材木塀を多用する点などに特徴がある。また、施設全体として、荘厳性と防御性を重視している。

政庁 政庁は城内のほぼ中央に位置し、築地塀や掘立柱塀、材木塀で方形に区画して、2〜4ヵ所に門を設ける。正殿と桁行の短い脇殿が、広場を囲むように、品字形に配置された例が多い。掘立柱建物を主体とするが、礎石建物や基壇をもつ建物も一部に認められる。

外郭の区画施設 外郭を囲む外郭線の施設には、築地塀や材木塀、土塁などがあり、それぞれ2〜4ヵ所に門が開く(図版4下)。8世紀以降、外郭を囲む施設に大溝がともなう場合は、櫓も設けられる。外郭の門や外周郭の門と政庁の間には、城内道路が確認されることが多い。

曹司域(外郭) 城内の曹司(実務官衙)は、掘立柱建物群に井戸や竪穴建物の工房をともなうもの、竪穴建物の工房を主として構成されるものなどがあり、9世紀に充実する傾向がある。胆沢城や徳丹城(ともに岩手県・9世紀)では、区画施設で囲んだ複数の曹司をもつ。秋田城(秋田県・8世紀前半〜10世紀中頃)のように、城内に倉庫群をともなう例もある。また、秋田城や志波城(岩手県・803年〜9世紀初め)では、外郭を囲む施設の内側に、竪穴建物が集中する地区が存在する。

なお、曹司域からは、漆紙文書や武器・武具が出土することも多い。

立地と基本構造の変遷 政庁と外郭の外周をそれぞれ区画施設で囲む城柵の基本構造は、8世紀前半に造営された多賀城で確立した(図150)。その成立と前後して、構造にも変化があり、立地や平面形態などとあわせて、以下のような変遷をたどることができる。

第1段階(7世紀後半〜8世紀初め)の郡山官衙遺跡(宮城県)は、沖積地に立地し、方形の郭が連結した構造から単郭構造へ変化する。

第2段階(8世紀前半)には、多賀城や秋田城(出羽柵)のように、低丘陵に立地し、不整方形の二重構造となる。

図149 東日本の古代城柵

第3段階（8世紀後半）に入ると、伊治城（宮城県）に代表されるように、低丘陵から丘陵にかけて立地し、外郭の外側にさらに外周郭を付加した三重構造が現れる。

第4段階（9世紀初め）には、胆沢城や志波城、徳丹城、城輪柵（山形県）など、再び沖積地に立地し、方形の二重または三重構造となる。

なお、第4段階の払田柵（秋田県・9～10世紀）のように、平面が楕円形で、外周区画施設の一部に石塁を採用するなどの特徴をもつ城柵もある。

外郭や外周郭を囲む施設は、第1段階では材木塀、第2段階が築地塀、第3段階で土塁や築地塀、第4段階では築地塀や材木塀が主体となる。また、存続期間の長い城柵では、奈良時代の築地塀を平安時代に材木塀へ改修した秋田城など、区画施設の構造が大きく変化する例もある。

このような立地や基本構造の変化と、外周区画施設や城内施設を含めた変遷は、それぞれの段階の律令国家による地域支配のありかたや地域の様相の変化を反映している。

第1段階は朝貢した蝦夷への饗応の場としての機能が中心であり、第2段階には荘厳化と実務官衙としての機能が付加され、第3段階でさらに軍事的機能が強化される。そして、第4段階では、朝貢した蝦夷に対する饗応機能が再び重視されたことがうかがえる。

城外付属寺院と方格道路網　初期の城柵には、多賀城と多賀城廃寺のように、城外に付属寺院をもつものがある。また、近年は、多賀城の前面や東山官衙遺跡群（宮城県・8～10世紀）で、城柵にともなう方格道路網が検出されている（170頁）。これらの道路に沿って、居宅や寺院、工房などが配されており、そうした城外の地域の実態を把握することも城柵の発掘では重要となっている。

5　古代山城

古代山城とは　7世紀から8世紀にかけて西日本に築かれた山城を、古代山城とよぶ。

築城の目的は、とくに663年の白村江の敗戦に代表される緊迫した情勢を背景に、外敵の侵入を防ぐことにあったが、地域支配の拠点としての役割も果たしたと考えられている。

分　布　古代山城は、九州北部と瀬戸内海沿岸に集中する。九州北部では、対馬の金田城（長崎県・7世紀）以外はいずれも内陸部に位置し、大宰府地域を中心とした配置をとる。こうした点から、朝鮮半島から畿内にいたる水陸の主要交通路の防御を目的としたことがうかがえる。

立　地　古代山城は、戦略上の要所に立地するため、近接する交通路と深い関係があり、古代の駅路に沿った位置に設けられた山城もある。また、主要官道だけでなく、人里を離れた山道や間道との関係も考慮する必要がある。

古代山城の立地は、城壁線と地形の関係から分類されることが多い。古くは、朝鮮半島の山城の分類に準じて、城壁が谷を大きく取り込む包谷式と、山頂部をめぐる鉢巻式とに分けられていた。近年では、城壁全体の規模と標高から、規模が大

図150　城柵の構造（多賀城）

きく、比較的高い位置にあるものと、規模が小さく、平地に接するものに大別されている。

朝鮮式山城　古代山城については、『日本書紀』に見える665年の長門国（山口県）の城と大野城（福岡県）、基肄城（佐賀県・福岡県）の築城記事を初出として、9世紀末までに、14城についての築城や修築、廃城に関する記事が散見する。位置が判明しているのは、このうちの7城である。

それらの古代山城の築城技術は、朝鮮半島に系譜を求めることができ、実際、大野城や基肄城の築城には、百済の亡命武官が関与したことが記される。そうした朝鮮半島の山城との共通性から、これらを朝鮮式山城とよんでいる。ただし、中国式山城と称される怡土城（福岡県・8世紀）も古代山城に含まれる。

神籠石系山城　一方、史料に見えない16の古代山城も発見されている。それらは、城壁の基部に列石をめぐらす特徴があり、霊域とする論者によって、明治時代に神籠石の名称がつけられた。現在では古代山城と位置づけられ、神籠石系山城というよび方が定着している（151頁）。

これらの神籠石系山城の発掘調査では、7世紀中頃〜8世紀前半の土器が出土することが多い。築城時期については、朝鮮式山城より古いとする説や、それより新しいとする説もある。

外郭線　古代山城は、御所ヶ谷神籠石（福岡県・7世紀）のように、単郭構造を基本として、外郭線が数kmに及ぶという特徴がある（図151）。ただし、平地から見て丘陵の背後にあたる一部などに城壁がなく、外郭線が全周しない山城もある。視覚的効果を考慮しつつ、防御のために自然地形を最大限に利用した結果とみられる。

城壁は、土塁が一般的であるが、金田城のように、城壁の多くを石塁で築く例もある。土塁は、

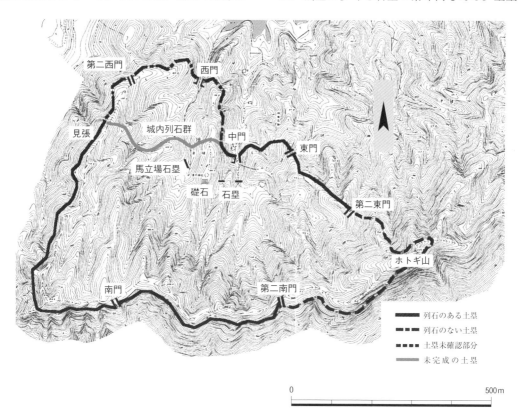

図151　古代山城の構造（御所ヶ谷神籠石）

通常、尾根の高所や支峰を内側に取り囲み、尾根の斜面を整えて、盛り土により構築する。内外に壁を築く構造と、斜面に低く土を盛って外壁だけを築く構造があり、後者が多い。

また、土塁基底部の外面に列石を据える山城がある。石材は自然石から切石まで多様で、列石の視覚的効果を重視したものもあれば、列石が土塁に覆われて露出しないものもある。

外郭線は、直線を基調とした多角形状のものと、曲線的なものの2種類に大別される。瀬戸内海沿岸では前者、九州北部では後者が目立つ。

なお、進入路にあたる谷部では、土塁でなく、強固な石塁の水門を設けることもある。鹿毛馬神籠石（福岡県・7世紀）のように、列石をともなう土塁に石組暗渠を通した例もある。

城門・角楼　外郭線でもっとも重要な施設が城門である。門の構造には掘立柱と礎石建ちがあり、大野城の門は、掘立柱から、荘厳性を高めた礎石建ちに建て替えられている。

古代山城の城門の礎石には、門扉の軸や方立を受ける仕口をともなうものも多い。また、掘立柱構造の場合は、扉の軸受けの石材（唐居敷）に、柱の形状に合わせた欠き込みを施す。この形状から、円柱か角柱かも判明する。

門の床面は、段差のない形式が一般的だが、大野城や鬼ノ城（岡山県・7世紀）、屋嶋城（香川県・7世紀）のように、防御性を重視して急峻な段を設けたものもある。また、蹴放を造り出す例や、床面の石敷に階段を設ける大野城や金田城、鬼ノ城などの例もある（図152）。

このほか、外郭線の一部に、角楼を備えた張り出し部を設け、横矢掛けや物見のための施設としていることもある。

内部施設　調査が進んでいる大野城や基肄城、鬼ノ城、鞠智城（熊本県・7世紀）では、兵舎や倉庫にあたる掘立柱建物や礎石建物が検出されている。鞠智城と鬼ノ城では、貯水施設も確認された。また、鬼ノ城や永納山城（愛媛県・7世紀）には鍛冶遺構があり、鉄製品の生産もおこなっていたことがわかる。

6 駅家・関

駅家とは　律令国家の地方支配のため、都と地方を結ぶ駅路沿いには、30里（約16km）ごとに駅家が置かれた。駅家は、緊急情報の伝達などにあたる駅使らに駅馬や食事を提供する、通信・宿泊施設として機能した。駅家ごとに置かれた駅馬の数は、大路の山陽道が20匹、中路の東海道と東山道では10匹、そのほかの小路は5匹ずつと規定されている。

また、水上交通路の要所には、駅馬の代わりに船を置いた水駅もあった。駅家は、制度上は国司の管轄下にあって、駅長が駅務を統括し、駅戸とよぶ集団によって支えられた。

駅家の成立時期については諸説があるが、『日本書紀』には、672年に隠駅家と伊賀駅家（ともに三重県）が見え、畿内周辺ではこの頃までに成立していたらしい。

図152　城門（鬼ノ城）

駅家の諸施設　駅家は、儀礼的空間でもある駅家の中枢施設と、屋や倉などの雑舎からなる。

駅家の中枢施設は、築地塀などで囲まれ、駅門が設けられている。この一郭は、駅使の宿舎などにあてた、寝殿と称する建物を中心とした施設で、駅館とよばれたとする説がある。駅楼という楼閣をもつ例も見られる。

中枢施設の周辺には、駅の実務を執行する建物のほか、出挙して駅の基本財源とした駅起稲を収める倉庫や廐舎、厨、井戸などがあり、駅使が利用する馬具や雨具が備えられていた。

駅家の遺跡　山陽道の駅家は、外国使節が通ることから、白壁で柱を丹塗りし、屋根を瓦葺とした。このため、山陽道沿いでは、国府や国分寺と共通する瓦が出土した遺跡などの検討をつうじて、一定の間隔で並ぶ遺跡が駅家に比定され、一部で発掘調査が進んでいる。

小犬丸遺跡（兵庫県・8〜10世紀）では、山陽道に面して築地塀で囲まれた区画があり、内部に数棟の瓦葺礎石建物が配置されていた（図153）。下層には掘立柱建物もある。周辺から「布勢駅戸主」と記された木簡や「駅」「布勢井邊家」の墨書土器も出土し、布勢駅家と判明している。

山陽道以外の駅家の認定は難しいが、駅路に沿った官衙については、駅家の可能性も念頭におく必要がある。

その他の交通施設　駅路とは別に、郡衙の間を結ぶ道路もある。郡衙の館や厨家は、こうした道路を往来して国内を巡行する国司や、文書や貢進物を運ぶ使者などに対して、食事などを提供する交通施設としての役割も担っていた。また、国府や郡衙が管轄する津もあった。

関　関は、官道を往来する通行人や物資の検閲、軍事・警察上の拠点などとして、国境や交通の要所に置かれた施設である。関の責任者は国司であり、関には、関守とよばれた官人や、国内から徴発された兵が配置された。関を通過するためには、過所という通行許可書が必要であった。

律令国家がもっとも重視したのは、伊勢国の鈴鹿関（三重県）、美濃国の不破関（岐阜県）、越前国の愛発関（福井県）の三関である。いずれも、駅路が都側からそれぞれの国へ入った国境の近くに置かれ、天皇の死去や反乱など、都に緊急事態が起こったときに、東国や北陸に情報が伝わるのを阻止し、反乱者などの逃亡を防ぐ役割があった。

『日本書紀』には、672年に鈴鹿関司が見えるので、三関は7世紀後半には設置されていた可能性がある。鈴鹿関と不破関は軍事的要地に立地し、自然地形を巧みに利用して築地塀を設け、防御を固めたことが発掘調査で判明している。

また、これらに次ぐものとして、瀬戸内海の東西の両端に摂津関（大阪府）と長門関（山口県）が置かれ、通行する船の取り締まりにあたった。

このほかの地方でも、往来する人々を把握するため、国境付近に関を設けた。『出雲国風土記』には剗（関）や戍の記載があり、関は、都から各地へ伸びる道が、国境を越えて次の国に入ったあたりに設置された。剗の実態は不明である。

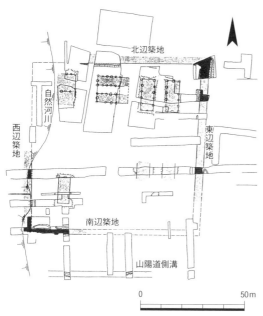

図153　山陽道の駅家（小犬丸遺跡）

7 その他の官衙

地方には、上記以外の官衙や官衙関連施設も設けられていた。

郷倉・小院・借倉 火災による正倉の全焼を防ぎ、稲穀や穎稲などの運搬の便を図るため、795年には、郷ごとや数郷ごとに正倉院を置く措置がとられた。これを郷倉とよぶ。

郷倉は、1ヵ所に集中した郡衙正倉を分置した倉院で、正倉別院の一種である。発掘調査で郷倉と確定された例はまだないが、郡衙正倉と同様の特徴をもつ可能性が高い。

なお、出挙稲などを、集落近くに設けた小院に納める場合もあったことが史料に見える。また、借倉・借屋という倉庫には、集落や豪族居宅の倉庫を利用したとみられるものもある。

別置された曹司 国衙や郡衙の曹司には、別の場所に置かれた官営工房もあった。鹿の子C遺跡は、武器などの生産にあたった国衙工房である。官営工房には、官衙や国分寺の造営にともなう材木や瓦などの資材のほか、鉄や銅、塩、土器などの生産にあたる組織も存在した。また、調庸布などの税物にも、官営工房で生産・調製したとみられるものがある。

厨家の出先施設 国や郡の厨家では、出先施設を設けて、現地で食料調達や田畑の経営をおこなうこともあったらしい。斗西遺跡（滋賀県・8世紀）から出土した「厨田」の墨書土器は、郡衙直轄の田畑の存在を示唆する資料である。

別置された館 郡衙とは別に置かれた館もあった。長野A遺跡と寺田遺跡（ともに福岡県・8世紀）出土の「企救一」「企貳」の墨書土器は、「一館」と「二館」が別の場所に存在したことを示唆する。また、山田水呑遺跡（千葉県・8世紀）から出土した「山口館」の墨書土器は、下総国山辺郡山口郷に置かれた館を意味する可能性がある。

郷家 『令集解』儀制令によると、豊作を祈る春時祭田の日に村人が集い、「郷飲酒礼」という饗宴が催されたが、それは「郷家」が遂行の責務を負っていた。この「郷家」を官衙とみるのは難しいが（発掘編40頁）、郷長などの私的な居住施設が、地方支配の一翼を担い、官衙の補助的な施設としても機能したことを示唆する。

軍事施設 全国には約140の軍団が置かれた。軍団と確定した例はないが、兵士の駐屯施設や教練場、兵糧庫、武器庫などの存在が推定される。

緊急情報を迅速に伝達するために、烽（のろし台）も設置された。「烽家」の墨書土器が出土した飛山城（栃木県・8世紀）はその例である。

布施屋 渡河点や峠の難所には、庸や調の運搬にあたった人々などの往来に備えて、公的な布施屋が置かれた。史料には、大和国十市郡の東大寺の布施屋として、倉や桁行15間の廂付板屋が見える。交通の要衝でそうした建物が検出された場合は、布施屋も候補の一つとなる。

津・市 国府や郡衙の津、市にも、国衙や郡衙から離れた場所に設けたものがあったと考えられる。百間川米田遺跡（岡山県・8世紀）は、国府の津関係の遺跡と推定されている。

その他の施設 このほかに、伊勢神宮に奉仕した斎王の居所である斎宮とそれを維持する斎宮寮（三重県）、鋳銭司などの官営工房、官牧を管轄する牧監庁、天皇が行幸した離宮や頓宮など、地方にはさまざまな官衙関連施設が存在した。

また、古代日本の南と北には、独自の文化を保持しつつ、律令国家とかかわりをもった地域がある。奄美・沖縄の喜界島の城久遺跡（鹿児島県・9～14世紀）では、輸入陶磁器や大宰府周辺で生産された須恵器が多数出土している。一方、北海道の大川遺跡（縄文～近代）からは、7世紀以降、本州から搬入された須恵器や土師器、刻書土器が出土しており、広範な交易の拠点であったことが明らかになっている。

神籠石と山城

神籠石の名称　史跡名称の一つに「神籠石」という名前がある。神が降臨する磐座ではなく、古代山城の名称である。昭和26 (1951) 年に告示された史跡の指定基準では、貝塚や住居跡、古墳につづいて「神籠石その他この類の遺跡」と明記されている。これが平成7 (1995) 年に改正されるまで、神籠石は遺跡呼称として定着していたが、そこには学史上の経緯があった。

神籠石は、福岡県久留米市の高良山の山腹を取りまく列石が、明治時代に神籠石の名称で学界に紹介され、広く知られるようになる。地元の高良大社に伝わる古記録によると、高良山の馬蹄石の名をもつくぼんだ岩盤を神籠石とよび、磐座として信仰していた。そして、そばにある列石を八葉之石畳とよび、神籠石をその起点としている。ところが、江戸時代後期には、列石も神籠石とよばれるようになっていた。

神籠石論争　1898年、小林庄次郎がこの列石遺構を神籠石として学会誌に紹介したのを契機に、神籠石論争が始まる。小林庄次郎は、列石を、霊地として神聖に保たれた地を区別したものと評価し、坪井正五郎は、豪族の墓地を区画する結界であるという談話を寄せた。

これに対して、高良山のほかに雷山、鹿毛馬、女山の列石遺構を実地踏査した八木奘三郎は、1900年、それらは城郭以外にありえないとして、神籠石の名称も使用すべきでないとした。すると、1902年に喜田貞吉が、山城ではなく、有力者が霊地の境界と位置づけたものとして、八木の説に強く反論した。これ以後、山城説と霊域説とに分かれた神籠石論争が展開される。

この論争は、1963年のおつぼ山神籠石（佐賀県・7世紀）の発掘調査で、列石が土塁の土止めの石であったことが判明し、考古学的には山城説で決着をみた。しかし、築造の時期や目的については、まだ確定しているとはいいがたい。

邪馬台国論争と神籠石　八木と喜田の間で始まった論争には、大正時代になると、関野貞や谷井済一、白鳥庫吉、橋本増吉といった顔ぶれも参加した。喜田、白鳥、橋本は、邪馬台国論争の中で九州説を唱えた人たちである。

そこには、岩倉使節団の一員として欧米を回り、日本の近代歴史学の先駆者として知られた久米邦武の影響があった。久米は、1902年の論文「神籠石は全地球の問題」で、神籠石はイギリスのストーンヘンジなど世界中の列石遺跡と類似する霊域とし、女山神籠石を邪馬台国の霊域と考えた。

当時は、遺跡といえば貝塚や古墳以外、ほとんど認知されていなかった。そのため、新しく見つかった神籠石の遺跡を邪馬台国と結びつけたのである。しかし、これをきっかけに考古学の重要性が認められ、論争の対象は古墳や出土銅鏡へと移っていく。ある意味では、神籠石論争と邪馬台国論争が両輪となって、近代考古学の黎明期を牽引したといえるかもしれない。

図154　神籠石の列石（おつぼ山神籠石）

第2節
発掘調査の準備と計画

1 官衙の特徴

　都城や大宰府、多賀城などについては長い調査の歴史があるので、ここでは、国府や郡衙をはじめ、未発見のものや性格未確定のものも多い地方官衙を念頭において記述する。

　発掘調査で遺跡の性格を官衙と認定するのは、必ずしも容易ではない。しかし、適切な調査方法の選択や遺跡の保護を図るためには、これまでの調査の積み重ねから抽出される官衙の一般的な特徴を把握しておくことが欠かせない。

A　遺構の特徴

建物の基礎構造と規模　集落で発見される掘立柱建物は、規模が小さく、柱間も一定でないものが多い。柱穴は小型で円形や不整形平面のものが多く、柱径は細い（発掘編36〜42頁）。一方、官衙の建物には、次のような傾向がある。

- 掘立柱建物が主体をなし、倉や国庁の主要建物には、礎石建物が採用されることや、基壇をともなうこともある。ただし、東日本では、武蔵国府（東京都・8〜10世紀）や城柵のように、多数の竪穴建物をともなう例がある。
- 掘立柱建物の柱掘方は、一辺が1m以上の方形のものが多く、柱痕跡などから知られる柱径も直径30cm以上の太いものが多い。
- 建物の平面規模は、桁行が5間や7間で、梁行2間の例が多数を占め、桁行総長が10m以上に及ぶ大規模な建物が多い。
- 建物の柱間寸法は7尺以上と広く、7尺、8尺、9尺、10尺など、尺単位の整数で設定されるのが一般的である。また、柱間寸法や平面形が一致する同一規格の建物も見られる。
- 中心的な建物には、廂が付く格の高い平面をもつものが多い。
- 国府の中枢施設である国庁には、瓦葺の礎石建物が建てられることが多く、郡衙や駅家の一部にもそうした例が見られる。

建物配置など　集落の建物配置には計画性が希薄であるのに対し、官衙建物の配置や建て替えなどには次のような特徴がある。

- 建物の方位が統一され、柱筋や棟通りを揃えて並べたり、L字形やコの字形、品字形に配置したりする傾向がある。建物間や棟通り間の距離を切りのよい尺数で設定するなど、高い計画性が認められる場合もある。
- 中心的な建物や正倉は、同一位置で建て替えられることが多く、恒久的な施設としての性格が認められる。
- 板塀や築地塀、溝によって建物群の外周を区画する例が多い。
- 国府や郡衙では、中枢部である政庁だけでなく、倉庫群や館などの施設も独立した院を形成することがある。

特徴の総合的検討　上記のように、官衙の遺構には、集落とは対照的な特徴が認められる。しかし、寺院や豪族の居宅にも、大型建物や計画的な建物配置が見られることがあるので、こうした特徴の一つが認められても、官衙と即断できるわけではない。多くの特徴が確認されることで、官衙の可能性がより高まる。

　ただし、部分的な確認調査では、官衙としての認定や性格の特定は難しい。遺跡全体の中での建物群の位置や、諸施設の構造と特徴を総合的に検討することによって、官衙とほかの種類の遺跡との違いを見出すことが必要である。

B　遺物の特徴

文字関係遺物　官衙では、文書作成に使用した硯が出土することが多い。実務的な曹司以外に、国庁や国司館からも多数出土することがある。

官衙で作成した文書や帳簿類は、工房などで漆容器の蓋紙に利用され、漆が付着したものが漆紙文書として出土することもある。

木簡がしばしば出土するのも官衙の特徴である。木簡には文書、付札、削屑などがあるが、削屑の出土は、近くで木簡に文字を書く事務作業がおこなわれていたことを示しており、官衙と判断するさいの有力な手がかりとなる。

また、官衙では、官司名や官職名、人名、地名などを記した墨書土器や刻書土器、文字瓦が出土することも多い。

これらの文字資料は、寺院や生産遺跡、集落からも出土することがあるが、官衙に比べると量的に少ない。

土器・瓦類　官衙では、食膳具である杯・皿が圧倒的に多く、煮炊きや貯蔵用の甕・壺が少ないという傾向がある。また、施釉陶器や畿内系土師器、輸入陶磁器が出土することも多い。

瓦も官衙を特徴づける遺物の一つであり、寺院や瓦窯を除けば、官衙の政庁や瓦倉など主要建物の存在を推定する重要な手がかりとなる。

その他の遺物　官人の位階を示す帯金具や石帯も、官衙で出土することが多い。ただし、これらの腰帯具は、集落などからの出土例もある。

このほかに、郡衙の正倉院などでは、正倉の火災によって炭化した稲穀や穎稲(143頁)が出土することがあり、郡衙正倉や正倉別院と判断する有力な指標となっている。

C　立地の特徴

交通の要衝　官衙は、古代の主要道路や河川に近接した交通の要衝に位置することが多い。これは、徴税や税物の貢進、地方行財政の執行、検察という地域支配の機能だけでなく、中央と地方を結ぶ交通施設としても重要な役割を果たしていたことによる。こうした立地も、官衙と認定する手がかりとなる。以下、郡衙遺跡の例を記す。

郡衙諸施設の立地　正倉は、台地上や段丘上など小高い場所に設けた例が多く(144頁)、郡衙所在地を探る手がかりとなる。

郡庁は、郡衙の中核的な場所を占める例が多い。下本谷遺跡(広島県・8世紀)では、正倉が丘陵の斜面に配置されたのに対して、郡庁は丘陵頂部の平坦面に位置している。これは、景観上、郡庁をきわだたせ、郡内支配の核として位置づけたことを示唆する。

宿泊施設である館と給食施設である厨家は、通常、近接して設置される。厨家は、その機能とかかわって、井戸や湧水などで水を得やすい場所に位置することが多く、地形状況の観察が厨家と推定する手がかりとなる。

こうした占地の傾向は、官衙における諸施設の配置を探るうえでも参考となる。

2　遺跡情報の事前収集

A　地表観察

遺構の痕跡　礎石建物をともなう官衙では、地形の削平や改変が及んでいなければ、基壇の高まりや礎石、礎石抜取穴などの痕跡を現地で確認できることがある。また、区画施設の築地塀や土塁も、山陽道の野磨駅家に比定される落地遺跡(兵庫県・8世紀)のように、土手状の高まりとして遺存する場合がある(図155)。

区画施設は、田畑の区画や溝、道路などとして地表に残ることもあり、地形図や空中写真も利用しつつ、その痕跡を探すように努める。とくに、官衙施設の一部が判明している場合は、それと一致した方位の地割を見出すことで、官衙域などの区画を推定できる可能性もある。

古代山城では、遺構が比較的よく残るものも多く、城門や水門、土塁、列石など、外郭線の状況を踏査によって把握する。

第Ⅳ章　官衙の調査

　これらの遺構の情報は、少なくとも1/1,000以上の大縮尺で記録するようにする。簡易型のGPSの踏査軌跡を利用した記録作成も有効である。

遺物の分布　地表観察では、瓦や土器など遺物の分布調査も実施し、その範囲と密度を把握する。多くの国庁では瓦葺建物が建てられており、瓦が集中する地点は国庁の有力な候補地となる。また、関東北部以北の正倉院でも、法倉とみられる大型倉庫は瓦葺の例が多い。なお、過去に発見された瓦が学校や個人の収蔵品となっていることもあるので、それらの資料にも注意しておきたい。

　施釉陶器なども、官衙の所在を推定する手がかりとなり、大量の土器類が出土した地点は厨家などの有力候補となる。また、史料には、8世紀後半～9世紀の東国を中心に、正倉が「神火」によって焼失した記事が見え、焼けた炭化穀類が確認できれば、正倉院にあたる可能性が高い。

　このほか、第5節（171頁）に挙げるような官衙特有の遺物が採集されることもある。

B　地図・空中写真の利用

　これらについては、基本的に寺院の調査と変わらない（92頁）。官衙の場合も、1/1,000程度の大縮尺の地形図を用意しておく必要がある。

　前述のように、各種の区画施設の痕跡や駅路などの古道が現地表に残る例があり、地形が改変されていても、古い地形図や空中写真にそうした地割が記録されていることもある。

　また、官衙の広がりを推定するうえでも、周辺の旧地形の把握は欠かせない。これには、陸地測量部作成の旧地形図や、米軍が撮影した空中写真なども利用するのが望ましい。

C　史料・地名・伝承・絵画などの利用

史　料　10世紀前半に成立した『和名類聚抄』には、道、国、郡、郷と駅家の一覧が収録されており、官衙所在地の行政区分を把握するには欠かせない史料である。

　また、『出雲国風土記』（733年）のように、郡衙を起点とした各施設までの方向と距離や、軍団、烽について記載したものもあり、官衙の所在地を探るうえで重要な手がかりとなっている。

　このほか、前述の「実録帳」（142頁）も、郡衙の建物構成や構造を知ることができる貴重な史料といえる。

地名・伝承　地方官衙の所在を探るうえでは、古い地名や伝承も手がかりとなる。地名には、町村名や地区名、字名のほか、土地の人が言い伝える通称地名もある。

　国府については、「古国府」「今国府」「国庁」「国衙」の地名のほか、「府中」や「府内」など中世以降の地名が残るところが多い。

　郡衙に関連するものには、「郡」「古郡」「小郡」「郡山」といった「コオリ」を含む地名がある。正倉の所在地には、炭化米の出土に由来する「長者原」「長者屋敷」などの地名や、長者伝説が残る例がある

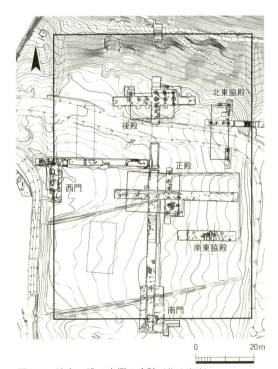

図155　地表に残る官衙の痕跡（落地遺跡）

ほか、倉庫群が並び立つようすを示す「八並」の地名がついている例もある。なお、律令(倉庫令)には、防火用の池や溝を設ける規定があり、正倉院の近くに、この池に由来する可能性のある地名や溜池が現存する場合もある。

駅家に関係する地名としては、「馬屋」「厩」「馬郡」「駅館」などがある。

ただし、以上の地名は、漠然とした範囲の呼称であることも多く、後世に意図的につけられたものもある。したがって、ほかの遺跡情報とあわせて官衙の所在を絞り込んでいく必要がある。

このほかに、神社の位置も手がかりとなる。国衙の近くに集められた諸社に由来する総社(惣社)や、国司の支配権を象徴する国印と鑰(鑰)を祭った印鑰神社、国の第一社である一宮などは、国府の所在を探る有力な材料となる。

絵画資料 江戸時代後期以降、盛んに刊行された名所図会など絵入りの地誌類には、各地の名所や旧跡などが描かれている。こうした中に、官衙や関連する寺院が含まれることもある。

D 歴史地理的環境

交通路 先述のように、郡衙や駅家は、交通の要衝に位置することが多いので、駅路など古代の交通路の復元が、官衙を比定するさいの重要な手がかりとなる。駅路の路線復元については、第Ⅶ章(312頁)を参照されたい。

寺院・古墳 また、郡衙の場合は、周辺に7世紀後半～8世紀前半頃に造営された寺院が存在することが多く、終末期古墳が築造されている例も少なくない。こうした点に着目して、寺院や古墳から郡衙の所在地を推定したり、絞り込んだりすることも有効な場合がある。

E 物理探査

物理探査の方法やその適用については、前章(94頁)と発掘編(90頁)に譲り、ここでは官衙での成果例について述べる。

平城宮東方官衙地区(奈良県・8世紀)では、地中レーダー探査で、塀や溝で区画された敷地内に6棟の建物があり、南側に門が開くこと、宮内道路が東西方向にのび、石敷広場や井戸とみられる施設が存在することを確認した(図156)。また、多チャンネル型のアンテナを使って、礎石の形状までとらえることができた。

筑後国御原郡衙と推定される下高橋官衙遺跡(福岡県・8世紀後半～9世紀)では、範囲確認を目的とした広域の地中レーダー探査を実施し、南北に並ぶ総柱建物とその外周を囲む溝を確認している(発掘編91頁)。上野国新田郡衙にあたる天良七堂遺跡(群馬県・7世紀後半～10世紀)でも、区画溝や総柱建物を把握し、部分的な確認調査で検証された。

発掘作業中に、より詳細な遺構情報を取得できた例もある。上野国佐位郡衙にあたる三軒屋遺跡(群馬県・7世紀後半～10世紀)では、「実録帳」の「八面甲倉」に比定される総柱で八角形の礎石建物を発掘調査で検出し、その下層にも先行する掘立柱建物が存在することが指摘されていた。

こうした下層建物を発掘で確認する場合、上層

図156 地中レーダーで確認した建物や溝(平城宮)

第Ⅳ章 官衙の調査

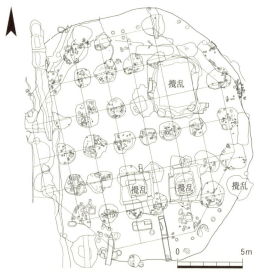
上層の八角形礎石建物

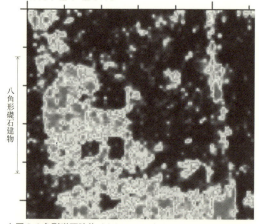
上層の八角形礎石建物（地中レーダー）

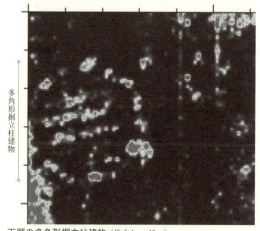
下層の多角形掘立柱建物（地中レーダー）

図157 多角形正倉の建て替え（三軒屋遺跡）

遺構に影響を与えることは避けられないが、地中レーダー探査では、非破壊での把握が可能である。これによって、下層の掘立柱建物も、上層の礎石建物と同様に多角形の平面をもつものの、それより規模がやや小さく、位置も少し西側にずれることが判明した（図157）。

また、常陸国那賀郡衙に比定される台渡里官衙遺跡（茨城県・8～9世紀）では、総柱礎石建物の正倉を、布地業から壺地業に変更して建て替えたことが部分的な発掘でわかっていたが、その状況を探査でも確認できた。

以上の例のように、広域にわたる官衙の把握や下層遺構の確認には、物理探査が有効な場合が多い。試掘・確認調査とともに、必要に応じて適宜導入することが望ましい。

3 試掘・確認調査による把握

A 官衙と判明する以前の留意点

掘立柱建物の試掘・確認　官衙では、掘立柱建物が遺構の主体をなすので、とくに柱穴の検出に注意を払う必要がある。

柱穴にもさまざまな平面形があり、狭い範囲の調査では、壺掘り柱掘方を大型土坑と間違えたり、布掘り柱掘方を溝と誤認したりするおそれもある。とくに、開発にともなう調査などでは、あらかじめ官衙と判明していることはまれなため、これらの初歩的な誤りを犯しやすい。

こうした誤認があると、官衙としての調査体制への切り替えが遅れ、遺跡の保存措置にも重大な影響を及ぼすことになる。したがって、試掘・確認調査でも、遺構の平面確認だけでなく、必要に応じて最小限の掘り下げをおこない、柱痕跡や柱抜取穴の有無によって、壺掘りや布掘りの柱掘方かどうかを識別し、また、時期推定の手がかりとなる遺物の発見にも努めるようにする。

試掘・確認調査の限界　一方、調査面積の制約から建物の遺構を検出できないこともある、という限界にも十分留意する必要がある。

たとえば、幅が3m未満のトレンチでは、柱穴と柱穴の間の空白部分にあたってしまうこともある。また、柱穴の並びが確認できても、建物の規模や遺跡全体の把握にはいたらないことが多い。

したがって、検出した遺構が建物や遺跡全体のどの部分にあたるのか、どういった性格が想定され、どのように調査すれば全貌の把握に近づけるか、などを常に考えつつ、遺構を主体的に見つけ出す心構えをもつことが求められる。

B　官衙と推定される遺跡の試掘・確認

広域を対象とした調査　官衙の遺構は広域にわたることが多いので、試掘・確認調査でも対象範囲を広くとる必要がある。これによって遺構や遺物の分布を確かめ、調査計画を策定する。

主軸・中軸線の確認　主要な官衙では、政庁など中枢部のまわりに、行政実務や官衙の運営を担当する曹司を配した。曹司は、中枢部に近接して集中的に置くこともあれば、部署ごとに分散して置くこともある。しかし、いずれの場合でも、外周を区画施設で囲んだ内部の建物群や、それぞれの曹司などを形成するひとまとまりの建物群は、主軸の方位を揃え、計画的に配置するのが一般的である。

試掘・確認調査では、こうした主軸方位や中軸線を強く意識しつつ、トレンチ設定などの作業を進めることが望ましい。

4　測量と地区割り

寺院に準拠　官衙の発掘も、寺院と同様、広範囲にわたり、かつ複数年にまたがることが多い。したがって、恒久的な基準点の重要性や求められる測量精度も共通する。

また、ともに中軸線の有効性は変わらないものの、遺跡独自の地区割りや実測基線を用いる意味が稀薄な点も一致している。このため、官衙の測量基準点の設置や測量、地区割りは、寺院（95頁）に準じておこなう。

地形測量　官衙でも、寺院と同じく、1/500～1/2,500の地形図などを利用するほか、発掘対象範囲などでは、必要に応じて1/100か1/200程度の大縮尺の地形図を作成する（95頁）。

なお、樹木が茂った状況で撮影した写真から作成した地形図では、土塁や基壇の高まり、溝のくぼみなど、地表の微地形が正確に反映されていないことが多い。こうした場合は、各種の方法で大縮尺地形図を作成することが求められる。また、地上型三次元レーザースキャナーによる測量や航空レーザー測量も有効である（発掘編81頁）。

5　調査計画の策定

中枢部の確認　地方官衙では、中枢部と思われる場所から発掘を開始して、中枢施設の存在を明らかにし、遺跡の性格を知る手がかりが得られるように計画を立てる。こうすることで、中軸線や基準となる方位をいち早く把握できる可能性も高まり、規模を推定する糸口も得やすくなる。

そして、次の段階で中枢部から周囲にトレンチをのばして、遺構の広がりや建物群などを囲む区画施設の有無を確認し、そのうえで地形的条件を考慮しつつ、官衙全体の外周を囲む塀や溝などの施設の有無を調査していくのが有効である。

下野国府（栃木県・8～10世紀）の調査では、早い段階で中枢施設である国庁が確認されたために、その後の調査計画の策定が容易となり、周辺の曹司や国司館、道路、区画溝といった諸施設を効率的に確認することができた。

周辺部の調査　地方官衙では、全体を囲む施設を設けないものが多い。また、曹司などの個々の

官衙施設も、建物群がほかとは空間的に区別されたまとまりとして存在するものの、それぞれの外周を区画する明確な施設をともなわない例が目立つ（143頁）。また、曹司は、政庁近辺に集中的に配置されるとはかぎらず、広い範囲に分散する例もしばしばある。

したがって、土塁や築地塀、溝など、外周区画施設の痕跡が確認できない場合は、官衙域が広範囲に及ぶことも念頭におき、遺構の分布状況を確認しながら周辺部へトレンチをのばす。

広域を対象とした計画　官衙の調査計画の立て方は、基本的に寺院に準じるが、官衙の範囲は寺院よりもさらに広域となることが多い。

武蔵国府では、国衙を中心とする東西2.2km、南北1.8kmの範囲に、官衙施設や宗教施設、竪穴建物が展開しており、その外側にも竪穴建物を主体とした遺構群が東西6.5kmに広がる。また、天良七堂遺跡では、郡庁や正倉群を含む東西約400m、南北約300mの範囲に大溝がめぐるが、その西側の笠松遺跡（群馬県・8〜9世紀）でも、掘立柱建物と礎石建物からなる関連施設が見つかっている。

計画の柔軟な見直し　官衙の場合、当初の調査計画による発掘区では、官衙としての性格はもちろん、官衙と認定できる成果さえ得られないこともある。そうしたときは、計画の見直しを含めた柔軟な対応が求められる。国府の規模や形状についても、かつて提唱された方八町説は再考を迫られており（141頁）、それにもとづく国府想定域に固執した調査計画は有効性に欠ける。

調査計画の立案や見直しにさいしては、必要に応じて、学識経験者を交えた遺構や遺物の総合的検討をおこなうなど、より効率的な発掘調査の進行に配慮する。ただし、部分的な発掘で思わしい成果が得られない場合も、その地点や地域は官衙域からはずれる可能性が高まり、官衙の範囲を絞り込む材料が得られたという意味をもつ。調査の積み重ねが必要な官衙では、そうした消去法的な考え方も重要となる。

また、官衙の遺構は、開発にともなう調査で偶然に発見される例も多く、あらたな調査方針や保存措置の検討など、臨機応変の迅速な対応がしばしば求められることも念頭におきたい。

保存目的調査　保存目的調査では、建物の平面形や規模を確認するのであれば、必ずしも全面的に掘り広げる必要はなく、最小限のトレンチ調査で目的を達成できることも多い。たとえば、礎石建物では、寺院の堂塔と同じく、建物の長軸方向と短軸方向にトレンチを十字形に設定し、規模を把握したのち、柱配置を解明するために、全体の1/4もしくは1/2程度を平面的に掘り広げる方法をとるのが望ましい（116頁）。

また、左右対称の建物配置をとることが多い政庁などの場合は、中軸線の左右いずれかの側について、建物の平面形や規模、配置を明らかにすれば、全体の構造をほぼ推定できる。

保存目的調査での遺構の掘り下げは、遺構の保存や将来的な検証に備えて、必要最低限にとどめるのが原則である（158頁、発掘編151頁）。たとえば、掘立柱建物では、柱穴すべてを掘り下げるのではなく、目的を明確にしたうえで、選択的に掘り下げる。

官衙では、上層の遺構や整地層が存在するために、下層の遺構の状況が部分的にしか把握できないことも多い。こうした場合、保存目的調査では、上層遺構をできるだけ保存しつつ、下層遺構の情報を取得する方法をとる。

たとえば、掘込地業をともなう礎石建物の下層に、掘立柱建物が存在するときは、下層の建物の平面形や規模がわかるように、基本的には直交する2方向のトレンチを設定し、その部分だけ地業を掘り下げて遺構検出にとどめる。また、攪乱部分などを利用して、その底面や断面で下層遺構の情報を得るのも有効である。

第3節
官衙遺構の諸要素

　官衙の遺構は、寺院と共通するものが多く（103頁）、ここでは、官衙における代表的な例や、寺院にはまれな遺構について述べる。

1 建　物

建物の平面構造　官衙の建物は、平面が長方形や正方形のものがほとんどであるが、三軒屋遺跡（群馬県・7世紀後半〜10世紀）や市道遺跡（愛知県・8〜9世紀）のように、平面が八角形や六角形の正倉遺構の検出例もある（図157・158）。長方形などにまとまらない柱穴群については、多角形の平面となる可能性も検討する必要がある。

　建物規模の表記法は発掘編（161頁）に示したが、官衙では、建物の規格や造営尺など、造営技術を探るうえで、柱間寸法が重要な情報となる。このため、桁行・梁行の総長に加えて、それぞれの柱間寸法も併記することが欠かせない。

掘立柱建物の基壇　掘立柱建物にも、基壇をもつものが存在するが、その多くは、赤井遺跡（宮城県・8世紀）で見られるような、高さ20〜30cm程度の低平な盛り土と推定されている。

　宮殿関係でも、稲淵川西遺跡（奈良県・7世紀中頃）（発掘編180頁）や石神遺跡（奈良県・7世紀後半）に例があり、その後も平城宮（奈良県・710〜784年）の朝堂や曹司などで採用された。

　ただし、石神遺跡の中枢部のように、低い基壇状の整地土の上に建物群全体が造営されることもあるので、注意を要する。

官衙の礎石建物　礎石建物は、6世紀末以降、寺院建築に広く見られるが、官衙で本格的に用いるのは、藤原宮（奈良県・694〜710年）の大極殿院や朝堂院が最初である。

　官衙で確認できる掘込地業のうち、総地業は藤原宮の大極殿南門、壺地業は同じく北面中門が早い例である。これらの地業は、地方官衙では倉に用いることが多い。布地業は、平城宮の中央区朝堂院や西池宮のほか（図159）、地方官衙では8世紀以降に、那須官衙遺跡や多功遺跡（ともに栃木県）、平沢官衙遺跡（茨城県）など、関東以北の正倉に見られる。

掘立柱建物から礎石建物へ　8世紀後半から9世紀にかけて、国庁の主要殿舎や郡衙正倉などは、ほぼ同じ位置で掘立柱建物から礎石建物へ建て替えられた例が多い（140頁）。

　下野国庁の西脇殿（栃木県・9世紀前半）では、

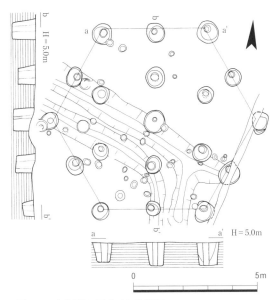

図158　六角形の正倉（市道遺跡）

図159　布地業（平城宮）

先行する掘立柱建物の柱抜取穴に焼土や瓦片を突き込み、その上に根石を置いている。このように、同位置で掘立柱建物から礎石建物へ建て替える場合は、掘立柱の切取穴や抜取穴を礎石据付穴として利用することもある。

また、掘立柱の腐朽した根元部分を切り取って礎石を据え置き、部分的に礎石建ち構造に改めた例もあったとみられる。いずれにしても、礎石建物を検出したときには、掘立柱建物からの建て替えの有無にも注意したい。

掘立柱・礎石併用建物　官衙には、1棟の建物で、掘立柱と礎石を併用した例もしばしば認められる。藤原宮の西方官衙の床束建物（発掘編166頁）は、掘立柱の側柱をもち、床束を支えるための小礎石を並べていた。また、平城宮の中央区大極殿院の楼閣では、外周の柱が掘立柱、内部の柱は礎石建ちであり、建物の構造上の理由から掘立柱を併用したと推定されている。

なお、大野城（福岡県・7世紀後半～9世紀）や高安城（奈良県・7世紀後半～8世紀）などには、礎石建ちの高床倉庫の周囲に掘立柱列がめぐる例がある（図160）。

こうした掘立柱・礎石併用建物であっても、旧地表が削平されている場合は、掘立柱の柱穴しか残らないことがあるので、柱穴の配列状況によっては、礎石列などが存在した可能性も含めた検討が求められる。とくに、床束の礎石は失われやすく、しかも痕跡をとどめにくいので、建物の床構造を推定するさいには注意が必要である。

竪穴建物　工房や兵舎、官衙の造営工事に動員された人々の宿泊施設などには、竪穴建物も存在した。それらの遺構の基本的要素は、集落の竪穴建物（発掘編131頁）と変わらない。ただし、工房には平面が長方形のものが目立ち、なかには鹿の子C遺跡（茨城県・8～9世紀）のように、カマド（竈）を数ヵ所に備えた、連房状竪穴遺構とよばれる長大な竪穴建物もある（図161）。

建物の造営に関連する遺構　藤原宮の朝堂や朝堂院回廊の基壇の外周には幅約50cmの溝がめぐり、排水のほか、水を張って水平を得る役割を果たしたと推定されている。基壇の周囲には、基壇

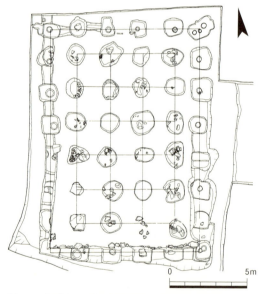

図160　掘立柱・礎石併用建物（大野城）

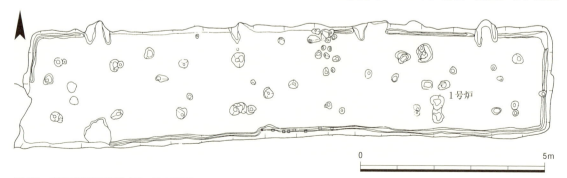

図161　連房状竪穴遺構（鹿の子C遺跡）

2 区画施設

A 掘立柱塀・柵

官衙の外周や中枢施設の区画　官衙関連施設を区画する掘立柱の塀や柵は、比恵遺跡の3条の掘立柱列からなる塀（柵）（福岡県・6世紀）や、後飛鳥岡本宮（奈良県・656～672年）の掘立柱塀などに遡り、それ以降、宮や各地の官衙で外周や中枢施設を囲む施設などに用いられている。

規模と上部構造　宮の大垣など、官衙全体の外周を囲む掘立柱塀は、曹司や寺院を囲む塀に比べると概して規模が大きく、外部からの遮蔽や防御、荘厳性がより重視されている。

　藤原宮の大垣は、一辺1.3～1.8mの方形の柱掘方が約2.7m（9尺）間隔で並び、内外に溝をともなう（図162）。柱抜取穴の形状と方向には規則性があり、柱の抜き取りが、統制のとれた一連の作業としておこなわれたことがわかる。

　平城宮の中央区大極殿院で出土した木樋は、この藤原宮大垣の柱を転用したと推定されている。その規模や間渡の仕口などからみて、藤原宮の大垣は、柱の上部に腕木を挿して屋根を造り、木舞の上に壁土を20cmほどの厚さに塗った、高さ約6mの土壁（真壁）構造と復元できる（111頁）。

小規模な掘立柱列　地方官衙では、目隠し塀など、部分的な遮蔽や区画を意図した小規模な掘立柱列がしばしば検出される。構造的には、屋根をともなわない板塀や柵と推定されるものが多く、区画または遮蔽の対象となる建物や施設との位置関係、方位などにも留意して、それらの柱穴列を把握する必要がある。

B 築地塀

限定的な使用　築地塀は、官衙では、平城宮以降の大垣や中枢施設、城柵の政庁や外郭、国庁、山陽道の駅家中枢部などの外周を囲む施設として用いられている。郡衙での検出例は少ない。

　官衙で築地塀が本格的に採用されるのは、8世紀前半以降である。地方官衙では、諸国の国庁など8世紀後半以降に導入される例が多く、一般に中央官衙での採用時期より下る傾向がある。

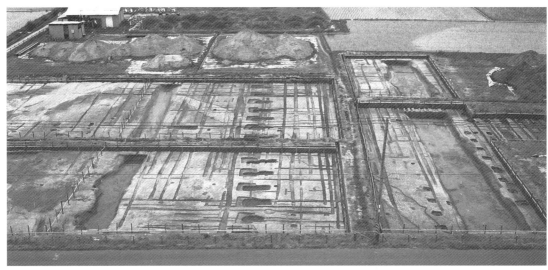

図162　掘立柱塀と溝（藤原宮）

第Ⅳ章　官衙の調査

　上記のように、築地塀は、宮の大垣や城柵の外周を囲む施設、地方官衙の政庁など中枢部を囲む施設に見られる点から、視覚的効果を重視して施設の荘厳化を図り、国家の威厳を誇示する役割も果たしたと推定される。

規模と上部構造　平城宮の大垣や多賀城（宮城県・8世紀前半〜11世紀）の外郭南辺築地塀は、基底幅が約2.7mである（図163）。大宰府政庁（福岡県・8〜11世紀）や多賀城政庁の築地塀は、基底幅が2.1〜3.2mと大きいが、平城宮内の曹司や地方官衙ではそれらより小規模な例が多い。

　なお、多賀城では、南辺の外郭線が瓦葺であるのに対して、北辺は板材を葺いた屋根構造と推定され、近江国庁（滋賀県・8〜10世紀）では、南辺の基底幅の規模が他辺より大きくなっている。正面となる南辺の区画施設が重視されたらしい。

　このように、官衙の築地塀は、施設の性格や格式、区画する場所や範囲により、規模や屋根構造などが異なることがあるので、そうした点にも留意しつつ調査を進める必要がある。

C　材木塀

材木塀とは　材木塀は、柵木ともよばれ、溝状の布掘り掘方内に角材や丸太材を密接して立て並べた区画施設である。屋根はともなわない。弥生時代以降に見られ、古代の官衙関連施設では、近畿にも例があるが、7世紀後半に遡る郡山官衙遺跡（宮城県）Ⅰ期官衙をはじめ、東北の古代城柵などで区画施設に多用される。

構造と種類　払田柵（秋田県・9〜10世紀）では、外郭を囲む施設を材木塀とする。それに使用した全長4.6mの角材から、この材木塀は、地上高が3.6mで、上から1.0〜1.2mの位置に貫を通し、掘立柱塀や築地塀と同様の高さを備えていたことが判明している（図164）。

　材木塀には、根入れ（地表下に埋め込まれた部分）が浅い例や、材木の間隔をややあけた柵状のものも認められる。柵状のものは、横木などによる連結や支持をともなう構造と推定される。

　材木塀の基部は、布掘り掘方の底面にそのまま材木を据え置くもののほか、材木の先端を尖らせて杭状に打ち込むものがある。また、低湿地など地盤が軟弱なところでは、礎板を据え置いたり、丸太や角材を組み並べた筏地業とよばれる基礎地業を施したりして、その上に材木を立てる場合な

図163　築地塀（多賀城）

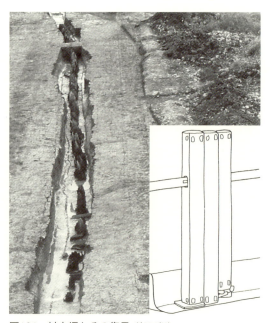

図164　材木塀とその復元（払田柵）

どもある。

　材木には、丸太材を用いた例が多いが、払田柵の外郭線や外周郭を囲む施設(外柵)のように、角材を用いた例もある。

機能　　城柵の外郭を囲む材木塀は、堅固な構造で櫓をともなうことが多く、防御施設としての役割を果たしていた。多賀城や払田柵では、丘陵上は築地塀、低湿地は材木塀という使い分けも見られ、材木塀は、築地塀の代替施設や低湿地での区画施設としても機能したことが知られる。

　また、秋田城(秋田県・8世紀前半〜10世紀中頃)の水洗式の厠にともなう材木塀のように、官衙の遮蔽施設として用いた例もある。

D　縦板塀

縦板塀とは　　縦板塀は、溝状の布掘り掘方内に板材を立て並べた区画・遮蔽施設である。屋根は架けない。補強のための支柱を一定の間隔で配したものが多いが、材木塀に比べると堅固さに欠ける。官衙の区画施設としては、東日本で多く見つかっている。

図165　縦板塀(御子ヶ谷遺跡)

構造と種類　　縦板塀の基部は、通常、板材断面の長辺を、布掘り掘方の長軸方向に合わせて、掘方の底面に据え置くが、材の薄いものは断面V字状の掘方に打ち込んで立て並べる。布掘り掘方の幅は、材木塀の場合より狭い。

　板材は、厚さ1.5〜3cm、幅15〜30cmのものから、厚さが5cm以上で断面が長方形の角材に近いものまである。

　布掘り掘方の深さは概して浅いので、縦板塀の高さは、掘立柱塀や築地塀より低いとみられる。御子ヶ谷遺跡(静岡県・8世紀前半〜9世紀)では、支柱を斜めに立て、地表から1.0〜1.2m上を支えたと推定されている(図165)。

　塀の支柱には、小規模な柱掘方内に角材や丸太材を立てるものと、布掘り掘方内にやや厚い板材や材木を立てるものがある。それらの支柱に横材を渡し、縦板列を支えたと考えられる。

　したがって、一定の間隔で柱穴をともなう柱筋溝状遺構や、幅が狭く直線的な溝、断面がV字状を呈する細い溝などは、縦板塀の可能性も考慮して精査する必要がある。

E　土塁・石塁

土塁とは　　土塁は、土を盛り上げて、土手状の壁体を構築した区画・防御施設である。築地塀と異なり、屋根は架けない。弥生時代の環濠集落や古墳時代の豪族居館などで古くから見られるが、官衙では、古代山城や城柵の外郭線の施設として多用されるほか、郡衙でも検出例がある。

土塁の構造と種類　　一般に、築地塀に比べて壁体の基底幅が広く、高さが低い。古代山城では、通常、基底幅約6〜9m、高さ1.5〜3mである。明確な版築をともなわないものが多いが、一部の古代山城や水城(福岡県・7世紀)のように、版築工法により築成された例もある。

　典型的な版築の場合、堰板を固定した土塁前面の支柱や土塁内部の横木の痕跡、突き棒の痕跡な

どが確認されることがある。古代山城では、基底部の前面に列石を置いて土塁を構築した例があり、列石の前面や土塁内部で、版築時の堰板の支柱とみられる柱列が検出される場合もある。

土塁の機能 　土塁は、古代山城や城柵、関などに採用されること、丘陵の稜線上に構築され、伊治城(宮城県・8世紀)のように大溝や櫓をともなう例があることなどから(図166)、防御施設として機能したことがわかる。また、築地塀より容易に構築でき、平城宮中央区の平城太上天皇西宮(9世紀前半)のように、築地塀が崩壊したのちの高まりを利用したものもある。このように、築地塀の代替施設や簡易な区画・遮蔽施設としての役割を果たす場合もあった。

図166　土塁と大溝(伊治城)

図167　石塁(御所ヶ谷神籠石)

石塁とは　　石塁は、石を積み上げて構築した区画・防御施設である。古代山城の外郭線に用いられたほか、城柵では払田柵に例がある。しかし、古代山城でも、外郭線の大半を石塁とするのは、金田城(長崎県・7世紀)など少数であり、城門付近だけを石塁とするものや、御所ヶ谷神籠石(福岡県・7世紀)のように、暗渠状の水門をともなう石塁を谷部分に築くものが多い(図167)。

石塁の構造と種類　石塁の石積には、野面積、割石積、切石積がある。外壁の傾斜角度は、通常、60～80°で、切石積では90°に近い。内部に充塡する石材は外壁材より若干小さく、切石積ではこぶし大ほどの石(栗石)を用いる。

　なお、鬼ノ城(岡山県・7世紀後半)では内部を版築している箇所があるほか、払田柵のように土塁の表面を石積で補強した例もある。

石塁の機能　　石塁は、古代山城や城柵などに用いられた。丘陵の稜線上や城門、谷部分などに構築されており、防御施設として機能したことがうかがえる。また、城門付近だけを石塁とした例が見られるので、視覚的効果を高める役割も果たしていたらしい。

F　溝

溝の種類　官衙の溝は、その機能によって、区画施設として設けた溝や地割溝、防御や侵入遮断用の溝のほか、建物にともなう雨落溝や道路の側溝、取水や排水用の溝、運河などに分類される。

　官衙の区画溝には、宮や城柵、国衙や郡衙などの官衙全域の外周を囲む溝と、政庁や曹司、郡衙正倉院など個々の官衙域を囲んだり区分したりする溝などがある。

溝にともなう施設　官衙全域や個々の官衙の外周を囲む溝は、掘立柱塀や築地塀、材木塀、土塁などをともなうことも多いので、埋土の状況や溝沿いの同時期の遺構分布状況を観察し、それらの区画・防御施設の有無を判断する必要がある。

3 祓所

祓とは 神に祈り、人の罪や穢れを除く儀式を祓とよび、祓をおこなう場所を祓所という。祓では、人や馬、舟などをかたどった形代を身代わりとして水に流し、穢れや災厄から身を清めようとした。このため、祓所は、河川や溝、井泉など、水と密接にかかわる場所に位置することが多い。

都城の祓所 宮中では、毎月の月末に祓がおこなわれ、6月と12月のものをとくに大祓とよんだ。平城宮では、朱雀門と壬生門に百官が集い、大祓をおこなった。壬生門の発掘調査では、そのさいに用いたと推定される人形などの祭祀具が、濠から出土している。また、宮内の溝や京内の道路側溝、川などから、人形や人面墨画土器(墨書人面土器)、ミニチュア竈、土馬が出土しており、これらにも大祓の遺物が含まれるとみられる。

道路と密接にかかわる祓所もある。長岡京(京都府・784〜794年)左京七条三坊では、大路とそれを横切る川に設けた橋や堰が祭祀の場所とされていた。ここは長岡京の東南隅近くにあたり、京の四隅でとりおこなわれた道饗祭とのかかわりが推定されている。

地方官衙の祓所 地方官衙でも、祓所が確認された例がある。出羽国府であった城輪柵(山形県・9〜10世紀)の南東に位置する俵田遺跡(山形県・9世紀中頃)では、斎串で東西・南北5mほどの範囲の結界をつくり、人面墨画土器や、須恵器の小型甕、木製形代、斎串などを配置した祭祀場が検出されている。人形や刀形、斎串は、地面に直接、刺し立てていた。この祭祀場は、出羽国府がとりおこなった大祓の跡と考えられる。

また、但馬国府推定地に近接する砂入遺跡下層(兵庫県・8世紀)では、道路と2条の溝から、人、舟、馬、刀、剣、鋤など2万点を超える木製形代や斎串が出土した。とくに溝の肩部では、形代などの木製品が数mにわたって集中する部分が10ヵ所以上発見された(図168)。この集中部ごとに、人形や斎串などが頭部を揃えた状態で出土するといったまとまりが見られ、それぞれが祓の単位であったと推定されている。祭祀具が集中して出土した場合、このようなまとまりの有無にも十分注意する必要がある。

弥勒寺官衙遺跡群(岐阜県・7世紀後半〜10世紀前半)でも、美濃国武義郡衙の西方に位置する郡衙関連の祭祀遺跡で、中洲に掘られた井泉や、導水用の溝、目隠し塀、祭場へ向かう橋などを検出している。

出土遺物からみて、ここでは、8世紀中頃に、斎串による結界と人形を用いた祭祀や、土器に吉祥句あるいは呪句を墨書する祭祀のほか、桃の果実ないしは種子による辟邪などの祭祀をおこなったと推定されている。このように、果実の種子などが出土した場合には、祓とのかかわりも念頭におく必要がある。

祭祀や祭祀具には、時期による変化が認められることもある。武蔵国幡羅郡衙にあたる幡羅遺跡に隣接した西別府祭祀遺跡(埼玉県・7〜11世紀)では、7世紀後半には大量の石製模造品を用いた祭祀をおこなっていたが、8世紀以降は墨書土器を用いた湧水地での祭祀へと大きく変化したことが判明している。

図168 祭祀具の集中部(砂入遺跡)

第4節
発掘方法と留意点

1 建物の発掘

平面の確認　掘立柱建物の発掘手順は、集落遺跡の場合と基本的に変わらない（発掘編180頁）。ただし、官衙の場合、柱間寸法が7尺以上と広いものが多く、建て替えなどにより複数の建物が重複することもしばしばある。そのため、できるだけ広い面積を発掘し、個々の建物の平面と規模を確認するのが望ましい。

基壇　寺院の主要堂塔と同様に、官衙でも政庁の主要建物などでは、基壇を設けた例がある。また、一部の正倉も基壇をともなうことがあり、注意が必要である。弥勒寺官衙遺跡群（岐阜県・7世紀後半～10世紀前半）（図169）では、正倉のうち1棟で、大型の石を立て並べた基壇外装をともなうことが確認されている。

ただし、官衙建物の基壇は、外装材が遺存していないものが多く、それらは木製の基壇外装（107頁）の可能性も考慮する必要がある。近江国府では、国庁東側の官衙区画の中心建物に木製基壇が用いられていた。木製基壇では、通常、木質部分は腐朽してほとんど残らないため、材の据えつけや抜き取りをおこなった溝状遺構などの痕跡について、細心の注意が求められる。

また、掘立柱建物にも基壇をもつ例がある。同時存在とみられる近似した規模の掘立柱建物で、ほかと比べて根入れが浅い建物は、削平された基壇をともなっていた可能性もある。

なお、礎石建物では、後世の攪乱や削平によって、基壇や地業を含めた建物そのものの痕跡がまったく失われることもある。ただし、そうした場合でも、礎石や瓦磚の出土から、礎石建物の存在を推定できることがある。

建て替えの有無の確認　官衙では、建物の建て替えを頻繁におこなった例が多い。ただし、国庁の建物は同じ位置で建て替えられるのに対し、曹司は継続性が希薄な傾向が認められる。官衙の存続時期や性格を把握するうえでは、こうした建て替え状況の確認も重要となる。

正倉では、8世紀後半以降、先行する掘立柱の総柱建物を、ほぼ同位置で礎石建物に建て替えることが多い。したがって、正倉とみられる礎石建ちの総柱建物を検出した場合は、先行する掘立柱建物の有無を確認し、正倉院の変遷を明らかにする作業が欠かせない。

このほか、根岸遺跡（福島県・7世紀後半～10世紀）の正倉院のように、掘立柱の側柱建物から礎石建ちの総柱建物に建て替えた例もある。そこには機能の変化が想定できるので、建て替えによる建物構造の変化についても正しく把握することが求められる（104頁・160頁）。

なお、国庁などの主要建物を除き、多くの官舎は、9世紀以降もほとんどが掘立柱構造をとる。

建物配置の把握　建物遺構を検出するにあたっては、建物配置の特徴を把握しておくのも重要である。たとえば、正倉院では、平側の片方の柱筋を揃えた配置をとる傾向が顕著に認められ、総柱の高床倉庫とみられる遺構が見つかった場合、その桁行の柱筋の延長線上にトレンチをのばすことで、ほかの倉庫群を確認できることが多い。

図169　基壇をともなう正倉（弥勒寺官衙遺跡群）

ただし、8世紀末以降に造営された正倉では、建物間の距離が30m(10丈)に及ぶものが少なくないことにも留意する必要がある。

遺構の掘り下げ　遺構の掘り下げの方法は、ほかの遺跡と基本的に変わらない。掘立柱建物の柱穴の掘り下げも、集落遺跡に準じておこなう(発掘編183頁)。

ただ、官衙の場合は、近接した位置で掘立柱建物を何度も建て替える例がある。そのため、柱穴の重複関係を慎重に押さえ、建物間の先後関係を明らかにすることがいっそう重要となる。また、柱穴から出土した遺物は、出土位置が柱掘方埋土か、柱抜取穴埋土か、柱痕跡埋土かを峻別し、それを報告書にも記載することが求められる。

また、同じ位置で掘立柱建物から壺地業などをともなう礎石建物に建て替えた例もしばしば認められる。この場合、礎石自体は残らず、礎石据付穴や根石だけが残ることが多い。それを掘立柱の柱穴と誤認して掘り下げると、礎石据付穴を壊し、礎石建物の痕跡を消失させるおそれがある。こうした事態が起きないように、掘立柱建物の柱穴の調査では、壺地業の痕跡の有無にも十分留意する必要がある。

礎石の据付痕跡が残るものについては、柱穴と同様、まず平面的に精査したのち浅く掘り下げ、写真撮影と平面実測などをおこなう。その後、礎石据付穴を半截するなどして、先行する掘立柱建物の有無を確認する。下層に掘立柱建物が存在するときは、検出した柱穴の上面で平面的に精査し、柱掘方の輪郭をはじめ、柱痕跡や柱抜取穴の有無と形状を確認したのち、段下げする。

2 区画施設の発掘

官衙の外周区画施設　官衙の外周を囲む溝や築地塀、土塁、掘立柱塀の発掘手順は、集落遺跡(発掘編203頁)や寺院(111頁)、城館(221頁)と基本的に同じである。ただし、築地塀や土塁の壁体そのものは残っていないことが多く、検出には注意を要する。

那須官衙遺跡(栃木県・7世紀後半〜10世紀前半)の正倉院外周では、溝の埋土が内側から流れ込んで硬く締まった状況や、溝の内側沿いには遺構が見られない点から、壁体は残っていなかったが、その部分に築地塀または土塁の存在を想定している。このように、官衙域を囲む溝については、埋土や溝沿いの同時期の遺構分布もふまえて、築地塀や土塁がともなうかどうかを判断する。

なお、こうした官衙施設を囲む塀や溝は、道路や田畑の畦畔などの地割として痕跡をとどめていることも多いので(154頁)、それらを含めたトレンチを設定するのが望ましい。

出入口施設の確認　官衙施設を区画する溝では、溝のとぎれた部分が通路や出入口であることが多い。ただし、これには、溝を掘り残したもの以外に、掘削した溝の一部を埋め戻したものもしばしば認められる。したがって、とくに、官衙施設の中軸線上や中枢となる建物の正面など、入口を想定しうる部分の溝の埋土を掘り下げるときには、土を埋め戻して造った通路が存在する可能性も想定して発掘を進めるようにする。

そのさいには、まず、溝の埋土の上面を平面観察し、通路の有無の確認に努める。上面で確認できない場合でも、いきなり溝全体の埋土を掘り下げるのではなく、溝の横断面と縦断面を観察できる土層観察用畦を設けて、これらの土層断面を観察しつつ、順次掘り下げることが望ましい。

土塁の発掘　土塁の発掘では、築地塀との区別や、築地塀から土塁に変化した可能性にも留意する。それらは、堰板や添柱、寄柱の有無と位置、壁体の高さや基底幅、積み土の粗密の差違などを検討して判断する。また、櫓を設けている例や、内側ないし外側に溝をともなう例もあるので、壁体の上面や周辺の精査も欠かせない。

第Ⅳ章　官衙の調査

　また、区画施設として大規模な溝を検出した場合は、掘削した土を盛り上げて土塁を構築した可能性があるため、溝の埋まり方や埋土の特徴、溝沿いの遺構分布の空白部分などに十分留意する。発掘手順については城館の土塁の項を参照されたい（221頁）。

　ただし、土塁を断ち割ると、丁寧に埋め戻しても周囲の土と密度や粘性が異なり、崩落の原因となるおそれがある。このため、断ち割り調査は最小限にとどめ、土塁が欠損した部分の断面の清掃や、土塁の表面を覆う土の除去などによって土層観察する方法を優先するのが望ましい。

石塁の発掘　石塁の発掘手順は、後述する城館の石垣の場合と基本的に変わらない（224頁）。

材木塀の発掘　材木塀と確認するまでの手順は、溝と同じである。流水や給排水が想定されない場所で溝状の落ち込みを検出したときは、材木塀の可能性も考慮して精査する必要がある。

　材木が遺存していない場合は、上面では通常の溝と紛らわしいが、まず、平面を精査して溝状の落ち込みの範囲を確定し、櫓などの付属施設の有無も確認する。そして、材木の痕跡や抜取痕跡、布掘り掘方の重複の有無などを検討する。この段階で、平面の実測と写真撮影をおこなう。

　次に、サブトレンチを設定して掘り下げ、材木の痕跡や抜取痕跡の有無、布掘り掘方の重複の有無や底面の状況などを確認する。サブトレンチは、材木間に隙間がある場合も想定し、溝に沿った方向に長く設定する。

　材木塀と確認できれば、土層観察用畦を設定して、材木やその抜取痕跡が検出できる面まで、布掘り掘方内を平面的に掘り下げる（図170）。そして、断面観察にもとづき、柱穴の場合と同様に、材木痕跡や抜取痕跡、掘方埋土を区分して段下げする。遺物が出土した場合は出土位置に注意して取り上げる。

　材木塀と明確に確認できないときは、土層観察用畦を設定したうえで、順次平面を確認しつつ、底面まで段階的に掘り下げる。

　材木やその痕跡が確認できた面で写真を撮影し、材木の形状や間隔などを平面図に記録する。その後、必要に応じて、さらに横方向や縦方向に断ち割り、材木の幅や据え方などを確認して、断面の記録をとる。底部で材木痕跡を確認した場合も、部分的に断ち割って断面を観察する。

　材木が遺存するときは、払田柵（秋田県・9〜10世紀）のように、木材に貫穴や刻書が残る例もあるので、掘り下げのさいには十分な観察が求められる。また、同じ布掘り掘方内に数列の材木が検出されることもある。それらは、建て替えや補強を示す可能性も考え、掘方の断面観察などで先後関係の有無を把握する。

　遺存した材木は、自然科学分析の対象となる。樹種同定では、樹種選択のありかたなどを知ることができる。また、樹種によっては、年輪年代法（整理編84頁）による伐採年代の推定が可能で、払田柵のように、造営や建て替え年代を推定する有力な手がかりが得られる場合がある。このほか、

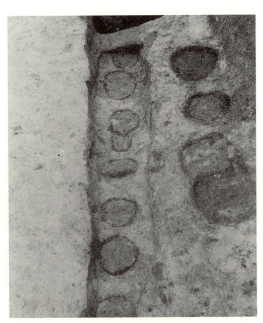

図170　材木塀の丸太材痕跡（秋田城）

放射性炭素年代法(整理編83頁)の適用も有効である。分析に供する試料は、建て替えなどの有無や変遷を把握したうえで、複数の地点から採取することが望ましい。

縦板塀の発掘　縦板塀も、板材が遺存していない場合は、溝と似た状況を示すが、腐朽した板材の痕跡や抜取痕跡、布掘り掘方の底部に残る板材の当たり、掘方の断面形状などによって縦板塀と確認できる。発掘手順は材木塀と同様である。

3　遺物の取り上げ

A　木簡の取り上げ

出土しやすい遺構　木製品などの有機質遺物は、常に乾燥状態にあるか、逆に湿潤かつ空気(酸素)や日光(紫外線)から遮断された状態にないと、腐朽が進行して遺存しにくい。日本では、前者の環境はありえず、後者が有機質遺物の遺存条件となる。自然流路や溝、井戸、土坑、低湿地など、水分が多く、木質が残存しやすい遺構が見つかった場合は、掘り下げる前に、それらの出土に備えて、収納容器をすぐ用意できる体制を整えておくのが望ましい。

取り上げの留意点　取り上げのさいの基本的な注意点は、通常の木製品と変わらない(発掘編274頁)。ただし、木簡の場合は、墨痕の劣化をきたすことがないよう、日光に当てずに、土がついた状態のまま、すみやかに持ち帰る。そして、水を流しながら、付着した土を筆や竹串などで丁寧に落とす。削屑についても、現地で分別しながら取り上げるのは容易でないので、それらを含む土ごと持ち帰り、慎重に洗浄・選別する。

B　炭化穀類の採取

炭化穀類の取り上げ方　正倉では、炭化した穀類がしばしば出土する。そうした場合は、それらの穀類が収納されていた建物を明らかにする必要がある。このため、ただちに取り上げるのではなく、出土状況や位置、層位、分布の確認に努め、写真や平面図、断面図に記録する。大量に出土したときは、小単位のグリッドを設定し、層位ごとに埋土とともに取り上げる(発掘編155頁)。

出土状況の把握　通常、炭化米は、もとの形状を失っているため、単体では、稲穀(稲籾)、穎稲(稲穂の束)、糒、米を区別するのが容易でなく、出土状況の詳細な観察が欠かせない。

稲穀はばら積みされるので、籾粒の向きが一定しない。一方、穎稲は籾粒が穂先に付いた状態で収納されるため、一定の単位で籾粒が同じ方向に並ぶ。発掘作業では、こうした籾粒のまとまりや向き、出土時の形状などに注意し、出土状況を写真や平面図に記録する。

常陸国那賀郡の正倉別院にあたる大串遺跡(茨城県・8世紀中頃～9世紀前半)では、大溝から炭化米がかたまりになって出土し、その籾粒の向きが揃うことから、近くで検出した床束建物の穎屋に納められていた穎稲と推定されている。

ただし、非常時に備えて稲穀を備蓄する不動倉では、床面に穎稲を敷いた上に稲穀をばら積みしたので、稲穀と穎稲の両者が近接して出土することもありうる。

炭化穀類と建物遺構　火災にあった正倉院などでは、建物の柱穴や地業土の中から炭化穀類が出土する場合もある。このため、炭化穀類が出土した遺跡では、掘立柱建物の柱穴埋土や礎石建物の地業の土も詳細に観察することが求められる。

また、粟など小さな雑穀も見のがさないように、土壌試料を採取し、フローテーション法(整理編76頁)でその有無を調べることが望ましい。そのさい、掘立柱建物では、柱掘方と柱抜取穴、柱痕跡を区別した採取が不可欠である。これによって、その建物と火災の先後関係を把握し、時期区分の手がかりを得ることができる。

条坊と方格道路網

都城の条坊 縦横の道路でほぼ等間隔に区画された都城の街割りを、条坊とよぶ。日本の都城では、これらは真北や真東西に近い方位をとる。

条坊の規格は、1町が375大尺（450小尺、整理編119頁）四方、16町からなる1坊が1,500大尺（1,800小尺）四方の大きさを基本とするが、藤原京（奈良県・694〜710年）と平城京（奈良県・710〜784年）はこれが道路の心々間距離であるのに対し、平安京（京都府・794年〜12世紀）では道路幅を除いた距離になるという違いがある。また、造営尺（単位尺）の実長が異なるため、都城ごとに条坊の規模にも差が生じているが、平城京を例にとると、1町は約133m四方である。

地方官衙の方格道路網 都城以外でも、大宰府（福岡県・7世紀後半〜11世紀）や多賀城（宮城県・8世紀前半〜11世紀前半）の前面、斎宮（三重県・7世紀後半〜14世紀）などで方格道路網を確認している。また、東山官衙遺跡群（宮城県・8〜10世紀）は、国府より下位の地方官衙に方格道路網をともなう希有な例である（図171）。ただし、これらの方位は必ずしも真北や真東西ではなく、道路の直交性が低いものや、隣り合う道路間の距離に差が見られる例もある。

遺存地割からの復元 都城の条坊には、平安京や平城京外京のように、その地割が現在の街区に受けつがれているものが存在する。また、平城京の条坊の多くは、耕地の地割として残っていた。こうした場合、水田の畔畔や農道、現存道路などの遺存地割を、大縮尺の地図や空中写真を用いて追跡することにより、条坊の大半を復元することができる（図172）。

一方、廃都後に条里地割で覆われた藤原京と長岡京（京都府・784〜794年）の条坊や、地方官衙にともなう方格道路網は、発掘がおもな復元手段となる。ただし、長岡京では、条里地割と合致しない低湿地を、795年1月の「太政官符」（『類聚三代格』）に見える左京三条一坊十町の「蓮池」に比定し、条坊復元の手がかりとした例がある。

発掘成果からの復元 発掘成果にもとづき、条坊や方格道路網を復元するさいには、まず区画や道路の規模と尺設定、方位を把握する必要がある。これらが判明すれば、造営尺の実長が算出でき、全体を復元する指標が得られる。

もちろん、施工時の誤差が存在するので、区画や道路の規模と方位にはばらつきがある。こうした成果を統一的な基準で系統的に把握するためには、回帰分析や標準偏差の算出など、統計的な手法が有効である。また、これによって、外れ値の存在や施工精度も明らかとなる。

都城の条坊は概して直線性が高いが、方位にはややばらつきがあり、その結果、区画規模にも差を生じている。施工精度の点では、藤原京と平城京以後の都城との間に大きな差があり、技術の飛躍的向上があったことがわかる。

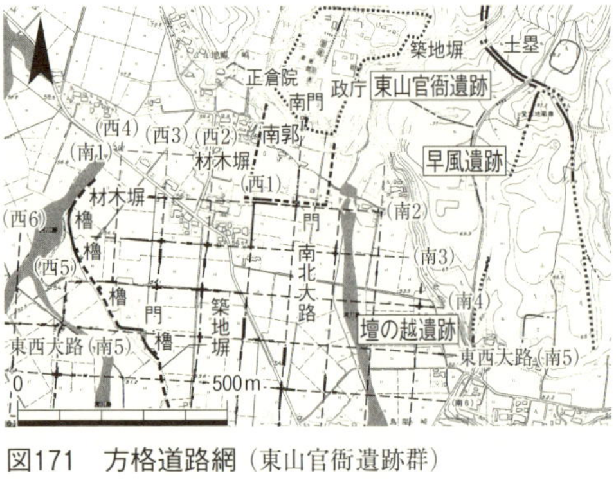

図171　方格道路網（東山官衙遺跡群）

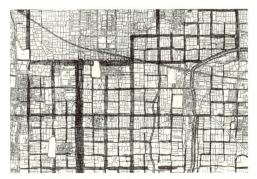

図172　条坊の遺存地割（平城京）

第5節
遺物の整理

1 出土文字資料

A 出土文字資料の種類

出土文字資料とは　発掘調査などで出土する、文字の書かれた資料を、出土文字資料（出土史料）と総称する。木簡や墨書土器、刻書土器、漆紙文書、文字瓦などが代表例である。

これらは、書写方法により、墨書と刻書に分けられる。刻書のうち、文字などが陰刻または陽刻された印を押捺したものは、とくに刻印とよび、土器や瓦などに見られる。

出土文字資料の果たす役割　出土文字資料は、歴史を組み立てるための資料として、文献史料を補う役割を果たすだけでなく、遺跡や遺構の性格と時期を知る直接的な手がかりとなる。また、紀年銘木簡などから暦年代が得られるのも、出土文字資料の大きな特徴といえる。

ただし、文字は、出土文字資料の重要な情報ではあるが、あくまでもその一部に過ぎない。出土文字資料を理解するためには、文字としてだけではなく、たとえば木簡の場合、木製品という考古遺物としての総合的な検討も欠かせない。

B 木簡

木簡とは　出土文字資料のうち、墨書や刻書のある木片を、広く木簡とよぶ。木簡は、もっとも情報量の多い出土文字資料である。木簡の使用は、律令制が整えられる7世紀末～8世紀に、紙と併用するかたちで最盛期を迎え、その後、徐々に紙に置き換わっていった。

木簡は、19世紀初めに秋田県で出土した記録があり、20世紀前半にも払田柵（秋田県・9～10世紀）や柚井遺跡（三重県・9～10世紀）で出土例があるが、1961年の平城宮（奈良県・710～784年）での発見以降、注目されるようになる。以来、全国の1,000を超える遺跡から38万点以上が出土し、年代も630年前後から近代にまで及ぶ。

木簡が出土する遺跡の性格はさまざまである。古代では都城や地方官衙、中世では集落や城館、近世では城郭や城下町からの出土が主体である。寺院でも各時代をつうじて見られる。

木簡は、一般に、文書（文書、帳簿、伝票）、付札（荷札、ラベル）、習書、落書、その他に分類される。また、呪符や柿経（131頁）、卒塔婆などのほか、将棋の駒から井戸枠の番付にいたるまで、木製品に墨書や刻書のあるものも、広く木簡として扱うようになってきた。

木簡を使用する最大の利点は、削って再利用が可能なことである。そうした再利用にともなって削り取られたカンナ屑状の薄片に、文字や墨痕が認められることも多い。これを削屑とよぶ。点数のうえでは、木簡の8割が削屑である。削屑は活発な事務活動の痕跡であり、個々の情報量は少ないものの、その存在自体が、遺跡の性格や出土地点の機能を考える重要な手がかりとなる。

木簡の保管　水分の多い地中に保存されてきた木簡の保管には、十分な水が不可欠である。水道水でさしつかえないが、防腐剤として0.4%程度のホウ酸ホウ砂水溶液（ホウ酸：ホウ砂＝9：1）を

図173　木簡の保管

第Ⅳ章　官衙の調査

入れるのが望ましい。水中で木簡が揺れ動かないように、脱脂綿をガーゼでくるんだものなど、柔らかい繊維製品で上下からはさみ込むとよい（図173）。削屑は、ガラス板やアクリル板に並べた上で、ガーゼでくるむなどして保管すると、管理しやすい。

なお、出土直後は樹液がしみ出して、保管液が汚れることが多い。出土直後にシーラーなどで密封して保管するのは、保管液が短期間に汚れて腐食を招くことがあるため、極力避ける。

また、蓋をしていても、保管液は徐々に蒸発するので、液の減り具合や汚れを点検し、補充や交換をおこなう。一般に、出土後数年間、保管液の交換を続けると、安定することが多い。

写真撮影　出土した木簡は、できるだけ早いうちに写真撮影をおこなう。そのさいには、遺物に損傷を与えない程度に、表面の余分な水分を取り除く（整理編100頁）。ただし、削屑はとくに脆弱（ぜいじゃく）なので注意を要する。良好な状態の写真は、それ自体が文化財としての価値をもつ。

木簡の観察　木簡の形状の観察方法は、通常の木製品と共通する。長方形の素材が一般的であるから、表面と裏面、上下両端と左右両辺のほか、柾目（まさめ）か板目かなどの木目の観察が基本となる。

表面と裏面は削られていることが多いが、裏面は割ったままのものや、部分的に削っただけのものもある。削り方にも注意して観察する。

上下の両端は、刃物で切り込みを入れて折り、削り加工を施すことが多いが、折ったままの例もある。削る場合も、丁寧に平らにするものと稜が残るものとがある。また、角を落として山形や圭頭にするなどの加工を施すこともある。左右両辺は、削る場合と割ったままの場合があり、両側面から削って一端を尖らせるものもある。

なお、一端または両端近くの左右に、三角形または台形状の切り込みを設けることがある。これは、荷札に多く見られ、木簡を荷物にくくりつけ

る紐などを掛けるための加工である。

そのほか、木簡の表面に穿孔する例もあり、保管用の紐通し孔とみられる。また、用途がかぎられるが、木簡の側面に穿孔したものもある。

木簡の形状分類では、一般に、平城宮出土木簡の整理をつうじてまとめられた分類（当初は15型式。現在は18型式）を用いることが多い（図174）。この分類は、形状以外に機能も加味したもので、これとは別に、形状だけによる分類や、製作技法を加味した分類なども試みられている。また、中・近世の木簡や地域独特の木簡には、草戸千軒町遺跡（くさどせんげんちょう）（広島県・13～16世紀）のように、独自の分類を試みている例もある。

形状の観察にあたっては、文字との関係が重要となる。文字の一部が欠けていても、木製品としての原形をとどめている場合は、もとの木簡を二次的に加工していることを示す。木簡が原形をとどめているか、二次的に加工されているかは、文字の遺存状況と木製品としての形状観察をふまえて、総合的に判断する必要がある。

また、木簡を廃棄するさいに、意図的に折った例や、刃物で切断したり割ったりする行為がみられる例があることも指摘されており、そうした痕跡にも注意を払う。

木簡の大きさは、通常、文字の方向を基準にして、長さ・幅・厚さ（いずれも最大値）を計測し、

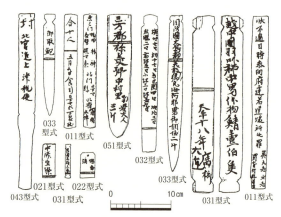

図174　木簡の分類例

木簡の解読

観察の方法　木簡は、肉眼で観察し、解読するのが基本である。平たい容器にたっぷり水を張り、その中で木簡を傾けるなどして光の角度を調節すると、木肌が明るくなって、文字の判読が容易になる。観察にあたっては、目で追いかけた墨痕を、実際にノートに書いてみるとよい。筆の動きを推定しつつ追体験することが、正確な実測図の作成にもまして、文字の理解に役立つことが多い。

木簡の腐朽や汚れなどで文字が不鮮明だったり、木目が解読の妨げになったりする場合には、赤外線を利用して墨書を強調し、木目を弱める方法を併用するのが有効である。最近では、観察結果のデータ保存が可能になり、取扱いが便利になった。ただし、赤外線による観察はあくまでも補助的手段で、過信は禁物である。

解読の要点　木簡は、欠損や腐朽のため、文字がもとの形をとどめないことが多い。偏や旁だけ、あるいは部分的な画だけが残る文字を読むには、可能性のある字形を最大限に想定したうえで、前後に意味が通り、残存する字形と矛盾のないものを絞り込むことが求められる。

また、木簡は、かぎられた面積に、当事者どうしの意思の疎通をおもな目的として書かれており、文脈の理解が容易でない場合も多い。とくに、中・近世の木簡では、かぎられた文言のため文脈がつかめず、字形を読み取れても、読みを一つに決めがたいことがある。このため、木簡の解読では、類似の字形や文脈の例を探すことも欠かせず、さらには同時代のさまざまな史料に通じていることが大いに役立つ。

古代の文字は、南北朝から隋唐にかけての中国の影響を受けており、中国の法書や碑文の文字を集成した字典類が、字形の検索に便利である。中・近世の文字の解読には、くずし字字典などが不可欠であろう。

木簡の検索　木簡自体の検索では、奈良文化財研究所が公開している「木簡データベース」が、日本で出土したおもな木簡を網羅しており、有用である。また、木簡の字形を見るには、同研究所の木簡の文字画像データベース「木簡字典」があり、類例を探すことができる（図175）。このデータベースは、東京大学史料編纂所の「電子くずし字字典データベース」とも連携しており、一括検索が可能である。

情報の公開　木簡の釈文は、必ずしも固定的なものではない。赤外線装置をはじめとする機器の進歩や、類例の増加と保存処理による墨痕の鮮明化などによって、従来読めなかった文字が読めるようになる例が増加している。木簡は、保存という観点から、公開を限定せざるをえない遺物であるだけに、それらを所蔵する調査組織は、適切な保管はもちろん、こうした最新の情報を公開していくことが求められる。

文字を含めた木簡のもつ情報の記述には、現状でとくに決まった方式があるわけではないが、必要な情報をどのように記述するかについて、一定の標準化は必要である。そのさいには、たとえば全国的な規模で木簡出土情報を収集・公開している木簡学会の会誌『木簡研究』の凡例などを参考にするとよい。

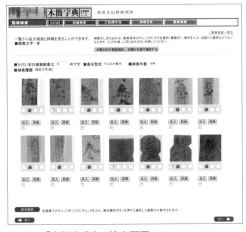

図175　「木簡字典」の検索画面

第Ⅳ章　官衙の調査

欠損や二次的な整形がある場合には、数字に（　）を付すなどの方法が用いられる。このほかに、樹種同定などもおこなうことが望ましい。

木簡の保存処理　木簡の保存処理は、将来に向けた安定的な保管という面から、利点が大きい。ただし、保存処理前に、出土したままの水漬け状態で、まず、木製品として十分に観察する必要がある。しかし、木簡の状態は個体により千差万別で、取り上げ後、徐々に腐食が進行する場合もあるので、十分に観察したのちは、すみやかに保存処理をおこなうのが望ましい。また、保存処理により、文字が鮮明になって読みやすくなる例もあるため、処理後にも観察し、釈文を再検討することが求められる。

なお、保存処理済みの木簡でも、保管には恒温恒湿（20℃、60％程度）の環境が必要であり、細かな目配りを必要とすることに変わりはない。

C　墨書土器

墨書土器とは　墨書のある土器を、墨書土器と総称する。文字だけでなく、記号や絵などの描かれたものや刻書土器も、墨書土器の項で一括して扱うことがしばしばある。

木簡に比べると、墨書土器の記載は断片的で、完形品でも記載意図が不明のものが多い。書かれる文字の種類は少なく、遺跡による偏りが大きい。

記載内容は、官衙と集落では大きく異なる。官衙では、官司名や職名、人名が多く、習書や内容物、紀年を記したものなどもある。一方、集落では、吉祥句や人名、一文字のみの記号が多く、祭祀や呪術的な機能をもつ例が目立つ。

出雲国府（島根県・8～9世紀）では、「国厨」「介館」「酒杯」の墨書土器が出土し、駿河国志太郡衙の一部とされる御子ヶ谷遺跡（静岡県・8世紀前半～9世紀）では「志大領」「主帳」「志厨」などの墨書土器が出土した。また、久米官衙遺跡群（愛媛県・7世紀前半～9世紀）からは「久米評」と刻書した土器が出土している。

墨痕がある土器には、たんなる筆慣らしなど、墨書土器との区別が難しいものもあるが、官衙の性格を端的に示す文字は比較的判別しやすく、遺跡の性格を考えるうえで重要な指標となる。なお、7世紀の土器に文字を記した例は少なく、8世紀以降、多く見られるようになる。

墨書土器の観察　墨書土器の観察は、肉眼によるのが基本である。墨書される位置は、杯や皿の底部外面、蓋の内外面などが多いので、そうした部位はとくに綿密に観察し、墨書の有無を確認する必要がある。

見えにくい場合は、筆などを用いて水で湿らせると明瞭になることがあり、とくに乾きぎわが見えやすい。ただし、湿らせたあとは、カビの発生を防ぐため、十分に乾燥させるようにする。

土師器や須恵器は、胎土や状態によっては赤外線観察が有効な場合がある（図176）。墨書土器の墨痕も、木簡と同じく、紫外線の影響を受けやすいため、長時間光に当てるのは好ましくない。

なお、墨書土器は、洗浄後に墨書が発見されることも多い。洗浄のさいには、墨痕を洗い落としてしまわないよう注意する。

D　漆紙文書

漆紙文書とは　漆塗り作業の間には、ほこりや乾燥を防ぐため、漆容器などに蓋をするが、その蓋紙に文書や典籍の反故紙を用いることがしばし

乾燥状態　　　　　　水で濡らした状態

図176　墨書土器の観察（赤外線撮影）

ばある。そのさいに付着した漆の保護作用によって、地中でも腐らずに遺存した紙を漆紙とよび、墨書の残るものを、とくに漆紙文書と称している（図177）。

多賀城（宮城県・8世紀前半～11世紀前半）で出土し、皮製品として保管されていたものが、漆の付着した紙の文書と判明して以来、漆紙文書は、官衙を中心として、全国で発見されている。これらは、漆を扱う場所では普遍的に出土しうる遺物であり、官衙以外に、集落からの発見例や近世の出土例もある。文書の種類も、国府や郡衙などの行政文書や典籍をはじめ、多様である。

漆紙文書の観察　漆紙文書は、文書の表裏とは関係なく、漆のついた面をウルシ面、反対の面をオモテ面とよぶ。両面に文字がある例もある。ウルシ面の文字は、オモテ面から鏡文字で観察する。複雑に折りたたまれて廃棄されたものもあり、状況に応じて切り開くかどうかの判断を要することもある。

文字は、肉眼で解読できる場合もあるが、漆によって黒変しているものが多く、赤外線による観察が有効である。乾燥した状態よりも、十分に湿らせた状態のほうが、文字が浮き出して読みやすくなる。なお、水分の多い場所から出土した例でも、漆の付着がごく薄いものを除き、通常は、乾燥させても問題はなく、一度乾燥したものを再度湿らせてもさしつかえない。

漆紙文書は、公文書の反故であることが多いので、観察するさいには、文字を読みとるだけでなく、文字の大きさや字配り、界線、紙の継ぎ目や印影の有無など、一般的な紙の文書の観察に準じた注意が求められる。複雑に折りたたまれたものや、数枚の紙が重なったものでは、とくに立体的な理解が必要になるため、模型を作って解読を試みるのが有効である。

E　その他の出土文字資料

出土文字資料には、瓦や石、瓢簞に墨書した例もある。また、刻書は、土器や瓦に見られるほか、石製紡錘車などに施されることもある。したがって、どのような素材のどの部位に、どういった方法で文字を記しているかを、先入観をもたずに観察したい。

刻書の場合、筆順を追いやすいが、省画をおこなうものが多い。刻む道具によって線の太さが変わり、ヘラ書き、線刻などとよび分けることもある。土器や瓦の刻書では、刻書が焼成前か焼成後かの観察も不可欠である。刻書は、人為的な字画か傷かの判断が容易でないこともあるが、斜めから光を当てると識別できることが多い。

展開前　　　　　　　　　展開後　　　　　　　　　赤外線画像

図177　漆紙文書（平城宮）

2 土器

　土器の基本的な観察・整理法については整理編（21頁）を参照されたい。

A　官衙に特徴的な土器

硯・転用硯　硯や転用硯は、官衙での文書行政には欠かせないものである。硯の種類や大きさ、出土量が、官衙かどうかを推定する要素の一つともなるが、文房具の項で後述する（178頁）。

畿内系土師器　畿内では、7世紀以降、土師器の食器に暗文（文様の効果を意図したミガキ）を施すことが多く、地方でもこうした畿内系土師器がしばしば出土する。畿内系土師器は、7世紀前半には墳墓からの出土例が目立ち、被葬者と畿内との関係がうかがえる。7世紀後半から8世紀前半にかけては、地方支配体制の整備にともない、官衙でも出土するようになる（図178）。

　畿内系土師器には、畿内からの搬入品と、それを模して在地で作ったものとがある。搬入品は、都との直接的なつながりを示す。一方、在地での模倣品は、中央に倣った饗宴などの場を整えるための道具であり、赤く彩色するものもある。両者は、器壁の厚さや暗文の巧拙でもある程度は区別できるが、実物を直接比較するなどして、より正確な識別を心がけるようにしたい。

施釉陶器・輸入陶磁器　官衙では、このほか、施釉陶器や輸入陶磁器などの高級食器もしばしば出土する。とくに、平安時代以降は、国内で緑釉陶器と灰釉陶器が量産され、官衙でも多数見られるようになる。

　ただし、狭義の奈良三彩が官衙から出土することは少ない。平城宮では、東院地区など数ヵ所から出土しているが、いずれも「供養」と記す墨書土器と伴出している。地方でも、奈良三彩の大型の器種が瓦塔や仏具などとともに出土する例があるが、それらは仏教関係施設にともなうものであった可能性を考慮する必要がある。

搬入土器　官衙では、ほかの地域からの搬入土器にも留意する必要がある。喜界島の城久遺跡（鹿児島県・9〜14世紀）では、多数の掘立柱建物が見つかり、一般の遺跡では見られない輸入陶磁器や大宰府周辺で生産された須恵器が多数出土した。こうした土器から、大宰府による南西諸島統括の拠点と推定されている。

B　官衙の土器様相

土器の構成　官衙で出土する土器は、官人への給食のために発展してきたもので、器種と寸法がともに細かく分化する傾向にある。

　その基本的な特徴は、まず、同一形態での大小の相似形分化と、同一口径での高低分化という、寸法の分化による器種の多様化である。次に、食器の形態と寸法の規格性、そして、寸法の規格性を前提とした土師器と須恵器の互換性である。これらの特徴は、中央官衙でとくに顕著であるが、地方官衙でも基本的に認められる。

　都城の京域の一部や集落では、生活に必要な土器しかもたず、器種構成も比較的単純である。一方、官衙や貴族の邸宅では、上記のように、さまざまな器種を含む複雑な構成をとる土器群が出土

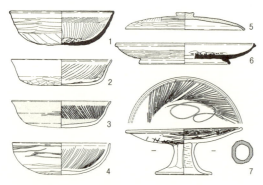

1・6：出雲国府　2：筑後国府　3：美作国府　4：観音寺遺跡
5：山垣遺跡　7：津寺遺跡　（表現法不同）

図178　畿内系土師器

し、食膳用の器種が卓越することが多い。また、地方官衙では、中央の給食制度や器種構成を指向しつつ、地域の土器供給体制を反映した土器構成となる。

官衙施設ごとの様相　官衙を構成する施設によって、出土する土器の様相は異なっている。

政庁域や正倉院などでは、一般に、土器はあまり出土せず、寺院の伽藍地と似た様相を示す。

これに対して、国司館などの官人の宿泊施設では、生活関連の土器が比較的多く出土する。国司館では高級食器が多数認められる傾向があり、山王遺跡の国司館（宮城県・10世紀前半）からは、中国産陶磁器や緑釉陶器などが出土している。また、食膳用の土器が豊富に見られることが多く、饗宴に用いたと推定される。

厨家などの実務官衙では、日常の生活用具が一定量出土する。平城宮の内膳司と推定されている内裏北方官衙では、土師器の食器類が多数を占め、給食にかかわる官衙の土器様相を示している。

官衙の種類による差違　土器の様相は、官衙の種類によっても異なる。国府や郡衙などでは、地域的な特色をもちつつも、基本的には中央官衙に倣うことが多い。畿内系土師器は、そうした中央志向を示す遺物の一つである。また、城柵で出土する関東系土師器のように、東北に移配された兵士や柵戸などと関連づけられるものもある。

3　瓦　　塼

官衙の瓦葺建物　宮の中枢部の建物をはじめ、国庁や郡庁、正倉の一部、山陽道の駅家中枢部などの建物には、瓦葺が採用されることがあった。こうした瓦葺建物は、律令国家の権威を目に見えるかたちで誇示する役割も担っていた。

地方官衙の瓦葺建物の特徴としては、山陽道の駅家と東国の正倉に見られるような、地域的な偏在が挙げられる。山陽道の駅家は、外国からの使節の往来に備えて、中枢部の建物が瓦葺で丹塗りとされた。陸奥国とそれに接した下野国や常陸国では、大型の正倉を瓦葺としている。いずれも、8世紀中頃に国衙の主導で造営されたもので、視覚的効果を狙ったものと考えられる。

官衙か寺院か　地方官衙が礎石建ちの瓦葺建物となるのは、一般的には8世紀中頃以降である。ただし、これ以前にも、瓦葺建物をともなう地方官衙があるので、瓦が出土する遺跡は、塔（心礎）など寺院としての明確な特徴が認められない場合は、官衙の可能性も考慮する。

また、寺院と同様に、官衙でも掘立柱建物に瓦を葺いたものがあり、瓦の使用は必ずしも礎石建物であることに直結しない。しかし、掘立柱建物の場合は、総瓦葺ではなく、甍棟や熨斗棟に用いた例が大半を占める。両者の識別には、瓦の種類や数量の分析に加えて、柱の沈下痕跡の有無などにも注意を払う必要がある（128頁）。

古代の瓦は、寺院や瓦窯などでも出土するが、それらを除けば、官衙と推定する有力な指標であり、官衙の種類や建物の性格、年代、造営の実態などを探る重要な手がかりとなる。瓦の観察や整理の方法は、寺院の場合と同様である（123頁）。

4　文房具

役人の七つ道具　紙、筆、墨、硯は文房四宝とよばれ、水滴や刀子、砥石、木簡などとともに、官衙での文書行政に欠かせないものであった。水

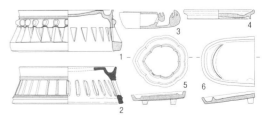

1：蹄脚円面硯　2：圏足円面硯　3：中空円面硯
4：円形硯　5：宝珠硯　6：風字硯　（縮尺・表現法不同）

図179　定型的な硯

滴は、平瓶や横瓶形の小型品が多い。刀子は、木簡を削って再利用するさいなどに用いた。砥石には、つり下げて携行するための紐を通す孔をあけた提砥もある。筆と墨は、胞衣壺の埋納品として残ることがあるが、筆は穂先を失って、筆管だけが遺存する。

硯の型式　硯は定型的な形をしており、小破片でも識別しやすい。須恵器の円面硯、円形硯、風字硯、宝珠硯、形象硯などが代表的なものである（図179）。日本での硯の初現は7世紀前半とみられ、当初は中空円面硯が多く見られる。8世紀には円面硯（蹄脚硯、圏足硯）が主流となり、8世紀後半に入ると風字硯や宝珠硯が出現する。9世紀以降は、黒色土器の風字硯なども用いられる。

転用硯　須恵器の杯蓋（内面）や高台付杯（底部外面）、杯（内面）を硯に転用することも多く、量的には定型硯の数倍に達する（図180）。蓋を転用するさいには、つまみを意識的に除去することもある。このほか、液体を保持しやすい甕や壺などの破片を、硯として利用したものもある。

転用硯であっても、肉眼では墨痕を確認できない例があるが、その場合も、器面は磨滅して平滑となっており、手ざわりで判断できる。また、ルーペで、墨のしみ込みの有無を確認するのも有効である。上記のように、転用硯に用いることの多い器種については、これらの方法で転用硯かどうかを確認する必要がある。

官衙施設ごとの硯の様相　硯の出土は、文書の作成や、木簡への筆記などをおこなっていたことを示すが、国府や郡衙では、実務的な施設であった曹司だけでなく、政庁や国司館からも出土する場合がある。

多賀城や下野国府（栃木県・8～10世紀）では、政庁地区から大型の円面硯がまとまって出土し、周辺地区では小型の硯や転用硯が目立つ。このように、硯の形態や種類、大きさには、官衙施設の機能や使用者の地位が反映されている。

5 腰帯具

腰帯の制度　律令（衣服令）によると、役人は、礼服の場合には、絛帯や綺帯とよばれる組紐の帯を用い、朝服・制服の場合は、一品以下五位以上が金銀装腰帯、六位以下が烏油腰帯を着用することになっていた。烏油腰帯とは、銅に黒漆を塗った金具が装着された帯である。

腰帯の部品　帯に取りつける部品には、バックルにあたる鉸具と、帯の先端に装着する鉈尾、これらの間に装着した巡方と丸鞆の銙がある（図181）。以上を腰帯具と総称し、銙で飾られた革製の帯を銙帯という。なお、巡方と丸鞆は銙帯に固有のものだが、鉸具と鉈尾は馬具の帯にも装着するので、銙帯か馬具かの判断は慎重を要する。

金属製の銙　出土する金属製の銙は、大半が黒漆塗りの銅製である。このほか、ごくまれに金銅製や銀製のものが出土することもある。

東大寺正倉院宝庫（奈良県・8世紀）に伝わる20点近くの銙帯は、巡方と丸鞆の横幅、鉈尾の基部幅、鉸具の板金具幅、帯幅が等しく、銙の寸法の違いは帯幅の違いに対応している。また、遺跡出土の銙の寸法を計測すると、銙の寸法差つまり帯幅の差が0.3cm（1分）刻みでまとまりを示し、それが位階の差に対応するという見方もある。一方、位階差は銙の数で表示されたとする説もある。いずれにしても、腰帯具の観察では、寸法の正確な計測と記載が求められる。

船橋遺跡（大阪府・8世紀）では、鉈尾の未成品

図180　墨痕が付着する転用硯

が連結して出土しており、銙は連鋳式の鋳型で鋳造されたようである。鉸具は、板金具で帯の基部をはさみ込み、鋲で留める。反対側の帯の先端には鉈尾を装着する。馬具の飾り金具は外鋲で留めるのに対し、銙は鋳造された脚鋲を革帯に通して裏金具に留める。

銙には、佩飾を垂下するための垂孔とよばれる長方形の孔をあける。その形状は、時期が下るにつれて細長くなるとされ、製作時期を推測する手がかりとなる。

金属製の腰帯具を装着した銙帯は、796年に使用が禁止され、807〜810年に再び採用される。このように使用時期が限定される銙帯は、年代の指標としても有効である。

石　帯　金属製の銙の使用禁止は、鋳銭に用いる銅素材の不足を補うとともに、石製の銙や鉈尾を装着した石帯の登場によるものと推定されている。長岡京(京都府・784〜794年)では、石製の巡方や丸鞆、鉈尾が出土総数の8割程度と、金属製の銙を大きく上回り、すでに石帯がかなり普及していたことを示している。

石帯の巡方や丸鞆、鉈尾は、くぐり孔をあけて糸や細い針金を通し、帯にくくりつけられる。石帯の観察では、帯金具と同じく、大きさや垂孔とともに、こうした着装方法にも注意する。

石帯の石材は、長岡京では多くが黒色系だが、平安京では緑色系を中心に、多様な色調のものが使われるようになる。色調を含めた石材の詳細な観察や分析から、石材の産地や流通にかかわる手がかりを得られる可能性がある。

なお、官衙以外の遺跡でも、巡方や丸鞆などが単体で出土する例があり、腰帯具の出土する遺跡が官衙とはかぎらないことに留意しておきたい。

6　武器・武具

武器・武具の種類　古代の武器や武具は、大きくは攻撃用武器と防御具からなる。武器には弓矢や弩、刀、槍、矛があり、防御具には甲(鎧)や冑がある。甲には、おもに小札を用いた。また、弓矢を携行する道具として、靫と胡籙があった。これらは、律令(軍防令・衣服令)のほか、『延喜式』(兵部省式)などに見え、遺跡の出土品や伝世品でも把握できる。

武器・武具の製作　上記の文献史料の規定や出土する遺物の傾向から、当時の武器や武具は、官衙によって製作・管理されたと考えられている。遺跡からそれらが出土した場合、官衙やその付属施設、官営工房との関係を考慮する必要がある。ただし、集落の竪穴建物からも、鉄鏃などが出土することがある。

武器類は、木製の「様」とよばれる製品見本を用いて製作・貢納する器仗貢進制の下で、全国的な統一規格による生産が図られていた。武器の「様」は、飛鳥池遺跡(奈良県・7世紀後半)や平城京(奈良県・710〜784年)に出土例があり(図182)、武器形の木製品が出土したときは、祭祀具のほかに、武器生産に用いた「様」である可能性も考慮する必要がある。

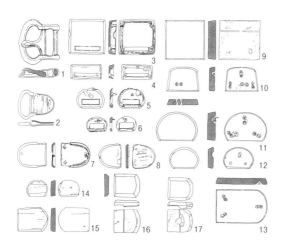

1・2：銅製鉸具　3・4：銅製巡方　5・6：銅製丸鞆
7・8：銅製鉈尾　9：石製巡方　10〜12：石製丸鞆
13：石製鉈尾　14：木製丸鞆　15〜17：木製鉈尾(表現法不同)

図181　腰帯の部品

第Ⅳ章　官衙の調査

出土品の整理　武器や武具の出土例としては、鉄鏃や鉄製の刀類が多く、甲を構成する部品である鉄製小札の出土も目立っている。

鉄鏃や小札など鉄製の武器・武具類は、ほとんどが錆ついた状態で出土するため、X線写真などにより、鉄鏃の茎や小札の孔の位置をはじめ、本来の形状を把握して記録する（図183）。また、鉄製の武器や武具類に残る木質部や繊維の痕跡などにも留意する。

秋田城（秋田県・8世紀前半〜10世紀中頃）出土の革製とみられる小札甲や、徳丹城（岩手県・9世紀）出土の木製冑のように、革や木、漆など、鉄以外の有機質素材のものが出土することもある。そうした遺物では、材質同定や製作工程の把握のために、成分分析や顕微鏡観察による構造分析などが必要となる。

武器や武具は、本体以外に、それを構成する部品からも存在を把握できるので、構造や部品にも注意を払う。刀装具などの出土例があるが、特殊なものとしては、弩の発射装置である「機」が伊治城（宮城県・8世紀）から出土している。

また、秋田城のように、矢矯具（図183）の出土によって、そこで矢が製作されたことが判明した例もあり、武器の製作に用いた工具類についても留意する。

7　祭祀具

人面墨画土器　墨で人面を描いた土器を、人面墨画土器という。外面の2ヵ所に描くことが多いが、8世紀末以降は4ヵ所に描くものも盛行する。描かれたのは厄神の顔で、土器内に息を吹き込み、蓋をして水に流すことにより、穢れを祓ったと推定されている。都城では専用の土器を使用するが、地方では杯・皿類や長胴甕を多く用いる。

形代　形代は、人、馬、舟などを写したもので、人形はおもに病気の治癒祈願や祓、呪いに用いた。罪や穢れを託して流すさい、他界へ確実に送り届けるために、馬や鳥、舟を用いたとする説もある。木製品が主体で、まれに金属製品も見られる。人形は薄い板で全身をあらわし、腕は切り込みで表現する。墨で人面を描くこともある。

土馬　馬の土製の形代は土馬とよばれ、厄神の乗物と考えられている。土師質が主体であるが、須恵質のものもある。7世紀末までは写実的で多様な表現をとり、奈良時代以降は、都城の例に見られるように、定型化した土馬が盛行する。当初は大型で、鞍なども忠実に表現するが、次第に小型化して表現も簡略となる。ほとんどのものが意図的に壊されている。

小型模造品　各種の器物を実物より小さく模したもので、土製品が多く、石製品や金属製品もある。古墳時代以来の鏡や玉類もあるが、甑と鍋、

図182　鉄鏃と「機」（平城宮）

図183　鉄製小札（右はX線写真）と矢矯具（秋田城）

1・2：人面墨画土器　3〜5：小型模造甁、鍋、竈　6：土馬
7：馬形　8：木製人形　9：金属製人形　10：刀子形
11：斎串　（縮尺・表現法不同）

図184　祭祀具

竈の組み合わせを主体とする。これは、厄神を饗応するための道具である。

斎串　先端を尖らせた短冊状の薄い板で、もう一方の端を圭頭状にし、側面に切り込みを入れる。通常は数点をまとめて使った。

呪符　木の板や土器に「急々如律令」などの呪文や絵、記号を記したものである。集落などから出土する、吉祥句を記した墨書土器もこのたぐいである。

銭貨　無文銀銭や銅銭などの銭貨も祭祀に用いることがあり、井戸や溝から出土した場合は、そうした可能性を考慮する必要がある。

8 炭化穀類

炭化穀類の種類　正倉院などから出土する炭化穀類の多くは炭化米である。正倉に納めた稲は、稲穀か穎稲で、一部に糯があり、それぞれ穀倉、穎倉・穎屋、糯倉などに収納されていた（143頁）。また、陸奥国などに送られた兵士用の食糧には、糯のほかに米が見え、籾殻がない炭化米の中には、糯以外に、米も含まれる可能性がある。したがって、炭化米の種類がわかれば、収納した倉庫の種類が判明する。

このほか、正倉院には、粟などの雑穀を収める義倉も設置されていた。下野国芳賀郡衙支所または駅家とみられる長者ヶ平官衙遺跡（栃木県・8〜9世紀）では、稲穀のほかに雑穀（粟、麦）も出土している（発掘編187頁）。

なお、穀類は、焼けていなくても、埋没後の条件によっては炭化することがあるので、注意を要する。焼けたことが明確でない場合は、熱に弱い組織の遺存状況を顕微鏡やX線CTで確認するなど、自然科学的な手法を用いた分析が、焼けたかどうかの識別に有効である。

炭化米の分析　炭化米は、形状や大きさの情報が重要で、長さと幅、厚さを計測し、長粒種と短粒種の区別や、それぞれの比率を明らかにすることが必要である。これにより、複数の品種が一緒に収納されたのか、分けて収納されていたのかなどを探る手がかりも得られる。したがって、炭化米を水洗するさいには、もとの形状を失わないように、慎重な作業が求められる。

籾殻がついているものは稲穀か穎稲、さらに穂茎部分が残るものは穎稲と判断できる。また、胚芽の有無は、稲穀や穎稲、糯、米を識別する指標ともなり、糯と米を見分けるには、形状の違いが手がかりとなる。

信濃国伊那郡衙に比定される恒川遺跡（長野県・8世紀前半〜9世紀末）では、炭化米が握り飯状の塊になって見つかった。それらは、籾殻がなく、表面に米の縦溝や胚芽が確認できないこと、丸みを帯び、ふやけた状況を示すことから、糯の可能性が指摘されている。

また、西河原森ノ内遺跡（滋賀県・7世紀後半〜8世紀前半）では、イネの部位によって異なる機動細胞プラント・オパールの分析から、籾殻の堆積層が穎稲からの脱穀と籾摺りによって形成されたと考えられている。

このように、遺跡から出土した炭化穀類については、自然科学分析が必要となる。一般に、それらは外部の機関や専門家に依頼することが多いが、発掘作業や整理等作業の担当者は、分析担当者と目的意識や情報を共有し、協業体制を構築することが求められる（整理編74頁）。

度量衡

度量衡とは 度は長さ、量は容積、衡は重量を測定する「ものさし」「ます」「はかり」を意味する。古代の中国とその影響下にあった国々では、統治を遂行するうえで、年号や貨幣とともに、度量衡の統一が重要な意味をもっていた。

わが国で701年に施行された大宝令にも、度量衡についての規定があり、度量衡に関係する大蔵省や東西市司などに、測定原器である銅製の「様」を支給することを定めている。また、『続日本紀』には、713年4月に「権衡・度量を天下の諸国に頒ち下す」と見え、国家として度量衡の統一を徹底させようとしたことがわかる。

度 古代の建物や官道、条里などの遺構を分析するさいには、尺度の援用が必須となる。柱間寸法や基壇規模、路面幅、田積などは、当時の尺度を認識することで正しく理解できる。

大宝令では、10分を1寸、10寸を1尺、10尺を1丈とし、1尺2寸を大尺の1尺とする。そして大尺は「地」(土地)の測量に、小尺はそれ以外のすべてに用いることを定めている。

『令集解』によれば、大尺(令大尺)はそれ以前から存在した「高麗法」、つまり高麗尺の系譜を引くものとみられ、それぞれの実長は、1小尺＝29.6cm前後、1大尺＝35.5cm前後であった。小尺(令小尺)は唐大尺に相当する尺度である。なお、この2種類の尺の併用は、713年2月に大尺の廃止と小尺への一本化を命じた法令(格)が定められたことで解消される。

一方、高麗尺の存在を疑い、令大尺＝唐大尺として、「古韓尺」(1尺＝26.7cm前後)の使用を想定する説もあるが、少なくとも令大尺＝唐大尺説は成立しがたい(整理編119頁)。

ちなみに、高麗尺以前の尺度については明らかではないが、古墳の設計復元などの分野では、中国の漢尺や晋尺の導入のほか、人体を基準としたアタ(咫)やヒロ(尋)などの身体尺の使用を想定する見解が示されている。

量 大宝令では、10合を1升、10升を1斗、10斗を1斛とし、尺度と同様に、大小2種類の単位があった。大は「穀」の計量だけに使うと定められ、小3升を大升の1升とする。大升の1升は、現在の約4.3合(約776ml)ないし4.06合(約732ml)と推定されている。平城京(奈良県・710～784年)から出土した「三合一夕」の墨書をもつコップ形の須恵器は、容量がおよそ220mlであり、大の3.1合にほぼ相当する(図185-3)。

衡 権衡ともいう。大宝令では、24銖を1両、16両を1斤とし、やはり大小2種類の単位があった。大は「銀・銅」の計量に限って用いるとされ、小3両を大両の1両とする。大斤の1斤は671g前後、小1斤は約224gと考えられている。秤に用いた錘の出土例があり、平城京出土の青銅製の錘は、重量329.1gで、大斤の0.5斤(8両)、小1.5斤にほぼ相当する(図185-4)。

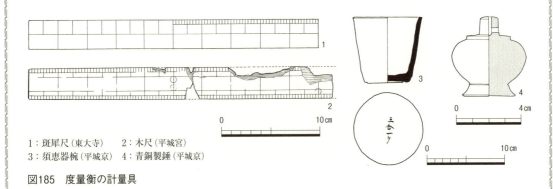

1：斑犀尺(東大寺)　2：木尺(平城宮)
3：須恵器椀(平城京)　4：青銅製錘(平城京)

図185　度量衡の計量具

第6節 調査成果の検討

1 遺構の検討

建物遺構の情報整理　官衙の遺構については、まず主体をなす建物遺構の検討が不可欠である。具体的には、個々の建物について、発掘時の所見をふまえつつ、1/20の基本平面図や断面図、それを縮小した1/100または1/200程度の遺構概略図（発掘編246頁）を利用し、建物としての柱穴のまとまりを検証する作業から始める。

そして、それぞれの建物遺構について、柱掘方や柱痕跡といった諸属性をはじめ、平面形式、柱筋の通り具合（発掘編161頁）、桁行と梁行の総長や柱間寸法、遺構検出面、ほかの遺構との重複関係などを整理し、特徴を把握する。

これらの建物データを一覧表にしてまとめるとともに（整理編9頁）（図186）、遺構概略図上に個々の建物の柱筋を示す線を引いておくと、相互の関係を検討するうえで便利である。ここまでの作業は、集落の場合と基本的に変わらない。

同時期の遺構の抽出　次に、遺構群から同一時期のものを抽出する。官衙の施設には計画的な配置が多いという特徴に着目し、主軸方位などから建物群を分類して、同方位と推定される建物群の配置に計画性が認められるかを検討する。建物の柱筋や棟通りが揃うものや、建物間距離が10尺単位など切りのよい尺数となるものは、計画的に配置された可能性が高いといえる。溝や塀などのほかの遺構についても、同様の検討をおこなうことで、同時期の遺構群を認識できる。

陸奥国行方郡衙と推定される泉官衙遺跡（福島県・7世紀後半～10世紀前半）の郡庁は、掘立柱塀で区画された大型の掘立柱建物から構成され、建物には建て替えがあった。ここでは、建物間距離が切りのよい尺数となる点を手がかりに、3時期の建物群が抽出されている（図187）。

ただし、後述するように、地形に制約されて、同じ時期で異なる方位をとるものもある。また、併存する場合も、建物間距離が切りのよい尺数になるとはかぎらないことに留意したい。また、遺構の形状や埋土の類似性などもあわせて検討することが重要であり、当然のことながら、出土遺物の時期との関係も考慮する。

これらの作業は、図面上でおこなうだけではなく、発掘作業中に、先後関係なども確認しつつ、実際の遺構に即して進める必要がある。そのさいには、遺構概略図を用いて、建物や時期ごとに柱穴などを色分けしていくと効率的である（発掘編182頁）。もちろん、発掘後に図面上で検証する作業も欠かしてはならない。

遺構群の変遷と時期の把握　建物群などの遺構を時期ごとに区分したのち、それらの変遷と時期を把握する。その結果は、官衙の性格や存続時期

遺構名	地区	規模(m)	棟方向	間数	柱間(尺)	方位	面積	時期
SB01	北群	9.9 × 6.6	東西	3×2	11×11	N7°W	63㎡	I
SB02	北群	9.9 × 7.2	東西	3×3	11×8	N7°W	71㎡	I
SB03	北群	7.2 × 6.0	南北	3×2	8×10	真北	43㎡	III
SB04	北群	11.0 × 11.5				真北		III
SB05	北群	7.2 × 10.8				真北		III
SB06	北群	10.8 × 10.8				真北		III
SB07	北群	4.0 × 11.0				N5°W		III
SB08	南群	11.0 × 8.8	南北	5×4	8×8	真北	97㎡	I
SB09	南群	10.2 × 9.4	東西	5×4	8×8	N9°W	96㎡	III

規模・間数・柱間は、桁行×梁行

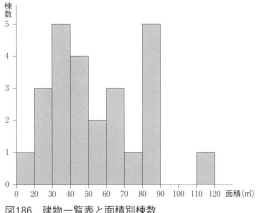

図186　建物一覧表と面積別棟数

第Ⅳ章　官衙の調査

などの判断を大きく左右する。これには、重複した遺構の先後関係や整地層との関係に加えて、出土遺物が重要な手がかりとなる。

方位　官衙全体や個々の官衙施設、建物群ごとの方位は、通常、ある程度統一されているので、官衙の変遷や時期を考えるうえでは、遺構の方位が参考になることが多い。地方官衙では、7世紀末以降、遺構群の向きが、真北に対して傾いた方位から真北方位に変わる例が多い。

出雲国府（島根県・8〜9世紀）は、8世紀以降、真北方位をとるが、国庁地区の下層では、大きく方位が振れた7世紀後半代の建物群が確認されている。国庁北側の曹司や国司館も真北方位をとり、8世紀以降に整備されたことが判明している。泉官衙遺跡の郡庁でも、建物や塀の向きが、斜めに振れた方位から真北方位に変化する。

もっとも、肥前国府（佐賀県・8世紀前半〜10世紀末）のように、国庁が8世紀以降も真北方位をとらず、曹司や国司館などもそれぞれ方位を異にする例がある。また、同じ官衙地区内の建物群でも、同時期でありながら、群ごとに方位が異なることもある。常陸国筑波郡の正倉院である平沢官衙遺跡（茨城県・8世紀前半〜11世紀）では、建物群ごとに丘陵地形にあわせて造営されており、同時期にもかかわらず、方位が異なる。

また、付近を通る主要官道や河川などに合わせた方位をとる場合もある。豊前国上毛郡衙と推定される大ノ瀬官衙遺跡（福岡県・8世紀前半〜9世紀）は、斜行する西海道に合わせて、官衙の方位が大きく振れ、弥勒寺官衙遺跡群（岐阜県・7世紀後半〜10世紀前半）では、寺院が真北方位であるのに対して、その東隣にある郡衙は長良川に沿って傾いた方位をとる。

このように、官衙の変遷を考えるうえで、方位は重要な手がかりとなるが、たんにそれだけから官衙の変遷や時期を確定することはできず、遺跡

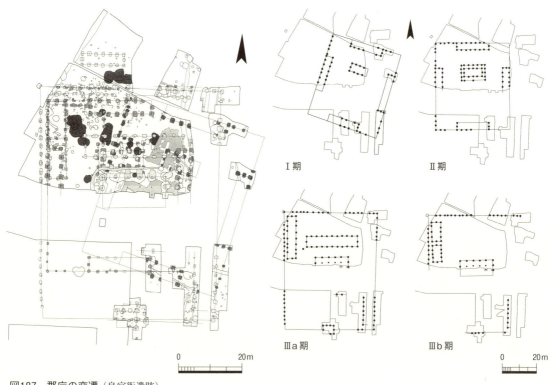

図187　郡庁の変遷（泉官衙遺跡）

の地理的環境や歴史的環境についても十分考慮することが必要である。

度地尺　土地測量に用いた尺度（度地尺）は、713年を境に、1尺が0.355m前後の令大尺（いわゆる高麗尺に相当）から0.296m前後の令小尺（唐大尺）に変わる（182頁）。平城京（奈良県・710〜784年）の条坊道路や宮の官衙区画などは、こうした尺度の違いが時期の指標となっている。地方でも、郡山官衙遺跡（宮城県・7世紀後半〜8世紀初め）のⅡ期官衙の造営では、令大尺にあたる尺度を用いた可能性が高いとされている。

集落と異なって、計画的な配置をとり、測量精度も比較的高い官衙では、使用尺度がわかる場合も多い。区画の規模や建物間距離、道路幅が切りのよい尺数となるものなどを手がかりとして、造営尺（単位尺）の実長や具体的な配置計画についても検討することが求められる。

2 遺物の検討

遺物構成の確認　遺物の検討では、まず、官衙に特徴的に見られる文字資料や硯、高級食器などの遺物について、種類や形態、時期などの情報を整理する。硯の構成や数量には、その官衙施設の機能や格式などが反映されている可能性がある（178頁）。

たんにこれらの遺物が出土したというだけでは、官衙と即断することはできないが、遺物の組成と出土量、出土状況、分布のありかたなども整理することによって、官衙かどうか、官衙であればどのような性格の施設かを判断する手がかりが得られることが多い。

土器の検討　官衙から出土する土器は、集落に比べて、食膳具が多く、煮炊きや貯蔵用の土器が少ない傾向がある。また、施釉陶器などの高級食器も目立つ。

こうした特徴を見出すためには、土師器や須恵器といった種別と、器種ごとの個体数や比率、寸法による分類などの作業が必要となる（図188）。また、出土土器の数量について、集落やほかの官衙との比較も求められる。

そのさいには、杯などの食膳具と、甕や壺など破損率や細片化の度合いが大きく異なる器種を区別せずに、土器の重量や破片数だけで比較するこ

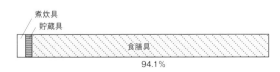

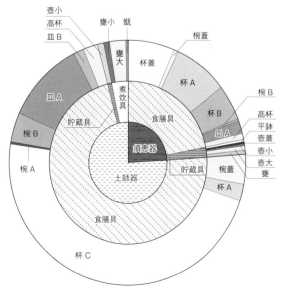

図188　土器の分類と比率の表示例

とは避ける。個体数比の算定には、口縁部や底部など特定の部位の計数や、標準的な重さの完形品に換算した重量比換算個体数などが有効である（整理編123・126頁）。

大宰府政庁（福岡県・8〜11世紀）の周辺では、8世紀後半の土坑一括遺物の分析から、土師器の比率が須恵器よりも高く、中心部では食膳具が約8割、貯蔵具と煮炊具がそれぞれ約1割を占めることが明らかになっている。食膳具の中でも、とくに小型の杯類が多い点は、官衙に見られる一般的傾向といえる。

また、官衙出土土器の特徴である、食器類の寸法や器形の規格性の有無にも留意する。胎土や混和材、焼成、調整手法にもとづく土器群の分類も、生産地や官衙への供給体制を把握するための重要な作業となる。

前述のように、官衙の機能と対応して、官衙施設ごとに土器の出土量や内容に違いがあることも見のがせない。たとえば、正倉院は、日常的に土器類を用いる場ではなかったため、土器はあまり出土せず、給食がおこなわれる館や厨家では土器が多く出土する。したがって、単純に食膳用土器の多寡のみの比較では意味をなさないこともあり、官衙施設ごとに導き出した土器の出土量や器種構成などの特徴を比較することが、官衙施設の機能を明らかにする手がかりとなる。

また、政庁などでは、長期間にわたる存続期間中に清掃が繰り返されたために、創設期の遺物は少なく、廃絶に近い時期の土器が多く出土する傾向がある。こうした点も念頭においた存続時期や変遷の検討が必要となる。

文字資料による官衙比定　国衙や郡衙から出土する墨書土器には、しばしば役所名や官職名、郡名、郷名などが記される。出雲国府の「国厨」「介館」や志太郡衙の一部とされる御子ヶ谷遺跡（静岡県・8世紀前半〜9世紀）の「志厨」など、役所やその部署の名を記した墨書土器は、官衙施設の性格を示す資料として注目される。平城宮では、兵部省や式部省の位置比定にさいして、官司名の墨書土器が有力な根拠の一つとなった。

ただし、竪穴建物を主体とする集落から「厨」の墨書土器が出土した例もあり、とくに厨家関係の土器などでは、移動している可能性も考慮する必要がある。したがって、官衙の比定にあたっては、遺構・遺物の総合的な検討が欠かせない。

瓦葺建物の認定　官衙から少量の瓦が出土する場合、官衙で葺かれたのか、二次的に官衙の外から持ち込まれたのか、判断が難しいことが多い。

しかし、伊勢国府（三重県・8世紀中頃〜10世紀）のように、倒壊した建物の瓦が葺かれたときの状態を保って出土するか（図189）、焼失した建物に瓦がともなうときは、瓦葺と認定できる。

柱抜取穴などから瓦が出土する場合も、解体された建物に瓦が葺かれていた可能性を示す。名生館官衙遺跡（宮城県・8世紀）では、正殿の柱抜取穴から瓦がまとまって出土し、瓦を用いた掘立柱建物と判明している。

また、官衙から、たとえば数トンを超えるような大量の瓦が出土したときは、使用した建物は特定できなくても、二次的に持ち込まれたのではなく、付近に瓦葺建物が存在したと判断してよい。ただし、官衙に隣接して寺院や仏堂が設けられる例もあり、小型の礎石建物ではその痕跡をとどめ

図189　倒壊した建物の瓦（伊勢国府）

ないことも多い。このため、瓦を使用した建物が特定できない場合には、官衙の建物に葺かれたのか、そうした寺院や仏堂に葺かれたのかの検討が必要となる。因幡国気多郡衙である上原遺跡群（鳥取県・7世紀後半～10世紀）では、土坑から瓦とともに塼仏片が出土し、郡衙の一角に仏教施設が存在した可能性が指摘されている。

一方、瓦の量が少ないときは、一般の集落でも近くの寺院から持ち込んだ例があるように、官衙で葺かれていたのか、判断が難しい。しかし、瓦の出土量が少ないことだけを理由に、瓦葺でなかったと決めつけることはできない。瓦が片づけられたり、再利用などの目的で、別の場所へ運ばれたりした可能性も想定されるからである。また、掘立柱建物に瓦を葺く場合は、甍棟や熨斗棟など、屋根の一部にだけ使用したものが多いことにも注意したい（128頁）。

官衙から瓦が出土したときは、寺院と同じく、まず出土状況を的確に把握し、丸瓦や平瓦を含めた組成と数量比を明らかにしたうえで、周辺の寺院や瓦窯との関係を明らかにするなど、総合的な検討が求められる（133頁）。

3 調査成果の総合的検討

官衙の性格の特定　遺構や遺物の特徴から官衙であることがわかった場合でも、どのような性格の官衙か、特定が難しい場合がある。たとえば、コの字形の建物配置をとる建物群が見つかったときでも、国庁か郡庁か、あるいはその他の官衙施設か、判断が分かれることもある。

しかし、通常、国庁は瓦葺となる時期があり、規模も一辺が70～90m程度の例が多いのに対して、郡庁は瓦葺ではなく、一辺が50m前後と小さい傾向が認められる。そうした特徴も勘案して性格を判断することになる。

ただし、これには例外もあり、伊賀国庁（三重県・8世紀末～11世紀中頃）は瓦葺でなく、一辺が約40mと小さい。一方、上野国新田郡衙である天良七堂遺跡（群馬県・7世紀後半～10世紀）や因幡国八上郡衙と推定される万代寺遺跡（鳥取県・8世紀初め～9世紀初め）では、一辺が100m前後の大規模な郡庁が見つかっている。なお、伊賀国庁では「国厨」の墨書土器や地名などもあわせて国庁と判断し、天良七堂遺跡では正倉の存在や新田郡名を示す「入田」の墨書土器、「実録帳」の記載との符合、万代寺遺跡では先行する郡庁の存在から、それぞれ郡庁に比定している。

したがって、官衙の性格の認定にあたっては、遺構・遺物のほか、関連史料や歴史地理学の成果も含めた検討が求められる。

郡内各所の官衙施設　発掘調査によって、一つの郡内に複数の官衙施設が存在することが明らかになった例がある。こうした場合、まず官衙の移転が想定される。たとえば、筑後国御原郡（福岡県）では、郡衙機能が小郡官衙遺跡（7世紀後半～8世紀後半）から下高橋官衙遺跡（8世紀後半～9世紀）に移ったとみられている。

しかし、同じ郡内で複数の官衙が同時併存して官衙機能を果たしていた場合もある。『出雲国風土記』によれば、郡衙とは別の場所に正倉を設置した郡が見られ、その理由は租税の貢納の労を軽減するためと推定されている。

下野国芳賀郡（栃木県）では、堂法田遺跡（8～9世紀）、長者ヶ平官衙遺跡（8～9世紀）、中村遺跡（8～11世紀）で官衙施設が見つかっている。これらは併存しており、堂法田遺跡が郡衙本院、ほかの2ヵ所は郡衙支所や正倉別院として機能したとされる。また、丹波国氷上郡（兵庫県）では、市辺遺跡（8～9世紀）と山垣遺跡（8世紀）の調査成果や文献史料により、地形的に分断される郡内の東西にそれぞれ官衙施設を置き、郡内を分割して統治したと推定されている。

このように、官衙の検討にあたっては、行政の

円滑な運営のために、郡内の各所に郡衙の出先機関である支所や正倉別院が設置される場合もあったことを念頭におく必要がある。

遺跡群としての把握　『出雲国風土記』によれば、意宇郡衙は山陰道と隠岐道の十字街付近にあり、黒田駅（くろだのえき）に接して、軍団や国庁と近い位置にあった。また、神門郡衙も、狭結駅（さゆうのえき）と接した水陸交通の要所に設置されていた。郡衙や駅家（うまや）、軍団などの官衙施設を、交通の要所にまとめて設けたことが知られる例である。

発掘調査では、複合的な機能をもつ官衙遺跡群の実態が明らかになっているものもある。

伊場遺跡（いば）（静岡県・7世紀後半～10世紀）では、「布知厨（ふちのくりや）」「郡鎰取（かんどり）」「栗原驛長（さようえきちょう）」などの墨書土器から、遠江国（とおとうみ）敷智郡衙と駅家が併設されていた可能性が指摘されている。また、東平遺跡（ひがしだいら）（茨城県・8世紀）は、駅路沿いの安居（あご）という地に位置することから、安侯駅（あごのえき）に比定されているが、炭化米とともに大型の倉が見つかり、周辺の遺跡で出土した「騎兵長」の墨書土器とあわせて、駅家の周辺に正倉別院や軍団の駐屯施設を設けた、複合的な官衙施設と推定されている。

このように、単一の官衙ではなく、官衙遺跡群として把握される遺跡も少なくないので、官衙の性格を検討するさいに留意しておきたい。

官衙と寺院　郡衙の周辺には、寺院が存在することも多い。それらは郡衙周辺寺院とよばれ、郡衙とともに、郡内支配の遂行にも大きな役割を担ったと考えられている。常陸国新治（にいはり）郡衙である古郡遺跡（ふるこおり）（茨城県・7世紀後半～10世紀）や弥勒寺官衙遺跡群などでは、郡衙と寺院が隣接している。官衙の検討にさいしては、こうした周辺の寺院の存在も考慮する必要がある。

官衙周辺の関連施設　国衙や郡衙の日常的機能の維持には、徭丁（ようてい）らの活動が欠かせない。武蔵国（むさし）府（東京都・8～10世紀）などでは、広範囲に竪穴建物が分布し、その中には徭丁の宿泊施設も含まれるとみられている。

また、国衙や郡衙の近辺には、正倉や曹司の一部が分置されたり、郡司の居宅や、郡衙の活動に関連した民間の施設が設けられたりすることもある。こうした官衙関連施設にも目を向けることによって、地方官衙の活動の実態を具体的に明らかにしていくことができる。

地域的特徴　官衙は、集落に比べて、遺構や遺物に地域的な違いは少ない。しかし、国庁を除くと、瓦葺建物は山陽道の駅家や東国の正倉に見られるという地域的な偏在が認められ、そこに律令国家の施策を読み取れる場合がある。また、東北では、郡衙の外周を材木塀で囲んだ例があり、蝦夷との軍事的な緊張関係がうかがえる。

一方、関東では、長者山遺跡（ちょうじゃやま）（茨城県・8～10世紀）や長者ヶ平官衙遺跡のように、地名や駅路から駅家と推定されていた遺跡で、大規模な倉庫群が検出されることがある。陸奥国に接した関東北部の各所に、郡衙正倉とは別に、こうした倉庫群が存在する理由として、律令国家による東北政策とのかかわりが想定される。

このように、官衙の地域的な特徴や差違を把握することで、その地域の歴史的な背景を明らかにできる場合もある。

遺跡の総合的な判断と問題意識　官衙は広範囲に及ぶものが多く、発掘で全貌を明らかにできることはまれである。したがって、遺跡の性格などは、それぞれの時点で得られている部分的な情報から判断せざるをえない。そのさいには、検出した遺構が官衙施設のどこにあたるかを予測して仮説を立てるとともに、一方ではそれに固執せず、あらゆる可能性を想定したうえで、一つ一つ検証して絞り込んでいくことが必要である。

こうした検証作業では、個々の遺構や遺物の検討、遺構群や遺物群としての分析に加えて、周辺の遺跡や地形などの地理的・歴史的環境も考慮した総合的な検討が欠かせない。

第Ⅴ章

城館の調査

第1節
城館概説

1 城館の成立と展開

A 中世城館の成立

城館の成立　城とは、防御拠点として設けた構築物を指す。そのため、城の規模や構造は、各時代の社会情勢の影響を強く受け、戦乱による社会的な不安が増大した時期に大きく発達するという傾向がある。

中世の各地域の政治的な拠点でもあった領主の居館は、戦闘に備えて幅の広い堀を掘るなど、防御機能を次第に強めていく。同時に、防御しやすい場所に造られるなど、防御拠点としての性格を備えた城館になる。

防御機能が認められる居館は、東北北部では10世紀後半に成立し、鎌倉幕府成立期まで存続することが知られているが(194頁)、全国的に顕在化するのは14世紀以降である。

居館の防御施設の規模や内容は、地域や領主ごとの差が大きい。これによって、城と居館とを区分する見方もあるが、以下では、防御の程度を問わず、防御機能が認められる居館と、居館とは別に、防御拠点として山地などに設けた城も含めて、城館と総称する。

また、城館の中でも、山地に立地するものは、一般に平地の城館とは異なった構造をとるので、山城とよぶ。そして、織豊系城郭に代表される、16世紀以降の軍事・政治・居住の機能を統合した城館を、城郭とよぶこととする。

城館以外の防御施設　城館とは別に、防御施設のみが単独で存在する場合もある。阿津賀志山防塁(福島県)は、1189年に奥州藤原氏が源頼朝軍の進軍を阻むために築いた、二重の堀と土塁による約4kmの防御線である。1274年の元軍の襲来を受けて、博多湾沿岸に構築された元寇防塁(福岡県・13世紀末)もよく知られている。

このほか、合戦のさいの陣地を土塁や柵で防御する、陣城または付城とよばれる施設もあった。それらの中には、敵城を包囲するなどの目的で広範囲にめぐらした土塁や柵と一体的に機能したものもある。1578年の織田信長による三木城(兵庫県)攻めのさいに築かれた付城と土塁群や、1592〜1598年の羽柴(豊臣)秀吉による朝鮮出兵にあたって、名護屋城(佐賀県)の周囲に諸大名が築いた陣城群などがその例である。

防御機能をもつ居館の出現　11〜13世紀中頃までの領主居館は、通常、幅の狭い溝などで囲まれた一辺半町ほどの敷地に、大型の掘立柱建物を中心として井戸や倉庫などを配しているが、防御施設である堀や土塁は見られない。

13世紀後半になると、西日本では、一辺が半町から1町程度の堀や土塁をともなう、方形館(方形居館)が出現する。これらの中には、この時期に新造されたものだけでなく、以前から存在していた領主居館の溝の幅を広げ、土塁をあらたに設

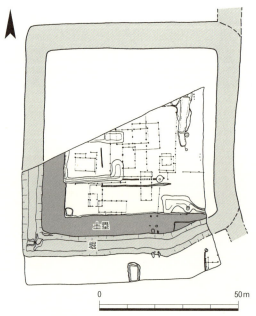

図190　方形館(日置荘遺跡)

けたものも多い。

日置荘遺跡の方形館（大阪府・13世紀末）は、方形館の代表例である（図190）。水田地帯に立地し、条里地割に沿った一辺60〜70mほどの敷地のまわりに、幅6〜7mの堀を設ける。遺構が分布しない堀の内側の部分には、土塁が存在したと想定されている。

方形館は、城館の一形態といえるが、平野部に単独で存在するものが目立ち、基本的には堀と土塁だけで防御するなど、防御性はさほど高いといえない。しかし、なかには、丘陵上や台地上など防御に適した場所に造ったり、そういった場所に立地する居館に堀や土塁を設けたりすることで、防御性を高めたものもある。大内城（京都府・12〜16世紀）がその典型で、このような居館を、居館から城への過渡的なものと位置づけ、館城とよぶことがある。

一方、東日本では、方形館は14世紀後半に成立するとされており、それ以前は、武士の居館であっても、武器や武具は出土するものの、明確な防御施設は認められないのが一般的である。鎌倉幕府の御家人であった渋谷氏の居館に比定されている上浜田遺跡（神奈川県・14世紀）は、その典型的な例であり、谷戸に面した段丘斜面に2段の平坦面を造成して、主屋と馬屋、御厨などの建物を配している。

B 中世城館の展開

山城の成立　南北朝の動乱の頃には、山上に本格的な山城が存在したことが知られている。そうした初期の山城の代表例として、楠木正成の拠点であった千早・赤坂山城群（大阪府・14世紀）がある。標高差が最大で400mを超える、防御性にすぐれた急峻な山地に立地し、尾根を削平して曲輪（郭）を設ける。堀や土塁は未発達で、斜面を人工的に削り落とした切岸をおもな防御施設とする点に特徴がある（図191）。ただし、この時期に成立した山城は、のちに改変・再利用されることが多く、当初の形をとどめるものは少ない。

山城は、その後も小規模なものを中心に築かれたが、15世紀以前の山城は、大半が戦闘のさいに利用されるだけの臨時的な施設であり、地形の改変も小規模であった。出土遺物も概して少なく、時期の特定が容易でないことが多い。

方形館の展開　15世紀になると、東日本でも方形館が一般化する。江上館（新潟県）は、複数の曲輪が連結する複郭構造をとり、幅約10mの水堀に、高さ2mほどの土塁がともなう。当時の形態をとどめる良好な例である。

2 城館の発展

A 守護大名の拠点形成

守護大名の館と城下　15世紀に諸国の守護の世襲化が定着して支配力が強まると、守護の居館である守護所が政治的・軍事的拠点としての役割を担うようになる。そして、1467〜1477年の応仁・文明の乱により京都が荒廃すると、各国の守護は、活動拠点をみずからの領国に移して領国経営を強化し、守護所を中心とした町を形成するようになる。それらの構造は、大内氏館（山口県・15〜16世紀）、田村城館（高知県・15〜16世紀）（図192）な

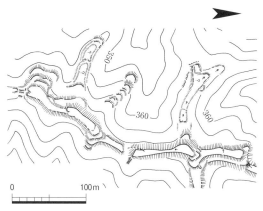

図191　山城（千早・赤坂山城群）

第Ⅴ章 城館の調査

どの発掘で明らかにされている。

守護は、一辺がおおむね1町半～2町の大規模な方形館に居住し、それをとりまくように、家臣団の中小の方形館が散在する。このような守護の居館を中心とした城館群を、守護大名城下町とよぶことがある。

山城の恒常化　応仁・文明の乱の影響は各地に及び、列島を巻き込んだ本格的な戦乱の時代に突入する。これにともない、15世紀後半以降、地域の有力者である国人領主は、戦時の臨時的施設であった山城を恒常的に維持するようになり、山城が構造・規模ともに発達していく。

また、この時期には、平地の方形館を山麓部に移し、山城と一体的に利用した。平時は山麓部の方形館で生活して、戦時には山城に籠もるためであり、こうした方形館と山城との関係は「平時の居館と詰めの山城」と表現される。

越後国の国人領主である中条氏は、当初、平野部の江上館を居城としていたが、16世紀に本拠地を山麓部に移し、羽黒館や東館といった方形館を造るとともに、背後の山にあった鳥坂城(新潟県)を大規模に改修して、詰めの山城とした。

戦国期城下町の形成　1530年代になると、それまでの、平時の居館と詰めの山城から構成されていた城館のありかたとは異なる、新しい城館が見られるようになる。

佐々木六角氏の本拠であった観音寺城(滋賀県)では、城主の居住場所が平地の居館から山城へ移り(203頁)、平地の居館が担っていた政治的な機能も移された。代わって、山麓部には主要家臣が集住し、山城を中心とする町が形成された。

また、この時期の有力な国人や大名の城館には、日常生活の場とは別に、おもに儀礼をおこなう主殿や宴会をおこなう会所という、ハレの場が設けられるようになる。さらに、庭園をともなうものも多く、なかには京都ではぐくまれた作庭技法を忠実に受け継いだものもある(220頁)。これらの施設は、城主の社交の場として重要な意味をもっており、その普及は、城館が政治的・文化的な施設としての機能を強めたことを物語る。

B　近世城郭への展開

織豊系城郭の成立　織田信長から豊臣秀吉へと引き継がれた全国統一の過程で、城館の構造は飛躍的に発達した。

信長の拠点は小牧山城(愛知県・1563年)、岐阜城(岐阜県・1567年)と移動し、さらに安土城(滋賀県・1576年)へと展開する。安土城では、山全体を大規模に造成して、石垣をともなう曲輪を配し、瓦葺の天主を築いた(図193)。この城では、天主が建つ本丸を中心として、城内に有力家臣の居館、城下にはその他の家臣団の館や庶民の住居が置かれた。それらは、身分に応じて本丸に近い場所から遠い場所の順で配置され、階層的な空間を構成した。ここに、近世にいたる城郭の基本と

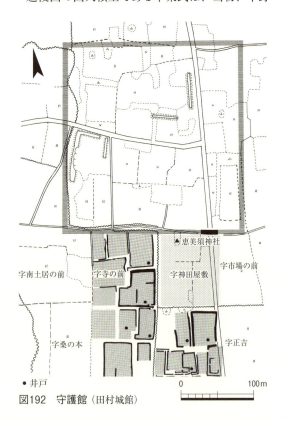

図192　守護館(田村城館)

なった、いわゆる織豊系城郭が成立する。

こうした城郭のありかたは、江戸幕府の成立によって全国各地に定着し、城郭を中心とした近世城下町が各地に形成される。

曲輪の機能分化　城館の規模が拡大するにつれて、曲輪の機能分化も進行した。とくに織豊系城郭では、石垣を採用して長方形などの曲輪を複雑に配置することが可能になったため、曲輪の機能分化が進む。

曲輪の中には、豊臣期大坂城（大阪府・16世紀末）の山里丸のように、茶会をおこなう茶室と庭園からなる曲輪が出現するなど、ハレの場の拡大や充実が認められる。

政治施設としての機能の充実　江戸時代になって戦乱の時代が終結すると、城郭は、防御よりも政治や儀礼の場といった機能がより重視されるようになる。それにともない、金沢城（石川県・17世紀）では、防御用の堀を埋め立てて曲輪の規模を拡大するなど、城内に広い空間を確保するための改変がしばしばおこなわれた。

石切丁場　石材の調達が難しかった一部の地域を除き、江戸時代には石垣を備えた城が一般的となる。幕府が諸大名を動員しておこなった江戸城（東京都・17世紀）や徳川期大坂城（大阪府・17世紀）などの天下普請では、石垣用の石材の調達と加工のため、伊豆半島や瀬戸内などに、石を切り出して加工する石切丁場が置かれた。

そして、これを契機として、各地の大名の居城にも割石積の石垣が採用され、それらの石材を加工する石切丁場が設けられた。

一国一城令　1615年の一国一城令によって、大名の居城は領内それぞれ一つにかぎられることとなり、それ以外の城館は、城割（破城）されて廃城となった。

城割の方法は一律ではなく、鷹ノ原城（熊本県・17世紀）のように、石垣が地表から完全に姿を消すほど徹底的に破壊されたものもあれば、金山城（岐阜県・17世紀）のように、石垣の部分的な破壊にとどまるものもある。

3 台場・砲台と西洋式城郭

幕末にいたると、欧米諸国の船が来航するようになり、それに対する防御施設として、全国の沿岸に台場や砲台が築かれた。基本的に、在来の築城技術を用いて石垣などを構築したものを台場といい、西洋の技術によるものを砲台とよぶ。東京湾の品川台場（東京都・1854年）は、城郭と同様に石垣を用いて陣地を構築し、大砲を据えたものである。

台場や砲台の数は全国で約1,000ヵ所に及ぶといわれ、1868年の戊辰戦争鳥羽伏見の戦いなどでも使用された。また、この時期には、五稜郭（北海道・1866年）を代表とする西洋式城郭も導入されている。

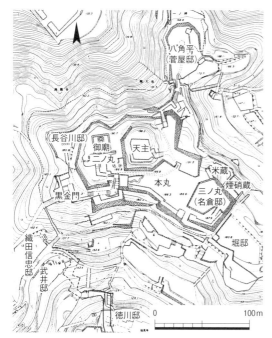

図193　織豊系城郭（安土城）

東北の古代末〜中世初めの城と柵

防御集落　古代律令国家に組み込まれなかった東北北部から北海道の渡島半島にかけての地域では、9世紀後半〜11世紀に、特異な集落遺跡が出現する。それらは、山の頂上や河川に臨む台地の縁辺といった要害の地に立地し、環濠をめぐらす場合もある。こうした点で、弥生時代の高地性集落や環濠集落に類似しており、防御集落や囲郭集落などと称される。

大鳥井山遺跡　一方、払田柵（秋田県・9〜10世紀）や秋田城（秋田県・8〜10世紀）が設置された律令国家北辺の地域では、城柵が終焉を迎えると、横手盆地で、防御性の高い居館である大鳥井山遺跡（秋田県）が成立した。前九年合戦（1051〜1062年）を描いた軍記物語『陸奥話記』によると、清原頼遠は大鳥井山太郎ともよばれ、大鳥井山遺跡は清原氏の本拠とされている。

この遺跡は、三方を川に囲まれた標高約80mの独立丘陵に立地しており、南北約500m、東西約220m、面積は約10万㎡に及ぶ。居館の内部は溝などで区画され、丘陵頂部では、廂がつく大型の掘立柱建物が見つかっている（図194）。10世紀後半に成立し、11世紀後半には大規模な堀と土塁を二重にめぐらせて防御性を高めているが、清原氏が滅んだ後三年合戦（1083〜1087年）の頃には廃絶した。

大鳥井山遺跡の東には、旧羽州街道が南北に通り、さらにその東側には台処館がある。二つの居館は一体のものとして機能した可能性が指摘されており、水陸交通の要衝を掌握するねらいで築造したとみられている。

柳之御所　このような居館のありかたは、清原氏の後裔である平泉藤原氏が12世紀に本拠とした柳之御所遺跡（岩手県）でも認められる。この遺跡も、二重の堀と土塁に囲まれ、北上川に面した河川交通と陸上交通の要衝に立地している。また、遺跡の北側には高館があり、それと対になって機能した可能性が指摘されている。

同じく二重の堀や土塁で囲まれた遺跡には、12世紀前半を中心とする陣が峯城（福島県）がある。旧越後街道の峠の入口に位置し、会津盆地を一望できる扇状地上に立地している。三方を二重の土塁と堀がめぐり、南北約270m、東西約210mの不整五角形の平面を呈する。

平場の中央部では大型の掘立柱建物が建て替えられ、白磁や高麗青磁、須恵器系・瓷器系陶器、土師器、漆器、鏡、権衡（182頁）、斧、鋸、鉋、穀類などが出土した。九条兼実の日記『玉葉』に見える「藍津之城」にあたる可能性があり、越後城氏または摂関家領の荘園であった蜷河荘との関連が想定されている。

鳥海柵　『陸奥話記』には、前九年合戦で安倍氏が築いた「鳥海柵」についても記載がある。その比定地である西根遺跡や鳥海A・B遺跡（いずれも岩手県）は、土塁は認められないものの、堀や自然地形の大きな沢で区画された敷地内に、大型の掘立柱建物や溝が散在し、11世紀中頃を中心とする多数の土器が確認されている。

図194　二重の堀と土塁で囲んだ居館（大鳥井山遺跡）

第2節
発掘調査の準備と計画

1 遺跡情報の事前収集

A 地表観察

　城館は、地表に何らかの痕跡をとどめていることが多く、とくに山城では、通常、地表観察で全体の構造をある程度把握できる。一方、平地にある城館は、後世の改変が大きく、当時の姿をとどめていないものが多いが、土塁や堀の痕跡などが残存する場合もある。

　また、城館は概して大規模であり、関連遺構の広がりが広域に及ぶ。このため、調査計画の策定にさいしては、あらかじめ地表観察をおこなって、城域(城館の範囲)や構造をできるだけ把握し、図化しておく必要がある。

　城館の調査では、こうした地表観察で調査地点を絞り込み、調査方法を決定することによって、はじめて効果的かつ効率的な発掘調査が可能となる。また、部分的な記録保存調査を実施する場合も、調査対象地が、城館の中でどのような機能を担った場所であるかを検討することで、検出された遺構を正しく評価できる。

　このように、城館の調査では、地表観察がきわめて重要な位置を占めている。観察や記録の方法については後述する(198頁)。

B 地図・空中写真などの利用

地形図の利用　　城館の調査では、一般に、国土地理院の1/25,000地形図が用いられるが、それに加えて、1/2,500または1/5,000の国土基本図や、地方公共団体が作成した都市計画図など、より大縮尺の地図も利用するのが望ましい。

　平地の城館や城下町などは、地図からその存在や立地、地割を確認できるものがあり、地籍図などとの併用で、さらに詳細がわかることもある。

　また、開発などによって消滅した城館であっても、開発前に作成された地図から、範囲や構造などが判明した例もある。

　当然のことながら、地図は作成当時の地形を表現しているので、それ以前の地形は知ることはできない。このため、表現方法や精度に問題を含むとしても、作成年代の古い地図を利用するのが効果的な場合がある。

地籍図の利用　　地籍図は、地形図に比べて図面としての精度は劣るが、土地一筆ごとの境界や地番、地目、地名が記されている。地表観察では把握しにくい、平地の城館や城下町の形状や範囲を読み取れることが多く、城館を調査するさいの有効な手がかりとなる。

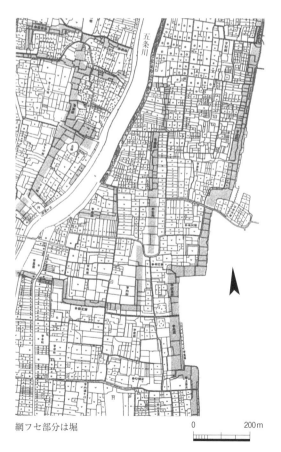

網フセ部分は堀

図195　地籍図(清須城)

第Ⅴ章　城館の調査

　地籍図の作成は1873年から開始されており、一定の精度を保っているものであれば、より古い地籍図を利用するのが効果的である。ただし、地籍図は、通常、村ごとや字ごとに分割されているので、城館の調査をおこなうさいには、それらを合成する作業が必要となる。

　城館は、堀などで囲まれた方形の区画として、城下の町家は、街路に直交して連続する短冊形の地割として痕跡を残すのが一般的である。また、地目から想定される土地の乾湿や高低、地名などからも、城館の存在や範囲、構造を復元しうる。後世の地形改変で完全に消滅した城館でも、復元できることが多い。

　清須(清洲)城(愛知県・16世紀)は、宅地開発のため、現在は城の痕跡が部分的に残るだけだが、1884年の地籍図では、堀跡は細長い水田や湿地として描かれ、これらにもとづいて、城の構造が復元されている(図195)。

空中写真の利用　空中写真も、平地の城館調査などに有効である。地図には表現されていない土地区画や、植生の違いなども読み取ることで、城館の所在を確認できる場合がある。ソイルマークやクロップマークから、堀跡などを判読した例もある(発掘編89頁)。

　また、第二次大戦後まもなく撮影された空中写真には、平地の城館が明瞭に確認できるものも多い。上杉景勝が築いた神指城(福島県・16世紀末)は、現在、主郭以外は地表にほとんど痕跡をとどめていないが、耕地整理以前の1947年に撮影された空中写真や地籍図からは、その全体像を知ることができる(図196)。

C　史料・絵画・伝承・地名などの利用

文献史料　城館の歴史を知るうえで、文献史料が果たす役割は大きい。城や城主の名前のほか、築城や改修、廃絶の年代、城の構造が判明することもある。また、廃城後に記された史料であっても、廃絶後の土地利用や管理のありかたなど、城跡のようすがうかがえる。

　しかし、城館によって、史料の質や量は大きく異なる。城館が機能していた時期に関係者が記した一次史料から、後世の人が伝承などをもとに創作した史料までさまざまなものがあり、史料を利用するさいには、成立時期や内容など、その信憑性を十分に吟味する必要がある。

　また、近世には、藩ごとに地誌類が作成され、これには、中世の城館も古城として記録されるほか、城館の位置や規模、構造が記述されていることも多い。一次史料ではないが、分布調査などをおこなうさいに、地域の城館の所在についての情報を得る有効な手がかりとなる。

絵画資料　絵画資料には、城館とその周囲の町を描いたものがある。地籍図や地形図などと照合することで、現地と対比できるものも多く、城館の規模や構造などを知る恰好の材料となる。勝幡城(愛知県・16世紀)は、尾張藩が17世紀に作成した絵図が残されており、当時の城館のようすや周辺の町割りが判明する(図197)。

　集落の絵図や風景画などにも、城館などが描き

図196　城館の空中写真(神指城)

込まれているものがある。それらは、城館の場所と、集落やほかの城館との位置関係を把握する情報源となる。また、絵巻物や屏風絵など中・近世の絵画資料は、城館施設の構成をはじめ、建物・塀・土塁の構造や機能、堀の平面形状などを知るうえで重要である。

ただし、絵画資料も、描かれた時期と描いた者の意図や技術によって、その信頼性は大きく異なることが多いので、利用にあたっては十分な検討を要する。

伝承 城館は地域社会に密着していたため、廃城後もそれにかかわる伝承を残していることが多い。とくに、沖縄のグスクに伝わる伝承の中には、史実を何らかのかたちで反映しているものもあり、城館の歴史的な位置づけや調査方針を決定するさいに重要な意味をもつ。

それ以外の地域でも、伝承や禁忌に史実が反映されていることがしばしばあるので、地元での聞き取りは入念におこなうようにする。なお、調査にあたって、地域の禁忌に触れるような行為をすると、地域の協力や理解が得られなくなる場合もあるため、注意したい。

城館特有の地名 城館が存在した場所に特有の地名が残ることは、古くから指摘されている。城や館を冠する「城山」などの地名のほか、根小屋とよばれた山麓の居館では「根小屋」「猫屋」という地名が残ることもある。

これらは、城館の所在を確認する有効な手がかりとなる。ただし、城館の所在を正確に反映した地名ではないこともあるので、最終的には、現地調査やほかの資料による調査と併用して判断する必要がある。

D　悉皆調査報告書・市町村史

中世城館調査報告書 文化庁では、中世城館に関する基礎台帳を作成することを目的とした国庫補助事業をおこなっている。平成23（2011）年度までに、34の道都県で悉皆調査が完了し、『中世城館調査報告書』が刊行された。これらは、各地域の城館の基礎台帳となるものであり、城館調査の基本的な資料として活用したい。

市町村史の利用 城館の調査には、考古学以外に、文献史学や歴史地理学などさまざまな視点が欠かせず、城館が所在する地域の歴史についての幅広い知見が求められる。市町村史などには、そうした情報が含まれていることが多く、事前に目を通しておく。

E　物理探査

城館は、防御施設をはじめ、比較的大きな構造物で構成されているため、物理探査で把握しやすい。具体的方法は発掘編（90頁）に譲り、ここでは探査の適用例を中心に記述する。

城館調査に有効な探査法 電気探査は、電極の配置や機器の性能によっては、比較的深い深度まで計測でき、堀や石垣など大規模な施設や、旧地形の把握に有効である。ただし、一般的な比抵抗による探査では、深い部分の解像度が低下する。このほか、電気抵抗値から物性を知ることも可能で、埋納物の種類を推定できる場合もある。

地中レーダー（GPR）探査は、迅速で解像度にす

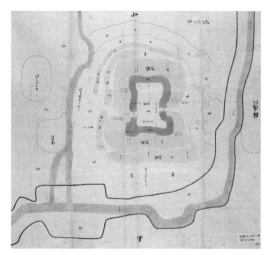

図197　城館の絵図（勝幡城）

第Ⅴ章　城館の調査

ぐれており、柱穴や塀といった遺構の詳細な形状を把握するのに有効である。

電磁誘導探査では、鉄や銅などの金属製品の存在を明らかにすることが可能であり、鉄鏃、甲冑の小札、釘などの把握に効果を発揮する。

磁気探査は、鍛冶炉など被熱した遺構や、鉄製品のような磁気を帯びた遺物を把握できる。

城館の探査例　徳島城本丸（徳島県・16〜19世紀）では、積み方の異なる新旧の石垣の関係を把握する目的で探査を実施し、地中レーダー探査では、新しい石垣の裏側に古い石垣がコの字状に残存することを確認した（図198）。電気探査では、新旧の石垣の間が高抵抗値を示し、石などを充填しているとみられる。物理探査という非破壊的手段で、石垣で区切られた複数の曲輪の拡張を推定できた例である。

また、小坂城（茨城県・16世紀）では、曲輪の平坦面に施設が存在する可能性を地中レーダー探査で明らかにし、部分的な発掘調査の結果、掘立柱建物を確認した。七尾城（石川県・16世紀）でも、地中レーダー探査で、曲輪の中心的な建物の基礎と、その下の暗渠を把握している。

このように、物理探査では、遺構に損傷を与えずに、城館に関する情報を迅速に取得できる。もちろん、それには一定の限界があり、また時期や性格についての直接的な情報は得られないため、発掘調査など、ほかの方法との連携のもとに利用することが望ましい。

2　地表観察の方法と記録

A　地表観察の方法

城館施設の構成　城館は、活動の中心となった曲輪とよぶ平坦面や、曲輪の周囲に構築した堀などの区画・防御施設、曲輪や大手に設けた出入口（虎口）、曲輪どうしをつなぐ通路などによって構成される。これらは、相互に密接な関係をもち、城館が立地する自然地形もあわせて、防御機能を高めている。

地表観察の視点　そのため、地表観察をおこなうさいには、個々の要素のみを追究するのではなく、それぞれの関連や自然地形との関係にも注意を払いつつ、城館にかかわる痕跡を抽出する。こうした姿勢は、適切な調査計画を策定するうえでも不可欠である。

たとえば、曲輪の認定では、平坦面を確認するだけではなく、その周囲に、斜面を削って急傾斜にした切岸や堀などの防御施設が認められるかという視点が必要である。同時に、曲輪へ入る通路や出入口なども把握する。

堀や出入口といった施設の形態は多様なため、的確に把握するには、その種類に関する知識が求められる。詳細は後述するが（208頁）、とくに出入口の位置と形状は、構築主体や築造時期を推定する重要な手がかりとなる。

また、一見、城館に関係ないように見えても、城館に関連する遺構が存在する。たとえば、曲輪群縁辺部の自然地形に見える緩斜面でも、その外側に堀などの防御施設がある場合は、緩斜面が駐屯地として利用された可能性を考慮する必要がある。駐屯地とは、平時は使用しないが、戦時に守

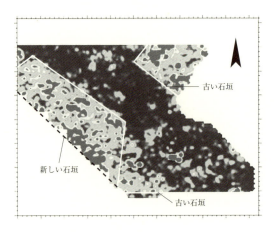

図198　石垣の探査（徳島城）

城兵が一時的に増強されたさいに、それらの兵員が駐屯する場所を指す。

　平地の城館は、山城に比べて、後世に改変を受けていることが多く、その認定にあたっては、地表観察以外に、絵図や地籍図の分析、発掘調査成果などを加えて判断する必要がある。

城館遺構に類似する地形　城館の内部や周囲の地形には、人為的な造作や自然現象により、さまざまな起伏が見られる。曲輪に見えても、後世の植林による段差や畑地である例や、斜面に造られた竪堀（たてぼり）のように見えても、自然の崩落である例は少なくない。切り通しや木炭窯、畑の石垣、自然の谷なども、城館の遺構と誤認しやすい。

　これらを見きわめるには、個別の遺構の形状の観察に加えて、その遺構が城館の中でどのような位置にあるか、それが防御性などの面からみて妥当か、という検討が欠かせない。

城域の確定と手順　城域を確定するためには、城館にかかわる遺構が認められる範囲と、そうでない範囲の境界を探りあてることが重要となる。

　山城の城域は、山頂部もしくは中腹でもやや小高くなった場所を中心として、その周囲の尾根上に展開することが多いので、通常は、曲輪群の中心となる主郭から追究していく。主郭を基点として、そこから派生する尾根上に曲輪を階段状に連ねる場合は、尾根伝いに曲輪のつながりを確かめていくとわかりやすい。曲輪の縁辺部は、堀で城域をかぎることが多いが、堀がなく、自然地形へと推移しているものもある。

　また、すべての曲輪が連結しているとはかぎらず、大規模な城館や、頂部がいくつも連続するような地形に立地する城館では、人手が加わっていない自然地形を城域に取り込んでいることもしばしばある。このため、城域を現地で確認する作業は、1/2,500などの大縮尺の地形図や、過去に作成された縄張り図（なわばり）などを用意して、地形を確認しながらおこなう。

B　観察結果の記録

記録の方法　地表観察で確認した城館の遺構配置は図化し、以後の調査の基礎資料とする。城館の構造をあらわした図には、縄張り図と地形測量図の二つがある。いずれも、たんなる測量結果を示すのではなく、観察によって得られた知見をもとに、城館の機能時の姿を推定し、図上に表現する必要がある。

　また、作図のさいには、城館に関連すると推定した遺構以外に、その可能性がある地形も表現して、観察所見を記載するなど、評価をめぐって意見が分かれる部分や、発掘調査で確認する必要がある部分などを整理する。

縄張り図　地表観察で確認した城館の遺構や、それに類似する地形などを、簡単な測量によって既存の地形図上に記録したものを、縄張り図という。ここでは、長野城（ながの）（福岡県・16世紀）の例を示しておく（図199）。

　具体的な作成方法については別に詳述するが（204頁）、経費や期間、人数がかぎられた状況でも、城跡全体の図面を作成できることが、縄張り図の大きな利点である。そのため、小面積の記録保存調査など、経費の面から城域全体の測量が不可能な場合には、縄張り図で概要を示すこともある。反面、精度が劣り、高低差や斜面の傾斜表現が難しいなどの欠点もある。

地形測量図　城館の地形測量図は、たんに地形を機械的に図化するだけではなく、地表観察の結果も反映させたものである必要がある。そうした意味で、城館の地形測量図の作成は、縄張り図では示せなかった情報も加えた平面図を作成する作業ともいえる（図200）。

　地形測量図の作成にあたっては、測量に先立って地表観察や史料調査などをおこない、測量範囲を決定する。通常、縄張り図は地表観察と同時に作成するので、まず縄張り図を作成したのちに地

第Ⅴ章 城館の調査

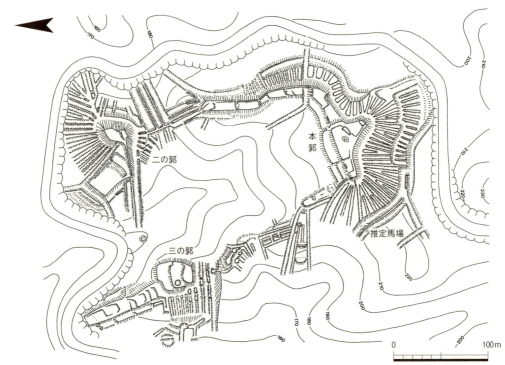

図199 縄張り図（長野城）

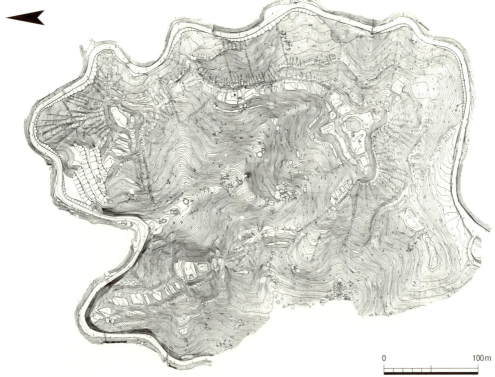

図200 地形測量図（長野城）

形測量図を作成する、という手順をふむのが一般的である。

地形測量図の作成範囲と精度　城館は自然地形と一体になって機能しており、その立地状況を示すためにも、地形測量図は城館の周辺も含めて作成することが求められる。しかし、遺構が存在しないなど、さほど精度を要しない部分は、既存の都市計画図を用いて合成する方法もある。

地形測量図の縮尺は、遺構が存在する範囲では1/500を基本とし、発掘調査や整備をおこなう地点については、1/100や1/200のより詳細な地形図を作成するのが望ましい。地形測量の方法と、それに先立って実施する測量基準点の設置については、発掘編（70・81頁）を参照されたい。

なお、地形測量の基準点は、恒久的な使用に耐えられるものを選び、のちの発掘調査でも利用できるように配慮する。

等高線の間隔は1mを基本とし、重要な部分では20～50cmに間隔をせばめて、さらに詳しく表現する。高低差が乏しい平坦地では、その間に補助線を入れることもある。

これらの図面は、縄張りなどの地表観察の結果を記載したものと、地形のみを表現したものの2種類を作成する必要がある。このほかにも、城館全体の構造を検討するためには、城域がA0判以下の1枚に収まる縮尺の図面を作成しておくと便利である。

また、近年では航空レーザー測量（発掘編84頁）をおこなう例が増加している。高精度の地形図を迅速に作成することが可能で、樹木が茂った山林でも、土塁や堀などの凹凸も明瞭に表現できるなど、とくに山城の測量には有効である。

地区割り　城館の地区割りは、各種の地形図との整合性を図るうえでも、平面直角座標系によることが基本となる。また、汎用性のある標準的グリッドの適用も可能である（発掘編85頁）。

地区割りは、地形測量図をもとにおこなうのが望ましいが、城域が広範囲に及ぶものでは、測量調査が数年にわたり、発掘調査などと並行して進めざるをえないこともある。そういった場合は、縄張り図にもとづいて地区割りし、地形測量図が完成した段階で、それに地区割りを写し込む方法をとるのが現実的である。

3　試掘・確認調査による把握

城域の確定　試掘・確認調査は、通常、城館の範囲や関連遺構の広がりの把握、遺構の遺存状況の確認を目的として実施する。そのさいには、事前の情報収集によって把握した、城館の遺構と考えられる地形や構築物に重点をおいて、試掘坑を設定するなどの工夫が求められる。

しかし、城館には、遺構や遺物が希薄な空間も存在することから、遺構や遺物が認められない場合でも、そこが城域に含まれないと断定することはできない。範囲を確定するためには、試掘・確認調査の結果と事前に収集した情報も合わせた総合的な検討を要する。

城館変遷に関する情報の収集　城館には、改変を受けながら長期間にわたって利用された例も多い。また、改変の度合いによっては、当初の姿を地表にまったくとどめない例もある。そのため、試掘・確認調査では、城館の変遷に関する情報をできるだけ収集することも重要である。

4　調査計画の策定と安全管理

A　調査計画の策定

排土・排水計画　山城の発掘調査では、入念な排土・排水計画を立てる。排土が発掘区外に流出しないように土止めすることはもちろん、雨水への対策も求められる。

表土を除去した斜面は保水力を失うため、土砂

を含んだ多量の雨水がそのまま山麓まで流れ落ち、地元との間でトラブルを生じた例もある。これを防ぐには、表土を除去した部分や排土をすべてシートで覆うなどして、雨水による土砂の流出を止めたり、土嚢を積んで沈砂池を設け、そこに雨水が集まるようにしたりするなど、入念な雨水対策が必要となる。

また、排土の仮置き場も、流出の危険がなく、かつ作業の支障とならない場所を、事前に十分に吟味して決定する。やむをえず、斜面の近くに排土置き場を設ける場合も、斜面との間に十分な空間を確保したい。

なお、これらの措置は、関係者や地元住民にもあらかじめ説明し、了解を得ることが望ましい。

樹木の伐採　発掘調査に先立って樹木を伐採するときは、曲輪や土塁、出入口などを傷つけないよう注意する。とくに、重機を用いた大規模な伐採では、遺構に損傷を与えないように、重機の進入路を工事関係者と事前に協議して決定する。

石垣の調査　石垣をともなう城館を調査する場合は、石垣の記録や解体などに相応の期間と経費を要するので、事前に石垣の状況を把握し、調査方法を決定する。

石垣の規模や状況、調査方針によっては、作業を外部に委託するための見積りが必要となることもある。また、解体した石材の仮置き場所や処分法などについても、前もって検討しておく。

保存目的調査での留意点　城館の保存目的調査では、発掘後の遺跡の保全も十分に考慮して、発掘区を設定することが求められる。むやみに斜面やそのきわに発掘区を設定すると、雨水などの影響で、そこから崩壊が始まるおそれがある。石垣の背後や裾部も、発掘により、崩壊の危険性が高まることがある。

そうした危険を回避するため、発掘前から、発掘後の遺跡の保全措置をよく検討しておく。大規模な復旧作業を要する場合は、整備事業にあわせて発掘するなど、時期の調整もおこなう。

なお、通常の保存目的調査では、遺構面を養生する目的で砂などをまくことがしばしばある。しかし、斜面地では、それが地すべりを引き起こす要因となることもあるので、状況に応じて、植栽土嚢を積み、遺構面を養生するなどの方法をとるのが望ましい。このほか、樹木の伐採も、地すべりの原因とならないよう注意したい。

B　安全管理

斜面の調査　城館の斜面は、人が登りにくいように、急傾斜に加工されていることが多い。こうした急峻な地形では、相応の安全対策が求められる。たとえば、足場となる平坦面や土止め用の柵などを適宜確保しながら、斜面の上方から下方に向けて段階的に掘り下げる方法をとる。この場合も、転落などの事故を防ぐために、命綱をつけるなどの配慮を怠ってはならない。

一方、高低差が少ない斜面の場合は、裾から上方へ地山を追うようにして掘り下げるほうが、安全も確保でき、作業も効率的に進むことがある。ただし、曲輪の造成土を正しく把握しておかないと、掘りすぎることもあるので、注意を要する。

石垣の調査　石垣の調査では、石が転落しないよう留意しつつ、記録をとって上段から石材をはずすことになる。こうした石材の移動は、外部に委託しておこなうほうがよい。

山林寺院と山城

山城と寺院の重複　中世以降の山城には、山林寺院と密接にかかわるものもある。たとえば、観音寺城（滋賀県・16世紀）は、戦国大名の佐々木六角氏の居城として著名だが、もとは観音正寺という山林寺院が築かれた場所であり、山中に山城と寺院の遺構が重複して残る（図201）。

両者の識別　こうした場合、平坦面の分布や構造などを検討することで、遺構がいずれに関係するのかを、ある程度判断できる。

山城は、軍事的な防御を目的とするため、平坦面（曲輪）の周辺に、切岸や堀、土塁といった防御施設が存在する。一方、寺院では、結界となる築地塀や溝などの区画・遮蔽施設はあるが、防御性に乏しい。また、山城では尾根上に曲輪を配するのに対し、寺院は谷の中を登る参道に面して平坦面が分布するなどの違いがある。

観音寺城の場合、山頂部を中心とした尾根上に展開する平坦面は、高石垣や複雑に折れた出入口が示すように、高い防御機能が認められることから、山城の遺構と判断できる。一方、谷筋に面して分布する平坦面は、石垣はもつものの、谷筋を直線的に登る通路に面して直線的な出入口を設けるなど、防御性が希薄である。それらは、山林寺院で一般的に見られる直線的な参道とそれにともなう子院群と推定できる。

縄張り調査の有効性　近年は、山林寺院でも縄張り調査の有効性が認識され、縄張り図が作成されるようになってきた。その結果、平面構造などから、混在する山城と寺院の区別や、寺院の防御機能の検討が可能となっている。

もちろん、こうした縄張り調査は、山城と寺院が混在する場合にかぎらず、山林寺院単体に対しても有用であり、それによって、寺院の空間構成全体を把握できる。

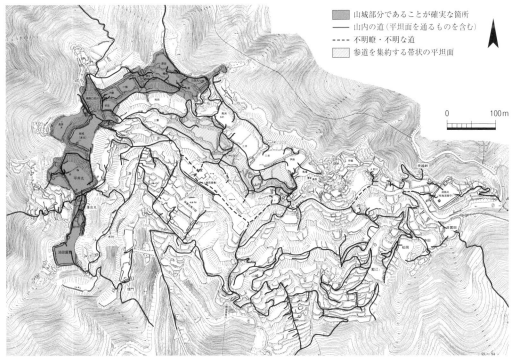

図201　山林寺院と山城（観音正寺・観音寺城）

第Ⅴ章　城館の調査

◆ 縄張り図の作成方法

縄張り図作成の目的　縄張り図を作成する目的は、城域全体の空間構成を把握し、図化することにある。これには各種の手法があるが、ここでは、一般的に採用されており、比較的少ない費用で短時間に作成できる方法を紹介する。

調査の準備（手順1）　縄張り調査では、通常の測量とは異なり、高い精度は要求されない。また、その作業は、通常、樹木などが生い茂った状態のまま、少人数でおこなわれる。このため、測量も簡易な方法によることが多い。

樹木が多い場所では、巻尺による測距は不向きであり、簡易距離計などを用いる。近年は、レーザーを照射して目標物までの距離を測定できるレーザー距離計が普及しており、便利である。ただし、影のない開けた場所ではレーザーを視認できないので、巻尺や簡易距離計との併用が必要となる。

このほかに必要となるのは、方位磁石または電子方位磁針、方眼紙（1mm方眼など）、画板、下敷、定規（10～20cm程度）、筆記用具である（図202）。

方眼紙は、中性紙に印刷したものを使用してもよいが、1/1,000などの地形図上に、耐水性のマイラーベースなど透明な方眼紙を重ね、方眼と地形図の磁北か真北が平行となるように固定して作図する方法もある。これにより、尾根どうしの間隔や方位のずれを現地で補正しつつ、描き込むことができる。トレーシングペーパーに印刷した方眼紙は、明瞭な線を引きやすいが、耐水性に乏しい。

作業に用いる地形図は、1/2,500や1/5,000の国土基本図など、できるだけ大縮尺のものを選び、必要に応じて拡大したものを用いる。ただし、地形図自体が、実際の地形を正確に反映していないこともあるので、注意したい。

測点の記入（手順2）　縄張り調査では、高所から低所へ向かって作業するほうが、正確かつ効率的に測定できる。そのため、通常は城館内でもっとも高所にある主郭から測量を開始し、麓へ向けて順次作業を進めていく。

まず、測量の基点となる点を方眼紙上に記入し、最初の測点とする。地形図を方眼紙の下に固定する場合は、地形図中の現在位置を確認して、そこを測点とすることになる。

単点の計測（手順3）　縄張り図は、遺構の上端と下端の位置を計測して作図する。まず、作図者が測点の上に立ち、図上の北と実際の北が合うように、手元で方眼紙を固定する。次に、測点から計測の対象となる地点（単点）までの距離を測定し、定規を用いて、図上で単点の方向に縮尺に応じた長さをとり、単点の位置を落とす。1/1,000の縮尺では、1mは図上で1mmの長さとなる。（図203）。

単点の方向をより正確に測定したいときは、レンザティックコンパス（アリダードのついたコンパス）や、角度を自動計算する電子方位磁針で、磁北または真北からの角度を求め、分度器や定規を用いて点を落とす方法もあるが、作業に時間がかかり、効率的ではない。

測点の移動（手順4）　縄張り図の作成では、上記の作業を繰り返すことになる。一つの測点から計測できる範囲はかぎられているため、測点を順次移し

方眼紙・巻尺・定規・筆記用具など

レーザー距離計

電子方位磁針

図202　縄張り調査の用具

ていく必要があり、それらの測点は、手順3で計測した単点を利用する。

そして、作図者が次の測点へ移動し、そこで同様の作業をおこなったのち、さらに次の測点へと進む。このように測点を移動させることで、対象となる範囲全体を効率的に図化することが可能となる。

ケバの作図（手順5）　縄張り図では等高線を描かないので、高低差を表現するためにケバを用いる。ケバは、上端から下端に向かって、一定の規則性をもって引く。緩やかな緩斜面は、ケバの長さを短く、間隔はやや粗くする。逆に、急斜面は、ケバの長さを長く、間隔は密にするのが原則である（図204）。

微妙な傾斜の変化も、ケバのみで視覚的に表現することができる。なお、傾斜変化の乏しい緩斜面では、傾いている方向に対し、上から下へ矢印（→）を記す方法もある。

地形図への貼り込み（手順6）　以上の作業を繰り返して完成した縄張り図は、複写して同縮尺の地形図に貼り込む（図205）。貼り込む位置や方向は、山頂部や尾根の形状をもとに調節する。

地形図を下に置いて作図する方法をとった場合は、貼り込みのさいの誤差はほとんど生じないが、方眼紙だけを使って作図した場合は、ここではじめて地形図と調整するため、縄張り図の微修正が必要となる。

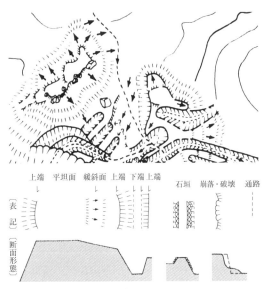

図204　縄張り図の表記例

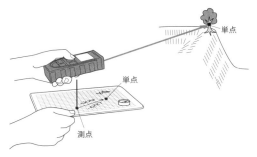

図203　単点の計測

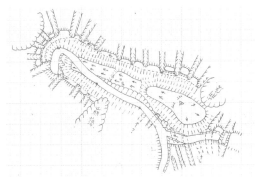

作成した縄張り図

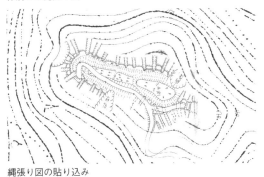

縄張り図の貼り込み

図205　地形図への貼り込み

第3節
城館遺構の諸要素

1 曲輪

A 曲輪の形態と空間構成

曲輪の定義と空間構成　曲輪とは、城館を構成する空間の基本的な単位であり、防御施設で囲まれた平坦面を指す。曲輪のすべてに建物などが建てられていたとはかぎらず、空き地であることもしばしばある。

曲輪は、儀式の場や防御空間などとして意図的に配置されたものが多く、その位置や範囲の把握は、曲輪の機能を考えるうえで重要である。

曲輪の周囲には、出入口（虎口）や通路のほか、切岸、堀、土塁、石垣、柵、塀、櫓などの防御施設が設けられる（図206）。したがって、曲輪と認定するには、平坦面以外に、周囲の防御施設の存在も不可欠な条件となる。なお、これらの防御施設によって形成される防御線を、塁線とよぶ。

曲輪の名称　曲輪の名称をどのようにつけるかは大きな問題である。通常、近世の城館では、信頼性の高い史料や絵図にもとづいて、曲輪の名称を決定するが、城館が機能している間に曲輪の名称が変更された例も多いので、注意を要する。

これに対して、中世の城館では、ほとんどの場合、曲輪名を記した同時代の史料や絵図がなく、調査や整備にあたってあらたな呼称をつけることになる。そのさいには、地名や伝承も曲輪の呼称を定める手がかりの一つとなるが、中世まで遡るとはかぎらない。また、近世の城絵図などが残るものでも、当時の作図者の評価を記したにすぎないことがあり、必ずしも全面的に信頼できるわけではない。

本来の曲輪の名称が確実にわかる資料がないときには、曲輪の機能を特定する名称ではなく、曲輪1、1号曲輪などの名称をつける。各曲輪をⅠ郭〜Ⅸ郭のようによぶこともある。

また、地表観察では一つの曲輪と推定したものが、発掘の結果、複数の曲輪であったり、複数の曲輪が統合されたりしたことが判明する場合もあるので（図207）、それにも対応できる、わかりやすい名称とするのが望ましい。たとえば、1号曲輪が複数の曲輪と判明したときには、1A号曲輪、1B号曲輪などとよぶ。

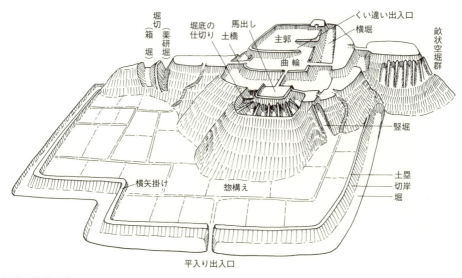

図206　山城の施設名称

B 曲輪の配置

城館内の曲輪の位置づけ 曲輪の性格を的確に把握するためには、個々の曲輪の検討だけではなく、城館内における位置や、ほかの曲輪との規模の比較、防御施設との関係など、城館全体を視野に入れた検討が求められる。それには、前節で述べた縄張り図や、城館全体の地形測量図の作成をつうじて、城館全体における個々の曲輪の位置づけを明らかにすることが必要となる。

曲輪の分類 一般に、一つの曲輪だけで城館が構成されたものを、単郭とよぶ。戦国時代以前の城館や村落領主の城館には単郭が多く、一つの曲輪が居住、政治、防御などの機能を果たした。

一方、複数の曲輪をもつものを、複郭とよぶ。大名の城館など、大規模な城館の多くは複郭であり、このうち、城館の中心になった曲輪を、とくに主郭とよぶ。近世城郭のいわゆる本丸にあたるが、主郭を本丸とよぶのは近世以降である。中世城館の主郭は、厳密には本丸とよばず、実城と記した例が史料に見える。

曲輪の接続方法 複郭の城館の場合、曲輪の接続方法には、主郭を頂点として、それよりも規模の小さな曲輪が主郭をとりまくように接続するものと、主郭と同様の規模をもついくつかの曲輪が並立するものとがある。両者の違いは、築城者の権力構造をあらわしていることがある。

曲輪の接続関係を正しく把握するには、曲輪の出入口がどこにあり、土橋や木橋がどこを結んでいたかを確認して、通路を復元することが不可欠である。金山城（群馬県・16世紀）では、こうした通路の復元をつうじて、曲輪の接続関係が解明されている（図208）。

また、小牧山城（愛知県・1563年）や安土城（滋賀県・1576年）などの大規模な城では、山麓から中腹までの屋敷地は並立的な曲輪接続、中心部は階層的な曲輪接続というように、一つの城の中で、機能に合わせて異なる接続方法が見られる。

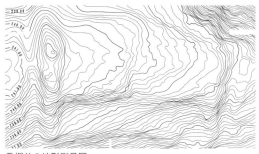

発掘前の地形測量図

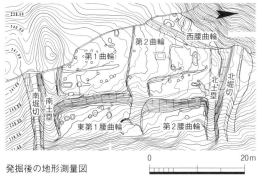

発掘後の地形測量図

図207 あらたに認識された曲輪（中尾城）

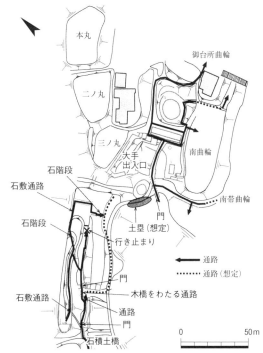

図208 通路の復元（金山城）

C　曲輪の造成

曲輪の加工　曲輪は、すべて平らであったとはかぎらない。山城であっても、居住機能を重視した曲輪や主要な曲輪は、内部を平らに仕上げる例が多いが、臨時の砦や付属的な曲輪では、切岸や堀などの囲郭を優先し、内部に自然の傾斜を残したままのものもある。こうした曲輪の造成のありかたは、機能を考える手がかりとなる。

造成の手順　曲輪は、通常、切り土と盛り土によって造成される。屋代城（長野県・16世紀）では、曲輪の造成土直下の旧表土上に炭化物層があり、まず草木を焼き払ったうえで造成を開始したことが判明した。また、島津氏の家臣である伊集院氏に伝わる島津氏文書には、築城にさいして軍神を勧請する儀式をおこなったことが見える。発掘調査でも、唐津城（佐賀県・17世紀）など多くの城館で地鎮の痕跡が確認されている。

縄張り　曲輪の形状は自然地形に左右されたが、近世に近づくにつれ、長方形に築く傾向が強まり、城内の象徴的な建物を城下から見通せる場所に設置するなど、外観への配慮が認められるようになる。なお、曲輪の東北の隅を内側にくぼめた鬼門除けも、近世城郭まで多用された。

縄張りという言葉が示すように、曲輪の造成にあたっては、現地で曲輪の輪郭に沿って実際に縄を張り、それを目安に工事を進めた。清須城（愛知県・16世紀）では、そうした縄が本丸の石垣直下から発見されている。

2　区画・防御施設

A　切　岸

切岸の把握　切岸は、山城の区画・防御施設としてもっとも普遍的に見られる人工の急斜面で、曲輪の周囲には切岸をめぐらすのが基本である。

切岸には、自然の斜面を切り崩したものだけでなく、地山を階段状に削り、その上に盛り土をして斜面を形成したものなどがあり、曲輪と一体的に造成された例が多い。

切岸周囲の施設　15世紀以降の山城では、要所要所の切岸の裾に堀を掘削して防御することが一般化する。また、切岸の上端に沿って土塁や柵が造られるなど、切岸はほかの防御施設と一体となって防御機能を高めていることが多い。したがって、切岸の周囲に見られる諸施設を的確に把握することが、城館の防御機能や築城思想を理解するために欠かせない。

なお、出入口部分は切岸を設けないので、切岸がとだえている部分を把握することにより、それと認識できることが多い。

B　堀

堀の種類　城館には、堀切や竪堀、畝状空堀群、横堀など、さまざまな種類の堀がある。堀の規模は、築城者がどの程度の戦闘を想定していたかによって異なり、大名間の戦闘に備えた城館の堀と、村落領主間の争いに対応した城館の堀では、同じ時期であっても規模に違いがある。また、平地の城館の堀には、防御よりも、区画や灌漑施設としての機能を重視したものがある。

堀は、通常、水の有無を指標として、水堀と空堀に分けるが、機能や位置から、さらに細かく分類することもある。

堀　切　堀切とは、尾根筋を切断した堀のことで、山城で一般的に見られる。とくに、主郭の周囲や城域を画する堀切には大規模なものが多い。14世紀の山城は、堀切より切岸を重視した構造であったが、15世紀以降の山城では、堀切が普遍的に造られるようになる。

竪　堀　等高線に直交するかたちで斜面に掘った堀を、竪堀とよぶ。単独で設けたもの以外に、堀切の端部を延長したものも多い。

V-3 城館遺構の諸要素

　竪堀は、斜面を登って進入する敵が横方向へ移動するのを妨げるための施設と推定されている。14世紀の近畿を中心とする山城に例があり、15世紀以降は各地で見られるようになるが、導入の状況は地域や築城者によって異なる。

畝状空堀群　畝状空堀群は、一般に、竪堀とそれに沿う土塁を交互にそれぞれ3条以上並べたものを指す。斜面を登って進入しようとする敵を強制的に堀底へと導き、曲輪からの防射で撃退したり、横方向への移動を阻害したりするためのものと考えられる。ここでは、平山城館(京都府・16世紀)の例を示しておく(図版5上)。

　畝状空堀群は、曲輪からの弓や鉄砲による防射と組み合わせて、はじめて効力を発揮するので、これらを見下ろす位置にある曲輪と一体的に把握する必要がある。ただし、城域の縮小にともなって放棄した曲輪を敵に利用されないようにするために設けた例もまれにある。

　畝状空堀群は、16世紀第2四半期頃に近畿の山城で採用が始まり、その後、急速に全国の山城に広まった。16世紀末頃には造られなくなることから、城館の年代を推定する指標ともなる。

横　堀　横堀は、山城で曲輪の周囲をとりまくようにめぐらした堀を指し、平地の城館を囲む堀とは区別される。16世紀第2四半期以降に関東や東海の山城で採用され、やがて全国に広まった。

図209　復元された障子堀(山中城)

　横堀は、敵の斜面への進入を防ぐ目的で造られたもので、畝状空堀群とは防御思想を異にしている。そのため、早い時期に横堀を採用した関東や東海の山城では、畝状空堀群が見られることはまれである。

　16世紀末には、横堀の普及により、畝状空堀群が造られなくなるが、畝状空堀群・横堀ともに導入が遅れた九州や東北などでは、両者を組み合わせたものが16世紀後半に認められる。

　また、横堀には、堀底に仕切りや段差を設けたものがある。北条氏の軍事拠点であった山中城(静岡県・16世紀)や、豊臣期大坂城(大阪府・16世紀末)大手の馬出しの堀はその典型である。なお、いくつもの堀底の仕切りが組み合わさったものを障子堀とよぶことがあり、山中城などに例が見られる(図209)。

C　土　塁

土塁の展開　城館の土塁は、曲輪の周縁部や出入口の周囲に設けた、防御のための土手である。

　中世の土塁は、曲輪面を防御する、いわば盾の役割を果たしていたので、人の肩の高さを超えることはなかった。しかし、16世紀になると、巨大化して上面の幅が広がり、土塁そのものが独立した防御空間として機能するようになる。そして、16世紀後半には多聞櫓へと発達した。

　沖縄や奄美諸島のグスクでは、中国や朝鮮半島の城の影響を受けて、14世紀頃から、曲輪周囲に高くそびえた石垣をともなう城壁が発達し、本州などの城館とは大きく異なる展開を見せる。

土塁の構築方法　土塁には、盛り土によるものと、地山の削り出しによるものとがある。甲賀郡中惣の館城(滋賀県・16世紀)では、尾根の地山を削り出して造った、高さ5m以上の土塁が確認されている。

　一般に、戦国期の城館では、土塁の上に櫓などの構築物を造ることを想定していないため、丁寧

な版築で築いた土塁は少ない。逆に、版築によって固く築かれた土塁であれば、上に櫓などの建物が建てられていた可能性がある。

なお、土塁には、防御以外に、風よけのためのものもあった。また、山城などでは、上下の曲輪を連絡する斜路など、おもに通路としての機能を果たした土塁もあった。

D 出入口

出入口の構造と変遷 　城館の出入口を一般に虎口とよぶが、ここでは、その機能をわかりやすく表現するため、出入口とよぶことにする。出入口は、出入りのための空間と、建築物としての門からなる。出入口にはさまざまな防御の工夫が凝らされており、とくに東国では、防御を重視して、屈曲した出入口への変化がいち早く進んだ。

もっとも単純な出入口は、直線的に出入りするものだが、16世紀第2四半期頃になると、通路を屈曲させ、進入者の側面から弓矢や鉄砲を放つ、横矢掛けという防御力を高めた構造が現れる。そして、16世紀後半には、屈曲した通路と門の前後の広場を組み合わせた構造が出現する。

外側に張り出したものを外枡形、内側で通路が屈曲したものを内枡形、土橋や木橋を渡った堀の対岸に特別な広場を設置した出入口を馬出しとよぶ（図210）。こうした複雑な出入口の形状は、織豊系城郭の普及とともに全国に広がった。

しかし、16世紀の近畿の山城の中には、日常の御殿への出入口を直線的に造る例が見られる。これは、15世紀の守護の城館における出入口の形態を踏襲したものと考えられ、建物の格式を示す意味があったと推定されている。

一方、沖縄と奄美諸島に築かれたグスクでは、中国の馬面（城壁から張り出した櫓台）と同様の張り出しが認められる。糸数グスク（沖縄県）では、15世紀に馬面を利用した外枡形がいち早く成立している。

多様な出入口の形態　 外枡形や馬出しのように近世城郭へ継承されたもの以外にも、16世紀には多様な出入口の形態が出現した。空堀の底を通路とした城館では、堀底に門を設けた例もある。また、堀底の通路から、曲輪面へと屈曲しつつ登る出入口が広く見られるようになる。こうした出入口には、通路がI字形に直進するもの、L字形に屈曲するもの、T字形に2方向へ分岐するものがある。T字形に分岐するものは、曲輪の内部を二つの空間に分割して利用したことを示唆し、曲輪の空間構成を復元する手がかりとなる。

E 石　垣

石垣の導入　 石垣は、積み石となる石材を主材に、背後の裏込め石と一体的に構築され、地形条件などによっては盛り土も併用した構造の遮蔽・

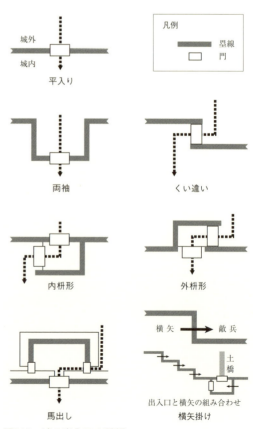

図210　城の出入口の種類

防御施設である。

16世紀になって城郭が成立すると、山中に広い面積の曲輪を確保する必要性から、本格的な石垣が多く造られるようになった。城館の石垣は、沖縄では14世紀以降、九州から東北では16世紀末以降に採用される。本来は、切岸を石で覆うことによって耐久性を高めたものである。

石を積んで切岸表面を保護する工法は室町時代からあったが、表面に見える石材の背後に排水のための栗石がないものを石積、栗石をともなうものを石垣、とよび分けることもある。

石垣の分類　石垣の分類には、いくつかの指標がある。まず、石材の選択と加工により、自然石か加工石かに区分する。自然石を積んだ石垣を、野面積とよぶ（図211）。一方、加工石を積んだ石垣は、石材の加工の程度によって、割石積と切石積によび分けることがある。

割石を積んだ石垣は、さらに細分される。石垣を構成する主要な石材である面石（築石）と面石の隙間を埋める間詰石を多く用いたものを、打込ハギとよぶ。これに対し、切石加工が進んで形状を整えた面石を使用し、間詰石をほとんど用いないものを、切込ハギとよぶ。このうち、とくに横目地が整った石垣を、布積とよぶことがある。

石積の技法と変遷　石垣は、おおむね、自然石の石垣から割石の石垣へと変化する。

石垣の隅はとくに強度が求められる部分で、両側の面に石材の長辺を交互に配置した算木積が用いられた。この技法は16世紀第3四半期頃から現れ、当初は自然石を積んだが、自然石では意図したように積むことが難しいため、いち早く石材の割石化が進んだ。17世紀初めには、長方形に整えた角石（隅石）を用いることが一般化する。

九州以北の16世紀第3四半期までの石垣は、野面積で隅の算木積も未完成のため、最大でも4m程度の高さにとどまる。それ以上の高さに積む場合は、控えをとりながら段状に築いた。これを段築石垣とよぶ。

こうした段築石垣によってできた段の帯状の平坦面は、城内通路や懸け造りの建物などに用いられるなど、戦国後期の山城に特徴的な城郭構造を生み出す大きな要因となった。

野面積（自然石）　名護屋城　　打込ハギ（割石）　名護屋城　　16世紀末

打込ハギ（粗加工石）　徳川期大坂城　　切込ハギ（切石）　徳川期大坂城　　算木積みの新旧　金沢城

図211　石垣の分類と石積技法

16世紀第4四半期以降には算木積が整い、段築石垣は、面石の割石化が進んだ高石垣に変わっていった。ただし、石垣の技術は織豊系城郭を中心に発達したため、地方では古い技術が16世紀末まで用いられた。

このように、石の積み方の違いは、石垣の構築時期を推定する目安となる。しかし、石垣の形状は多様であり、地域や城館によって異なることも多い。また、割石が一般化したのちも自然石の石垣が残るなど、積み方の違いが時期差に直結するとはかぎらないので、注意を要する。

石垣の格式と機能　石の積み方の違いには、城内におけるその施設の格式や機能の違いも反映されている。出入口では、城主の権威を示すために、精緻な切込ハギの石垣を用いた例があり、石垣の象徴性を物語る。

また、近世城郭の出入口では、巨大な石が見られることがしばしばある。それらの石は、厚さが薄いなど、装飾的な意味合いが強く、城主の権威を視覚的に示す目的で用いたものと考えられる。このような巨石を、鏡石とよぶ。

3 建　物

城館の建物には、掘立柱建物や礎石建物、竪穴建物などがある。掘立柱建物は普遍的に存在し、礎石建物は普及した階層や時期に地域差がある。

竪穴建物は、浪岡城(青森県・15～16世紀)や根城(青森県・14～17世紀)などのように、東北北部に多い。倉庫や鍛冶工房として機能したものが目立つが、兵舎や住居とみられる例もある。

A　防御用の建物

櫓　櫓は、城外を監視する建物であり、塁線に接して建てられ、防御の拠点となった。臨時的な砦の簡易な望楼から近世城郭の櫓にいたるまで、時代と城館の性格によって多様な形態がある。

戦国期には、櫓が御殿の一部を兼ねた例もあり、『信長公記』は、清須城の「北櫓」「南櫓」が御殿でもあったと記す。

櫓のうち、曲輪の隅に建てられたものを、隅櫓とよぶ。防御の機能を高めるため、櫓台を外側に張り出させたものが戦国期以降に広く見られ、出入口の脇に櫓を建てた例も多い。

塁線に沿って建てられた細長い櫓を多聞櫓とよび、多聞城(奈良県・16世紀)に始まるとされる。安土城や名護屋城(佐賀県・16世紀)では、石垣の塁線に沿って建設され、名古屋城(愛知県・17世紀)や徳川期大坂城(大阪府・17世紀)では、本丸を多聞櫓と隅櫓で完全に囲む。

門　門には、堀や塁線の開口部を守りつつ、効率よく攻め出す工夫が施される。外枡形では、出入口の正面に対し、通路が一度屈曲した位置に門を建てた。出入口の側面で門の扉を開閉することで、防御と出撃の効率を高めたものである。

また、門は城主の身分表徴にかかわっており、室町時代の上級武家屋敷では、正式な門と通用門とを分け、身分によって出入りする門を使い分けた。守護大名や戦国大名の本拠に相当する城館では、身分や用務に応じて、出入口や門の形態が異なる。安土城の大手山麓には、形状の異なる四つの門があったことが判明しており、厳格な使い分けが推測されている。

近世城郭では、出入口が枡形となり、城の内側に、二つの門と広場を組み合わせた空間をもつ。徳川期大坂城大手門や江戸城(東京都・17世紀)大手門などが典型例である。

番所　基本的に、門の脇には番所が設けられた。番所には監視と防御のための兵士が詰めていたので、井戸や便所などの施設をともなう。

兵舎　兵舎には、「大坂冬の陣図屛風模本」など絵画資料に描かれたものがあり、長屋ふうの建物であったことがわかる。発掘では、名護屋城にかかわる陣城や田中城(熊本県・16世紀)などで検

出例がある(図212)。

山城では、帯曲輪など副次的な曲輪に設けられた。梁行1間程度の建物で、山城周囲の斜面に建てた例もある。

柵・塀　柵や塀は、曲輪縁辺部の閉塞施設として広く用いられた。柵では木の隙間から、塀では狭間とよぶ穴を開け、弓矢や鉄砲、槍で防戦した。塀には、布掘り掘方をともなうものや、控柱をもつものがある。

「越後国郡絵図」に描かれた村上城(新潟県・16世紀)では、中心部に塀、周辺の曲輪に柵をめぐらしたようすが描かれている。

乱杭・逆茂木　柵や塀の周囲には、乱杭や逆茂木を設けたことが記録に見え、忍城(埼玉県・16世紀)、松本城(長野県・17世紀)などで検出例がある(図213)。柵や塀の上部には、しばしば臨時の桟敷を建設して守りを強化した。「大坂冬の陣図屏風模本」の真田丸には、塁線に桟敷が描かれており、勝竜寺城(京都府・16世紀)本丸の塁線に沿った柱穴列は、そうした桟敷の痕跡と考えられている。

橋　橋は、堀を渡る施設として広く用いられた。根城や松代城(長野県・17世紀)では、そうした橋が発掘されている。また、岩村城(岐阜県・17世紀)では、防御のために橋をL字形に架けたことが絵図から知られ、同様の例は戦国期にまで遡る可能性がある。

史料では、曳き橋や算盤橋など、橋面が可動することで敵の渡橋を防いだものも知られる。現存する江戸城北桔橋門は、もとは跳ね上げ橋で、門に吊り金具が残る。

B　居住関係の建物

主殿　守護大名の城館などでは、14世紀後半頃から、正式な対面儀礼のための建物として、主殿が出現した。これらは、寝殿造の系譜を受け継ぎ、儀礼用の広場をともなっていた。発掘例では、一乗谷朝倉氏遺跡(福井県・16世紀)の朝倉氏館の主殿(図214)が典型で、絵画資料では、「上杉本洛中洛外図屏風」に描かれた細川管領邸がよく知られている。

聚楽第(京都府・1586年)の建設を契機に、正式な対面儀礼の場として、あらたに書院建築の広間が建てられた。主殿と広間における建築様式の違いは、それぞれの建物における対面形式にも影響を与え、広間の成立は儀礼のありかたにも変化を及ぼした。

主殿は、公家や武家の儀礼をふまえた儀礼空間であり、そうした儀礼を共有した公家や武家、寺家などの階層に用いられた。一方、村落領主や国

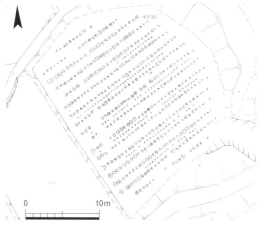

図212　兵舎(田中城)

図213　土塁裾の乱杭(松本城)

第V章 城館の調査

人領主の城館では、厳重な堀や土塁を備えていても、主殿や会所、庭園はともなわない。また、政治や儀礼の機能をもたない砦などにも、主殿は建てられなかった。

会所 朝倉氏館への将軍足利義秋（義昭）の御成に見られるように、会所は、主殿と対になって、一連の儀礼や宴会に使用された建物である。主殿が身分秩序を確認する空間であるのに対し、会所は、連歌のような文芸活動など、身分の違いを一時的に無視した人間関係を形成する空間といえる。庭園は、会所と組み合わせて造られ、大内氏館（山口県・15～16世紀）では、会所に隣接する大規模な庭園が検出されている（図215）。

主殿と会所の分離 戦国後期には、戦国大名の日常のすまいも山城に移転することが多くなり、主殿と会所の関係も大きく変化する。主殿は、守護公権を受け継ぐ公的な儀礼空間として、山麓の館に建てられる一方、会所は、常御殿とともに、山城内に設けられた。観音寺城（滋賀県・16世紀）では、山城の城主居館の二階に会所施設があったことが、僧や連歌師の訪問記録から知られる。

常御殿 主殿と会所が儀礼のための建物であったのに対し、城主とその家族が日常暮らしたのが常御殿である。観音寺城では、居間や寝所、台所を備えた常御殿が検出されている。

茶室 16世紀後半には、あらたな社交の場として茶会が催されるようになり、会所でおこなわれていた儀礼や宴会をつうじた交流はしだいにすたれていった。それにともない、会所に代わって茶室を造ることが流行する。名護屋城の山里丸では、茶室と飛石が検出されている。

蔵 武器や食料、燃料、行政文書などを保管するため、城館内には蔵が建てられた。近世城郭で

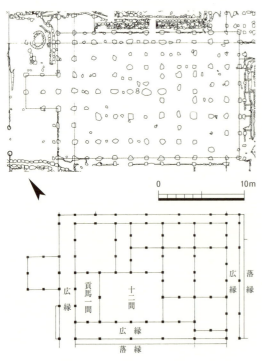

図214　主殿（一乗谷朝倉氏遺跡）

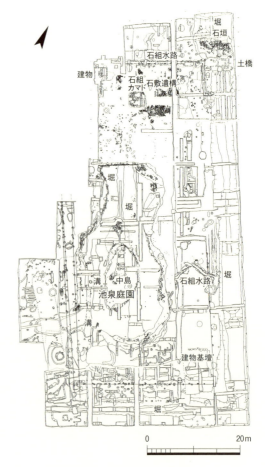

図215　会所に隣接した庭園（大内氏館）

は、運搬の便がよい水堀近くの曲輪に、年貢米を収納する蔵が集中的に建てられることもある。徳川期大坂城の金蔵では、盗難防止用に、床に切石を厚く敷き詰める。火薬を保管した煙硝蔵は、爆発による被害を防ぐため、城の端に建てたり、土塁で隔てたりして、万一の事態に備えた。また、火薬は湿気を嫌うため、床には栗石を敷き詰めて湿度の上昇を抑えた。このように、蔵の構造や建てられた場所は、保管物に応じて異なる。

C　その他

馬屋　根城では、15頭の馬をつなぐ来客用の馬屋（廐）を検出している（図216）。現存例としては、彦根城の馬屋（滋賀県・17世紀）がある。

馬を入れておく場所は、立場とよばれる。立場は、1頭分ずつ腰板壁で仕切られ、それぞれの大きさは一辺2m前後である。立場の床には、馬の尿を溜める土坑や甕、あるいは尿を流す溝が設けられている。屋内に土坑をともなう建物や、片方の長辺の壁に寄った位置で屋内に溝を設けた建物は、馬屋である可能性が高い。

もっとも格式の高い馬屋は、「洛中洛外図屛風（歴博甲本）」に描かれるように、畳敷の部屋をともなっていた。安土城などに発掘例がある。

風呂・便所　城内にはさまざまな建物が建てられていたが、風呂は、家臣や客へのもてなしにも使われた。

便所は、基本的に汲み取り式である。名護屋城の木下延俊陣（佐賀県・16世紀）、吉川氏館（広島県・16世紀）、石動山大宮坊（石川県・16世紀）で便所が復元されている。

関東の戦国大名の北条氏が足柄城（神奈川県・1582年）に出した城掟では、汲み取った糞尿は遠矢の届く範囲外に毎日捨てにいくよう定めており、衛生管理に留意したことがうかがえる。

寺院・持仏堂　16世紀の拠点的な城郭では、城内に寺院を設けた例が数多く認められる。城館では、城主とその家族のための持仏堂を備えるのが一般的であった。

牢獄　戦国期の史料には、城館内に敵や罪人を収容する牢獄があったことが記される。高天神城（静岡県・16世紀）には、牢獄として用いたとされる洞穴があるが、自然地形を利用するのは例外的で、通常は中世の絵巻に描かれるような獄舎を設けたと考えられている。

馬場・犬の馬場　武士が武芸を鍛錬し、その達成度を計るために、土手や柵で囲った馬場や犬の馬場も造られた。これには、一乗谷朝倉氏遺跡のように、城主の居館に隣接したものや、宮崎城（宮崎県・16世紀）のように、城下のはずれの河原に設けたものがある。

馬場が乗馬の鍛錬を目的としたのに対して、犬の馬場は、逃げる犬を的に騎射の命中度を競う、犬追物のための空間である。この行事は、多くの観客を集めておこなわれ、主催者の財力と格式を示した。「いぬのばば」「いぬのばんば」といった通称地名や小字が残されていることがあり、城下町の空間構成を把握する手がかりとなる。

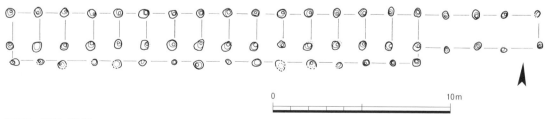

図216　馬屋（根城）

第Ⅴ章　城館の調査

◆ 石切丁場

A　城郭の石垣と石切丁場

石切丁場とは　石丁場、石取場、石切場、採石場など、そのよび方は遺構の実態や史料、研究者によってさまざまだが、これらは、城郭の石垣などに用いた石材の採掘や、ある程度の加工をおこなった場所を指す。

外観・構造・材料という石垣の三要素のうち、材料の調達を担うのが石切丁場であり、石垣構築技術の総合的な把握には不可欠の遺跡といえる。

石切丁場の構成要素　石切丁場の遺構や遺物は、a) 原石の採掘にかかわるもの、b) 石材加工にかかわるもの、c) 石材搬出にかかわるもの、d) 丁場の維持管理にかかわるもの、のおおむね四つに分かれる。

aは、採掘された原石の岩塊、採掘にともなう土坑や崖、排土をならした平場、原石に不向きな屑石の集積などが該当する。bは、石材の分割成形のための矢穴や溝などの加工痕を残す石（製品、未成品、端材）のほか、調整加工にともなう石屑の堆積、鉄製の矢（楔）などの加工具を含む。cは、丁場内の作業路、搬出前の石材の集積、丁場外への搬出路（石引道）などがあたる。dは、詰所や鍛冶場などの現場小屋をはじめとする建物、鍛冶炉、平場、石垣、そこで使用された道具や雑器類などである。

原石採掘と石材加工にかかわる遺構や遺物は、どの石切丁場でも普遍的に確認できる。石材運搬にかかわる遺構には、早川石切丁場（神奈川県・17世紀）の丁場内の搬出路や、戸室石切丁場（石川県・17世紀）で見つかった丁場から城郭への石引道の例がある。丁場管理にかかわる遺構には、岩ヶ平石切丁場（兵庫県・17世紀）の掘立柱建物や鍛冶炉などがある。

刻印・刻字　このほか、石切丁場の原石や残石に、城郭の石垣と同様の刻印や人物名などの刻字が残るものがある。刻印や刻字のある城郭石垣としては、江戸城、名古屋城、徳川期大坂城など、近世前期の徳川家関連城郭が著名だが、大名の居城でも金沢城（石川県・17世紀）のように、刻印を多用する城郭がある（図217）。それらの時期はほぼ17世紀前半にかぎられ、刻印の構成に丁場や大名ごとの一定のまとまりがあるため、時期比定や領域区分などの検討材料となる。

B　分布調査の方法と留意点

石切丁場の把握　石切丁場が未確認の城郭では、分布調査は、その所在を推定することから開始する。このときに役立つのは、地質図である。石垣に使用された石種を含む地質分布域のうち、城郭からの距離が近く、かつて採石されていた場所が有力な候補となる。石材は運搬に手間がかかるので、江戸城、名古屋城、大坂城を例外とすれば、城郭から10km圏内で、より城郭に近い位置に石切丁場がある可能性が高い。近代の採石場は、近世のそれを継承しているものが多いことにも留意したい。

分布調査　通常、石切丁場の踏査でまず目にとまるのは、大小の転石や石の露頭である。地表近くで石が産出しないところに石切丁場はない、といっても過言ではない。

石切丁場の地表に露出している石を丹念に観察すると、角が丸く表面が風化した石とは異なり、割れた形状の石や、割りかけた状態の石が見つかる。表面の苔や落葉などを除くと、矢穴や鑿などの加工痕

図217　石切丁場と石垣の刻印

が現れたり、目につきやすい位置に刻印が残されていたりすることもある。

このように、分布調査は、残された石の観察を中心に進めるが、遺構を探す視点も重要となる。先述のような原石採掘にともなう土坑や掘削土の堆積、平場、道路など、石切丁場は石以外の構成要素も含めた遺構群の総体として把握する必要があり、分布調査の段階から、遺構の有無にも注意を払う。

踏査の結果は地図上に記入し、分布図としてまとめる。1/2,500や1/5,000の国土基本図、都市計画基本図、森林基本図を利用するとよい。近年は、携帯型GPS受信機の普及により、現地で取得した平面直角座標値から分布図を作成することも容易になった。

なお、石切丁場は、山林や海岸など、足場が不安定な場所が多いため、安全に十分な配慮を要する。

C　地形測量

地形測量図の作成　分布調査で位置を確認した石切丁場は、その規模と形状、丁場内の遺構や遺物の位置関係などを正確に把握するために、地形測量（発掘編81頁）を実施するのが望ましい（図218）。

地形測量図は、丁場や遺構の規模に応じて適切な縮尺を選択する必要があり、おおむね全体図は1/200～1/500程度、部分図は1/100程度が目安となる。地形は等高線による表現、遺構はその範囲を示す表記とするのが基本である。

D　発掘方法と留意点

全体的な留意点　石切丁場の地表観察で把握できるのは、あくまでも石切丁場の遺構や遺物の一部にすぎない。遺構が完全に埋没することなく、製品や未成品が露出した状態で残るときは、ともすると、それらの精査と記録に集中しがちだが、石切丁場に欠かせない鍛冶場などの現場小屋や搬出路をはじめとする遺構、遺物にも留意する必要がある。

原石の採掘から石材加工　発掘調査のおもな視点としては、原石の採掘から石材の加工にいたる手順と技法、採掘地点の移動や変遷、その他関連遺構の確認、丁場内の空間構成の把握などがある。

原石採掘から石材加工までの作業については、一連の工程の中で、それぞれの地点の遺構がどの段階で廃絶したかを見きわめる。原石の掘り起こし途中の状態から、石割りのための矢穴を彫りかけた状態、分割直後の状態、成形を終えて搬出を待つ状態のも

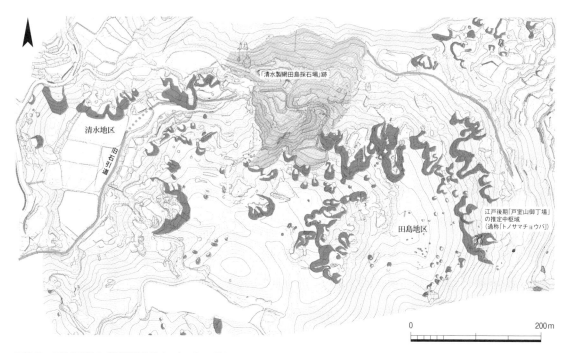

図218　石切丁場の地形測量図（戸室石切丁場）

第Ⅴ章　城館の調査

のまで、多くの石切丁場では、原石の採掘から石材の搬出にいたる作業の途中で放置された石材が見られることが大きな特徴である。

これらの状況をつなぎ合わせて、作業工程全体を復元するのは、条件さえ整えばさほど難しくない。大坂城の石切丁場の一つである岩ヶ平石切丁場では、残存する加工途中の石材の観察から、作業工程が復元されている（図219）。

刻印についても、石切丁場での作業工程と対応させつつ、どの段階で、どこに、何を、どのような方法で刻んでいるのかを検討する。露出状態の石材に認められる刻印については、採掘作業中だけでなく、撤収時や廃絶時、あるいはその後の管理段階での追刻の可能性も考慮に入れた検討を要する。

採掘地点の移動と変遷　採掘地点の移動や変遷に関しては、採掘坑内の堆積状況が手がかりとなる。採掘にともなう排土や石屑は、通常、採掘地点より低い場所に廃棄されるため、近接して連続的に採掘がおこなわれたときは、新しい採掘地点の排土が古い採掘地点に堆積することになる。ただし、これは近接した採掘地点間での関係であって、丁場全体では、標高の高い地点が低い地点より新しいとはかぎらない。

また、石材は、石垣の普請のたびに必要な量を調達するのが原則なので、丁場での採掘や石材加工は年代的に連続しないこともある。短期間あるいは長期間の断絶をはさんで再開される場合や、作業をおこなう集団が変化したことが文献史料に記録されている場合もあり、丁場の形成過程は単純ではない。

このため、供給先の城郭や採石の主体となった大名が特定されていたとしても、丁場の調査で把握した石材加工の特徴などを、供給先の城郭の石垣などと比較検討する作業が求められる。

城郭の石垣に、野面積、打込ハギ、切込ハギなどの種類があるように（211頁）、石垣の技術や意匠は、石材加工と不可分の関係にある。石切丁場に残る原石採掘から石材加工、運搬にいたる遺構や遺物は、石材を調達する過程と、作業を担った工人の姿を伝える。城郭の石垣を造り上げた土木技術を解明するうえで、石切丁場の実態の把握は欠かせない。

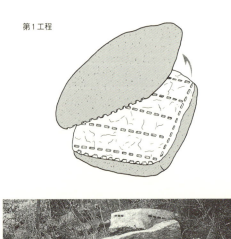
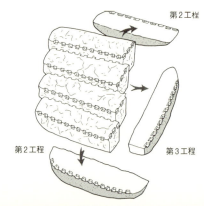

図219　石割り工程の復元（岩ヶ平石切丁場）

チャシとグスク

　弥生時代並行期の北海道と奄美・沖縄では、水田稲作が定着せず、本州とは異なる文化が形成された。その後、中世や近世併行期でも、北海道ではチャシ、奄美・沖縄ではグスクという、本州や四国、九州とは異なる城館が展開する。

北海道のチャシ　擦文文化とオホーツク文化は、おおむね12～13世紀頃には終焉を迎え、アイヌ文化へと展開したと考えられている。道南の渡島半島には、志海苔館（15世紀）や勝山館（16世紀）など、和人系の城館が存在したが、これ以外の地ではチャシが築かれた。

　チャシは、河川に臨んだ眺望のよい丘陵などに立地し、堀や溝をともなう。複雑な防御施設をもたないなど、構造は総じて単純で、小規模なものが多い。堀の内側に、簡素な掘立柱建物が建てられることもある。

　チャシの中でも大規模なユクエピラチャシ（17世紀）は、河川に臨む標高差50mの丘陵の突端に立地する。長さは約130mで、三つの曲輪からなる。各曲輪には堀がめぐり、掘り上げた土を堀の外側に盛って土塁を築く（図220）。堀と土塁の位置関係が中世城館とは逆である。

　チャシは、祈りの場やサケの見張り場として設けられたのが始まりとされているが、コタンの抗争の過程で軍事施設として発達する。以後、17～18世紀のシャクシャインの戦いやクナシリメナシの戦いなど、和人との抗争にいたるまで盛んに使われた。

奄美・沖縄のグスク　沖縄から奄美にかけての地域では、貝塚時代に続いて、畑作農耕を基盤とするグスク時代となり、グスクが成立した。

　グスクは、11世紀頃、信仰の地に成立したのち、14世紀頃から規模が拡大し、石垣などを備えて、防御機能を高めるようになった。按司とよばれた領主間の抗争をへて地域統合が進み、北山・中山・南山の三山時代となる。そして、15世紀前半には、首里城を拠点とする中山勢力により、琉球王国が成立した。こうした過程でグスクが発達し、今帰仁城（沖縄県）のように大規模なものも成立した（図221）。

　グスクの石垣は、琉球石灰岩で築かれるのが特徴であるが、沖縄本島北部から奄美にかけてのグスクでは、石垣を用いていない。

　琉球は、中国年号の使用にも示されるように、中国との関係が強く、グスクの城壁にも中国の馬面と同様の張り出しが見られるなど、影響をうかがうことができる。

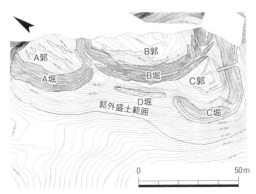

図220　チャシ（ユクエピラチャシ）

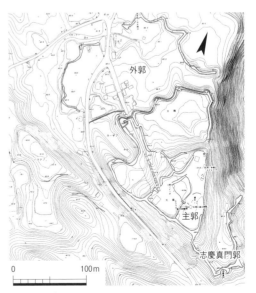

図221　グスク（今帰仁城）

城館と庭園

武士の庭園　日本庭園史における中世は、夢窓疎石の作庭や足利将軍家の庭園趣味などを背景として、京都を中心にはぐくまれた庭園文化が各地へ伝播した時代といえる。

そのさきがけとなったのは、平泉の毛越寺や観自在王院、無量光院（いずれも岩手県・12世紀）、白水阿弥陀堂で有名な願成寺（福島県・12世紀）など古代末期の浄土庭園である。こうした流れは、鎌倉時代の永福寺（神奈川県・12世紀末）や称名寺（神奈川県・13世紀）にも広がった。寺院空間の一部でもあるこれらの庭園は、源氏や北条氏などの武士が造営したものである。

やがて、室町時代には、各地の城館でも庭園が造られるようになり、近世には、江戸の藩邸をはじめとして、各藩の城内や城下の屋敷に、いわゆる大名庭園が数多く設けられた。それらの大名庭園は、いくつもの秀逸な例が今日に伝えられているが、戦国期までの城館の庭園で、地上に遺存するものはきわめて少ない。

城館の庭園遺構　中世の庭園は、寺に残る例と、一乗谷朝倉氏遺跡や北畠氏館（三重県・16世紀）など、著名な一部の城館庭園を除き、近年まで、その実態があまり詳らかではなかった。

しかし、城館の発掘調査が各地で進展したことにより、室町時代の江馬氏館（岐阜県・15～16世紀）（図223）、東氏館（岐阜県・15世紀）、高梨氏館（長野県・16世紀）、大内氏館のほか、戦国期の吉川氏館（図222）など、すぐれた庭園遺構が数多く確認されるようになった。

また、山城についても、16世紀後半のものとして、『上井覚兼日記』に見える宮崎城や、置塩城（兵庫県）での庭園の発掘例がある。

一方、近世の大名庭園でも、かつての風景が地上から失われていた赤穂城（兵庫県・17世紀）、小幡藩邸（群馬県・17世紀）、金石城（長崎県・17世紀）などで発掘と整備が進められてきた。

庭園の発掘調査　日本の庭園は、それが造成された地形、築山、石組、池、流れ（遣水）、植栽、建物、構造物、石造物、周辺の環境と景観などの要素からなり、観賞や宴遊などをおこなう場として機能した。

庭園の発掘調査では、風化の影響を受けにくい石材による造作のほか、埋没して削平されずに残った池や流れ、池を臨む建物などの遺構が検出されるが、景石の倒伏や転用などにも留意したい。また、往時の植栽や景観を復元するためには、文献史料や、池の堆積土に含まれる植物遺存体などの検討が重要となる（316頁）。

さらに、中世城館は、周囲の地形との密接な関係の下に築かれることが多く、池への導水の方法や建物からの眺望など、周辺環境を含めて総合的に把握する観点も欠かせない。

図222　城館庭園の遺構（吉川氏館）　　図223　城館庭園の整備（江馬氏館）

第4節
発掘方法と留意点

1 区画・防御施設の発掘

発掘の意義　区画・防御施設は、城館の基本的な構成要素の一つである。したがって、城館の発掘では、曲輪の内部だけでなく、周囲の土塁などの存在も視野に入れて発掘区を設定し、区画・防御施設の規模や構造を的確に把握することが欠かせない。これによって、城館の性格についての理解も深まり、整備や活用にもその特色を生かすことができる。

切岸・土塁の発掘　曲輪の周囲をめぐる切岸の発掘では、曲輪の平坦面から周囲の斜面にいたるまで連続した土層図を作成し、造成状況を把握することが重要である。

　土塁は、地表観察では明確な土手状の高まりが認められないときでも、わずかな盛り土や、曲輪の輪郭に沿った溝から復元できることがある。後者は、土塁内側の裾部に設けた排水溝の可能性がある。溝を境として、その外側では柱穴などの遺構がまばらである場合は、そこに土塁が存在した可能性が高い。

　土塁の構造は、断ち割り調査によって確認するのが一般的である。釜屋城（兵庫県・16世紀）では、それによって、土塁の構築方法が明らかになった（図224）。

　土塁は高く突出しているので、風雨の影響を受けやすい。また、廃城後に、風雨で浸食された土塁の上を腐植土が覆っていることも多い。このため、表土下で検出した土塁の形状を、本来のものと即断するのは誤りである。

　土塁の上には、柵などの構築物を設けた可能性もある。それらの痕跡を見落とすのを防ぐため、発掘区の幅は2m以上を確保するように努める。さらに、土塁外側の裾部に逆茂木や乱杭を設けている可能性も考慮して、発掘区を設定する。

堀切・堀の発掘　堀の発掘では、地形測量により、現状の平面を記録したうえで、適切な位置に横断するトレンチを入れ、断面を観察する。トレンチは、曲輪面から切岸や堀の埋土を連続して把握できるように設定し、一連の土層関係を確認する。虚空蔵大台滝遺跡（秋田県・11世紀）では、切岸と横堀の面的な発掘によって、城館が機能した当時の形状が明らかとなっている。

　堀の埋土の断面を詳細に観察することで、周辺の施設や堀の機能を復元できることも多い。曲輪側から大量の土砂が堀に流れ込んでいるものは、曲輪の縁辺部に土塁が存在したことを示唆している。また、堀の埋土中に、いくつもの硬化した面が確認できれば、堀底を通路として用いた可能性が想定される。戦国期までの城館では、このような例も多い。

　堀底に土手や段差による仕切りを設けて、堀底

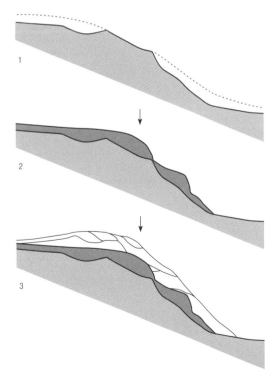

図224　土塁の構築順序（釜屋城）

に入った敵の移動を妨げたり、貯水したりする例もある。発掘では、それらの施設の有無を把握することも求められる。

なお、堀底からは、しばしば多くの遺物が出土する。本来、水堀であった場合には、木製品などの出土も予測して、準備を整えておく。また、こぶし大ほどの石が多数見つかったときは、武器として用いた飛礫(つぶて)の可能性を考慮する。

竪堀・畝状空堀群の発掘　竪堀(たてぼり)は等高線に直交するように造られるため、現状の地形や平面の形状を記録したうえで、適切な場所に横断するトレンチを設定し、断面の形状と規模、埋土の状況を把握する。竪堀に沿って土塁を設けた例も多いので、竪堀の外側までトレンチをのばし、周囲の状況を確認するのが望ましい。

畝状空堀群(うねじょうからぼり)は、全体の詳細な地形測量図を作成し、竪堀と土塁を連続的に横断するトレンチを何本か設定して、断面の形状と規模を確認する。土塁の盛り土などが浸食されて失われている場合でも、詳細な観察によって、できるかぎり土塁の基部を把握するよう努めたい。

出入口の発掘　土塁などを設けない城館では、地表観察からは出入口を決めがたいことがある。しかし、出入口の位置と構造は、曲輪や城館の評価に不可欠の要素であり、発掘調査による確定が重要となる。

発掘では、出入口の空間と門の両方を把握する必要がある。このため、一定の面積の発掘区を設定したい。原城(はら)(長崎県・17世紀)本丸では、出入口部分の面的な発掘で、外枡形(そとますがた)と門との関係が判明している(図225)。また、出入口には、曲輪内からの排水溝を開渠または暗渠として設けることが多いので、それらの遺構にも注意する。

堀底を通って曲輪の出入口へ向かう通路の周辺では、通路を見下ろす切岸上や堀の肩部に柵などの区画・防御施設がないかを確認できるように、発掘区を設定する。

破城(はじょう)　破城の程度や方法は、時期や城館の規模、性格によって違いがあるが、いずれも出入口や区画・防御施設に破壊が集中する傾向がある。戦国期は象徴的な破壊にとどまる例が多いが、近世になると、建物や石垣、出入口を破壊し、軍事施設として再び使用できないようにした。城館の発掘では、こうした意図的な破壊と自然崩壊とを識別する必要がある。

2 曲輪・建物の発掘

機能を推定した曲輪の発掘　通常、城館全体や曲輪の全体を発掘できることはまれである。そのため、地表観察や縄張り(なわ)図作成の段階で、曲輪の規模と機能、相互の接続関係をある程度推定し、発掘にあたるようにする。

たとえば、主殿(しゅでん)が想定できるような中心的な曲輪なのか、一族や家臣の曲輪、蔵、物見の曲輪といった機能分担があるのか、あるいは駐屯地的な曲輪なのかを推定しながら、発掘を進める。ただし、東日本や九州では、機能分担が不明確な均質の曲輪の集合体である城館も確認されている。

表土掘削の留意点　表土の掘削にさいしては、試掘・確認調査で表土の厚さや遺構面までの深さを確認しているので、除去すべき土量が多い場合は、重機を導入して効率化を図ることもできる。しかし、伐採後の木根の処理は、重機でおこなう

図225　外枡形と門礎石(原城)

と、遺構や遺構面に損傷を与えるおそれがあるため、人力によるのが望ましい。

表土掘削は、基本的に、標高の高いほうから低いほうへと進める。排土置き場は、土塁や堀などの発掘の支障とならない場所を選び、安全対策にも留意して設定する（202頁）。

整地層と遺構面の把握　中世城館の切り土や盛り土は、一度で完了したとはかぎらない。当時の日常的な維持管理や大規模な改修によって、曲輪の形状が変化することもあった。関東の北条氏が出した「榛名峠城法度」（1587年）などの城掟では、降雨後に城を見回り、崩れている部分を見つけた場合はすみやかに修繕するよう定めており、細かな修理を重ねて城館を維持していたようすがうかがえる。

こうした修理などによって、切り土や盛り土を

ともなう機能面（発掘編109頁）が複数存在することもあり、発掘調査では、それらを的確に把握する必要がある。そして、複数の曲輪に認められる場合には、土層観察用畦を適切に設定して、機能面の重複関係を確認したり、整地層の特徴を観察したりして、各曲輪の機能面相互の時期的関係を明らかにすることが求められる。

一般に、尾根に占地した山城の曲輪では、曲輪の中心部は切り土、外側の切岸に近い周縁部は盛り土で造られたものが多い。このため、曲輪の中央部で検出した切り土による地山面を単純に追って、曲輪周縁部まで掘り進めると、周囲の盛り土やその上面にあった遺構を消滅させるおそれがある。したがって、そうした曲輪周縁部の盛り土部分は、断ち割りトレンチを適宜設定して土層を観察しつつ、その広がりや構築方法、改修の状況な

図226　掘立柱建物の把握（丸子館）

曲輪の規模と形状　曲輪の規模や形状については、曲輪の縁辺に、門や塀、柵、櫓、土塁があるのか、遺構の空白地帯が存在するのかなど、曲輪周縁部の状況を把握することが重要となる。平坦面から切岸に直接移行している場合でも、切岸の斜面に土塁や整地層の崩壊土とみられる堆積がないか、曲輪の縁辺の形状に不自然なところはないか、遺構がとぎれた部分がないかなど、後世の崩落や破壊の痕跡の有無も含めて検証する。

建物遺構の発掘　掘立柱建物や礎石建物、竪穴建物の発掘方法は、第Ⅲ章(116頁)および発掘編(144・180頁)に準じるが、ここではとくに留意すべき点について述べる。

　一般に、城館の掘立柱建物の柱穴は、古代の柱穴に比べると、円形で小さく、柱痕跡を確認しにくいものが多い。主殿など中心建物では、柱筋の通り具合がよく、平面形式も明確なため、建物として比較的認識しやすいが、それらを除くと、概して柱筋の通り具合が悪く、長方形とならずに歪んだ例もある。また、丸子館(岩手県・14〜15世紀)のように、一つの遺構面で複数の時期の柱穴がしばしば検出される一方、発掘区を広げても、建物と認識できないこともある。

　したがって、発掘区全体を把握できる1/100や1/200の遺構概略図(発掘編246頁)を作成し、それをもとに、柱筋の通り具合や柱間寸法、主軸方向などを検討する。そして、埋土の特徴をはじめ、柱痕跡や礎板・根石の有無、柱穴の大きさと深さなども勘案して、各建物を構成する柱穴群を抽出し、建物としてまとめる作業をおこなう(図226)。この作業は、遺構概略図の柱穴群を建物ごとに色分けしながらおこなうと、わかりやすく効率的である(発掘編182頁)。

　なお、作業の成果は、現地で照合して検証することが欠かせない。

　礎石建物の場合も、一つの遺構面で複数の時期の礎石や根石、礎石据付穴、礎石抜取穴が検出されることがある。そうした遺構についても、規模と形状、柱間寸法、主軸方向、建築様式などを考え合わせて、個々の建物を識別する。そのさいには、後世の削平などにより、遺構の一部が失われている可能性も考慮する(発掘編190頁)。

　礎石の上面には、柱の当たりや墨書の番付、柱位置を示す「＋」や「－」などの刻線や墨付けが残る例もある(発掘編189頁)。火災で焼失した礎石建物では、表面が被熱してはがれたり変色したりしたものや、柱の当たりをとどめるものが多いため、注意を要する。こうした火災痕跡は、同時期の建物を抽出する有効な手がかりとなる。

3　石垣の調査

調査の視点　石垣の調査では、形態と意匠、技法と構造、工程と履歴が重要な視点となる。

　形態と意匠は、おもに石垣の外観調査から得られる情報であり、垂直および水平方向の規模・形状・角度などからなる。石積や石材加工の技法とも関連する。

　技法と構造は、おもに、石材の選択・積み上げ・加工に関する技法と、石垣背面の材料の構成および施工方法による内部構造を指す。

　工程と履歴とは、構造体を造り上げる作業手順と、その後の修築の有無や修築の範囲・規模・内容など、今日にいたるまでの石垣の履歴である。

外観の観察　石垣は地上に露出していることが多いので、発掘調査を適切に実施するためにも、まず外観の現況を観察して、できるだけ多くの情報を抽出する必要がある。

　石垣の外観では、地割や勾配などの立体的形状に関する要素と、それを構成する石積技法に関する要素、石積に使用する石材の選択や加工などに関する要素について観察する。そのさい、とくに露出した石垣では、過去に修理がおこなわれた可

V-4 発掘方法と留意点

能性も念頭においた調査が求められる。

外観の記録　石垣の立体的形状や石積技法を把握するためには、写真撮影や測量図の作成が欠かせない。近年では、測量方法として、写真測量（発掘編236頁）や三次元レーザー測量（同239頁）が一般的となっており、遺構の特性・立地・環境と測量方法の特性に配慮して、適切なものを選択する。測量図は、石垣面に対して正対した状態での立面図と、垂直および水平方向の断面図が最低限必要である。

立面図では、石の輪郭と稜線、矢穴や刻印などの加工痕のほか、亀裂などの破損状況も的確に表現する。読み取りにくい微細な痕跡には、あらかじめチョークなどで白線を入れておくと、記録しやすい場合がある。また、石材相互の接し方がわかるように、石材間の隙間と奥行きの表現に配慮する。石垣を正射投影したオルソ画像をあわせて作成することが望ましい（図227）。

石垣の勾配や反りなどの形状は垂直方向の断面図、平面の形状は水平方向の断面図に記録する。ただし、石垣の断面は、同一面であっても、地形や規模、修理履歴などによって形状が微妙に異なる場合もあるので、作図する位置や数を十分検討する必要がある。これらの断面図は、現況を客観的にとらえ、変形の程度や修理範囲を適切に把握する基礎資料としても重要である。

石垣面が屈折する隅角部は、石材の選択や配置方法などに、時期や地域などによる特徴が現れやすい。隅角の対角線上の外側から左右の石垣面を入れて撮影した写真など、特徴をよくとらえた記録の作成が求められる。

石積の特徴と修理痕跡の把握　測量図などをもとに、石積を一段ごとに区分して観察すると、積み上げの工程や石材選択の特徴を理解しやすい。過去に解体修理がおこなわれている場合は、修理範囲の内外で段の高さや石の配置に乱れが生じたり、旧材と新材とで石材加工が異なったりしてお

オルソ画像

三次元測量陰影図

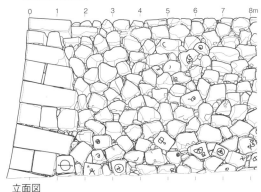
立面図

断面図

図227　石垣立面の記録

第V章 城館の調査

り、外観の観察から、修理の痕跡やその範囲を把握できることもある。

石垣上面の発掘　発掘調査では、外観の観察で確認または推測したことを検証しつつ、外観からでは把握しがたい遺構、石積の技法、内部構造、構築過程などを明らかにする。

城館が機能していた段階では、石垣の上部に何らかの建物を設けていることが多く、石垣本体の発掘前に、土台の設置にともなう天端石のならし加工や、地覆石、礎石、根石、柱穴など、建物に関連する遺構の検出作業が必要となる。

また、外観の観察から過去の解体修理がうかがえる場合には、それにともなって掘削された範囲を平面的に検出するよう努める。修理後に土を盛って整地しているときは、整地層を掘り下げて掘削面を検出する。裏込め礫をともなうものでは、礫の構成や粒径、土砂の混合状態などが修理痕跡を確認する手がかりとなる。

内部構造と構築過程の把握　石垣の発掘では、石垣を構成する石材などの材料が、相互にどのような関係を保っているのかを把握することも重要である。

このため、石材と裏込め礫、盛り土の層位的な関係を正確にとらえ、石垣面に直交する垂直方向の断面図に記録する。作図位置は、立面の測量で作成した垂直方向の断面にできるだけ合わせる。石垣の上面で過去の修理範囲を確認している場合は、その範囲を含んだ位置にトレンチを設定するのが望ましい（図228）。

断面図の作成にあたっては、石垣の構築過程がわかるように留意する。当初の地形と切り土の関係、各段の石材と裏込め礫あるいは背面の盛り土を含めた層位的関係など、石材一段ごとの積み上げの過程が読み取れる図面が求められる。また、過去の修理にともなう掘削範囲など、修理の履歴についても記録する。

石積の技法と工程の把握　石材は、隣り合う石材などと3ヵ所で接する三点支持を確保したとき、据えつけが安定する。これらの支点は、前方に偏ることなく、背後を含めて均衡のとれた配分となるのが望ましい。上段の積み石は、原則として、下段の一石に載せず、二石にまたがるように支点を求めて、荷重の分散を図る。

据えつけにさいしては、通常、石材の側面や背面の隙間に小石などをはさんで固定する。支点を確保するために、石材の一部を加工することもある。また、石材の形状と隙間に詰めた小石の位置に一定の規則性が認められ、石材を積み上げた順序が把握できる場合もある。

石垣の解体時には、こうした石積の技法や工程を把握し、写真や図面などに記録する。

石垣の基底部の工法には、地盤を掘削して根石を据え置くもの、くぼ地に礫を埋め込んで基盤面を整えるもの、土台となる木（胴木）を据えて沈下を防止するものなど、立地場所の地形や土質などに応じたさまざまな種類が認められる。こうした

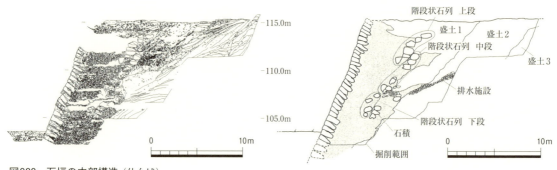

図228　石垣の内部構造（仙台城）

工法についても注意を払う。

石材カード　石垣を解体する場合には、石材の諸属性を項目ごとに整理する。記録項目は石垣によって一律ではないが、石種、寸法、形状、石材採掘・加工時の痕跡（矢穴、割れ面、表面調整、刻印など）、石垣施工時の痕跡（合端加工、テコ穴、番付墨書など）、転用材の判別などがある。修理にともなう解体調査では、石材の割れ、欠け、亀裂、風化といった石材の保存状態の記録も必要となる。石材に残る各種の痕跡は、石材単体としての記録に加えて、解体以前の原位置での観察により、その意味が理解できることもある（図229）。

遺構確認のための保存目的調査　保存目的調査での石垣の発掘には、遺構確認を目的とするものと、保存修理にともなうものとがある。

遺構確認のための調査では、石垣の保存状態に影響を与えないことが前提で、調査計画の策定にあたっては、掘り下げる位置や深さについて慎重な配慮を要する。とりわけ、石垣の裾部を発掘するさいには、石垣構築後の二次的な堆積土の除去にとどめるのが基本であり、構築時の整地層や根石の掘方を断ち割る場合には、その必要性と石垣保存への影響を慎重に検討したうえで、最小限の範囲とすることが求められる。

また、城館によっては、廃城時に石垣の一部を意図的に崩した例があり、石垣の破却行為そのものに歴史的な意味が認められることがある。残存した石垣遺構だけでなく、崩落部材の検出状況から、石材の人為的な移動や埋め立て、整地痕跡の有無を検討するなど、崩壊部を含めた石垣全体がどのような過程をへて現在にいたったのか、見きわめる必要がある。

保存修理にともなう調査　一方、解体修理など保存修理にともなう調査では、石材の番付や墨打ち、細部の写真撮影など、復旧のための措置を確実に施したうえで、調査に着手する。

発掘作業では、修理で影響が及ぶ範囲の遺構の現状を記録するとともに、変形以前の石材配置などを復元するための観察と記録が求められる。そのさいには、何を基準としてどのように復旧するか、といった解体後の復旧までを見すえた情報の収集と記録が欠かせない。また、変形の状態（内容、範囲、程度など）や、変形要因の分析に資する情報を取得することも必要となる。さらに、盛り土や地盤の土質の特性を把握するための調査もあわせて実施するのが望ましい。

なお、文化庁では『石垣修理のてびき（仮称）』（平成26年3月刊行予定）を作成中であり、同書で石垣の保存修理全般について示す予定である。

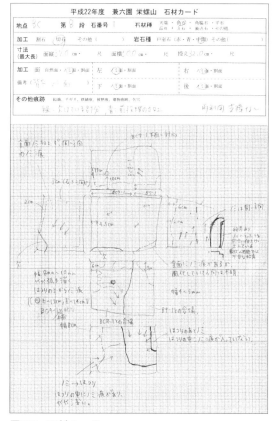
図229　石材カード

第5節
遺物の整理

1 遺物の種類

　城館から出土する遺物には、土器や瓦のほか、石鍋や石臼などの石製品、漆器や木製容器といった木製品、武器・武具などの金属製品、ガラス製品などがある。これらの整理方法は整理編（11頁）で示した。また、瓦と石鍋については第Ⅲ章（121頁）と次章（295頁）を参照されたい。以下、土器と武器・武具に関する留意点を述べる。

2 土 器

城館の土器　　一般に、城館からの土器の出土量は少なく、その傾向はとくに東日本で顕著であるが、城館には、政治的・軍事的拠点以外に、流通拠点という面もある。したがって、出土した土器の産地を明らかにすることで、当時の流通のありかたが判明したり、器種の検討から、城主の性格の一端が知られたりする場合がある。

　このように、城館出土の土器は、たんに遺構の時期を決定する資料となるだけでなく、城館や地域の歴史を考えるうえでも重要な意味をもつ。

土器の種類　　城館出土の土器には、一般の集落と同様に、椀・皿などの食膳具、擂鉢などの調理具、壺・甕などの貯蔵具、鍋・釜などの煮炊具がある。また、天目茶椀・茶入・器台・花瓶・香炉などの茶・花・香の道具や、水盤・花盆といった床飾り、梅瓶・酒海壺のようなハレの酒器など、城主の嗜好や経済力を示す遺物もある（図230）。

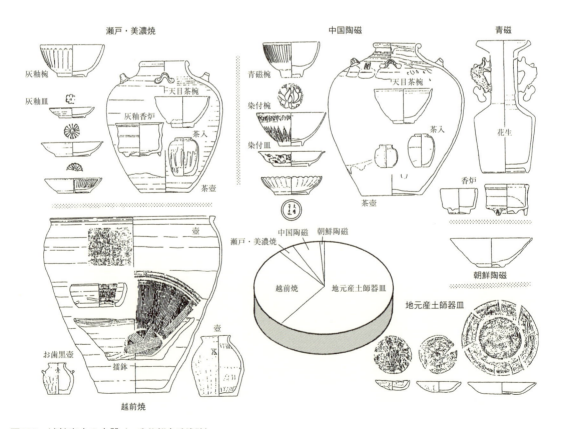

図230　城館出土の土器（一乗谷朝倉氏遺跡）

生産地と流通　土器には、素焼きの土器、陶器、磁器などがある。いずれも、国内産以外に、中国を中心とした海外産がかなり含まれる。

国内産の陶器には、無釉の須恵器系の東播磨（兵庫県・12世紀〜）、珠洲窯（石川県・12世紀〜）、カムィヤキ窯（鹿児島県・11〜14世紀）や、瓷器系の常滑窯（愛知県・12世紀〜）、越前窯（福井県・12世紀〜）、丹波窯（兵庫県・12世紀〜）のほか、施釉陶器の瀬戸窯（愛知県・12世紀〜）や美濃窯（岐阜県・12世紀〜）などがある。海外産の陶器には、中国産の褐釉壺、天目茶椀、香炉などがある。

磁器には、中国産の青磁、白磁、染付のほか、朝鮮半島や東南アジア、ヨーロッパ産のものがある。日本でも、1610年代以降、有田（佐賀県）で磁器生産が始まる。

土器の中には、楠葉型瓦器や京都系土師器皿、伊勢系土鍋のように、遠隔地に流通するものもある。京都の技術を導入した手づくねの土師器皿（かわらけ）は、柳之御所遺跡（岩手県・12世紀）や大内氏館（山口県・15〜16世紀）で見られるように、広く分布する。奈良火鉢とよばれる火鉢や風炉も、城館を中心に流通する傾向がある。

土器の分類・数量表示と図化　土器は、遺構や層位ごとに、種類別、生産地別に分類し、数量表示する（整理編123・126頁）。分類が困難なものについては、美術史など各分野の専門家の助言も参考にするとよい。

そして、分類ごとに代表的なものを選んで図化する。細別が困難なものや確定できないものは、実測図や写真を掲載することが望ましい。

3　武器・武具

武器・武具　城館から出土する武器・武具としては、甲冑や刀剣、鉄鏃などがある。

甲冑では、鎧を構成する小札、兜の鉢などの出土例がある。刀剣は、太刀、槍、薙刀、腰刀、小刀のほか、太刀の部品として柄（把）や鞘、刀装具として兜金、目釘、縁金、鐔、切羽、口金、栗型、足金物、責金、鞘尻などの出土例がある。

弓矢では、弓、矢柄、矢羽、矢筈などの出土は知られていないが、鉄鏃は多数出土し、雁股、平根、丸根など多様な形態がある。用途別では、狩猟用の野矢、軍事用の征矢、訓練用の的矢などの実用的な矢と、鏑矢のような儀礼的な矢がある。

このほかに、火縄銃の部品や弾丸もしばしば出土する。とくに弾丸は出土例が多く、そのほとんどは鉛玉である。

飛礫　山城の曲輪や堀などでは、熊野堂大館（宮城県・13〜14世紀）のように、こぶし大ほどの河原石がまとまって出土する例があり（図231）、これらは飛礫であることが多い。

木塚城（高知県・14〜15世紀）では、飛礫とみられる787個の河原石が、おもに腰曲輪と堀切から出土した。大きさは、平均すると6.7×10×15cmである。重さは平均値が1.9kgで、1.4〜1.5kgのものがもっとも多い。山中城（静岡県・16世紀）から出土した飛礫は、平均値が約3.8kgで、3kg前後のものがもっとも多く、大型である。

なお、騎西城（埼玉県・15〜16世紀）では、板碑を加工して飛礫とした例も出土している。また、表面を研磨した球形の石などが出土することもあり、投弾と考えることができる。

図231　飛礫の集積（熊野堂大館）

第6節
調査成果の検討

1 遺構の検討

遺構の時期区分　遺構を時期区分する方法は、城館もほかの遺跡と基本的に変わらない。

しかし、城館は、軍事施設としての性格をもつことから、戦闘に備えて防御機能を高めるため、短期間に大がかりな改変が繰り返されることもあった。このため、調査にあたっては、遺構の重複関係や建物の建て替え、諸施設の修築状況を把握する必要がある。また、それぞれの曲輪に複数の機能面が認められる場合は、相互の関係を整理して、時期ごとの空間構成を分析する。

こうした作業は、発掘区の平面図を縄張り図や地形測量図に合成するなどして、発掘区内だけではなく、城館全体の構造を俯瞰しながらおこなうのが望ましい。それによって、曲輪ごとの機能の違いや変遷も把握しやすくなる。ここでは、初田館（兵庫県・15世紀）と本佐倉城（千葉県・15世紀）の例を掲げておく（図232・233）。

建物の検討にあたっては、柱間寸法や建築様式も考慮する。柱間寸法は、8尺台、7尺台、6尺台、5尺台などがあるが、16世紀以降は、柱間寸法が6尺5寸や6尺3寸など、尺単位の整数にならないものが一般化する（整理編119頁）。柱間寸法には、時期による変化のほか、地域的特徴や、建物の性格による違いなどもあり、そうした点にも注意する。

建築様式には、寝殿造系建物などの系譜を引くものや、東北北部の南部氏関連の城館に見られる曲屋風の主殿のような地域性も存在するので、それらを把握しておくことが求められる。

また、曲輪内の建物の配置にも留意する。城館を大規模に改変したり、城主の交替などで城館の性格が変化したりする場合を除くと、ほぼ同じ構造と規模の建物が同じ曲輪に建て替えられることも多い。なお、建物の主軸方向は、曲輪の形状に規制されることもあり、同時期の建物でも方位が揃うとはかぎらない。

以上の点をふまえ、建物の建て替えや建築様式の系譜関係なども考慮して、各時期の遺構を抽出し、その変遷をあとづける。

存続時期の推定　前述のように、城館は、戦闘などにともなって、短期間にたびたび改変される

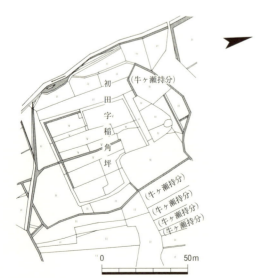
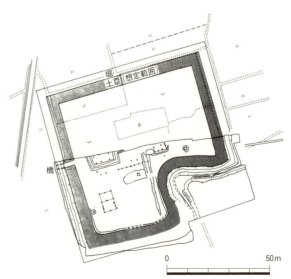

図232　地籍図と縄張り図・遺構図（初田館）

ことがある。そのため、多数の遺構や機能面が検出されても、必ずしも長期間存続したことを示すとはかぎらず、戦時体制下で短期間に作事が繰り返された可能性も念頭におく必要がある。

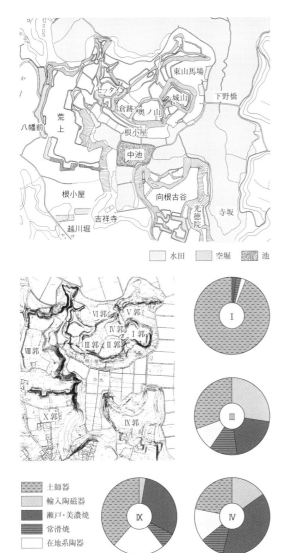

図233　曲輪ごとの土器の組成（本佐倉城）

また、大規模な曲輪の造成や、堀・土塁の改造が繰り返しおこなわれていても、遺物がまったく出土しないことがある。これらは、そこが日常的な生活の場ではなかったか、生活の場としての利用期間が短かったことを示す可能性が高い。

このように、城館では、遺構の数と遺物の数量が釣り合わないことも多く、部分的な調査成果だけから遺構の時期や変遷を考えるのではなく、城館全体を視野に入れた検討が求められる。

遺構の年代を決定する方法は、ほかの遺跡と変わらない。ただし、城館の中には、機能が失われたのちに、猪久保城（福島県・14〜15世紀）や八王子城（東京都・16世紀）など、領主が一般の立ち入りを禁じる不入の地となった例のほか、根城（青森県・13〜17世紀）や大内氏館（山口県・15〜16世紀）のように、屋敷や寺院に再利用された例もある。城館の年代を考えるうえでは、そうした城館廃絶後の状況も考慮する必要がある。

2　遺物の検討

遺物から見た曲輪の機能　前節で触れた土器の分類と数量表示の結果にもとづき、出土地点ごとにその機能を検討する（図234）。

たとえば、多量の土師器皿（かわらけ）は、儀礼や政治的な盟約の場での使用が推定される。また、青磁の盤・酒海壺・花盆、青白磁の梅瓶、白磁の四耳壺・水注などの高級品や奢侈品とみられる陶磁器、あるいは茶・花・香の道具は、城主の生活に密接にかかわる可能性が高い。こうした遺物がまとまって出土する曲輪は、主殿や会所が置かれた中心的曲輪と推定できる。

一方、蔵や倉庫があり、穀類が多く出土する曲輪は、収納機能を担った曲輪といえる。逆に、遺構が少なく、遺物もほとんど出土しない周縁の曲輪は、駐屯地と判断することもできる。

武器・武具は、その場で使用・廃棄された場合

第V章 城館の調査

もあるが、鍛冶工房などにともなう再利用品の原料や未成品のほか、埋納品の可能性もある。したがって、遺物の出土状況や遺構との関係を十分に検討し、出土した場所の性格や機能を明らかにするよう努める。

遠隔地の土器 桑幡氏館（鹿児島県・13～16世紀）では楠葉型・和泉型瓦器や京都産土鍋、館堀城（秋田県・13～15世紀）では山茶椀、南小泉遺跡（宮城県・13～16世紀）では楠葉型瓦器など、遠く離れた地域で生産された土器が城館から出土することがある。これらは、城館の居住者とそうした生産地との間に直接的な交流があったことを示している可能性があるので、たとえ少量であっても注意したい。

3 調査成果の総合的検討

空間構成の復元 城館の発掘では、常に全体の空間構成に注意を払うようにしたい。

そのためには、地籍図や縄張り図、地形測量図と発掘調査の成果を統合して、城館内の通路や曲輪どうしの連結方法を推定することにより、城館の構造を把握する。さらに、それぞれの曲輪にともなう建物の構成や防御施設のありかたなどを検討し、個々の曲輪の機能を明らかにして、城館全体の空間構成を復元することが求められる。

城館の性格と歴史的意義 城館は単独で存在するものではなく、その周囲に、城館を支えた町やさまざまな施設が存在した。城館を正しく理解するためには、こうした施設も含めた総合的な視点が必要となる。

たとえば、周辺で実施した発掘調査成果に加えて、史料や地籍図、地名、伝承なども調査することにより、城館周辺にあった館や寺院、町などを復元できる場合が少なくない。

また、調査の対象となる城館だけではなく、ほかの城館や街道、さらには港湾遺跡や鉱山遺跡など、周辺に存在した同時期の遺跡をあわせて検討し、城主の経済基盤や地域の社会構造を明らかにすることも望まれる。

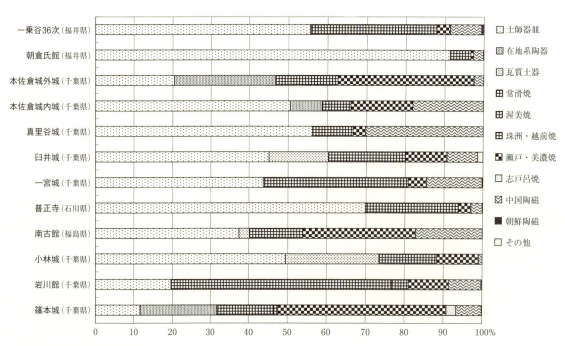

図234　城館出土土器の組成

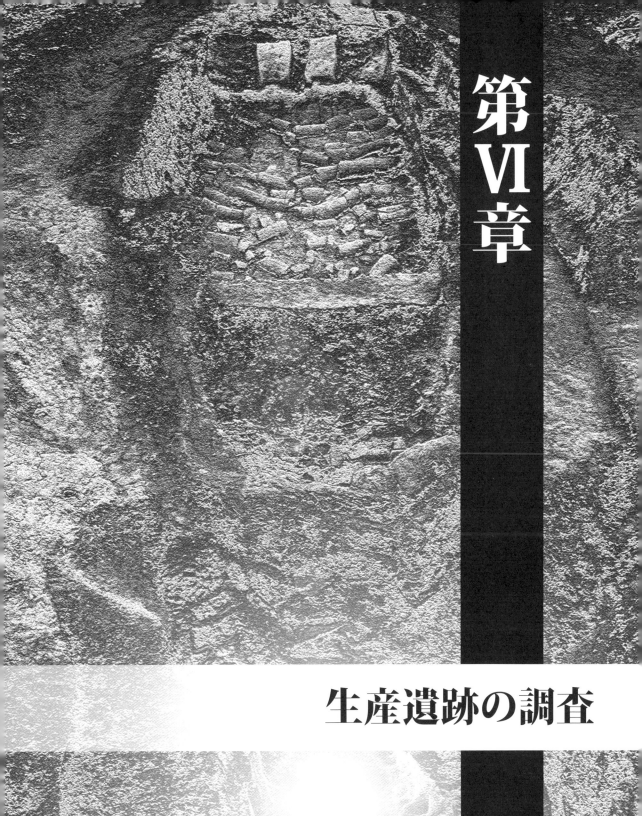

第VI章

生産遺跡の調査

第1節
窯業遺跡

1 窯業遺跡概説

窯業遺跡とは 窯業とは、粘土などの鉱物質原料を窯や炉で高熱処理し、土器や陶磁器、埴輪、瓦などのやきものを製造する工業である。それには、採土あるいは採石、製土、成形、乾燥、焼成の各工程があり、窯業遺跡の遺構は、窯をはじめとする焼成施設と、灰原(物原)や選別場、粘土採掘坑、作業場や工房などから構成される。

縄文・弥生時代のやきもの やきものの中で、もっとも早く登場するのは土器である(図235)。最古のものは、今から1万年以上前の縄文土器であり、薪燃料を使用した開放型の野焼きにより、600～700℃程度の低い温度で焼成された。焼成遺構が未確認なのは、土坑を掘削せずに焼成する方法であったためとみられる。

弥生時代になると、稲作文化とともに、大陸からあらたな土器作りが導入される。縄文時代の深鉢と浅鉢の構成から、食膳具、貯蔵具、煮炊具の構成へと変化するなど、土器の機能分化が明確となる。また、焼成方法も、薪燃料にくわえ、稲藁などの草燃料で覆って焼く、覆い型の野焼き(239頁)へと変わる。この方法は保温性に優れ、800℃前後の均等な温度での焼成を可能とした。九州北部では、近年、この時代の土器焼成坑の検出例が増えつつあるが、いまだ数は少ない。

古墳時代の窯業 古墳時代のやきものには、土師器や須恵器、埴輪がある。土師器が、弥生土器の技術を継承する低火度焼成の土器であるのに対し、須恵器は、4世紀末頃に朝鮮半島から渡来した陶質土器の工人が、新しい技術で生産を開始した陶器である。1,000℃以上で高火度焼成する須恵器は、硬質で保水性に優れ、その技術は6世紀

種別	焼成	縄文時代	弥生時代	古墳時代	飛鳥時代	奈良時代	平安時代	鎌倉時代	室町時代	戦国時代	安土・桃山時代	江戸時代
土器	低火度酸化炎(土師器)	開放型野焼き	覆い型野焼き									
							窖窯(横炎式)					
								煙管窯(昇炎式)				桶窯
	低火度還元炎(黒色土器)(瓦器)			覆い型野焼き(覆い天井焼成坑)								
								煙管窯(昇炎式)				
陶器	高火度還元炎(須恵器)(灰釉陶)(瓷器系)			須恵器(還元冷却)	窖窯(横炎式)	12世紀後半～13世紀に古代須恵器→中世須恵器					連房式登窯(倒炎式)	
					灰釉陶(還元冷却)	窖窯(分炎柱、横炎式)		大窯				
					瓷器系中世陶器(酸化冷却)	窖窯(分炎柱、横炎式)		大窯				
	低火度酸化炎(鉛釉陶)				窖窯・小型窯							
磁器	低火度酸化炎								素焼工程	登窯?		
									上絵付工程	錦窯(昇炎式)		
	高火度還元炎								本焼工程:施釉・染付	連房式登窯(倒炎式)		
瓦	高火度還元炎				窖窯(横炎式・倒炎式)							
					有畦式平窯(横炎式・倒炎式):大型→小型				達磨窯(横炎式)			
										連房式登窯(倒炎式)		

図235 やきものの種類と焼成方法の変遷

末には日本各地に広がって、しだいに日常の容器としても浸透していく。

須恵器の高火度焼成を可能としたのは、天井をもつ窖窯(あながま)(241頁)の導入である。これは、内部に明確な仕切りのない構造をもち、斜面の傾斜を利用して、排煙口(はいえんこう)と焚口(たきぐち)との高低差により、炎の引きを確保した。壁や天井に沿って炎が走る横炎式窯(おうえんしきがま)(図237)で、焚口に近い燃焼部と、製品を並べる焼成部からなる。排煙口には、炎を調節する排煙装置をともなう。

土師器は、須恵器の出現以後、煮炊具に特化する傾向を強める。一方、須恵器を模倣した食膳具の生産が始まり、内面に炭素を吸着させて保水力を高めた土師器が出現するなど、あらたな方向性を見せる。焼成方法は覆い型の野焼きであるが、6世紀には定型化した土師器焼成坑(239頁、発掘編213頁)を用いた例も現れる。

埴輪は、出現当初は、土師器と同様の方法で焼かれていたが、窖窯が日本に導入されると、窖窯で焼成されるようになり、新池遺跡(しんいけ)(大阪府・6世紀)のような大規模な埴輪工房も形成される。この時期の埴輪には、酸化炎で低火度焼成する土師質のものと、還元炎で高火度焼成する須恵質のものとがあり、須恵器と窯を共有して生産される場合もある。

古代の窯業　古代のやきものには、須恵器や土師器のほか、新しく生産を開始した瓦と施釉陶器(せゆう)がある。須恵器窯や瓦窯(かわらがま)は、青森県から鹿児島県まで全国的に分布し、100基を超える大規模な群を構成する例もある。また、200基以上の土師器焼成坑をもつ北野遺跡(きたの)(三重県・6〜9世紀)など、土師器の生産遺跡も各地で確認されている。

須恵器生産を基盤に展開した地域的な窯業も、西日本では8世紀後半、東日本では9世紀後半には減産・衰退へと向かう。そして、中世窯業へと継承される一部の生産地を除き、10世紀を最後に生産が停止される。古代窯業は地域の政治状況と連動していたことがうかがえる。

図236　窯場の復元

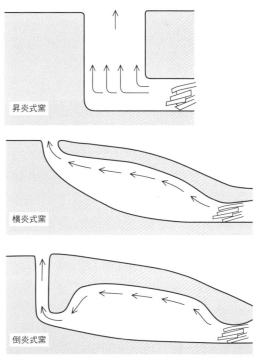

図237　窯の基本的な炎の流れ

土師器は、低火度の酸化炎焼成が基本だが、食膳具では、低火度で還元炎焼成をおこなう黒色土器が平安時代に出現する。

瓦生産は、6世紀末に百済から技術者を招いて、寺院造営とともに開始され、7世紀後半には地方寺院の増加にともない、技術が広く伝えられていく。また、この時期には、同じ窯で須恵器も生産した瓦陶兼業窯も目立ち、須恵器生産を基盤に技術が伝播したことがうかがえる。

瓦窯の構造には、窖窯と平窯がある（246頁）。窖窯の瓦窯は、須恵器窯と同様の規模と平面形をもつが、焼成部の床面に複数の段を設けた例が多いのが特徴である。こうした構造は、瓦という規格品を効率的に量産するためのものである。

床面がほぼ水平に近く、窖窯よりも生産効率のよい平窯の瓦窯は、7世紀末に藤原宮（奈良県・694〜710年）の瓦の生産で導入され、国分寺造営などをつうじて各地に普及した。8世紀前半以降の定型化した平窯では、燃焼室と焼成室の境を隔壁で仕切り、焼成室の床面に数本の畦を設ける。また、低い温度でも瓦を均質に焼くため、天井に上った炎を床に下ろすことで窯内対流を作る倒炎（半倒炎）式を採用することもある（図237）。

施釉陶器には、銅や鉄などを呈色剤とする鉛釉を塗布し、低火度の酸化炎で焼成した緑釉陶器や多彩釉陶器と、植物灰を原料とする釉薬を塗布し、高火度の還元炎で焼成する灰釉陶器がある。

まず、7世紀に朝鮮半島からの技術導入で緑釉陶器の生産が始まり、8世紀には唐三彩の影響を受けて、多彩釉陶器が出現する。いずれも二度焼きせず、最初から釉薬を施す。焼成施設はまだ確認されていない。

平安時代になると、鉛釉陶器では緑釉陶器が量産され、東海で灰釉陶器の生産が始まる。緑釉陶器は、須恵器窯で焼成した素地に施釉し、低火度で酸化炎焼成をおこなう二度焼きへ変化する。施釉した製品を焼成した窯としては、窖窯以外に、

瓦窯と同様の有畦式平窯が作谷窯（滋賀県・10世紀）で、特殊な小型三角窯などが篠窯跡群（京都府・10世紀）で確認されており（244頁）、燃焼部と焼成部とを火格子で仕切る簡易な昇炎式窯（241頁）も使用された可能性がある。

また、灰釉陶器は、高火度の還元炎焼成であるため、須恵器窯と同様の構造でも焼成可能だが、燃焼部と焼成部の境に、分炎柱とよばれる支柱を設けた窯（244頁）で焼かれている。

中世の窯業　古代窯業から中世窯業への転換時期は、畿内産瓦器椀の出現や東播（播磨東部）系須恵器の生産開始、東海の灰釉陶器生産の終息にともなう無釉の山茶椀生産の確立などから、11世紀末頃に求められる。そして、白磁や青磁などの中国陶磁が各地で出土する事実が示すように、窯業製品は広域にわたる流通が進む。

中世のやきものは、土師器の流れを汲む土師器系、須恵器や灰釉陶器の技術を継承した須恵器系と瓷器系の3種類に大別される。

土師器系では、食膳具である瓦器椀や土師器皿

図238　中世の窯（小長曽窯）

を主体に、鍋や釜など煮炊具の生産が継続し、あらたに昇炎式窯(煙管窯)が導入される。それらは、天井をもたず、七輪を地面に造りつけたような構造の低火度焼成の窯で、これが発展して近世の桶窯(241頁)となる。平安時代に出現した黒色土器は、瓦器へと受け継がれ、簡易な天井がついた窯で焼成された。

一方、須恵器系と瓷器系の中世陶器の窯業地は、全国で80ヵ所以上が確認されている。須恵器系では、東播、珠洲、備前、勝間田、亀山、瓷器系では瀬戸、常滑、渥美、加賀、越前、信楽、丹波が著名である。これらの窯業地では、小長曽窯(愛知県・14世紀末～15世紀初め)(図238)などの施釉陶器を生産した瀬戸を除くと、12世紀後半以降は壺、甕、擂鉢の生産が主体となる。

中世陶器の窯は、前代以来の窖窯を基本とする。しかし、各地の窯業地が淘汰され、瀬戸、常滑、越前、信楽、丹波、備前のいわゆる六古窯に生産が集約される15世紀末になると、それまでの窖窯を大幅に改良して、窯業地ごとに独自性の強い大窯を完成させる。

近世の窯業　近世窯業の成立は、16世紀末に、朝鮮半島から移住させた陶工によって、九州を中心に陶器生産が始まり、その製品が全国各地に流通するようになることに画期が求められる。

近世窯業の技術史上の特質は、連房式登窯の導入と磁器生産の開始にある。連房式登窯では、斜面に設けた窯の内部を複数の部屋に仕切り、製品の量に応じて、使う部屋の数を変える。独立したそれぞれの焼成室に横口を設けて、製品を出し入れするため、地上式が基本であり、横口のある窯の外側には通路をもつ。量産に適した連房式登窯は、瀬戸や美濃をはじめとする伝統的な陶器生産地でも採用された。

一方、磁器生産は、17世紀初めに有田で開始された。その技術は全国各地へ伝わり、今日のやきものの主流となっている。磁器は、陶石を主原料とし、粘土を主原料とする土器や陶器に比べて、きめ細かく白い。磁器の焼成には、素地を低火度焼成する素焼の工程と、それに絵付や施釉をおこなって1,200℃以上の高火度で焼成する本焼の工程があり、上質のものは、その後さらに上絵付して低火度焼成する。

磁器焼成窯は、おもに本焼工程で用いる連房式登窯をさすが、上絵付窯はとくに錦窯とよばれる。錦窯は、土師器窯と同様に、天井をもたない昇炎式窯だが、窯の中にさらに内窯を設けた二重構造である。内窯は大きな匣鉢のようなもので、炎や灰が製品に直接あたることを防ぐ。

なお、瓦窯では、中世以降、畦の本数が減少して小型化した有畦式平窯が一般化するが、その中から、燃焼室が両方向についた双口式の構造が出現する。いわゆる達磨窯であり、地上に粘土や煉瓦で構築するのが一般的である。

2　発掘調査の準備と計画

A　遺跡情報の事前収集

地表観察　窯業遺跡は、自然の土砂流出や盗掘のため、遺物が散乱していたり、窯そのものが露出していたりすることもあり、遺跡自体の把握は比較的容易である。しかし、遺跡の範囲や遺構の配置を推定するには、現地踏査による地表観察が重要となる。

たとえば、地下式の窖窯の場合は、天井の落下で生じたくぼみから、位置を推定することが可能である。その下方には、窯を築くさいに掘削した排土の高まりや、さらにその下方に盛り上がった灰原が見られることもある。現地踏査では、検土杖(ボーリングステッキ)を活用して、窯や灰原の位置を確認するのが効果的である。

また、窯の周辺や尾根上にある平坦面は、窯の前庭部や工房にあたる可能性がある。

第Ⅵ章　生産遺跡の調査

史料・絵画資料の利用　近世の窯業遺跡は、さまざまな遺構の集合体である。そうした窯場の構成を知るうえでは文献史料が参考になり、絵図に窯場のようすが具体的に描かれたものもある。

たとえば、18世紀の絵図『張州雑志』をみると、連房式登窯（本窯）をはじめ、素焼窯や上絵付窯などの窯のほか、工房（陶器製作場）、匣鉢置き場、乾燥施設、陶器納置所、製土場などの建物が描かれている（図239）。

物理探査　窯は強い熱を受けて磁気異常を引き起こすため、磁気探査が窯の有無を確認する有効な手段となっている。また、近年では、地中レーダー（GPR）探査も実用化されている。

近世の窯業遺跡では、地中レーダー探査により、連房式登窯と単房の窯との判別だけではなく、深度別の解析で、複数の窯が上下に重なることを確認した例もある。近世以降の窯は土地を大きく改変して構築するため、旧地形が残っていないことが多く、埋没している窯の存在や構造を知るためには、地表観察とあわせて、磁気探査や地中レーダー探査を積極的に活用したい。

B　試掘・確認調査による把握

試掘・確認調査の重要性　窯業遺跡は、集落などに比べると、遺物の出土量がきわめて多く、一つの遺跡でも整理箱で数百箱から数千箱に達することがある。したがって、記録保存調査などでは、期間や経費を正確に算出するために、遺跡の範囲のほか、とくに灰原の範囲と灰層の厚さ、遺物の包含量を確認する試掘・確認調査を適切に実施する必要がある。

なお、試掘・確認調査では、斜面の等高線に沿って、試掘坑を設定するのが有効である。

C　測量と地区割り

地形測量　窯業遺跡の発掘調査でも、遺跡の立地や遺構の配置状況を把握するため、地形測量を実施する。縮尺は1/100、等高線間隔は20㎝か25㎝を基本とするが、遺跡が広い範囲にわたる場合には、縮尺を1/200とすることもある。図化範囲は調査の対象区域より広めに設定し、地表観察や物理探査によって得られた情報も正確に盛り込むようにする。

地区割りの方法　基本的には、ほかの種類の遺跡の場合と同様に、平面直角座標系を基準にして地区割りをおこなう。

ただし、通常、窯は斜面の傾斜に沿って構築され、灰原はその下方に形成されるので、斜面の傾斜方向とそれに直交する方向にグリッドを組む方法もある。また、試掘・確認調査や物理探査などにより、窯の形状が明らかになっている場合は、窯の中軸線を確定したうえで、それに合わせた地区割りを設定するのが有効なこともある。

なお、平面直角座標系以外によるグリッドを設定するときは、基準となる点の平面直角座標値と座標系からの偏角を明示し、位置関係の把握と平面直角座標系への換算が可能なようにしておく（発掘編85頁）。

D　調査計画の策定

計画の策定　窯業遺跡では、表土から遺構や遺物が認められることが多いため、重機を用いず、表土から人力で掘り下げる計画を立てる。遺物を

図239　近世の瀬戸窯（『張州雑志』）

いかに正確かつ効率的に取り上げるかも重要であり、それを可能とする体制の整備も必要となる。また、窯は複数の床面をともなうことがあるので、そうした場合でも、各時期の床面を調査できるように、余裕をもった調査計画を策定する。

窯業遺跡で出土する遺物は、量が多く、しかも一括性が高い。したがって、遺物の洗浄・注記・分類・接合・実測や報告書の作成などの整理等作業には、かなりの時間を要する。また、遺物は接合によって完形に近くなるものも多く、遺物の整理や保管に相応の場所が必要となることも念頭において、調査計画を立てるようにする。

安全管理　窯の多くは斜面に立地するので、急傾斜地では、発掘作業の足場や発掘区にいたる通路の確保、排土の流失防止などに十分配慮しなければならない。

また、遺跡によっては、灰原が数mの厚さに及んでいたり、土砂の堆積やその後の開発などのため、遺構が地下深くに埋没していたりすることもある。そうした場合には、発掘区や土層観察用畦の壁面が崩落しないよう対処する。

さらに、窯の天井の落下や側壁の崩落、灰原壁面の崩落といった危険性にも留意すべきである。とくに、地下式の窖窯では、天井部が広範囲にわたり遺存することがある。そのさいには、手前から天井を落としつつ、写真や実測図で記録するなど、安全に十分配慮した作業が求められる。

3 窯業遺構の構造と諸要素

A 土器焼成坑

土器焼成坑の構造　土器焼成坑は、土器の野焼きにともなう土坑で、床や壁面に熱を受けた痕跡をもつ。縄文時代の確認例はなく、覆い型の野焼きになった弥生時代以降、九州北部から近畿にかけて散見する。埴輪焼成坑の検出例もある。

覆い型の野焼きとは、製品に接して燃料材を置き、稲藁などの補助燃料で覆って泥や灰で抑えたのちに焼成する方法であり、被覆した泥土が焼け固まって遺存することもある。遺物としては、内側に藁などの茎状圧痕、外側にナデ痕跡が残る粘土塊や、製品を固定するために使用した粘土塊などが出土することがある。

土器焼成坑は古墳時代後期以降に定型化し、7世紀には東日本を中心に普及していく。8世紀以降は須恵器窯にともなうものが現れる。

土器焼成坑の平面形は、方形と円形を基本とし、壁面が直立して被熱の強いほうを奥壁、反対側の被熱の弱いほうを前壁とよぶ（図240）。

土器焼成坑の認定　被熱痕跡をもつ土坑には、土器焼成坑以外にも、それと類似した木炭焼成坑や火葬土坑がある。このため、土器焼成坑と認定

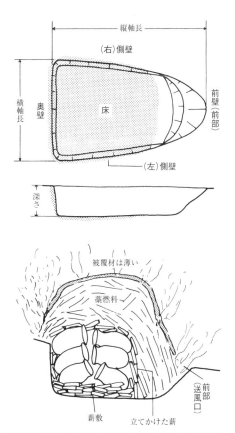

図240　土器焼成坑の部位名称と焼成方法の復元

第Ⅵ章　生産遺跡の調査

するには、上記の痕跡に加えて、焼成時の剥離痕跡や焼き歪みのある土器の出土など、複数の要素が欠かせない。

B　土師器焼成窯

土師器焼成窯の出現と分布　土師器はおもに覆い型の野焼きによって焼成されたが、須恵器の窖窯を利用した例もまれにある。しかし、11世紀後半以降は、小型の昇炎式窯による生産へ移行したと考えられている。この種の窯の最古の例は、緑ヶ丘落矢ヶ谷8号窯（兵庫県・10世紀前半）であり、11世紀後半から西日本を中心に増加し、東日本へは12世紀後半以降、京都系土師器皿とともに普及する。

昇炎式窯の構造　昇炎式窯は、下から焚いた炎の上昇により製品を焼き上げる窯で、円筒形の焼成部の下方に、横口の燃焼部と焚口がつながる構造をもつ。その形状から煙管窯（煙管状窯）とよばれ、焼成部と燃焼部の境に火格子を設けたと推定されている。窯内に火格子が遺存する例は、近世の桶窯以外に確認されていないが、森山遺跡（福岡県・12世紀前半）の煙管窯では、土製の支脚や棒状品が出土しており、これらを組み合わせることで火格子床を構築していたとみられる。

煙管窯には、地面を掘削して窯体を造る地下式と、焚口から燃焼部を地下に、円筒形焼成部は地

焼土坑の見分け方

焼土坑とは　土器焼成坑や木炭焼成坑、火葬土坑など、壁面や床面が熱を受けた土坑を、焼土坑と総称している。それらの特徴を知り、発掘作業の時点で十分な検討を加えることで、機能を的確に把握できる。

焼土坑の用途は、土器焼成坑では歪みや弾けのある土器片、木炭焼成坑では製品である木炭、火葬土坑では骨片（リン成分）や副葬品などが出土することで特定できるが、常にこうした遺物が出土するとはかぎらない。

性格の識別　そこで、土坑の形状や規模に注目すると、小型で四面の壁がほぼ直立する木炭焼成坑、大型で谷側の壁が緩く立ちあがる土器焼成坑、ばらつきが大きい火葬土坑などに整理・分類できる。それに加えて、被熱の違いなどを考慮すれば、遺構認定の精度が高まる。

木炭焼成坑では、土坑内を高温とせず、還元炎で蒸し焼きにする方法がとられるので、床面と壁面への炭素吸着や被熱層が薄いという特徴が認められる。とくに床面の焼土は希薄である（261頁）。

一方、土器焼成坑は、製炭よりも高温での酸化炎焼成が基本であり、壁・床ともに厚い焼土を形成する。とりわけ、二ツ梨一貫山窯（石川県・8～9世紀初め）のように、土坑の中央から奥の壁と床の被熱が著しい（図241）。

土器焼成坑の被熱層が厚いのは、焼成温度とも関連するが、たびかさなる焼成の結果である。この点で、被熱箇所は類似するものの、一度焼成されるだけの火葬土坑とは焼土の厚さが異なり、両者を識別する要素となる。

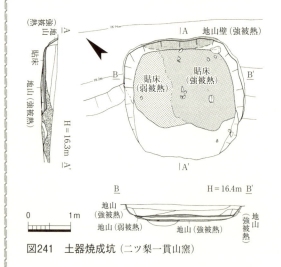

図241　土器焼成坑（二ツ梨一貫山窯）

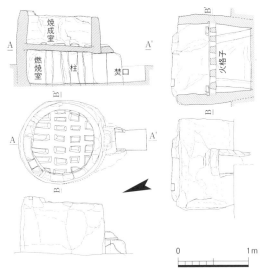

図242　現存する桶窯

上に粘土で構築する半地下式、そして、平地に粘土で窯体を構築する地上式がある。恒常的な施設としての天井はもたず、焼成過程で天井を覆った可能性もあるが、開放状態を基本とする酸化炎焼成窯に含まれる。

　煙管窯は、近世以降に桶窯として継承されるが、桶窯は窯全体が地上に構築されるので（図242）、遺構としては円形の被熱面が残るだけのものが多い。それらを窯と認定するためには、窯体の塊や火格子の部材の有無などを含めた総合的な検討を要する。

　煙管窯が多く発見されている播磨や四国では、おもに丘陵地で、須恵器の窖窯と煙管窯とが併存する例がある。小型の食膳具を生産する煙管窯と、貯蔵具を生産する須恵器の窖窯を用いた協業体制を組んでいたとみられ、専業化の進んだ窯業生産の形態と考えられる。

C　古代陶器窯

古代陶器窯の種類　古代陶器窯には、須恵器を焼成した窖窯と、灰釉陶器を焼成した分炎柱をもつ窖窯のほか、緑釉陶器などの鉛釉陶器を焼成した特殊小型窯がある。以下、窖窯の基本構造である須恵器窯を中心に記述する。窯の構造や付属施設に関する用語は、須恵器窯の用語に従う。

　なお、窯体内に明確な仕切りのない窯の場合は、それぞれの部位を○○部のようによぶが、窯体内を壁などで区切る有畦式平窯や連房式登窯では、○○室とよぶのが一般的である。

窖窯の構築方法　窖窯の大半は、窯体内に仕切りをもたない横炎式の単室窯である。構築方法から、窯体を地下に掘り抜く地下式窯と、窯体の下部は地面を掘りくぼめ、上部は骨組材（枠）と貼り土で架構する半地下式窯、窯体下部の掘削が浅く、窯体の大半を盛り土や骨組材（柱と枠）、貼り土で造り上げる地上式窯に分けられる。

　検出した遺構がいずれにあたるかを判断するさいには、たんに掘り込みが深いか浅いか、という印象によるのではなく、構築材、盛り土、貼り土痕跡など、構築方法を示す痕跡の有無や状況を検討することが欠かせない。

窖窯の構造　窖窯は、窯体部と窯外部からなる。窯体部は、焚口から排煙口までの窯本体にあたる空間であり、焚口を手前、排煙口を奥とした状態で、側面の左右をよび分ける。窯外部は、前庭部や窯背部など窯にともなう作業場空間である。

　窯体部は、燃焼部とその奥の焼成部から構成され、焼成部と燃焼部の境を焼成部境とよぶ。焼成部の床面は、奥に向かって高く傾斜し、その傾斜のまま排煙口に達する構造と、窯体最奥部に壁をもち、天井部に排煙口が開く構造とがある（図243）。この最奥部の壁を奥壁、焼成部天井から排煙口までの筒状の空間（目安は、窯体長7～10mに対して50cm以上）を煙道という。

窖窯の排煙口の構造　窖窯の焼成能力には、床面の傾斜と排煙口の構造が大きく関係する。炎の引きは、焚口と排煙口の比高（高低差）や排煙口の大きさに比例しているからである。このため、傾斜の急な窯はそのまま排煙口に達するものが多く、傾斜の緩い窯は、直立する長い煙道をもつこ

とで、一定の比高を保つ構造となっている。

須恵器窯が出現してから消滅するまでの間、もっとも一般的な排煙口の構造は、焼成部床面の傾斜のまま排煙口にいたる奥部開口型である。これには、排煙口が上向きに開口するものと、床面傾斜のままか、反り気味に排煙口が開口するものとがあり、前者は古墳時代に、後者は8世紀後半以降に目立つ。奥部開口型の排煙口は、半地下式窯と地上式窯で数多く見られる。

これ以外のものは、奥壁をもつ構造となる。そのうち、とくに煙道などの排煙施設を付設せず、奥壁付近の天井に排煙口が開口する構造を上部開口型、明確な直立の煙道をもつ構造を直立煙道型とよんでいる。前者は、須恵器窯出現期から存在し、地下式窯か半地下式窯であることが多い。後者は、床面傾斜を緩くして長い煙道をもち、地下式窯の典型として7世紀代に出現する。これに属する陶邑TK321窯（大阪府・8世紀前半）は、甕専焼窯として利用されていた。

須恵器窯の構造の地域的特徴　以上のほか、特定の地域や窯跡群の中で展開する構造がある。大口の排煙口に連結して、窯の中軸線に直交した溝（排煙調整溝）をもつ窯や、奥壁に傾斜した有段式の排煙施設をもつ窯などである。前者は6世紀前半〜7世紀中頃の日本海沿岸地域に分布し、後者は7〜8世紀の湖西窯跡群（静岡県）や、8〜10世紀の会津大戸窯（福島県）で分布が確認されている。また、石をはめ込んで燃焼部の側壁を構築した窯や、燃焼部の床面が焚口から焼成部へ向けて大きく下降傾斜する窯などもある。

須恵器窯内部の装置　須恵器窯の内部には、窯の維持や製品の焼成、窯焚きのための各種装置を造りつけるものがある。

もっともよく見られるのが、焼成部境から燃焼部にかけての床面を掘り込んだ舟底状の土坑であり、浅いものから深く大型のものまである。土坑内には被熱の痕跡はなく、これを埋めた上に床を貼って窯焚きがなされている。天井高が低い焼成部境での製品の出し入れにともなって掘削したとする説と、窯内の溝に接続する例があることから、防湿装置とみる説とがある。

須恵器窯外部の施設　窯外部は、窯体部を中心として、焚口前面を前庭部、窯体部の外側を窯側部、排煙口より奥を窯背部とよぶ。それぞれに、窯を操業するうえで必要な施設や作業空間があり、作業場にあたる平坦面や土坑、各所を結ぶ作業路、雨水や湧水から窯を守る排水溝のほか、前庭部では覆屋の柱穴を確認できる場合もある。

前庭部の平坦面は、掘削か盛り土、またはその両方により造成されるが、焚口を深く設定する地下式窯の場合は、前庭部を掘り込んで、焚口前面の平坦面を確保し、地上式窯の場合は、前庭部に盛り土することで平坦面を造るなど、窯体の構築方法により、前庭部の造成方法は異なる。

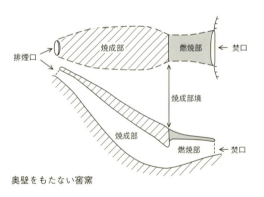
奥壁をもたない窖窯

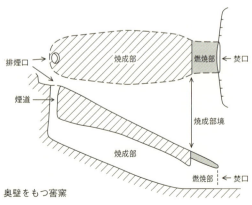
奥壁をもつ窖窯

図243　窖窯の基本構造と部位名称

窯体前方の下方には灰原が広がるが、たびかさなる操業の中では、灰原が作業面として機能している場合もあり、生産にかかわる遺構の存在も考慮する必要がある。

須恵器窯の改修と改造　須恵器窯は数度の操業をおこなうものが多く、古墳時代には、半世紀近く操業を続けた窯もある。その過程で、大半の窯は床や壁、天井を改修しており、スサ入り粘土を使った貼壁や貼天井が見られる例が多い。貼床には、焼土塊や砂を混ぜた粘土を使用する。一方、床や天井を削り直した例もある。

最初の操業時の床や壁は一次床や一次壁とよび、それが重なるごとに二次床、三次床、最終操業次のものは最終床、最終壁とよぶ。改修で床の傾斜や窯幅を変えることも多い。窯の平面規模や高さ、構造が大きく変化し、改造されたことがわかる場合は、改造後の窯に別の窯番号をつける。

ただし、半地下式窯や地上式窯は、天井や窯体自体を架構するため、概して改修の痕跡が残りにくいが、その場合も、焚口前面の灰原の層序から操業の次数を読み取る作業が求められる。なお、改修回数はそのまま操業回数を意味するわけではない。床や壁の改修や改造の痕跡を確認できないものでも、複数回操業した窯が存在する。

灰釉陶器窯の構造　灰釉陶器窯は、猿投窯(愛知県・5〜14世紀)で普遍的であった須恵器窯に分炎柱を付設した構造である。分炎柱以外は須恵器窯の構造と大差がないが、排煙口の手前に排煙調節機能をもつ施設を設けたり、側壁を蛇腹状にしたりして、燃焼効率を高めている。

初期の分炎柱は、障壁下に設置された分炎棒で、その後、造りつけの分炎柱が成立し、灰釉陶器窯に特有の窯構造となる。分炎柱は、炎を分ける機能よりも、天井を支える機能や焼成部境を絞り込む機能を主としたと考えられている。分炎柱を軸として、天井や側壁を絞り込み、窯内を区画しようとする傾向はあるが、この部位を隔壁とする構造にはなっていない。

特殊小型窯の構造　鉛釉を施した低火度焼成には、窯内温度が均等となる窯が必要であり、大型の窖窯以外に、緑釉陶器の産地の丹波と近江では、特殊な構造をもつ小型窯が発見されている。

最北端と最南端の須恵器窯

最北端の須恵器窯　五所川原窯(青森県)は、9世紀後半〜10世紀後半に操業された、窖窯構造をもつ北日本最古の須恵器窯である。ここで生産された須恵器は、表面が暗青灰色、断面は暗赤色を呈し、「神」「六」「千」などの文字や記号をヘラで刻んだものがある。製品は北海道の中央部や南部、秋田県、岩手県北部に分布するが、これらの地域では、同時期に集落が急増し、鉄や塩などの生産が活発化する傾向が見られる。

最南端の須恵器窯　一方、徳之島のカムィヤキ窯(鹿児島県)は、11世紀後半〜14世紀前半に操業された、窖窯構造をもつ奄美・沖縄最古の窯である。製品は壺、甕、鉢、椀、水注の5種類で構成され、還元炎焼成により、表面は青灰色、断面は赤褐色を呈する。その特徴から、「南島の須恵器」「類須恵器」ともよばれ、製作技法などの点で、朝鮮半島との関係についても指摘されている。奄美・沖縄を中心として、北は九州南部、西は先島諸島まで分布し、奄美・沖縄のグスク時代の流通範囲を示している。

これら二つの窯が所在する地域は、この時期には、中央政権の支配が及ばず、文献などの記録類も乏しい。したがって、地域最古の窯というだけではなく、それぞれの地域の生産や流通のありかたはもちろん、日本列島全体の歴史を考えるうえでも不可欠な資料といえる。

第Ⅵ章　生産遺跡の調査

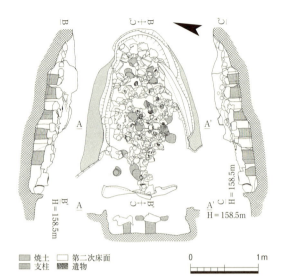

図244　小型三角窯（篠窯跡群）

　篠窯跡群の西長尾5号窯（京都府・10世紀）は、小型三角窯ともよばれ、焚口が2ヵ所ある。床が二重構造となる平窯で、煙管窯のような構造をもつ昇炎式窯の可能性がある（図244）。作谷窯も緑釉陶器を焼成した窯で、瓦窯と共通する有畦式半窯である（247頁）。

D　中世陶器窯

中世陶器窯の構造　中世陶器窯は、先述の鉛釉陶器の二次焼成窯を除き、すべて窖窯である。須恵器窯の系譜を引く須恵器系中世窯と、灰釉陶器窯の系譜を引く瓷器系中世窯とに大別され、おもに須恵器系は西日本と北陸から東北西部、瓷器系は東海を中心に、北陸や東北東部に分布する。

　須恵器系中世窯は、地上式窯または半地下式窯が主流で、瓷器系中世窯は、古代の灰釉陶器窯と同様に、燃焼部と焼成部の境に分炎柱をもつ、半地下式窯か地下式窯が一般的である。焼成部の奥には排煙施設があり、その境に粘土支柱を立てた排煙調節施設をもつものが多い（図245）。

六古窯の大窯構造　六古窯は、いずれもそれまでの窖窯を焼成部容積拡大の方向で大きく変革し、量産に適した大窯構造を完成させるが、生産

地により、大型化の方法は異なる。

　施釉陶器を生産した瀬戸や美濃の大窯は、焼成部下位幅を4m前後に拡張することで、大型化を図った。分炎柱左右の床面に、小分炎柱を一定間隔で配置して、その両側の天井に障壁を設け、小分炎柱の奥の床を立ち上げて昇炎壁とするなど、後述する連房式登窯の縦狭間構造（245頁）に近い形態を呈する。焼成部の中軸線上に天井を支える柱を立てる地上式窯で、焼成部下位の片側には、製品の出し入れ口が設けられる（図246）。

　備前窯も地上式窯を基本とする。15世紀の前半までは全長20m級だが、中頃には約40mと長大化し、天井を支える柱をもつ構造へと変化する。

　これに対し、常滑窯や越前窯は、焼成部の側面に差木口（投柴孔）を並べた、いわゆる鉄砲窯の形態をもつ全長20m程度の半地下式窯である。常滑窯は分炎柱がなく、甕の重ね焼きに対応した高

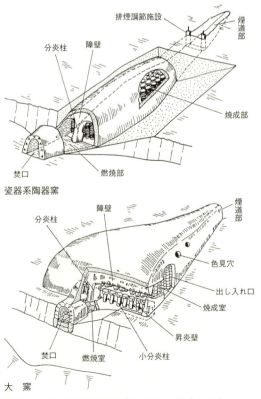

図245　中世の瓷器系陶器窯と瀬戸・美濃の大窯

い天井をもつ大窯へと変化するのに対し、越前窯は最大幅5mと広く、石積の分炎柱をもつ。

信楽窯の大窯は、焼成部境から中央までのびる長楕円形の分炎柱をもつ地下式窯が特徴である。16世紀後半には中央に隔壁を設ける双胴式窯が現れ、信楽窯特有の大窯形態が完成する。

E　近世の連房式登窯

連房式登窯の構造　連房式登窯は、斜面の下方から順に焚口、燃焼室があり、複数の焼成室（房）をへるごとに段を登って、煙道、排煙口へといたる地上式窯である。燃焼室とそれぞれの焼成室の間を区切る隔壁があり、独立した各焼成室には専用の差木口と出し入れ口を設けて、量産を可能としている。これらの隔壁部を狭間、通炎孔を狭間孔とよぶ。

連房式登窯の分類　天井の構造により、割竹形、芋虫形、横室形の3種類に大別される。また、段の上に狭間を設けるものを横狭間、段の前に狭間を設けるものを縦狭間とよび、床面傾斜と狭間の位置から、無段斜め狭間、有段斜め狭間、有段縦狭間、有段横狭間に分類される（図246）。

朝鮮半島から技術を直接導入した肥前系では、初期には割竹形も存在したが、主体は芋虫形有段横狭間構造であり、この形式の窯で、陶器も磁器も生産した。一方、中世以来の陶器生産が続いた瀬戸や美濃では、連房式登窯の成立期には芋虫形有段横狭間や割竹形無段斜め狭間のほか、燃焼室と第1焼成室の間に分炎柱をもつものが存在するが、その後は、横室形有段斜め狭間構造をへて、横室形有段縦狭間へと発展する。

一般に、横狭間構造は横炎式、縦狭間構造は倒炎式とされる。これらは、肥前系ではⅠ字形焼台にのせられて裸焼きされるのに対し、瀬戸や美濃では匣鉢積みというような、窯詰め方法の違いとも結びついている（図247）。なお、瀬戸で19世紀代に磁器を生産した丸窯は、芋虫形有段横狭間構造である。そのほか、京・信楽系の連房式登窯で

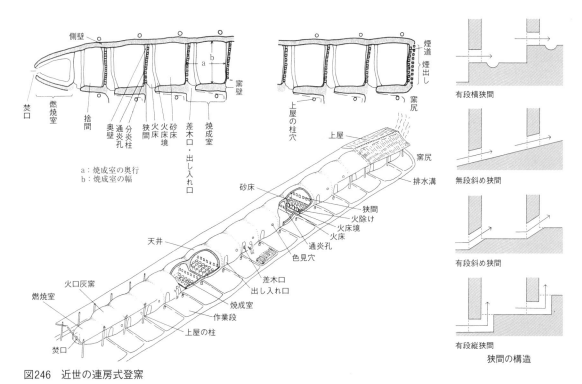

図246　近世の連房式登窯

第Ⅵ章　生産遺跡の調査

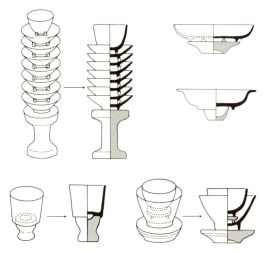

図247　近世の窯詰め方法

は、両者の折衷式といえる横室形有段横狭間構造の京窯(きょうがま)が使用されている。

上絵付窯（錦窯）の構造　連房式登窯で本焼きしたのち、上絵付をおこなった製品の低火度焼成には、小型窯が使用された。錦窯とよばれるこの小型窯は、楠窯と同様、天井を開放状態とした昇炎式窯だが、内窯と外窯からなる二重構造である点が異なり、内窯と外窯の間に燃料の木炭を入れて焼成する。

F　瓦　窯

瓦窯の構造には、窖窯と平窯のほか、両者の折衷的な形態の窯や、平窯の焼成室の両側に焚口と燃焼室をもつ達磨窯がある。

窖窯の構造的特徴　窖窯構造の瓦窯を特徴づけるものとしては、燃焼部と焼成部の境に設けられた段差（階(かい)）と、焼成部に設けられた複数の段がある。階は、焼成部境の障壁となるとともに、焼成部の高さを絞り込む機能があり、段は規格性のある瓦の効率的な窯詰めを可能にする。

そのほか、須恵器窯と異なる点は、燃焼部の幅が広く、焼成部境での窯幅の絞り込みをおこなわないことである。また、須恵器窯よりも瓦窯のほうが、窯体に占める燃焼部面積の比率が高い。

奥壁から真上または斜面に沿って煙道を設けることも多いが、周山(しゅうざん)2号窯（京都府・7世紀末～8世紀前半）のように、奥壁の手前から横方向に屈曲した煙道をもつ例もある。これも含めて、瓦窯では、奥壁や側壁の床面近くに通炎孔を設けた倒炎式が比較的多く、こうした構造は木炭窯にも共通する。

以上に対して、次に述べる有畦(ゆうけい)式平窯との折衷的な窯構造も存在する。それらは、燃焼部面積が一般的な窖窯より広く、高い階と平坦な焼成部をもつといった特徴があり、焼成部境に分炎柱を設けたものもある。定型的な有畦式平窯が出現するまでの過渡的な構造と考えられる。

有畦式平窯の構造　有畦式平窯は、焼成室と燃焼室の境に隔壁をもち、その手前が階となる。燃焼室と焼成室は、床面がほぼ平坦で、燃焼室は小さな焚口から隔壁へ向かって幅が広くなる。焼成室は平面が方形で、床面に数本の畦を設ける。隔壁には複数の通炎孔をあけ、そこを通った炎は、この畦と畦の間を通る（図248）。

なお、この畦をロストルとよぶこともあるが、上に燃料を置く本来のロストル（火格子）の機能と

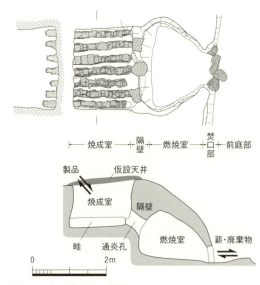

図248　有畦式平窯の構造

は異なるため、適切ではない。また、この構造の窯を有牀式平窯とよびならわしてきたが、牀は床と同義であり（床は牀の俗字）、正確な表現ではないので、本書では有畦式平窯とよぶ。

有畦式平窯は、半地下式窯を基本とする。天井については遺存例がほとんどないが、焼成室境に隔壁があるため、焼成室から直接製品を出し入れしたことが確実である。操業のたびに人が出入りできるように、焼成室の天井は、一部ないしは全体を取りはずせる構造であったと考えられる。

排煙口は、焼成部奥壁の下方に設けた例があるが、遺構として確認できないものも多く、それらは、天井と奥壁の間を煙道としたと推定される。

有畦式平窯は、窖窯に比べて燃焼室が占める面積の割合が高く、通炎孔や畦により、焼成室へ効率よく炎を送り、窯内温度を短時間で均等に高めることができた。出土瓦からも明らかなように、軟質の瓦を強い還元炎で焼成することに特化した構造といえる。

達磨窯の構造　二つの有畦式平窯が背中合わせに合体した構造をなし、中央の焼成室をはさんで、両側に焚口と燃焼室がある。燃焼室との境には低い階があり、焼成室には数本の畦をもつ。地上式窯のため、遺構として残る部分は少ないが、焼成室境には通炎孔をもつ隔壁を設けていたとみられる。近世の絵図には、排煙口から吹き出る黒煙が描かれるように、焼成室中央の天井の両側に排煙施設を備えていた。焼成室の横には、大きな出し入れ口（窯戸口）が作られている。

G　工　房

窯周辺の関連遺構　窯の周辺では、製品の製作や乾燥、焼成後の選別をおこなったとみられる作業場や、原料の粘土の採掘坑、粘土をこねたり一定期間貯蔵したりした施設など、窯業生産に関連する各種の遺構が確認されることがある。ロクロピットについては発掘編（218頁）で記した。

官営工房　上人ヶ平遺跡（京都府・8世紀中頃）は、平城宮（奈良県・710〜784年）の瓦を生産した官営工房である。丘陵上の平坦面に、桁行9間・梁行4間の掘立柱建物4棟が整然と並び、9棟の小型建物がこれをとりまいていた。作業場や乾燥施設、管理棟と推定され、このほかに粘土採掘坑や、採掘した粘土をこねた古墳の周濠も見つかっている。製作した瓦は、丘陵の斜面に構築した市坂瓦窯（京都府・8世紀中頃）で焼成された。

また、樫木原遺跡（滋賀県・7世紀後半）では、窯のある斜面下方の平坦地に工房を設けていた。

4　発掘方法と留意点

A　窯体と灰原の検出

窯業遺跡の発掘　窯業遺跡の発掘調査は、窯体や土器焼成坑の調査にとどまるものではなく、工房や通路、粘土採掘坑など周辺の施設も対象となる。以下では、須恵器窯に代表される窖窯を中心に、発掘方法と留意点を説明する。

平面精査の留意点　窯跡の発掘作業では、窯体の位置を確定することが先決であり、まず平面的に精査し、天井の落ち込みによる陥没痕跡を明らかにする。天井が遺存している窯では、精査により焚口部や排煙口を検出することで、窯体を把握できる。排煙口は比較的浅い位置にあることが多いので、発掘作業時に損傷を与えないように、細心の注意を払う。

窯体の周囲には、雨水処理の溝や排煙調整溝など、窯に付属する施設のほか、作業場が設けられることがある。また、窯の一部または全部を覆う覆屋の柱穴が存在する場合もあるので、窯体周辺の平面精査も慎重におこなう。

窯と灰原の関係は重要で、窯の中軸線の延長とその直交方向の土層断面図を作成し、灰原の堆積状況を記録する必要がある。そのため、地区割り

第VI章 生産遺跡の調査

に従って表土を除去し、窯のおおよその形状が認識できた時点で、あらたな土層観察用畔の軸線を、窯から灰原にかけて適宜設定する。

灰原についても、残すべき土層観察用畔の位置を決めたのち、表土を除去し、炭などが混じる土層の上面を検出しておく。

窯が複数存在し、発掘作業に時間的な余裕がない場合などは、窯と灰原とを並行して発掘することもあるが、基本的には窯の検出を優先する。

B 窯体と灰原の掘り下げ

窯体内の掘り下げ　まず、窯体の検出によって明らかになった窯の中軸線を延長し、窯体から灰原に至る土層断面を観察できるようにする。ここでは、上末釜谷2・5・6窯（富山県・9〜10世紀）の断面図を例示しておく（図249）。

窯体の内部は、窯壁を確認しつつ掘り下げを進め、落下した天井部などが堆積している土層まで

は、窯にともなわない流入土として掘り上げる。このさい、窯の横断面の土層観察用の畔も残しておく。流入土から出土した遺物は、別の窯からの混入である可能性についても留意する。

落下した天井は、構築材の痕跡の有無などを確認しながら取り上げ、大きな破片や構築時の痕跡をとどめるものについては記録を作成する。とくに有畔式平窯など、天井部が遺存しにくい構造の窯では、落下した天井の構築材が天井復元のための重要な資料となるので、その検討が可能となるように対処する必要がある。

操業面の確認と掘り下げ　落下した天井を取り除いてからは、遺物などについて位置を記録しながら掘り下げを進め、最終床面を確認する。燃焼部では、床面直上の炭層に着目して床面を判別する。また、窯によっては、操業後の床面清掃により、硬い床面がはずされていることもあるため、掘りすぎないように注意する。

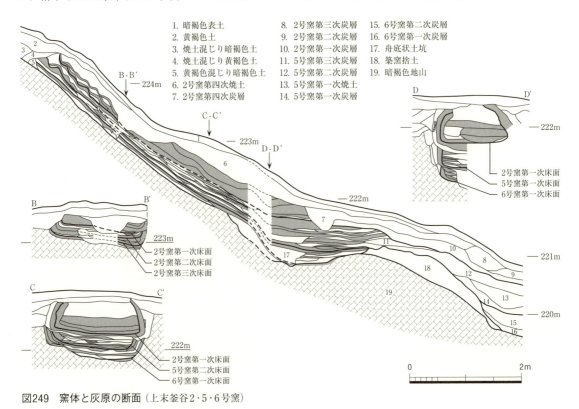

図249　窯体と灰原の断面（上末釜谷2・5・6号窯）

最終床面は、還元されて硬化した焼成部の床面から、漸移的に燃焼部や焚口の赤化した面へと移行し、前庭部にいたることが多い。窯体の面や前庭部、灰原の面との層位的関係を確認する作業が重要となる。

最終床面上には、製品を焼くための窯道具として用いた遺物が残されていることがある。甕などの破片のほか、粘土塊や塊石についても、出土状況を記録して取り上げる。

最終床面より下の状況を把握するためには、中軸線に沿った縦断面と、それに直交する方向の横断面の断ち割りが有効である。中軸線に沿った断ち割りは灰原までとおしておこない、窯の操業面と灰原の層位的関係を把握できるようにする。そして、操業面ごとに検出作業を繰り返し、とくに側壁と床面の関係などを横断面などで確認しつつ、窯の操業過程を順次遡るように掘り下げて、操業面ごとに記録を作成する。

灰原についても、土層断面で確認できた層ごとに掘り下げていくことが望ましい。灰原では、窯体の補修などにともなって生じた排土が廃棄物の層の間に堆積していることがあり、それらは、窯の改変と時間的な推移を明らかにする重要な手がかりとなる。

図250　窯体構築時の支柱痕跡（戸牧1号窯）

焚口部の調査　焚口部では、窯の閉塞時の状況を復元する情報が得られる場合がある。焼成に失敗した製品や自然石を閉塞に用いることもあるので、焚口周辺の資料は出土状況を把握したうえで取り上げる。排煙口の周囲でも、閉塞や排煙の調節に用いたものが出土することがあり、同様の注意を要する。閉塞の装置を設けた痕跡が排煙口の段として検出されることもある。

構築時の痕跡の追跡　窯体の発掘作業では、天井や側壁を構築したさいの痕跡が明らかになることがある。天井を架構した窯体では、残存した天井に、粘土を貼るさいの芯木の痕跡が空洞となって残る例がある。

また、芯木を支える支柱を構築時に立てた場合には、床面をすべて剥がした段階で、支柱の柱穴が確認されたり、構築材の痕跡が側壁に沿って連続的に並ぶ小穴として検出されたりすることもある。ここでは、そうした例として、戸牧1号窯（兵庫県・7世紀）を掲げておく（図250）。これらの点に留意しながら、天井や床面を解体する作業をおこなう。

窯体の発掘作業では、構築時の痕跡のほか、祭祀にかかわる遺物が出土することもある。窯体の構築前に土器を1ヵ所にまとめている例などは、供献を示す可能性があり、窯体廃棄にともなう祭祀とともに注意すべきである。

実測図と写真　窯体は、平面図と立面図で記録する。また、立体的復元が可能になるように、両側壁の立面を記録することも欠かせない。三次元レーザー測量（発掘編239頁）や写真測量（同236頁）も有効であるが、費用対効果を考慮することが求められる。

床面の平面図は、操業面ごとに作成し、縦断面図や横断面図との対応を心がける。これらの実測図の作成にあたっては、とくに硬化面や還元面、酸化面などをよく観察して記録する。窯体掘削時の工具の痕跡や粘土をなでつけた痕跡なども、大

第Ⅵ章　生産遺跡の調査

縮尺の詳細図で記録するようにする。

　窯体には、白黒写真では伝わらない情報が多いので、その記録にはカラー写真が有効であり、報告書でもカラー写真を効果的に活用したい。そして、正面や上方からの写真に加えて、窯体の立地状況を示すため、窯体の傾斜角度や周囲の地形がわかるような、少し引いた位置から撮影した写真も必要である。

C　遺物の取り上げ

遺物の取り上げ　窯体内の遺物は、層位と対応させてグリッドごとに取り上げ、床面上の遺物は位置を記録する。また、構築材や修復材として用いられた遺物も、出土状況を記録して取り上げる。灰原の遺物もグリッドごとに取り上げるが、焚口や前庭部に近く、窯の操業時ごとの廃棄物が識別できる場所では、丁寧に分層して取り上げ、各操業時の製品を一括遺物として把握できるように留意する。

　近世窯の窯道具など、多量に出土する遺物については、現地での観察と計量を十分おこなうことが望ましい。そのうえで、持ち帰る遺物を適宜選択するようにする。

炭化材の採取　灰原から出土した炭化材などを採取するときは、目についた試料を取り上げるのではなく、定量的な分析に耐えられる採取方法をとる。また、焚口近くの灰原など、操業との関連づけが可能な試料を含めるとよい。

D　保存目的調査

　保存目的調査では、窯体を平面的に検出すれば、窯体の分布や規模を把握するという目的は達成される。構造についての情報も必要な場合は、窯体の中軸線から一方の側のみを掘り下げ、将来的な検証が可能なようにする。灰原についても、基本的には、窯体の中軸線上やその直交方向などのトレンチ調査とし、窯の操業期間や隣接する窯との関係を理解するうえで、もっとも効果的な土層断面が観察できるように工夫する。

5　遺物の整理

基本的な視点と遺物の特性　窯業遺跡から出土する遺物は、一定期間の操業にともなって廃棄されたものであり、消費遺跡の遺物に比べると同時性が高い。また、器種的には限定されるものの、生産地が特定できるという特性をもつ。

　このため、窯業遺跡を対象とした整理等作業は、生産量や器種構成、焼成回数の把握など、その遺跡の解明ばかりではなく、層位学的・型式学的方法をつうじた編年研究をへることにより、ほかの遺跡を調査研究するうえでの指標を提示するといった役割も果たすことになる。

　また、窯業遺跡から出土する遺物には、生産工程や工人組織など、生産体制の実態を復元できる多くの情報が含まれており、そうした情報を正確に報告することが求められる。

　なお、それらの遺物の大半は、焼成時に破損した製品や窯道具（専用または転用）が廃棄されたものであり、製作者が本来意図した製品ではない場合や、工人が「様(ためし)」としてほかから持ち込んだもの、生活用具として使用したものを含んでいる場合もあることを念頭におく必要がある。

分類と接合　窯業遺跡からの遺物の出土量は、集落などに比べて膨大である。一般に接合率が高いという特徴があり、接合に費やす時間が多くなりがちだが、費用対効果を考え、整理の方針や全体作業の中で接合にあてる作業量を事前に決めておくのが望ましい。

　接合作業は、遺跡全体を対象として、遺物の種類をおおまかに分別し、それぞれを焼成の度合いや器種、器形によって分類したうえで実施すると効率がよい。ただし、床面や前庭部・灰原の基準層から出土した遺物に重点をおいたり、特徴的な

器種の接合に重点をおいたりするなど、目的に応じた作業を選択することが求められる。

遺物の数量の把握　窯業遺跡を対象とした整理等作業では、生産に関係する遺物の数量を把握することは、もっとも重要な作業の一つである。そのためには、器種分類が不可欠であり、焼成の度合いによって分類した数量比を示すことも、焼成の良・不良を示す指標となる。

　器種別の数量について、総量を把握する方法としては重量計測が効果的であるが、器種によって重量が異なるため、そのままでは個体数比に結びつけることはできない。そこで、器種構成の比率を把握するためには、器種ごとに完形品に換算した個体数を算出する重量比換算法（整理編218頁）や個体識別法、口縁部または底部計測法が有効となる。また、瓦では、重量比換算法に加えて、隅数計測法も用いることができる。なお、窯道具から操業回数を推定できる場合もあるので、現地で数量を把握する方法を検討する必要がある。

実測対象の選別　窯業遺跡から出土する遺物は、図上での復元が可能なものが多い。このため、実測の対象は、復元率の高い順に抽出するのではなく、遺構や層位、器種など、必要な情報が何かを考えて選別する。たとえば、窯体内では、それぞれの床面から出土したものと操業後に埋没したものを明確に分けて、床面出土遺物を軸に、製品、窯道具転用品の順で選別し、前庭部や灰原出土の遺物は、基準層を中心に、器種や形態的特徴、時期を網羅するように選別するなど、選別の方針を決めておく。

　窯業遺跡では、各種の専用窯道具や粘土塊など、生産の工程で排出される遺物のほか、窯体の構築部材である粘土塊も、窯体を復元するうえで重要な情報を含んでいる。したがって、現地で選別した遺物の中から、目的に応じて、特徴的な資料をさらに抽出することが求められる。

実測の留意点　窯業遺跡から出土するやきものは、焼き歪んだものが多数を占める。集落遺跡や墳墓の遺物では、焼き歪みがあること自体が意味をもち、それを実測図で表現することもある。しかし、窯業遺跡では、本来生産しようとした形や大きさに復元して図化するほうが、情報を正確に伝えられる。そのため、歪みのない部分を選択して反転復元するか、歪みを補正して図化するなどの工夫が必要である（図251）。

　窯道具など、窯業特有の遺物については、窯でどのように使用されたのかを観察し、被熱状態や釉薬の付着、熔着の痕跡を実測図に盛り込む。また、道具の組み合わせと設置された状態を復元するように試みる。とくに近世の窯道具は、複数のものを組み合わせて使用することが多いため（図252）、そうした作業が欠かせない。

　窯体の部材については、窯のどの部位に当たるのかを明示し、構築痕跡を残す部分の図化方法など、写真での表現も含めて工夫する。

　甕や瓦、埴輪などに残る成形・調整痕跡は、良好に残る部分を拓本で示すとわかりやすい。また、叩き板の同定や、瓦当文様の同笵関係の確認、瓷器系陶器の押印の同定でも、拓本の活用が有効である。ただし、とくに微細な部分では、写真のほうが正確な情報を伝えられる場合もある。

　なお、陶磁器に描かれる文様なども、本来は図化する必要があるが、資料数によっては、一括性や重要性を考慮して、写真に代えるなど、文様描写を省略することもある。

図251　焼け歪んだ土器の実測

遺物の観察記録 窯業遺跡から出土する遺物は焼成段階の情報を多く残しており、どれを提示すべきかを認識しておく必要がある。たとえば、窖窯や連房式登窯による焼成にさいしては、1,000℃から1,100℃を超える段階で1割程度の粘土収縮がおこるとされており、遺物の正確な寸法を伝えるには、焼成の度合いや色調を報告書に示すことも求められる。

また、土器焼成で生じた黒斑や火色の痕跡、窯での焼成時の降灰状態や重ね焼き痕跡などから、土器の並べ方や窯詰め方法をある程度は復元できる。しかし、すべての実測図を掲載する必要はなく、略図による表記や、焼成時の痕跡や窯詰め方法などを類型化し、種別ごとの代表例を報告書に掲載するといった方法で、情報を示せばよい。そのさいには、写真を活用するのがわかりやすく、やきものの色調や釉薬の状態、色絵磁器にはカラー写真が効果的である。

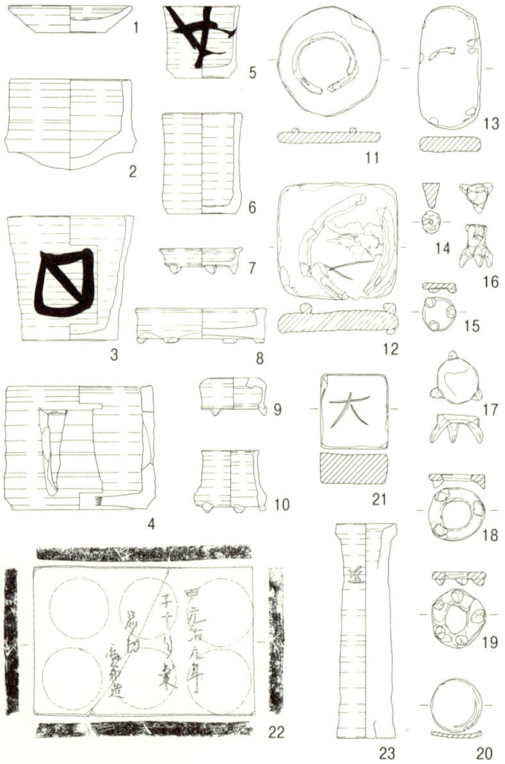

自然科学分析 窯業遺跡の発掘調査で用いられるおもな自然科学分析としては、やきものの胎土分析と焼成にともなう燃料の分析がある。

胎土分析では、蛍光X線分析や胎土中に含まれる鉱物の顕微鏡観察などがおこなわれており、消費地の試料分析との比較をつうじて、流通過程の復元がなされている。自然科学分析だけではなく、肉眼観察も併用するのが望ましい。

燃料分析では、土器焼成時の灰混じり土の分析と、窯から出土する炭化材の分析が有効である。

前者では、花粉や植物遺存体、珪藻などの分析により、主燃料材である木材以外に、どのような覆い燃料材が使用されていたのかを復元できる。

後者では、樹種同定により、どのような樹種が周辺に存在していたのかがわかり、窯ごとや操業の過程ごとに樹種同定をおこなうことで、燃料材の樹種選択の実態や、操業過程での周辺樹木の変化を明らかにできる。また、窯焚き技術の復元では、どういった形状の材を燃料に使用していたのかも重要であり、炭化材として遺存した材の直径や長さのほか、割材か丸太材かも観察して、記録するように努める。

なお、材の年輪幅の観察によって、薪を伐採した季節も判明するため、窯焚きの季節や薪山経営の実態を解明する手がかりとなる。

6 調査成果の検討

遺跡の立地と周辺環境の検討 窯をはじめ、工房や粘土採掘坑など、窯業遺跡を構成する施設は、地形を巧みに利用して配置されることが多い。したがって、まず、旧地形と遺構の関係を検討することが不可欠となる。実際、地形の観察から、窯の前庭部をつなぐ通路が推測できることもしばしばあり、工房と窯の関係も微地形の検討から解明

1・11～13：匣鉢蓋　2～6：匣鉢　7～17：トチン　21：敷板
22：棚板　23：支柱　（縮尺・表現法不同）

図252　近世の窯道具（瀬戸・美濃窯）

できる場合がある。

材料となる粘土や、燃料としての薪の採取は、周辺の地質や植生に影響を受ける。たとえば、筑摩東山窯跡群(長野県・7～10世紀)では、窯業の展開とともにソバ栽培が始まることが明らかにされ、木炭窯とともに、山林資源をめぐる活動が鮮明になっている。

一つの窯跡の調査であっても、同時期あるいは前後の時期の窯を把握することは、調査成果の検討にあたって欠かせない。窯跡群全体の推移の中に、個々の窯跡を位置づけることが、もっとも基礎的な課題となる。とくに、場所を移して生産が継続している場合は、隣接地点と比較することで、操業の実態を知ることができる。

窯は単独で存在することはきわめてまれであり、通常は群を形成するが、周辺の分布調査を積み重ねることによって、地域全体の生産規模の推定も可能となる。陶邑窯跡群(大阪府・5～12世紀)や牛頸窯跡群(福岡県・6～9世紀)などでおこなわれているように、大規模な窯跡群では、全体的な消長を明らかにするため、分布調査の成果を織り込んだ検討が必須となる。

また、窯業生産とかかわる集落遺跡や窯業従事者の墓域なども、窯業遺跡に結びつく要素として把握する。これらの遺跡では、窯壁や焼け損じの製品の有無などによって、窯の経営と関係した遺跡かどうかを検討することが必要である。

瀬田丘陵生産遺跡群(滋賀県・7～8世紀)や南加賀製鉄・製陶遺跡群(石川県・7～10世紀)のように、須恵器生産地では、同じ丘陵で、製鉄などほかの手工業生産がおこなわれていることがある。こうした場合も、燃料の使い分けなどを念頭において、それぞれの生産の時期的な推移を明らかにすることが求められる。

操業時期の検討 窯業遺跡は、ほかの種類の遺跡に比べて、一般に時期の推定が容易であるが、遺構の変遷を知るためには、窯とその関連遺構について、遺構ごとの時期をより細かく把握することが必要になる。たとえば、窯の時期と灰原の時期にずれがある例も散見するが、これから窯の破壊や再利用が把握できることもあり、操業の変遷を復元する手がかりとなる。

一つの窯の操業期間についても検討を要する。当然、床面や壁面の補修回数の把握が重要となるが、修理のさいに大きく削ることもあるので、床面のかさ上げ回数を単純に操業回数とみるのは危険である。灰原の形成過程や灰原出土遺物もふまえたうえで、操業期間を推定する。

複数の窯が存在する場合、操業の規模や推移を知るためには、同時に操業した窯が何基かという視点が欠かせない。床面に残る遺物に加えて、灰原の横断面の観察結果などを手がかりに、操業の過程を明らかにすることが求められる。

いくつの窯が同時に操業したのかという点は、窯の経営の実態を考えるさいにも重要である。三田末窯跡群(兵庫県)では、8世紀に大小2基の窯が併存し、異なる品目を生産していた。

また、需要が短期間に集中する瓦窯や埴輪窯では、計画的に複数の窯を配置することがあり、梅谷瓦窯(京都府・8世紀)や大山崎瓦窯(京都府・9世紀)のように、焚口の位置を揃えて等間隔に構築したものもある(図253、図版6上)。その場合は、

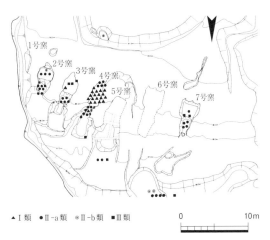

図253　窯の配置と製品との関係(梅谷瓦窯)

配置の計画性のほか、窯ごとの製品の異同やその変化も検討項目となる。

遺物の検討　窯の生産品目については、焼台など窯道具として利用されたものを除外し、まず全体像を明らかにすることが必要である。須恵器窯では甕の破片や杯蓋、杯身を焼台として転用したり、瓦窯では瓦を構築材や補修材としたりするので、これらを製品と誤認しないようにする。破面に窯体の一部が付着していないかといった観察をおこない、生産品か転用品かを見きわめることが求められる。

生産品目については、比率を用いて数量表示するのが便利である。窯体ごとの生産品目の違いのほか、時期による変遷など、これをもとに考察すべき課題は多い。一般の集落の状況とも比較して、特徴を抽出することも考慮する。

製品の仕上がり具合も、焼成の実態を知る重要な要素である。たとえば、壺や瓶類といった特定の品目の焼き上がりがとくによいことがしばしばある。ここから、窯詰めの位置を推定できるだけでなく、特定のものをよりよく焼き上げたいという生産者の意識もうかがえる。

調査成果の総合的検討　窯跡をはじめとする窯業遺跡の調査では、工房やそれに関連する各種の施設を含めて、そこでの生産工程をできるかぎり復元するように努める。製品の乾燥といった遺構として残りにくい工程についても、地形の観察から復元が可能な場合があり、空閑地なども積極的に評価する必要がある。一方、近世以降も生産をおこなった瀬戸のような窯業遺跡では、絵図なども活用することで、窯場の空間構成と生産工程の関係が判明する例もある。

窯構造の地域的な特色を把握し、地域間の関係について検討することも、技術の展開過程を明らかにするうえで欠かせない。また、製品からもそうした技術的系譜を示す要素が抽出できるので、窯業技術がどのように伝えられたのか、窯と製品の双方から考えていくことが重要である。

さらに、瓦のような規格性に富む製品では、工人系譜に関する追究も可能である。たとえば周山窯では、一つの窯場に異なる系譜の瓦が共存し、それぞれが窯構造を異にしていた。こうした工人と窯構造の関係についても検討が求められる。

窯の調査成果を総合的に検討することは、生産と消費の実態の解明に大きく寄与する。生産地の特徴が窯跡の調査で判明すれば、各消費地で出土する製品の生産地を特定する道が開け、そこからどのように製品がもたらされたのかという、流通の解明にもつながる。

流通の具体的な様相を明らかにするためには、生産地と消費地の双方の資料を分析することが必要となる。広域に製品が供給された珠洲窯(石川県・12世紀後半〜15世紀後半)や、特定の製品のみが地域外に供給された神出窯(兵庫県・11世紀後半〜13世紀)や魚住窯(兵庫県・12世紀末〜15世紀前半)など、生産地の性格は、こうした資料分析の蓄積によって解明されてきた。

窯業遺跡の報告書では、このような分析に耐えられる資料の提示が不可欠であり、消費地の遺物を分析するさいの指標となることが求められる。

なお、特定の場所で使用される埴輪や瓦などについては、供給先の製品を十分に把握したうえで、窯跡出土遺物の整理をおこない、窯が果たした役割を評価する必要がある。

第2節
製鉄・鍛冶遺跡

1 製鉄・鍛冶遺跡概説

製鉄と鍛冶　製鉄とは、鉄鉱石や砂鉄から鉄を抽出する作業をいい、その過程では、木炭の燃焼で発生した一酸化炭素によって、鉄鉱石や砂鉄などの酸化原料が還元される。一方、鍛冶は、製品化や修理の工程である。鉄製品が生産されるまでには、製炭→製錬（製鉄）→精錬（大鍛冶／精錬鍛冶）→鍛冶（小鍛冶／鍛錬鍛冶）・鋳造の各工程がある（図254）。

　鉄は、刃物に適した硬度の鋼と、それより炭素分の高い銑鉄、低い錬鉄に分かれる。銑鉄や錬鉄を鍛造するためには、脱炭や滲炭という工程で炭素分を調整し、鋼にする必要がある。これらも鍛冶の工程である。銑鉄は、鋳物の素材として、鋳造にも直接使用される。なお、鋳造については次節（271頁）で説明する。

　製鉄遺跡は、製鉄炉や木炭窯のほか、製鉄にともなう鉄塊、鉄滓、炉壁などの廃棄物の存在が認定の条件となるが、精錬鍛冶炉や鍛錬鍛冶炉、鋳造溶解炉などが併設される場合もある。

　一方、製鉄遺跡から独立した鍛冶遺構は、鍛錬鍛冶炉あるいは精錬鍛冶炉を主要施設とする。しかし、鍛冶の痕跡は居住域の一角で発見されることが多く、鍛冶遺構だけが集合して遺跡を構成する例は時代的にも地域的にもかぎられる。したがって、鍛冶遺跡という呼称は一般的ではないが、以下、鍛冶遺構のみで遺跡を構成する場合だけでなく、居住域の一角にある鍛冶遺構も製鉄・鍛冶遺跡に含めて説明する。

製鉄遺跡　日本列島の製鉄は朝鮮半島に起源をもち、その開始は6世紀に遡る。初期の製鉄遺跡は、半地下式横口付木炭窯と両側排滓の長方形箱型（形）炉との組み合わせで、中国地方各地で確認されている。7世紀になると、野路小野山製鉄遺跡（滋賀県）に代表される官営的な鉄生産が出現し、7世紀後半には、律令国家支配の波及とともに、その技術が各地に伝播した。

　長方形箱型炉には、等高線に直交する縦置きと等高線に平行する横置きがある。前者が先行し、後者は、大船迫A遺跡（福島県）のように7世紀末頃に出現する（図255）。また、縦置きは両側排滓が基本であるが、時期が下るにつれて、排滓量はどちらかに偏るようになる。横置きでは、ほとんどが斜面下位側に排滓され、斜面上位側の排滓は極端に減少して、8世紀前半には片側排滓となる。また、8世紀には、東北南部では長方形箱型炉に踏鞴が導入され、片側排滓の縦置き長方形箱型炉

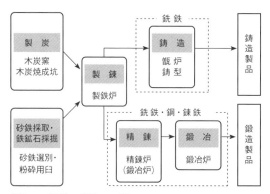

図254　製鉄・鍛冶の工程

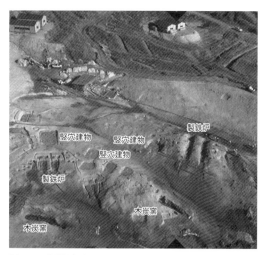

図255　製鉄遺跡（大船迫A遺跡）

の斜面上位に踏鞴を付設する例が多くなり、鉄生産量の増加をもたらしたとみられる（図256）。踏鞴は、交互に踏板をシーソー状に踏んで送風した装置である（図259・260）。

一方、7世紀末頃、あらたな踏鞴をともなう半地下式竪型（形）炉が関東で出現し、8世紀以降、おもに東日本に展開する。金沢地区製鉄遺跡群（福島県）では、8世紀中頃に竪型炉の踏鞴が箱型炉に導入されている。

木炭窯　6～7世紀は半地下式横口付木炭窯が主流であり、地下式は東北南部まで広がる。7世紀後半には、半地下式または地下式の窖窯型木炭窯が各地で出現し、関東などでは天井のない木炭窯も造られる。窖窯型木炭窯については、須恵器生産との技術交流も想定すべきであろう。

また、伏せ焼き法により木炭を焼成したとみられる長方形の木炭焼成坑もあり、小炭や鍛冶炭の生産を想定する見解もあるが、製錬にともなう木炭燃料生産の可能性も否定できない。

中・近世の製鉄　製鉄は、7～8世紀に確立された技術を母体としつつ、各地で多様化し、生産も拡大する。古代末の中国地方では、本床状や小舟状の地下構造をもつ製鉄炉が成立し、中世に発達し、近世のたたら（吹き）製鉄へと発展する。

一方、中世の北陸や東北の日本海側には、隅丸方形の自立炉で深い基礎構造をもつ製鉄炉が、東北の太平洋側には、古代と同様の踏鞴をともなう製鉄炉が分布する。木炭窯は、地下式窖窯や副室をともなう窯、あるいは大型の木炭焼成坑など多様である。また、10～13世紀の東北北部や九州南部では、杢沢遺跡（青森県・10世紀）や樺・金山製鉄遺跡群（熊本県・13世紀）など、独特な小型製鉄炉が分布する。後者は踏鞴をともない、その地域性と系譜が注目されている。また、東北の三陸沿岸や東海の伊豆でも、独特な円筒形自立炉の分布が見られる。

近世になると、中国地方でたたら製鉄が確立されて、列島最大の生産地となり、その技術は各地でも導入された。一方で、古代・中世以来の各地の製鉄炉の技術も、野だたらや鉄山というかたちで近世をつうじて存続し、洋式高炉の出現など、近代化の波の中で消滅した。

鍛冶遺構　鍛冶の痕跡は弥生時代中期末まで遡る。弥生時代には、一般的な竪穴建物の床に鍛冶炉が設置されるが、その形態や規模はさまざまである。鍛冶炉には、掘方をもつものともたないものとがある。鍛冶の作業内容は鍛錬鍛冶が主流であり、鍛冶滓や鍛造剥片などの出土はかぎられる。複数の鍛冶遺構が併存する例はまれであるが、五斗長垣内遺跡（兵庫県・後期）や上野Ⅱ遺跡（島根県・後期）では、そうした併存状況が継続する。

古墳時代前期以降は、前代以来の鍛錬鍛冶を主体とする鍛冶工房が継続する一方で、羽口や鍛冶滓、鍛造剥片、粒状滓などの副産物を大量に出土する遺跡も現れる。これは、弥生時代をはるかにしのぐ高温鍛冶が可能となり、鍛錬鍛冶だけでなく、精錬鍛冶が可能となったことを示している。そうした大生産地の典型が博多遺跡（福岡県）であり、その技術は東日本にまで波及する。

図256　製鉄作業の復元模型

古墳時代後期以降は、森遺跡（大阪府）や大県遺跡（大阪府）のように、鍛冶炉が一定範囲に集中する、文字どおりの鍛冶遺跡が登場する。これらの遺跡では、鉄滓や羽口の出土量が激増することから、鉄素材や鉄製品の増産が始まったとみられ、中国山地などから供給される粗鉄の精錬もおこなわれていたと推測される。鉄生産がすでに開始された中国山地では、製鉄炉にともなう鍛冶炉や製鉄遺跡に近接する鍛冶遺跡など、あらたな様相が認められる。

古代になると、鍛冶は精錬鍛冶と鍛錬鍛冶の工程分化が顕著となる。都城や官衙、寺院にともなう鍛冶遺構が現れ、鉄製品生産の大規模化と集中化、広域化が図られた。鬼ノ城（岡山県・7世紀）や永納山城（愛媛県・7世紀）のように、古代山城にともなう鍛冶遺構もある。また、集落内の鍛冶も一般的となり、居住域での鍛冶は、村の鍛冶や町の鍛冶など、中世、近世と時代の変遷とともに展開していく。

2 発掘調査の準備と計画

A 遺跡情報の事前収集

分布調査 丘陵や山林に立地する製鉄・鍛冶遺跡は、通常の分布調査では発見が困難なことも多い。このため、「かなご（金子）」や「かなくそ（金糞）」といった「金」のつく小字名や通称地名に注意する必要がある。また、「鉄山」記事などを含む近世文書も、製鉄・鍛冶遺跡の所在を探るうえで有効である。

分布調査では、検土杖（ボーリングステッキ）や磁石を携帯する。調査対象地が丘陵や山林の場合は、まず周辺の海岸や河川で、砂鉄の堆積の有無などを確認し、次に、道路や水路、田畑で鉄滓の分布を調査する。鉄滓の有無について聞き取り調査をおこなうのも効果的である。造成などによる法面があるときは、製鉄炉や木炭窯の断面が露出したり、鉄滓や木炭、焼土が認められたりすることもあるので、とくに注意する。

丘陵や山林で、斜面に地ぶくれ状の高まりやくぼみがある場合、前者は排滓場、後者は木炭窯や竪穴建物であることも多いため、検土杖で鉄滓や焼土、木炭などの有無を確かめる。それらが確認できれば、周囲にも関連した遺構が広がっている可能性が高くなる。

尾根部では竪穴建物などの施設、沢部では土器や鉄滓、木炭のほか、木質遺物の堆積が認められることも多い。沢で鉄滓が確認できる場合は、その上流に製鉄遺跡の存在を予測できる。

B 試掘・確認調査による把握

調査上の留意点 通常、山林での試掘・確認調査では、最初に立木を伐採する。そうすることで、重機も容易に搬入でき、効率的かつ高精度の調査が可能となり、製鉄炉の位置や廃滓の堆積範囲と量、木炭窯の数や遺構の重複関係と時期など、より詳細な内容が把握できる。

地形的な高まりとなった排滓場は、あまり深く掘り下げず、本格的な発掘調査に委ねる。斜面にあるくぼみは、焼成室の天井が崩落した木炭窯であることも多いので、その下位を調査し、木炭や焼土、窯壁などの有無と分布を確認する。また、竪穴建物と考えられるくぼみでは、鍛冶炉や関連施設が内部や周辺にある可能性があることも念頭において調査する。

法面で製鉄炉や木炭窯が認められた場合は、それに連続する斜面を調査する。立木などの関係で遺構を確認できないときは、とくに沢部での鉄滓や木炭などの遺物分布に注意し、採集地点を明確にしておく。

上記の試掘・確認調査は、尾根部から沢部まで、一つの斜面のまとまりを単位としておこない、遺跡範囲の確認に努めるようにする。

第Ⅵ章　生産遺跡の調査

調査成果の記録　分布調査や試掘・確認調査の成果は、既存の地形図（縮尺は一般的に1/5,000〜1/1,000程度）に記入し、調査計画を立てるさいの基礎資料とする。

また、遺構とおぼしき地表の凹凸をはじめ、鉄滓や木炭の分布範囲などについては、地形測量（発掘編81頁）をおこなって記録することが望ましい。ここでは、横大道・舘越遺跡（福島県・8〜9世紀）の例を示しておく（図257）。

C　調査計画の策定

鉄滓の選択　製鉄・鍛冶遺跡の発掘調査では、通常、発掘作業についで、整理等作業に相応の期間と経費を要する。そのため、たとえば出土した鉄滓についても、採取対象とするものを、いつ、誰が、どこで、どのように選択するか、基本方針を定めることが重要である。そのさいには、選択された遺物は整理等作業の対象となり、それ以外の遺物は基本的に廃棄されることや、選択する遺物量によって、作業に要する期間と経費が大きく変わってくることを念頭におく。

また、現地で鉄滓を選択する場合は、施設と設備、人員などを用意するとともに、そうした作業の期間と経費も調査計画に盛り込む。

自然科学分析　製鉄・鍛冶遺跡は、一般に、考古学的に年代を決定できる遺物が極端に少ないので、放射性炭素年代法や熱ルミネッセンス法などの自然科学的年代測定（整理編83頁）をおこなうことが多い。また、砂鉄や鉄滓は蛍光X線分析などの材質分析（同82頁）、粘土や炉壁は胎土分析や耐火度試験、木炭は樹種同定や発熱量測定など、自然科学分析や同定、測定を必要とする。

これらに要する経費も多額におよぶとともに、分析や同定に一定の期間を要する。したがって、遺構の数や遺物の量を考慮し、分析や同定の目的を明確にしたうえで、経費を計上することが求められる。また、報告書刊行までの期間にも配慮して、遺跡の総合的な評価に自然科学分析などの結果を反映できるような調査計画を立てる。

発掘区の安全管理　表土の掘削は、重機によるのが効率的であるが、抜根で遺構が壊されることがないよう、製鉄炉などの遺構の存在が判明している範囲はとくに注意して掘り下げる。

製鉄遺跡は丘陵の尾根や斜面に立地することが多く、木炭窯のような深い遺構も含まれる。さらに、発掘作業では、鉄滓など重い遺物を運ぶことが多いため、十分な安全管理が求められる。たとえば、鉄滓の運搬にあたっては、土嚢袋など1袋に詰める重量を15kg以下に制限したり、それらを重機などで運搬したりする配慮も必要である。

図257　地形と製鉄遺構の分布（横大道・舘越遺跡）

3 製鉄遺構の構造と諸要素

ここでは、製鉄炉と木炭窯、そして鍛冶遺構について説明する。

A 製鉄炉

製鉄炉の種類 製鉄炉には、おもに長方形箱型炉と半地下式竪型炉がある。前者には踏鞴を付設するものと付設しないものがあり、後者には踏鞴が炉背部に必ず付設される。

長方形箱型炉 長方形箱型炉（図258）は、防湿のため、炉を構築する位置の地山を掘り下げて空焚きする。その部分は酸化状態を呈し、木炭や焼土、鉄滓などで埋められるが、底に礫を敷き並べることもある。この上部に粘土で炉底を築き、スサ入り粘土を煉瓦状にしたものを四周に積み上げて炉壁を構築する。しかし、生成した鉄を炉内から取り出すさいに、炉は破壊されるため、炉壁や炉底は遺存しないことが多い。

炉の長軸方向の両外側あるいは片外側には、平面が円形か方形の作業場があり、最終操業時の廃滓で埋まっていることが多い。そうした場合、炉壁や炉底などが廃棄された最上層部を、炉本体と誤認することもあるので、注意を要する。この炉や作業場に連なって、排水溝や排滓溝が設けられていることもある。そのほかに、砂鉄置き場、木炭置き場などの施設も設けられる。

作業場の外側には排滓場が広がる。排滓場の下層や斜面下位の谷部では、水溜めとみられる土坑などの関連施設や、鉄塊の小割り場と考えられる場所がしばしば確認できる。小割り場は、比較的鉄分の高い小割りした鉄滓が分布し、金属鉄を取り出して廃棄した場所と推定されている。

東北の太平洋側では、8世紀に、片側排滓の長方形箱型炉の長軸方向の斜面上位に、半地下式の踏鞴を付設した例がある。踏鞴の長方形の掘方を炉に直交するように掘り、踏板の大きさに合わせて粘土を詰める。底面は中央が高く、頂部に軸木を置いたと考えられる。底面や側面は硬く締まり、焼土が散っていることがある。踏鞴の炉側の壁には送風孔を設け、炉両側の送風溝をつうじて炉側壁の羽口と連結させる。送風溝は粘土で包み込むように作られる（図258）。

また、この時期には、竪穴状に掘り下げた平坦な作業空間に、製鉄炉と踏鞴のほか、木炭置き場や砂鉄置き場などを設けるようになる。この平坦面には、上屋と考えられる掘立柱建物をともなう例が多い。これは、次に述べる半地下式竪型炉でも同じである。

半地下式竪型炉 半地下式竪型炉では、斜面に構築された隅丸方形を呈する筒形の炉を中心として、斜面上位に踏鞴を置く上部作業場、斜面下位に排滓場へ連なる下部作業場がある。炉掘方は空焚きするため、底面や周壁は酸化しており、底面に防湿用の木炭や焼土などを敷きつめたのち、ス

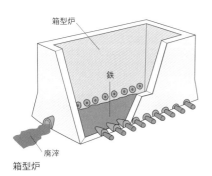
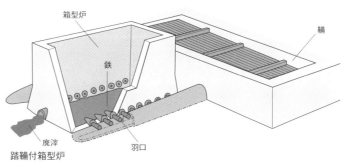

図258 長方形箱型炉の復元

第Ⅵ章　生産遺跡の調査

サ入り粘土で炉底と炉壁を構築する。奥壁と通風管（大口径の羽口）は一体的に作られ、通風管の先端が炉底近くに達する。前面の炉壁は、炉底付近に生成される鉄を取り出すさいに壊されるので、遺存していない。

炉背部には、半地下式の踏鞴を付設する（図259・260）。長方形の掘方をもち、周壁は垂直で、底面は中央が高く、頂部に軸木を置いたと考えられる。底面は硬く締まり、粘土を敷いた痕跡や焼土の分布が見られる。

B　木炭窯

木炭窯の種類　木炭窯には、武井地区遺跡群（福島県・7～10世紀）に見られるように、窯の主軸が等高線に平行する横口付木炭窯と、等高線に直交する窖窯型木炭窯があり、それぞれに地下式と半地下式がある（図261）。また、平坦な床面をもち、奥壁に煙道を設けた平窯型木炭窯も広く用いられた。このほかに、伏せ焼き法で木炭を焼成したと考えられる木炭焼成坑もある。

横口付木炭窯　横口付木炭窯は、焼成室の幅が1mに満たない細長い形状をもち、長さが10mを超えるものも多い。床面はわずかに傾斜し、低いほうに焚口、高いほうに煙道がつく。焼成室の斜面下位側には複数の横口を設け、焚口の外側には長方形の焚口作業場、横口の外側には焼成室に平行する長方形の横口作業場を造る。そのほか、排水溝などを付設することもある。

作業場の埋土下層に堆積する木炭は、焚口作業場に多く、横口作業場では少ない。焼成室は、底面が酸化状態で焼け方が弱く、焚口付近以外では木炭の堆積も少ない。一方、側壁と奥壁、天井は還元状態にあり、硬く焼け締まる。横口は、赤熱状態になった木炭の取り出し口（掻き出し口）で、

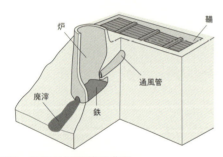

図259　半地下式竪型炉の復元

図260　竪型炉の操業復元模型

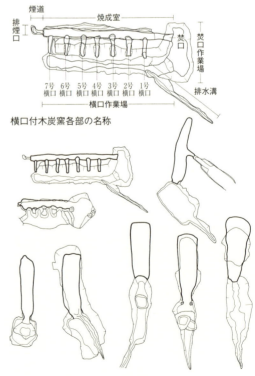

図261　木炭窯（武井地区遺跡群）

取り出した木炭に灰をかけて消火することにより、白炭（しろずみ）を作ったと想定されている。

なお、これとは形状が異なるが、平坦な床面と二つの横口をもち、長さ2m程度の平窯状を呈する窯が、近畿を中心に、陶邑窯跡群（大阪府・9～12世紀）などで確認されている（図262）。年代を特定できる例は少ないものの、同様に白炭を生産した小型の横口付木炭窯と考えられる。

窖窯型木炭窯　窖窯型木炭窯は、7世紀後半から東日本を中心に発達した木炭窯で、基本的に須恵器窯などと同じ形態である。長方形を呈し、斜面下位の焚口がすぼまり、煙道が奥壁や側壁、天井につく。底面は弱い酸化状態で、焚口付近を除いて木炭の堆積は薄い。側壁と奥壁、天井は還元状態で、硬く焼け締まっている。

焚口の斜面下位には作業場があり、焼成室や作業場から排水溝や暗渠がのびる例もある。こうした排水溝や暗渠は、焼成室と同規模の長大なものもあり、多様である。作業場の斜面の下位には、窯構築時の排土が堆積し、その上層に木炭が分布して、一種の灰原を形成している。

平窯型木炭窯　床面が平坦で、平面が馬蹄形や楕円形、三角形などを呈する平窯型木炭窯は、現在にいたるまで、各地で広く用いられている。その多くは奥壁の下部からのびる煙道を設けた倒炎（とうえん）式窯であり、黒炭（くろずみ）用と白炭用の両者がある。

木炭焼成坑　1.1×0.7m程度の長方形平面を呈するものが多いが、円形のものもある。深さは数cmから1mを超えるものまでさまざまで、斜面だけでなく、尾根上や沢部に立地する例もある。割田（わった）C遺跡（福島県・8～9世紀）で見られるように、壁面は熱を受けているが、底面には焼土がほとんど認められず、底面に木炭が堆積する点が最大の特徴である（図263）。

民俗例や焼成実験によれば、土坑を掘削したのち、空焚（からだ）きして除湿し、内部に原料となる材を横に並べて積み上げる。そして、点火後、攪拌しながら赤熱状態とし、土をかけて消火したものと推定される。自然科学分析によると、木炭焼成坑の木炭は、窖窯型木炭窯の木炭と性状や発熱量は大差ないが、攪拌により小型化していることから、小炭や鍛冶炭の可能性も指摘されている。

このほか、製鉄遺跡では、炉や羽口を作る材料の粘土を採掘する粘土採掘坑（発掘編198頁）や、

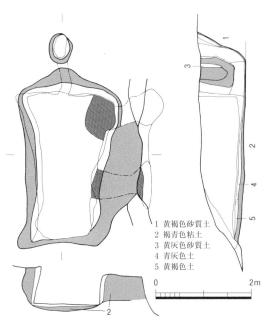

図262　小型の横口付木炭窯（陶邑窯跡群）

1　黄褐色砂質土
2　褐青色粘土
3　青灰色砂質土
4　青灰色土
5　黄褐色土

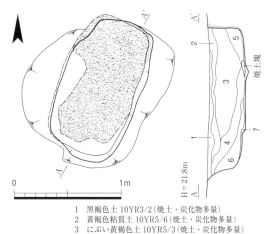

図263　木炭焼成坑（割田C遺跡）

1　黒褐色土 10YR3/2（焼土・炭化物多量）
2　黄褐色粘質土 10YR5/6（焼土・炭化物多量）
3　にぶい黄褐色土 10YR5/3（焼土・炭化物多量）
4　灰黄褐色土 10YR5/2（焼土・炭化物多量）
5　灰黄褐色土 10YR5/2（焼土・炭化物多量）
6　にぶい黄褐色粘質土 10YR5/4（焼土・炭化材多量）
7　黒色土 10YR2/1（炭化物多量）

被熱
炭化物

製鉄炉の周辺で鍛冶炉をともなう竪穴建物・掘立柱建物がしばしば認められる。また、竪穴建物や掘立柱建物で構成される鉄生産の管理施設が発見されることもある。

C 鍛冶遺構

基本構造　鍛冶遺構の中心となるのは鍛冶炉であり、その周辺から羽口や鉄滓、鍛造剥片などが出土することが多い。竪穴建物や掘立柱建物を作業場とし、傾斜地では段状遺構として検出される場合もある。鍛冶炉には各種の土坑がともなうものもあるが、炭置き用や腰掛け用、その他の貯蔵用などが想定され、機能の確定は難しい。

弥生時代の鍛冶遺構　鍛冶炉は、一般的には床を掘りくぼめたものであるが、弥生時代には、掘方がなく、床をそのまま火床とした例もある。五斗長垣内遺跡では、大型の竪穴建物の床面で、鉄板の裁断片などをともなう、直径5cm程度のガラス化した硬化面が確認され、火床と考えられている（図264）。

掘方をもつ鍛冶炉では、掘方が深い場合は粘土を貼りつけたり、木炭粉や粘土で底上げしたりする例がある。周辺から、未成品や鉄塊、鉄板とその裁断片、微小鉄片、石製鍛冶具、木炭片などが出土するが、鍛冶滓はまれにしか見られない。

古墳時代の鍛冶遺構　古墳時代前期には、鞴羽口や鍛冶滓のほか、鍛造剥片、粒状滓の出土例が増加する。鍛冶炉は、博多遺跡の大型椀形滓から相応の深さが想定されるが、平田遺跡（島根県）では掘方のない鍛冶炉が検出されており、弥生時代的な様相をもつものも存続している。

後期以降は、集落内に設けられた竪穴建物を作業場とするだけではなく、掘立柱建物を作業場とした例が増加し、森遺跡など複数の鍛冶炉を設けた掘立柱建物も見られるようになる。鍛冶炉の形状と大きさ、深さはさまざまであり、鉄製品生産の多様化を反映している。

たとえば、深い掘方の中に複数の炉床を築く構造は、精錬鍛冶で必要とされた。また、大県遺跡のように、地上式で炉壁をもつ構造も現れる。なお、森遺跡や大県遺跡では、鞴羽口と鍛冶滓が大量に出土しており、製品以外に、鉄素材の生産がおこなわれたとみられる。

古代の鍛冶遺構　7世紀後半以降になると、官営的な鉄製品生産体制が出現し、飛鳥池遺跡や平城宮（ともに奈良県）では、鍛冶炉を直線的に整然と並べた地上式の工房が登場する。

こうした鍛冶工房は、とくに関東周辺の官衙では、長大な竪穴建物の工房（連房状竪穴遺構）として現れる。鹿の子C遺跡（茨城県・8〜9世紀）や

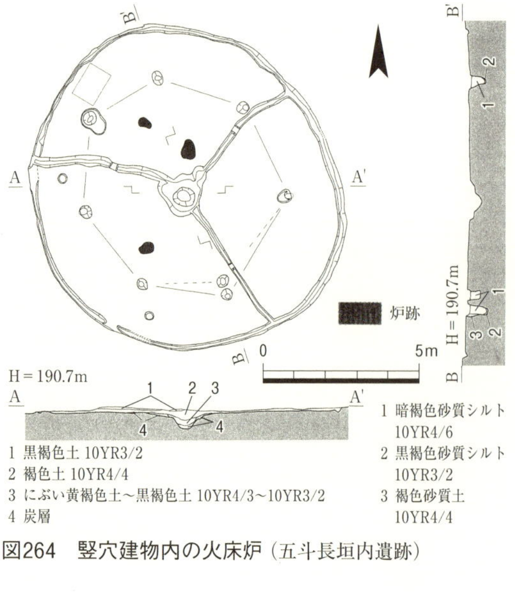

図264　竪穴建物内の火床炉（五斗長垣内遺跡）

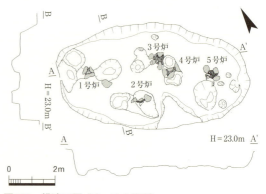

図265　鍛冶工房（鹿の子C遺跡）

関和久上町遺跡（福島県・8世紀）などがその典型である。鹿の子C遺跡では、これに加えて、掘立柱建物や方形竪穴建物、楕円形竪穴建物の鍛冶工房も見られる（図265）。楕円形竪穴建物は東日本独特のものであり、その起源は古墳時代まで遡る可能性がある。

中・四国以西の官衙における鍛冶工房の詳細は明らかでないが、古代山城である鬼ノ城では、整然と配された鍛冶炉群が発見されており、鍛冶炉を連ねた工房形態は、古代国家成立期の特徴とみなされている。

4 発掘方法と留意点

A 製鉄炉の発掘

遺構の検出　試掘・確認調査などの成果をふまえて、製鉄炉を中心に関連施設の配置を想定し、土層観察用畦を設けて発掘作業をおこなう。ここでは長瀞遺跡（福島県・8～9世紀）の例を示しておく（図266）。製鉄炉などの有無が不明なときは、グリッドに合わせて層位的に掘り下げる。

表土を掘り下げると、炉の周辺では、炉底や炉壁、砂鉄、木炭、流出滓が廃絶時の状況を保って出土することがある。また、排滓場では、表土を掘り下げると鉄滓層に達する。鉄滓は、グリッド単位で層位ごとに土囊袋などに収納し、近接したものをまとめて保管すると整理しやすい。

排滓場の輪郭を確認したのち、検出した炉や踏鞴、排滓場などを中心として、1/40程度の縮尺で平面図を作成するが、排滓場には範囲だけでなく、等高線を入れたほうがわかりやすい場合がある。写真撮影のさいには、排滓場は乾いてしまうと質感が出ないので、動力噴霧器などで濡らすとよい。なお、炉底や炉壁、砂鉄や木炭、流出滓が廃絶時の状況を保って検出されたときは、1/10など大縮尺の平面図も作成する。

遺構の掘り下げ　炉や踏鞴、排滓場、砂鉄置き場、木炭置き場、上屋などの関連施設を検出したら、相互の連続性がわかるように土層観察用畦を設定し、踏鞴と炉、排滓場それぞれにも直交する方向に土層観察用畦を設ける。これによって、操業回数や重複関係を把握する。

その後、踏鞴や炉、関連施設の埋土と排滓場の掘り下げをおこない、踏鞴や炉の基礎構造や掘方を確認する。発掘作業にさいしては、磁石や金属探知機を現場に常備し、これに反応する鉄塊などの遺物や鉄製品は分けて取り上げる。また、大量に出土する鉄滓の仮置き場や搬出方法に留意し、作業の効率化に努める。

製鉄炉は、本来、操業単位ごとに記録を作成すべきであるが、短期間に複数回の操業がなされているうえに、鉄滓を何度も移動させている可能性が高く、平面的にそれを確認することは困難である。このため、通常は、重複関係や埋土の観察から操業単位を推定せざるをえない。ただし、鉄滓をあまり含まない間層や、大型の炉壁・炉底がまとめて廃棄されている土層があれば、操業単位と回数を推定する手がかりとなる。

踏鞴については、構造を理解しておく必要がある。一般的には、軸木を頂点として両側に傾斜し、周壁はほぼ直立する。周壁と底面は基本的に地山であるが、粘土を補填して調整したものもある。踏鞴の炉側の壁には通風孔をあけるが、原形を

図266　製鉄炉の発掘（長瀞遺跡）

第Ⅵ章 生産遺跡の調査

保っているものは少ない。

　砂鉄置き場や木炭置き場から出土した砂鉄や木炭は、その状態のものが製鉄炉で使われた可能性が高いので、炉内の反応や生成された鉄の性質を考えるうえで重要な資料となる。

　長方形箱型炉は、炉内から鉄を取り出すさいに炉壁が壊されているため、掘り下げながら、掘方や炉底、基礎部分の状況を確認する。炉底が残る場合は、滓が表面に付着して遺存するものと、炉底の構築粘土が焼けた状態で遺存するものとがあるが、いずれも、確認した段階で1/10など大縮尺の実測図を作成する。また、基礎部分と掘方しか遺存しない場合は、掘方を検出したのち、同様の縮尺で実測図を作成する。炉底と掘方の重複や造り替えの確認は、操業回数や先後関係を考えるうえで重要である。

　半地下式竪型炉では、掘方にスサ入りの粘土を貼りつけ、通風管と一体化させているので、通風管と踏鞴の連結部分の発掘作業はとくに注意を要する。炉底の鉄を取り出すさいに、前面の炉壁と炉底は壊されていることが多いが、炉の断ち割りは、炉壁・炉底と基礎部分に分けておこない、造り替えの回数などを確認する。また、操業前の空焚きにともなう酸化面が確認できることもある。

　一般に、製鉄遺跡から年代を決定できる土器が共伴することはきわめてまれだが、土鈴や墨書土器、煤の付着した土器など、火に関する祭祀に用いたとみられる遺物が出土する場合がある。

　なお、検出した遺構の記録作成にさいしては、炉と踏鞴、関連施設、排滓場という組み合わせを一体的に記録できるように配慮する。

遺物の取り上げ　製鉄遺跡でもっとも大量に出土するのが鉄滓である。排滓場の鉄滓の量は、製鉄炉であれば数トンから数十トンにおよぶ。文化庁が平成9 (1997) 年に通知した「出土品の取扱いについて」では、鉄滓は「同種・同型・同質のものが同一遺跡内から多量に出土する場合、総体の記録を採った上で一定量のみを保存する」とされ、総量の把握と選択が重要となる。

　鉄滓の総量を把握する方法としては、遺構やグリッド、層位ごとに重量を計量する方法がある。そうした作業は、発掘作業時に現地でおこなうのが現実的であり、できるだけ鉄滓を分類して (266頁)、種別ごとに計量するのが望ましい。そして、それぞれの代表例を抽出して持ち帰る。

　また、自然科学分析のための試料採取は、経費にかぎりがあることから、遺跡の評価や重要性、検出した遺構と位置および層位、鉄滓の種別、分析方法などを検討し、明確な目的をもっておこなうことが求められる。

　鉄塊についても、後述するような特徴によって分類し、その分類をふまえて計量・選択する。このためには、まず鉄滓を洗浄することが必要であり、洗浄→分類→計量→選択の工程をへることになる。総量の把握や選択の方法は、期間や経費、施設の状況、時代的・内容的な重要性などに左右されるので、経験者の助言を得ながら、諸条件を勘案して適切なものを選ぶ (図267)。保存・活用

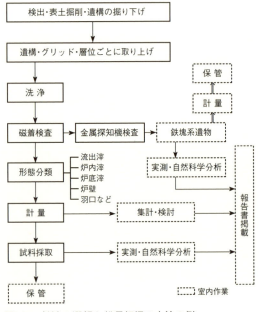

図267　鉄滓の選択と総量把握の方法の例

のためのものと、自然科学分析に供するものを選択するという観点もある。

なお、炉壁や炉底は、炉の形態や規模、構造、操業状況をよく反映しており、接合に備えて、細片を除き、できるかぎり取り上げる。

B　木炭窯の発掘

横口付木炭窯　横口付木炭窯は、焼成室の幅が狭く長大で、埋土の状況を長軸方向で観察するのが難しいため、横口と天井の有無などを考慮しながら、短軸方向を主体に観察し、記録する。

なお、木炭窯の斜面下位や沢部では、窯構築時の排土や重複する遺構、遺物を検出できることがある。それらは、年代を示す資料となる場合があるので、注意を要する。

窖窯型木炭窯と平窯型木炭窯　窖窯型木炭窯や平窯型木炭窯では、作業場の木炭層から操業回数を判別できるが、操業中に木炭層を移動させていることもあり、焼成室の造り替えもふまえて、総合的に判断する。消火時に使用したとみられる閉塞材には、鉄滓や炉壁、炉底、礫、土器などがある。また、作業場自体が、古い木炭窯の天井崩落土の上や、以前の作業場あるいは埋まった竪穴建物の上に構築されることも多いので、断ち割りによる下層遺構の確認が必要となる。

焼成室では、焚口や奥壁、側壁付近の床面に木炭が残ることが多い。それらはもろく壊れやすいため、検出時点で個々の材の形状を把握して記録するのが望ましい。それにより、窯詰め方法や材の使い方、丸太材か割材かの区別、切断法などをはじめ、窯詰めした数を推定する手がかりが得られる。なお、床面の木炭層と酸化面は薄いので、掘り過ぎに注意したい。また、木炭の取り上げは、通常、樹種同定が可能な5cm以上の長さのものを対象とする。

側壁や奥壁には、掘削時の工具痕が明瞭に残ることがあり、部分的にでも記録するようにする。壁面を粘土などで補修することは少なく、崩落した面をそのまま壁とする例が多い。なお、壁面には炭素が吸着しているが、木の根や地山の亀裂があると、そこから炭素分が浸透し、壁面の造り替えと誤認しやすい。断ち割り調査のさいには注意が必要である。

煙道は奥壁や側壁、天井に構築されるが、とくに天井は崩落することが多いため、注意したい。また、最終的に天井を架さない、伏せ焼き法に近い窯もあることにも留意する。

C　鍛冶遺構の発掘

遺物の検出状況　鍛冶遺構は、鍛冶滓や鞴羽口の出土によって存在を想定できるが、位置を正確に予測することは難しい。竪穴建物では、埋土を床面近くまで掘り下げた段階で、焼土や木炭、鉄滓、鍛造剥片、粒状滓などが出土し、はじめて工房と認識されることが多い。

鍛冶工房と判断した場合は、焼土の分布から鍛冶炉の位置を想定し、遺構の軸線を考慮しながら50cm単位などの小グリッドを組んで、すべての遺

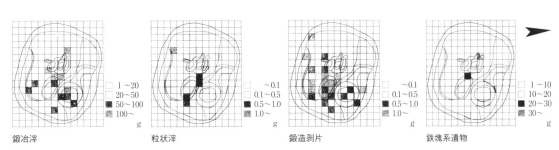

図268　鍛冶工房内部の遺物分布（金山遺跡）

第VI章　生産遺跡の調査

物を記録しつつ取り上げるのが望ましい。ここでは、金山(かなやま)遺跡（栃木県・8世紀）の例を示す（図268）。それにより、工人や鞴をはじめ、関連施設の位置関係を復元することが可能となる。

なお、鍛冶関連遺物が出土する場合でも、埋没途中の竪穴建物に堆積したものや工人の住居にともなうものということもある。工房と判断するには、鍛冶炉の有無が最大の根拠となる。

火床の色調　掘方をもたない古墳時代前期以前の鍛冶炉や、上部の削平を受けた鍛冶炉では、炉の位置を特定することが難しいが、遺構面の色調や硬度、ガラス化の有無などに注意することで、鍛冶炉の位置を確定できる場合がある。また、色調の異なる部分が同心円状に検出されるときは、その中心が羽口に近い位置と理解できる。こうした色調や硬度の違いは、掘方をもつ鍛冶炉でも、羽口の設置箇所を特定する重要な視点となる。

微細遺物への対応　弥生時代の鍛冶遺構では微小鉄片、古墳時代以降になると鍛造剥片や粒状滓といった微細遺物が多く出土する。

これらは、発掘作業時に磁石を用いて取り上げることもできるが、磁着しないものもあり、磁力の強度によっては分布を攪乱することが懸念されるため、避けたほうがよい。通常、微細遺物は、小グリッドごとに取り上げた埋土をフルイにかけたり、水洗選別したりして抽出する。

5　遺物の整理

鉄滓の分類　鉄滓は、その外観から、炉内滓や流出滓、炉壁・炉底・羽口（通風管）に付着した熔着滓（ノロ）などに分類できる。

炉内滓は炉内で生成される滓である。小型のガラス質で、茶褐色や赤褐色を呈する。砂鉄や酸化土砂、木炭が付着していることが多く、竪型炉での出土比率が高い。

流出滓（流動滓）は、おもに炉外に流れ出して冷え固まったもので、表面に流動痕跡を残すのが特徴である（図269）。黒色や青灰色を呈し、相対的に大型だが、比較的軽量で、相互に接合することもある。長方形箱型炉での出土比率が高い。

熔着滓のうち、炉壁に付着したものは、炉内の部位や炉内反応によって、色調や形状が異なる。炉底滓は、長方形箱型炉の炉底に生成される、酸化・還元した炉底粘土の表面に熔着した滓である。黒色や青灰色を呈し、表面に発泡・流動した痕跡をもつ（図270）。

炉内滓や流出滓についても、その製鉄炉を代表するものや操業状況を代表するものは、実測図や写真を報告書に掲載することが望ましい。

鉄滓の自然科学分析としては、顕微鏡による組織観察や蛍光X線分析（整理編83頁）、耐火度試験などがある。試料は、種別や形状などの外観と重量、金属探知機の反応などを記録したうえで、目的に沿った方法で分析し、分析結果とあわせて報告書に掲載する。

図269　流出滓（長方形箱型炉）

図270　炉底滓（長方形箱型炉）

図271　鉄塊系遺物

鉄　塊　鉄滓は、金属探知機や磁石などを用いて、鉄塊・鉄塊系遺物や、非鉄系遺物などに分類することができる。たとえば、金属探知機や磁石に強く反応する鉄滓を鉄塊系遺物（図271）とし、その中で外見上、鉄滓の付着がなく、大きさに比べて重量があり、表面が錆びて黒色の亀裂が入るものなどを鉄塊とする。一方、金属探知機などにまったく反応しない鉄滓は非鉄系遺物とする。

分類の基準や、使用する金属探知機や磁石などは統一し、報告書にそれらを明記する。

鉄塊や鉄塊系遺物などは、製鉄炉の製品である鉄に近いため、抽出したのちは劣化防止の措置を講じて保存する。

炉壁・炉底　スサ入り粘土で構築された炉壁には、砂鉄や木炭、鉄塊が付着したものや、細かく砕かれた焼土塊として確認されるものも多い。炉壁は、羽口が装着された状態で出土する例のほか、孔だけが確認できる例もある。後者は、木製羽口（木呂）が装着されていた可能性もある。

炉底や炉壁は、接合することで、炉の幅や長さを復元できる（図272）。送風や炉の操業状況を判断する材料にもなるので、実測して報告書に掲載し、保存するのが望ましい。

鞴羽口　細片を除き、すべてに対して、洗浄→注記→接合→復元→実測という作業をおこなう。炉壁に装着された状態で出土したものは、羽口の装着方法や角度を知る資料となるので、復元や実測のさいに注意する。羽口だけのものでも、熔着滓の付着状況や再酸化の特徴から、装着状況をある程度復元できる（図273）。

熔着滓や再酸化の痕跡が見られない羽口は、炉壁に直接装着したのではなく、踏鞴側で通風用の接合部として使用したものとも考えられる。

羽口は、1基の長方形箱型炉で、1回の操業に数本から30本程度が使われるので、操業回数を考えるさいの参考となる。しかし、大口径の羽口は1基の竪型炉で、操業ごとに1本使われただけである可能性が高い。

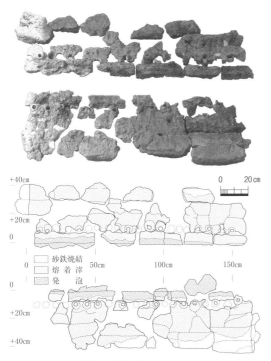

図272　炉壁の接合と復元（箱型炉）

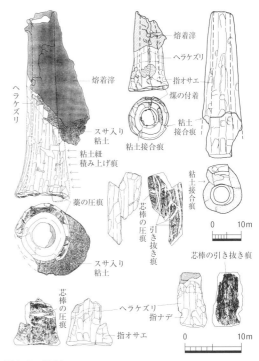

図273　鞴羽口

木炭 現地でグリッドや遺構、層位ごとに試料採取した木炭は、分類して洗浄したのち、十分に乾燥させて個体数を数え、樹種同定などをおこなう資料と保存する資料に分ける。全形がわかる木炭は、切断面の状況や樹皮の有無、丸太材か割材かといった点も観察して、良好な資料は実測図や写真で記録し、報告書に掲載する。

木炭は、樹種の同定や発熱量などの計測によって、その性状を知ることができる。たとえば、木炭窯ではクヌギやナラなどの樹種が多いのに対して、木炭焼成坑ではクリなどが多い、といった例がある。また、木炭窯でも、時期によって樹種が変化する例や、横口付木炭窯と窖窯型木炭窯で樹種や発熱量に大きな差がないことが判明した例などもある。

鍛冶滓 古墳時代後期以降は、鍛冶滓も一つの遺跡で大量に出土する場合があり、製鉄遺跡と同様に、総量の把握が求められる。

鍛冶滓は精錬鍛冶滓と鍛錬鍛冶滓に分かれる。また、鍛錬鍛冶滓は、操業温度が高温か低温かで特徴が異なる。赤錆の状況と木炭のかみ込み方や重量の違いが、精錬鍛冶滓と鍛錬鍛冶滓を識別する指標となる。磁着度も鉄滓の生成工程を知るうえで基本的な情報であり、測定が必要である。

鉄滓は形状も重要であり、椀形滓では、検出時に炉底に残っていたり、遺存状況が良好なものでは羽口の先端部をともなっていたりすることも少なくない。それらは、操業状況の復元にとって欠かせない資料であり、形状を正確に記録する。不整形の鍛冶滓についても、木炭の間で生成された場合や、強風で吹き飛ばされた場合が想定されるが、いずれも炉内環境を知る手がかりとなるので、やはり形状を丁寧に記録する。

鍛造剥片・粒状滓 鍛冶遺構から出土する遺物で、点数的にもっとも多いのは、鍛造剥片や粒状滓といった微細遺物である。これらは、重量を計量したのち、資料を抽出して観察する。鍛造剥片や粒状滓は、鍛冶の工程によって、大きさや厚み、重量、色調が異なる。

鍛冶滓や鍛造剥片、粒状滓についての研究は、実験考古学の成果や鍛冶技術者の協力を得て、近年格段に進化しているため、それらの観察にあたっては、専門家の所見を求めるか、観察法についての論考を参照することが望ましい。また、肉眼での観察技術を高めることにより、試料の抽出や目的に応じた自然科学分析の依頼・委託も適切にできるようになる。

鍛冶具 石鎚や鉄床石（かなとこ）などの石製鍛冶具は、被熱痕や鍛打痕をよく残し、作業内容を知る重要な手がかりとなる。なかには、鍛造剥片が付着した状態のものもあり、鉄床石の存在から鍛冶遺構と再評価された例もある。

6 調査成果の検討

遺構の機能 製鉄遺跡では、機能を推定することが難しい遺構も多いため、発掘調査の成果と自然科学分析の結果などをふまえて、製炭→製錬→精錬→鍛冶・鋳造のうち、どの段階の遺構であるかを特定する必要がある。

製炭については、白炭、黒炭、鍛冶炭などに分ける意見があり、製錬と精錬、鍛冶については、分析科学や金属学的見地からでも意見が分かれることがあるので、考古学の立場から、根拠を明記して推定することが求められる。

年代決定 製鉄遺跡では、一般に、年代を決定できる土器の出土量が極端に少ないため、遺構の年代を知ることは難しい。そのため、放射性炭素年代法や熱ルミネッセンス法（整理編83頁）、熱残留磁気などの自然科学的な手法による年代測定を参考にすることが多い。

また、製鉄炉や木炭窯などの遺構の立地と規模、形態、構造にもとづき、ほかの遺構との重複関係や共存関係、あるいは数少ない出土遺物を参考と

して、遺構の変遷を推定する方法がある。これらは、自然科学的年代測定法で検証することで、より蓋然性が高まるが、異なる遺跡やほかの地域にそのまま適用するのは危険であり、そのつど検証することが必要となる。

製鉄炉の評価 製鉄炉については、炉の形態や構造と年代、羽口（通風管）、鉄滓などから、技術や操業状況を考古学的に評価する。

鉄滓は、まず、遺構や層位単位の総量、分類した種別ごとの量を把握し、それぞれを比較検討する。これにより、たとえば、長方形箱型炉に比べて、竪型炉の排滓量が少ないとか、流出滓の比率は竪型炉が少ない、といった傾向がわかる。また、同一の砂鉄原料による製錬であれば、廃滓の量は生産量をある程度反映している可能性が高い。

一方、自然科学分析の分析値からは、技術論的な比較検討をおこなうことができる。たとえば、製鉄の原理は酸化鉄から金属鉄を取り出すことであり、$Fe_2O_3 \rightarrow FeO \rightarrow Fe$と還元されるので、この成分比が鉄の還元状態の程度を示す。これによって操業状況を比較する方法などがある。

鉄滓は、一般に、砂鉄が鉄に還元される過程で、炉内滓→流出滓→炉底滓の順に生成され、それぞれの鉄滓の性状を比較することができる。また、砂鉄からどういう製品（金属鉄）が作られたか、それが銑鉄なのか鋼なのか、純鉄に近いものなのかなど、鉄塊成分にも注目する。

なお、金属学的な検討と考古学的な検討を別々におこない、異なる結論を記載した報告書も散見するが、そういった報告は避け、総合的な所見を導くよう努める。

鍛冶炉の評価 鍛冶炉については、古墳時代以降に多様化する鍛冶炉の形態や構造とともに、その周囲に分布する鍛造剥片や硬化面の範囲にも目を向けて検討し、工人の作業位置や鞴の位置を特定することが望ましい。また、鍛造剥片や鍛冶滓も鍛冶工程の差違を反映するので、炉とあわせて検討し、鍛冶工程全体を復元する必要がある。

遺跡の変遷 個別の遺構の機能と時期、遺構相互の先後関係や同時性が検証できれば、遺跡全体の変遷を把握することが可能となる。製鉄炉や木炭窯、鍛冶炉などは当然その対象となるが、掘立柱建物や竪穴建物も含めて考えることで、管理体制や生産体制を推定する手がかりも得られる。

また、遺構や層位単位で分類し、計量した鉄滓を、時期や遺構の種別ごとに分析することにより、生産量や生産技術の変化の様相についても見通しを得ることができる（図274）。

さらに、同じ遺跡で製錬から鍛冶・鋳造までを一貫しておこなったのか、あるいは分業的・専業的な生産であったのか、生産を管理する公的な施設が存在したのか、といった検討も、遺跡の性格を考えるうえで重要である。

このほか、製鉄炉などの形態や構造からは、技術的系譜を推定することもできる。ただし、発掘区内で遺跡が完結することは少ないので、周辺遺跡の状況も考慮する必要がある。

そして、最終的には、遺跡の立地や環境、歴史的な背景をふまえて、そこでの製鉄・鍛冶の歴史的な意義を明らかにすることが求められる。

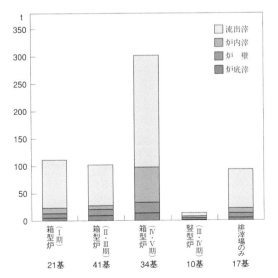

図274　鉄滓出土量の変遷

近世たたらの床釣り

たたら製鉄と床釣り　中国山地は古代から製鉄が盛んな地域であり、とくに近世以降は、鉄穴流しなどで採取した砂鉄と豊富な木炭を利用して、たたら製鉄がおこなわれ、日本最大の製鉄地帯となった。

たたら製鉄では、弓谷たたら（島根県・19世紀）や保光たたら（広島県・18世紀）で見られるように、製鉄炉の下部に、床釣りとよばれる防湿用の施設を備えている（図275）。これは、中世製鉄炉の地下構造から発達したものである。

床釣りの構築　床釣りの構築では、長辺10～14m、短辺6m前後、深さ3m近くの巨大な坑を掘り、床面や壁を強く焼く。その後、坊主石とよぶ湿気抜きの石組暗渠や通気孔を設け、真砂土や礫などで互層状に埋め戻しつつ、数回にわたって焼き、下半部を完成させる（図276）。

この上に、本床と2本の小舟からなるトンネル状の施設（本床釣り）を設け、中に薪を詰めて数十日間焼く作業（床焼き）をおこなって、徹底的に乾燥させる。地域によっては、こうした本床釣りの下に、下小舟を設ける場合もある。その後、本床内の木炭を叩き締める作業（灰スラシ）をおこない、床釣りを完成させる。

発掘調査の留意点　記録によれば、この床釣りの構築には、のべ千人を要し、製鉄業を営むさいの費用の大半が投じられている。発掘作業では、こうした遺構を上から順に一層ずつ掘り下げて、複雑な構築工程を明らかにし、記録することになる。

近世たたらの発掘では、床釣りをもつ高殿施設だけでなく、大鍛冶場など数多くの作業場や住居群から構成される、山内とよぶ遺構群全体が対象となる場合もある。その全容解明には、文献史学や民俗学、冶金学などの分野とも連携した総合的な調査が必要となる。

図275　床釣り（弓谷たたら）

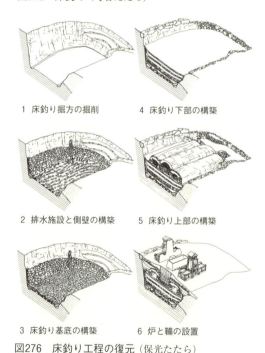

1　床釣り掘方の掘削　　4　床釣り下部の構築
2　排水施設と側壁の構築　5　床釣り上部の構築
3　床釣り基底の構築　　6　炉と鞴の設置

図276　床釣り工程の復元（保光たたら）

第3節
鋳造遺跡

1 鋳造遺跡概説

鋳造とは　鋳造とは、炉などで熔解させた金属やガラスを鋳型に流し込み、固めて製品を生み出すことをいう。金属製品の場合、熱して鍛える鍛造とともに、主要な製作法となっている。鋳造では、1個の鋳型から数多くの製品を作ることができ、かつ、鋳型が破損するまで数回の鋳造が可能で、立体的な製品の製作にも適している。

金属製品の鋳造には、材料（原料）のほかに、それを熔かす熔解炉と、熔かした金属を流し込む鋳型が必要となる。ガラス鋳造の場合は粉状の原料を鋳型に入れて熔かすことが多い。

鋳造遺跡・鋳造遺構は、鞴を備えた炉や鋳型が設置され、一連の鋳造作業がおこなわれた工房などの痕跡である。どのような製品が生産されたかを知るためには、鋳型の観察が重要となるが、石製以外の土や砂を用いた鋳型では、外枠の大きさや形状から推定せざるをえないこともある。

また、鋳造と関連の深い生産活動としては、燃料に用いる木炭の原材料となる木材の切り出しや、木炭を作る製炭などがある。

時代的変遷　鋳造による金属製品の製作は、鋳型や鋳造関連遺物の出土などから、弥生時代前期の青銅器生産に始まることが知られている。

弥生時代後期までの鋳造関連の遺構や遺物は、九州北部と近畿を中心に出土する。唐古・鍵遺跡（奈良県・中期後半）や安永田遺跡（佐賀県・中期末）では、青銅を熔解した場所と推定される小穴や土坑が、須玖坂本遺跡や須玖永田遺跡（ともに福岡県・後期）、玉津田中遺跡（兵庫県・後期）では、鋳造工房と考えられる掘立柱建物・竪穴建物や溝が検出されている。また、須玖五反田遺跡（福岡県・後期後半）では、ガラスを鋳造した場所とみられる土坑が竪穴建物内で確認されている。

弥生時代の青銅製品やガラス製品を鋳造した熔解炉の構造については、従来、燃焼部と坩堝からなる、いわゆる坩堝炉と推定されていた（図277）。しかし、上記の鋳造遺構の周辺で出土する坩堝状の土製容器や鞴羽口（送風管）の形状と特徴などから、近年では、土製容器と鞴のみで構成された、いわゆる土器炉と推定する説もある（273頁）。

なお、弥生時代や古墳時代の遺跡から、鉄の熔解炉の遺構が明確なかたちで検出された例はない。また、古墳時代にも青銅製品は鋳造されていたが、関連する遺構の検出例はない。

7世紀代には、仏像や梵鐘、鉄釜などの大型品の鋳造に、後述する甑炉型の炉が使用されていたと推定される。

7世紀代の代表的なガラス製品の鋳造例としては、飛鳥池遺跡（奈良県・7世紀後半）がある。ここでは鉛ガラスも製造され、多量の坩堝類が出土している。ガラス玉類は8世紀にも引き続き多量に生産されたが、平城京ではそうした生産遺跡の具体的様相は明らかになっていない。

2 発掘調査の準備と計画

遺跡情報の事前収集　調査対象地やその周辺で、鋳造関連と考えられる遺構や、鋳型、金属片、金属滓、焼土、炭化物などの遺物が過去に見つかっている場合は、鋳造遺構が存在する可能性を念頭において調査計画を立てる必要がある。

須玖遺跡群では、南北約2km、東西約1kmの範囲内の各遺跡で、青銅製品やガラス製品の鋳造関連遺物が出土していることから、鋳造遺構の存在を予測しながら調査が進められている。

古代以降の金属加工の遺跡については、『奈良坊目拙解』（1735年）のような古記録から推定できることもある。また、「鍛冶屋敷」など、関連した地名が残っている場合も、付近に鋳造遺跡が存

第Ⅵ章　生産遺跡の調査

在する可能性がある。

試掘・確認調査による把握　試掘・確認調査によって、焼土や焼けた粘土、炭化物、金属片、金属滓、被熱土器などが発見されたり、木炭などの炭化物や灰層の重層的な堆積が確認されたりしたときには、金属加工（鋳造・鍛造）の工房が存在した可能性が高い。さらに、石製鋳型や土製鋳型の外枠と考えられるものなどが見つかれば、鋳造遺構が存在する可能性が高まる。

測量と地区割り　鋳造遺跡の測量と地区割りも、窯業遺跡（238頁）に準じておこなう。立地条件などを詳しく知るためには、詳細な微地形を把握することが求められる。

調査計画の策定　鋳造遺跡や鋳造遺構が存在する場合には、鋳造遺構とその近辺の詳細な発掘が必要となるのはもちろん、関連遺物が広範囲に広がることや、包含層から大量に出土することも多い。そうした状況に対処するための期間や体制を考慮した調査計画を策定する必要がある。鋳造関連遺物の整理等作業についても同様であり、さまざまな分析に要する期間や経費も確保する。

3 鋳造遺構の構造と諸要素

生産工程　鋳造作業には、工房の設置→鋳型の製作→炉による金属の熔解→鋳型への熔解金属の注入→鋳型からの取り出し→製品の仕上げ、の工程があり、それぞれにともなう遺構や遺物が存在したと推定される。

工房としては、建屋や排水用の溝、炉の基礎地業、熔解炉や鞴装置、原料・燃料や鋳型の原材料の保管施設などがある。また、特有の遺構としては、地表や地下に土器炉を設置した跡のほか、鋳型を固定する穴や水溜めなどが考えられる。このような遺構が確認された場合は、それを覆う建物や周囲の溝など、同じ時期に存在した遺構を、工房と一連の施設として認めることができる。

廃炉のさいには、祭祀をおこなって埋め戻すなどの措置もとられていたようである。民俗例では、工房内に金山神信仰にかかわる施設が設けられていたことが知られている。

弥生時代の熔解炉　弥生時代以前に遡る熔解炉の確実な例はないが、堅田遺跡（和歌山県・前期）では、簡便な掘立柱建物の内部に平面楕円形の土坑を掘って層状に埋め、熔解炉（坩堝炉）を設置したと推定されている（図277）。

土坑埋土の粘質土層の間には、焼土粒や炭粒混じりの薄い層が認められるため、床焼きをおこなった可能性もあり、地下の水分の上昇を防ぐ措置が講じられたと考えられる。

熔解炉は、平面が円形に近いものが多い。被熱の度合いは、炉壁と炉の中心となる部分が弱く、その間が強い。このことから、鞴羽口（送風管）を差し込む孔がついた炉壁で周囲を覆い、炉内部の中心に台を設けて、その上に坩堝を置いたと推定されている。

坩堝とされる高杯形あるいは鉢形の土製容器は、

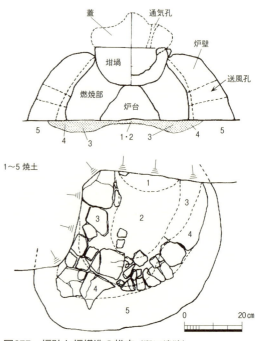

図277　炉跡と炉構造の推定（堅田遺跡）

唐古・鍵遺跡をはじめ、近畿や九州北部を中心に多数出土する（図278）。それらの内側には、真土とよばれるきめの細かい粘土が貼られ、その内側のみが被熱していることや、先端が直角に曲がった鞴羽口が出土することなどから、近年は、この土製容器に木炭と青銅の素材を入れて点火し、上から風を送って熔かしたと推定されている。こうしたものを、土器炉とよぶこともある（図279）。

鋳型片や鞴羽口片など、青銅製品の鋳造に関連する遺物が出土した玉津田中遺跡では、平面が径7m前後の円形を呈する竪穴建物の中央に、径1.2m、深さ0.5mの土坑があり、最下層に炭化物、その上に焼土層が堆積していた。この土坑の上面周辺では炭化物の層が認められ、おそらく、土坑の中に土器炉を置き、青銅を熔解したものと考えられる（図280）。

安永田遺跡や唐古・鍵遺跡などでも、竪穴建物や土坑内の焼土・焼土面などから、青銅熔解用の土器炉が想定され、須玖五反田遺跡ではガラス熔解用の土器炉の存在が推定されている。

弥生時代の鋳造工房　須玖坂本遺跡（図281）や須玖永田遺跡などでは、工房とみられる掘立柱建物の周囲を溝で囲んだ例が確認され、工房内部の湿気抜き用と考えられている。

吉野ヶ里遺跡（佐賀県・中期）では、銅剣・銅矛の鋳型や、錫片、青銅片、金属滓、焼土、炭化物などとともに、炉壁状の焼けた粘土片を含む溝状の大型土坑（幅約10m、長さ20m以上）が検出された。土坑内の北寄りには、木灰と炭化物が混じっ

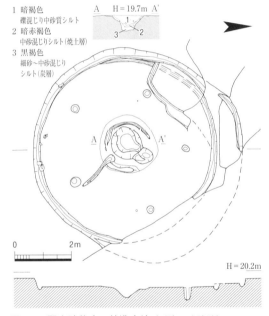

図280　竪穴建物内の鋳造土坑（玉津田中遺跡）

図278　高杯形土製品と鞴羽口（唐古・鍵遺跡）

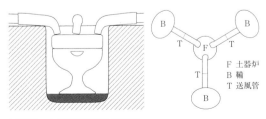

図279　土器炉使用法の推定

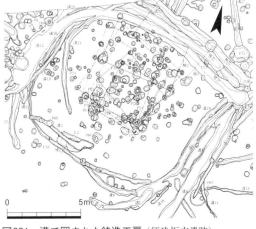

図281　溝で囲まれた鋳造工房（須玖坂本遺跡）

第Ⅵ章　生産遺跡の調査

た土が何層にもわたって堆積していた。この土坑の北には炉が存在したと推定され、土坑の埋土は、たびかさなる炉の操業で生じた灰や炭化物を廃棄したものと考えられている。

古代の坩堝炉と甑炉　古代の熔解炉は、坩堝炉と甑炉（甑炉型炉）とに大別される。

坩堝炉は、炉内に比較的小型の坩堝を設置して加熱し、坩堝内で少量の金属を熔解するものである。一般的には、坩堝内の熔融金属をそのまま鋳型に注入して製品を鋳造する。

一方の甑炉は、比較的大型の甑形の炉内で、金属を直接加熱・熔解するものであり、より多くの金属を熔解することができる。鋳造では、この炉から鋳型に熔融金属を直接流し込む場合と、取瓶という器にいったん熔融金属を受け、そこから鋳型に注入する場合がある。たとえば、梵鐘などの大型製品の鋳造では、炉から鋳型へ大量の熔融金属を直接流し込む（図282）。一方、小型の容器などを一度に多数鋳造するときは、取瓶に熔融金属を幾度かに取り分けて、鋳型に流し込む。

大型の甑炉では、鍛冶屋敷遺跡（滋賀県・8世紀中頃）のように、送風装置として踏鞴を用いた例がある。長方形の土坑の底面中央がやや高まり、中央の隆起部分を支点に、踏板の両端を交互に踏んで、中央から送風する構造である。

古代の鋳造土坑　鋳造土坑は、大型品の鋳造に特徴的な遺構である。川原寺（奈良県・7世紀後半）の例のように、方形あるいは隅丸方形の土坑の中央部に基礎を造り、その上に鋳型を設置する（図283、図版8上）。熔融金属は、甑炉から樋などをつうじて、鋳型に直接注がれる。基礎部分は、東大寺（奈良県・8世紀）で見られるように、一般に、底部の横木（掛木）、板（定盤）、粘土製の設置台（ジョ

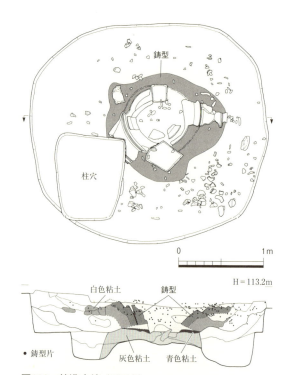

図283　鋳造土坑（川原寺）

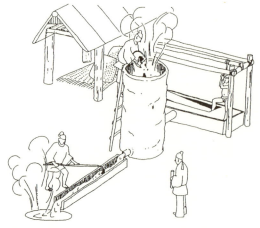

図282　甑炉による鋳造の復元（鍛冶屋敷遺跡）

図284　鋳造土坑の底部（東大寺）

Ⅵ-3 鋳造遺跡

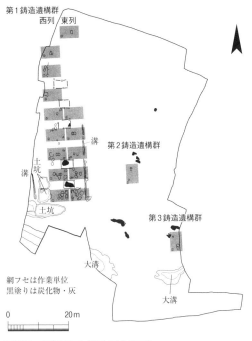

図285　鋳銅工房（鍛冶屋敷遺跡）

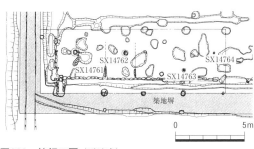

図286　鋳銅工房（平城宮）

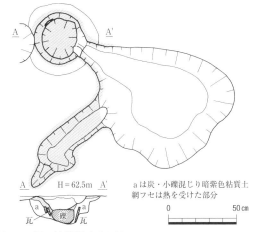

図287　銅の精製炉（平城宮）

ウ）で構成される（図284）が、横木などが省かれることもある。

土坑内には、防湿あるいは通気用と考えられる溝を掘ったり、四隅に柱掘方を掘削して覆屋(おおいや)を建てたりすることもある。土坑の埋土には、鋳型（外型・内型）や炉壁などが多量に含まれる。

古代の工房の形態　工房には、掘立柱建物や竪穴建物を設けるものをはじめ、大型建物の一角を利用したもの、築地塀(ついじべい)の軒先や雨落溝を利用したものなど、さまざまな形態がある。一方、明確な建物や区画が認められないものもある。

掘立柱建物には、炉などを設けた工房そのもののほか、資材置き場などの機能をもつ付属施設や、工人の住居などがある。

竪穴建物には、通常の大きさで平面が方形を呈するもの以外に、平面が不整形のものもある。これらの竪穴建物にも、炉をもつ例がある一方、鋳造関連遺物が廃棄された状態で検出されるが、炉は認められない例もある。

鍛冶屋敷遺跡のような大規模な鋳造遺跡では、小規模な鋳造工房を単位として、数単位を直線的に配置する（図285）。この遺跡では、鋳造だけでなく、銅精錬もおこなったと推定されている。

築地塀の軒先を利用するものには、平城宮神祇官(へいじょうきゅうじんぎかん)の鋳銅工房（奈良県・8世紀末）など、柱穴列が築地と平行に並び、簡素な屋根を差しかけたとみられる例もある（図286）。この工房では、築地塀の雨落溝の一部を深く掘り下げ、水溜め用の土坑としていた。ここでは、銅の精製（精錬）（図287）から鋳銅までの工程順に施設が配置されていたと考えられる。

4　発掘方法と留意点

包含層の発掘　包含層に、鞴羽口や鋳型、金属滓、木炭や焼土などが比較的顕著に認められるときは、直下に工房の作業面や排滓場などが広がっ

275

ている可能性がある。その場合は、作業面や、作業面直上の微細な遺物を含む堆積土の情報を失わないよう、慎重に掘り下げる。

包含層の遺物は、原則としてグリッド単位で取り上げるが、分布状態に特別な意味が認められるときは、個別に記録をとることもある。

作業面の把握　作業面が良好な状態で把握できることは少ないが、火熱を受けたり、木炭や焼土混じりの土で整地したりして、周辺とは色調や堅さ、構成物が異なる面の広がりが見られる場合は、その面が作業面や工房の床面などである可能性が高い。こうした作業面は、複数回の操業により、重なって認められることもある。

したがって、作業面を把握するためには、微細遺物の出土状況なども含めた十分な観察をおこなったうえで、慎重に掘り下げる必要がある。そのようにして作業面の広がりを把握することにより、各遺構の先後関係なども明らかにできる。

作業面の直上数cmの範囲には、粒状や球状の微細な熔結金属や金属滓、ガラス片などの鋳造関連遺物を含む土層が見られることがある。これらは、作業空間の配置や作業工程を復元する手がかりとなることもあるので、小グリッドを設定し、層位ごとに土壌を採取して水洗選別などをおこない、遺物を回収することも考慮する。

また、重なった複数の作業面を把握するため、サブトレンチを設定して断面を観察するのが有効なときもある。これによって、最小の操業回数を知ることができる。ただし、サブトレンチの設定は、必要性を十分に検討したうえで、遺構への影響が少なく、かつ効果的な場所を選定することが求められる。

遺構の検出　作業面の検出とともに、炉や鞴座、廃棄土坑、鋳造土坑、区画溝、建物の柱穴など、工房の各施設の輪郭が明らかになるように遺構検出を進める。この作業にさいしては、先入観にとらわれてはならないが、前述したような工房の全体像を思い描きながら検出をおこなうことが必要である。

一般には、炉を中心に検出作業を進めることになるが、たんなる焼結面や焼礫を含む土坑、柱抜取穴を利用した炉（図288）など、一見しただけでは炉とは判断しにくい状態の遺構もあるので、注意を要する。

作業面・遺構面上の遺物の取扱い　鋳造作業の過程で廃棄された遺物や、その場に残された遺物は、製作工程や空間利用形態など、操業の実態を知る重要な手がかりとなる。

作業面や遺構面上に分布する鞴羽口や鋳型などは、原位置を保っている可能性があると判断した場合は、記録して取り上げる。また、礫なども鋳造関連施設の基礎の一部にあたることがあるので、むやみに取り上げず、出土状況を検討する。たとえば、一定の範囲に集積する礫などは、炉や鞴の基礎を構成していた可能性がある。

遺構の掘り下げ　掘立柱建物や竪穴建物、土坑、溝などの検出や掘り下げ方法は、発掘編（123～

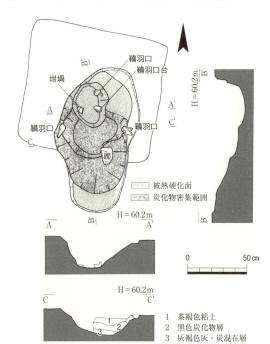

図288　鋳銅炉（平城京）

205頁)に準拠する。火床炉型の炉の掘り下げや炉の防湿施設などの断ち割り調査も、鉄鍛冶炉(265頁・発掘編214頁)に準じておこなう。自然科学分析に供する試料採取(発掘編264頁)についても同様である。

甑炉型の炉は、構造的に本体が残存しにくく、地下の防湿施設や、火熱により焼結した底面の痕跡だけが検出されることが多い。

送風装置は、火床炉や小型の甑炉では、皮鞴あるいは箱形の吹き差し鞴が想定されるが、それらの設置痕跡や明確な遺物は未確認である。ただし、鞴を固定するための杭や掘込地業の痕跡が遺存している可能性があるので、注意したい。

鋳造土坑は、土坑または竪穴建物と同じ手順で掘り下げるが、鋳造に特有な施設や遺物に注意して慎重に掘り進める。

5 遺物の整理

鋳造関連遺物の抽出　遺物の整理では、土器炉として熔解に用いた土製品や、炉壁と考えられる焼土、鞴羽口などの熔解炉関係の遺物、鋳型をはじめ、金属やガラスの破片、木炭などの炭化物、鋳型を掘り込むための彫刻刀、砥石のほか、鋳造にかかわる可能性があるものはすべて抽出して、洗浄、接合、写真撮影、実測図作成といった作業をおこなう。

また、唐古・鍵遺跡など近畿を中心に、土製鋳型の外枠と考えられるものが存在するので、断面がL字形に屈曲した土器片や板状の土器片などにも注意する。

鋳型の観察　鋳型は、製品の種類を知るために重要な資料である。石製鋳型は、風化により脆弱になっているものが多く、鋳型面に付着物が残っていることもあるので、洗浄には細心の注意を払う。複数の面に型を彫り込んだ鋳型の場合は、被熱による黒変部分の観察をつうじて、鋳造順序を解明できる可能性がある。

石製鋳型の大半は、破片となっていたり、砥石として再利用されたりして、完全な形をとどめるものは少ない。したがって、それまでに出土している製品と比較検討し、本来の形状を推定する。また、先述の土型や砂型の外枠と考えられる土製品は、寸法などから製品を推定する必要がある。

自然科学分析　出土した金属やガラスの破片は、蛍光X線分析などにより、材質分析をおこなう(整理編82頁)。また、炉が設置されていたと考えられる場所や、その周辺から採取した土壌についても、しみ込んだ銅や鉄などの金属成分を確認するための分析をおこないたい。

6 調査成果の検討

鋳造遺跡の調査成果の検討では、製鉄・鍛冶遺跡と同様の視点に立って、生産の実態を解明することが求められる。

鋳造の場合は、発掘調査で得られる資料には制約があり、不明な点も多いが、たとえば石製鋳型を用いた場合は、同一の製品を複数生産することができ、土製鋳型を使用した場合でも、ほとんど同形同大の製品を生産することができる、といった特徴がある。

これらの製品は、仕上げや最終研磨によって微細な差違は生じるものの、同一の鋳型で作られたものを特定しやすい。したがって、そうした製品の分布状況を把握し、鋳造遺跡との関係を検討することによって、各時代の製品の流通範囲や経路などを明らかにすることが期待される。

また、鋳造遺跡における操業の変遷のありかたなどから、原材料や工人、鋳造技術の問題を追究するとともに、遺跡の周辺や地域におけるほかの種類の遺跡との関係も総合的に検討し、鋳造遺跡や鋳造手工業生産の社会的位置づけについて考えることも課題となる。

第4節 製塩遺跡

1 製塩遺跡概説

A 製塩と製塩遺跡

製塩とは 製塩には、大きく分けて二つの方法がある。一つは、塩の塊をそのまま利用する方法で、ヨーロッパや中国など、岩塩を産出する特定の地域にかぎられる。

もう一つは、海水や塩湖などの塩水を採取し、水分を蒸発させて塩の結晶を取り出す方法である。海浜に面した地域や塩湖をもつ地域では、この方法が一般的である。

後者は、塩を取り出す方法の違いにより、天日干しと煮沸とに分かれ、日本では縄文時代から古代まで、土器を利用して海水を煮沸する土器製塩という方法が採用された。

採鹹・煎熬・焼塩 海水を煮沸して水分を蒸発させ、塩の結晶を取り出すには、膨大な手間と時間、燃料が必要となる。そこで、効率を高めるために、あらかじめ海水の塩分濃度を高くした鹹水をつくり(採鹹)、それを煮沸することで塩の結晶を取り出し(煎熬)、水分や不純物を取り除く作業(焼塩)がおこなわれる。

採鹹作業では、海藻を利用した方法が推定されている。海藻を天日干しし、それに海水を注いで濃縮した塩水を得る方法である。また、『万葉集』に「藻塩焼く」と詠まれるように、乾燥した藻を焼いてできた灰を、濃縮した塩水に混ぜ、さらに濃い鹹水を作る方法もあった。

こうしてできた鹹水は、その後も濾過や灰による浄化を繰り返すことで、より純度の高いものになる。そして、その上澄み部分を煮沸したと考えられる。

土器製塩 この鹹水を煮沸して、塩の結晶を生成させるのに用いたのが、製塩土器である。製塩土器は、長時間加熱されるため、損耗が著しく、遺跡からは多量の破片となって出土する。

煎熬作業によって得られた塩の結晶は、不純物を含み、湿気が多く、べとついている。さらに熱を加えてこれらを取り除くことで、保存や運搬に適した状態になり、塩ができあがる。

製塩土器の特徴 煎熬専用に作られた製塩土器は、時期や地域によって製作技法や形態が異なる

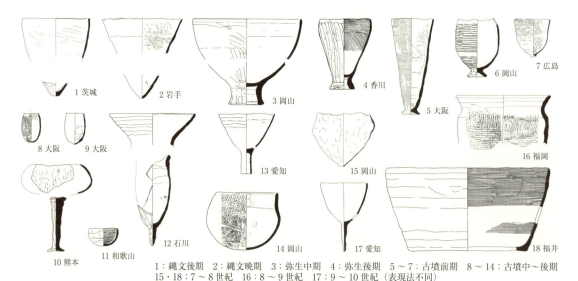

図289 製塩土器

が（図289）、以下の共通した特徴が認められる。

- 耐久性を高めるため、一般に、胎土には砂粒を多く含む。
- 器壁を薄く作り、熱効率を高めている。
- 海水が漏れるのを防ぐため、内面には丁寧なナデを施すが、外面の調整は粗く、文様は施さない。
- 被熱範囲が広く、加熱による変色や脆弱化が認められる。

こうした特徴をもつ製塩土器は、日常の居住域から出土することは少ない。また、通常の構造とは異なる炉とその周辺から、大量の炭や灰、焼土をともなって出土することから、煎熬専用の土器と考えられている。

製塩遺跡とは　製塩をおこなう場所は、海浜に面していることが圧倒的に多い。通常は、日常用の容器などをほとんど含まず、大量の製塩土器片だけが砂丘や砂浜で確認されることで、製塩をおこなった遺跡の存在を知ることができる。

つまり、製塩遺跡とは、製塩を集中的におこない、作業過程で破砕した製塩土器を廃棄した遺跡である。そして、弥生時代の内陸部などに設けられた例などを除くと、多くの場合は、居住を目的とする集落とは立地を異にしている。

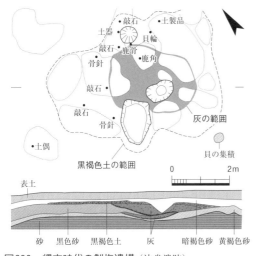

図290　縄文時代の製塩遺構（法堂遺跡）

B　製塩遺跡の変遷

縄文時代　これまでに確認されている中では、法堂（ほうどう）遺跡（茨城県）など、縄文時代後期末の霞ヶ浦一帯の製塩遺跡が、もっとも遡る例である（図290）。これらの製塩遺跡では、炉とそれにともなう多量の薄い粗製土器片、炭、灰、焼土が検出されている。

関東では、霞ヶ浦から鹿島灘一帯で、晩期中頃までの製塩遺跡が相当数確認されており、この地域で集中的に製塩がおこなわれたとみられる。また、内陸部でも少量ながら製塩土器の出土が認められ、沿岸部と内陸部の塩をめぐる交流なども想定されている。一方、宮城県の松島湾岸や青森県・岩手県の三陸北部でも、晩期前半には製塩遺跡が確認される。

しかし、それぞれの技術的な系譜関係は明らかでなく、上記の地域以外では製塩遺跡が未確認のため、周辺への展開状況も不明である。

弥生時代　製塩土器と製塩遺跡が再び明確になるのは弥生時代中期後半であり、岡山県の児島や香川県の小豆島で製塩土器が現れる。

そして、後期になると、製塩遺跡は、岡山県南部と香川県北部を中心に、一部は大阪湾岸にも分布する。岡山県や香川県では、沖積地の集落でも製塩土器が少量ながら普遍的に出土するようになり、使用した製塩土器をまとめて廃棄した土器溜まりが検出されることも少なくない（図291）。

製塩炉は、この時期の拠点的な集落である上東（じょうとう）遺跡（岡山県）などで確認されている。土器溜まりの規模や土器の出土状況からみて、操業は頻繁になされたらしいが、大規模なものではなかったとみられる。また、後期末には、海浜部にも製塩遺跡が形成されるようになる。

古墳時代　弥生時代後期末〜古墳時代前期に、製塩は西日本の沿岸部に広がる。瀬戸内海沿岸を中心として、あらたに石川県から鳥取県にかけて

第Ⅵ章　生産遺跡の調査

図291　斜面に廃棄された製塩土器（上東遺跡）

の日本海沿岸や、愛知県の知多半島と渥美半島、九州北部の沿岸部などで製塩が始まる。その後、これらの地域では、後期にかけて生産規模を拡大し、地域ごとに特色のある製塩土器を用いるようになる。また、熊本県の天草でも、後期初頭までに製塩が開始される。

瀬戸内海沿岸部では、弥生時代終末から古墳時代前期に多くの製塩遺跡が見られるが、中期にはいったん衰退する。しかし、後期になると、喜兵衛島遺跡（香川県・6～7世紀）や阿津走出遺跡（岡山県・6～7世紀）など、厚さ1mに達する製塩土器層をともなう遺跡が海浜部に多数形成され、この地域で再び製塩が活発化する。これらの製塩遺跡の近くには、喜兵衛島古墳群のように、製塩集団が築造した後期古墳群が見られることもある。

なお、海から遠く離れた集落からも製塩土器が出土する場合があり、塩の流通を具体的に示す資料として注目される。

古　代　古代になると、瀬戸内海沿岸部の製塩遺跡が縮小化する一方で、若狭や能登など、北陸での製塩活動が活発となる。北陸では、平底化した大型の製塩土器が8世紀に出現し、東北にまで広がる。古墳時代にさまざまな形態が生まれた製塩土器は、容量の面でいっそう種類を増す。

さらに、煎熬容器は土器にかぎらず、『観世音寺資財帳』に「和同（銅）二年」（709年）の施入と見える熬塩鉄釜や、海の中道遺跡（福岡県・8～11世紀）で出土している平安時代の滑石製石鍋など、材質の点でも多様化して塩生産を支えた。また、瀬戸内西部の六連式土器など、容量を規格化した焼塩土器も作られ、調庸塩の貢納量とのかかわりが検討されている。

なお、製塩遺跡の中には、海の中道遺跡や寺家遺跡（石川県・9世紀）のように、官衙や寺社などに専属する例や、その管理下に置かれた例もあり、中世にかけて、政治的な意味合いを強く帯びるようになる。

ちなみに、古代は、採鹹法のうえで、中世に登場する揚浜式塩田法への過渡期にあたるが、その具体的な様相には不明な部分も多い。

2　発掘調査の準備と計画

分布調査による把握　製塩遺跡の存在を事前に把握するために、もっとも重要で効果的な方法は、分布調査である。製塩遺跡の場合、必ずといっていいほど、製塩土器の破片をともなう。したがって、海浜部で製塩土器の分布が認められれば、付近に製塩遺跡が存在する可能性が高い。

製塩遺跡のほとんどは、海岸に近接した微高地に立地するが、内陸部に存在する例もまれにあり、分布調査にさいしては、現地形などの先入観をもたずに判断する必要がある。

なお、内陸部の遺跡で、日常用の土器とともに製塩土器が少量出土する場合がある。通常、これらの製塩土器は、ほかから搬入されたと推定されるが、近接した場所に製塩遺跡が存在する可能性も含めて、製塩土器のありかたを慎重に検討することが求められる。

史料の利用　古代以降の製塩遺跡については、史料から得られる情報にも留意する。とくに、古代では、租税の調として納めた塩の荷札木簡があり、そこに記された郡名や郷名などから、塩の生産地を明らかにできることがある。また、中世以

降では、塩はもちろん、塩田などが売買の対象となった例もあり、「塩田」「塩浜」などの地名とあわせて、製塩をおこなった場所を具体的に比定できる場合がある。

試掘・確認調査による把握　海岸の地形は変化しやすく、人為的に改変されていることも多い。このため、まず試掘・確認調査をおこなって旧地形を把握し、それにもとづき、遺跡の広がりを確認していく必要がある。

　製塩遺跡は、実際に製塩をおこなう作業場だけでなく、周辺に関連作業場や生活空間をともなうと考えられる。したがって、試掘・確認調査では、製塩土器や製塩炉の確認にとどまらず、製塩に関連したほかの遺構の存在も想定して、周辺部までを対象とすることが求められる。

調査計画の策定　調査対象地がどのような地形に位置し、いかなる傾斜をもつのかを把握したうえで、遺跡の形成過程や遺構配置などの解明を課題として、調査計画を立てる。

　通常、製塩遺跡は砂上に形成され、崩れやすいため、遺構や発掘区壁面の乾燥対策に留意するとともに、発掘区壁面の勾配を緩やかなものとする。砂の飛散防止対策を要することもある。また、海面近くの深さまで掘り下げるときには、排水計画が不可欠となる。

　このほかに、遺跡の状況によっては、遺物の出土量が膨大となるので、それらの洗浄や収納をはじめとする各種の整理等作業を考慮し、必要な期間や経費をあらかじめ想定・準備しておくことも重要である。

3　製塩遺構の構造と諸要素

縄文時代　縄文時代の製塩遺構は、擂鉢状に浅く掘りくぼめた直径1m程度の製塩炉と、その周囲に広がる、直径3～4m程度の作業面(叩き面)からなる。作業面は、土や灰、炭、焼土、貝殻などの砕片を混ぜて硬化させている。そして、製塩炉を中心に、多量の製塩土器の破片や灰、炭、焼土などを含む薄い層が、何枚も重なって不定形に広がる。それぞれの層は、製塩の作業単位ごとに生じたものと考えられており、作業工程の復元にとって重要な情報となる。

　実際の製塩作業としては、鹹水が入った複数の製塩土器を製塩炉に設置して煮沸し、水が蒸発すると鹹水を注ぎ足す、といった作業を何度も繰り返したものと推定される。

弥生時代　集落内で製塩をおこなった弥生時代後期には、製塩遺構は、集落の遺構と混在した状態で検出されることが多い。上東遺跡で検出された製塩炉は、長辺が1.5mの長方形の平面で、炉内には製塩土器片と炭、焼土が堆積していた。

　製塩土器からなる小規模な土器溜まりや、土坑に一括廃棄された製塩土器も、付近で製塩がおこなわれていた可能性を示す資料である。

古墳時代　古墳時代後期の製塩遺跡では、厚い製塩土器層がしばしば見られるが、そのほかに製塩作業に用いた炉や、居住用などの竪穴建物がともなうことが知られている。製塩炉には、地面を掘りくぼめただけのものや、礫を長楕円形に敷いた石敷炉がある。喜兵衛島遺跡で検出された石敷炉は、長径約2mである。このほか、採鹹や製塩土器の製作・保管など、さまざまな工程にともなう遺構の存在も想定されるが、明らかになっていない部分が多い。

古　代　古代の製塩工程を示す遺構としては、煎熬用と焼塩用の製塩土器を廃棄した場所が知られる程度であり、しかも検出例が少ない。

　海の中道遺跡の製塩関連遺構には、畝状遺構2列、貝塚2地点、石組炉2基があり、焼土面も複数検出されている。汀線から順に、焼土面、畝状遺構、石組炉、貝塚が一つの遺構群を形成する(図292)。畝状遺構は、海藻を並べて海水をかけ、乾燥させる作業をおこなった場所と推定される(図

293)。発掘区内では、ウズマキゴカイ、カンザシゴカイ、コケハシなど海藻付着性微小貝類が大量に出土した。

これらから、塩の結晶が付着した海藻を乾燥させて焼き、被熱して白化した微小貝類をまとめて廃棄したものと推定され、藻塩焼きの製塩が復元できる。海藻の灰を海水に混ぜて鹹水の塩分濃度を高め、沈殿した海藻付着性微小貝類は廃棄したのであろう。実験によると、小規模な石組炉であっても、石鍋で濃い鹹水を煎熬すると、短時間で大量の塩が生成することが判明している。

以上のように、海藻の乾燥（畝状遺構）→ 海藻焼（焼土痕）→ 採鹹 → 採鹹時の残滓の廃棄 → 煎熬（石組炉）という製塩の作業工程と遺構の対応関係が読み取れる。

なお、畝状遺構は、表面に塩を結晶化させた海藻を砂とともにかき集めた結果、形成されたものと推定され、浜床が形成される前の、揚浜式塩田の祖型として評価することができる。

4 発掘方法と留意点

一般的な発掘手順　製塩遺跡は、一般に、多量の製塩土器の破片、灰や炭、焼土からなる薄い層が何層も面的に広がる状態を呈する。したがって、グリッドを組んで、遺物と遺構の関係を確認しながら層位ごとに少しずつ掘り下げ、できるだけ早い段階で遺構を把握する必要がある。

製塩遺跡では、製塩土器以外に年代を知る資料となる遺物が出土することはまれであるが、それらが出土したときには、製塩土器や遺構との共伴関係に留意する。

製塩炉が確認されれば、近接して採鹹作業や製塩土器の製作などがおこなわれていた可能性が高いので、そうした痕跡を意識的に探す必要がある。作業場としての掘立柱建物をはじめ、土器溜まりや居住にかかわる各種の遺構の存在、相互の位置関係、海浜部の地形なども考慮して、周辺の発掘作業を進める。そのさいには、発掘区が製塩遺跡のどの部分に相当するのかも考えながら、構造や変遷などを把握するよう努める。

なお、古代の製塩遺跡では、海の中道遺跡のような、採鹹に関連するとみられる畝状遺構や海藻付着性微小貝類などの貝溜まりにも注意する。煎熬用容器も、土製以外に、石製や鉄製のものが加わるので、それぞれに応じた煎熬施設の多様化も想定して発掘作業を進めたい。

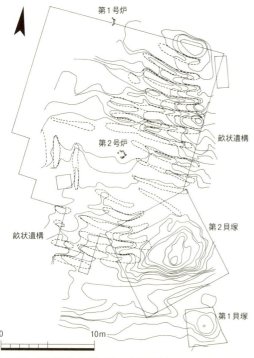

図292　製塩関連遺構（海の中道遺跡）

図293　畝状遺構（海の中道遺跡）

遺物の取り上げ　遺構検出までに出土した製塩土器などは、通常、グリッド単位でまとめて取り上げる。製塩土器が廃棄された土器溜まりは、操業の規模や回数を示す可能性があり、層位ごとに一括して取り上げるが、廃棄単位が確認できるときは、単位ごとに区別して取り上げる。

また、放射性炭素年代測定（整理編83頁）や、燃料入手をはじめとする採鹹作業の復元のため、木炭や微細遺物の試料採取も考慮するとよい。

5　遺物の整理

製塩土器　製塩土器は、二次的な加熱により、細片化や器面の剥離が認められるとともに、それ自体の脆弱化が著しい。したがって、整理等作業の早い段階で、水溶性アクリル樹脂エマルジョンなどを用いた保存処理を適切におこなう必要がある（整理編106頁）。

保存処理をへて接合作業へと進むが、一般に製塩土器は細かく破砕していて接合率が低いため、器形を復元できず、作業量に比べてあまり大きな成果は期待できない場合が多い。したがって、作業効率を考慮して、口縁部や底部などから接合を進める。土器溜まりの製塩土器については、操業の規模や回数を復元するうえでも、個体数の把握を意識した整理等作業が求められる。

なお、製塩遺跡以外の集落の竪穴建物や包含層などから出土した製塩土器は、出土状況や被熱の有無に注意を払い、それが製塩作業前のものなのか、あるいは製塩作業のどの段階に相当するのかなどを確認しつつ、どういった経緯で集落に持ち込まれたのかを検討する。

自然遺物　前述のように、海藻付着性微小貝類の存在から、採鹹作業における海藻の使用が想定できる。また、貝の種類によっては、海藻の種類を推定することも可能となるので、微小貝類の同定も実施したい。

6　調査成果の検討

課題の設定　製塩遺跡の調査成果を検討するにあたっては、そこでどういった工程の作業がおこなわれ、作業場がどのような施設で構成されていたか、周辺に関連施設が存在するのか、という点に留意する。

また、その遺跡がいかなる場所に立地し、集落とはどういう位置関係にあるのか、燃料調達との関係などから操業に空白期間があったのか、季節的な操業だったのか、といった課題を念頭において、遺構や遺物を評価する必要がある。

時期を判断するさいの留意点　製塩遺跡が立地する海浜部は、のちの時代にも漁労や海運などで利用されることがある。そのため、たとえば古墳時代の製塩遺構に後世の遺物が混入したり、逆に、古い時代の製塩土器が後世の遺構に混入したりする例も少なくない。さらに、堆積層や遺構を覆うのが砂の場合、攪乱を識別しにくいことが多い。したがって、遺構の時期の判断は、それらを考慮して慎重におこなう。

複合的活動の場の解明　古代以降の製塩遺跡では、塩生産の痕跡を残すだけでなく、生産管理施設や鍛冶遺構など、その他の生業活動を示す施設をともなうこともしばしばある。出土する遺物にも、銭貨や鏡、帯金具などの金属製品、輸入陶磁器を含む土器類などがあり、たんなる食料生産施設とは異なる様相を示す例も見られる。寺家遺跡では、製塩遺構や製塩土器とともに、「厨」の墨書をもつ土師器が出土しており、生産された塩の搬出経路や製塩施設の経営母体を示唆する資料として注目されている。

このほか、広範囲に分布する焼塩壺の形態や容量の変化などを検討し、当時の租税制度の実態をはじめ、社会体制や流通のありかたを復元することも期待される。

第5節
玉作り遺跡

1 玉作り遺跡概説

玉作り遺跡とは　玉の材質は、岩石や鉱物のほか、ガラス、金属、粘土、有機質などさまざまなものがあるが、一般的には、石製の玉を中心に生産した遺跡を、玉作り遺跡とよんでいる。以下、その調査方法について述べる。ガラス製や金属製の玉の鋳造遺跡については、第3節（271頁）を参照されたい。

縄文時代の玉作り　石製の玉そのものは旧石器時代の終末には出現しており、縄文時代になると、玉の種別が玦状耳飾りや大珠、勾玉、管玉、丸玉などと多様になる。

玉作り遺跡としてもっとも遡るのは、縄文時代早期末～前期の玦状耳飾りなどの装身具を生産した遺跡である。中期には、新潟県糸魚川市周辺地域の翡翠を素材として、大珠などが生産される。後期以降は玉全般の生産が活発化した。

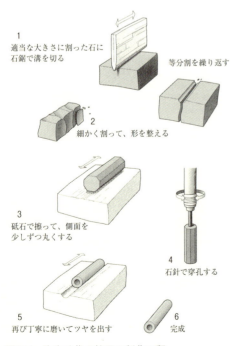

図294　弥生時代の管玉の製作工程

弥生時代の玉作り　弥生時代の玉作りは、縄文時代以来の伝統的な玉作りと、大陸系の玉作りの影響を受けて成立する。弥生時代の玉は、石種と製品との対応が明瞭で、工具や製作技術が石種と密接に結びついている点に大きな特徴がある。

玉の種別は、翡翠製勾玉と、碧玉や緑色凝灰岩製の管玉が主体をなし、そのほかに小玉や丸玉、算盤玉などがある。技術的には、中期後半の鉄製工具の導入が画期となり、この時期に水晶製品が出現した。

古墳時代以降の玉作り　古墳時代の玉作りは、弥生時代の技術的伝統を強く受け継ぎ、前期中頃に、碧玉や緑色凝灰岩製の腕飾り類と容器類の生産があらたに開始される。とくに北陸はその一大産地となり、中部や東海、関東にも生産地が拡大した。また、前期末～中期には、滑石製品の生産が近畿や北陸、関東などで活発化し、中期後半には、各地で滑石製の模造品や臼玉が盛んに生産される。後期に入ると、全国的に石製玉作りは低調となるが、山陰西部では依然として玉作りが盛んにおこなわれた。

玉作りの作業工程と工房　石製玉作りは、一般に、石材採取→粗割→形割（施溝分割）→研磨→穿孔→仕上げ、といった作業工程をへる（図294）。このうち、研磨や施溝分割などの製作技法は、磨製石器の製作技術との共通点が多い。

こうした工程をとる玉作り工房は、ほかの物品生産とは異なって、通常の集落内に営まれ、専用の施設はもたないのが一般的である。

2 発掘調査の準備と計画

遺跡情報の事前収集　玉作り遺跡の分布調査では、剥片など玉作り関連遺物の分布だけでなく、素材として利用可能な自然石の存在や原産地にも注意する必要がある。また、古墳時代以降の玉作

り遺跡の場合には、「玉作」「玉造」などの地名が残っていることがあり、古地図などの調査も求められる。

試掘・確認調査による把握　試掘・確認調査で、玉の素材となる石材の人工的な剥片が確認されれば、玉作りに関連した遺跡である可能性が高い。結晶片岩のような特定の石種を利用した砥石や石鋸など、玉作りに使用した特徴的な遺物が出土すれば、その可能性はさらに高まる。ただし、少量の素材を集落内に持ち込み、小規模な玉生産をおこなっている例も多いことから、できるだけ早い段階で、玉作り関連の遺物を確認することが重要である。

調査計画の策定　遺存状態のよい玉作り工房が検出された場合には、遺物の出土位置を記録する作業が必要となる。また、整理等作業でも、多量の遺物の分類や実測作業などにかなりの手間を要するので、適切な期間と経費を見込んだ調査計画を立てることが求められる。このほか、現地で洗浄やフルイによる選別作業をおこなう場合には、そのための施設や、泥水を処理する設備なども準備しておく。

3　玉作り遺構の構造と諸要素

玉作り工房の構造　玉作り工房の建物には、竪穴建物と掘立柱建物があるが、前者が一般的である。竪穴建物の工房の基本的な構造は、通常の竪穴建物とほぼ共通するが、大型の建物や主柱穴をもたない小型建物なども目立つ。

竪穴建物の工房では、弥生時代は中央ピットから、古墳時代には方形建物の壁ぎわの中ほどに設けた土坑の周辺から、玉作り関連遺物が集中して出土し、玉作り用の施設（工作用ピット）と認定されることが多い。また、これらとは別に、壁ぎわに特別な土坑を備える例や、連結ピットをもつ例がある（発掘編218頁）。

なお、曽我遺跡（奈良県・古墳中～後期）のように、特別な工房を設けず、玉作り関連施設として土坑を用いたものもある。

玉作り関連の遺構　玉作り遺跡は、竪穴建物などを工房として使用することが多く、独自の構成要素に乏しい。ただし、遺跡によっては、素材置き場や廃棄場所が判明した例や、面白谷遺跡（島根県・古墳後期）のように、穿孔作業などに使用したロクロの軸穴とみられる遺構（ロクロピット）が検出された例もある（発掘編218頁）。

また、弥生時代中期後半以降では、奈具岡遺跡（京都府）のように、玉作り用の鉄製工具を製作した鍛冶工房が併設される場合があるので、早い段階で鍛冶炉などの確認にも努め、調査に遺漏のないよう留意する（262頁）。

4　発掘方法と留意点

玉作り工房の掘り下げ　竪穴建物の玉作り工房の発掘作業は、基本的に通常の竪穴建物と同様な手順でおこなう（発掘編131・218頁）。そのさい、工房の建て替えの有無は、生産の規模や操業期間とも連動するため、十分に注意を払う。

工作用ピットなど、玉作り関連遺構の掘り下げでは、粗割や形割、研磨などの作業工程での生成物がしばしば出土するので、剥片の種別や埋土内の含有物に注意し、どの工程に関連する遺構であるかを検討しつつ掘り下げる。また、工房の内外に、原石や未成品を集積した箇所が認められる場合もあり、それらを包含層の遺物と誤認しないようにする必要がある。

ここでは、海老名本郷遺跡（神奈川県・古墳前期）と福富Ⅰ遺跡（島根県・古墳中～後期）の工房内の未成品出土状況と集積のようすを示しておく（図295・296）。

なお、工房の床面には、複数の被熱面が認められることが多く、採光や暖房にともなうもののほ

第Ⅵ章　生産遺跡の調査

か、石材の剥離や発色を促進するために加熱した可能性も念頭において、遺物の出土状況との関係を的確に把握する。

出土遺物の取り上げと試料採取　玉作り遺跡の場合、対象となる遺物が微細であることから、発掘作業時には、玉作り関連遺物群全体を確実に回収することが重要である。とくに、玉作り遺跡では、通常、複数の石種を使用するため、剥片や未成品だけでなく、原石の可能性が考えられる石も回収するよう努める。

フルイを用いた選別は、微細遺物を確実に回収できるので、玉作り遺跡の調査ではきわめて有効である。期間や経費の面で、工房内の埋土全部を対象とするのは難しい場合もあるが、少なくとも、工房の床面付近と玉作り関連遺構の埋土については、フルイによる選別などをおこなう必要がある。また、包含層の場合でも、玉作り関連遺物が集中する地点については、そうした選別の対象とすることが望ましい。

フルイの目は、5mmないしは2mmのものを用いれば、大半の微細遺物を回収できるが、石針のような極小遺物は漏れてしまうおそれがあるため、フルイにかけた土もさらに精査するなど、遺跡の内容に応じて適切な方法をとる（整理編75頁）。鉄針など、鉄製の玉作り用工具の回収には、状況によって、金属探知機を用いた調査法も有効である（263頁）。

研磨工程では、硬度の高い鉱物を研磨剤として使用した可能性があるので、関連遺構の掘り下げのさいには、土壌試料を採取して分析したい。

出土遺物の記録　玉作りの製作工程や工房内の空間利用を復元するためには、ドットマップの作成が有効である（発掘編128頁）。ここでは、勝負遺跡の例（島根県・古墳中期）を示したが（図297）、少なくとも、床面付近および関連遺構内から出土した遺物については、詳細な位置を記録する必要

図295　未成品の出土状況（海老名本郷遺跡）

図296　原石や未成品の集積（福富Ⅰ遺跡）

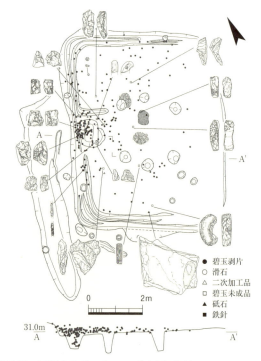

図297　工房内のドットマップ（勝負遺跡）

Ⅵ-5 玉作り遺跡

がある。ただし、機械的に記録するのではなく、微細な剥片類などは集中する範囲を把握するにとどめ、複数の石種が混在する場合は留意して記録するなど、目的に応じた記録を作成することが求められる。

5 遺物の整理

玉作り関連遺物の抽出　地域によっては、玉作りに一般的な翡翠や碧玉といった石種以外に、蛇紋岩など地域独自の石種を使用することがあるので、見落としがないよう注意する。また、石鋸の破片は石包丁と誤認するおそれがあるため、使用

痕などに注目して識別する。

未成品・剥片の分類　未成品や剥片の分類にさいしては、まず、完成品に近い遺物を抽出し、器種を的確に把握することによって、製作工程に沿った分類の目安とする。分類の基準は、時代や石種などによって異なるが、通常、剥片剥離技術や二次調整、研磨などの有無とその程度に注目して分類する（図298）。分類にあたっては、その基準を明確にし、報告書にも明記する。

接　合　施溝分割資料どうしや、石核と素材剥片との間などでは、接合関係が認められる場合があり、製作技術を知る貴重な情報となる。また、大角山遺跡（島根県・古墳中期）では、異なる工房

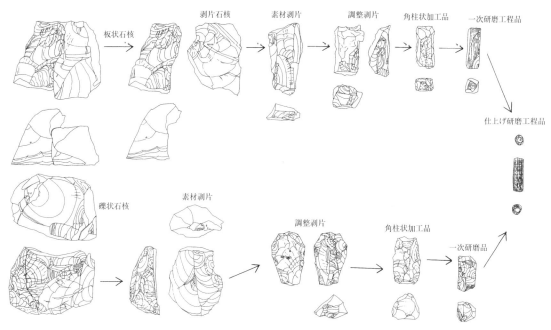

石核：素材剥片の剥離を目的とした石核で、残核を含む。
素材剥片：石核から剥離したばかりの剥片で、調整剥離は施していない。
調整剥片：素材剥片に調整剥離を加えたもの。
角柱状加工品：側面や端面に調整剥離を施したもののうち、研磨直前の未成品。
一次研磨工程品：角柱状加工品に研磨を施したもの。穿孔はない。
仕上げ工程品：ほとんど完成品に近い未成品。孔が貫通。

	原材	石核	素材剥片	調整剥片	角柱状加工品	剥片、砕片	計
個数（個）	1	83	132	132	94	4607	5049
重量（g）	1499.5	4887.5	2490.2	1211.3	735.1	5397.0	16220.6

図298　碧玉製管玉の未成品と剥片の分類例（福富Ⅰ遺跡）

間で接合した例があり、遺跡の空間構造を検討するうえでも重要な資料となっている。ただし、接合作業にはかなりの手間が見込まれるので、その意義と費用対効果を十分に考慮したうえでおこなう必要がある。

属性の記載　分類後、必要な資料について、器種や石種、色調、寸法、重量などの各属性に関する台帳を作成する。管玉や石針のように規格性の高い製品は、高精度の計測が求められるため、測定箇所や方法に一定の基準を設ける。

　玉作りの場合、石種は、製作技術や工人集団の系譜と密接に関連するので、その同定はきわめて重要である。石種の呼称は岩石・鉱物名に準じるのが原則だが、考古学で用いる呼称と一致しないことがあり、それらは凡例で明示するなど、表記に注意する。

　石種の記載には、色調のほか、必要に応じて、硬さや含有物などに関する客観的な情報を盛り込むようにする。なお、碧玉や翡翠、結晶片岩については、蛍光Ｘ線分析などによる産地同定も適宜おこなう。

実測図・写真　素材や未成品、剥片類は、通常の石器実測方法にもとづいて実測し（整理編42頁）、施溝分割部や、鉄針による片面穿孔で生じる割れ円錐など、玉作り独自の製作技術を的確に実測図で表現する（図299）。とくに、穿孔部は、穿孔方向や孔の形態、孔内の回転痕の有無によって、技術や工具、さらには年代の推定が可能なため、詳細に観察し、実測図や写真で記録する（図300）。また、石材の色調や質感などの表現には、カラー写真が有効である。

6　調査成果の検討

生産遺跡としての評価　玉作り遺跡を評価するうえでは、まず、どういった器種をどの程度生産していたかを明らかにすることが必要である。それには、玉作り関連遺物の石種別重量などを計量することにより、出土量や石種の比率を示すのも一つの方法である。また、製作技術を復元して、近隣地域の玉作り遺跡と比較検討する基礎的なデータを提示する。

　さらに、遺跡の総合的評価のためには、居住域と工房との空間的な位置関係や、工房間での工程ごとの分業などの検討をつうじて、遺跡内の空間構造を復元することも必要となる。

地域における遺跡の評価　玉作り遺跡をその地域の歴史の中に位置づけるには、まず、近隣地域の玉作り遺跡との比較検討が求められる。具体的な検討項目としては、時期と製作期間、生産の規模、作られた器種、使われた石種とそれぞれの量や比率、工房の規模と構造、製作技術、工具とその材質などがある。

　そして、こうした検討をふまえ、近隣の集落や各種の手工業生産の様相、周辺の墳墓の動向なども総合して、遺跡の歴史的評価をおこなう。

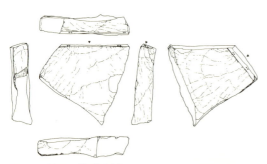

図299　管玉の施溝分割

図300　管玉の穿孔

第6節
農業関係遺跡

1 農業関係遺跡概説

水田と畑　農業関係の遺跡には、水田と畑のほか、それらにかかわる溜池や水路といった水利施設などがある。また、広義には、農耕や土地開発に関連する祭祀遺構なども含まれる。

古墳時代以前の水田や畑とその発掘方法については、発掘編(219頁)に記した。以下では、古代以降の条里型水田にかかわる事項を中心に記述するが、畦畔の検出など、基本的な作業はそれ以前の水田と大きく異なる点はない。

条里型水田　条里型水田は、古代以降の条里制にもとづく、きわめて規格性の高い耕地区画である(図301)。基本的には、耕地を一辺約654m(6町)の正方形に区画した里を単位とし、各辺を6等分した一辺約109m(1町)の方形区画を坪とする(この面積も1町とされた)。ただし、坪の一辺の長さには、ある程度の違いが見られる。

条里の数詞呼称　この里の並びのうち、一方の列(大半は横列)を条、それと直交する列を里とし、「一条一里」「三条吉野里」のように数詞や固有名詞を付して位置を表示した。

また、里の内部の坪は、一から三十六までの番号をつけて「一ノ坪」などとよんだ(図302)。坪の数詞呼称は、どの列も同じ方向に数を増していく並行式と、里の端で折り返して、数を増す方向が交互となる千鳥式があり、小字名などから、いずれの方式かを把握することができる。

坪内の分割　坪の内部は畦畔によって細分されるが、その区画方法は、短冊状に10等分する長地型と、全体を2分割したうえで、それと直交する方向におのおのを5等分する半折型がある。こうして分割された坪の1/10(1/10町)が段にあたる。それぞれの内部は、地形の起伏などにあわせて、さらに小畦畔で区画されることも多い。

地形の改変　条里型水田の成立以前は、多くが地形に即したかたちで小区画の水田を営んでいたのに対し、条里型水田では、広い範囲に整然とした方形区画を造成するため、大規模な地形の改変をおこなっている。

また、それにともない、河川の流路もあらたに掘削もしくは改修されて、条里型水田と合わせた方向に変えられた例がある。

図301　平安時代の条里型水田(池島・福万寺遺跡)

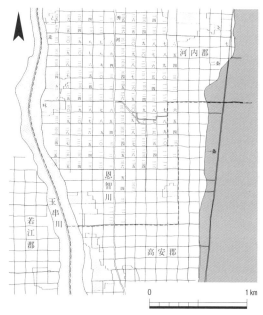

図302　条里の数詞呼称

第Ⅵ章　生産遺跡の調査

2 発掘調査の準備と計画

遺跡情報の事前収集　条里型水田では、近年、地域によっては現在まで、地割や地名などをとどめていることが少なくない。このため、調査にさいしては、できるだけ古く鮮明な空中写真などを入手し、対象地の地割や水利の状況を事前に把握しておくようにしたい（図303）。

また、地籍図や絵図などから、かつての条里の区画が把握できることもあり、小字名の調査によって、里や坪の呼称や数詞のつけ方を把握することも可能である。

池島・福万寺遺跡（大阪府・8〜19世紀）で発掘した条里型水田では、地表に見られる土地区画の方向が、基本的に平安時代まで遡る事実が判明している。現在残る条里地割の検討が重要なことを示す例であるが、現存条里と方位を異にする土地区画が確認される場合もあるので、注意したい。

試掘・確認調査　試掘・確認調査によって、条里型水田の大きな区画を認識するのは難しい。これらの調査にあたっては、坪界（坪と坪の境界）や里界に直交するかたちでトレンチを設定し、重層する水田面を遺構として確認するほか、水路や畦畔、耕作に関係するとみられる土壌層の確認やプラント・オパール分析を実施し、水田耕作などの把握に努めることが求められる。

なお、水田や畑は、洪水による砂層や火山灰層で埋没している場合は、比較的容易に検出できるが、そうした層が薄いときなどは、上層の耕作面からの影響を受け、作土そのものの表面は攪乱されていることも多いので、注意を要する。

3 発掘方法と留意点

検出方法　水田の発掘方法自体は、条里型水田であっても、古墳時代以前の小区画水田と基本的には同じである。また、畑として使用された場合は、大県郡条里遺跡（大阪府・16世紀）のように、平行する畝間溝（畝間）の存在などがその指標となる（図304）。

いずれも平面的な遺構検出が基本となるが、水田面が重層的に存在するときは、土層断面の観察により、下層の水田面を確認することが必要である。そのため、坪界に設定したサブトレンチなどで、水田の重層関係をできるだけ早く把握し、計画的に発掘作業を進めることが求められる。

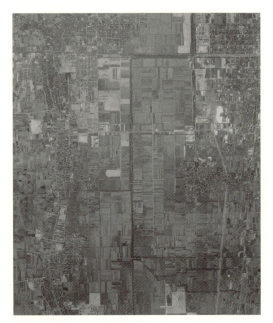

図303　地表に残る条里地割

図304　畑の畝間溝（大県郡条里遺跡）

水田面が、洪水による砂や火山灰などの堆積物で厚く覆われているさいには、畦畔を含めて、水田面全体を検出できることも少なくない。

坪内をさらに区画する小畦畔については、上層の堆積物の重みによる圧密を受け、わずか数cm程度の高まりとなっていることもある。したがって、小区画水田と同様に、土壌化が進んで水田面である可能性が高い土層を確認したときは、その畦畔の上面に近づくまで、一枚一枚、皮を剥ぎ取るように慎重に掘り下げる。

ただし、地形に制約された小区画水田とは異なり、条里型水田では、畦畔が一定の法則性をもって配置されている例が多く、ある程度はその推定にもとづいて発掘作業を進めることができる。

なお、作土層の上面と、その下面の基盤層上面の調査により、水田区画の変遷が判明することや、上面では確認できない溝が検出されることもあるので、注意を要する。

土砂などがさほど供給されず、水田面上の堆積が厚くないものでは、本来の水田面がたびかさなる耕作で攪拌され、失われていることも多い。しかし、こうした場合でも、坪界では時期ごとの変遷がとらえられることがある。また、作土層の下の基盤層上面で、継続して耕作された部分と、畦畔などのように耕作されない部分が平面的に確認できる例もあり、失われた水田面の推定が可能な場合もある。

木杭・置石　条里型水田では、坪内の区画に対応するように、坪界の畦畔に目印として木杭を打設したり、石を置いたりした例があり、坪内の畦畔が失われていても、それらにもとづいて水田区画を推測できることがある。

足跡と耕作痕　水田面からは、耕作痕のほか、足跡列が検出されることもしばしばある。池島・福万寺遺跡では、洪水による砂層の下層で検出した江戸時代の水田面に足跡列が残り、農作業の状況の一端が明らかにされている。

また、条里型水田面の場合、家畜を用いた耕作にともなう牛馬などの足跡や耕作痕が残されていることもある。畦畔などが削平されていても、こうした痕跡から地割の方向が推定できるので、注意したい。

祭祀関連遺構　条里型水田から、耕作そのものには直接関係しない遺物が出土することも少なくない。意図的に埋納された土器や、畦畔に埋め込まれた銭貨や銅鈴、土坑を掘って埋められた動物遺存体など、祭祀にかかわる遺構・遺物が検出されることもある。

土器を埋納した遺構を検出したときは、それが土器のみを埋納したものか、土器に内容物をともなっていたのか、慎重な調査が必要となる。土器の内部の土は、有機物や微細遺物の検出を念頭において調査することが望ましい。

なお、銭貨などの埋納物については、金属探知機などを用いた物理探査で、その存在を事前に確認できる場合もある。

4 調査成果の検討

時期の認定　水田は、ほかの遺構とは異なり、あらたな土砂が供給されない条件下では、継続して耕作されるため、時期的にある程度の幅をもつ。一方、砂層などの厚い間層をはさむ場合でも、その上下の水田面の時期が近接することもある。また、一般に、年代を特定できる遺物が出土することはさほど多くない。

したがって、年代の決定は、慎重な検討をへておこなう必要があり、年代を推定する場合には、その根拠を明確にしておく。

多角的な検討　池島・福万寺遺跡では、前述のように足跡列が検出されているが、条里畦畔に対して斜めに歩いた足跡の向きが、一部では条里畦畔の方向に揃い、歩幅も狭くなっている箇所が見つかった（図305）。こうした足跡は、水田に植え

第Ⅵ章 生産遺跡の調査

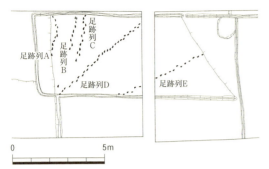

図305 水田面に残る足跡（池島・福万寺遺跡）

られた稲を避けたために生じたものと推定され、かつ、その稲がまたげるほどの背丈であったことを示唆する。したがって、この水田面の埋没時期は初夏とみられ、文献史料や絵図に残る記録と合わせて、1716年6月の洪水で埋没した可能性が指摘されている。

このように、水田自体の考古学的な調査成果とともに、文献史料や絵図などもあわせた多角的・総合的な検討を加えることで、貴重な成果を得られる場合がある。

土地開発史の把握　上記の例にかぎらず、条里型水田では、検出した遺構を文献史料や絵図、地名などと対比できることがしばしばあり、それらについての検討が欠かせない。

また、水田面を検出したときは、水田区画や栽培作物などについて検討することはもちろん、周辺の河川などの地形環境を分析し、水利関係の検討をおこなうなど、土地開発の歴史を巨視的に追究することも求められる。

とりわけ、大規模な条里地割の施工時期が把握できれば、古代の班田収授の施行や荘園開発などとの関連を考えることが可能となる。さらに、文献史料以外に、条里地割の広がりやその方位、地名などを総合的に検討することで、開発範囲を推定できる場合もある。

溜池と淡水漁労

水田と漁労　水稲農耕が開始されると、水田はコイやフナ、ナマズなどの産卵場所となった。日本列島に水稲農耕が伝えられて以降、近年にいたるまで、水田における淡水漁労は、生業の一つとして重要な位置を占めてきた。

条里型水田では、産卵で水田に入り込んだ魚を捕獲するための土坑群が検出されることもある。水田面の発掘調査は、水稲農耕とともに盛んになった淡水漁労も念頭において進めることが求められる。

溜池と漁労　久宝寺遺跡（大阪府）の溜池（15～16世紀）や池島・福万寺遺跡の溜池（11世紀後半～12世紀）からは、スッポンの遺体が多数出土している（図306）。条里型水田でしばしば検出される溜池は、水利施設であると同時に、魚を獲るしかけや蓄養の施設を設けた、漁労にも関連する遺構である可能性が高い。

図306 スッポンの出土状況（久宝寺遺跡）

第7節
その他の生産遺跡

　ここでは、前節までに触れた生産遺跡以外の、石材原産地遺跡、木製品製作遺跡、金・銀・銅などを産出する鉱山遺跡、朱生産遺跡などを取り上げる。なお、漆製品や染織品のように、遺物としては存在が確認され、製作工程もある程度復元される一方、遺跡からは生産にかかわる痕跡がほとんどうかがえないものも多い。

石材原産地遺跡　旧石器時代から現代にいたるまで、岩石を素材としたさまざまな石器や石製品が連綿と作り続けられてきた。これらの石製遺物の石種を分析し、石材原産地との関係を明らかにすることで、生産に関する技術や体制、流通などを復元できる。

　旧石器・縄文時代では、白滝遺跡群（北海道）のように、石器の素材となる黒曜石の原産地遺跡が全国に分布し、蛍光X線分析による産地同定も積極的におこなわれている。

　また、弥生時代では、今山遺跡（福岡県・弥生前〜中期）で製作された安山岩製太型蛤刃石斧の分布などをつうじて、『魏志倭人伝』に登場する九州北部の国々の関係が追究されている。

　古墳時代では、九州の阿蘇溶結凝灰岩が広く西日本一帯の石棺の石材に利用され、権力の象徴となった。

　このほか、中世では板碑の石材を採掘した下里割谷遺跡（埼玉県・13〜15世紀）や石鍋の石材原産地であるホゲット遺跡（長崎県・10〜13世紀）（295頁）、近世では石臼生産地の曲谷遺跡（滋賀県・17〜19世紀）などが代表的な石材原産地遺跡である（図307）。こうした遺跡は、範囲が広域であることから、分布調査を含めた総合的な検討が注目される。

　近世城郭の石垣については、石切丁場が全国各地で発見されている（216頁）。

木製品製作遺跡　木製品には、農具や工具、狩猟・漁労具、食膳具、家具など多様なものがある。これらの素材となる樹木の伐採から輸送、水漬け、裁断、加工といった木製品の生産にかかわる遺構は、水場・貯木遺構（発掘編221〜224頁）を除くと、発掘調査で見出すことが容易でない。

　生産量が多い鍬や鋤などの農具については、大中の湖南遺跡（滋賀県・弥生中期）や長行遺跡（福岡県・弥生前〜後期）の例のように、ミカン割りにした状態の材や、1枚の板から複数の製品を作り出す途中の未成品が、おもに弥生時代の集落の溝から出土している。木製容器は、弥生時代以降、ロクロで挽かれたものが普及した。

鉱山遺跡　鉱山遺跡は、石炭などの化石燃料を採掘したり、金・銀・銅をはじめとする金属を含む鉱石の採掘や金属の製錬などをおこなったりした遺跡である。採掘坑や露天掘りの穴、坑道、製錬炉、各種作業に従事した人々の宿舎や管理棟な

図307　石臼の石材採掘坑（曲谷遺跡）

図308　製錬所（石見銀山）

第Ⅵ章　生産遺跡の調査

ど、さまざまな施設で構成されていたと推定される。長登銅山（山口県・8世紀）や石見銀山（島根県・16世紀）が著名である。

長登銅山では、7世紀末～8世紀初めに鉱石の採掘が始まったとみられ、出土木簡から、730年前後には、銅の製錬所とともに、銅山を経営する官衙が存在していたことがうかがえる。

この遺跡では、鉱石採掘のための露天掘りの穴や坑道、製錬をおこなったと推定される多数の炉が確認され、須恵器などの土器のほか、花崗岩製の要石や槌、磨石、スギ・ヒノキの松明などが出土している。

長登銅山で製錬された銅は、木簡の記載から、本来は鋳銭司で和同開珎の鋳造に用いたと推定されている。また、正倉院文書によって、造東大寺司へ送られた長門国産の銅は、多くがこの銅山のものと考えられる。

石見銀山では、16世紀から本格的に銀の採掘を始め、採掘から搬出にいたる鉱山運営の全体像が把握された。銀は、灰吹法とよばれる東アジア伝統の製錬法で生産され、精錬された銀はヨーロッパまで流通した。

この遺跡からは、多くの坑道や露天掘りの穴、精錬所（吹屋）とみられる礎石建物のほか、鉱山労働に携わる人々の生活遺構などが確認され、灰吹き精錬に用いた鉄鍋や鞴羽口、生活用具が多数出土している（図308）。

朱・ベンガラの生産遺跡　朱（水銀朱、HgS、硫化第二水銀）とベンガラ（Fe_2O_3、酸化第二鉄）は、古来、赤色顔料として多用された。朱は辰砂とよばれる鉱物から取り出され、ベンガラは鉄分の多い粘土や岩石を焼いて作られる。

縄文時代後期の土器には、朱やベンガラを塗布したものがあり、遅くともこの頃には利用されていたことがわかる。また、辰砂やベンガラを磨って粉砕した石皿（石臼）や磨石（石杵）が全国で発見されている。

若杉山遺跡（徳島県・弥生後期～古墳前期）では、据えられたままの石臼や石杵、敲石、辰砂原石、辰砂を取り出したあとに集積された石灰岩の屑などが多数出土した。朱やベンガラの生産に関連する遺物は、一般集落でも断片的に見られるが、多数出土する場合は朱生産遺跡とよぶにふさわしい（図309）。自然科学分析なども活用して、周辺の遺跡や広域の遺跡群を含めて検討し、流通の実態を解明することが求められる。

なお、鉛を加熱・精製した丹（鉛丹、Pb_3O_4、四酸化三鉛）は、法隆寺（奈良県）などの例から、7世紀に使用されはじめたとみられる。

漆製品製作遺跡　ウルシノキから採取される漆は、縄文時代草創期以来、木製品や土器に塗る塗料のほか、石鏃を矢柄にとりつけたり、土器を補修したりする接着剤などとして用いられた。

おもに関東や東北では、縄文時代の漆容器とみ

図309　朱生産用の石臼と石杵（若杉山遺跡）

図310　漆塗りの用具（飛鳥池遺跡）

られる土器や、パレットとして使われた土器片が出土している。また、中野清水遺跡や山持遺跡（ともに島根県）などでは、専用の漆容器と考えられる弥生時代後期の土器が出土しており、漆製品が地域の特産品となっていた可能性がある。古代以降では、飛鳥池遺跡（奈良県・7世紀後半）から、漆容器やパレットのほか、ヘラや刷毛が発見されている（図310）。このように、漆製品の生産に関連した遺物が多数出土する場合は、生産遺跡として把握する必要がある。

紡織品生産　弥生時代になると、植物繊維を用いた縄文時代の編物に代わって、機を用いた織物生産が普及した。

吉野ヶ里遺跡（佐賀県）では、弥生時代中期前半～後期初頭の甕棺墓から、絹布や大麻の布片が出土している。絹布はすべて国産の生糸を用いて織られたもので、7種類もの織りの違いがあり、日本茜や貝紫によって染色されたものもある。また、経糸と緯糸の方向を違えた絹布を縫い合わせたものも発見されるなど、弥生時代の衣服の研究にとって多くの情報を提供した。

大麻や絹の繊維を紡ぐ紡錘車は、一般の集落でも出土することが多い。織機の部品である経巻具や緯打具、緯越具、腰当てなどが出土する遺跡もしばしばあり、集落内で織物生産がおこなわれたことを示している。ただし、近世以前の遺跡で、こうした織機の部品が多数まとまって出土した例はなく、紡織遺跡とよべる遺跡は今のところ確認されていない。

染色工房　古代以降には、草木などさまざまな原料による染色が発達したが、前述のように、弥生時代の織物の中にも、日本茜や貝紫を原料として染色したものが存在することが、近年の蛍光X線分析などの自然科学分析によって明らかにされてきた。植物を原料とした場合は、その採取地や生産地の特定は容易でないが、貝紫染の場合は、原料となるアカニシなどの貝殻が多量に発見される可能性もあり、注意を要する。

方言がそのまま遺跡名に

石鍋の製作　長崎県の西彼杵半島には、滑石の露頭が随所に見られる。これを利用して、10世紀末～13世紀には滑石製の石鍋が盛んに作られ、東北北部から奄美・沖縄にいたる広範囲に流通した。軟らかい滑石は加工しやすく、かつ保温性にすぐれているので、石鍋には最適の素材である。石鍋は、煮炊きに用いられるが、破損後は、おもりや温石として再加工し、利用することもあった。

滑石の採掘　石鍋は、滑石の露頭から算盤玉状にえぐり取った素材の内部を割り抜き、外側に鍔や把手を削り出して成形される。えぐり取られた露頭には穴があくが（図311）、九州では、こうした状態を「穴がほげる」「穴がほげっとう」という。そのため、方言のままに、いつしかここを「ホゲット遺跡」とよぶようになった。

図311　石鍋の石材採掘痕跡（ホゲット遺跡）

デジタル写真の保存

デジタル写真データの取扱いについては、発掘編(262頁)や整理編(186頁)でも触れているが、その後、日本写真学会と文化財写真技術研究会が共同で2012年5月に「文化財写真の保存に関するガイドライン」を発行した。これにもとづき、以下、デジタル写真の保存に関する留意点を述べる。記述にさいしては、単一の方法を推奨するのではなく、選択肢を示し、誤った方法を採用しないようにすることを優先した。

記録媒体 デジタル写真の記録では、その時点で代表的な記録媒体を使用することが求められる。また、複数のOS(コンピューターのオペレーティングシステム)で読み書きできるメディアフォーマットを選択する。2012年の時点では、以下のものが該当する

- メモリーカード(SD、CF、USBメモリー)
- ハードディスク(HDD)
- 光ディスク(CD-R、DVD-R、BD-R)

ファイルフォーマット ファイルフォーマットは、画質を重視する場合には、非圧縮画像とすることが望ましい。RAWデータの形式が統一されていないため、国際標準規格のEXIFとよばれる情報を内包できる、汎用性の高い非圧縮のTIFF形式とするのが最善である。

一方、容量を重視する場合には、圧縮画像で保存する。同じくEXIF情報を記録できる、汎用性の高いJPEG形式を選択するのがよい。

データの格納場所 デジタルデータの保管は、ハードディスクなどのローカルストレージと、別の場所に設置したサーバーにネットワークを介してアクセスするオンラインストレージ(リモートストレージ)を併用することが望ましい。

具体的には、「光ディスク+オンラインストレージ」や、経費と手間に問題がなければ、ローカルストレージを二重にした「光ディスク+ハードディスク+オンラインストレージ」による保管などが考えられる。

データの維持管理 デジタルデータは、記録媒体の劣化や故障で、データが消失する危険が常につきまとう。そのため、定期的にデータを別の媒体に複写しておくことが必要である。

また、再生装置や記録媒体の規格変更など、データが再生できなくなる事態が予想される場合には、それに合わせたデータの複写やコンバートをすみやかに実施しなければならない。

ハイブリッド保存 経費的な制約などがなければ、ハードコピーとデジタルデータの保存を併用したハイブリッド保存が望ましい。たとえば、デジタルデータとともに、それから作成した高品質なプリントアウトをアルバムなどに整理し、低湿度の冷暗所に保存する方法である。こうすることで、それぞれの短所を補完する効果が期待でき、文化財写真にとって、ハイブリッド保存は最適な方法の一つといえる。

ファイルの整理 デジタルデータの画像は、直接、目で見ることができないため、その利用にさいしては、画像データベースとの関係が切り離せない。画像データベースには各種の形態があり、構築や運営に要する経費もさまざまであるが、円滑に運用できることが大前提となる。そのため、最初は、経費などを含めて無理のない範囲で運用を開始し、データの保全と利便性に重点をおくのが現実的である。

ガイドライン なお、日本写真学会と文化財写真技術研究会が共同でまとめた「文化財写真の保存に関するガイドライン」には、さらに詳細な解説が掲載されているので、参照されたい。以下のWebページからダウンロードできる。

http://www.spstj.org/event/nissya_e_syosai_85.html

http://www.maishaken.jp/file/pres_guideline_20120518.pdf

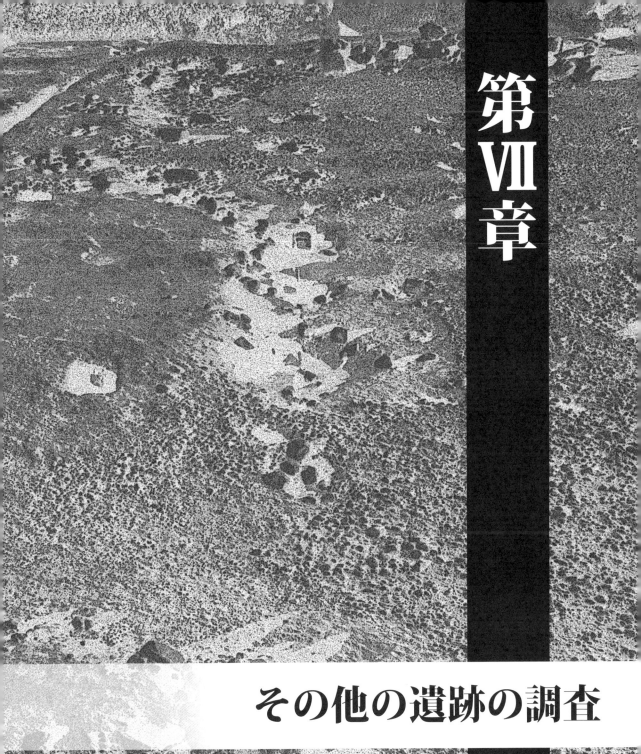

第VII章

その他の遺跡の調査

第1節
貝　塚

1　貝塚概説

貝塚とは　貝塚とは、人類が食料として採集した魚介類や動植物のうち、不要となった貝殻や骨などの残滓(ざんし)を集中的に廃棄した場所であり、貝殻がもっとも目立つことから、その名がついた。

貝塚では、貝殻などから溶脱するカルシウムによって、動物遺存体や骨角器のような有機質遺物が比較的よく遺存し、土器や石器といった生活用具の破損品も廃棄されるため、各種の遺跡の中でも情報量がきわめて多い。

これらの遺物の分析をつうじて、動植物の生態系や古環境、人類の食生活の復元も可能になることから、貝塚は「縄文時代のタイムカプセル」とよばれることもある。また、縄文時代を中心に、貝塚は墓地としても使われ、墓制や精神文化の研究対象ともなっている。

貝塚の種類　縄文時代の貝塚には、台地や丘陵の縁辺部から投棄した生活残滓からなる斜面貝塚や、柊原(ぬぎばる)貝塚(鹿児島県・縄文後～晩期)のような平坦地に形成される貝塚(図312)がある。また、径80〜100mの大規模な馬蹄形(環状)貝塚や、廃絶後の竪穴建物内などに形成される小規模な地点貝塚もある。このほか、粟津(あわづ)湖底(こてい)第3貝塚(滋賀県・縄文中期)など水中に没した貝塚もあり、貝層と堅果類層が互層をなす例が確認されている。廃棄の季節性がうかがえるとともに、貝塚の本来の廃棄状況を示すものといえる。

弥生時代以降、貝塚は急減するが、中世には浜尻屋(はましりや)貝塚(青森県・14〜15世紀)のようなアワビの加工場にともなう貝塚もあった。

貝塚の分布　現在、周知の埋蔵文化財包蔵地として登録されている縄文時代の貝塚は2,375遺跡で、8割が東日本に集中する。そのうち6割は、鹿島灘や霞ヶ浦、東京湾、相模湾の沿岸部などに密集する。一方、秋田県から山口県までの日本海側では43遺跡(全体の1.8％)と少ない。

貝塚の発掘調査は、近年、開発事業にさいしての保存協議が円滑におこなわれるようになり、多くが記録保存調査から学術目的調査を含む保存目的調査へと移行している。また、それにともない、貝塚の保存と活用が大きな課題となっている。

2　発掘調査の準備と計画

A　遺跡情報の事前収集

採集品の調査　貝塚の存在は古くから地域住民に知られていることが多く、採集品が博物館や資料館、公民館、学校などにしばしば保管されている。また、日本の考古学創成期以来、大学など多くの研究機関が貝塚を研究対象にしたため、そこに出土品が保管されていることもある。こうした遺物を事前に調査することで、貝塚のおよその年代や内容を推定できる。

分布調査　田畑の耕作などによって貝層が露出していれば、貝塚の存在を把握できる。しかし、耕地でない場合は、貝層や貝殻が地表に露出していないこともある。地表で確認できるもの以外にも、貝塚が存在したり広がったりする可能性を十分に意識した分布調査が必要である。

図312　平坦地に広がる貝塚(柊原貝塚)

また、通常、貝塚の周辺部には、それを形成した人々の居住地や水場などの各種作業場が存在するので、周辺の地形や地勢にも留意しつつ、集落構造全体を想定した分布調査が求められる。

B 試掘・確認調査による把握

貝塚の全体像の把握　貝塚の情報量は膨大であり、発掘調査でそれを抽出・整理するには、多くの期間と経費を要する。したがって、試掘・確認調査により、事前に貝層の厚さや広がり、堆積状況など、貝塚の全体像を正確に把握することが重要である。

貝塚の全体像を把握する方法としては、地中レーダー探査や比抵抗探査などの物理探査のほか、ボーリング調査などが有効であるが、試掘・確認調査によって、より精度の高い成果が得られる。

試掘坑の設定と掘り下げ　貝塚の試掘・確認調査の試掘坑は、発掘作業においても重要な役割を果たす。貝塚の発掘作業では、平面だけでなく、土層断面の観察が重要であり、それには試掘・確認調査の試掘坑を利用して、その壁面の土層断面を観察するのが一般的である。したがって、のちの発掘作業が効率的に進められるような位置に試掘坑を設定することが求められる。

ところで、試掘・確認調査では、作業期間や面積に制約があるため、一度の廃棄行為で構成される層（廃棄単位層）を正確に把握することは難しい。しかし、のちの発掘作業で得られる情報との関係が把握できるように、出土遺物の位置と層位などを正確に記録しておく。

なお、掘り下げは、表土の除去以外は人力でおこなうのが原則である。

貝塚周辺の把握　貝塚には、中里貝塚（東京都・縄文中期）のように、居住域から離れた場所で貝を集中的に加工することにより形成された例もあるが、一般に、貝塚の周辺には、貝塚を形成した人々の居住にかかわる建物や墓地、貯蔵穴、水場

などが存在した可能性が高い。試掘・確認調査では、貝塚周辺の地形や地勢も考慮しつつ、そうした集落関連遺構の確認も意識してトレンチを設定することが必要である。

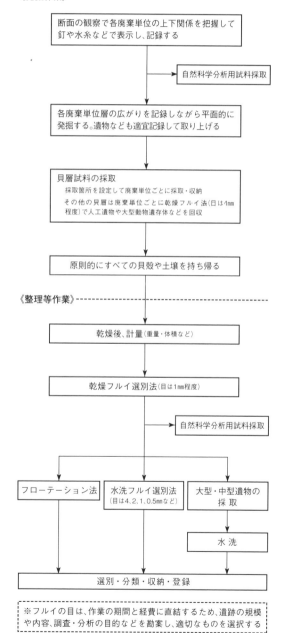

図313　発掘作業と整理等作業の工程

第Ⅶ章　その他の遺跡の調査

C　測　量

　直径80〜100m、高さ3mの環状貝塚など、貝塚には、その堆積が旧地形を改変させるほど大規模なものもある。また、斜面貝塚では貝層が広範囲に厚く堆積していることもある。

　このような貝塚の規模や特徴、立地を把握するために、地形測量（発掘編81頁）をおこなう。ただし、貝塚は緻密な計画にもとづいて形成されたものではないので、貝塚の形状や目的に応じた縮尺での測量が求められる。

D　調査計画の策定

計画の策定　貝塚の発掘調査は、発掘作業から報告書作成にいたる整理等作業まで、面積に比べて多くの期間と経費を要する。また、貝塚を構成する貝殻から土壌まで、すべてを対象とした緻密な作業が要求される。そのため、事前に作業工程表（図313）を策定して、計画的に進めることが必要である。

　発掘作業で掘り上げた貝殻や土壌は、原則としてすべて持ち帰るので、それらを袋詰めする場所や仮置き場も確保する。現地である程度の水洗や選別作業をおこなう場合には、そうした作業場も準備しなければならない。

　整理等作業では、水洗選別などの作業場や、選別した遺物の保管・管理場所を確保する必要がある。自然科学分析などをおこなうことも多く、発掘作業と同様に、かなりの経費や手間、期間を要することを十分に考慮する。

安全管理　貝塚の発掘作業では、斜面貝塚での安定した足場の確保や、深掘りによる貝層の崩落防止など、安全対策を講じる。また、貝塚では、のちの活用を目的として、貝層断面を転写することがあるが、そのさいにも崩落を防止する措置が欠かせない。

3　発掘方法と留意点

貝塚の掘り下げ　通常、貝塚の発掘では、平面直角座標系や現地の地形に則って設定した2〜4m程度のグリッド単位で、掘り下げと遺物や土壌の取り上げをおこなう（発掘編85頁）。貝塚は、基本的に、生活残滓の廃棄単位層が連続的または断続的に堆積・集積したものであり、廃棄物の一括性や複数の廃棄単位層の先後関係を確認することが重要である。

　廃棄単位層が把握できれば、層序番号をつけ、その範囲の図化（図314）と写真撮影をおこなう。そして、ほかの廃棄単位層の内容物が混入しない

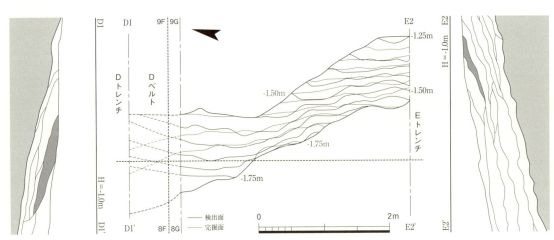

図314　廃棄単位層の図化（東名遺跡）

よう慎重に掘り下げて、遺物・土壌などを採取する。埋葬人骨や据え置かれた遺物が出土したときは、位置関係がわかるような記録を作成する。廃棄単位層が確認できない場合は、大きな層位単位で分別する。

しかし、廃棄単位層の分別を重視した発掘作業は、多くの手間と経費、期間を要するため、精度や費用対効果を考慮して、発掘面積を絞ることも検討する。

廃棄単位層の観察　貝塚の廃棄単位層は、それぞれの面積や量がまちまちで、内容物も異なっている。したがって、貝の種類・組成や完形率のほか、含まれる土壌の質や、炭・焼土の有無と量など、さまざまな要素に注目して、各層を識別する必要がある。

そのさいには、土層断面にも注意を払い、ほかの廃棄単位層との先後関係のほか、平面観察の結果との整合性も確認する（図314）。位置や規模によっては、土層断面にかからない廃棄単位層もあるが、それらは平面観察だけで先後関係を決めることになる。

こうした各層の先後関係について、層序関係図を作成しておくと、のちの整理等作業を円滑に進めることができる。ここでは、東名遺跡（佐賀県・縄文早期）の例を挙げておく（図315）。

なお、貝層の断面は、整理等作業での利用や、のちの検証作業、展示などでの活用も考えて、土層転写をおこないたい（発掘編278頁）。

試料の採取　貝塚の発掘では、そこに含まれる豊富な情報を抽出するため、通常は、土器や石器、骨角器、人骨、動物骨、貝殻はもちろん、土壌もすべて持ち帰り、微細遺物を採集する。試料採取

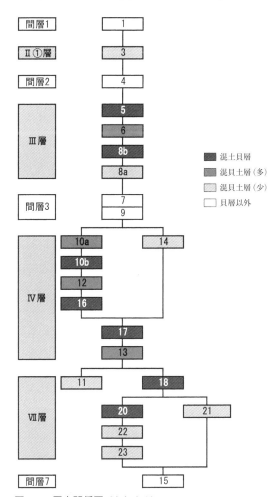

図315　層序関係図（東名遺跡）

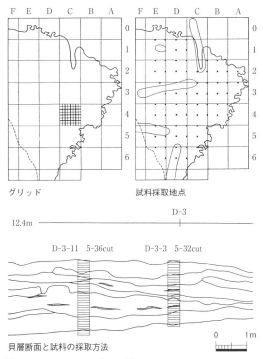

図316　コラムサンプルの採取（伊皿子貝塚）

第Ⅶ章　その他の遺跡の調査

の方法については、発掘編（268頁）で詳述しているが、採取地点と層位の正確な把握と記録に留意する。

しかし、貝塚のもつ情報のすべてを抽出するのは、費用対効果の面で現実的でない場合もある。また、保存目的調査など、かぎられた面積の発掘調査では、情報の抽出が不十分となる場合もある。このようなときは、コラムサンプル（カットサンプル）による定量分析が、貝塚のおよその全体像を把握するうえで有効である（図316）。

具体的な方法としては、まず、貝塚の規模や立地を考慮しながら、等間隔に試料採取地点を設定する。そして、おのおのの地点で、たとえば貝層を一辺25cm、厚さ5cm程度の大きさで均等かつ機械的に取り上げるか、層位ごとに採取する。そして、これから得られた分析結果をグラフなどで表現することにより、貝層の堆積状況とその変化を読み取ることができる（図317）。

4　遺物の整理

貝塚から出土する遺物には、貝類や動物遺存体のほか、土器や石器、骨角器、人骨などがある。ここでは、微細遺物の採集や自然科学分析の留意点について記述する。

微細遺物の採集　貝塚から持ち帰った土壌については、整理編（75頁）に示した方法で、微細遺物を採集する。実際の作業としては、まず現地で、10mmや5mm程度の目のフルイを用いた乾燥フルイ選別法によって選別し、その後、屋内の施設で、9.25mm、4mm、2mm、1mmまたは0.5mmなどのフルイを重ねた水洗フルイ選別法などによる選別をおこなうのが一般的である。

そして、道具類は土器や石器、骨角器など、動物遺存体は貝類や哺乳類、鳥類、魚類などに分類し、見落としがちな糞石なども分類・選別して乾燥させる。遺物の種類や部位によっては、さらに細かく分類・選別することもある。

自然科学分析　採取した試料は、動植物遺存体や古人骨の分析（整理編77頁）、遺物の材質分析（同82頁）、年代測定（同83頁）などをおこなうことで、肉眼観察だけでは得られない多くの情報を抽出できる。また、それをふまえて、さらに各種の定量分析などを実施すれば、動物生態系や古環境の復元に加えて、人間の活動や生活様式の復元が可能となることもある。

なお、貝類独自の自然科学分析としては、貝殻成長線分析がある（同80頁）。これにより、貝を採集した季節だけでなく、貝の成長速度や年齢、捕獲圧の有無も推定することができる。

5　調査成果の検討

自然科学分析の活用　繰り返し述べてきたように、貝塚がもつ情報量は膨大であり、精度の高い

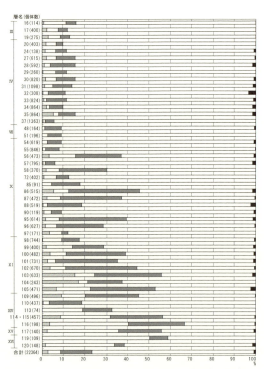

図317　層位ごとの貝類の組成（東名遺跡）

発掘調査で、その情報をできるだけ精緻に抽出することが、成果を総合的に検討するうえでの前提となる。そうした方法の一つとして、自然科学分析の活用が欠かせない。

各分野の調査成果の総合的検討　自然科学分析で得られた情報は、発掘担当者が主体となって、土器や石器、骨角器などの遺物をはじめ、貝塚と居住域の位置関係などの考古学的調査成果と総合して検討する必要がある。それによって、動物の生態系や古環境、さらには当時の人々の食生活と食物採集方法、墓制や精神文化、季節に応じた生活パターンなど、環境に適応した人々の生活様式を具体的に復元できる。

そして、周辺の貝塚や同時代の集落遺跡との関係を検討し、その貝塚を地域の歴史の中に位置づけることが求められる。

南の貝製品

日本列島には、弥生時代以降、南海産の貝から装身具を作る伝統と風習があった。

貝　輪　弥生時代の九州北部で権威の象徴とされた貝輪（貝製腕輪）の素材は、奄美・沖縄の水深10m以下の海に生息するゴホウラやイモガイという大型巻貝である。貝輪は丁寧に研磨され、1点の巻貝から1点しか作れなかった。

巻貝を採集した人々は、九州北部の鉄器などと物々交換するために、しばらくのあいだ、浜辺の土坑にこれらの巻貝を積み上げて保管した。しかし、保管場所がわからなくなったのか、沖縄本島のアンチの上貝塚のように、保管されたままの状態で発見されることがある（図318）。なお、こうした弥生時代の貝輪は、古墳時代前期の腕輪形石製品へと姿を変えていく。

貝　符　弥生時代の終わりから古墳時代にかけては、種子島の広田遺跡（鹿児島県）などの墓から、被葬者の装身具として、おもにイモガイを素材とした貝符などが多量に出土する（図319）。それらは、貝殻を小さく板状に擦り切って、表面に精巧な文様を彫り込んだものである。

貝　匙　古代になると、ヤコウガイが螺鈿の素材に用いられ、貴族が使用する貝匙（匙状の貝器）も製作された。奄美大島の小湊フワガネク遺跡（鹿児島県）は貝匙を製作した遺跡であり、未加工のヤコウガイから貝匙が完成するまでの製作工程がわかる一連の資料が出土している。

図318　保管されたイモガイ（アンチの上貝塚）

図319　貝を素材とした装身具（広田遺跡）

第2節 洞穴遺跡

1 洞穴遺跡概説

洞穴遺跡とは 波食作用や風食作用、溶食作用などにより、崖面や丘陵斜面などに形成された、一定以上の奥行のある隔絶された空間を、洞穴（洞窟）という。洞穴は、古くから人々の生活や信仰、埋葬の場として利用されてきた。一方、洞穴ほど外界から明瞭に隔絶された空間となっていないものは、一般に岩陰とよばれる。

洞穴や岩陰（以下、あわせて「洞穴」と表記）には、厚い堆積層が残り、継続的に使用した痕跡が見つかることがある。それによって、土器・石器などの形態や、洞穴利用の時間的な変化を把握できる例もある。

また、たとえば帝釈大風呂洞窟遺跡（広島県・縄文草創期〜中世）（図321）のように、洞穴の岩体が石灰岩の場合は、貝塚と同様に、溶脱したカルシウムにより、動物遺存体が残りやすく、自然科学分析をつうじた生態系や古環境、人々の食生活の復元も可能になる。

洞穴遺跡の分布とその実態 洞穴遺跡は、北海道から沖縄まで広く分布する。しかし、沿岸地域に立地する海食洞穴や、その岩体が鉱産資源として利用される石灰岩洞穴などを除くと、開発が及ばない山間地に立地するものが多く、記録保存調査がおこなわれた洞穴遺跡は少ない。

2 発掘調査の準備と計画

遺跡情報の事前収集 洞穴の形状や規模にもよるが、洞穴遺跡の中には、雨露を一時的にしのぐ空間のほか、信仰の対象や景勝地として、現代まで利用が続くものもある。そのため、古くから存在が地域住民に知られていることが多く、文献に記載されたり、採集品が公民館や学校、神社などに保管されたりしていることもある。したがって、地元での事前の聞き取り調査が欠かせない。

分布調査 開口している洞穴は容易に確認できるが、妙音寺洞穴（埼玉県・縄文早期）のように、別の遺跡を発掘するさいに発見された例もあり、埋没して確認が困難な洞穴も多い。

また、洞穴によっては、接近しにくい山岳地や急峻な岩体の中腹に開口する場合もあるので、分布調査では、地元ケービングクラブなどの協力や専門的装備が必要となることもある。

試掘・確認調査による把握 洞穴遺跡の試掘・確認調査では、アバクチ洞穴（岩手県・縄文前期）のように、洞穴の形状などを考慮して、まずグリッドを設定する（図320）。そして、発掘のさいに土層断面を観察する場所を想定し、長い距離を確保できる位置にトレンチを設定する。また、一定間隔で同じ方向の複数のトレンチと、適宜、それに直交するトレンチを設けることもある。なお、基底部の岩盤までの堆積層が数mに及ぶときもあるので、発掘作業の工程や経費を見積もるうえでは、

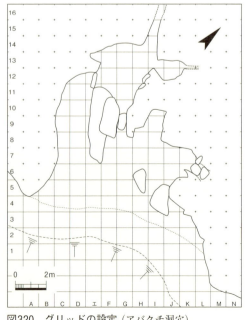

図320　グリッドの設定（アバクチ洞穴）

その深さを確認しておきたい。

このほか、洞穴の外側に、一定の広さの平坦面（前庭部）がある場合には、その試掘・確認調査も必要となる。一般に、洞穴内部と前庭部では、土壌の堆積状況や遺物、遺構の分布状況がまったく異なることが多い。そこで、塩喰岩陰遺跡（福島県・縄文草創期）のように、堆積の単純な前庭部の発掘を先行させ、層序の把握や掘り下げにある程度習熟したのちに洞穴内部を発掘するなど、効率的な作業のための工夫も求められる。

また、現在観察できる洞穴の形状は、その形成後に繰り返された岩体崩壊をへた姿であり、過去には、現在より外側に岩庇が張り出していた可能性がある。前庭部の試掘・確認調査で、かつての岩庇からの雨垂れ痕跡が確認できれば、洞穴の利用可能範囲を復元する手がかりとなる。

測量　洞穴の規模や特徴を把握するには、発掘前に、周囲の岩体を含めて、洞穴本体の平面図と断面図を作成することが不可欠である。また、平面図作成のさいに、現況での雨垂れ痕跡の位置を確認できれば、現在の洞穴内部と前庭部の境界が明らかとなり、堆積層の変化についてもある程度予測が可能となる。

一方、この段階で、洞穴の標高や至近の河川との比高を把握することも重要である。たとえば、沿岸部にある標高10m以下の海食洞穴の多くは、縄文海進期（縄文早期）に形成されたものであり、試掘・確認調査によらなくても、洞穴利用時期の上限が推定できる。また、段丘面が発達した河川流域では、洞穴の形成時期が明らかなものが多く、段丘面と河床面からの比高が同じであれば、洞穴の利用下限年代の推定も可能となる。

調査計画の策定　洞穴遺跡は、発掘作業から整理等作業にいたるまで、面積に比べて多くの期間と経費を要する。そのため、事前に作業工程表を策定して、計画的に進める必要がある。とくに、洞穴内では自然の光量が足りず、かつ粘性の高い土壌が堆積するので、発掘時に微細遺物を回収するのは難しく、通常は、現地あるいは整理等作業で、掘り上げた土壌の水洗選別をおこなう。この作業には、発掘区の掘り下げと同程度の作業量が見込まれるため、期間や経費に十分な配慮が求められる。

発掘機材　特殊な環境下にある洞穴遺跡では、特別な機材が必要となる。洞穴内部の光量不足を補うためには、ハロゲンライトや発電機などを使用する。崩落した礫が堆積層に多く含まれるときは、ピッケルなどで掘り下げるのも効果的である。石灰岩の岩体に形成された洞穴では、溶出した石灰分で堆積層が硬く固化することがあり、そうした場合にはツルハシや削岩機などを用いる。

安全管理　洞穴遺跡の発掘調査では、岩体自体や、崩落礫を大量に含む堆積層が崩落・崩壊する危険が常につきまとう。そのような危険を避けるため、岩体には落石防止用ネット、岩体直下や洞穴内部にはシェルターを設置する。また、湧水に備えて、排水の準備も欠かせない。

3　発掘方法と留意点

基本的な発掘手順　洞穴遺跡の発掘は、ほかの種類の遺跡に比べると面積が狭く、グリッドの大きさを1〜2m程度とすることが多い。塩喰岩陰

図321　洞穴遺跡の発掘（帝釈大風呂洞窟遺跡）

第Ⅶ章　その他の遺跡の調査

遺跡の発掘では、当初、1mグリッドを採用したが、遺構検出が困難で作業効率が悪いことから、2mグリッドに変更して成果を上げた。

一方、洞穴遺跡の発掘手順は、試掘・確認調査で把握した基本層序にもとづいて、掘り下げと遺物や土壌の取り上げをおこなうなど、貝塚と共通する部分が多い。また、掘り下げの過程で発見した埋葬遺構や炉、灰層などの土層の扱いも、基本的には、貝塚の廃棄単位層の場合と同様である。

なお、コラムサンプルを採取しておこなう自然科学分析も有効であるが、洞穴の堆積層は礫を多く含むので、垂直方向に連続したコラムサンプルの採取が困難なときもある。そうした場合は、途中から試料の採取位置をずらすなど、柔軟な対応が求められる。

現地での水洗選別　前述のように、洞穴内の堆積物は岩体から崩落した礫を多量に含み、礫間を充塡する土壌も粘性が高いことが多い。くわえて、十分な明るさを確保できないときもあり、洞穴遺跡では、通常の遺跡に比べると、試料採取時に見落としが生じやすい。それを防止するには、土壌の性質に合わせて、掘り下げた土壌の全量あるいは一部を、フルイや水洗で選別する必要がある。

4　遺物の整理

遺物整理の方法　洞穴遺跡の遺物整理の方法は、基本的に貝塚と変わらない。ただし、石灰岩洞穴などでは、通常の遺跡であれば遺存しない齧歯目や食虫目などの小型哺乳類の骨が多く検出されることがある。それらの種類と量は、当時の自然環境やその変化を復元するうえで重要であり、注意を要する。

自然科学分析　自然科学分析の詳細については、発掘編（264・274頁）および整理編（74頁）を参照されたい。ただ、洞穴遺跡の場合は、堆積層中の礫の含有量も多く、壁面の小規模な崩落が頻繁に起こるため、コンタミネーション（発掘編271頁）や土層の上下逆転が生じやすいことも十分に認識しておかなければならない。

5　調査成果の検討

洞穴遺跡では、遺構や遺物の考古学的な検討だけではなく、洞穴の成因と時期の特定、その後の土壌の堆積要因や堆積過程を解明することなども求められる。したがって、地理学や地形学を含めたさまざまな自然科学分析の結果をふまえ、総合的に検討する。

そして、これらをつうじて、現代にいたる洞穴の形成史を明らかにし、その中に、人々の洞穴利用のありかたを適切に位置づける必要がある。そのさいには、妙音寺洞穴や黒姫洞穴（新潟県・縄文草創期）、人ヶ谷岩陰（新潟県・縄文晩期）の報告書のように、洞穴利用の変遷を模式図で示すとわかりやすい（図322）。

浸食による洞穴の形成
更新世

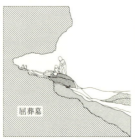
屈葬墓
縄文時代早期後半

施設の構築
石組炉
縄文時代前期中頃

洞穴入口天井の崩落
縄文時代中期末～後期

図322　洞穴の変遷（妙音寺洞穴）

湿地遺跡

湿地遺跡とは　湿地遺跡とは、包含層や遺構面が地下水で満たされ、弱アルカリ性の湿地環境が保たれた遺跡をいう。微生物による分解が抑えられて、動植物遺存体が残ることが多い。

湿地遺跡には、河川や湖沼の縁辺で枯れた植物が分解されずに残った泥炭遺跡も含まれる。また、乾燥地であっても、溝や濠、池、井戸、河川などのため、部分的に湿地環境を保持していることもある。湿地遺跡に残る情報は、時代や立地、湿地の性質によってさまざまある。乾燥遺跡に比べると、発掘調査により多くの期間と経費を要することが多いが、乾燥遺跡を中心に復元されている従来の歴史像を大きく変える情報が得られる可能性がある。

湿地の遺構　井戸や水場、貯木遺構、トイレについては、発掘編（212頁）を参照されたい。

クリ塚やトチ塚は、食用の堅果類などの残滓が捨てられて塚状になった遺構で、縄文時代に多い。

木道は、湿地に設けた道路の一種で、丸太や板材を横たえ、杭を打って固定・補強した例が縄文〜弥生時代に確認されている。

堰堤と池は、水田へ水を供給するための灌漑施設である。河川から溝を掘って水を引き、要所を杭や板材で補強して水田へ給水する。古墳時代以降、河川に設けた大規模な堰や、枯葉を敷き込んで堰堤を築いた溜池が知られている。

貯蔵穴は、水が湧く場所に土坑を掘り、堅果類や木製品・繊維製品の原材を保管した施設で、縄文〜弥生時代の西日本を中心に分布する。

発掘調査の準備と計画　沖積地や古砂丘の後背湿地、埋没谷、湖沼、河川沿いなどでは、湿地遺跡が存在する可能性がある。その堆積環境は、ボーリング調査や、国土地理院が作成する土地利用図、土地条件図などから予測できる。

湿地遺跡の発掘では、地下水対策が重要となる。湧水で発掘区の壁面が崩壊しやすいため、発掘編（62頁）で示したような、万全の対策が求められる。発掘前に湿地遺跡の存在が判明した場合は、必要に応じて発掘区の周囲に矢板をめぐらせるなどの工法も、計画段階で検討する必要がある。

発掘方法と留意点　河川や溝の埋土は、粘土層やシルト層、砂礫層などが互層をなし、透水層と非透水層を形成することが多い。したがって、発掘区の壁面は、透水層からえぐれたり、崩壊したりしやすいので、壁面に段差あるいは法面を設けて掘り下げる。また、広範囲にわたって湧水がある場合は、発掘区の周囲や土層観察用畦に沿って排水溝を掘り、そこに湧水を集めて、水中ポンプで常時排水するようにする。

泥炭遺跡では、土色が黒色系で水分がしみ出るため、日光の反射により、遺構の認識が困難になることも多い。そうした場合は、できるだけ水平に掘り下げ、遺物の平面分布や杭などの存在に注意を払いつつ、遺構検出に努める。

遺物の取り上げ　脆弱遺物や微細遺物の取り上げについては、発掘編（274頁）と整理編（74頁）で詳述した。湿地遺跡では、写真や実測図などの記録作成などのために、動植物遺存体を原位置にとどめ置くときは、直射日光に当たらないようにするとともに、空気に直接触れる機会を最小限にし、水分の蒸散による乾燥を防ぐ。

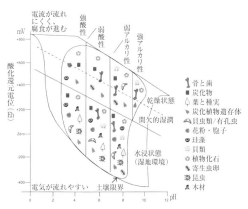

図323　土壌と動植物遺存体の遺存環境

第3節
道路・交通関係遺跡

1 道路・交通関係遺跡概説

A 道路

縄文時代の道路 縄文時代の道路跡の検出例はさほど多くはないが、寿能遺跡（埼玉県・中期）や古梅谷遺跡（神奈川県・後期）などでは、低湿地に木材や木の幹などを並べた木道が検出されている（図324）。また、元屋敷遺跡（新潟県・後期）では、集落から水場へと向かう石敷道路、三内丸山遺跡（青森県・前～中期）では、最大幅15mの道路が発掘されている。

弥生～古墳時代の道路 この時期の道路の検出例は、集落内の道路や古墳に向かう道を除くと、全国で十数例が知られているにすぎない。鴨神遺跡（奈良県・古墳中期）では、路床に小石を敷き詰めた切り通しの道路が検出されている。

古代の道路 古代には、律令国家による全国的な主要幹線道として、七道駅路が造られた。駅路は、幅がおおむね6～12mの直線的道路であり、曲金北遺跡（静岡県・8～10世紀）では、側溝心々間12mの東海道が検出されている（図325）。駅路には、静岡平野や讃岐平野、佐賀平野のように、条里の基準線となった例もある。また、郡衙と郡衙、郡衙と国府をつなぐ官道も設置され、それにあたる直線的な道路も見つかっている。

古代の道路は、加都遺跡の例（兵庫県・8～10世紀）のように、低地では盛り土（図326）、丘陵は切り通しとするなど、直進性を強く志向する。

中・近世の道路 中世の代表的な道路には、鎌倉街道とよばれる、鎌倉を中心とした道路網などがある。路線は、古代の官道を踏襲しているところもあるが、自然地形に沿った無理のない道筋をとるのが特徴である。中世の道路は、古代の官道に比べると幅が狭い傾向があるが、なかには10m

図325　東海道駅路（曲金北遺跡）

図324　低湿地の木道（古梅谷遺跡）

図326　湿地に造成した道路（加都遺跡）

を超える規模のものも存在する。

13世紀には、路面に石を並べた石畳道が出現し、近世以降に一般化する。

近世の道路で発掘された例は少ないが、徳川将軍の御成道とされる御成街道（千葉県・17世紀）は、盛り土工法による大規模な道路であったことが判明している。

B 交通関係遺跡

古代 代表的な交通関連の施設としては、駅家や関、津、渡、烽、布施屋などがあり、郡衙の館や厨家も公的な交通施設としての機能を果たしていた。これらについては、第Ⅳ章（148頁）を参照されたい。

駅路成立以前の交通関係施設については、ほとんど知られていないが、『日本書紀』には585年に「海石榴市亭」、646年に「関塞」「駅馬」「伝馬」などが見える。粟原カタソバ遺跡（奈良県・7世紀前半）では、峠の登り口付近の丘陵斜面を切り崩して造成した平坦面で、大規模な掘立柱建物が検出され、交通路との関係が指摘されている。

中・近世 中世以降、交通の管理は、基本的に在地領主がおこなっていた。代表的な交通関係施設としては関があるが、関は城館と一体のものとして機能したと考えられている。また、主要街道に沿って宿場町や茶屋が設けられるなど、交通と密接にかかわる町や村が出現する。さらに、中世以降は道標の整備が進み、一里塚など、さまざまな石造物が街道沿いに置かれるようになった。

2 発掘調査の準備と計画

A 遺跡情報の事前収集

歴史地理学的方法の利用 通常、道路は、平行する2本の溝や通行痕跡などから、それと認識されるが、事前に道路の存在を想定していないと、部分的な発掘だけでは、そうした情報を抽出できず、道路と認定しがたいことも多い。

道路の存在を予測するためには、歴史地理学的方法が有効である。たとえば、駅路の路線は、駅家や国府・郡衙との位置関係をはじめ、「大道」「車路」「馬屋」といった小字名、地割や旧村界線などから復元されている。山陽道や西海道のように、現在でも旧道や切り通し、地割に直線的な道路痕跡をよくとどめるものがあり（図327）、地形図や地籍図、空中写真、地名などがそれを知る手がかりとなる。

発掘成果による復元 発掘成果の蓄積により、駅路の路線を復元できることもある。駅路の直進性にもとづいて復元する方法であり、福岡平野の西海道や群馬県内の東山道の路線の一部は、複数の発掘調査で検出された同じ走向の溝をつなぎ合わせることで推定されている。

史料や伝承による復元 旅の行程や往来のようすを記した日記・紀行文・歌謡などの文献史料、伝承、絵図からも、当時の道路のありかたの一端が知られる。とくに、中世以降は、主要街道沿いに道標や石造物が多く残るので、これらの記事に見える移動経路を、実際の道路や地図と比較的容

図327 西海道駅路の痕跡（佐賀平野）

第Ⅶ章 その他の遺跡の調査

易に対照できることが多い。絵図などに描かれた道路が、地籍図や地形図との照合作業によって、すでに比定されている例もある。

B 試掘・確認調査による把握

推定路線の検証 道路を対象とした試掘・確認調査の多くは、歴史地理学的方法などで推定された路線を検証するために実施されている。東京都や佐賀県では、駅路の路線復元を目的とした調査を計画的におこない、成果を上げている。

これらの調査は、道路側溝の検出を目的として実施することが多い。しかし、必ずしもすべての区間で道路に側溝がともなうとはかぎらず、側溝が検出されない場合も、道路が存在しなかったとは即断できないことに注意する。

試掘・確認調査での道路の認定 ほかの情報がまったくない状態では、部分的な試掘・確認調査だけで道路と認定するのは難しいことが多いが、道路と判明することもごくまれにある。

たとえば、黒井峯遺跡(群馬県・古墳中期)のように、軽石層や火山灰に覆われたものでは、その下で、道路が帯状の硬化面として検出されることがある。また、石畳などの路面舗装や、通行を示す轍などが検出された場合は、道路と認定できる。このほかに、後述する波板状凹凸面も、そこが道路であった可能性を示す痕跡である。

3 道路の構造と諸要素

A 道路の呼称と構築法

道路の部位と呼称 道路のそれぞれの部位を示す考古学用語は確立されていないため、現在の土木工学の用語を用いて示すことが多い。

現在の道路は、表層・路盤・路床の3層からなる。表層の表面、すなわち人や車が通る面を路面とよび、路面の端から道路の法面にかけての部分を路肩とよぶ。

古代道路の構築法 発掘調査では、平行する2本の側溝だけが検出されることが多く、道路の基礎構造が知られる例は少ないが、低地部では盛り土、丘陵を横断する場合などは切り通しによるのが一般的である。

盛り土の方法は多様であり、単純に土を盛っただけのものから、盛り土の中に石や木を混ぜたもの、恋ヶ窪遺跡(東京都・7世紀末)のように、赤土と黒土を交互に積んだものなどもある。

B 道路の基礎構造

路面 長期間にわたって使用される道路では、構築や補修、改変にともなう痕跡と、通行などにより形成された痕跡とが、複雑に重なり合って認められることがある。そのため、明瞭な舗装をおこなった石畳道などの例や、轍のような通行痕跡が検出された例を除くと、路面を認定しにくい場合が多い。また、路面を認定できたとしても、それは廃絶時の路面であって、構築当初の路面が削平されたり、往来などによって攪乱されたりした可能性も考えられる。

路面を造るさいに、透水性のよい土壌を持ち込んでいることがあり、鴨神遺跡をはじめ、古代道路でもいくつかの例が知られている。このほか、新免遺跡(大阪府・古墳中期)の例や山陽道(京都

図328 波板状凹凸面(東の上遺跡)

府ほか・8世紀)のように、路面に土器片や小石を敷いたものも見られる。また、路面に板材を並べることもある。飛鳥浄御原宮(奈良県・672～694年)や寺院の参道など、特別な空間に設けた道路では、路面に石を敷いた例もある。

なお、古墳時代から近世にかけての道路の一部には、東の上遺跡(埼玉県・7世紀後半)のように、円形や楕円形の土坑が一定間隔で並ぶ、波板状凹凸面とよばれる遺構が残ることがある(図328)。それらの性格については、枕木やコロの痕跡、路床の改良、牛馬の歩行痕跡など、いくつかの説が提示されている。

路盤　古代には、小礫混じりの土を積んで道路を造った例が、砥見樋ノ口遺跡(福岡県・8世紀)や久我畷(京都府・9世紀)で確認されている。また、石畳道の中には、路面と路床との間に小石や砂を敷いたものがある。

路床　古代の道路で、路床に何らかの造作を施した例としては、西吉見古代道路(埼玉県・7世紀後半)がある。この道路では、軟弱地盤を掘り込んで、土壌を入れ替えるなどの地盤改良がおこなわれている。これと同様の工法は、鴨神遺跡の古墳時代の道路でも確認されている。

また、阿倍山田道(奈良県・7世紀)や恋ヶ窪遺跡では、路床に多量の枝葉を敷いて盛り土した、敷葉(敷粗朶)工法が確認されている(図329)。

図329　敷葉工法(阿倍山田道)

C　道路にともなう遺構

側溝　側溝は、道路を認定するさいの目安となるが、すべての道路にともなうものではなく、古代道路でも、盛り土による道路や切り通し部分では、側溝のない例が目立つ。

また、排水機能をもつ側溝は少なく、道幅を画定する役割を果たしているだけのものが多い。東山道武蔵路(東京都ほか・7世紀末～8世紀初め)などの側溝は、細長い土坑を連ねたような形状を呈する。石組の側溝は、7世紀初めから認められるが、都城や寺院内などの特別な空間にほぼ限定され、一般化するのは戦国時代以降である。

街路樹　史料によると、平城京(奈良県・710～784年)の朱雀大路などには街路樹として柳が植えられ、8世紀後半には、駅路の両側に果樹を植えさせたことが見えるが、まだ発掘調査で明確に確認された例はない。

立石・丁石・一里塚　近世の主要街道には、旅人のための里程標として、1里(約3.9km)ごとに塚が設けられた。また、高野山や多武峰などの参詣道には、目的地までの距離を示す丁石(町石)が置かれた。古代駅路にかかわる「立石」という地名の中にも、同様の役割を果たした道標にあたるものがあったと考えられている。

これらは、道路の路線を復元するうえで重要なだけでなく、それ自体が信仰の対象とされていることもあり、道路の往来にちなむ人間活動の一端を探る資料として留意したい。

4　発掘方法と留意点

土層断面の観察　道路は、長期間にわたって使用された場合、複数の路面や補修面のほか、条件がよければ基礎工事の痕跡が残ることもある。これらすべてを、最初から平面的に検出するのは容易でないので、早めに土層断面を観察し、ある程

度の目安を得てから、平面での検出作業を進めるのが効率的である。

断ち割り調査　路面下には、波板状凹凸面や、大宰府（福岡県・7世紀後半〜12世紀初め）の推定朱雀大路で検出されたような棒状工具による圧痕が存在する場合がある。こうした遺構と路面との関係を検討するためには、早い段階で断ち割り、道路検出面以下の情報を把握する必要がある。

掘削用具痕の確認　東山道では、側溝の底から掘削用具痕が検出された例があり、側溝が掘削後すぐに埋まったか、埋め戻されたことを示している。こうした痕跡は、掘削用具本体や側溝の機能、土木工法を考える重要な手がかりとなる。

硬化面の把握　意図的に土を入れるなどして路面を舗装した例は、しばしば確認されている。

路面の硬化面は、人工的なものと、通行によって自然に形成されたものとがある。硬化範囲は、路面上を帯状に細長く伸びる例と、両側溝の間が全体に硬化している例があり、前者が通行の結果とみられるのに対して、後者は路面舗装にともなう可能性がある。したがって、硬化面が確認されたときは、その範囲や、硬化面を形成する土壌の状態などを観察し、形成要因の解明に努める。

なお、硬化面の認定では、硬化面とそれ以外の部分との硬さの違いを、できるだけ客観的なかたちで提示するのが望ましい。

波板状凹凸面の観察と記録　波板状凹凸面については、それが存在する部分の土質と縦横の断面のほか、凹凸のある底面や側面の加圧痕跡の有無、凹部に堆積した土壌の状態などを十分観察し、記録を作成することが必要である。

5　調査成果の検討

路線の復元　道路の検討では、個々の遺構の構築法を明らかにすることはもちろん、路線を復元するという視点も忘れてはならない。一つの地点の発掘成果だけから路線全体を復元するのは不可能であるが、検出した道路の走向や周辺の地割、遺跡分布、さらには歴史地理学的な調査による成果なども総合的に検討して路線を復元し、将来の発掘調査に備えることが望ましい。

時期の認定　通常、道路は廃棄の場として利用されることは少なく、清掃や改変を受けながら、長期間にわたって使用されることが多い。このため、側溝や路面などから出土する遺物の時期は、必ずしも道路の敷設時期に直結するとはかぎらない。そうした遺物については、出土状態や周辺の状況を視野に入れながら、ほかからの混入の可能性も含めて検討し、道路との関係を確認する必要がある。

したがって、時期の認定にあたっては、道路側溝や路面から出土した遺物の検討に加え、道路の路盤や波板状凹凸面の埋土からの出土遺物や、道路とほかの遺構との重複関係の分析をつうじて、時期を絞り込むことが欠かせない。

さらに、道路と方向を同じくする沿線の建物や、駅家・関といった交通関係施設など、明らかに道路にともなう施設の検討も重要となる。そうした関連施設の設置時期は、道路を敷設した年代の下限を示す手がかりとなるからである。

また、かりに、道路の時期を特定できるような成果が得られたとしても、部分的な付け替えなども考えられるので、一つの地点のみの調査成果で路線全体の時期を決定することはできない。推定される路線に沿って存在する遺跡の性格や時期的な変遷などにも注意を払い、慎重に検討することが求められる。

このほか、道路の規模の変更や廃絶時期などについての検討も不可欠であり、調査で得た情報を的確に整理して報告する必要がある。広域にわたり、線として存在した道路の性格や時期は、点のかたちで得られた情報を集積し、分析を加えることにより、初めて把握することができる。

第4節
庭園遺跡

1 庭園遺跡概説

A 庭園遺跡の特徴

庭園とは　庭園とは、祭祀や儀式、饗宴、逍遥、接遇などの場、あるいは鑑賞の対象として、一定の時間的・空間的美意識のもとに造られた屋外空間である。その築造には、おもに土、石、水、植物などの自然材料が用いられる。

このため、庭園は時間の経過とともに変化するという性質を備えている。そうした変化は、改修など人為的なものと、地形の変形や植物の生長・枯損といった自然的なものとがある。したがって、現存する歴史的庭園でも、築造当初とは大きく姿を変えている場合が少なくない。

庭園遺跡の意義　一方、地中に埋まった庭園遺跡は、埋没する過程で、ある程度壊れたり、重要な構成要素である植物が消失したりもするが、庭園として意図的に改変されることはなく、地割や石組といった庭園の骨格部分は地中に残る。これらが検出されれば、少なくともその庭園が遺跡となった時代のようすを知ることができ、庭園史研究における意義はきわめて大きい。

B 庭園遺跡の形態と機能

庭園のかたち　庭園遺跡の発掘調査によって明らかになるのは、まずその形態である。

庭園遺跡の遺構には、池、滝、建物など多様な構成要素があり、それらが複雑な形状を示すという特徴がある。築山のように、本来高まっていた部分は削平されていることも多いが、池や流れ(遣水)などのくぼんでいた部分は、遺構として残りやすい。庭園の重要な構成要素である石も遺存する場合が多く、当初の位置をとどめているものも少なくない。

また、植物遺存体の分析などから、往時の庭園の植栽も推定できる。

したがって、庭園遺跡は、遺構や遺物の遺存状況が良好であれば、庭園本来の姿を復元するうえで決定的な資料を提供するものとなる。

庭園の使われ方　庭園の機能については、文献史料から多くの情報を取得できるが、遺構や遺物から得られる情報も少なくない。たとえば、蛇行する遣水遺構などは、曲水宴の場であった可能性を示し、出土した土器により、庭園を舞台とした饗宴を推定できることもある。

C 庭園形態の変遷

庭園の形態は、求められる機能によって変化する。さらに、同様の機能が要請されたとしても、風土と時代、また施主や作庭家などによって形態は異なる。ここでは、日本における庭園の形態の変化を略述する。

飛鳥時代　飛鳥時代の庭園は、近年の発掘調査で形態が明らかになってきた。須弥山石や石人像の出土で知られていた石神遺跡(奈良県・7世紀後半)の方形池はその代表例である(図330)。

飛鳥の宮殿あるいは貴族の邸宅にともなう庭園は、方形など幾何学的形状をもつ池と、石積の護岸、精巧な加工を施した石造物の存在という形態的特徴を備える。これらは、朝鮮半島の百済から伝来した技術によるものとみられる。

奈良時代　奈良時代の庭園も、平城宮や平城京(ともに奈良県・710～784年)の発掘で、曲線的な輪郭をもつ池と、緩勾配の岸辺に礫を敷き詰めた州浜などの護岸、自然石の景石や石組、といった形態的特徴をもつことが判明してきた。

飛鳥時代とは一変したこのような庭園形態は、唐の影響を受けつつも日本で独自に確立されたものであり、以後の日本庭園の原形をなしたと評価されている。とりわけ、改修後の平城宮東院庭園

第Ⅶ章　その他の遺跡の調査

図330　飛鳥時代の庭園（石神遺跡）

図331　奈良時代の庭園（平城宮）

図332　平安時代の庭園（平等院）

図333　室町時代の庭園（江馬氏館）

（8世紀後半）は、きわめて完成度の高いものとして注目される（図331）。

平安時代　日本庭園の形態は、平安時代になると、さらに洗練される。そして、水源に恵まれた平安京（京都府・794年〜12世紀）一帯の立地を基盤に、池や遣水、泉、滝といった水の意匠が、石組などとともに、多様な展開を見せた。

こうした状況は、文献史料から推察されていたが、発掘成果もそれを裏づける。また、貴族の寝殿造住宅や浄土教寺院などで、建物と庭園の関係について一定の規範が確立したことも、平安時代の庭園を考えるうえで重要である。平等院（京都府・11世紀）の発掘では、阿弥陀堂前の曲池の岸の州浜を、緩勾配の岸に小石を敷き詰める手法で仕上げたことが判明している（図332）。

鎌倉〜室町時代　鎌倉時代には、貴族の邸宅などで平安時代の庭園形態がほぼ踏襲される一方、中国から禅宗寺院の伽藍形式がもたらされ、庭園にも大きな影響を与えた。地域的には、鎌倉を中心とした関東での作庭活動が盛んになる。

室町時代になると、水を用いない庭園様式の枯山水が確立するなど、様式的にも多様化が進み、池庭においても石組護岸や石組が発展する。また、この時代には、城館や寺院での作庭が全国に広まった。一乗谷朝倉氏遺跡（福井県・15〜16世紀）や江馬氏館（岐阜県・15世紀後半〜16世紀初め）、大内氏館（山口県・15〜16世紀）などでは、発掘調査により、さまざまな庭園の実態が明らかになっている（図333）。

安土桃山〜江戸時代　安土桃山時代には、侘び茶の大成にともない、飛石・蹲踞・石灯籠などを要素とする茶庭（露地）の形式が整った。

江戸時代になると、池庭の形式を基盤に、茶庭の要素や枯山水的意匠も取り入れた大規模な回遊式庭園が成立する。また、概して政治的安定が保たれたこの時代には、階層的にも地域的にも大きく広がった施主層によって庭園が造られた。

2 発掘調査の準備と計画

A 遺跡情報の事前収集

遺存地形と地上遺存遺構の測量 池や遣水を示すくぼみのほか、築山や野筋(のすじ)、建物の礎石や景石などは、庭園の形態を推定する有力な手がかりとなる。そのような地形や遺構が地上に遺存する場合は、発掘前に地形測量をおこない、記録に残しておくことが必要である。

文献史料・絵画資料の利用 文献史料や絵画資料に庭園の記録が残り、そこから庭園の所在地や形態、周辺環境に関する情報を取得できることもある。これらは発掘の大きな指針となる。

地中レーダー探査 石を重要な構成要素とすることが多い庭園遺跡の概要を把握するには、地中レーダー探査(発掘編90頁)が有効である。とくに、近年は性能の向上が著しく、地表からの深さを特定したデータも得ることができる。このため、試掘・確認調査で遺構の手がかりがつかめている場合などでは、いっそう効力を発揮する。

B 試掘・確認調査による把握

不規則で複雑な形状をもつ池などの汀線は、まず、トレンチによる試掘で、その広がりや方向、意匠などを確認し、それにもとづいて調査方針を決めるのが望ましい。

C 調査計画の策定

調査期間と経費 庭園遺跡は、構成要素が多様で、形態も複雑なため、発掘調査に予想以上の期間や経費を要することも多い。したがって、余裕のある調査計画が求められる。

また、庭園遺跡の発掘調査では、州浜や敷砂の観察などきめ細かい作業が要求されるほか、植物遺存体の自然科学分析なども必要となるので、これらを見込んだ調査計画を立てる。

排土・排水計画 排土処理は、ほかの種類の遺跡を発掘する場合と大きく異なるところはない。一方、排水については、池などのくぼんだ遺構が滞水によって壊れないよう、綿密な計画を立てることが求められる。

また、庭園遺跡では、遺構面を浸食する湧水や、力学的に不安定な斜面状遺構や石組遺構も少なくない。これらに対しては、水中ポンプや土嚢(どのう)を設置するなど、遺構の崩壊を防止するための適切な措置を講じる。

専門家との連携 遺構の解釈にあたっては、庭園史の専門家と十分な連携をとり、現地で適宜助言を得るのが望ましい。また、植物・昆虫・石などの自然科学分析の専門家の協力を得る体制を整えておくことも重要である。

3 発掘方法と留意点

庭園遺跡の基本的な発掘手順は、ほかの種類の遺跡と同様である。

A 掘り下げの手順

表土の除去 庭園遺跡には築山や立石、石組などの遺構が含まれ、かつ遺構面に起伏があるため、表土の除去でも慎重な掘り下げが必要となる。遺構面が相当深いと判明している場合などでは、調査員の立ち会いのもとで重機による掘削をおこなうこともあるが、通常は人力で掘り下げる。

土層ごとの掘り下げ 池などの堆積土の掘り下げにさいしては、サブトレンチを設けて層序を確認し、層位ごとに掘り下げる。層序区分が難しい場合には、上層・中層・下層などのように人為的に区分して掘り下げる。また、池の堆積土には、植物遺存体などが含まれていることが少なくないので、できるだけ試料を採取し、自然科学分析をおこなうようにする。

B 遺構の検出

水関連の遺構　池や遣水では、護岸と底部を検出する必要がある。護岸には、石組や石積、州浜、乱杭（木杭）のほか、遺構として残りにくい草付きなど、さまざまな種類がある。発掘担当者は、こうした作庭手法に関する知識を身につけておくことが望ましい。さらに、庭園の改修で護岸や底部の構造が変更され、それが遺構の重なりとして残っている場合もある。そのさいには、上層遺構を保存しつつ、下層の状態をサブトレンチで確認する方法をとるのが原則である。

現在も水が湧き出している湧水（泉）などでは、排水作業をしながら遺構を検出することになる。すでに水が出なくなっている泉跡でも、湧水地点に据えられた曲物などが残っていることがあるので、注意が必要である。

盛り土関連の遺構　築山や緩やかな起伏をつけた野筋など、高まりをもった遺構については、不用意に削平してしまわないよう、慎重な作業が求められる。また、敷砂なども、注意深い観察と精査を要する遺構である。

石関連の遺構　景石や石造物、石組、石積、飛石などの遺構は、平城京の発掘例（図334）が示すように、一般に比較的堅牢であるが、石種によっては風化の進んだものもあり、慎重に取り扱う必要がある。また、立石であった景石が倒れて伏石に見える場合もあるので、注意したい。

建物関連の遺構　礎石や束石、柱穴などの遺構検出の方法については、第Ⅲ章（116頁）や発掘編（180頁）を参照されたい。ただし、庭園遺跡では、池に張り出す建物や橋などの遺構が、柱根を含めて良好に遺存することが少なくないので、注意を要する。

植栽関連の遺構　根や株、植栽にともなう穴など、植栽に関連する遺構は、概して遺存状況はよくないが、不整形の土坑が検出された場合は、植栽にかかわる遺構の可能性も念頭におく。

C 遺物の取り上げ

動植物遺存体　池の堆積土などでは、樹木や種実といった植物遺存体や昆虫遺体などが遺存することも少なくない。これらを採取するさいには、植栽の位置や周辺の植生環境を推定する参考資料とするため、採取地点を記録しておく。

土壌試料の採取　花粉分析や珪藻分析からも植生や水環境を推測できるため、池の堆積土などの土壌試料を採取する。

上記の動植物遺存体や土壌試料の採取方法については、発掘編（268頁）を参照されたい。

D 記録の作成

平面図の作成と標高測定　発掘の最終段階などでは、平面図の作成と、高低差が復元できる密度の高い標高測定をおこなう。たとえば、庭石では、もっとも高い点以外に、数点の標高を測定することで、形状を一定の精度で記録できる。

三次元レーザー測量と写真測量　三次元レーザー測量（発掘編239頁）や写真測量（同236頁）は、短時間で高精度の情報が得られるうえに、前者ではさまざまな角度からの図化が可能であり、庭園遺跡ではとくに効果的である（図335）。

ただし、これらの方法を用いた場合でも、石組などの主要部分については、実測図や略測図を描き、観察所見を付しておくことが望ましい。

図334　池の石組（平城京）

図335　三次元レーザー測量の成果例（平城宮）

写真撮影　写真は、複雑な形状をもつ庭園遺構を記録する手段として重要である。空中写真撮影などによる全景の平面写真に加えて、地上撮影による全景と部分写真が必須となるほか、庭石や石組では四周からの立面写真、多方向からの斜め写真など、庭園景観の復元のために必要な写真を撮影することが求められる。

4 遺物の整理

建物・工作物関連の遺物　建物や工作物に関連した遺物は、庭園における建物の位置づけや視点場、池、流れなど、ほかの要素との関係を考える資料となる。

瓦塼については、屋根に葺いた瓦だけでなく、舗装用の塼などにも注目したい。木製の部材や建築用金具類は、庭園を構成する建築物の格式や意匠を推定する手がかりとなる。

土器・木製品　土器や木製品といった遺物も、庭園がどのように利用されていたかを知るうえで重要である。

たとえば、祭祀用の土器や木製品が庭園遺跡で出土すれば、そこが祭祀の場として用いられた根拠となる。また、中世の庭園遺跡では、土師器の食膳具が大量に出土する例があり、それらは饗宴がおこなわれたことを示している。このほか、木製の小舟などが出土し、苑池での遊興の一端が推定できた例もある。

自然科学分析　庭園の植栽や周辺を含めた植生、庭園築造にかかわる歴史的情報を得るため、採取した植物遺存体の同定のほか、土壌試料による花粉分析や珪藻分析、庭石や石組の石種と産地の同定などをおこなう。これらの分析方法については、整理編（74頁）を参照されたい。

なお、池などの水環境の把握には、水生昆虫遺体に関する分析も有効である。植生をはじめとした環境復元に重きをおく欧米の庭園考古学では、昆虫遺体分析も重視されており、日本でも今後、庭園遺跡の発掘では念頭におく必要がある。

5 調査成果の検討

遺構変遷の把握　冒頭で述べたように、庭園は時間の経過とともに変化するという特質をもつ。こうした変化のうち、地割や地形、石組などの変化は、遺構の変遷を丁寧に把握することによって明らかにできる。

植生環境の復元　庭園の植栽を復元するうえでは、発掘調査や自然科学分析から得られる情報には限界がある。たとえば、花粉には風媒や虫媒による量の偏りなどがあり、また昆虫は移動するので、それらの分析・同定結果を、庭園のようなかぎられた範囲での植生復元に直結させることはできない。しかし、動植物遺存体の同定結果を、文献史料や絵画資料から得られる情報などとあわせて検討することにより、庭園内外の植生環境をある程度復元できる。

総合的な検討　庭園の機能については、その庭園遺跡に関する文献史料が一つの手がかりとなるが、それがない場合でも、遺構や遺物など、発掘調査で得られた情報を総合的に検討することで推定可能なことが多い。

また、庭園遺跡の発掘調査結果を総合的に検討することは、復元整備の根拠を提示するうえでも不可欠の作業である。

第5節 祭祀・信仰関係遺跡

1 神社

社殿 神社は、本来「カミノヤシロ」と訓読され、「神がいますところ」を意味する。

神道や神社建築史によると、古くは、仮設の社殿を造って祭祀を執行していたが、6世紀以降、寺院建築の影響を受けて、常設の社殿が造営されるようになったとするのが通説である。

そうした典型的な例が大神神社（奈良県・7世紀以前）で、本殿はなく、三輪山を神体山とし、その前面に拝殿が設けられている。

境内地 境内地には、本殿と拝殿、神饌所、社務所、鳥居、瑞垣といった建築のほか、参道や玉石敷、井泉、川、神体山、磐座、神木、鎮守の杜、禁足地などがあり、平安時代以降に神仏習合が盛んになる過程で、仏堂や塔、放生（方丈）池などが加わった。ただし、これらすべてを完備しているのは、大規模な神社にかぎられる。また、1868年の神仏分離令によって、多くの神社の境内から仏教色は払拭された。

なお、神社の中には、境内に末社や摂社とよばれる建物があるが、その多くは、20世紀以降に近隣の神社を合祀したものである。

本殿建築 祭神が鎮座する建物を本殿という。本殿建築では、賀茂神社（京都府・8世紀以前）のような流造と、春日大社（奈良県・8世紀）を代表とする春日造が形式的に古いとされ、これに大社造や住吉造、神明造、八幡造などが加わる。権現造は比較的新しい形式である。

流造と春日造の建物は、井桁に組んだ木枠（土台）の上に載る土台建物が多い。ただし、発掘例では、宮の平遺跡の丹生川上神社上社の前身となる基壇（奈良県・12世紀末）などの礎石建物（図336）や、青木遺跡の美談神社前身遺構（島根県・8～9世紀）のような掘立柱建物もある。

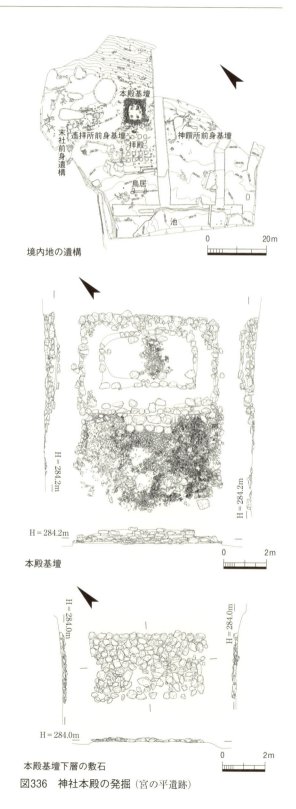

境内地の遺構

本殿基壇

本殿基壇下層の敷石

図336 神社本殿の発掘（宮の平遺跡）

遷宮と遷座 伊勢神宮（三重県・7世紀以前）などでは、定期的に社殿の建て替え（造替）をおこなっており、これを式年遷宮とよぶ。遷宮とは、境内地の範囲内で社殿が移動するものをいう。出雲大社（島根県・7世紀以前）境内の発掘では、13世紀の前身建物の、3本をたばねた掘立柱の巨大な柱根が確認されている（図337）。

一方、遷座は、境内を離れて異なる場所に社殿が移ることをいう。山上にあった神社を山麓に移した場合は、それぞれを奥宮、里宮とよぶことが多い。また、熊野本宮大社（和歌山県・8世紀以前）のように、災害によって遷座した例や、地元の有力者の意向により遷座した例もある。

社殿発掘時の留意点 現存する社殿の移転や建て替え、解体修理などにともなって発掘調査を実施するさいには、以下の点に留意する。

社殿がほかから遷座したものでは、前身遺構が存在しないことがある。一方、過去に建て替えがおこなわれた神社では、前身となる遺構が存在することが多い。したがって、事前に、史料や伝承、絵図などから、遷座と遷宮に関する歴史的情報を得るようにする。また、流造や春日造のように、土台が地面の上に直接置かれたものは、痕跡が残りにくいため、とくに慎重な発掘が望まれる。

社殿遺構の認定 境内地で検出された建築遺構は、多くが社殿に関連するものと推測できるが、旧社地の伝承などがない場合、建築遺構を社殿と判断するには、いくつかの条件が必要となる。

たとえば、桁行1間・梁行1間の建物は一間社春日造、桁行3間・梁行1間で平側に廂がつく建物は三間社流造、桁行2間・梁行2間の総柱建物は大社造とそれぞれ柱配置が共通しており、検出した建築遺構の柱掘方や礎石がこうした配置をとる場合は、本殿にあたる可能性を念頭におく。

もっとも、これだけでは社殿と即断できないが、建築遺構の周囲から神社にかかわる木簡や墨書土器などの文字資料、あるいは、青木遺跡や塩津神社の前身遺構である塩津港遺跡（滋賀県・11～12世紀）のように、絵馬や神像などの神社特有の遺物が出土すれば、社殿である蓋然性は増す。

また、それらの遺物が出土しない場合でも、周囲に同時期の遺構が希薄で、建築遺構だけが単独で溝や柵などで囲まれ、独立性や隔絶性、神聖性が認められるときには、神社の本殿にあたる可能性を考慮する必要がある。

図337 神社本殿の掘立柱（出雲大社）

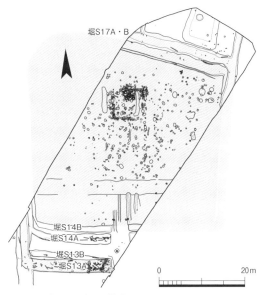

図338 溝で囲まれた神社区画（塩津港遺跡）

塩津港遺跡では、溝に囲まれた一辺約50mと推定される方形区画内で、本殿や拝殿、井戸2基、土塁が検出された。南辺中央には土橋があり、鳥居とみられる柱穴も見つかっている(図338)。溝からは、多数の起請文木簡や小型の社殿部材、5体の木製神像などが出土した。青木遺跡や、河桁御河辺神社の前身遺構の可能性がある金貝遺跡(滋賀県・9～10世紀)でも、社殿遺構は独立したかたちで確認されている。

建築以外の遺構　前述のように、境内地には建物以外にさまざまな構成要素があるので、それらを念頭においた発掘が求められる。たとえば、身を清めるための井戸や禊ぎの場としての川、石組溝などの導水施設、本殿の前面に敷き詰めた玉石敷などの存在が想定される。また、巨樹の根株が検出された場合は、神木の可能性がある。

さらに、遺跡周囲の自然環境も考慮する必要がある。宮の平遺跡では、川をはさんだ対岸に、巨岩の露頭(磐座)とその背後に三角形の頂きをもつ山(神名備)が存在し、神社遺構と認定するさいの根拠の一つとなった。

磐　境　宮の平遺跡では、12世紀末の構築と推定される本殿基壇の下に、方形の平面をもつ敷石遺構があり(図336)、その下層や周囲でも集石遺構が検出された。これらは、社殿が建築される以前の祭場であり、磐境と考えられている。

奉納品・奉賽品　境内地には、神宝や祭具などを奉納した埋納坑が存在する可能性もある。伊勢神宮では、鎌倉時代までは、式年遷宮のたびに、それまでの神宝を境内に埋納していたとされる。また、石上神宮(奈良県・7世紀以前)の禁足地からは古墳時代の鉄刀や勾玉などが出土しており、伊豆諸島の利島に鎮座する阿豆佐和気命神社(東京都・9世紀以前)の境内からは、中世の和鏡が多数出土した。このほかにも、中世以降は、奉賽された銭貨や灯明皿として使用した土師器皿などが大量に出土する例がある。

2　経　塚

経塚とは　経塚とは、経典を土中に埋納した塚を指す。1007年に藤原道長が金峯山(大峯山、奈良県)に参詣し、山頂に経筒を埋納したのを契機として、平安時代後期には、末法思想の流行とともに、貴族や地域の有力者により、信仰の対象となった各地の山の山頂や寺社の境内などに、経典が埋納された。

平安時代の経塚の中には、築山経塚(佐賀県・1144年)や極楽寺経塚(兵庫県・1143年)のように、粘土板に経文を線刻して焼成した、瓦経とよばれる経典を埋納したものもある。

また、近世には、小石に経典の一文字を書写した一石経を納める経塚が流行した。これらは、「大乗妙典一字一石」に始まる銘文をもつ石碑を建立する例が多い。

発掘調査の準備　経塚の場合、その立地の特殊性のため、準備段階で工夫を要することが多い。求菩提山経塚(福岡県・12世期中頃)や大峯山寺経塚(奈良県・11～15世紀)のように、人里離れた場所での発掘にさいしては、宿泊施設の確保をはじめ、調査人員の手配、機材の運搬など、入念な準備がおこなわれた。

また、発掘に先立って、分布調査や地形測量の実施が求められる。分布調査では、陶磁器片や鉄器片、鏡片などの遺物の分布状況に目を配るようにする。また、小規模な墳丘状の高まりをもつ経塚もあるので、地形測量とあわせて、それらを十分に把握しておく。

経塚遺構の諸要素　経塚は、通常、経筒を外容器に入れて小型の石室や土坑に納め、その上に土や石を盛った構造をとるが、収納施設を設けず、洞穴や岩陰に納められることもある。経塚の石室は、底面に礫を敷き、側石を立てて蓋石をかぶせたものが多いが、堂ヶ谷経塚(静岡県・12世紀後半)

のように、木炭と河原石で経筒外容器を被覆するものもある（図339）。

経塚の石室には多重構造の例もある。庵主池第一経塚（和歌山県・12世期中頃）は、石室が上下二段に分かれ、上段に板碑、下段には常滑焼の外容器に収めた経筒が埋納されていた。香色山経塚（香川県・12世紀）でも、上下二段に分かれた石室の下段から、経筒と外容器が発見されている。

なお、一石経の経塚では、石碑の下に一辺2〜3mほどの方形平面の土坑を掘り、中に経石を詰めるのが一般的である。

図339　経塚（堂ヶ谷経塚）

図340　経塚の埋納品（堂ヶ谷経塚）

経塚の埋納品　経塚からは、経筒と経巻をはじめ、外容器や副納品が出土する。堂ヶ谷経塚には、多量の鏡、短刀とともに、折り曲げた太刀などが納められていた（図340）。また、ガラス小玉が散在することもある。

経筒は金属製や陶製、石製などがあり、外面に願文を記したものもある。外容器の材質には、陶製、土製、石製がある。

発掘方法と留意点　経塚の盛り土や石室の発掘方法は、古墳の場合と基本的には変わらないが、山上にある経塚の多くは、表土が薄いため、腐植土を取り除くとすぐに遺物が出土することがある。また、石室の蓋石が表土直下で検出されることもあるので、表土の除去は慎重におこなう。

石室内部の精査では、外容器や経筒の存在に注意する。大道寺経塚（京都府・12世紀後半）のような竹製の経筒もあることから、石室内に経筒が明確に認められないときでも、有機質製の遺物の有無などに注意した慎重な作業が求められる。

石室内の調査が終了したのちも、多重構造をとる可能性を念頭におき、側石と底石の周囲やその下部も精査したい。ただし、経塚の場合は保存措置がとられることも多いため、石室をむやみに解体するのは慎まなければならない。石室外の発掘でも、石室外に埋納された副納品に注意しつつ、土を除去していく。そのさいには、ガラス小玉などの微細遺物にも注意したい。

3 山岳信仰遺跡

山岳信仰遺跡とは　山岳を信仰の対象とした痕跡が残る遺跡を、山岳信仰遺跡という。山岳信仰の形態は、時代とともに変化してきた。

拝祀の山　仏教が伝来する以前は、山が神のいます場所として信仰の対象となり、人がむやみに立ち入らず、麓から拝まれた。したがって、山麓や平野部の遺跡でも、山岳信仰遺跡に含まれるも

のがある。三輪山麓に位置する山の神遺跡(奈良県・古墳中期)では、磐座と考えられる巨岩の周囲から、多数の滑石製や土製の模造品、須恵器、土師器、素文鏡などが出土し、三輪山に対する山麓での祭祀を示している。

神体山 神道では、神が降臨する、あるいは神が棲むと考える山を、神体山として信仰した。これらは、均整のとれた三角形の山容が多く、神名備とよばれる。上述の三輪山が代表例である。

修験と修行の山 仏教の受容後、深山に分け入って厳しい修行をおこなう修行僧が現れ、やがてそれが修験道として定着していく。そして、大峯奥駈(奈良県・和歌山県)や比叡山回峰行(京都府・滋賀県)のように、峰々をめぐる回峰行が盛んになった。

山中には、こうした修行僧らが岩場をよじ登り、滝に打たれ、岩窟に参籠するなどの荒行をおこなう行場が各所に点在する。また、水源(湧水・池沼・滝)、地獄(火山ガスの噴気・温泉)、磐座(巨岩・岩陰・岩裂)、神木などが、信仰や祭祀の対象となった。しかし、これらの多くは秘伝(口伝)とされ、また、1872年に修験道が一時廃止されたため、今日では古代以来の行場や祭場を特定することが困難となっている。

その中で、大峯山中の岩陰である笙ノ窟(奈良県)の発掘調査では、9〜19世紀にかけての遺物とともに、寛喜4(1232)年の年号をもつ銅造不動明王像に合致する頂蓮華や条帛などの破片が出土し、この遺跡が『扶桑略記』所引の「道賢上人冥途記」に記された「笙ノ窟」であることがほぼ確実となった。

江戸時代になると、講を組織した民衆が、修験者(行者)の教導により、富士山(静岡県・山梨県)や相模大山(神奈川県)、出羽三山(山形県)などへ集団登拝するようになる。

信仰の山 日本の山岳信仰は、神道と仏教の信仰が混在・融合し、それが現在まで連綿と続いている点に特徴がある。国内の信仰の山は655座を数えるが、そのほかにも北海道にはカムイヌプリ(神のいる山)が点在し、沖縄のウタキ(御嶽)も含めると枚挙にいとまがない。

埋経の山 11世紀以降は、末法思想の流行とともに、全国の山々に経塚が造営されるようになる。大峯山頂にある大峯山寺本堂(奈良県・1691年再建)の解体修理にともなう発掘調査では、2体の金仏や118点の銅鏡、仏具、建築部材など、平安時代を中心とする多数の遺物が出土した。これ以前の出土品もあり、また防災工事などのさいにも多くの遺物が出土している。その中には、955年に中国(呉越)で造られ、各地に送られた銭弘俶塔の破片も含まれる。

参詣の山 修験道が組織化されるにともなって、一般の民衆も山中で行を体験するようになり、山中には寺院や神社、参籠のための宿泊施設である宿坊などが建てられた。大峯奥駈道の要所に位置する小篠宿(奈良県)では、測量調査で49ヵ所の平場を確認し、江戸時代の絵図に描かれた宿坊とほぼ対応することが判明している。

また、参詣道に沿って、丁石(311頁)や道標が整備され、石仏や卒塔婆なども立てられた。

山岳信仰遺跡の調査 前述のように、山岳信仰の形態と対象は時代とともに変わり、空間的にも平地から中山間地、山中、山上へと変化していく。したがって、調査対象となる遺跡についても、それらを十分に把握することが必要となる。

まず、発掘調査にさいしては、事前に史料や絵図、伝承、民俗資料などから情報を得るように努める。そのうえで、地形図を携行して実地の踏査をおこない、必要に応じて地形測量を実施する。測量には、トータルステーションやGPSを用いるのが効率的である(発掘編82頁)。

発掘の方法は、山林寺院や神社、祭祀遺跡などに準じる。ただし、山岳信仰遺跡の場合、とくに修験道関連遺跡では、調査対象地に険しい行場な

どが含まれるため、登山の経験や知識が不可欠となることもある。

発掘が長期にわたるときには、調査基地と補給路を確保する必要がある。また、現地までの往復に要する時間や、天候の急変などを考慮すると、実質的な作業時間はかなり短くなるため、綿密な調査計画の策定が求められる。

4 その他の祭祀・信仰遺跡

祭祀・信仰遺跡の種類　ここでは、集落や墓などから独立した祭祀・信仰空間のうち、前項までに述べた遺跡以外のものを取り上げる。

祭祀・信仰遺跡には、特定の地物を対象とするものと、都市や集落への出入口など、特定の空間を守護する目的で設けられたものとがある。また、祭祀形態には、自然物を対象とした原始的なものと、仏教や神道など体系的な宗教や制度にもとづくものとがある。

しかし、これらは必ずしも明確に区分できるわけではなく、当初は自然物を対象とした信仰がおこなわれていたところに、寺社などの施設が建てられることも多い。したがって、そうした場所に立地する施設を調査するさいには、先行する遺構の存在にも注意を払いたい。

祭祀・信仰の対象　自然物に対する祭祀の多くは、山や川、泉などの水源、あるいは巨岩・奇石や巨木などを対象としていた。城之越遺跡（三重県・古墳中期）では、水源の祭祀にかかわる遺構が検出されている。奄美・沖縄では、水源や巨石、巨木などを対象とした祭祀場であるウタキが多数残り、現在も信仰されている。

一方、古墳や塚などの人工物であっても、本来の築造理由や性格とはまったく異なる伝承が生まれ、祭祀の対象となっているものがある。

たとえば、古墳の墳丘上には、中世以降、石塔などを立てた例もある。達磨寺3号墳（奈良県・古墳後期）の墳丘上には、13世紀に寺院の本堂が建立され、本堂の下に設けた小石室に、水晶製の五輪塔や舎利容器を入れた石製宝篋印塔を納めていた（図341）。これは、『日本書紀』に見える聖徳太子の片岡飢人伝説と関連づけられている。

また、横穴式石室が中世に信仰の場として利用されたものも多く、穴観音1号墳（岡山県・古墳後期）では、奥壁に弁財天女立像が刻まれ、雨乞いの祈願がおこなわれた。

なお、中世以降は、霊場へ向かう交通路自体が祭祀・信仰の場と位置づけられ、その沿線に石造物などが置かれた例もある。

交通にかかわる祭祀・信仰遺跡　水陸交通の要所には、しばしば祭祀・信仰遺跡が存在する。これらは、航海や通行の安全を祈願するためのものと考えられている。

島全体が海上交通の祭祀の場とされていることも多く、沖ノ島（福岡県・縄文～古代）、神島（三重県・古墳～中世）、利島（東京都・古代～近世）などの例がある。また、陸上交通にかかわる祭祀遺跡としては、多量の石製模造品が出土した神坂峠遺跡（長野県・古墳～中世）などがある。

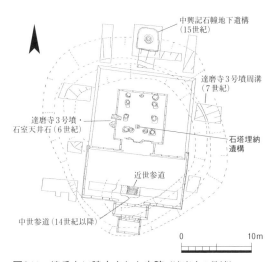

図341　墳丘上に建立された寺院（達磨寺3号墳）

近代遺跡と発掘調査

近代遺跡の発掘 近代の遺跡が本格的に発掘調査されるようになったのは、ようやく1990年代以降のことである。

汐留遺跡（東京都）では、大規模な再開発事業にともなう発掘で、旧新橋停車場の遺構が明らかとなり、切符や汽車茶瓶など、乗客に身近な遺物も出土した。また、1997年には、1880年に設立された官営葡萄農園である播州葡萄園跡（兵庫県）の発掘がおこなわれ、地下室状遺構からワインボトルが未開栓の状態で出土している。

戦争遺跡の発掘 近年注目されるのは、戦争遺跡の発掘調査である。

九州各地で繰り広げられた日本最後の内乱である西南戦争関係の遺跡については、大分県で4ヵ年をかけた県域の分布調査が実施され、866基の台場（塹壕）跡が確認された。一方、熊本県では、激戦地として有名な半高山・田原坂などで発掘がおこなわれ、官軍と薩軍の双方の塹壕などが検出されている。ここでは、遺構や遺物から戦闘の具体的状況まで解明することをめざし、地中に埋もれた多数の弾丸などを金属探知機で検出するという手法も用いている。

第一次世界大戦中に日本の捕虜となったドイツ兵が居住した板東俘虜収容所（徳島県）は、ベートーベンの第九交響曲が日本で初演された地としても有名である。所内では、捕虜がスポーツや音楽活動、新聞発行や製パンなどをおこなっていたことが知られており、それを裏づける兵舎や製パン所の跡が発掘調査によって確認されている（図342・343）。

発掘の意義と留意点 このように、文献史料をはじめとする豊富な資料が残る近代遺跡であっても、発掘調査はそれらを検証するとともに、あらたな事実も提示できる調査方法として、きわめて有効である。

こうした近代遺跡の発掘調査では、産業遺産の場合であれば、技術史や産業史など、個々の遺跡に応じた知識も必要となり、それ以前の遺跡に比べると、いっそう多様な観点から調査をおこなう姿勢が求められる。

図342　収容された捕虜と兵舎（板東俘虜収容所）

図343　兵舎の遺構（板東俘虜収容所）

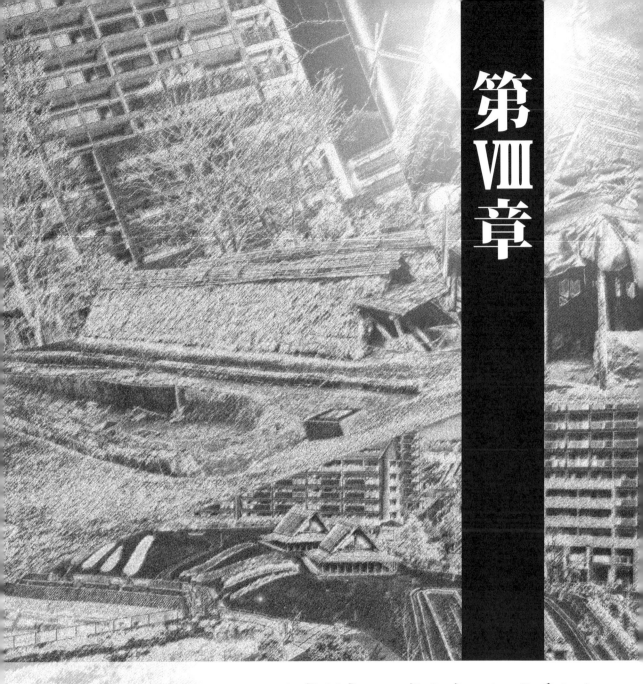

第VIII章

遺跡の保存と活用

第1節
発掘調査に求められること

1 発掘作業と整理等作業

埋蔵文化財保護行政の根幹　埋蔵文化財保護行政では、分布調査や試掘・確認調査、記録保存調査、保存目的調査、遺跡整備にともなう調査といった、さまざまな目的による調査がおこなわれる。いずれも埋蔵文化財保護行政の根幹をなすものであり、きわめて重要な意義をもつ。これらを適切に遂行するためには、地方公共団体の調整部門や調査部門・地方公共団体の設立による公立調査組織・法人調査組織（以下「調査組織」と総称する。）と専門職員が、それぞれの役割を十分に認識する必要がある。

地方公共団体の責務　大多数の市町村のように、調整部門と調査部門が分離していないところと、多くの都道府県のように、調査部門を別に設けているところがあるが、いずれにしても、域内におけるすべての行政目的調査についての責任を負い、その実施にあたって監理をおこなうことが求められる。

とりわけ重要な責務は、域内の行政目的調査を適切に遂行できるようにし、それらの成果をふまえて、埋蔵文化財の的確な保護措置を講じることである。それを判断するため、域内のあらゆる種類の遺跡に対応できる専門職員を配置し、十分な保護体制を構築するようにする。また、関係諸機関と緊密な連絡をとり、常に情報を共有することが望ましい。

なかでも、埋蔵文化財保護に関する権限をもつ都道府県および政令指定都市、そして権限委譲を受けた市町村の果たす役割はきわめて大きく、上記のような専門職員の配置をはじめ、保護体制を確実に作り上げる必要がある。また、広域にわたる埋蔵文化財保護を担う都道府県は、域内の埋蔵文化財の取扱いに地域差が生じないようにするとともに、地域にとって重要な遺跡を十分に認識したうえで、域内の調査成果を把握し、適切な保存措置がとられるよう、市町村への助言や国への連絡などをおこなうことが求められる。

調査組織の責務　調査組織は、安全管理や工程管理も含めた発掘調査にかかわる業務全般に責任を負うだけでなく、その実施にあたって有効かつ効率的な方法などを検討し、導入する責務がある。また、調整などをおこなう部門との連絡も密にしなければならない。

さらに、発掘調査を適切に実施し、遺跡を正しく評価するためには、調査の内容や成果について、職員どうしが日常的に意見交換できる場や、最新の発掘技術や成果に関する情報を収集し、共有する機会を設ける必要がある。

整理等作業は、発掘作業を実施した調査組織の発掘担当者が責任をもっておこなうのが原則である。やむをえず、それ以外の者が整理等作業を担当する場合は、発掘担当者との十分な連携と情報の共有を図りつつ、すみやかに作業を遂行する。いずれの場合も、作業水準の確保と効率化のためには、必要に応じて発掘担当者以外の協力も得ることが望ましい（整理編3頁）。

発掘担当者の責務　行政目的でおこなう発掘調査は、保存目的調査と記録保存調査とに大別される。保存目的調査は地方公共団体の埋蔵文化財保護に関する主体的な計画により実施し、記録保存

図344　現地説明会

調査は事業者等からの依頼を受けておこなう。

発掘担当者は、発掘調査が個人的な関心などによって実施されるものではなく、地方公共団体のもとで、埋蔵文化財保護のためにとられる行政措置であることを認識しなければならない。

ただし、発掘作業は、現地に常駐する発掘担当者の判断で進められる部分が大きい。そのため、発掘担当者には、どの時代のどういった種類の遺跡であっても、発掘調査を適切に遂行できるだけの知識と技術が求められる。

こうした能力は一朝一夕に取得できるものではなく、行政目的調査をはじめとする発掘調査の経験を積み重ねることが重要である。また、考古学や地域の埋蔵文化財に関する知識や技術を習得することはもちろん、埋蔵文化財保護行政についての知識や意識の向上も図るなど、常に研鑽を積むことが欠かせない。

客観性と適正性の確保　地域にとって重要な遺跡を発掘調査するときは、学識経験者で構成される委員会を設置し、調査方針や発掘作業と整理等作業の方法、遺構の解釈、遺跡の歴史的・文化的評価などについて指導や助言を受けることが求められる。こうした機会は、記録保存調査でも、客観性や適正性を確保するうえで必要である（平成12年11月17日付け文化庁長官から各都道府県教育委員会教育長あて通知「埋蔵文化財の発掘調査に関する事務の改善について」）。

図345　現地での指導・助言

遺跡の評価にさいしては、周辺地域の遺跡の情報も重要であり、近隣の発掘調査の動向なども把握しておく。それぞれの地域で豊富な経験をもつ専門職員であっても、遺跡の種類は多様なため、遺跡内容に精通した学識経験者や専門職員から助言を得ることは不可欠である。

遺跡は、一度でも発掘調査を実施すれば、もとの状態に戻すことはできない。この点を十分に認識し、多くの関係者に現地で指導や助言を受けるなどして、調査方法や成果の客観化を図り、発掘作業の質の向上をめざすことが求められる。

2　報告書に求められること

報告書のありかた　記録保存調査では、報告書が、失われた埋蔵文化財に代わる記録の中心となる。よって、そこには発掘調査の成果を過不足なく記述し、地域の歴史の中に適切に位置づける必要がある（整理編2頁）。

遺跡を構成する諸要素に関する分析と検討を目的とした各論や報告書の「総括」は、地域の歴史や文化を明らかにするうえで不可欠な項目である。ただし、個人の学術的な研究成果の公表の場ではないことを十分に認識し、適切な内容と構成にしなければならない（整理編182頁）。

報告書の活用　報告書は紙媒体による印刷物とし、地域住民が目にしやすい地方公共団体や大学等の図書館、関係教育委員会や調査組織など、効果的な利用が期待される機関に配付し、保存と活用が可能なようにする（整理編2頁）。

したがって、報告書を保有する機関は、地域住民の閲覧希望に対応できる状態で、保管・管理するのが原則である。とくに、地方公共団体が設立した埋蔵文化財センターなどは、域内の報告書をはじめ、埋蔵文化財にかかわる多くの図書を保管しているという現状をふまえ、地域住民の要請に応じられる体制を整備することが重要である。

第2節
埋蔵文化財の保存と活用のために

1 基本的な考え方

埋蔵文化財の意義　埋蔵文化財は、国や地域の歴史や文化の成り立ちを明らかにするうえで不可欠な歴史的・文化的資産である。これは同時に、学校教育や社会教育の場で親しみやすい教材として活用するなど、それぞれの地域の教育的資産としての役割もあわせもっていることを意味する。

また、地域ごとに個性的なありかたを示す埋蔵文化財は、国や郷土への理解や愛着を醸成するなど、個性のある地域づくりやひとづくりのための素材ともなる。さらに、発掘調査では、過去の災害や、土地利用の変遷なども明らかになる場合があり、それらの情報を地域の防災計画などに生かすことも可能となる。

このように、埋蔵文化財には、現代社会ともかかわる多様かつ重要な価値がある。

保存と活用の実施　埋蔵文化財の保存と活用を進めるにさいしては、まず、専門職員が埋蔵文化財の価値を十分に理解して、それを社会に還元する意義と必要性を自覚しなければならない。同時に、地方公共団体等は、さまざまな意見や構想を取り入れつつ、保存と活用のための事業を調和させながら実施することができる体制を構築する必要がある。

また、埋蔵文化財の保存と活用にあたっては、地域住民との連携が欠かせない。地域住民の要望や関心を十分に認識したうえで、市民参加をはじめとする連携を図り、そのための施策を遂行することが求められる。

地方公共団体のおかれた状況は多様であるが、その中で、短期間のうちに実施できることと、中・長期的な計画の下で実現させていくことなどを整理し、可能なものから着実に実現させていくのが重要である。

2 保存と活用のありかた

保存のありかた　埋蔵文化財保護行政では、遺跡を可能なかぎり現状保存する必要がある。

そのためには、試掘・確認調査の段階から、遺跡の内容や遺構の構造などを把握し、的確な保存措置が図られるよう調整する。

また、試掘・確認調査の成果をふまえ、いったんは記録保存調査として着手した場合であっても、発掘作業の進捗にともない、あらたな事実が判明し、遺跡の重要性が明らかになることもある。そうしたときは、事業者等に理解と協力を求めて工事計画を変更するなど、できるだけ現状保存の措置がとられるよう努める。そのさい、埋蔵文化財の取扱いに関する権限をもつ都道府県教育委員会等は、関係諸機関と情報を共有しつつ、十分な協議をおこなわなければならない。

活用のありかた　埋蔵文化財の活用については、すでに多くの地方公共団体等で実践されている。これらの活用を進めるにあたっては、埋蔵文化財と密接にかかわる他分野の文化財を含めた総合的な視野が求められる。

現状では、そういった取り組みを推進できる体制が整備されている組織はかぎられるが、厳しい

図346　記録保存調査着手後の保存例（横大道製鉄遺跡）

状況下でも、さまざまな工夫をこらしつつ、可能な範囲で継続していくことが重要である。

埋蔵文化財の内容や性格、価値は多様であり、その活用にあたる地方公共団体等の体制も異なっている。したがって、地域ごとの埋蔵文化財の特徴を生かした企画を実行するよう努める。

こうした活動によって、埋蔵文化財をつうじた地域づくりやひとづくりを進めていくことが求められる。

3 今後に向けて

埋蔵文化財をいかに見せるか　文化財の保存と活用は文化財保護行政の両輪であり、それらが調和したかたちでおこなわれる必要がある。なかでも埋蔵文化財は、記録保存調査の実施をはじめとして、国民や地域住民の理解と協力がなければ、適切な保存と活用を図ることができない。

しかし、地下に埋もれている埋蔵文化財を目にすることは難しい。しかも、わが国では、建物の多くが木で造られたため、柱の痕跡は穴としてしか残らないなど、当時の姿を想像しにくいものがほとんどである。

遺物の場合も同様に、有機質の部分は腐朽しやすく、それらが当時のまま残るものはかぎられている。石斧一つをとっても、木製の柄が失われた状態で、柄に装着して使用したようすを思い浮かべるのは容易でない。

このように、埋蔵文化財は、多くの人たちにとって必ずしも身近なものではない。専門職員はその点を十分に認識し、活用にさいしては、かつての姿をわかりやすく示すことが重要である。

遺跡や遺構の提示にはさまざまな方法がある。たとえば、史跡整備では、客観的な資料や分析・検討の結果をもとに、建物を現地に復元するという方法がある。また、往時を彷彿とさせる模型や復元図などを利用する方法もある。

埋蔵文化財への興味を深める　埋蔵文化財について、最初から関心がある人ばかりではないということも認識しなければならない。そのため、博物館や現地説明会にはじめて来た人たちに、「埋蔵文化財はおもしろい」「もっと知りたい」と思ってもらえるような工夫をこらすことが求められる。展示の解説や遺跡の説明板、説明資料なども、難解な言葉を避けてわかりやすくするなど、多くの人たちに理解してもらえるよう配慮する。

日頃は歴史との接点が少ない人を対象とした企画も必要である。広田遺跡（鹿児島県・弥生〜古墳）の史跡指定記念シンポジウムでは、遺跡についての講演や討論だけでなく、出土した貝製品の文様を題材とした高校生のファッションショーをはじめ、小学生から大人まで、多くの人たちが出演した（図347）。

なお、埋蔵文化財は国民共有の財産である以上、展示物や遺跡のガイダンス施設などの写真撮影についても、ストロボ撮影など展示物に悪影響を与えたり、ほかの来館者の迷惑となったりする場合を除き、制限しないようにすることが望ましい。博物館や資料館などでも、できるだけ撮影を認める配慮を期待したい。

これにかぎらず、今後、埋蔵文化財を積極的に活用するためには、従来の方法にとらわれることなく、おかれた状況のなかで、独自の取り組みを模索していくことが求められる。

図347　出土品を題材にしたファッションショー

HANDBOOK for ARCHAEOLOGICAL EXCAVATION
Excavation of Various Types of Sites

TABLE of CONTENTS

Introduction

Preface

Chapter Ⅰ   Identifying Types of Archaeological Sites ········· 1
   1. Types of archaeological sites ········· 2
   2. Identifying site types and their significance ········· 3
   3. Research for preservation ········· 6

Chapter Ⅱ   Excavation of Graves ········· 7
   1. Graves of the Palaeolithic and Jomon periods ········· 8
   2. Graves of the Yayoi period ········· 12
      Column: Treatment and analysis of skeletal remains ········· 24
   3. Graves of the Kofun period ········· 26
      Column: Clay-encased wooden coffins ········· 40
      Column: Tombs with decorated chambers ········· 43
      Column: Tombs with shafts and horizontal tunnels ········· 59
   4. Graves of the Ancient, Medieval, and Edo periods ········· 75
      Column: Tombs in the Final Kofun period ········· 84

Chapter Ⅲ   Excavation of Temple Sites ········· 85
   1. Outline of temple sites ········· 86
   2. Plan and preparation for excavation ········· 91
   3. Structure of temple buildings ········· 97
      Column: Bath chamber ········· 102
   4. Various elements of temple features ········· 103
      Column: Earth calming and foundation deposits ········· 115
   5. Methods of excavation and their operational guidelines ········· 116

  6. Organizing artifacts ·· 121

  7. Examination of research outcomes ··· 132

Chapter IV Excavation of Government Office Sites ················ 137

  1. Outline of government office sites ·· 138

    Column: *Kōgo ishi* and mountain fortifications ··· 151

  2. Plan and preparation for excavation ··· 152

  3. Various elements of government office sites ··· 159

  4. Methods of excavation and their operational guidelines ··· 166

    Column: *Jōbō* and grid road system ·· 170

  5. Organizing artifacts ·· 171

    Column: Reading *mokkan* (wooden tablets) ··· 173

    Column: Scales and measures in the past ··· 182

  6. Examination of research outcomes ··· 183

Chapter V Excavation of Castle and Fortification Sites ················ 189

  1. Excavation of castle and fortification sites ·· 190

    Column: Palisades and fortifications of the Tōhoku
        region in the late Ancient and
        the early Medieval periods ·· 194

  2. Plan and preparation for excavation ··· 195

    Column: Mountain temples and mountain fortifications ·· 203

 ◆ Drawing plans of castles and fortifications ··· 204

  3. Various elements of castle and fortification sites ··· 206

   ◆ Quarry sites ·· 216

    Column: *Chasi* in Hokkaidō and *gusuku* in Okinawa ·· 219

    Column: Gardens and castles ··· 220

  4. Methods of excavation and their operational guidelines ··· 221

  5. Organizing artifacts ·· 228

  6. Examination of research outcomes ··· 230

Chapter VI Excavation of Production Sites ················ 233

  1. Kiln sites ·· 234

    Column: Identifying fire pits ·· 240

    Column: Northern and southern limits of distribution
        of Sue ware kilns ·· 243

    2. Iron manufacture and blacksmith's workshop sites ·················· 255

        Column: Raised-floor iron-making workshop
            in the Edo period ·················· 270

    3. Metal casting sites ·················· 271

    4. Salt production sites ·················· 278

    5. Bead making sites ·················· 284

    6. Sites associated with agriculture ·················· 289

        Column: Reservoir and freshwater fishing ·················· 292

    7. Other types of production sites ·················· 293

        Column: Sites named in a local dialect ·················· 295

        Column: Preservation of digital photographs ·················· 296

Chapter VII Excavation of Other Types of Sites ·················· 297

    1. Shell middens sites ·················· 298

        Column: Shell artifacts from the south ·················· 303

    2. Caves and rockshelters ·················· 304

        Column: Wetland sites ·················· 307

    3. Sites associated with roads and transportation ·················· 308

    4. Garden sites ·················· 313

    5. Religious and ceremonial sites ·················· 318

        Column: Excavation of sites in the Modern period ·················· 324

Chapter VIII Conservation and Utilization
of Archaeological Sites ·················· 325

    1. What is required in archaeological excavation? ·················· 326

    2. Toward conservation and utilization
       of buried cultural properties ·················· 328

Table of Contents (English) ·················· 330

Plates ·················· 333

Bibliography ·················· 341

Sources of Figures and Tables ·················· 346

Index ·················· 363

Postscript ·················· 406

墳墓の調査(1) 図版1

横穴式石室（国富中村古墳）

図版2　墳墓の調査（2）

粘土槨と割竹形木棺内の遺物（島の山古墳）

古墳時代の金工技術
　1：鍍金（野上古墳）　2：象嵌（綿貫観音山古墳）　3：象嵌（芝塚古墳）　4・5：彫金（行者塚古墳）

寺院の調査　図版3

塔（上淀廃寺）

山林寺院の仏堂（大知波峠廃寺）

図版4　官衙の調査

政庁の正殿（大宰府）

城柵外郭線の門（多賀城）

城館の調査　図版5

山城の畝状空堀群（平山城館）

平地の城館（新宮城）

図版6　生産遺跡の調査（1）

ほぼ等間隔に並ぶ瓦窯（梅谷瓦窯）

床面に段のない須恵器窯（二ツ梨豆岡向山窯）

床面に段のある瓦陶兼業窯（二ツ梨豆岡向山窯）

生産遺跡の調査（2）　図版7

羽口を装着した製鉄炉（箱型炉）（大船廻A遺跡）

製鉄炉（竪型炉）（南入A遺跡）

竪穴建物内の鍛冶炉（五斗長垣内遺跡）

図版8　生産遺跡の調査（3）

鋳造土坑（川原寺）

鋳造関連遺物（須玖坂本遺跡）

参 考 文 献

墳　墓

『日本古代文化の探究・墓地』森浩一編、社会思想社、1975年
『横穴墓』考古学ライブラリー6、池上悟著、ニュー・サイエンス社、1980年
『方形周溝墓』考古学ライブラリー8、山岸良二著、ニュー・サイエンス社、1981年
『縄文人とその環境』縄文文化の研究1、加藤晋平ほか編、雄山閣出版、1982年
『縄文人の精神文化』縄文文化の研究9、加藤晋平ほか編、雄山閣出版、1983年
『馬具』考古学ライブラリー34、坂本美夫著、ニュー・サイエンス社、1985年
『巨大古墳―前方後円墳の謎を解く―』森浩一著、穂積和夫画、草思社、1985年
『集落と祭祀』岩波講座日本考古学4、近藤義郎ほか編、岩波書店、1986年
『祭と墓と装い』弥生文化の研究8、金関恕・佐原眞編、雄山閣出版、1987年
『古代を考える　古墳』白石太一郎編、吉川弘文館、1989年
『弥生人とその環境』弥生文化の研究1、永井昌文ほか編、雄山閣出版、1989年
『古墳時代の王と民衆』古代史復元6、都出比呂志編、講談社、1989年
『日本古墳大辞典』大塚初重ほか編、東京堂出版、1989年
『古墳時代の工芸』古代史復元7、白石太一郎編、講談社、1990年
『地域の古墳Ⅰ　西日本』古墳時代の研究10、石野博信ほか編、雄山閣出版、1990年
『地域の古墳Ⅱ　東日本』古墳時代の研究11、石野博信ほか編、雄山閣出版、1990年
『前方後円墳集成』近藤義郎編、全6編、山川出版社、1991～2000年
『図説西日本古墳総覧』大塚初重編、新人物往来社、1991年
『古墳Ⅱ　副葬品』古墳時代の研究8、石野博信ほか編、雄山閣出版、1991年
『古墳Ⅰ　墳丘と内部構造』古墳時代の研究7、石野博信ほか編、雄山閣出版、1992年
『古墳Ⅲ　埴輪』古墳時代の研究9、石野博信ほか編、雄山閣出版、1992年
『古墳の造られた時代』古墳時代の研究12、石野博信ほか編、雄山閣出版、1992年
『総論・研究史』古墳時代の研究1、石野博信ほか編、雄山閣出版、1993年
『全国古墳編年集成』石野博信編、雄山閣出版、1995年
『埴輪の世紀』歴史発掘9、高橋克壽著、講談社、1996年
『新装版　日本石造美術辞典』川勝政太郎著、東京堂出版、1998年
『日本の横穴墓』池上悟著、雄山閣出版、2000年
『図解・日本の中世遺跡』小野正敏ほか編、東京大学出版会、2001年
『弥生・古墳時代　鏡』考古資料大観5、車崎正彦著、小学館、2002年
『弥生・古墳時代　石器・石製品・骨角器』考古資料大観9、北條芳隆・禰冝田佳男編、小学館、2002年
『続日本古墳大辞典』大塚初重・小林三郎編、東京堂出版、2002年
『弥生・古墳時代　青銅・ガラス製品』考古資料大観6、井上洋一・森田稔編、小学館、2003年
『弥生・古墳時代　鉄・金銅製品』考古資料大観7、千賀久・村上恭通編、小学館、2003年
『古墳築造の研究―墳丘からみた古墳の地域性―』青木敬著、六一書房、2003年
『古墳構築の復元的研究』右島和夫ほか著、雄山閣、2003年
『考古学のための古人骨調査マニュアル』谷畑美帆・鈴木隆雄著、学生社、2004年
『弥生・古墳時代　埴輪』考古資料大観4、一瀬和夫・車崎正彦編、小学館、2004年
『弥生・古墳時代　遺跡・遺構』考古資料大観10、寺沢薫編、小学館、2004年
『古代を考える　終末期古墳と古代国家』白石太一郎編、吉川弘文館、2005年
『死と弔い―葬制―』縄文時代の考古学9、小杉康ほか編、同成社、2007年
『板碑と石塔の祈り』日本史リブレット31、千々和到著、山川出版社、2007年

参考文献

『人と社会―人骨情報と社会組織―』縄文時代の考古学10、小杉康ほか編、同成社、2008年
『弥生再葬墓と社会』設楽博己著、塙書房、2008年
『儀礼と権力』弥生時代の考古学7、設楽博己ほか編、同成社、2008年
『弥生社会のハードウェア』弥生時代の考古学6、設楽博己ほか編、同成社、2009年
『古墳時代への胎動』弥生時代の考古学4、設楽博己ほか編、同成社、2011年
『墳墓構造と葬送祭祀』古墳時代の考古学3、一瀬和夫ほか編、同成社、2011年
『弥生時代（上・下）』講座日本の考古学5・6、甲元眞之・寺沢薫編、青木書店、2011年
『古墳時代（上・下）』講座日本の考古学7・8、広瀬和雄・和田晴吾編、青木書店、2011・2012年
『古墳出現と展開の地域相』古墳時代の考古学2、一瀬和夫ほか編、同成社、2012年
『古墳時代研究の現状と課題（上・下）』土生田純之・亀田修一編、同成社、2012年
『副葬品の型式と編年』古墳時代の考古学4、一瀬和夫ほか編、同成社、2013年

寺　院

『続古代の技術』塙選書44、小林行雄著、塙書房、1964年
『南都七大寺の研究』大岡実著、中央公論美術出版、1966年
『寺院』新版仏教考古学講座2、石田茂作監修、雄山閣出版、1975年
『文化財講座 日本の建築』1～3、文化庁監修、第一法規出版、1976～1977年
『飛鳥白鳳の古瓦』（縮刷版）、奈良国立博物館編、東京美術、1982年
『飛鳥の寺と国分寺』古代日本を発掘する2、坪井清足著、岩波書店、1985年
『日本建築の構造』浅野清著、日本の美術245、至文堂、1986年
『新修 国分寺の研究』全7巻（8冊）、角田文衞編、吉川弘文館、1986～1997年
『古代の宮殿と寺院』古代史復元8、町田章編、講談社、1989年
『図解古建築入門―日本建築はどう造られているか―』西和夫著、太田博太郎監修、彰国社、1990年
『瓦を読む』歴史発掘11、上原真人著、講談社、1997年
『聖武天皇と国分寺―在地から見た関東国分寺の造営―』関東古瓦研究会編、雄山閣出版、1998年
『鬼瓦』日本の美術391、山本忠尚著、至文堂、1998年
『鴟尾』日本の美術392、大脇潔著、至文堂、1999年
『古代を考える 古代寺院』狩野久編、吉川弘文館、1999年
『瓦』ものと人間の文化史100、森郁夫著、法政大学出版局、2001年
『古代寺院の成立と展開』日本史リブレット17、岡本東三著、山川出版社、2002年
『飛鳥の宮と寺』日本史リブレット71、黒崎直著、山川出版社、2007年
『日本建築史序説』（増補第3版）、太田博太郎著、彰国社、2009年
『法隆寺―世界最古の木造建築―』（新装版）、西岡常一・宮上茂隆著、穂積和夫画、草思社、2010年
『日本建築史図集』（新訂第3版）、日本建築学会編、彰国社、2011年
『古代造瓦史―東アジアと日本―』山崎信二著、雄山閣、2011年
『瓦が語る日本史―中世寺院から近世城郭まで―』山崎信二著、吉川弘文館、2012年
「古代寺院遺跡データベース」(http://mokuren.nabunken.go.jp/NCPstjiin/NCPstrJ.htm)、奈良文化財研究所

官　衙

『木簡研究』創刊号～、木簡学会編、木簡学会、1979年～
『北九州瀬戸内の古代山城』日本城郭史研究叢書10、小田富士雄編、名著出版、1983年
『大宰府と多賀城』古代日本を発掘する4、石松好雄・桑原滋郎著、岩波書店、1985年
『古代の役所』古代日本を発掘する5、山中敏史・佐藤興治著、岩波書店、1985年
『西日本古代山城の研究』日本城郭史研究叢書13、小田富士雄編、名著出版、1985年
『陶硯』考古学ライブラリー42、石井則孝著、ニュー・サイエンス社、1985年

『官衙』考古学ライブラリー50、阿部義平著、ニュー・サイエンス社、1989年
『城柵と蝦夷』考古学ライブラリー51、工藤雅樹著、ニュー・サイエンス社、1989年
『漆紙文書の研究』平川南著、吉川弘文館、1989年
『木簡』考古学ライブラリー57、鬼頭清明著、ニュー・サイエンス社、1990年
『日本古代木簡選』木簡学会編、岩波書店、1990年
『日本の古代宮都』岸俊男著、岩波書店、1993年
『古代宮都の研究』今泉隆雄著、吉川弘文館、1993年
『古代地方官衙遺跡の研究』山中敏史著、塙書房、1994年
『古代交通の考古地理』髙橋美久二著、大明堂、1995年
『木簡は語る』歴史発掘12、金子裕之著、講談社、1996年
『日本古代の宮都と木簡』佐藤信著、吉川弘文館、1997年
『日本古代都城の研究』山中章著、柏書房、1997年
『墨書土器の研究』平川南著、吉川弘文館、2000年
『古代宮都形成過程の研究』林部均著、青木書店、2001年
『五體字類』(改訂第3版)、法書会編輯部編、西東書房、2001年
『古代地方木簡の研究』平川南著、吉川弘文館、2003年
『古代の官衙遺跡Ⅰ 遺構編』山中敏史編、奈良文化財研究所、2003年
『日本古代宮都構造の研究』小澤毅著、青木書店、2003年
『蝦夷の地と古代国家』日本史リブレット11、熊谷公男著、山川出版社、2004年
『古代の官衙遺跡Ⅱ 遺物・遺跡編』山中敏史編、奈良文化財研究所、2004年
『古代都城制条里制の実証的研究』井上和人著、学生社、2004年
『古代を考える 多賀城と古代東北』青木和夫・岡田茂弘編、吉川弘文館、2006年
『古代日本の都城と木簡』寺崎保広著、吉川弘文館、2006年
『古代の地方官衙と社会』日本史リブレット8、佐藤信著、山川出版社、2007年
『遺跡からみた古代の駅家』日本史リブレット69、木本雅康著、山川出版社、2008年
『日本古代木簡字典』奈良文化財研究所編、八木書店、2008年
『日本古代の郡衙遺跡』条里制・古代都市研究会編、雄山閣、2009年
『平城京―古代の都市計画と建築―』(新装版)、宮本長二郎著、穂積和夫画、草思社、2010年
『平城京一三〇〇年「全検証」―奈良の都を木簡からよみ解く―』渡辺晃宏著、柏書房、2010年
『東北の古代遺跡 城柵・官衙と寺院』進藤秋輝編、高志書院、2010年
『飛鳥から藤原京へ』古代の都1、木下正史・佐藤信編、吉川弘文館、2010年
『平城京の時代』古代の都2、田辺征夫・佐藤信編、吉川弘文館、2010年
『恒久の都 平安京』古代の都3、西山良平・鈴木久男編、吉川弘文館、2010年
『日本古代の武器・武具と軍事』津野仁著、吉川弘文館、2011年
「地方官衙関係遺跡データベース」(http://mokuren.nabunken.go.jp/NCPstr/NCPstr.htm)、奈良文化財研究所
「木簡データベース」(http://www.nabunken.go.jp/Open/mokkan/mokkan.html)、奈良文化財研究所
「木簡字典」(http://jiten.nabunken.go.jp/index.html)、奈良文化財研究所
「墨書土器字典」(http://bokushodoki.nabunken.go.jp/index.html)、奈良文化財研究所

城　館

『日本古代文化の探究・城』上田正昭編、社会思想社、1977年
『日本城郭大系』1～18、別巻Ⅰ・Ⅱ、児玉幸多・坪井清足監修、新人物往来社、1979～1981年
『建築』講座・日本技術の社会史7、永原慶二ほか編、日本評論社、1983年
『大坂城―天下一の名城―』宮上茂隆著、穂積和夫画、草思社、1984年
『土木』講座・日本技術の社会史6、永原慶二ほか編、日本評論社、1984年

参考文献

『図説中世城郭事典』1～3、村田修三編、新人物往来社、1987年
『日本史小百科 城郭』(新装版)、西ヶ谷恭弘著、東京堂出版、1993年
『城館調査ハンドブック』千田嘉博ほか著、新人物往来社、1993年
『城と城下町』文化財探訪クラブ6、野呂肖生著、石井進ほか監修、山川出版社、1999年
『織豊系城郭の形成』千田嘉博著、東京大学出版会、2000年
『図解・日本の中世遺跡』小野正敏ほか編、東京大学出版会、2001年

生産遺跡

『日本の古代瓦窯』考古学選書3(増補版)、大川清著、雄山閣出版、1973年
『窯から見たやきもの』光芸出版編集部編、光芸出版、1981年
『貿易陶磁研究』1～、日本貿易陶磁研究会編、日本貿易陶磁研究会、1981年～
『窯業遺跡入門』考古学ライブラリー13、中村浩著、ニュー・サイエンス社、1982年
『陶芸の土と窯焼き』大西政太郎著、理工学社、1983年
『窯業』講座・日本技術の社会史4、永原慶二ほか編、日本評論社、1984年
『貿易陶磁―奈良・平安の中国陶磁―』奈良県立橿原考古学研究所附属博物館編、臨川書店、1993年
『中世須恵器の研究』吉岡康暢著、吉川弘文館、1994年
『常滑焼と中世社会』永原慶二編、小学館、1995年
『古代の土師器生産と焼成遺構』窯跡研究会編、真陽社、1997年
『中・近世の北陸―考古学が語る社会史―』北陸中世土器研究会編、桂書房、1997年
『達磨窯の研究』藤原学著、学生社、2001年
『東海地域における古代中世窯業生産史の研究』柴垣勇夫著、真陽社、2003年
『中世奥羽の土器・陶磁器』東北中世考古学会編、高志書院、2003年
『中世瀬戸窯の研究』藤澤良祐著、高志書院、2008年
『古代窯業の基礎研究―須恵器窯の技術と系譜―』窯跡研究会編、真陽社、2010年
『角川日本陶磁大辞典』(普及版)、矢部良明ほか編、角川学芸出版、2011年
(『整理編』参考文献の「土器」掲載分は省略)
『たたら研究』1～、たたら研究会編、たたら研究会、1958年～
『日本製鉄史論』たたら研究会編、たたら研究会、1970年
『製鉄遺跡』考古学ライブラリー15、窪田蔵郎著、ニュー・サイエンス社、1983年
『採鉱と冶金』講座・日本技術の社会史5、永原慶二ほか編、日本評論社、1983年
『日本製鉄史論集』たたら研究会編、たたら研究会、1983年
『日本古代の鉄生産』たたら研究会編、六興出版、1991年
『たたら吹製鉄の技術と構造の考古学的研究』河瀬正利著、渓水社、1995年
『古代の鉄生産と渡来人―倭政権の形成と生産組織―』花田勝広著、雄山閣、2002年
『古代国家成立過程と鉄器生産』村上恭通著、青木書店、2007年
『日本古代鉄器生産の考古学的研究』安間拓巳著、渓水社、2007年
『鉄と銅の生産の歴史―金・銀・鉛も含めて―』(増補改訂版)、佐々木稔編、雄山閣、2009年
『古代の技術』塙選書24、小林行雄著、塙書房、1962年
『続古代の技術』塙選書44、小林行雄著、塙書房、1964年
『道具と技術II』弥生文化の研究6、金関恕・佐原眞編、雄山閣出版、1986年
『冶金考古学概論』神崎勝著、雄山閣、2006年
『日本塩業大系 史料編 考古』日本塩業大系編集委員会編、日本塩業研究会、1978年
『土器製塩の研究』近藤義郎著、青木書店、1984年
『塩業・漁業』講座・日本技術の社会史2、永原慶二ほか編、日本評論社、1985年
『生産と流通I』古墳時代の研究4、石野博信ほか編、雄山閣出版、1991年
『古代日本の塩』廣山堯道・廣山謙介著、雄山閣、2003年

『玉』考古学ライブラリー52、藤田富士夫著、ニュー・サイエンス社、1989年
『日本玉作大観』寺村光晴編、吉川弘文館、2004年
『土木』講座・日本技術の社会史6、永原慶二ほか編、日本評論社、1984年
『条里制・古代都市研究(条里制研究改題)』1～、条里制・古代都市研究会編、条里制・古代都市研究会、1985年～
『条里と村落の歴史地理学研究』金田章裕著、大明堂、1985年
『奈良県史4 条里制』木村芳一ほか編、名著出版、1987年
『条里制』日本歴史叢書17(新装版)、落合重信著、日本歴史学会編、吉川弘文館、1995年
『空から見た古代遺跡と条里』条里制研究会編、大明堂、1997年
『古代都城制条里制の実証的研究』井上和人著、学生社、2004年
『紡織』講座・日本技術の社会史3、永原慶二ほか編、日本評論社、1983年
『考古学からみた古代日本の紡織』(改訂新装版)、東村純子著、六一書房、2012年
『生産と流通Ⅱ』古墳時代の研究5、石野博信ほか編、雄山閣出版、1991年
『図解 技術の考古学』(改訂版)、潮見浩著、有斐閣、2000年
『図解・日本の中世遺跡』小野正敏ほか編、東京大学出版会、2001年
『暮らしと生業』列島の古代史2、上原真人ほか、岩波書店、2005年
『ものづくり』縄文時代の考古学6、小杉康ほか編、同成社、2007年
『時代を支えた生産と技術』古墳時代の考古学5、一瀬和夫ほか編、同成社、2012年

その他の遺跡

『貝塚の考古学』UP考古学選書5、鈴木公雄著、東京大学出版会、1989年
『交通・運輸』講座・日本技術の社会史8、永原慶二ほか編、日本評論社、1985年
『古代を考える 古代道路』木下良編、吉川弘文館、1996年
『日本古代道路事典』古代交通研究会編、八木書店、2004年
『古代国家と道路』近江俊秀著、青木書店、2006年
『事典 日本古代の道と駅』木下良著、吉川弘文館、2009年
『地図でみる西日本の古代―律令制下の陸海交通・条里・史跡―』島方洸一ほか編、平凡社、2009年
『古代官道の歴史地理』同成社古代史選書9、木本雅康著、同成社、2011年
『地図でみる東日本の古代―律令制下の陸海交通・条里・史跡―』島方洸一ほか編、平凡社、2012年
『発掘庭園資料』奈良国立文化財研究所史料48、小野健吉編、奈良国立文化財研究所、1998年
『岩波 日本庭園辞典』小野健吉著、岩波書店、2004年
『文化財講座 日本の建築』1～2、文化庁監修、第一法規出版、1976～1977年
『祭祀遺跡』考古学ライブラリー10、小野真一著、ニュー・サイエンス社、1982年
『経塚』考古学ライブラリー33、関秀夫著、ニュー・サイエンス社、1985年
『経塚とその遺物』日本の美術292、関秀夫著、至文堂、1990年
『生活と祭祀』古墳時代の研究3、石野博信ほか編、雄山閣出版、1991年
『浄土への祈り―経塚が語る永遠の世界―』杉山洋著、雄山閣出版、1994年
『日本の信仰遺跡』奈良国立文化財研究所学報57、金子裕之編、奈良国立文化財研究所、1998年
『山岳信仰と考古学』山の考古学研究会編、同成社、2003年
『心と信仰』縄文時代の考古学11、小杉康ほか編、同成社、2007年
『山岳信仰と考古学Ⅱ』山の考古学研究会編、同成社、2010年

図表出典

＊は改変を加えていることを示す。
ここに掲出していないものは、作成作業部会委員・奈文研委員および文化庁の作成による。

扉　＊〔飛鳥京跡苑池〕奈良県立橿原考古学研究所提供。

図版

図版1　出雲市提供。出雲市文化環境部文化財課編『中村1号墳 図版編』出雲市の文化財報告15、出雲市教育委員会、2011年、図版2。

図版2　上：奈良県立橿原考古学研究所提供。奈良県立橿原考古学研究所編『島の山古墳 調査概報』学生社、1997年、18頁16。阿南辰秀氏撮影。
　　　　下1：奈良県立橿原考古学研究所附属博物館提供。『古墳時代の馬との出会い─馬と馬具の考古学─』橿原考古学研究所特別展図録第59冊、奈良県立橿原考古学研究所附属博物館、2003年、46頁16。
　　　　下2：群馬県立歴史博物館提供。『綿貫観音山古墳Ⅱ 石室・遺物編』(財)群馬県埋蔵文化財調査事業団発掘調査報告書第255集、群馬県教育委員会・(財)群馬県埋蔵文化財調査事業団、1999年、口絵。
　　　　下3：八尾市教育委員会提供。
　　　　下4・5：元興寺文化財研究所・加古川市教育委員会提供。

図版3　上：米子市教育委員会提供。『上淀廃寺』淀江町埋蔵文化財調査報告書第35集、淀江町教育委員会、1995年、巻頭図版1。
　　　　下：湖西市教育委員会提供。『大知波峠廃寺跡確認調査報告書』湖西市文化財調査報告第37集、湖西市教育委員会、1997年、図版14-A。

図版4　上：九州歴史資料館提供。『大宰府政庁跡』九州歴史資料館、2002年、PL.11(2)。
　　　　下：東北歴史博物館提供。

図版5　上：(公財)京都府埋蔵文化財調査研究センター提供。『京都府遺跡調査報告書 第14冊 平山城跡・平山東城跡』(財)京都府埋蔵文化財調査研究センター、1990年、図版22-(2)。
　　　　下：喜多方市教育委員会提供。『会津新宮城跡発掘調査報告書』喜多方市文化財調査報告書第5集、喜多方市教育委員会、2008年、115頁写真2。

図版6　上：(公財)京都府埋蔵文化財調査研究センター提供。『京都府遺跡調査報告書 第27冊 奈良山瓦窯跡群』(財)京都府埋蔵文化財調査研究センター、1999年、図版第83-(2)。
　　　　下左：小松市教育委員会提供。『小松市内遺跡発掘調査報告書Ⅰ 二ツ梨豆岡向山窯跡・狐山遺跡』小松市教育委員会、2005年、227頁下右。
　　　　下右：小松市教育委員会提供。同上、230頁上左。

図版7　上左：福島県教育委員会提供。『原町火力発電所関連遺跡調査報告Ⅴ 1本文』福島県文化財調査報告書第310集、福島県教育委員会・(財)福島県文化センター、1995年、口絵3。
　　　　上右：福島県教育委員会提供。『原町火力発電所関連遺跡調査報告Ⅱ 1本文』福島県文化財調査報告書第265集、福島県教育委員会・(財)福島県文化センター、1991年、口絵3。
　　　　中：淡路市教育委員会提供。『五斗長垣内遺跡発掘調査報告』淡路市埋蔵文化財調査報告書第8集、淡路市教育委員会、2011年、巻首図版3-1。
　　　　下左：淡路市教育委員会提供。同上、巻首図版4-3。
　　　　下右：淡路市教育委員会提供。同上、巻首図版4-1。

図版8　上：『川原寺寺域北限の調査 飛鳥藤原第119-5次発掘調査報告』奈良文化財研究所、2004年、PL.8中。
　　　　下：春日市教育委員会提供。

第Ⅰ章

図1　佐賀県教育委員会提供。『久保泉丸山遺跡 上巻』佐賀県文化財調査報告書第84集、佐賀県教育委員会、1986年、巻頭図版-2。

図表出典

図2　　　名張市教育委員会提供。『夏見廃寺』名張市教育委員会、1988年、原色図版1下。
図3　　　東北歴史博物館提供。
図4　　　朝来市教育委員会提供。

第Ⅱ章

中扉　＊〔見野古墳群〕立命館大学文学部・姫路市教育委員会提供。
図5　　　取手市教育委員会提供。中妻貝塚発掘調査団編『中妻貝塚発掘調査報告書』取手市教育委員会、1995年、巻頭図版-4。
図6　　　沖縄県立埋蔵文化財センター提供。『具志川島遺跡群発掘調査概要報告書』沖縄県立埋蔵文化財センター調査報告書第60集、沖縄県立埋蔵文化財センター、2011年、6頁8。
図7　＊九州大学医学部解剖学教室編『山鹿貝塚』山鹿貝塚調査団、1972年、58頁27図。
図8　＊小林圭一「富亜川流域における縄文時代の遺跡動態―西海渕・川口・宮の前遺跡の検討を通して―」『東北地方における環境・生業・技術に関する歴史的動態的総合研究 研究成果報告書Ⅰ』東北芸術工科大学東北文化研究センター、2012年、図4。
図9　　 1：『カリンバ3遺跡(1)』北海道恵庭市発掘調査報告書、恵庭市教育委員会、2003年、41頁図28-77-1。
　　＊ 2：同上、39頁図26-5。
　　　 3：同上、39頁図26-6。
　　　 4：『キウス4遺跡(5)』(財)北海道埋蔵文化財センター調査報告書第144集、(財)北海道埋蔵文化財センター、2000年、95頁図Ⅱ-41-2。
　　　 5：『カリンバ3遺跡(1)』北海道恵庭市発掘調査報告書、恵庭市教育委員会、2003年、39頁図26-11。
　　　 6：九州大学医学部解剖学教室編『山鹿貝塚』山鹿貝塚調査団、1972年、65頁35図-5。
　　＊ 7：『カリンバ3遺跡(1)』北海道恵庭市発掘調査報告書、恵庭市教育委員会、2003年、66頁図51-6。
　　＊ 8：『中野谷松原遺跡―縄文時代遺物図版編―』安中市教育委員会、1998年、268頁第268図1。
　　＊ 9：九州大学医学部解剖学教室編『山鹿貝塚』山鹿貝塚調査団、1972年、65頁35図-2。
　　　10：『虎杖浜2遺跡』(財)北海道埋蔵文化財センター調査報告書第158集、(財)北海道埋蔵文化財センター、2001年、127頁図92-P-5-1。
　　　11：九州大学医学部解剖学教室編『山鹿貝塚』山鹿貝塚調査団、1972年、72頁36図右。
　　　12：『カリンバ3遺跡(1)』北海道恵庭市発掘調査報告書、恵庭市教育委員会、2003年、33頁図21-86・87。
　　　13：『キウス4遺跡(5)』(財)北海道埋蔵文化財センター調査報告書第144集、(財)北海道埋蔵文化財センター、2000年、97頁図Ⅱ-42-1。
　　＊14：『美沢川流域の遺跡群ⅩⅤ 第1分冊』(財)北海道埋蔵文化財センター調査報告書第77集、(財)北海道埋蔵文化財センター、1992年、158頁図Ⅳ-16-7a。
　　＊15：『カリンバ3遺跡(1)』北海道恵庭市発掘調査報告書、恵庭市教育委員会、2003年、44頁図31-1。
　　＊16：同上、40頁図27-2。
図10　＊『東武庫遺跡』兵庫県文化財調査報告第150冊、兵庫県教育委員会、1995年、22頁第19図。
図11　＊『霊山根古屋遺跡の研究』霊山町教育委員会、1986年、附図。
図12　＊福永伸哉「9墓地 5.木棺墓」『祭と墓と装い』弥生文化の研究第8巻、金関恕・佐原眞編、雄山閣出版、1987年、118頁図3。
図13　　(公財)横浜市ふるさと歴史財団埋蔵文化財センター提供。『横浜市歴史博物館 常設展示案内』横浜市歴史博物館、1995年、34頁1。
図14　＊『横隈狐塚遺跡7』小郡市文化財調査報告書第250集、小郡市教育委員会、2010年、付図2。
図15　＊『馬渡・束ヶ浦遺跡1(弥生時代墓群の報告)』古賀市文化財調査報告書第40集、古賀市教育委員会、2006年、15頁第9図。
図16　＊『寝屋東遺跡、太秦遺跡・太秦古墳群、大尾遺跡、讃良郡条里遺跡、砂遺跡』(財)大阪府文化財センター調査報告書第176集、(財)大阪府文化財センター、2008年、19頁図14。
図17　　佐賀県教育委員会提供。『吉野ヶ里(図版編)』佐賀県文化財調査報告書第113集、佐賀県教育委員会、1992年、PL.73-4。
図18　　常陸大宮市教育委員会提供。『泉坂下遺跡』常陸大宮市教育委員会、2011年、図版Ⅵ上。
図19　＊『古坊遺跡・高野ムカエ遺跡』福岡県文化財調査報告書第206集、福岡県教育委員会、2006年、13頁第6図。

347

図表出典

図20 ＊1：『馬渡・束ヶ浦遺跡1（弥生時代墓群の報告）』古賀市文化財調査報告書第40集、古賀市教育委員会、2006年、20頁第13図。
　　 ＊2：同上、23頁第15図。
　　 ＊3：同上、22頁第14図。
　　 ＊4：『安徳台遺跡群』那珂川町文化財調査報告書第67集、那珂川町教育委員会、2006年、93頁第84図1。
　　 　5：『左坂古墳（墳墓）群G支群』大宮町文化財調査報告第20集、大宮町教育委員会、2001年、108頁第67図12。
　　 　6：『徳永川ノ上遺跡Ⅱ 本文』一般国道10号線椎田道路関係埋蔵文化財調査報告第7集、福岡県教育委員会、1996年、97頁第79図13-3。
　　 　7：設楽博己『弥生再葬墓と社会』塙書房、2008年、52頁図25-14。
　　 ＊8：『馬渡・束ヶ浦遺跡1（弥生時代墓群の報告）』古賀市文化財調査報告書第40集、古賀市教育委員会、2006年、28頁第19図。
　　 ＊9：『安徳台遺跡群』那珂川町文化財調査報告書第67集、那珂川町教育委員会、2006年、92頁第83図b。
　　 ＊10：『七社神社前遺跡Ⅱ』北区埋蔵文化財調査報告第24集、東京都北区教育委員会、1998年、456頁第383図。
　　 　11：『徳永川ノ上遺跡Ⅱ 本文』一般国道10号線椎田道路関係埋蔵文化財調査報告第7集、福岡県教育委員会、1996年、93頁第75図。
図21 ＊『八尾南遺跡 第2分冊（遺物・分析・総括編）』（財）大阪府文化財センター調査報告書第172集、（財）大阪府文化財センター、2008年、448頁図263。
図23 ＊『山陽新幹線関係埋蔵文化財調査報告第6集 春日市・門田遺跡門田地区甕棺墓群の調査』福岡県教育委員会、1978年、79頁第66図。
図24 　埼玉県立さきたま史跡の博物館提供。
図25 　赤磐市教育委員会提供。『両宮山古墳』赤磐市文化財調査報告第1集、赤磐市教育委員会、2005年、図版2-1。
図26 ＊『忠隈古墳群』穂波町文化財調査報告書第13集、穂波町教育委員会、2001年、21頁第9図。
図27 ＊『昼飯大塚古墳Ⅱ 報告編』人垣市教育委員会、2009年、付図2。
図28 ＊『堤ヶ浦古墳群発掘調査報告書』福岡市埋蔵文化財調査報告書第151集、福岡市教育委員会、1987年、7頁Fig.5。
図29 　岡山県古代吉備文化財センター提供。岡山県古代吉備文化財センター編『婦本路古墳群』岡山県埋蔵文化財発掘調査報告225、岡山県教育委員会、2010年、図版3-1。
図30 　府中市（東京都）教育委員会提供。
図31 　高松市教育委員会提供。『鶴尾神社4号墳調査報告書』高松市教育委員会、1983年、図版5（1）。
図33 ＊京都大学文学部考古学研究室編『紫金山古墳と石山古墳』京都大学文学部博物館図録第6冊、京都大学文学部博物館、1993年、128頁185。
図34 　堅田直編『将軍山古墳 石室移築報告』考古学シリーズ3、帝塚山大学考古学研究室、1968年、4頁写真。
図35 ＊同上、9頁挿図。
図36 　（公財）大阪府文化財センター提供。『久宝寺遺跡・竜華地区発掘調査報告書Ⅴ』（財）大阪府文化財センター調査報告書第103集、（財）大阪府文化財センター、2003年、図版35上。
図37 　可児市教育委員会提供。『前波の三ッ塚』可児市埋文報告34、可児市教育委員会、1999年、図版14。
図38 　上：栃木市教育委員会提供。
　　 　下：京都大学考古学研究室・高槻市教育委員会提供。『摂津三島の遺宝—考古資料精選—』高槻市立しろあと歴史館、2008年、72頁参考5。
図39 ＊『福井県史 資料編13 考古―図版編―』福井県、1986年、360頁図版354。
図40 ＊『室大墓』奈良県史跡名勝天然記念物調査報告第18冊、奈良県教育委員会、1959年、19頁第5図、図版第25。
図41 ＊1：京都帝国大学文学部編『筑前国嘉穂郡王塚装飾古墳』京都帝国大学文学部考古学研究報告第15冊、桑名文星堂、1940年、21頁第12図。
　　 ＊2：柳沢一男「横穴式石室の成立と普及」『ドイツ展記念概説 日本の考古学 下巻』稲田孝司ほか編、学生社、2005年、527頁図1-B。
　　 ＊3：『飛鳥時代の古墳』飛鳥資料館図録第6冊、奈良国立文化財研究所、1979年、73頁挿図。

図表出典

図42
＊4：『飛鳥時代の古墳』飛鳥資料館図録第6冊、奈良国立文化財研究所、1979年、86頁挿図。
＊左：『上ノ原横穴墓群Ⅰ』一般国道10号線中津バイパス埋蔵文化財発掘調査報告書（Ⅱ）、大分県教育委員会、1989年、11頁第5図。
＊右：『高広遺跡発掘調査報告書』島根県教育委員会、1984年、目次「横穴墓模式図と部位名称」。

図43　＊『上寺山古墳　発掘調査概要』茨木市文化財資料集第11集、茨木市教育委員会・茨木市文化財研究調査会、1972年、10頁挿図。

図44
＊1：『葉佐池古墳』松山市文化財調査報告書第92集、松山市教育委員会・（財）松山市生涯学習振興財団埋蔵文化財センター、2003年、215頁図162。
＊2：『旭山古墳群発掘調査報告』京都市埋蔵文化財研究所調査報告第5冊、（財）京都市埋蔵文化財研究所、1981年、48頁Fig.38。
＊3：奈良県立橿原考古学研究所編『斑鳩　藤ノ木古墳　第一次調査報告書』斑鳩町・斑鳩町教育委員会、1990年、22頁図4。
＊4：『御旅所・御旅所北古墳調査報告書』千早赤阪村文化財調査報告書第1冊、千早赤阪村教育委員会、1983年、15頁fig.10。
＊5：新納泉・光本順編『定東塚・西塚古墳』北房町教育委員会、2001年、151頁第78図。

図45　宮若市教育委員会提供。『竹原古墳』若宮町文化財調査報告書第4集、若宮町教育委員会、1982年、巻頭図版-1。

図46　柏原市立歴史資料館提供。『高井田横穴群』柏原市立歴史資料館、1995年、裏表紙写真。

図47
＊上：『史跡保渡田古墳群　井出二子山古墳　史跡整備事業報告書　第2分冊　遺物・分析・考察編』高崎市文化財調査報告書第231集(2)、高崎市教育委員会、2009年、186頁図102。
＊下：『史跡保渡田古墳群　井出二子山古墳　史跡整備事業報告書　第1分冊　遺構編』高崎市文化財調査報告書第231集(1)、高崎市教育委員会、2009年、63〜64頁図35。

図48　高崎市教育委員会提供。

図49　＊青木敬『古墳築造の研究―墳丘からみた古墳の地域性―』六一書房、2003年、31頁図4、40頁図12。

図50　＊『下関市岩谷古墳発掘調査報告』山口県教育委員会、1972年、19頁第10図。

図51　千葉県教育委員会提供。『千葉東南部ニュータウン35―千葉市椎名崎古墳群B支群―』千葉県教育振興財団調査報告第544集、（財）千葉県教育振興財団ほか、2006年、巻頭図版1下。

図52　加古川市教育委員会提供。

図53　奈良県立橿原考古学研究所提供。奈良県立橿原考古学研究所編『後出古墳群』奈良県史跡名勝天然記念物調査報告61冊、奈良県教育委員会、2003年、図版9上。

図54　中能登町教育委員会提供。『雨の宮古墳群』鹿西町教育委員会、2005年、図版16上。

図55　＊同上、84頁第61図。

図56　＊奈良県立橿原考古学研究所編『寺口千塚古墳群』奈良県史跡名勝天然記念物調査報告第62冊、奈良県教育委員会、1991年、図65。

図57　＊『鋤崎古墳群2』福岡市埋蔵文化財調査報告書第506集、福岡市教育委員会、1997年、88頁Fig.103・104。

図58　立命館大学文学部・姫路市教育委員会提供。『姫路市見野古墳群発掘調査報告』姫路市教育委員会、2009年、PL.54-3、PL.55-1〜3。

図59　＊『番塚古墳』九州大学文学部考古学研究室、1993年、図21。

図60　大阪市立大学日本史研究室提供。『牧野古墳の石室』大阪市立大学日本史研究室、2010年、挿図。

図61　＊『京都府遺跡調査概報　第53冊　1.細谷古墳群第2次ほか』（財）京都府埋蔵文化財調査研究センター、1993年、4頁第3図、5頁第4図。

図62　＊島根県埋蔵文化財調査センター編『島田池遺跡・鵜貫遺跡　本文編（第1分冊）』島根県教育委員会ほか、1997年、38頁第21図。

図63　島根県教育委員会提供。『高広遺跡発掘調査報告書』島根県教育委員会、1984年、図版4-3。

図64　＊『小浜山横穴墓群Ⅰ（神門横穴墓群第10支群）―本編―』出雲市教育委員会、1995年、166頁第162図。

図65
＊左：茂山護・面高哲郎「本庄28号地下式横穴―東諸県郡国富町宗仙寺地下式横穴―」『宮崎考古』第7号、宮崎考古学会、1981年、35頁第3図。
＊右：『島内地下式横穴墓群』えびの市埋蔵文化財調査報告書第29集、えびの市教育委員会、2001年、67頁第62図。

349

図表出典

図66　＊1：奈良県立橿原考古学研究所提供。『ホケノ山古墳の研究』奈良県立橿原考古学研究所研究成果第10冊、奈良県立橿原考古学研究所、2008年、132頁図72。
　　　　2：『琵琶湖周辺の6世紀を探る』平成6年度科学研究費補助金 一般研究（B）研究成果報告書、京都大学文学部考古学研究室、1995年、55頁第35図。
　　　　3：埼玉県立さきたま資料館編『稲荷山古墳』埼玉県教育委員会、1980年、49頁第32図1～3。
　　　　4：『紫金山古墳の研究―古墳時代前期における対外交渉の考古学的研究―』平成14～16年度科学研究費補助金基盤研究（B）(2)研究成果報告書、京都大学大学院文学研究科、2005年、164頁第80図。
　　　　5：『大垣市史 考古編』大垣市、2011年、733頁第16図17。
　　　　6：『寺戸大塚古墳の研究Ⅰ 前方部副葬品研究篇』向日丘陵古墳群調査研究報告第1冊、（財）向日市埋蔵文化財センター、2001年、24頁第9図右端。
　　　　7：岡寺良「古墳時代の合子形石製品」『待兼山考古学論集Ⅱ』大阪大学考古学研究室・大阪大学考古学友の会編、大阪大学考古学友の会、2010年、345頁図2-18。
　　　　8：野上丈助「日本出土の垂飾付耳飾について」『藤澤一夫先生古稀記念 古文化論叢』古代を考える会編、藤澤一夫先生古稀記念論集刊行会、1983年、255頁第20図。
　　　　9：『姫路市見野古墳群発掘調査報告』姫路市教育委員会、2009年、63頁図36-8。
　　　10：野毛大塚古墳調査会編『野毛大塚古墳―第1分冊 本文篇―』世田谷区教育委員会、1999年、276頁第150図2。
　　　11：『大垣市史 考古編』大垣市、2011年、823頁第13図1。
　　　12：野毛大塚古墳調査会編『野毛大塚古墳―第1分冊 本文篇―』世田谷区教育委員会、1999年、522頁第28図236。
　　　13：『白水瓢塚古墳 発掘調査報告書』神戸市教育委員会、2008年、69頁第48図77。
　　　14：『船来山古墳群〈別冊編〉』糸貫町教育委員会・本巣町教育委員会、1999年、382頁第111図4072。
　　　15：大阪大学稲荷塚古墳発掘調査団編『長岡京市における後期古墳の調査』長岡京市文化財調査報告書第44冊、長岡京市教育委員会、2002年、313頁fig.214-26。
　　　16：同上、313頁fig.214-9。
　　　17：同上、313頁fig.214-1。
　　　18：『白水瓢塚古墳 発掘調査報告書』神戸市教育委員会、2008年、69頁第48図68。
図67　『古代のガラス』埋蔵文化財ニュース124、奈良文化財研究所、2006年、17頁図26-C。
図68　＊1：雪野山古墳発掘調査団編『雪野山古墳の研究 報告篇』八日市市教育委員会、1996年、132頁、Fig.96-59。
　　　＊2：同上、140頁Fig.102-22。
　　　　3：『五ヶ山B2号墳』浅羽町教育委員会、1999年、60頁図48-A14。
　　　　4：埼玉県立さきたま資料館編『稲荷山古墳』埼玉県教育委員会、1980年、66頁第41図36。
　　　　5：『千葉東南部ニュータウン35―千葉市椎名崎古墳群B支群―』千葉県教育振興財団調査報告第544集、（財）千葉県教育振興財団ほか、2006年、309頁第193図20。
　　　＊6：雪野山古墳発掘調査団編『雪野山古墳の研究 報告篇』八日市市教育委員会、1996年、145頁Fig.104-剣4。
　　　＊7：『五ヶ山B2号墳』浅羽町教育委員会、1999年、58頁図47-2。
　　　＊8：『かわらけ谷横穴墓群の研究』島根県古代文化センター調査研究報告書10、島根県教育委員会・島根県埋蔵文化財調査センター、2001年、57頁第45図、59頁第46図。
　　　＊9：島根県古代文化センター編『上塩冶築山古墳の研究』島根県古代文化センター調査研究報告書4、島根県教育委員会、1999年、59～60頁第31-2図。
図69　＊『五ヶ山B2号墳』浅羽町教育委員会、1999年、44頁図37、45頁図38、47頁図39、50頁図41。
図70　＊部分名称：『特別展 古墳時代を駆けた馬』神戸市教育委員会、1999年、30頁挿図。
　　　＊1：『御崎山古墳の研究』島根県立八雲立つ風土記の丘研究紀要Ⅲ、島根県教育委員会・島根県立八雲立つ風土記の丘、1996年、24頁図10。
　　　　2：『湯舟坂2号墳』久美浜町文化財調査報告第7集、久美浜町教育委員会、1983年、63頁第29図1。
　　　　3：島根県古代文化センター編『上塩冶築山古墳の研究』島根県古代文化センター調査研究報告書4、島根県教育委員会、1999年、85頁第50図。
　　　　4：『湯舟坂2号墳』久美浜町文化財調査報告第7集、久美浜町教育委員会、1983年、61頁第28図2。

図表出典

　　　　　＊5：島根県古代文化センター編『上塩冶築山古墳の研究』島根県古代文化センター調査研究報告書4、島
　　　　　　　根県教育委員会、1999年、95～96頁第58図。
図71　＊左：兵庫県立考古博物館編『茶すり山古墳　本文編』兵庫県文化財調査報告第383冊、兵庫県教育委員会、
　　　　　　　2010年、151頁第116図2。
　　　　＊右：『蓼原　神明地区埋蔵文化財調査報告(1)』横須賀市文化財調査報告書第13集(第1分冊)、横須賀市教
　　　　　　　育委員会、1987年、71頁第52図138。
図72　　1：『美園―本文編―』(財)大阪文化財センター、1985年、403頁第357図。
　　　　　2：埼玉県立さきたま資料館編『瓦塚古墳』埼玉古墳群発掘調査報告書第4集、埼玉県教育委員会、1986
　　　　　　年、49頁第32図188。
　　　　　3：『美園―本文編―』(財)大阪文化財センター、1985年、406頁第360図。
　　　　　4：帝室博物館編『上野国佐波郡赤堀村今井茶臼山古墳』帝室博物館学報第6、東京堂出版、1980年
　　　　　　《1933.4.1刊行の影印復刻》、28頁Fig.18。
　　　　　5：『宝塚古墳　本文編』松阪市埋蔵文化財報告書1、松阪市教育委員会、2005年、96頁68図256。
　　　　　6：野毛大塚古墳調査会編『野毛大塚古墳　第1分冊　本文篇』世田谷区教育委員会、1999年、389頁第211
　　　　　　図5。
　　　　　7：高橋克壽「器財埴輪の編年と古墳祭祀」『史林』第71巻第2号、史学研究会、1988年、84頁図5-3。
　　　　　8：『大水川改修にともなう発掘調査概要Ⅴ　応神陵古墳外堤Ⅰ・古室遺跡Ⅲ』大阪府教育委員会、1988年、
　　　　　　69～70頁fig.42。
　　　　　9：『萱振遺跡　付図編』大阪府文化財調査報告書第39輯、大阪府教育委員会、1992年、付図12。
　　　　10：『菅沢2号墳』山形市教育委員会、1991年、133頁第77図。
　　　　11：高橋克壽「器財埴輪の編年と古墳祭祀」『史林』第71巻第2号、史学研究会、1988年、78頁図3-2。
　　　　12：『長原・瓜破遺跡発掘調査報告Ⅺ』(財)大阪市文化財協会、1997年、41頁図33-121。
　　　　13：『琵琶湖周辺の6世紀を探る』平成6年度科学研究費補助金一般研究(B)研究成果報告書、京都大学
　　　　　　文学部考古学研究室、1995年、99頁第52図4。
　　　　14：『平井地区1号古墳　範囲確認調査報告書Ⅷ』藤岡市教育委員会、1993年、25～26頁第16図41。
　　　　15：『生出塚遺跡』鴻巣市遺跡調査会報告書第2集、鴻巣市遺跡調査会、1981年、第71図。
　　　　16：『奈良山発掘調査報告Ⅰ―石のカラト古墳・音乗谷古墳の調査―』奈良文化財研究所学報第72冊、奈
　　　　　　良文化財研究所、2005年、142頁Fig.79-9。
　　　　17：天理大学博物館学研究室編『ニゴレ古墳』弥栄町文化財調査報告第5集、弥栄町教育委員会、1988年、
　　　　　　35頁挿15。
　　　　18：『宝塚古墳　本文編』松阪市埋蔵文化財報告書1、松阪市教育委員会、2005年、89頁第61図250。
　　　　19：『塚廻り古墳群』群馬県教育委員会、1980年、298頁第200図。
　　　　20：『保渡田Ⅶ遺跡』群馬町埋蔵文化財調査報告第27集・保渡田遺跡群第Ⅶ次調査報告(2)、群馬町教育
　　　　　　委員会、1990年、59頁第42図。
　　　　21：『纒向遺跡発掘調査報告書』桜井市立埋蔵文化財センター発掘調査報告書第28集、桜井市教育委員会、
　　　　　　2007年、25頁図9。
　　　＊22：(財)印旛郡市文化財センター編『南羽鳥遺跡群Ⅰ(本文編)―南羽鳥高野遺跡、南羽鳥正福寺遺跡―』
　　　　　　財団法人印旛郡市文化財センター発掘調査報告書第112集、成田スポーツ開発株式会社、1996年、
　　　　　　203頁第112図。
　　　　23：『常光坊谷古墳群埋蔵文化財発掘調査報告書』松阪市教育委員会、1995年、PL.36。
　　　　24：『塚廻り古墳群』群馬県教育委員会、1980年、168頁第107図。
　　　　25：同上、288頁第189図。
　　　　26：同上、278頁第179図。
　　　　27：同志社大学文学部文化学科考古学研究室編『井辺八幡山古墳』和歌山市教育委員会、1972年、214頁
　　　　　　第125図。
　　　　28：『綿貫観音山古墳Ⅰ　墳丘・埴輪編《本文・写真図版編》』(財)群馬県埋蔵文化財調査事業団発掘調査
　　　　　　報告書第242集、群馬県教育委員会・(財)群馬県埋蔵文化財調査事業団、1998年、300頁第246図。
　　　　29：『塚廻り古墳群』群馬県教育委員会、1980年、106頁第57図。
図73　　1：〔上野1号墳〕島根県教育庁埋蔵文化財調査センター協力。
　　　　　2：〔向山1号墳〕若狭町歴史文化館協力。

図表出典

　　　　　　3：〔黄金塚2号墳〕花園大学考古学研究室協力。
　　　　　　4：〔西塚古墳〕若狭町歴史文化館協力。
　　　　　　5・6：〔日笠松塚古墳〕若狭町歴史文化館協力。
図75　＊『綿貫観音山古墳Ⅰ 墳丘・埴輪編《本文・写真図版編》』(財)群馬県埋蔵文化財調査事業団発掘調査報告
　　　　書第242集、群馬県教育委員会・(財)群馬県埋蔵文化財調査事業団、1998年、79～80頁55図。
図76　＊『堤ヶ浦古墳群発掘調査報告書』福岡市埋蔵文化財調査報告書第151集、福岡市教育委員会、1987年、
　　　　103頁Fig.132。
図77　＊『九州横断自動車道関係埋蔵文化財調査報告6 中巻 甘木市所在柿原古墳群の調査Ⅱ（Ⅰ地区）』福岡県教
　　　　育委員会、1986年、第268図。
図78　＊林修平「甲賀群集墳の形成とその背景―大型群集墳と地域・集団―」『花園大学考古学研究論叢Ⅱ』花園
　　　　大学考古学研究室30周年記念論集刊行会、2009年、117頁図3。
図79　＊奈良県立橿原考古学研究所編『寺口千塚古墳群』奈良県史跡名勝天然記念物調査報告第62冊、奈良県教
　　　　育委員会、1991年、225頁第42表。
図80　＊兵庫県立考古博物館編『茶すり山古墳 総括編』兵庫県文化財調査報告第383冊、兵庫県教育委員会、2010
　　　　年、532頁第365図。
図81　＊川勝政太郎『新装版 日本石造美術辞典』東京堂出版、1998年、363頁挿図。
図82　＊『栗栖山南墳墓群 本文編』(財)大阪府文化財調査研究センター調査報告書第57集、(財)大阪府文化財調
　　　　査研究センター、2000年、85頁図50。
図83　＊『平城京右京一条北辺四坊六坪発掘調査報告』奈良国立文化財研究所、1984年、16頁fig.13、18頁fig.15。
図84　＊『栗栖山南墳墓群 中近世墓実測図編』(財)大阪府文化財調査研究センター調査報告書第57集、(財)大阪
　　　　府文化財調査研究センター、2000年、第10・23・47図。
図85　　『平城京右京一条北辺四坊六坪発掘調査報告』奈良国立文化財研究所、1984年、17頁Fig.14。
図86　＊『大宰府条坊跡ⅩⅠ』太宰府市の文化財第42集、太宰府市教育委員会、1999年、131頁Fig.85。
図87　＊1：『平尾山古墳群―雁多尾畑49支群発掘調査概要報告書―』柏原市文化財概報1988-Ⅶ、柏原市教育委
　　　　　　員会、1989年、33頁図-39-3。
　　　　　2：津野仁「唐様大刀の展開」『研究紀要』第11号、(財)とちぎ生涯学習文化財団埋蔵文化財センター、
　　　　　　2003年、65～66頁第2図3。
　　　＊3：奈良県立橿原考古学研究所提供。『東アジア金属工芸史の研究9 海獣葡萄鏡研究図録』飛鳥資料館研
　　　　　　究図録第9冊、奈良文化財研究所、2007年、3頁挿図。
　　　＊4：『平尾山古墳群―雁多尾畑49支群発掘調査概要報告書―』柏原市文化財概報1988-Ⅶ、柏原市教育委
　　　　　　員会、1989年、33頁図-40。
　　　＊5：『高井田横穴群Ⅱ』柏原市文化財概報1986-Ⅶ、柏原市教育委員会、1987年、80頁図-69。
　　　　　6：鋤柄俊夫「聖武朝難波京の構造と平安時代前期の上町台地」『文化学年報』48、同志社大学文化学会、
　　　　　　1999年、248頁図3。
　　　＊7：『平安京右京三条三坊』京都市埋蔵文化財研究所調査報告第10冊、(財)京都市埋蔵文化財研究所、
　　　　　　1990年、69頁挿図59-10-198。
　　　＊8：『都市計画道路博多駅築港線関係埋蔵文化財調査報告（Ⅱ）博多』福岡市埋蔵文化財調査報告書第184
　　　　　　集、福岡市教育委員会、1988年、132頁図203-1。
　　　＊9：同上、132頁図203-2。
　　　　10：多可町教育委員会提供。『牧野・町西遺跡、思い出遺跡群Ⅲ』中町文化財報告26、中町教育委員会、
　　　　　　2001年、図版20中。
　　　　11：『都市計画道路博多駅築港線関係埋蔵文化財調査報告（Ⅱ）博多』福岡市埋蔵文化財調査報告書第184
　　　　　　集、福岡市教育委員会、1988年、134頁図205-15。
　　　＊12：港区芝公園1丁目遺跡調査団編『増上寺子院群 光学院・貞松院跡、源興院跡』東京都港区教育委員会、
　　　　　　1988年、540頁図314ＡＭ-1-8、547頁図321-ＡＭ-37-1、547頁図321-ＡＭ-38-13、552頁図326
　　　　　　-ＡＭ-76-5、561頁図335-ＢＭ-1-6、561頁図335-ＢＭ-2-1。
　　　　13：『發昌寺跡』新宿区南元町遺跡調査会、1991年、18頁第21図1。
　　　　14：『圓應寺跡』新宿区厚生部遺跡調査会、1993年、20頁第26図1。
図88　＊『阿光坊古墳群発掘調査報告書』おいらせ町埋蔵文化財調査報告第1集、おいらせ町教育委員会、2007
　　　　年、13頁第7図。

図表出典

第Ⅲ章

中扉　＊〔興福寺〕興福寺協力。
図89　＊太田博太郎ほか『法隆寺と斑鳩の古寺』日本古寺美術全集第2巻、集英社、1979年、92～95頁6-1・3・8・12・22・30・41。
図90　＊荘園絵図研究グループ「荘園絵図調査報告7」『東京大学史料編纂所 研究紀要』第5号、東京大学史料編纂所、1995年、144頁図3、145頁図4。
図91　＊『上総国分僧寺跡Ⅰ（本文篇2）』市原市埋蔵文化財調査センター調査報告書第8集、市原市教育委員会、2009年、1274頁第1186図。
図92　＊『大知波峠廃寺跡確認調査報告書』湖西市文化財調査報告第37集、湖西市教育委員会、1997年、第3図。
図93　＊山口剛「伯耆大山寺―山陰の霊峰大山の山岳信仰―」『月刊 文化財』No.518、第一法規、2006年、24頁挿図。
図94　＊宝珍伸一郎「中世山岳寺院の一形態―白山信仰の拠点平泉寺の子院を中心に―」『考古学と信仰』同志社大学考古学シリーズⅥ、森浩一編、同志社大学考古学シリーズ刊行会、1994年、608頁図1。
図95　　観世音寺・九州国立博物館提供。
図96　＊東大寺協力。
図97　＊須田勉『古代東国仏教の中心寺院 下野薬師寺』シリーズ「遺跡を学ぶ」082、新泉社、2012年、61頁図36。
図98　＊『夏見廃寺』名張市教育委員会、1988年、132頁図88。
図99　＊『奈良仏教』図説 日本の仏教第1巻、新潮社、1989年、260頁挿図、261頁挿図。
図100　＊左立面図：鈴木嘉吉・黒岩重吾『法隆寺五重塔』不滅の建築1、毎日新聞社、1988年、45頁挿図。
　　　　＊左平面図：太田博太郎ほか『塔婆Ⅱ』日本建築史基礎資料集成12、中央公論美術出版、1999年、111頁挿図。
　　　　＊中立面図：青木義脩『寺院建築』文化財探訪クラブ3、山川出版社、2000年、56頁挿図。
　　　　＊中平面図：太田博太郎ほか『塔婆Ⅰ』日本建築史基礎資料集成11、中央公論美術出版、1984年、129頁挿図。
　　　　＊右立面図：青木義脩『寺院建築』文化財探訪クラブ3、山川出版社、2000年、57頁挿図。
　　　　＊右平面図：太田博太郎ほか『塔婆Ⅰ』日本建築史基礎資料集成11、中央公論美術出版、1984年、178頁挿図。
図101　＊小野正敏ほか編『歴史考古学大辞典』吉川弘文館、2007年、1155頁挿図。
図102　＊中：奈良文化財研究所『興福寺 第1期境内整備事業にともなう発掘調査概報Ⅳ』興福寺、2003年、22頁第21図。
　　　　＊下：宮本長二郎『平城京―古代の都市計画と建築―』草思社、1986年、33頁挿図。
図103　＊太田博太郎ほか『法隆寺と斑鳩の古寺』日本古寺美術全集第2巻、集英社、1979年、103頁図10。
図104　＊奈良六大寺大観刊行会編『法隆寺1』奈良六大寺大観補訂版第1巻、岩波書店、2001年。
図105　＊『宝菩提院廃寺湯屋跡』向日市埋蔵文化財調査報告書第64集（第2分冊）、（財）向日市埋蔵文化財センター、2005年、147頁図1、148頁図3・5。
図106　＊『古代の官衙遺跡Ⅰ 遺構編』奈良文化財研究所、2003年、59頁図1。
図107　　和歌山県教育委員会提供。『上野廃寺跡発掘調査報告書』和歌山県教育委員会、1986年、PL.5-2。
図108　＊『古代の官衙遺跡Ⅰ 遺構編』奈良文化財研究所、2003年、59頁図2。
図109　＊『平城宮発掘調査報告Ⅸ―宮城門・大垣の調査―』奈良国立文化財研究所学報第34冊、奈良国立文化財研究所、1978年、17頁Fig.9。
図110　＊『古代の官衙遺跡Ⅰ 遺構編』奈良文化財研究所、2003年、71頁図1。
図111　＊田辺征夫「古代寺院の基壇―切石積基壇と瓦積基壇―」『原始古代社会研究』4、原始古代社会研究会編、校倉書房、1978年、15頁図2。
図112　＊野上丈助「河内国府と国分寺址について」『河内国府と国分寺址の検討』古代を考える10、古代を考える会、1977年、56頁挿図18。
図113　　柏原市立歴史資料館提供。『鳥坂寺跡発掘調査報告書』柏原市教育委員会、2011年、巻頭図版-上。
図114　＊『古代の官衙遺跡Ⅰ 遺構編』奈良文化財研究所、2003年、93頁図1。
図115　＊『来美廃寺』風土記の丘地内遺跡発掘調査報告書13、島根県教育庁埋蔵文化財センター、2002年、97頁第60図。

図表出典

図116 ＊黒崎直「掘立柱塀と築地塀―藤原宮と平城宮の外周施設をめぐって―」『立命館大学考古学論集Ⅰ』立命館大学考古学論集刊行会、1997年、332頁図5。
図117 ＊同上、332頁図5。
図118 　写真：群馬県教育委員会提供。『上野国分寺跡発掘調査報告書 写真図版編』群馬県教育委員会、1989年、PL.12-3。
　　　＊図：『上野国分寺跡発掘調査報告書 本文編』群馬県教育委員会、1989年、45頁図11。
図119 　国分寺市教育委員会提供。武蔵国分寺遺跡調査団編『武蔵国分寺遺跡調査会年報Ⅱ 昭和51～53年度寺地・僧寺々域確認調査 第1分冊』武蔵国分寺遺跡調査会・国分寺市教育委員会、1984年、図版5-下。
図120 　写真：東大寺協力。
　　　＊図：奈良国立博物館編『第62回「正倉院展」目録』(財)仏教美術協会、2010年、159頁挿図。
図121 　国士舘大学文学部考古学研究室編『下野薬師寺跡Ⅰ』南河内町教育委員会、2004年、43頁第16図。
図122 　興福寺協力。奈良文化財研究所編『興福寺 第1期境内整備事業にともなう発掘調査概報Ⅴ』興福寺、2010年、25頁第27図5。
図123 ＊『高麗寺跡』山城町埋蔵文化財調査報告書第7集、山城町教育委員会、1989年、25頁第21図。
図124 　『飛鳥・藤原宮発掘調査概報16』奈良国立文化財研究所、1986年、写真7。
図125 ＊『野中寺 塔跡発掘調査報告』羽曳野市埋蔵文化財調査報告書13、羽曳野市教育委員会、1986年、19～20頁図6、21～22頁図7。
図126 ＊『九頭神遺跡Ⅲ（本文編）』枚方市文化財調査報告第61集、(財)枚方市文化財研究調査会、2010年、30頁図8。
図127 　(財)京都市埋蔵文化財研究所提供。
図128 ＊『西隆寺発掘調査報告書』奈良国立文化財研究所学報第52冊、奈良国立文化財研究所、1993年、155頁挿図。
図129 　『山田寺発掘調査報告 図版編』奈良文化財研究所学報第63冊、奈良文化財研究所、2002年、Ph.15-1。
図130 ＊上原真人『瓦を読む』歴史発掘11、講談社、1997年、69頁107。
図132 　左：『山田寺発掘調査報告 図版編』奈良文化財研究所学報第63冊、奈良文化財研究所、2002年、Ph.158-96。
　　　＊右：佐原真「平瓦桶巻作り」『考古学雑誌』第58巻第2号、日本考古学会、1972年、47頁第22図、53頁第27図。
図134 　大脇潔「丸瓦の製作技術」『研究論集Ⅸ』奈良国立文化財研究所学報第49冊、奈良国立文化財研究所、1991年、47頁第28図。
図135 ＊山崎信二『中世瓦の研究』奈良国立文化財研究所学報第59冊、奈良国立文化財研究所、2000年、26頁第9図。
図137 　『重要文化財西国寺金堂・三重塔修理工事報告書』重要文化財西国寺金堂・三重塔修理委員会、1967年、金堂図版第31図。
図138 ＊上・中：上原真人「平安貴族は瓦葺邸宅に住んでいなかった」『高井悌三郎先生喜寿記念論集 歴史学と考古学』高井悌三郎先生喜寿記念事業会編、真陽社、1988年、522頁図6。
図139 　巽淳一郎『陶磁（原始・古代編）』日本の美術第235号、至文堂、1985年、48頁第86図-2・5・8・9・12・17・21・26・28～30。
図140 　大阪府教育委員会提供。
図141 ＊『穴太廃寺』滋賀県教育委員会・大津市教育委員会、1987年、4頁挿図。
図142 ＊『台渡里廃寺跡』水戸市埋蔵文化財調査報告第1集、水戸市教育委員会、2005年、65頁第23図。
図143 ＊『山田寺発掘調査報告 本文編』奈良文化財研究所学報第63冊、奈良文化財研究所、2002年、497頁Fig.184。
図144 　『古代瓦研究Ⅰ』奈良国立文化財研究所、2000年、44頁第15図Ⅷa。
　　　　同上、48頁第19図ⅡBb。
　　　　法隆寺昭和資財帳編集委員会編『法隆寺の至宝 瓦』昭和資財帳第15巻、小学館、1992年、415頁4Ａ。
　　　　『法隆寺若草伽藍跡発掘調査報告』奈良文化財研究所学報第76冊、奈良文化財研究所、2007年、125頁Fig.152-1。
　　　　四天王寺文化財管理室編『四天王寺古瓦聚成』柏書房、1986年、4頁24。

第Ⅳ章

図147 ＊『古代の官衙遺跡Ⅱ 遺物・遺跡編』奈良文化財研究所、2004年、129頁図1。
図148 ＊『泉廃寺跡』南相馬市埋蔵文化財調査報告書第6集、南相馬市教育委員会、2007年、49頁Fig.35。
図149 ＊伊藤武士『秋田城跡』日本の遺跡12、同成社、2006年、7頁図2。
図150 ＊『多賀城跡 政庁跡 補遺編』宮城県教育委員会・宮城県多賀城跡調査研究所、2010年、5頁第2図。
図151 ＊行橋市教育委員会提供。
図152 　総社市教育委員会提供。
図153 ＊岸本道昭『山陽道駅家跡』日本の遺跡11、同成社、2006年、37頁図10。
図154 　佐賀県教育委員会提供。『おつぼ山神籠石』佐賀県文化財調査報告書第14集、佐賀県教育委員会、1965年、図版第15-1。
図155 ＊『野磨駅家跡』上郡町文化財調査報告4、上郡町教育委員会、2006年、24頁第28図。
図157 ＊上：『三軒屋遺跡Ⅰ』伊勢崎市文化財調査報告書第79集、伊勢崎市教育委員会、2007年、65～66頁第51図。中・下：伊勢崎市教育委員会協力。
図158 ＊『市道遺跡（Ⅰ）』豊橋市埋蔵文化財調査報告書第20集、豊橋市教育委員会・牟呂地区遺跡調査会、1996年、第17図。
図160 ＊『大野城跡Ⅴ 主城原地区（第4次）・村上地区（第1次）発掘調査概報』福岡県教育委員会、1982年、10頁第9図。
図161 ＊『古代の官衙遺跡Ⅰ 遺構編』奈良文化財研究所、2003年、26頁図4。
図163 　東北歴史博物館提供。『多賀城跡―昭和54年度発掘調査概報―』宮城県多賀城跡調査研究所年報1979、宮城県教育委員会・宮城県多賀城跡調査研究所、1980年、図版8下。
図164 ＊秋田県教育庁払田柵跡調査事務所提供。秋田県教育庁払田柵跡調査事務所『払田柵跡Ⅱ―区画施設―』秋田県文化財調査報告書第289集、秋田県教育委員会、1999年、図版52、220頁第149図。
図165 　藤枝市教育委員会提供。藤枝市埋蔵文化財調査事務所編『日本住宅公団藤枝地区埋蔵文化財発掘調査報告書Ⅲ 奈良・平安時代編 志太郡衙跡（御子ケ谷遺跡・秋合遺跡）』藤枝市教育委員会ほか、1981年、図版第59-2。
図166 　東北歴史博物館提供。『伊治城跡Ⅰ―昭和52年度発掘調査報告―』多賀城関連遺跡発掘調査報告書第3冊、宮城県教育委員会・宮城県多賀城跡調査研究所、1978年、図版3上。
図167 　行橋市教育委員会提供。『御所ヶ谷神籠石Ⅰ』行橋市文化財調査報告書第33集、行橋市教育委員会、2006年、巻頭図版3-1。
図168 　兵庫県立考古博物館提供。『砂入遺跡―〔写真図版編〕―』兵庫県文化財調査報告第161冊、兵庫県教育委員会、1997年、写真図版25-3。
図169 　関市教育委員会提供。『弥勒寺東遺跡―第1～5次発掘調査概要―』関市文化財調査報告第21号、関市教育委員会、1999年、40頁写真35。
図170 　秋田市教育委員会秋田城跡調査事務所提供。『秋田城跡 平成7年度秋田城跡調査概報』秋田市教育委員会秋田城跡調査事務所、1996年、151頁図版13下。
図171 ＊『壇の越遺跡ⅩⅤ―平成18年度発掘調査報告書―』加美町文化財調査報告第14集、加美町教育委員会、2008年、3頁図版2。
図172 ＊『日中古代都城図録』奈良文化財研究所史料第57冊、奈良文化財研究所、2002年、56頁挿図。
図176 　〔梶子北遺跡〕浜松市博物館協力。
図177 ＊『平城京漆紙文書1』奈良文化財研究所史料第69冊、奈良文化財研究所、2005年、PL.26～28。
図178 　1：『出雲国庁跡発掘調査概報』松江市教育委員会、1971年、34頁図18-2。
　　　＊2：『筑後国府跡―平成12・13年度発掘調査概要報告―』久留米市文化財調査報告書第182集、久留米市教育委員会、2002年、73頁第116図58。
　　　　3：『美作国府跡』津山市埋蔵文化財発掘調査報告第50集、津山市教育委員会、1994年、28頁Fig12-148。
　　　＊4：『観音寺遺跡Ⅰ（観音寺遺跡木簡篇）』徳島県埋蔵文化財センター調査報告書第40集、徳島県教育委員会・徳島県埋蔵文化財センター、2002年、41頁第22図95。
　　　　5：『山垣遺跡』兵庫県文化財調査報告第75冊、兵庫県教育委員会、1990年、図版38-32。
　　　　6：『出雲国庁跡発掘調査概報』松江市教育委員会、1971年、34頁図18-6。

図表出典

　　　　　　7：岡山県古代吉備文化財センター編『津寺遺跡5（第1分冊）』岡山県埋蔵文化財発掘調査報告127、岡山県教育委員会、1998年、570頁第675図8716。
　図179　『平城京出土陶硯集成Ⅰ―平城宮跡―』奈良文化財研究所史料第77冊、奈良文化財研究所、2006年、PL.16-319。
　　　　　『平城京出土陶硯集成Ⅱ―平城京・寺院―』奈良文化財研究所史料第80冊、奈良文化財研究所、2007年、ⅲ頁付図。
　図181　＊『古代の官衙遺跡Ⅱ 遺物・遺跡編』奈良文化財研究所、2004年、91頁図1。
　図182　＊同上、95頁写真1・2。
　図183　左：秋田市教育委員会秋田城跡調査事務所提供。
　　　　　右：秋田市教育委員会秋田城跡調査事務所提供。『秋田城跡 平成4年度秋田城跡調査概報』秋田市教育委員会秋田城跡調査事務所、1993年、図版67-11。
　図184　＊1：『平城京右京八条一坊十一坪発掘調査報告書』奈良国立文化財研究所、1984年、20頁fig.16-8。
　　　　　＊2：『秋田城跡Ⅱ―鵜ノ木地区―』秋田市教育委員会秋田城跡調査事務所、2008年、167頁第120図4。
　　　　　　3：『平城京左京七条一坊十五・十六坪発掘調査報告』奈良国立文化財研究所学報第56冊、奈良国立文化財研究所、1997年、PL.42-902。
　　　　　　4：同上、PL.42-929。
　　　　　＊5：同上、PL.42-941。
　　　　　＊6：『平城京右京八条一坊十一坪発掘調査報告書』奈良国立文化財研究所、1984年、27頁fig.20-5。
　　　　　　7：同上、41頁fig.28-34。
　　　　　　8：同上、41頁fig.28-20。
　　　　　　9：『平城京左京七条一坊十五・十六坪発掘調査報告』奈良国立文化財研究所学報第56冊、奈良国立文化財研究所、1997年、PL.54-20。
　　　　　　10：同上、PL.50-42。
　　　　　　11：同上、PL.50-43。
　図185　＊1：『木器集成図録 近畿古代篇』奈良国立文化財研究所史料第27冊、奈良国立文化財研究所、1985年、65頁fig.44-2。
　　　　　＊2：『木器集成図録 近畿古代篇 図版』奈良国立文化財研究所史料第27冊、奈良国立文化財研究所、1985年、PL.44-4406。
　　　　　＊3：『奈良市埋蔵文化財調査概要報告書 昭和62年度』奈良市教育委員会、1988年、35頁挿図-3。
　　　　　＊4：『奈良市埋蔵文化財調査概要報告書 昭和63年度』奈良市教育委員会、1989年、49頁挿図-下。
　図186　＊（財）いわき市教育文化事業団編『根岸遺跡』いわき市埋蔵文化財調査報告第72冊、いわき市教育委員会、2000年、329頁第50表、336頁第226図。
　図187　＊『泉廃寺跡―陸奥国行方郡家の調査報告―』南相馬市埋蔵文化財調査報告書第6集、南相馬市教育委員会、2007年、131～132頁Fig.102、357頁Fig.278、358頁Fig.279、359頁Fig.280。
　図189　鈴鹿市考古博物館提供。『伊勢国府跡』鈴鹿市教育委員会、1999年、Plate25上。

第Ⅴ章
　図190　＊千田嘉博ほか『城館調査ハンドブック』新人物往来社、1993年、21頁挿図。
　図191　＊同上、30頁挿図。
　図192　＊同上、35頁挿図。
　図193　＊『特別史跡安土城跡』滋賀県安土城郭調査研究所、1997年、挿図。
　図194　＊横手市教育委員会提供。
　図195　＊『第5回東海埋蔵文化財研究会 清須―織豊期の城と都市―資料編』東海埋蔵文化財研究会、1988年、地籍図1。
　図196　国土地理院空中写真（MTO-63-8X、1963年4月27日撮影）。
　図197　名古屋市蓬左文庫提供。
　図198　徳島市教育委員会協力。
　図199　＊『長野城』北九州市文化財調査報告書第89集、北九州市教育委員会、2000年、1頁第1図。
　図200　＊同上、付図3。

図表出典

図201 ＊藤岡英礼「山寺の景観変遷について―観音正寺を中心に―」『忘れられた霊場をさぐる2 報告集』（財）栗東市文化体育振興事業団、2007年、28頁図8、93～94頁挿図。
図203 ＊図：高田徹「縄張り図の描き方」『城を歩く その調べ方・楽しみ方』別冊歴史読本38、新人物往来社、2003年、20頁。
図204 ＊上：岡寺良「太宰府岩屋城の研究（上）～城郭構造（縄張り）からの検討～」『九州歴史資料館 研究論集31』九州歴史資料館、2006年、31～32頁図6。
　　　＊下：岡寺良「宝満山近世僧坊跡の調査と検討―山岳寺院の平面構造調査―」『九州歴史資料館 研究論集33』九州歴史資料館、2008年、61頁図5。
図206 ＊千田嘉博ほか『城館調査ハンドブック』新人物往来社、1993年、157頁挿図。
図207 ＊『中尾城跡』兵庫県文化財調査報告書第67冊、兵庫県教育委員会、1989年、22頁挿図15。
図208 ＊『史跡金山城跡環境整備報告書 発掘調査編』太田市教育委員会、2001年、242頁第149図。
図209 　三島市教育委員会提供。『山中城跡』三島市教育委員会、1987年、5頁写真。
図210 ＊野呂肖生『城と城下町』文化財探訪クラブ6、山川出版社、1999年、38頁挿図。
図212 ＊『田中城跡Ⅺ・Ⅻ』三加和町文化財調査報告第11・12集、三加和町教育委員会、1997年、143～144頁第77図。
図213 　松本市教育委員会提供。
図214 ＊朝倉氏遺跡調査研究所編『朝倉氏遺跡発掘調査報告Ⅰ―朝倉氏館跡の調査―』福井県教育委員会、1976年、137頁Fig.35、付図2。
図215 ＊『大内氏館跡Ⅺ―史跡南東部の発掘調査―』山口市埋蔵文化財調査報告第101集、山口市教育委員会、2010年、付図1。
図216 ＊『根城―本丸の発掘調査―』八戸市埋蔵文化財調査報告書第54集、八戸市教育委員会、1993年、136頁第100図。
図217 　石川県金沢城調査研究所提供。
図218 ＊石川県金沢城調査研究所提供。
図219 ＊上図：『徳川大坂城東六甲採石場Ⅳ 岩ヶ平石切丁場跡』芦屋市文化財調査報告第60集、芦屋市教育委員会、2005年、128頁第120図。
　　　下左写真：芦屋市教育委員会提供。同上、129頁第121図中段右写真。
　　　下右写真：芦の芽グループ提供。
図220 ＊『史跡ユクエピラチャシ跡―平成14～16年度発掘調査報告書―』陸別町文化財調査報告第2集、2007年、11～12頁図4。
図221 ＊『今帰仁城跡環境整備報告書Ⅰ 本文編』今帰仁村教育委員会、1999年、1頁第1図。
図222 　北広島町教育委員会提供。
図223 　飛騨市教育委員会提供。『史跡江馬氏城館跡下館跡地区整備工事報告書』飛騨市文化財調査報告書第2集、飛騨市教育委員会、2010年、巻頭図版3上。
図224 ＊千田嘉博「戦国期城郭の空間構成」『国立歴史民俗博物館研究報告』第108集、国立歴史民俗博物館、2003年、197頁図2。
図225 　南島原市教育委員会提供。
図226 ＊北上市立埋蔵文化財センター編『丸子館跡』北上市埋蔵文化財調査報告第61集、北上市教育委員会、2004年、実測図版1下・2・4。
図227 　石川県立金沢城調査研究所提供。
図228 ＊『仙台城本丸跡1次調査 第2分冊 遺構編』仙台市文化財調査報告書第298集、仙台市教育委員会、2006年、351頁第1372図。
図229 　石川県金沢城調査研究所提供。
図230 ＊小野正敏「中世の人々と暮らし」『考古学と歴史』放送大学教材1656511-1-0411、白石太一郎編著、（財）放送大学教育振興会、2004年、220頁図13-2。
図232 ＊『初田館跡』兵庫県文化財調査報告書第116冊、兵庫県教育委員会、1992年、6頁挿図5、269頁挿図184。
図233 ＊『本佐倉城跡発掘調査報告書』財団法人印旛都市文化財センター発掘調査報告書第94集、（財）印旛都市文化財センター、1995年、87頁第46図、91頁第50図。
図234 ＊『横地城跡 総合調査報告書 資料編』菊川町教育委員会、2000年、342頁図-1。

図表出典

第Ⅵ章

図238 ＊愛知県史編さん委員会編『愛知県史 別編 窯業2 中世・近世 瀬戸系』愛知県、2007年、214頁図2。
図239 ＊『張州雑志』第12巻、愛知県郷土資料刊行会、1976年。
図240 ＊窯跡研究会編『古代の土師器生産と焼成遺構』真陽社、1997年、ⅱ頁挿図、37頁第7図。
図241 ＊『二ツ梨一貫山窯跡』小松市教育委員会、2002年、148頁第84図。
図242 ＊田中一廣「京都・岩倉木野の土器竈―近世土師器焼成窯の紹介―」『滋賀考古』第12号、滋賀考古学研究会、1994年、48～49頁第2図。
図243 ＊窯跡研究会編『古代窯業の基礎研究―須恵器窯の技術と系譜―』真陽社、2010年、ⅳ頁第2図。
図244 ＊『京都府遺跡調査報告書 第2冊 篠窯跡群Ⅰ』(財)京都府埋蔵文化財調査研究センター、1984年、29～30頁第15図。
図245 ＊愛知県史編さん委員会編『愛知県史 別編 窯業2 中世・近世 瀬戸系』愛知県、2007年、47頁図11・12。
図246 ＊左：矢部良明ほか編『日本陶磁大辞典』角川書店、2002年、付録43頁。
　　　＊右：愛知県史編さん委員会編『愛知県史 別編 窯業2 中世・近世 瀬戸系』愛知県、2007年、836頁挿図。
図247 ＊矢部良明ほか編『日本陶磁大辞典』角川書店、2002年、付録44頁。
図248 ＊『京都府遺跡調査報告書 第27冊 奈良山瓦窯跡群』(財)京都府埋蔵文化財調査研究センター、1999年、図版第58。
図249 ＊『越中上末窯』富山大学考古学研究報告第3冊、富山大学人文学部考古学研究室、1989年、図版51。
図250 　兵庫県立考古博物館提供。兵庫県立考古博物館編『戸牧1号窯・マムシ谷1号墳』兵庫県文化財調査報告第334冊、兵庫県教育委員会、2008年、図版B12-a。
図251 　京都大学考古学研究室提供。京都大学文学部考古学研究室編『丹波周山窯址』真陽社、1982年、図版26-39、図版32-39。
図252 　1：『瀬戸市歴史民俗資料館 研究紀要Ⅶ 本業焼の研究(2)―赤津村・上水野村を中心に―』瀬戸市歴史民俗資料館、1988年、154頁図61-95。
　　　　2：同上、154頁図61-97。
　　　　3：『瀬戸市歴史民俗資料館 研究紀要Ⅵ 西茨第1・2号窯発掘調査報告 付篇 本業焼の研究(1)』瀬戸市歴史民俗資料館、1987年、109頁図57-539。
　　　　4：『瀬戸市歴史民俗資料館 研究紀要Ⅶ 本業焼の研究(2)―赤津村・上水野村を中心に―』瀬戸市歴史民俗資料館、1988年、37頁図22-114。
　　　　5：『瀬戸市歴史民俗資料館 研究紀要Ⅵ 西茨第1・2号窯発掘調査報告 付篇 本業焼の研究(1)』瀬戸市歴史民俗資料館、1987年、106頁図54-518。
　　　　6：同上、107頁図55-522。
　　　　7：同上、106頁図54-492。
　　　　8：同上、106頁図54-502。
　　　　9：『瀬戸市歴史民俗資料館 研究紀要Ⅷ 本業焼の研究(3)―下品野村・下半田川村を中心に―』瀬戸市歴史民俗資料館、1989年、74頁図31-428。
　　　　10：同上、74頁図31-427。
　　　　11：『瀬戸市歴史民俗資料館 研究紀要Ⅵ 西茨第1・2号窯発掘調査報告 付篇 本業焼の研究(1)』瀬戸市歴史民俗資料館、1987年、111頁図59-553。
　　　　12：同上、110頁図58-551。
　　　＊13：『瀬戸市歴史民俗資料館 研究紀要Ⅶ 本業焼の研究(2)―赤津村・上水野村を中心に―』瀬戸市歴史民俗資料館、1988年、164頁図67-70。
　　　　14：同上、154頁図61-98。
　　　　15：『瀬戸市歴史民俗資料館 研究紀要Ⅷ 本業焼の研究(3)―下品野村・下半田川村を中心に―』瀬戸市歴史民俗資料館、1989年、74頁図31-439。
　　　　16：『元屋敷陶器窯跡発掘調査報告書 図版』土岐市教育委員会・(財)土岐市埋蔵文化財センター、2002年、図版45-609。
　　　　17：同上、図版45-612。
　　　　18：『瀬戸市歴史民俗資料館 研究紀要Ⅷ 本業焼の研究(3)―下品野村・下半田川村を中心に―』瀬戸市歴史民俗資料館、1989年、74頁図31-437。

図表出典

19：『瀬戸市歴史民俗資料館 研究紀要Ⅷ 本業焼の研究（3）―下品野村・下半田川村を中心に―』瀬戸市歴史民俗資料館、1989年、74頁図31-438。
20：同上、74頁図31-443。
21：同上、79頁図35-465。
22：同上、124頁図63-453。
23：同上、80頁図36-478。

図253 ＊『京都府遺跡調査報告書 第27冊 奈良山瓦窯跡群』（財）京都府埋蔵文化財調査研究センター、1999年、123頁第101図。
図254 ＊『まほろん開館5周年記念特別展 クロガネの鋳物』（財）福島県文化振興事業団、2006年、6頁挿図。
図255 福島県教育委員会提供。『原町火力発電所関連遺跡調査報告Ⅴ 1本文』福島県文化財調査報告書第310集、福島県教育委員会・（財）福島県文化センター、1995年、口絵1。
図256 福島県教育委員会提供。『まほろんガイド 福島県文化財センター白河館常設展示図録』（財）福島県文化振興事業団、2001年、23頁写真。
図257 ＊福島県教育委員会提供。『常磐自動車道遺跡調査報告書62 舘越遺跡』福島県文化財調査報告書第471集、福島県教育委員会・（財）福島県文化振興事業団ほか、2011年、362頁図206。
図258 ＊『横大道製鉄遺跡』南相馬市教育委員会、2010年、5頁挿図。
図259 ＊同上、5頁挿図。
図260 南相馬市博物館提供。
図261 ＊『相馬開発関連遺跡調査報告Ⅰ 2本文 2』福島県文化財調査報告書第215集、福島県教育委員会・（財）福島県文化センター、1989年、200頁第45図。
図262 ＊『陶邑Ⅴ』大阪府文化財調査報告書第33輯、大阪府教育委員会、1980年、図版第28。
図263 ＊『原町火力発電所関連遺跡調査報告Ⅹ 第2分冊［本文編2］』福島県文化財調査報告書第439集、福島県教育委員会・（財）福島県文化振興事業団ほか、2007年、173頁図94。
図264 ＊『五斗長垣内遺跡発掘調査報告』淡路市埋蔵文化財調査報告書第8集、淡路市教育委員会、2011年、31頁第19図。
図265 ＊『常磐自動車道関係埋蔵文化財発掘調査報告書5 鹿の子C遺跡―遺構・遺物編（下）―』茨城県教育財団文化財調査報告第20集、（財）茨城県教育財団、1983年、588頁第444図。
図266 福島県教育委員会提供。『原町火力発電所関連遺跡調査報告Ⅱ 2写真』福島県文化財調査報告書第265集、福島県教育委員会・（財）福島県文化センター、1991年、115頁4-27。
図268 ＊『金山遺跡Ⅳ（本文編）』栃木県埋蔵文化財調査報告第179集、栃木県教育委員会・（財）栃木文化振興事業団、1996年、112頁第101図。
図269 福島県教育委員会提供。『原町火力発電所関連遺跡調査報告Ⅱ 2写真』福島県文化財調査報告書第265集、福島県教育委員会・（財）福島県文化センター、1991年、60頁2-50。
図270 福島県教育委員会提供。同上、230頁4-241。
図271 ＊福島県教育委員会提供。『常磐自動車道遺跡調査報告書60 横大道遺跡［第2分冊］』福島県文化財調査報告書第469集、福島県教育委員会・（財）福島県文化振興事業団、2010年、口絵3・4。
図272 ＊福島県教育委員会提供。『原町火力発電所関連遺跡調査報告Ⅹ 第3分冊［本文編3］』福島県文化財調査報告書第439集、福島県教育委員会・（財）福島県文化振興事業団ほか、2007年、口絵7、136頁図80。
図273 ＊『原町火力発電所関連遺跡調査報告Ⅱ 1本文』福島県文化財調査報告書第265集、福島県教育委員会・（財）福島県文化センター、1991年、581頁第331図。
図274 ＊飯村均『律令国家の対蝦夷対策 相馬の製鉄遺跡群』シリーズ「遺跡を学ぶ」021、新泉社、2005年、47頁図40。
図275 飯南町教育委員会提供。『弓谷たたら』頓原町教育委員会、2000年、口絵-1。
図276 ＊『保光たたら』保光たたら発掘調査団、1985年、67頁第30図。
図277 ＊神崎勝「弥生時代の青銅器鋳造工房とその復元」『立命館大学考古学論集Ⅱ』立命館大学考古学論集刊行会、2001年、41頁図2。
図278 田原本町教育委員会提供。
図279 ＊村上恭通「弥生時代における熔銅技術とその問題点」『日本考古学協会第75回総会 研究発表要旨』日本考古学協会、2009年、153頁図2・3。
図280 ＊『玉津田中遺跡―第3分冊―（狭間・唐土地区の調査）』兵庫県文化財調査報告第135-3冊、兵庫県教育委

図表出典

　　　　　員会、1995年、図版15。
図281　＊『須玖岡本遺跡3―坂本地区1・2次調査の報告―』春日市文化財調査報告書第58集、春日市教育委員会、2010年、第5図。
図282　　『鍛冶屋敷遺跡』滋賀県教育委員会、2006年、334頁第263図。
図283　＊『川原寺寺域北限の調査 飛鳥藤原第119-5次発掘調査報告』奈良文化財研究所、2004年、17頁Fig.9。
図284　　東大寺・奈良県立橿原考古学研究所提供。奈良県教育委員会編『東大寺防災施設工事・発掘調査報告書 発掘調査篇』東大寺、2000年、COLOR-PL.4下。
図285　＊『鍛冶屋敷遺跡』滋賀県教育委員会、2006年、26頁第26図。
図286　＊小池伸彦「平城宮の火床炉」『文化財論叢Ⅱ』奈良国立文化財研究所編、同朋舎出版、1995年、517頁第2図。
図287　＊同上、516頁第1図。
図288　＊『平城京左京二条二坊・三条二坊発掘調査報告―長屋王邸・藤原麻呂邸の調査―本文編』奈良国立文化財研究所学報第54冊、奈良国立文化財研究所、1995年、527頁Fig.114。
図289　＊1：日本塩業大系編集委員会編『日本塩業大系 史料編 考古』日本塩業研究会、1978年、図82-3・9。
　　　　＊2：同上、図105-2・5。
　　　　＊3：岡山県古代吉備文化財センター編『本州四国連絡橋陸上ルート建設に伴う発掘調査Ⅱ』岡山県埋蔵文化財発掘調査報告71、岡山県教育委員会、1988年、543頁第3図15・16。
　　　　＊4：日本塩業大系編集委員会編『日本塩業大系 史料編 考古』日本塩業研究会、1978年、図23-3。
　　　　＊5：『湊遺跡他Ⅲ』(財)大阪府文化財センター調査報告書第170集、(財)大阪府文化財センター、2008年、151頁図68-1。
　　　　＊6：『岡山県笠岡市高島遺蹟調査報告』岡山県高島遺蹟調査委員会、1956年、第9図113。
　　　　＊7：日本塩業大系編集委員会編『日本塩業大系 史料編 考古』日本塩業研究会、1978年、図7-33。
　　　　＊8：『蔀屋北遺跡Ⅰ 図面編』大阪府埋蔵文化財調査報告2009-3、大阪府教育委員会、2010年、179頁第253図2。
　　　　＊9：同上、179頁253図4。
　　　　＊10：日本塩業大系編集委員会編『日本塩業大系 史料編 考古』日本塩業研究会、1978年、図3-3．15。
　　　　＊11：『西庄遺跡』(財)和歌山県文化財センター、2003年、156頁第150図1752。
　　　　＊12：日本塩業大系編集委員会編『日本塩業大系 史料編 考古』日本塩業研究会、1978年、図75-2・5。
　　　　＊13：同上、図47-2。
　　　　＊14：岡山県古代吉備文化財センター編『本州四国連絡橋陸上ルート建設に伴う発掘調査Ⅱ』岡山県埋蔵文化財発掘調査報告71、岡山県教育委員会、1988年、354頁第135図1064。
　　　　＊15：間壁葭子「倉敷市酒津―水江遺跡」『倉敷考古館研究集報』第8号、(財)倉敷考古館、1973年、52頁図15-34。
　　　　＊16：『海の中道遺跡Ⅱ』朝日新聞社西部本社・海の中道遺跡発掘調査実行委員会、1993年、49頁Fig.21-1。
　　　　＊17：日本塩業大系編集委員会編『日本塩業大系 史料編 考古』日本塩業研究会、1978年、図51-23。
　　　　＊18：同上、図56-2。
図290　＊戸沢充則・半田純子「茨城県法堂遺跡の調査―『製塩址』をもつ縄文時代晩期の遺跡―」『駿台史学』第18号、駿台史学会、1966年、89頁第15図。
図291　　岡山県古代吉備文化財センター提供。『山陽新幹線建設に伴う調査Ⅱ(岡山以西)』岡山県埋蔵文化財発掘調査報告書第2集、岡山県教育委員会、1974年、図版14上左。
図292　＊『海の中道遺跡Ⅱ』朝日新聞社西部本社・海の中道遺跡発掘調査実行委員会、1993年、23頁Fig.9。
図293　　同上、PL.3-(2)。
図294　＊『県文化財指定記念特別展 八日市地方遺跡―地中から今、弥生時代が甦る―』小松市教育委員会、2006年、33頁挿図。
図295　　海老名市役所提供。本郷遺跡調査団編『海老名本郷(Ⅵ)』富士ゼロックス(株)、1990年、図版17-1。
図296　　島根県教育委員会提供。『福富Ⅰ遺跡・屋形1号墳―図版編―』島根県教育委員会・島根県埋蔵文化財調査センターほか、1997年、図版172下。
図297　＊島根県埋蔵文化財調査センター編『勝負遺跡・堂床古墳』島根県教育委員会ほか、1998年、46頁第36図。
図298　＊『福富Ⅰ遺跡・屋形1号墳―本文編―』島根県教育委員会・島根県埋蔵文化財調査センターほか、1997年、360頁第266図、363頁第5表。
図299　＊『古代出雲における玉作の研究Ⅰ―中国地方の玉作関連遺跡集成―』島根県古代文化センター調査研究報

告書22、島根県教育委員会・島根県古代文化センター、2004年、35頁第18図17。
図300　島根県立古代出雲歴史博物館・福井県教育庁埋蔵文化財調査研究センター提供。島根県立古代出雲歴史博物館編『輝く出雲ブランド 古代出雲の玉作り』ハーベスト出版、2009年、59頁218。
図301　＊『池島・福万寺遺跡2（福万寺Ⅰ期地区）遺構・遺物編』（財）大阪府文化財センター調査報告書第79集、（財）大阪府文化財センター、2002年、83頁図Ⅳ-46。
図302　＊『池島・福万寺遺跡　発掘調査概要Ⅶ─90-3調査区（1991年度の概要）─』（財）大阪府文化財センター、1992年、79頁図56。
図303　国土地理院空中写真（MKK-64-3X、1964年6月7日撮影）。『池島・福万寺遺跡2（福万寺Ⅰ期地区）図版編』（財）大阪府文化財センター調査報告書第79集、（財）大阪府文化財センター、2002年、図版1。
図304　（公財）大阪府文化財センター提供。
図305　＊『池島・福万寺遺跡2（福万寺Ⅰ期地区）遺構・遺物編』（財）大阪府文化財センター調査報告書第79集、（財）大阪府文化財センター、2002年、41頁図Ⅳ-13。
図306　（公財）大阪府文化財センター提供。『久宝寺遺跡・竜華地区発掘調査報告書Ⅶ 図版（遺構）編』（財）大阪府文化財センター調査報告書第156集、（財）大阪府文化財センター、2007年、図版203-1。
図307　米原市教育委員会提供。
図308　石見銀山世界遺産センター提供。島根県教育委員会ほか編『石見銀山遺跡総合調査報告書 第2冊 発掘調査・科学調査編』島根県教育委員会、1999年、PL2上。
図309　徳島県立博物館提供。
図311　松尾秀昭氏提供。

第Ⅶ章

図312　垂水市教育委員会提供。『柊原貝塚Ⅱ』垂水市埋蔵文化財発掘調査報告書（9）、垂水市教育委員会、2006年、表紙写真。
図314　＊『東名遺跡群Ⅱ 第1分冊【東名遺跡2次 堆積層編1】』佐賀市埋蔵文化財調査報告書第40集、佐賀市教育委員会、2009年、50頁Fig.31。
図315　＊同上、48頁Fig.27。
図316　＊鈴木公雄『貝塚の考古学』UP考古学選書5、東京大学出版会、1989年、58頁図12a・12b。
図317　＊『東名遺跡群Ⅱ 第2分冊【東名遺跡2次 堆積層編2】』佐賀市埋蔵文化財調査報告書第40集、佐賀市教育委員会、2009年、204頁Fig.724。
図318　本部町教育委員会提供。
図319　南種子町教育委員会提供。『広田遺跡』南種子町埋蔵文化財発掘調査報告書（15）、南種子町教育委員会、2007年、巻頭カラー4。
図320　＊百々幸雄ほか編『北上山地に日本更新世人類化石を探る─岩手県大迫町アバクチ・風穴洞穴遺跡の発掘─』東北大学出版会、2003年、11頁図11-1-2。
図321　広島大学考古学研究室提供。
図322　＊『妙音寺／妙音寺洞穴』埼玉県埋蔵文化財調査事業団報告書第209集、（財）埼玉県埋蔵文化財調査事業団、1999年、260頁第122図、261頁第123図。
図323　＊English Heritage : "Environmental Archaeology: A Guide to the theory and practice of methods, from sampling and recovery to post-excavation" English Heritage Publications, 2002, Fig.1, p7.
図324　（公財）横浜市ふるさと歴史財団埋蔵文化財センター提供。（財）横浜市ふるさと歴史財団埋蔵文化財センター編『古梅谷遺跡』港北ニュータウン地域内埋蔵文化財調査報告ⅩⅦ、横浜市教育委員会、1995年、図版3。
図325　静岡県埋蔵文化財センター提供。
図326　兵庫県立考古博物館提供。『加都遺跡Ⅰ』兵庫県文化財調査報告第285冊、兵庫県教育委員会、2005年、巻頭図版5下。
図327　佐賀県教育委員会提供。『古代官道・西海道肥前路』佐賀県教育委員会、1995年、巻頭図版「唐香原・祇園原遺跡」。
図328　所沢市教育委員会提供。『東の上遺跡─飛鳥・奈良・平安時代編Ⅰ─』所沢市埋蔵文化財調査報告書第49集、所沢市教育委員会・所沢市立埋蔵文化財調査センター、2010年、図版61（1）。

図表出典

図329　『奈良文化財研究所紀要2008』奈良文化財研究所、2008年、図版4下。
図332　平等院・宇治市教育委員会提供。
図333　飛騨市教育委員会提供。
図334　『平城京左京三条二坊六坪発掘調査報告』奈良国立文化財研究所学報第44冊、奈良国立文化財研究所、1986年、PL.15-2。
図336　＊奈良県立橿原考古学研究所編『宮の平遺跡Ⅰ』奈良県立橿原考古学研究所調査報告第84冊、奈良県教育委員会、2003年、23頁第8図、33頁第17図、35頁第20図。
図337　出雲大社・出雲市提供。『出雲大社境内遺跡』大社町教育委員会、2004年、巻頭図版2。
図338　＊滋賀県教育委員会提供。
図339　静岡県埋蔵文化財センター提供。『堂ヶ谷廃寺・堂ヶ谷経塚』静岡県埋蔵文化財調査研究所調査報告第219集、(財)静岡県埋蔵文化財調査研究所、2010年、図版25-1。
図340　静岡県埋蔵文化財センター提供。同上、巻頭図版6。
図341　＊奈良県立橿原考古学研究所提供。『達磨寺石塔埋納遺構　現地見学会資料(2002年9月23日)』奈良県立橿原考古学研究所、2002年、図3。
図342　鳴門市ドイツ館提供。『板東俘虜収容所跡調査報告書』鳴門市教育委員会文化財調査報告書8、鳴門市教育委員会、2012年、198頁挿図144。
図343　鳴門市教育委員会提供。同上、209頁図版3-3。

第Ⅷ章
中扉　＊〔新池遺跡〕高槻市教育委員会提供。
図345　〔岐阜城〕岐阜市教育委員会協力。
図346　福島県教育委員会提供。
図347　南種子町教育委員会提供。

索　　引

Ⅰ事項名、Ⅱ遺跡名などに分けて、それぞれ50音順に配列した。

Ⅰ　事　項　名

あ　行

合端加工	227
障泥（あおり）	65
閼伽器（あかき）	130
アカニシ	295
上土塀	112
揚浜式塩田法	280, 282
揚　床	143
顎（部）	121, 124-126
顎貼りつけ技法	125
朝顔形円筒埴輪	33, 66
浅　鉢	11, 234
足　跡	5, 291, 292
足　形	10, 50
足金物	229
足　玉	72
足場（穴）	109, 110, 116
足場〈安全管理〉	31, 202, 217, 239, 300
小　豆	115
頭飾り	10
当たり	105, 112, 169, 224
圧　痕	18, 50, 81, 107, 131, 239, 267
窖（あな）窯	68, 234-237, 239-244, 246, 247, 252
窖窯型木炭窯	256, 260, 261, 265, 268
鐙	63, 65
鐙　瓦	121
雨落溝	98, 99, 107, 109-113, 117, 161, 164, 275
雨仕舞	122
雨垂れ痕跡	99, 110, 117, 305
阿弥陀堂（建築）	75, 89, 97, 220, 314
編　物	65, 295
粗　割	284, 285
アリダード	204
粟	143, 169, 181
アワビ	298
暗　渠	36, 104, 108, 148, 164, 198, 222, 261, 270
安全管理（対策）	30, 31, 201, 202, 223, 239, 258, 300, 305, 326
安定同位体分析	24, 25
暗　文	176
家形石棺	40-42, 54
家形陶棺	41
家（形埴輪）	32-34, 66, 67
囲郭（集落）	194, 208
鋳　掛	20
鋳　型	5, 179, 255, 271-277
筏地業	162
威儀具	32
斎串（いぐし）	165, 181
池	3, 89, 92, 97, 143, 155, 220, 307, 313-318, 322
遺構概略図	183, 224
遺構検出面	183
遺構図	230
遺構面	95, 202, 222-224, 266, 276, 307, 315
石　臼	228, 293, 294
石　垣	4, 90, 92, 108, 119, 192, 193, 197-199, 202, 203, 206, 208-212, 216, 218, 219, 222, 224-227, 293
石　杵	294
石切丁場	193, 216-218, 293
石　釧	61, 62
石　屑	5, 216, 218
石　組	31, 40, 78, 92, 108, 220, 311, 313-317
石組暗渠	148, 270
石組護岸	314
石組墓	75
石組溝	113, 320
石組炉	281, 282, 306
維持経営施設	113
石　匙	10
石　皿	294
石　敷	32, 42, 44, 102, 108, 148, 155, 308
石敷炉	281
石畳道	309-311
石　積	52, 56, 70, 105, 119, 164, 211, 224-226, 245, 313, 316

363

索　引

石積技法	211, 224, 225
石灯籠	314
石　鍋	228, 280, 282, 293, 295
石　鋸	284, 285, 287
石　針	284, 286, 288
石引道	216
石　櫃	78, 79
石包丁	287
石屋形	41, 42
泉	165, 314, 316, 318, 323
和泉型瓦器	232
和泉砂岩	82
出雲国風土記	133, 143, 149, 154, 187, 188
伊勢系土鍋	229
遺存環境	307
遺存地割	170
板　石	42, 51, 52, 58, 59, 107
板石積	34
板金具	178, 179
板組溝	113
板　碑	75, 82, 229, 293, 321
板　葺	102, 112, 114
板　塀	95, 111, 144, 152, 161
板　床	97
市	90, 138, 150
一次壁	243
一次葬	15
一次墳丘	46
一次床	243
一族墓	75, 76
一　宮	155
一枚作り	120, 123-125
一里塚	309, 311
一間四面堂	97
一国一城令	193
一石経	320, 321
一遍上人絵伝	102
井　戸	102, 145, 149, 153, 155, 169, 171, 181, 190, 212, 307, 320
糸切り（痕）	123, 125
稲　穂	143, 169
稲　藁	234, 239
犬追物	215
犬の馬場	215
犬走り	108, 111, 113
稲	181, 292
稲　籾	143, 169
鋳張り	60
衣服令	178, 179
イモガイ	303
鋳　物	90, 255
甍　棟	127, 128, 134, 177, 187
入　隅	122
入母屋造	99, 122
色絵磁器	252
岩　陰	8, 15, 304, 320, 322
磐座（いわくら）	151, 318, 320, 322
磐境（いわさか）	320
岩　庇	305
石見型盾	66
印鑰（いんにゃく）神社	155
氏　寺	75
臼	62
雲珠（うず）	63, 65
臼　玉	61, 284
ウタキ（御嶽）	322, 323
打ち欠き	13, 14, 16, 71, 82, 83
内　窯	237, 246
打込ハギ	211, 218
内枡形	210
腕飾り	11, 14, 284
腕　木	161
腕　輪	8, 10, 19, 62, 303
腕輪形（石製品）	60, 61, 303
畝状遺構	281, 282
畝状空堀群	206, 208, 209, 222
畝間溝	5, 290
馬出し	206, 209, 210
駅家（うまや）	4, 140, 148, 149, 152-155, 161, 177, 181, 188, 309, 312
埋　甕	9
埋め墓	76
埋め戻し	29, 35, 36, 38, 46, 49, 50, 52, 57, 59, 70, 81, 104, 167, 168, 270, 272, 312
裏金具	179
裏込め（石・土・礫）	34, 42, 45, 50, 56, 57, 106, 107, 210, 226
漆	10, 41, 129, 153, 174, 175, 180, 294
漆紙（文書）	145, 153, 171, 174, 175
漆　棺	26, 41, 66
漆製品	5, 81, 293-295
漆付着土器	129
漆　膜	63, 64, 66
ウルシ面	175
漆容器	5, 82, 153, 174, 294, 295
上井覚兼日記	220
上絵付（窯）	234, 237, 238, 246
上　屋	40, 245, 259, 263
雲　堂	101
運搬具	44, 66, 129

柄	19, 20, 22, 64, 329	覆 屋	31, 242, 247, 275
穎 屋	143, 169, 181	大 垣	111, 118, 139, 161, 162
穎 倉	143, 181	大鍛冶	255
穎 稲	143, 150, 153, 169, 181	大鍛冶場	270
駅家 → 駅家(うまや)		大 窯	234, 237, 244, 245
駅 館	149, 155	大坂冬の陣図屏風	212, 213
駅起稲	149	大 路	148, 165
駅 戸	148	大手(門)	198, 209, 212
駅 使	148, 149	大祓(おおはらえ)	165
駅 長	148	大 溝	142, 144, 145, 158, 164, 169
駅 馬	148, 309	大峯奥駈	322
駅 門	149	大 麦	115
駅 路	4, 146, 148, 149, 154, 155, 188, 308-311	大 棟	122
駅 楼	149	弩(おおゆみ)	179, 180
絵 図	93, 196, 197, 199, 206, 213, 238, 247, 254, 290, 292, 309, 310, 319, 322	男 瓦	121
		屋	143, 149
蝦夷 → 蝦夷(えみし)		奥 壁	30, 39, 42, 45, 54, 55, 239, 241, 242, 245-247, 260, 261, 265, 323
越後国郡絵図	213	奥 宮	319
絵 付	237	桶	79, 81, 123, 124
胞衣(えな)壺	115, 178	桶 窯	234, 237, 240, 241, 246
烏帽子	81, 83	桶巻作り	120, 123, 124
絵 馬	319	オサエ	68
絵巻物	197	尾垂木	122
蝦 夷	4, 84, 144, 146, 188	鬼 瓦	121, 122
縁	97-99, 107	斧	61, 62, 194
宴 会	139, 192, 214	帯 金	64
縁起(絵)	88, 93, 111	帯曲輪	213
延喜式	75, 113, 179	帯金具	61, 62, 81, 82, 153, 179, 283
円形硯	177, 178	オモテ面	175
煙硝蔵	215	錘	182
縁 石	105	親 柱	99
鉛 丹	294	折り曲げ技法	125
苑(園)池	2, 108, 141, 317	織 物	295
円 柱	148	オルソ画像	225
塩 田	5, 280-282	温石(おんじゃく)	92, 295
煙 道	241, 242, 244-247, 260, 261, 265	陰陽道(師)	115
円筒棺	38		
円筒形自立炉	256	**か　行**	
円頭大刀	63	銙(か)	178, 179
円筒埴輪	32, 33, 38, 47, 48, 66, 68, 69, 72	階〈窯〉	246, 247
円 板	62	外 郭	145, 146, 161-163, 219
円 墳	26, 27, 30, 84	外郭線	145-148, 153, 162-164
円面硯	177, 178	貝 殻	281, 295, 298-301, 303
鉛釉(陶器)	236, 241, 243, 244	貝殻成長線分析	302
押圧技法	68	回帰分析	170
押 印	131, 251	開 渠	222
横炎式(窯)	234, 235, 241, 245	外護列石	42, 56, 69
横穴墓 → 横穴墓(よこあなぼ)		外 柵	163
覆い型野焼き	234, 235, 239, 240	貝 匙	303
大炊殿	101		

索 引

外周区画施設	141, 145, 146, 158, 167
外周郭	145, 146, 163
海獣葡萄鏡	83
会　所	192, 214, 231
海食洞穴	304, 305
貝製腕輪	303
貝製品	303, 329
貝　層	298-302
改　葬	25, 84
海　藻	278, 281-283
外装材	107, 128, 166
海藻付着性微小貝類	282, 283
崖葬墓	8
海藻焼	282
解像力	94, 197
解体修理	57, 225-227, 319, 322
階　段	31, 77, 94, 109, 111, 114, 148, 199, 208
階段の勾配	109
階段の出	109
貝　塚	2, 8-11, 219, 281, 298-304, 306
外　堤	32, 33
回転痕	288
回転台	68, 123
街　道	194, 232, 308, 309, 311
外表施設	14, 31, 32, 59, 78
貝　符	303
外部委託	25, 29, 32, 202
外　壁	148, 164
開放型野焼き	234
回峰行	322
貝　紫	295
回遊式庭園	314
灰釉陶器	176, 234, 236, 241
灰釉陶器窯	243, 244
外容器	78, 320, 321
回　廊	86, 87, 91, 92, 94, 95, 100, 101, 107-110, 114, 115, 118, 120, 122, 160
貝　輪	10, 20, 303
鏡	15, 19, 20, 50, 60-62, 81-84, 115, 151, 180, 194, 283, 320-322
鏡　石	212
鏡　板	65
鏡文字	175
鎰（鑰）（かぎ）	155
瓦器	229, 232, 234, 236, 237
鍵　層	16, 58
掻き出し口	260
カキ目	68
瓦　経	320
角　材	107, 162, 163
学術目的調査	298
学　生	140
角　柱	99, 148
隔　壁	236, 243, 245-247
角　楼	148
掛　木	274
懸け造り	211
鉸具（かこ）	178, 179
囲（形埴輪）	34, 44, 66, 67
加工石	211
花崗岩	105, 294
加工痕	54, 60, 82, 216, 225
籠　棺	41
笠	114
火災痕跡	130, 224
重ね焼き	244, 252
飾り金具	131, 179
飾り瓦	122
火山灰	25, 290, 291, 310
鍛冶遺構	5, 94, 148, 255-257, 259, 262, 265, 266, 268, 283
鍛冶遺跡	255, 257, 258, 277
鍛冶関連遺構	119
鍛冶関連遺物	266
鍛冶具	5, 262, 268
鍛冶工程	255, 268, 269
鍛冶工房	141, 212, 232, 256, 262, 263, 265, 285
鍛冶滓	5, 256, 262, 265, 268, 269
鍛冶炭	256, 261, 268
鍛冶場	216, 217
火　舎	128-130
過　所	149
鍛冶炉	5, 198, 216, 255-257, 262, 263, 265, 266, 269, 277, 285
家臣（団）	192, 208, 215, 222
鏨	40, 53
春日造	318, 319
葛（石）	105, 110
火　葬	75-80, 82
瓦　倉	153
下層遺構	46, 113, 116, 117, 156, 158, 265
火葬遺構	80, 81
火葬骨	25, 75, 77, 78, 80, 81, 83
火葬塚	80
画像データベース	173, 296
火葬土坑	239, 240
火葬墓	3, 75, 77-80, 82, 92
銙帯（かたい）	178, 179
片側排滓	255, 259
形　代	165, 180

索　引

刀 …………………… 62, 63, 82, 165, 179, 180
型挽き施文 …………………………………… 124
片面穿孔 ……………………………………… 288
形　割 …………………………………… 284, 285
鰹面戸 ………………………………………… 122
合掌積 ………………………………………… 106
滑石（製品）……… 10, 60, 62, 130, 280, 284, 295, 322
合　葬 …………………………………… 10, 11, 20
甲　冑 ……………………… 33, 63-67, 70, 198, 229
カットサンプル ……………………………… 302
褐　釉 ………………………………………… 128
瓦　塔 …………………………………… 131, 176
瓦当（部・面）…………………………… 121, 124-126
瓦陶兼業窯 …………………………………… 236
瓦当貼りつけ技法 …………………………… 125
瓦当文様 ………………………………… 125, 251
鉄床（石） …………………………………… 5, 268
要　石 ………………………………………… 294
蟹面戸 ………………………………………… 122
鐘 …………………………… 101, 130, 271, 274
金　蔵 ………………………………………… 215
瓦　笵 ………………………………………… 121
カ　ビ …………………………………… 25, 174
冑（兜） ……………………… 33, 63-67, 70, 179, 180, 198, 229
兜　金 ………………………………………… 229
鏑　矢 ………………………………………… 229
花粉（分析） ………………… 44, 252, 316, 317
貨　幣 …………………………………… 81, 182
壁建ち建物 …………………………………… 109
壁　土 …………………………………… 131, 161
花　盆 …………………………………… 228, 231
釜 ………………………………… 102, 228, 237
鎌 …………………………………………… 62
窯焚き …………………………………… 242, 252
窯詰め ………………………… 245, 246, 252, 254, 265
竈（カマド） ……………… 102, 160, 165, 181
窯道具 ……………………………… 5, 249-252, 254
カマド（竈）塚 ……………………………… 40
竈　屋 …………………………………… 87, 102
釜　場 ………………………………………… 102
窯　場 …………………………… 235, 238, 254
髪飾り ………………………………………… 62
甕棺（墓）…………… 3, 8, 12-15, 17-19, 21-23, 295
亀　腹 ……………………………… 98, 106, 107
茅　負 …………………………………… 121, 123
火　薬 ………………………………………… 215
瓦　窯 …………………… 88, 94, 119, 136, 153, 177, 187,
　　235-237, 244, 246, 247, 253, 254
唐居敷 ………………………………………… 148
唐草文 …………………………………… 121, 124, 125

ガラス …………… 5, 62, 79, 172, 228, 262, 266, 271,
　　273, 276, 277, 284
ガラス（小）玉 …………… 62, 83, 115, 271, 321
空焚き …………………………………… 259, 261, 264
空　堀 …………………………………… 208-210, 222
伽　藍 ……… 87, 89, 91, 93, 94, 96, 97, 100-102, 113,
　　118, 129, 132, 133, 314
伽藍地 ……………… 87, 88, 92, 96, 100, 102, 108,
　　112, 113, 118, 119, 129, 132, 133, 177
伽藍中軸線 ………………… 87, 94-96, 101, 118, 132
伽藍配置 ……………… 3, 86, 87, 90-93, 95, 96, 101,
　　118, 132, 133, 135
カリガラス …………………………………… 62
雁　股 ………………………………………… 229
軽石層 ………………………………………… 310
枯山水 ………………………………………… 314
側　石 …………………………………… 38, 320, 321
側板痕跡 ……………………………………… 123
皮製品 ………………………………………… 175
革　盾 ………………………………………… 38
革　綴 …………………………………… 64, 65
側　柱 …………………………………… 97-99, 160
側柱建物 ……………………………………… 166
皮鞴（ふいご） ……………………………… 277
厠 …………………………………………… 163
河原石 ……………… 78, 102, 105, 108, 114, 229, 321
瓦窯 → 瓦窯（がよう）
瓦　組 ………………………………………… 110
瓦　倉 ………………………………………… 153
かわらけ …………………………………… 229, 231
瓦　座 ………………………………………… 121
瓦　敷 ………………………………………… 108
瓦生産 ………………………………… 3, 135, 136, 236
瓦堆積 ………………………………………… 94
瓦積（基壇） ……………… 105-107, 109, 110, 117, 135
川原寺（式）〈伽藍配置〉 …………………… 86, 135
川原寺（式）〈瓦〉 …………………… 121, 122, 135
瓦葺（建物） ……… 92, 104, 111-113, 120-122,
　　127, 128, 134, 136, 139, 143, 145, 149, 154, 162,
　　177, 186-188, 192
瓦葺礎石建物 ………………… 91, 92, 140, 149, 152
坩 …………………………………………… 60-62
簡易距離計 …………………………………… 204
官営工房 ………………………… 4, 150, 179, 247
岩　塩 ………………………………………… 278
官衙域 …………………………… 153, 158, 164, 167
灌漑施設 ………………………………… 208, 307
官衙遺跡群 …………… 4, 144, 146, 165, 166, 170,
　　174, 184, 188
官衙関連遺跡 ………………………………… 145

367

索　引

官衙関連施設	150, 161, 162, 188
官衙施設	153, 158, 167, 177, 178, 183-188
棺金具	66
完形品	127, 174, 186, 251
還元炎(焼成)	234-236, 240, 243, 247
還元面	249
環　濠	194
環濠集落	163, 194
寛　骨	24, 25
棺　材	15, 17, 21, 40, 50, 51, 53, 65, 66, 69
鐶座金具	66
簪(かんざし)	8, 10, 11
観察表	68
官　寺	87
乾漆像	94
元日朝賀	139, 140
棺　床	34-36, 38, 50, 51
環状貝塚	300
環状集落	9, 11
環状墓	9
環状列石	9
棺　身	38, 66
官　人	75, 138, 149, 153, 176, 177
鹹水(かんすい)	278, 281, 282
観世音寺式〈伽藍配置〉	86, 87, 132, 135
観世音寺資財帳	97, 114, 280
乾燥施設	236, 238, 247
幹線道(路)	136, 308
乾燥遺跡	307
乾燥フルイ選別法	299, 302
棺　台	41, 53, 54, 69, 80
岩　体	304-306
官　道	144, 146, 149, 182, 184, 308
関東系土師器	177
鉋	194
鉄穴(かんな)流し	270
神名備	320, 322
綺帯(かんはたのおび)	178
雁振瓦	121, 122
陥没痕	49, 50, 247
官　牧	150
冠	61, 62
管理棟	247, 293
顔　料	23, 24, 42, 50-52, 69, 121, 294
生　糸	295
木　杭	291, 316
木　組	78
器　形	18, 186, 250, 283
器財埴輪	33, 66
刻　み	5, 124, 131, 178

儀式(空間)	87, 100, 113, 130, 138, 139, 165, 206, 208, 313
器　種	11, 22, 23, 62, 91, 128, 129, 131, 176-178, 185, 228, 250, 251, 287, 288
器種構成	23, 129, 176, 177, 186, 250, 251
基準線	29, 30, 42, 44, 49, 54, 55, 60, 308
基準層	250, 251
基準点	29, 95, 157, 201
器　仗	179
魏志倭人伝	293
儀制令	143, 150
煙　管	83
煙管(状)窯	234, 237, 240, 241, 244
義　倉	143, 181
貴　族	75, 89, 138, 176, 303, 313, 314, 320
基礎地業〈建物〉	104, 135, 162
基礎地業〈鋳造〉	272
基礎台帳	197
綺帯(きたい)	178
器　台	19, 23, 62, 66, 228
基　壇	88, 91, 92, 94, 95, 97-99, 104-111, 115-118, 128, 131-133, 135, 136, 145, 152, 153, 157, 159, 160, 166, 182, 318, 320
基壇縁	108
基壇外装	94, 98, 105-107, 109, 117, 128, 131, 135, 160, 166
基壇建物	132, 133, 145
基壇築成	104, 105, 109, 117
基壇土	107, 115
基壇の出	99
亀甲墓	76
吉祥句	82, 165, 174, 181
基底石	42
基底幅	112, 113, 162, 163, 167
基底部	40, 47, 48, 57, 66, 68, 71, 111, 119, 148, 164, 226, 304
畿　内	75, 105, 112, 139, 146, 148, 176
畿内系土師器	153, 176, 177
畿内産瓦器	236
蓋(きぬがさ)	33, 66, 67
絹　布	295
杵	62
紀年銘	82, 130, 171
機能面	223, 230, 231
木　橋	207, 210
基盤層	291
基盤造成	45, 46
木　蓋	17
器　物	130, 180
器　壁	18, 176, 279

368

索　引

基本平面図	183
器　面	178, 283
鬼　面	122
鬼門除け	208
客　殿	97
客　土	108
宮外官衙	138
廐　舎	149
給食（施設）	141, 153, 176, 177, 186
旧地表（面）	58, 110, 160
宮内道路	155
給（排）水	108, 168, 307
旧表土	52, 208
京　域	138, 176
経　石	321
饗　宴	140, 141, 143, 150, 176, 177, 313, 317
饗応機能	146
凝灰岩	37, 38, 40, 41, 60, 62, 105, 109, 110, 284, 293
京　窯	246
経　巻	321
行基式	121
供給先	72, 125, 136, 218, 254
供給年代	135
供献遺物	19, 84
供献土器	14, 16, 19, 29, 32, 77
京　職	138
鏡　種	60
行政実務	140, 157
行政目的調査	326, 327
狭端（部・側）	121, 123, 126
夾紵棺	41, 66
経　塚	75, 90, 92, 130, 320-322
経　筒	130, 320, 321
経筒外容器	321
経　典	115, 320
京都系土師器皿	229, 240
京都産土鍋	232
行場（遺跡）	90, 322
共伴遺物	25
経　文	79, 131, 320
杏　葉	63, 65
経楼（経蔵）	87, 101, 118, 132
魚介類	298
居　館	4, 89, 163, 190-192, 194, 197, 214, 215
玉　杖	66, 67
曲線顎	124
玉　葉	194
居住域	3, 9, 11, 12, 255, 257, 279, 288, 299, 303
居住機能	208
居住施設	150
居　城	192, 193, 203, 216
居　宅	3, 136, 146, 150, 152, 188
拠点寺院	135
拠点（的）集落	136, 279
漁　労	283, 292, 293
切　石	40, 105, 107-111, 131, 148, 211, 215
切石組	110
切石敷	108
切石積	107, 109, 164, 211
切石積基壇	105, 107, 110, 117
切　岸	4, 191, 198, 203, 206, 208, 211, 221-224
切子玉	61, 62
キリシタン墓	77, 84
切り土	108, 208, 223, 226
切妻造	99, 102, 127
切妻屋根	41, 59
切り通し	36, 199, 308-311
儀礼空間	33, 140, 149, 213, 214
儀礼の場	140, 143, 193, 213
木　呂	267
記録媒体	296
記録保存調査	6, 16, 29, 51, 53, 91, 195, 199, 238, 298, 304, 326-329
木　枠	128, 318
金	62, 115, 257, 293
銀	62, 115, 178, 182, 293, 294
錦　窯	237, 246
緊結金具	69
近世城郭	192, 207, 208, 210, 212, 214, 293
金属学	268, 269
金属工芸品	91
金属工房	88
金属滓	271-273, 275, 276
金属製品	36, 53, 62, 79, 82, 92, 94, 131, 144, 180, 198, 228, 271, 283
金属探知機	263, 264, 266, 267, 286, 291, 324
禁足地	318, 320
金属鉄	259, 269
金属容器	115
近代遺跡	324
金　仏	322
杭	46, 111, 162, 213, 221, 277, 291, 307, 316
庫　院	90, 101
郡　家	4, 140
空中写真	28, 92, 93, 153, 154, 170, 195, 196, 290, 309, 317
区画・遮蔽施設	111, 112, 163, 164, 203
区画・防御施設	163, 164, 198, 208, 221, 222

索 引

区画施設 ……… 78, 91, 92, 101, 111-113, 119,
　　138, 140, 141, 143, 145, 146, 153, 154, 157, 158,
　　161-164, 167, 168
区画溝 ……… 94, 113, 155, 157, 164, 276
釘 ……… 36, 40, 53, 55, 65, 66, 69, 80, 198, 229, 299
釘　孔 ……………………………………… 122
釘付式(箱形)木棺 ……… 36, 41, 53, 65, 66, 69
くぐり孔 …………………………………… 179
公　家 ……………………………………… 213
楔 ………………………………………… 216
櫛 ……………………………………… 10, 83
釧 …………………………………… 20, 61, 62
グスク ……………… 197, 209, 210, 219, 243
くずし字字典 ……………………………… 173
楠葉型(瓦器) ………………………… 229, 232
管切り法 …………………………………… 62
管　玉 ……… 18, 20, 61, 62, 284, 287, 288
降　棟 ……………………………………… 122
口　金 ……………………………………… 229
掘削用具(痕) …………………………… 59, 312
屈　葬 ………………………… 14, 15, 21, 306
轡(くつわ) ………………………………… 63, 65
国医師 ……………………………………… 140
国厨家 ……………………………………… 141
国博士 ……………………………………… 140
クヌギ …………………………………… 268
首飾り …………………………………… 11, 72
組合式石棺 ……………………… 37, 38, 41
組合式(箱形)木棺 ……… 14, 36, 37, 41, 65, 72
組　紐 ……………………………………… 178
組　物 ………………………… 97-99, 110, 131
供物形土製品 ………………………… 34, 42
供養具 …………………………………… 130
供養施設 …………………………………… 76
供養塔 ……………………………………… 92
供養銘 ……………………………………… 82
鞍 ………………………………… 63, 65, 180
倉 ……… 87, 88, 101, 119, 143, 144, 149, 150,
　　152, 159, 188
蔵 ………………………… 214, 215, 222, 231
倉垣院 ………………………………… 87, 88, 118
鞍金具 …………………………………… 65
庫裡(庫裏) ………………………………… 90
クリ ……………………………………… 268
栗　石 ………………………… 104, 164, 211, 215
栗　型 ……………………………………… 229
クリ塚 …………………………………… 307
グリッド ……… 15, 30, 47, 96, 120, 169, 201,
　　238, 250, 263-266, 268, 276, 282, 283, 300, 301,
　　304-306

刳抜式石棺 ………………………………… 37, 41
刳抜式木棺 …………………………… 36, 37, 41
厨(家) ……… 129, 141-144, 149, 150, 153,
　　154, 174, 177, 186-188, 283, 309
曲輪(郭) ……… 4, 145, 191-193, 198, 199, 202,
　　203, 206-213, 215, 219, 221-224, 229-232
黒　漆 ……………………………………… 178
黒　炭 ………………………………… 261, 268
烏油(くろつくり)腰帯 …………………… 178
クロップマーク ………………………… 93, 196
鍬 ………………………………………… 44, 293
郡　衙 ……… 4, 140, 142-144, 149, 150, 152-156,
　　161, 163-165, 174, 175, 177, 178, 181, 183, 184,
　　186-188, 308, 309
郡衙支所 …………………………… 181, 187
郡衙周辺寺院 …………………………… 188
郡衙正倉 …………………… 150, 153, 159, 164, 188
郡衙本院 ………………………………… 187
郡司(層) ………………………… 140, 142, 188
軍事拠点 ………………………………… 191, 209
軍事施設 ……………………… 150, 219, 222, 230
軍事的機能 ……………………………… 146
群集墳 ……………………… 27, 44, 71-74, 77
軍　団 ……………………… 140, 150, 154, 188
郡庁(院) ……… 2, 140, 142-144, 153, 158,
　　177, 183, 184, 187
軍防令 …………………………………… 179
磬(けい) ………………………………… 130
経緯儀 …………………………………… 55
蛍光X線分析 ……… 51, 62, 69, 252, 258, 266,
　　277, 288, 293, 295
型式(分類) ……… 22, 39, 75, 120, 125, 127,
　　133, 135, 172, 178
型式学 ……………………………… 134, 250
形質人類学 ………………… 11, 18, 23, 24, 73, 83
形象硯 …………………………………… 178
形象埴輪 …………………… 32, 33, 48, 66-70, 74
景　石 ………………………… 220, 313, 315, 316
珪藻(分析) ………………………… 252, 316, 317
計測値 ……………………… 21, 25, 28, 69, 83, 125
計測点 …………………………………… 21, 69
境内(地) ……………………… 2, 3, 75, 89, 90, 96, 318-320
頸　椎 …………………………………… 83
畦　畔 ………………………… 5, 28, 167, 170, 289-291
計　量 ……………… 182, 250, 264, 268, 269, 288
穢　れ ………………………………… 165, 180
外　京 ………………………………… 138, 170
化粧土 …………………………………… 129
化粧道具 ………………………………… 84
化粧箱 ……………………………………… 81, 82

370

索　引

外　陣	97
ケズリ	68, 124
削り加工	172
削　屑	153, 169, 171, 172
桁行総長	91, 97, 132, 152
欠（けつ）	115
血縁関係	23-25, 73
結合金具	72
結晶片岩	285, 288
玦状耳飾り	10, 284
毛抜き	83, 84
ケ　バ	205
蹴　放	148
花瓶（けびょう）	130, 228
花鬘（けまん）器	130
剣	11, 19, 20, 62, 63, 115, 165, 229, 273
堅果類	298, 307
玄　関	97
権　衡	182, 194
原材料	5, 11, 19, 22, 73, 271, 272, 277
原産地	82, 284, 293
玄　室	26, 30, 38-40, 42, 52, 54, 57-60, 72, 76
現状保存	6, 328
原　石	216-218, 285, 286
圏　線	126
圏足（円面）硯	177, 178
現存条里	290
建築部材	44, 131, 322
建築様式	136, 213, 224, 230
現地説明会	326, 329
現地踏査	237
検土杖	237, 257
現場小屋	216, 217
顕微鏡	62, 181, 266
顕微鏡（組織）観察	180, 252
研磨（剤）	60, 62, 229, 277, 284-287, 303
間面記法	97
玄　門	39, 40, 52, 54
コ　イ	292
衡	182
後円（方）部	27, 28, 30, 36
口縁部	11, 18, 68, 82, 186, 251, 283
口縁部計測法	251
広角レンズ	54
硬化面	45, 52, 221, 249, 262, 269, 310, 312
高火度焼成	234, 235, 237
後期古墳	32, 42, 280
高級食器	176, 177, 185
耕　具	44
航空レーザー測量	157, 201
工具痕	65, 265
郷　家	150
口　径	176, 260, 267
光　源	54
神籠石（系山城）	147, 148, 151, 164
耕作痕	291
耕作面	290
工作用ピット	285
格狭間	110
鉱山遺跡	232, 293
講師院	131
後　室	129
工人集団	74, 124, 135, 136, 288
工人組織	72, 250
合　子	60, 84
洪　水	14, 16, 290-292
合子形（石製品）	61, 62
鉱　石	255, 293, 294
厚葬（墓）	10, 79
郷　倉	4, 150
皇　族	75, 138
豪族（居館）	136, 142, 150-152, 163
高　台	82, 128
高台付杯	178
広端（部・側）	121, 125
耕地（区画）	88, 170, 289, 298
構築材	36, 70, 241, 248-250, 254
構築墓坑	36, 51
高地性集落	194
郷　長	150
交通（関係）施設	4, 144, 149, 153, 309, 312
交通路	146, 148, 155, 309, 323
上野国交替実録帳	142
後　殿	102, 140
硬　度	255, 266, 286
坑　道	293
講　堂	3, 86-89, 91, 95-97, 100, 101, 118, 120, 132, 133
降　灰	252
後背湿地	307
後背墳丘	32, 58
鉱　物	234, 252, 284, 286, 288, 294
公　門	143
コウヤマキ	36
高麗青磁	194
香　炉	128, 130, 228, 229
港湾遺跡	232
小鍛冶	255
小型窯	241, 243, 246
小型三角窯	236, 244

371

索　引

小　刀 ……………………………………… 229
護岸（施設） ………………… 113, 313, 314, 316
古環境 ………………………………… 298, 302-304
古韓尺 …………………………………………… 182
刻　印 ………………………… 171, 216-218, 225, 227
国　印 …………………………………………… 155
国　衙 ………………… 4, 140-143, 150, 154, 155, 158, 164, 177, 186, 188
国郡制 …………………………………………… 144
国　司 ………………………… 140-144, 148, 149, 155
刻　字 …………………………………………… 216
国司館 ………………… 140, 141, 152, 157, 177, 178, 184
獄　舎 …………………………………………… 215
刻　書 ………………………… 79, 82, 168, 171, 174, 175
黒色土（層） ………………………………… 57, 58
黒色土器 ………………………… 128, 178, 236, 237
刻書土器 …………………… 131, 150, 153, 171, 174
国人（領主） ………………………………… 192, 214
刻　線 …………………………………………… 224
穀　倉 …………………………………………… 143, 181
小　口 …………………………… 14, 17, 19, 37, 51, 62
木　口 …………………………………………… 122
虎　口 ………………………………… 198, 206, 210
国　庁 ………………… 140, 141, 143, 152, 154, 157, 159, 161, 162, 166, 177, 184, 187, 188
国土基本図 …………………………… 195, 204, 217
黒　斑 ………………………………………… 68, 252
国府（城） …………… 4, 139-142, 149, 150, 152, 154, 155, 158, 170, 175, 177, 178, 308, 309
国分寺 ………………… 87, 89, 93, 99, 101, 105, 106, 124, 131, 140, 149, 150, 236
国分尼寺 …………………………………… 93, 136, 140
黒　釉 …………………………………………… 129
黒曜石 …………………………………………… 293
穀　類 …………………………… 154, 169, 181, 194, 231
柿（こけら）経 …………………………… 131, 171
五間三戸 ………………………………………… 99
五　穀 …………………………………………… 115
五鈷杵 …………………………………………… 130
小　札 ……………………… 64, 179, 180, 198, 229
腰当て …………………………………………… 295
腰帯（具） ……………………………… 84, 153, 178, 179
腰飾り ………………………………………………… 11
腰　刀 …………………………………………… 229
甑 ……………………………………………… 180, 181
甑炉（型炉） ………………………… 271, 274, 277
腰曲輪 …………………………………………… 229
五重塔 ………………………………………… 97, 98, 111
御　所 …………………………………………… 89
湖　沼 …………………………………………… 307

古人骨 ………………………………………… 24, 25, 302
小　炭 ………………………………………… 256, 261
古代山城 …… 4, 146-148, 151, 153, 163, 164, 257, 263
個体識別法 …………………………………………… 251
個体数 ………………… 83, 127, 185, 186, 251, 268, 283
個体数比 ……………………………… 127, 128, 186, 251
五大堂 …………………………………………… 89
小　玉 ………………………………… 62, 83, 284, 321
骨　角 ………………………………… 5, 10, 63, 64
骨角器 ………………………………… 298, 301-303
骨格部位 ………………………………………… 24, 25
骨格模型 …………………………………………… 24
骨　幹 …………………………………………… 25
骨　端 …………………………………………… 25
骨　片 …………………………………… 16, 75, 80, 240
古DNA分析 …………………………………… 11, 24
御　殿 ………………………………… 210, 212, 214
琴柱形〈石製品〉 …………………………………… 60
コの字形〈配置〉 ……………… 37, 42, 88, 140, 143, 152, 187
琥　珀 ………………………………… 11, 62, 115
小　舟 ………………………………… 256, 270, 317
古墳群 ………………… 26-28, 30, 70, 72-74, 136, 280
五　宝 …………………………………………… 115
ゴホウラ ………………………………………… 303
胡　麻 …………………………………………… 115
木　舞 ………………………………………… 131, 161
高麗（こま）尺 ……………………………… 182, 185
小　麦 …………………………………………… 115
米 ……………………………… 143, 154, 169, 181, 188, 215
コラムサンプル ……………………… 301, 302, 306
五輪塔 ………………………… 75, 77-79, 82, 90, 323
コ　ロ …………………………………………… 311
胡　籙 …………………………………………… 179
小割り（場） …………………………………… 259
婚姻関係 ………………………………………………… 11
権現造 …………………………………………… 318
金剛杵 …………………………………………… 130
金剛鈴 …………………………………………… 130
コンタミネーション ……………………………… 306
昆虫（遺体） ………………………………… 315-317
金　堂 ………………… 3, 86, 87, 89, 91, 93, 95-97, 101, 105-111, 114, 115, 117, 118, 129, 132-135
金　銅 ………………………………… 62, 114, 115
金銅製（品） ………………… 62, 63, 66, 130, 178
金銅張り ………………………………………… 63
金銅仏 …………………………………………… 91
建立時期 ……………………………………… 134, 135
建立順序 ……………………………… 125, 133, 134
軒廊（こんろう） ……………………………… 100

混和材 …………………………………… 41, 186

さ 行

斎　王 ……………………………………… 150
西海道 ………………………… 4, 139, 140, 184, 309
再加工 ……………………………………… 295
採鹹（さいかん） ……………………… 278, 280-283
祭　儀 ……………………………………… 144
祭　具 …………………………………… 44, 320
斎宮（寮） ………………………… 136, 150, 170
採掘坑 ……………… 218, 234, 247, 252, 261, 293
採掘地点 ………………………………… 217, 218
西金堂 …………………………………… 86, 129
祭祀遺跡 ……………………… 144, 165, 322, 323
祭祀遺物 …………………………………… 144
彩　色 …………………………… 43, 69, 130, 176
彩色壁画 ………………………………… 43, 60
祭祀具 ……………………………… 129, 165, 179-181
材質同定 ………………………………… 62, 180
材質分析 ……………………… 51, 258, 277, 302
祭祀土器 ……………………………………… 42
祭祀土坑 …………………………………… 13, 19
祭祀場 ……………………………… 34, 165, 317, 323
採石（場） …………………………… 5, 216, 218, 234
再　葬 ……………………………………… 10, 11
再葬墓 ………………………… 3, 8, 12, 13, 15, 16, 18
在地領主 …………………………………… 309
採　土 ……………………………………… 234
細部写真 ………………………………… 54, 68, 126
材木塀 ……………… 145, 146, 162-164, 168, 169, 188
彩釉山水陶器 ……………………………… 129
竿（柱） ………………………………… 113, 114
座金具 ……………………………………… 66
逆茂木 ………………………………… 213, 221
砂　岩 …………………………………… 37, 82
座　棺 ……………………………………… 79
作業期間 ………………………………… 258, 299
作業空間 ……………………………… 242, 259, 276
作業工程（表） ……………… 113, 218, 276, 281-285, 299, 300, 304, 305
作業単位 …………………………………… 48, 281
作業道 ……………………………………… 36
作業場 ………………… 234, 241, 242, 247, 259-262, 265, 270, 281-283, 299, 300
作業面 ……………………………… 243, 275, 276, 281
作業路 …………………………………… 216, 242
柵 ………………… 4, 5, 30, 33, 42, 44, 111, 112, 144, 161, 162, 190, 194, 202, 206, 208, 213, 215, 221, 222, 224, 319
柵（形埴輪） ………………………………… 34, 66, 67

柵　戸 ……………………………… 144, 177
作　事 ……………………………………… 231
作　土 ………………………………… 290, 291
柵　木 ……………………………………… 162
サ　ケ ……………………………………… 219
提砥（さげと） …………………………… 178
ササラ桁 …………………………………… 109
匙 ……………………………… 10, 131, 303
桟　敷 ……………………………………… 213
差木口 ………………………………… 244, 245
翳（さしば） ……………………………… 43, 66, 67
雑　穀 ………………………………… 169, 181
砂　鉄 …………… 255, 257, 258, 263, 266, 267, 269, 270
砂鉄置き場 ……………………………… 259, 263, 264
里　宮 ……………………………………… 319
鋳 …………………… 60, 62, 64, 130, 131, 180, 267, 268
サブトレンチ ……………… 168, 276, 290, 315, 316
狭間（さま） …………………………… 213, 244-246
狭間孔 ……………………………………… 245
鞘 ……………………………………… 19, 20, 229
匣鉢（さや） …………………………… 237, 252
匣鉢置き場 ………………………………… 238
鞘　尻 ……………………………………… 229
匣鉢積み …………………………………… 245
匣鉢蓋 ……………………………………… 252
左右対称〈建物配置〉 ………………… 140, 158
皿 ……………… 83, 91, 128, 129, 153, 174, 180, 228, 229, 231, 236, 240, 294, 320
砂礫層 ……………………………………… 307
山陰道 ………………………………… 139, 188
酸化炎（焼成） ………………… 234-236, 240, 241
山岳信仰遺跡 ………………………… 321, 322
三角縁神獣鏡 ……………………………… 60
酸化原料 …………………………………… 255
酸化鉄 ……………………………………… 269
酸化面 ………………………………… 249, 264, 265
桟　瓦 ……………………………………… 125
三環鈴 ……………………………………… 63
算木積 ………………………………… 211, 212
産業遺産 …………………………………… 324
参詣曼荼羅 ………………………………… 93
参詣道 ………………………………… 311, 322
三解脱門 …………………………………… 100
三　関 ……………………………………… 149
三間一戸 …………………………………… 99
珊　瑚 ……………………………………… 115
塹　壕 ……………………………………… 324
散　骨 ……………………………………… 77, 78
三彩（陶器） …………………… 75, 128, 129, 176, 236
三次元レーザースキャナー …………… 60, 157

373

索引

三次元レーザー測量	43, 56, 225, 249, 316, 317
三重塔	97-99
酸性土壌	25
産地同定	11, 129, 131, 288, 293, 317
産地分析	129
参道	92, 114, 203, 311, 318
山内	270
三門	90, 100, 101
山陽道	139, 148, 149, 153, 161, 177, 188, 309, 310
山林寺院	3, 88, 89, 92, 119, 203, 322
寺域	88, 96
地板	64
子院	3, 89, 90, 97, 119, 129, 203
寺院空間	87, 88, 203, 220
寺院建築	159, 318
寺院地	77, 87-90, 92, 93, 96, 111-115, 119, 129, 133
寺院付属施設	131
鞍(しおで)	65
鹿	66
紫外線	169, 174
歯冠	25, 79
耳環	61, 62, 69
磁器	229, 237, 245, 252
敷石	19, 39, 47, 53, 54, 57, 69, 106, 318
敷石遺構	320
敷板	252
時期区分	169, 230
瓷器系中世窯	237, 244
瓷器系陶器	194, 229, 234, 236, 237, 244, 251
信貴山縁起絵巻	111
敷砂	315, 316
直葬	35, 36, 38, 50, 51, 79, 84
磁気探査	94, 198, 238
食堂	100, 101, 133
式年遷宮	319, 320
敷葉(敷粗朶)工法	311
式部省	186
職分田	141
支脚	240
四脚門	99, 143
地業土	169
仕切り	51, 101, 209, 221, 235, 241
軸穴	285
軸受け	148
軸木	259, 260, 263
仕口	65, 148, 161
試掘・確認調査	13, 28, 29, 77, 80, 91, 94, 156, 157, 201, 222, 238, 257, 258, 263, 272, 281, 285, 290, 299, 304-306, 310, 315, 326, 328

試掘坑	201, 238, 299
試掘トレンチ	29, 77
軸部	109, 131
支群	72, 73
寺家	213
寺号地名	93
錣(しころ)	229
資材置き場	275
資財帳	88, 93, 97, 101, 102, 114, 280
四耳壺	231
四肢骨	25
寺社	2, 93, 99, 107, 136, 280, 320, 323
寺社絵図	93
磁石	204, 257, 263, 266, 267
史生	140, 144
屍床(仕切り石)	39, 40-42
後輪	65
史跡整備	329
支石墓	12, 14
自然遺物	283
自然科学的年代測定(法)	258, 268, 269
自然科学分析	6, 18, 21, 22, 44, 69, 82, 83, 168, 181, 252, 258, 261, 264-266, 268, 269, 277, 294, 295, 299, 300, 302-304, 306, 315, 317
自然乾燥	25
自然石	103, 105, 107-109, 119, 148, 211, 212, 249, 284, 313
自然堆積	52
自然木	44
自然流路	169
下地漆	66
地垂木	122
寺檀制度	76
寺地	88
七道	139, 308
磁着(度)	264, 266, 268
支柱(痕跡)	99, 107, 113, 114, 163, 164, 236, 244, 249, 252
地鎮(遺構)	115, 117, 130, 208
地鎮具	115
悉皆調査	197
漆器	194, 228
漆喰	43, 107, 108
湿気処理	82
湿気抜き(施設)	104, 270, 273
実験考古学	268
実測	18, 24, 32, 43, 47, 51, 55, 56, 60, 62-65, 68, 69, 82, 95, 116, 125, 167, 168, 239, 251, 267, 285, 288
実測基線	53, 96, 157

索　引

実測図 …………… 18, 19, 24, 47, 54-56, 58, 60, 62, 68, 69, 95, 125, 126, 173, 229, 239, 249, 251, 252, 264, 266, 268, 277, 288, 307, 316
実体鏡 ……………………………………… 93
実体顕微鏡 ………………………………… 62
湿　地 …………… 162, 163, 169, 170, 196, 307, 308
湿地遺跡 ………………………………… 2, 307
実務官衙 ………………………… 145, 146, 177
実録帳 → 上野国交替実録帳
字　典 …………………………………… 173
寺　伝 …………………………………… 93
四天王寺式〈伽藍配置〉 ………………… 3, 86, 132
四天王寺〈瓦〉 ………………………… 135, 136
視点場 …………………………………… 317
四天柱 ………………………………… 97-99
四等官 ………………………………… 140, 142
品字形〈配置〉 …………………… 140, 143, 145, 152
柴　垣 …………………………………… 32
地　盤 …… 40, 104, 105, 108, 117, 162, 226, 227, 311
四半敷 …………………………………… 108
鴟尾（しび） ………………………………… 91, 122
地　覆 ………………………… 103, 108-110, 117
地覆石 ………………… 105-107, 109, 117, 226
地覆座 ………………………………… 91, 103, 109
持仏堂 …………………………………… 215
四分法 ……………………………………… 49
寺辺地 ……………………………………… 88
磁　北 …………………………………… 204
支保工 ……………………………………… 31
島状遺構 ………………………………… 32-34, 44
四面廂（建物） ……………………………… 97
写経所 …………………………………… 131
借　屋 …………………………………… 150
尺設定 …………………………………… 170
借　倉 …………………………………… 150
尺　度 ………………………………… 182, 185
社　寺 ……………………………………… 2
奢侈品 …………………………………… 231
写真撮影 …………… 18, 19, 24, 32, 43, 47, 48, 53, 54, 56, 58, 116, 167, 168, 172, 225, 227, 263, 277, 300, 317, 329
灑水（しゃすい）器 ………………………… 130
煮炊具 → 煮炊具（にたきぐ）
社　殿 ………………………………… 318-320
煮　沸 ………………………………… 278, 281
遮蔽施設 ………… 99, 111, 112, 163, 164, 203, 210
地　山 …………… 33, 36, 39, 45, 46, 69, 105, 112, 202, 208, 209, 259, 263, 265
地山削り出し …………… 32, 44, 105, 112, 209
地山面 ………………………………… 29, 105, 223

社務所 …………………………………… 318
斜面貝塚 ………………………………… 298, 300
斜面状遺構 ……………………………… 315
蛇紋岩 …………………………………… 287
舎　利 ……………………………… 86, 103, 323
舎利穴 ………………………………… 103, 118
舎利荘厳具 ……………………………… 118
車輪石 ……………………………………… 62
斜　路 ……………………………… 44, 104, 118, 210
朱 ………………………………………… 21, 293, 294
什　器 ……………………………………… 62
重　機 ………… 31, 202, 222, 223, 238, 257, 258, 315
住居跡 …………………………………… 151
宗教遺跡 ………………………………… 90
宗教空間 ………………………………… 89
宗教施設 ………………………………… 3, 158
獣形鏡 ……………………………………… 60
周　溝 …… 12, 13, 16, 19, 21, 23, 27, 33, 44, 78, 80, 84
周　濠 …… 27-29, 31-33, 42, 44, 48, 69, 74, 247
周溝内埋葬 ……………………………… 16
周溝墓 …………………… 3, 12-14, 16, 23, 46
拾　骨 ………………………………… 81, 83
集骨墓 ……………………………………… 8
重弧文 …………………………… 121, 122, 124
十字架 ……………………………………… 84
十字街 …………………………………… 188
習　書 ………………………………… 171, 174
集石（遺構） ……………………………… 78, 320
縦　帯 …………………………………… 122
集団墓（地） ……………………… 19, 75-77, 84
周　堤 ……………………………… 27, 32-34, 44
周堤墓 ……………………………………… 3, 9
収納容器 ………………………………… 169
修復材 …………………………………… 250
周　壁 ………………………… 259, 260, 263
終末期古墳 …………………………… 27, 144, 155
集落遺跡 …………… 2, 5, 194, 251, 253, 303
集落関連遺構 …………………………… 299
集落内寺院 ……………………………… 88
修理痕跡 ……………………………… 225, 226
重　量 ………… 39, 93, 127, 182, 185, 251, 258, 264, 266-268, 288
重量計測（法） ……………………… 127, 251
重量比換算個体数 ……………… 127, 186, 251
主　屋 ………………………………… 141, 191
酒海壺 ………………………………… 228, 231
主　郭 ………………… 196, 199, 204, 206-208, 219
酒　器 …………………………………… 228
修　行 ………………………………… 3, 322
呪　句 …………………………………… 165

索　引

呪　具	115
宿　市	89
宿　舎	141, 149, 293
縮　尺	19, 29, 55, 56, 92, 95, 154, 157, 170, 195, 199, 201, 204, 205, 217, 238, 250, 258, 263, 264, 300
宿泊施設	141, 144, 148, 153, 160, 177, 188, 320, 322
宿場町	309
宿　坊	322
修験(者・道)	84, 322
修験道関連遺跡	322
守　護	191, 192, 210, 212-214
呪　語	82
守護所	191
守護大名城下町	192
種　子	165
主　軸	27-30, 45, 49, 54-57, 59, 60, 157, 260
主軸方位	21, 116, 133, 157, 183
主軸方向	49, 52, 224, 230
主　室	38
種　実	44, 53, 316
樹　種	168, 252, 268
樹種選択	168, 252
樹種同定	63, 65, 81, 168, 174, 252, 258, 265, 268
守城兵	199
数　珠	81
取水(溝)	113, 164
朱生産遺跡	293, 294
鋳銭(じゅせん)司	150, 294
主柱穴	285
出土位置	10, 18, 22, 53, 60, 69, 71, 81, 120, 134, 167, 168, 285
出土状況	8, 10, 11, 18, 19, 21-25, 40, 44, 47, 48, 52-54, 56, 58, 69-72, 81, 82, 91, 120, 131, 134, 169, 185, 187, 232, 249, 250, 276, 279, 283, 285, 286, 292
出土史料	171
出土地点	11, 171, 231
出土品	62, 179, 264, 298, 322, 329
出土文字資料	171, 175
主　殿	192, 213, 214, 222, 224, 230, 231
樹　皮	268
呪　符	171, 181
修法遺跡	90
修法壇	130
須弥山石	313
須弥壇	110, 111, 115, 117
珠　文	126
珠文鏡	60

主要堂塔	3, 87, 91, 92, 94, 95, 97, 100, 105, 111, 115, 117-119, 136
修　羅	44
修理院	108
純　鉄	269
巡　方	178, 179
純　密	115
書院建築	213
ジョウ	274
条	138, 289
城　域	195, 199, 201, 204, 208, 209
小　院	150
荘　園	88, 194, 292
上円下方墳	26, 32
昇炎式(窯)	234-237, 240, 244, 246
昇炎壁	244
城　郭	4, 125, 151, 171, 190, 192, 193, 207, 208, 210-212, 214-216, 218, 293
城郭構造	211
城下町	76, 171, 192, 193, 195, 215
城館庭園	220
将　棋	171
小区画水田	289-291
焼結面	276
昇降施設	109
焼　骨	25
使用痕(跡)	11, 19, 20, 82, 287
条　痕	68
荘厳具	118, 130, 131
詳細図	19, 56, 64, 250
城　柵	2, 4, 144-146, 152, 161-164, 177, 194
城司(制)	144
鋺子(じょうし)	83
使用時期	179
小子房	101
障子堀	209
小　尺	170, 182, 185
城　主	144, 192, 196, 212, 214, 215, 228, 230-232
城主居館	214, 215
小縮尺	95
成身会(壇具)	130
焼成温度	240
焼成回数	250
焼成室	236, 237, 241, 244-247, 257, 260, 261, 265
焼成部	235, 236, 240-242, 244, 246, 247, 249
焼成部境	240-246
条　線	125
正　倉	142-144, 150, 152-154, 156, 158, 159, 166, 167, 169, 177, 181, 187, 188
上層遺構	158, 316

索　引

正倉院 …………… 142-144, 150, 153-155, 164, 166, 167, 169, 177, 178, 181, 184, 186
正倉院文書 ………………………………… 115, 294
正倉の火災 ………………………………………… 153
正倉別院 ……… 4, 143, 144, 150, 153, 169, 187, 188
小礎石 ……………………………………… 109, 160
條　帯 ……………………………………………… 178
焼　土 …………… 16, 117, 160, 240, 257, 259-261, 265, 271-273, 275-277, 279, 281, 282, 301
小　刀 ……………………………………………… 229
正　堂 ……………………………………………… 97
焼土塊 ……………………………………… 243, 267
浄土教伽藍 ……………………………… 89, 97, 100, 101
浄土教寺院 ………………………………… 3, 89, 314
焼土坑 …………………………………………… 240
焼土痕 …………………………………………… 282
浄土思想 ………………………………………… 90, 96
浄土庭園 ………………………………………… 220
焼土面 ……………………………………… 273, 281
焼土粒 …………………………………………… 272
城内施設 …………………………………… 145, 146
城内通路 ………………………………………… 211
城内道路 ………………………………………… 145
使用年代 ………………………………………… 135
条　帛 …………………………………………… 322
定　盤 …………………………………………… 274
消費遺跡 ………………………………………… 250
消費地 ………………………………………… 5, 252, 254
浄　瓶 ……………………………………… 128, 129
障　壁 ……………………………… 243, 244, 246
城　壁 …………… 138, 146, 147, 209, 210, 219
城壁線 …………………………………………… 146
条坊（制） ………………………… 138, 141, 170, 185
条坊街区 ………………………………………… 138
春米（しょうまい） ………………………………… 143
照明器具 ………………………………………… 69
城　門 ……………………………… 148, 153, 164
縄文土器 ………………………………………… 234
条　里 ………………………… 87, 182, 289, 290, 308
条里型水田 …………………………………… 5, 289-292
条里畦畔 ………………………………………… 291
条里地割 ……………………………… 170, 191, 290, 292
条里制 …………………………………………… 289
焼　礫 …………………………………………… 276
小路〈駅路〉 …………………………………………… 148
鐘　楼 ……………………………… 87, 101, 118, 132
植　栽 ……………………………… 220, 313, 316, 317
植栽土嚢 ………………………………………… 202
植生（環境・復元） ………… 44, 196, 253, 316, 317
食　性 ……………………………………………… 24

食膳具 …………… 129, 131, 153, 185, 186, 228, 234-236, 241, 293, 317
食膳用土器 ……………………………… 141, 177, 186
続日本紀 …………………………………………… 75, 182
植物遺存体 ……… 220, 252, 302, 307, 313, 315-317
植物繊維 ………………………………………… 295
植物灰 …………………………………………… 236
織豊系城郭 ……………………… 190, 192, 193, 210, 212
食料生産施設 …………………………………… 283
織　機 ……………………………………………… 5, 295
食　器 ……………………… 129, 144, 176, 177, 185, 186
庶　民 ……………………… 75, 76, 131, 138, 192
諸陵寮式 ………………………………………… 75
白　壁 …………………………………………… 149
自立炉 …………………………………………… 256
寺　領 ……………………………………………… 88
試料採取 …………… 18, 20, 51, 81, 108, 169, 264, 268, 277, 283, 286, 299, 301, 302, 306, 316
シルト層 ………………………………………… 307
城絵図 …………………………………………… 206
白　炭 ……………………………………… 261, 268
城　割 …………………………………………… 193
地　割 …… 92, 95, 132, 141, 142, 153, 154, 167, 170, 191, 195, 196, 224, 290-292, 309, 312, 313, 317
地割方式 ………………………………………… 142
地割溝 ……………………………………… 113, 164
神　火 …………………………………………… 154
真　壁 …………………………………………… 161
芯　木 …………………………………………… 249
心　木 …………………………………………… 130
神宮寺 …………………………………………… 88-90
人　骨 …………… 8-11, 13-15, 18, 20, 21, 23-25, 50, 53, 58, 60, 73, 76, 81, 82, 301, 302
薪山経営 ………………………………………… 252
辰　砂 …………………………………………… 294
神　社 …… 88, 90, 93, 144, 155, 304, 318-320, 322
神社本殿 ……………………………………… 318, 319
真　珠 …………………………………………… 115
寝　所 …………………………………………… 214
陣　城 ……………………………………… 190, 212
心々間距離 ……………………………………… 170
神饌所 …………………………………………… 318
心　礎 …… 92, 97, 98, 103, 104, 117, 118, 132, 177
神　像 ……………………………………… 319, 320
新造院 …………………………………………… 133
親族関係 ………………………………………… 11, 25
親族構造 ………………………………………… 24
神体山 ……………………………………… 318, 322
身体尺 …………………………………………… 182
陣　地 ……………………………………… 190, 193

377

索　引

信長公記	212
寝　殿	89, 149
伸展葬	14, 15, 21, 77
寝殿造	89, 213, 230, 314
真東西	170
心　柱	97, 98, 103, 104, 111, 118
神仏習合	88, 90, 318
人物埴輪	33, 34, 48, 66
神仏分離令	318
神　宝	320
神　木	318, 320, 322
真　北	21, 170, 184, 204
神明造	318
人面墨画土器	165, 180, 181
森林基本図	217
水　駅	148
水銀朱	21, 294
出挙(稲)	141, 143, 149, 150
垂　孔	179
垂迹図	93
水準儀	55
水準点	95
水　晶	62, 83, 115, 284, 323
垂　飾	10
垂飾付耳飾り	61, 62
水洗選別	9, 10, 20, 50, 82, 266, 276, 300, 305, 306
水洗フルイ選別法	299, 302
水　注	128, 231, 243
水中ポンプ	307, 315
水　田	5, 12, 28, 170, 191, 196, 289-292, 307
水田稲作	219
水田区画	291, 292
水稲農耕	292
水　盤	228
水瓶(すいびょう)	128
水　門	148, 153, 164
水　路	257, 289, 290
数量比	123, 187, 251
数量表示	229, 231, 254
数量分析	128, 134, 177
須恵器	33, 40, 42, 58, 60, 68, 84, 115, 128, 150, 165, 174, 176, 178, 182, 185, 186, 234-236, 239-244, 246, 247, 253, 254, 256, 261, 294, 322
須恵器系(陶器)	194, 229, 236, 237, 244
須恵質	41, 68, 131, 180, 235
据付掘方	57, 107
頭蓋骨	10, 24, 25
透かし孔	48, 68
図化縮尺	55
鋤	44, 59, 165, 293

スギ	294
塗香(ずこう)器	130
スサ	131
スサ入り粘土	131, 243, 259, 260, 264, 267
煤	11, 15, 79, 129, 264
硯	129, 140, 152, 176-178, 185
図像	82
スチールテープ	95
スッポン	292
捨て場	11
ストロボ(撮影)	54, 329
砂型	277
州浜	34, 313-316
素掘り	13, 15, 36, 110
素掘溝	113
炭	80, 81, 117, 248, 279, 281, 282, 301
墨	82, 83, 169, 171, 173, 174, 177, 178, 180
角(隅)石	211
墨打ち	227
隅数計測法	127, 251
隅　木	122
隅木蓋瓦	121, 122, 127
隅切瓦	122, 127, 128
墨付け	224
隅面戸	122
隅　櫓	212
住吉造	318
素焼窯	238
素焼工程	234, 237
磨　石	294
擂　鉢	228, 237
製　塩	2, 5, 278-283
製塩遺構	279, 281, 283
製塩遺跡	278-283
製塩関連遺構	281, 282
製塩施設	283
製塩土器(層)	5, 278-283
製塩炉	5, 279, 281, 282
生活遺構	294
生活用具	177, 250, 294, 298
生　業	24, 74, 283, 292
整　形	36, 44, 174
成　形	59, 122-125, 216, 217, 234, 295
成形技法	125
成形痕跡	251
成形台	124
製作期間	288
製作技術(法)	38, 60, 62, 65, 66, 68, 69, 120, 121, 123-126, 133-136, 172, 243, 278, 284, 287, 288
製作工程	62, 69, 180, 276, 284, 286, 287, 293, 303

索　引

製作時期　　71, 179
製作地　　19, 22, 72, 73
製作年代　　133, 135
生産遺構　　92
生産遺跡　　2, 5, 62, 74, 119, 153, 235, 271, 288, 293-295
生産管理施設　　283
生産工程　　250, 251, 254, 272
生産地　　5, 40, 125, 136, 186, 228, 229, 232, 235, 237, 244, 250, 253, 254, 256, 280, 284, 293, 295
生産品　　254
青　磁　　83, 128, 130, 194, 228, 229, 231, 236
脆弱遺物　　53, 131, 307
正射投影　　225
精製品　　22
井　泉　　165, 318
生態系　　298, 302-304
製　炭　　240, 255, 268, 271
整　地　　58, 70, 108, 112, 117, 119, 120, 135, 226, 276
整地層　　104, 118, 120, 133, 158, 184, 223, 224, 226, 227
整地土　　58, 105, 108, 159
政庁（域）　　145, 152, 153, 157, 158, 161, 162, 164, 166, 177, 178, 186
製　鉄　　2, 5, 253, 255, 256, 269, 270
製鉄遺跡　　255-258, 261, 264, 268
製鉄炉　　255-259, 262-264, 266-270
正　殿　　140, 145, 186
製土（場）　　234, 238
青銅製品　　5, 19, 20, 22, 119, 130, 271, 273
青白磁　　231
成分分析　　22, 180
政　務　　138-141, 143
西洋式城郭　　193
整理等作業　　11, 25, 181, 239, 250, 251, 258, 272, 281, 283, 285, 299-301, 305, 326, 327
整理箱　　238
精　錬　　255, 257, 268, 275, 294
製　錬　　255, 256, 268, 269, 293, 294
精錬鍛冶　　255-257, 262
精錬鍛冶滓　　268
精錬鍛冶炉　　255
精錬所　　294
製錬炉　　293
セオドライト　　55
世界測地系　　95
堰　　5, 165, 307
関　　148, 149, 164, 309, 312

堰　板　　112, 163, 164, 167
赤外線（画像・観察・装置）　　82, 173-175
責　金　　229
石材加工　　19, 107, 117, 193, 211, 216-218, 224, 225
石材原産地　　82, 293
石材原産地遺跡　　293
石材採掘痕跡　　295
石材採取　　69, 284
石材選択　　211, 224, 225
石材被覆　　34
石室解体　　30, 46, 56, 57
石　種　　22, 62, 103, 107, 216, 227, 284-288, 293, 316, 317
石種同定　　51, 65, 82
石　障　　39, 41-43
石　人　　66
石人像　　313
石製鋳型　　272, 277
石製遺物　　293
石製鍛冶具　　262, 268
石製品　　5, 11, 15, 19, 33, 42, 60-62, 79, 82, 180, 228, 293, 303
石製模造品　　60-62, 165, 323
石　像　　94
石造物　　82, 90, 220, 309, 313, 316, 323
石　鏃　　11, 19, 294
石　帯　　153, 179
石　炭　　293
石　塔　　75, 77-79, 82, 83, 92, 94, 323
石　馬　　66
石　匙　　10
石　碑　　320, 321
石　斧　　10, 11, 293, 329
石　仏　　77, 78, 322
石　臼　　146-148, 163, 164, 168
石　列　　42, 78
施工時期　　292
施工集団　　70
施工精度　　170
施工単位　　42, 70, 112
施工範囲　　70
施溝分割　　284, 287, 288
石灰岩　　10, 219, 294, 304, 305
石灰岩洞穴　　304, 306
石　核　　287
石　槨　　14, 26, 39, 40, 78, 136
石　棺　　12, 21, 26, 34, 35, 37, 40, 41, 43, 51, 60, 65, 72, 293
石棺直葬　　35

379

索　引

石棺墓	3, 8, 15, 17, 19, 23, 26, 36
石　剣	11, 19
石　膏	21
接合関係	58, 71, 126, 287
接合式	124
接合方法	124, 125
接合溝	124
摂　社	318
截　線	123
切断面	66, 69, 268
設置時期	312
設置台	274
接着剤	21, 48, 294
切　羽	229
施　釉	234, 236, 237
施釉塼	128
施釉陶器	128, 129, 153, 154, 176, 185, 229, 235-237, 244
塼（塼）	92, 105-111, 128, 132, 166, 177, 187, 317
繊　維	64, 66, 69, 180, 295
繊維製品	5, 172, 307
銭　貨	75, 81-83, 115, 181, 283, 291, 320
線　画	54, 56, 60
遷　宮	319, 320
塼　組	110
穿孔（具）	5, 11, 13-16, 19, 20, 22, 23, 60, 62, 82, 172, 284, 285, 288
煎熬（容器）	278-282
銭弘俶塔	322
先後関係	16, 58, 81, 116, 125, 135, 136, 167-169, 183, 184, 264, 269, 276, 300, 301
線　刻	43, 175, 320
戦国大名	203, 212, 214, 215
線刻壁画	43, 60
遷　座	319
塼　敷	108
前　室	39, 42, 54, 129
禅宗建築	97
禅宗寺院	90, 96, 97, 100, 101, 314
禅宗様	97
洗　浄	25, 129, 169, 174, 239, 264, 267, 268, 277, 281, 285
染色工房	295
染織品	293
全身骨	83
戦　跡	2
戦争遺跡	324
全体図	217
塼　積	109
塼積基壇	106, 107
前　庭	33, 39, 40, 57, 58
銑　鉄	255, 269
遷　都	135, 139
羨　道	26, 30, 38-40, 42, 52, 54, 59, 72, 76
禅　堂	101
塼　仏	92, 187
選　別	9, 10, 15, 20, 50, 82, 169, 247, 251, 266, 273, 276, 285, 286, 299, 300, 302, 305, 306
選別場	234
前方後円（方）墳	26, 27, 32, 36, 38
前方部	27, 28, 30, 32, 33, 36, 38
羨　門	39, 54
ソイルマーク	93, 196
層　位	10, 15, 16, 18, 22, 25, 44, 47, 81, 120, 129, 169, 226, 229, 249-251, 263, 264, 268, 269, 276, 282, 283, 299, 301, 302, 315
層位学	250
造営過程	117, 118, 131, 134, 135
造営技術	159
造営工法	118
造営尺	95, 159, 170, 185
造営主体	3, 73
造営年代	125
総瓦葺	122, 128, 134, 177
象　嵌	63, 64
双脚輪状文	66, 67
操業温度	268
操業回数	243, 251, 253, 263-267, 276, 283
操業過程	249, 252
操業期間	250, 253, 285
操業時期	253
操業単位	263
操業規模	253, 283
操業面	248, 249
倉　庫	143, 145, 149, 150, 152, 154, 155, 166, 181, 188, 190, 212, 231
双口式（平窯）	237
蔵骨器	75, 76, 78-84
倉庫令	143, 144, 155
創建時期	120
創建軒瓦	133, 134
曹司（域）	138, 140-142, 144-146, 150, 152, 157-159, 161, 162, 164, 166, 178, 184, 188
僧　寺	136
総地業	104, 105, 159
総社（惣社）	155
層　序	120, 243, 300, 301, 305, 306, 315
層序関係図	301
装　飾	42, 43, 62-64, 104, 105, 113, 128, 212
装飾古墳	42, 43, 54

索　引

装飾付大刀	63
装飾品	22
層序区分	315
層序番号	300
装身具	10, 11, 13, 15, 19, 20, 42, 53, 69, 284, 303
葬送	15, 19, 33
葬送儀礼	11, 14, 23, 32, 34, 71, 73, 74, 81, 82, 136
喪葬令	75
造替	319
ソーダ石灰ガラス	62
装着状況	267
装着方法	267
双塔	133
僧堂	90, 101
僧尼	86, 100
僧尼令	136
総柱（式）	99, 101, 155, 166
総柱礎石建物	143, 156
総柱建物	88, 140, 143, 155, 166, 319
送風管	271-273
送風孔	259, 272
送風溝	259
送風装置	274, 277
造仏所作物帳	129
葬法	8, 76-78, 84
僧房	95, 100, 101, 118, 129, 134
双方中円墳	26
造墓活動	26, 73
造墓過程	73
造墓規制	23
造墓単位	73
雑密経典	115
雑徭	140
僧侶	75, 88, 92, 102, 129
相輪（部）	131
添柱	103, 112, 113, 167
副屋	141, 144
測点	204, 205
側壁〈窯・炉〉	239, 242, 243, 245, 246, 249, 259-261, 265, 270
側壁〈石室〉	19, 30, 38, 39, 42, 54, 55
側面	64, 65, 69, 103, 105, 122, 125, 172, 181, 212, 226, 241, 244, 259, 312
側面図	62, 63, 65
測量基準点	29, 157, 201
底石	38, 110, 321
素材置き場	285
素材剥片	287
素地	236, 237
粗製土器	279

礎石	91, 92, 94, 97, 103, 104, 109, 110, 111, 116-119, 148, 153, 155, 160, 166, 167, 222, 224, 226, 315, 316, 319
礎石位置	104, 105, 111, 116
礎石落とし込み穴	104, 116
礎石据付穴	94, 103, 104, 116, 160, 167, 224
礎石建ち	108, 113, 118, 139, 148, 160, 166, 177
礎石建物	91, 92, 103-105, 108, 109, 116, 118, 119, 128, 139-141, 143, 145, 148, 149, 152, 153, 155, 156, 158-160, 166, 167, 169, 177, 186, 212, 224, 294, 318
礎石抜取穴	94, 104, 116, 153, 224
礎石・掘立柱併用建物	102
礎石列	105, 160
塑像	91, 92, 94, 130
袖（部）	30, 39, 40, 42
袖石	39
塑土	130
卒塔婆	171, 322
外柵	163
外枡形	210, 212, 222
外枠	271, 272, 277
ソバ	253
礎板	162, 224
素弁蓮華文	121
染付	229, 234
素文鏡	322
征矢	229
算盤玉	62, 284
算盤橋	213
存続期間	84, 146, 186
存続時期	166, 183, 186, 230
村落領主	207, 208, 213

た　行

胎	41, 66
第一（二）次墳丘	46
耐荷重	103, 128
耐火度試験	258, 266
大斤	182
太鼓	101
大極殿	111, 128, 138-140, 159-161
大尺	138, 170, 182, 185
大社造	318, 319
大珠	8, 10, 284
大衆院	87, 88, 102
大縮尺	19, 56, 92, 95, 154, 157, 170, 195, 199, 204, 250, 263, 264
大升	182
台状墓	14

索引

堆積環境	25, 307
堆積層	181, 283, 304-306
堆積土	29, 50, 52, 59, 220, 227, 276, 315, 316
胎　土	68, 125, 128, 135, 136, 174, 186, 252, 279
台灯籠	114
台　所	214
胎土分析	22, 252, 258
台　場	193, 324
胎　盤	9
体　部	82
大　房	101
大　麻	295
松　明	294
大　名	76, 90, 190-193, 203, 207, 208, 212-216, 218
大名庭園	220
耐用年数	103
内　裏	128, 138, 177
大路〈駅路〉	148
楕円形竪穴建物	263
高石垣	203, 212
高　杯	23, 128, 129
高杯形土製品	272, 273
高殿施設	270
高床倉庫	140, 143, 160, 166
滝	313, 314, 322
薪（燃料）	234, 252, 253, 270
焚　口	102, 235, 240-247, 249, 250, 253, 260, 261, 265
焚口作業場	260
托	128, 129
拓　本	60, 65, 68, 82, 125, 126, 251
竹串	169
竹ヒゴ	21, 48
竹ベラ	24, 50
多口瓶	128, 129
多彩釉陶器	236
出し入れ口	244, 245, 247
多嘴壺	128
多重塔	97
敲　石	294
叩き板	123, 124, 131, 251
叩き締め	50, 108, 123, 270
タタキ目	123-126, 134
叩き面	281
たたら（製鉄）	256, 270
太　刀	229, 321
大　刀	20, 63, 64, 66, 67, 83, 84
館〈官衙〉	140, 142, 144, 149, 150, 152, 153, 186
館　院	142
断ち割り	16, 32, 44, 46, 48, 51, 96, 104, 117, 118, 133, 168, 221, 223, 249, 264, 265, 277, 312
脱　穀	181
脱　炭	255
塔　頭	97
竜山石	38
盾	33, 38, 63, 65-67
竪穴系埋葬施設	26, 30, 31, 34-38, 42, 49, 52
竪穴系横口式石室	40
竪穴式石室	26, 34-36, 38, 40, 49-52, 54, 70
竪穴式石槨	26
竪穴建物	8, 9, 46, 104, 129, 141, 145, 152, 158, 160, 179, 186, 188, 212, 256, 257, 262, 263, 265, 266, 269, 271, 273, 275-277, 281, 283, 285, 298
竪穴建物工房	145, 262, 285
立　石	9, 311, 315, 316
縦板塀	163, 169
縦板列	163
経　糸	295
縦置き（型）	124, 255
建て替え	107, 108, 116, 132, 139, 140, 143, 148, 152, 156, 159, 160, 166-169, 183, 194, 230, 285, 319
竪型（形）炉	256, 259, 260, 264, 266, 267, 269
竪　坑	26, 59
縦狭間（構造）	244, 245
立　場	215
竪　堀	199, 206, 208, 209, 222
経巻具	295
盾持人	66
建物間距離	95, 183, 185
建物配置	90-93, 136, 152, 158, 166, 187, 230
多度神宮寺伽藍縁起資財帳	88
棚　板	252
種　籾	143
茶　毘	80
鋲尾（だび）	178, 179
壁建ち建物	109
多宝塔	97, 98
玉	10, 11, 14, 15, 18, 19, 33, 50, 52, 61, 62, 72, 83, 115, 180, 271, 284, 285, 287, 288, 320, 321
玉　石	105, 110, 117
玉石敷	108, 318, 320
玉石積	106
玉作り	2, 5, 284-288
玉作り遺跡	284-286, 288
玉作り関連遺構	285, 286
玉作り関連施設	285
玉縁（式）	121, 123, 125, 126
溜　池	155, 289, 292, 307

索　引

様（ためし）……………………… 179, 180, 182, 250
多聞櫓…………………………………… 209, 212
陀羅尼集経………………………………… 115
垂　木……………………………………… 122, 127
垂木先金具………………………………… 131
垂木先瓦…………………………… 91, 121, 122
達磨窯……………………………… 234, 237, 246, 247
丹………………………………………… 294
段　顎…………………………………… 124
単位尺…………………………………… 170, 185
檀　越……………………………………… 89
単　郭……………………………………… 145, 147, 207
炭化穀類………………………………… 154, 169, 181
炭化材…………………………………… 250, 252
炭化物…………………………… 208, 271-274, 277
炭化米…………………………… 154, 169, 181, 188
弾　丸…………………………………… 229, 324
短頸壺…………………………………… 115
短　甲…………………………………… 64, 65
段下げ…………………………………… 116, 167, 168
単室窯…………………………………… 241
段状遺構………………………………… 262
壇正積基壇…………………………… 105, 106, 109
淡水漁労………………………………… 292
炭　素………… 25, 128, 169, 235, 240, 255, 258,
　　　265, 268, 283
単　葬……………………………………… 26
鍛　造…………………………………… 255, 271, 272
鍛造剥片………………… 5, 256, 262, 265, 266, 268, 269
単層門……………………………………… 99
短側石……………………………………… 38
鍛打痕…………………………………… 268
段　築…………………………………… 27, 32
段築石垣………………………………… 211, 212
段築のテラス…………………… 29, 32, 33, 42, 48, 71
短　刀…………………………………… 321
単独墓……………………………………… 77
端　面…………………………………… 125
断面観察……………… 17, 40, 44, 48, 50, 58, 104, 109,
　　　167, 168, 221, 248, 253, 276, 290, 299, 304, 311
断面図……………… 18, 19, 42, 45, 52, 54, 56, 60, 62,
　　　63, 126, 169, 183, 225, 226, 247-249, 305
断面調査………………………………… 116
短粒種…………………………………… 181
鍛錬鍛冶………………………………… 255-257
鍛錬鍛冶滓……………………………… 268
鍛錬鍛冶炉……………………………… 255
単　廊……………………………………… 100
地下構造………………………………… 256, 270
地下式〈窯〉………………… 240-245, 247, 256

地下式窖窯……………………………… 237, 239, 256
地下式心礎…………………… 98, 103, 104, 118
地下式横穴墓…………………………… 26, 59
築　城…………………… 146, 147, 196, 207-209
築城技術………………………………… 147, 193
築城時期………………………………… 147
築造時期………………………… 60, 66, 72, 151, 198
地区割り……… 29, 30, 95, 96, 157, 201, 238, 247, 272
地形環境………………………………… 292
地形図……………… 92, 95, 153, 154, 157, 195, 196,
　　　199, 201, 204, 205, 258, 309, 310, 322
地形測量…………… 29, 95, 157, 201, 217, 221, 238,
　　　258, 300, 315, 320, 322
地形測量図……… 199-201, 207, 217, 222, 230, 232
地　誌……………………………………… 93, 155, 196
地質図……………………………………… 216
地上式〈窯・炉・工房〉…… 237, 241-245, 247, 262
地上式心礎………………………………… 98, 117
地　図…… 28, 92, 154, 170, 195, 196, 217, 285, 309
地籍図………………… 28, 92, 93, 195, 196, 199, 230,
　　　232, 290, 309, 310
地中レーダー（GPR）探査…………… 28, 94, 155,
　　　156, 197, 198, 238, 299, 315
池　庭……………………………………… 314
地点貝塚………………………………… 298
地表観察………………… 27, 29, 31, 80, 92, 153, 154,
　　　195, 198, 199, 201, 206, 217, 221, 222, 237, 238
地方官衙………………… 2, 4, 152, 154, 157, 159, 161,
　　　162, 165, 170, 171, 176, 177, 184, 188
地方寺院………………… 3, 87, 91, 94, 96, 105, 112,
　　　123, 132, 133, 236
茶　入……………………………………… 228
茶　臼……………………………………… 92
茶　会……………………………………… 193, 214
着色剤……………………………………… 62
着装状態………………………………… 18, 42, 53
着装方法………………………………… 179
チャシ……………………………………… 219
茶　室…………………………………… 193, 214
茶　庭……………………………………… 314
茶　屋……………………………………… 309
茶　椀…………………… 92, 228, 229, 232, 236
中央官衙………………………………… 161, 176, 177
中央ピット……………………………… 285
注　記…………………………………… 18, 239, 267
中空円面硯……………………………… 177, 178
柱穴列…………………………………… 111, 161, 213, 275
鈕　孔……………………………………… 60
中国式山城……………………………… 147
中国陶磁………………………………… 177, 228, 236

索　引

柱　根	104, 316, 319
中金堂	86, 95, 105, 109, 115
中軸線	94, 95, 101, 114, 118, 133, 157, 158, 167, 238, 242, 244, 247-250
中　室	129
中心飾り	126
中心的曲輪	231
中枢施設	140, 143, 149, 152, 157, 161
中世瓦	125
中世山城	92
中性紙	204
中世陶器	237, 244
中世墓	77
沖積地	16, 145, 146, 279, 307
鋳　銭	179
鋳銭司	150, 294
鋳造遺構	94, 102, 271, 272
鋳造遺跡	271, 272, 275, 277, 284
鋳造関連遺構	119, 271
鋳造関連遺物	271, 272, 275-277
鋳造関連施設	276
鋳造工房	271, 273, 275
鋳造作業	271, 272, 276
鋳造土坑	273, 274, 276, 277
鋳造法	62
中　台	114
中　堤	33
鋳　銅	275, 276
鋳銅工房	275
駐屯施設	150, 188
駐屯地	198, 222, 231
中　門	86, 87, 100, 114, 118, 119, 132, 159
中路〈駅路〉	148
丁(町)石	311, 322
彫　金	62
彫　刻	42, 43
彫刻刀	277
調査指導委員会	6
調査組織	173, 326, 327
調査方針	158, 197, 202, 315, 327
調査目的	6, 51, 96
張州雑志	238
調整〈遺物など〉	68, 123-126, 128, 279, 287
調整加工	216
調整痕跡	251
調整手法	68, 123, 124, 186
調整台	125
朝鮮式山城	147
朝鮮陶磁	228, 232
長側石	38
蝶　番	64
庁　庭	143
朝堂(院)	138, 139, 159, 160
長胴甕	180
丁　場	216-218
朝　服	178
重複関係	17, 18, 21, 22, 44, 49, 81, 167, 183, 223, 230, 257, 263, 268, 312
帳　簿	140, 153, 171
長方形箱型(形)炉	255, 259, 264, 266, 267, 269
調庸布	150
長粒種	181
頂蓮華	322
チョーク	55, 225
直線頸	124
直立煙道型	242
貯水施設	148
貯蔵具	185, 186, 228, 234, 241
貯蔵穴	9, 299, 307
貯木遺構	5, 293, 307
地理的環境	136, 155, 185
沈下痕跡	128, 177
鎮　官	144
鎮　祭	115
沈砂池	202
鎮守の杜	318
鎮　壇	115, 117
鎮壇具	111, 115
津	149, 150, 309
築　垣	112
追加埋葬	18
追　刻	218
築　地	100, 112, 275
築地回廊	100
築地塀	88, 91, 95, 100, 101, 104, 105, 108, 112, 113, 119, 134, 140, 141, 145, 146, 149, 152, 153, 158, 161-164, 167, 203, 275
追　葬	14, 25, 26, 42, 52, 53, 58-60, 69, 71-74
衝　立	66, 67
通炎孔	245-247
通気孔	270, 272
通気口	80
通行痕跡	309, 310
通風管	260, 264, 266, 269
通用門	212
柄(把)	19, 20, 22, 64, 229
塚	28, 40, 80, 307, 323
束	110
束　石	105, 106, 110, 316
柄(把)頭	63

索　引

槻 ……………………………………… 144
杯 ……………… 60, 128, 129, 153, 174, 178, 180, 185, 186, 254
築　石 ……………………………………… 211
突き棒 ……………………………… 105, 163
築　山 …………………… 220, 313, 315, 316
蹲踞（つくばい） ……………………… 314
造り出し ……………………… 32-34, 44, 71
付　城 ……………………………………… 190
付　札 ……………………………… 153, 171
辻金具 ……………………………… 63, 65
槌 ……………………………………… 5, 294
土　型 ……………………………………… 277
土　壁 ……………………………… 109, 111, 161
常御殿 ……………………………………… 214
鍔 ……………………………… 33, 63, 295
鐔（つば） ……………………………… 229
飛礫（つぶて） ……………………… 222, 229
壺 ……………… 42, 66, 79, 80, 115, 128, 129, 153, 178, 185, 228, 229, 231, 237, 243, 254, 283
壺形土器 ……………………………… 11, 33
壺形埴輪 ……………………………………… 33
坪　界 ……………………………… 290, 291
壺地業 ……………………… 104, 105, 156, 159, 167
壺掘り（柱掘方） …… 48, 103, 105, 113, 114, 156
妻　入 ……………………………………… 59
積み上げ単位 …………………………… 56
積石塚 …………………………………… 32
積み重ね技法 …………………………… 125
積み土 ……………………… 105, 112, 119, 167
詰　所 ……………………………………… 216
詰めの山城 ……………………………… 192
面　石 ……………………………… 211, 212
吊り金具 ……………………………… 65, 213
吊り紐痕 ……………………………………… 125
庭　園 …… 2, 89, 92, 97, 192, 193, 214, 220, 313-317
庭園遺跡 …………………………… 313, 315-317
低火度焼成 ……………… 234, 235, 237, 243, 246
蹄脚（円面）硯 ……………………… 177, 178
定型硯 ……………………………………… 178
低湿地 ……………………… 162, 163, 169, 170, 308
呈色剤 ……………………………………… 236
汀　線 ……………………………… 281, 315
邸　宅 …………………… 89, 103, 176, 313, 314
泥炭遺跡 …………………………………… 307
底部計測法 ………………………………… 251
出入口 …………… 8, 26, 58, 167, 198, 202, 203, 206-210, 212, 222, 323
定量分析 …………………………………… 302
データベース …………………………… 173, 296

テコ穴 ……………………………………… 227
出先機関 …………………………………… 188
出先施設 …………………………………… 150
デジタル写真 …………………………… 296
デジタルデータ ………………………… 296
手　玉 ……………………………………… 72
鉄　塊 …………… 255, 259, 262-264, 267, 269
鉄塊系遺物 ……………………………… 264-267
鉄鍛冶 ……………………………………… 5
鉄鍛冶炉 …………………………………… 277
鉄　釜 ……………………………… 271, 280
手づくね …………………………………… 229
鉄　剣 ……………………………… 20, 63
鉄鉱石 ……………………………………… 255
鉄　滓 ………… 5, 82, 255, 257-259, 262-269
鉄製品 …………… 5, 15, 19, 20, 22, 50, 63, 119, 141, 148, 198, 255, 257, 262, 263
鉄製武器 …………………………………… 19
鉄　線 ……………………………………… 125
鉄線切り …………………………………… 125
鉄　鏃 ……………………… 63, 179, 180, 198, 229
鉄素材 ……………………………… 5, 257, 262
鉄　刀 ……………………………………… 320
鉄　鉢 ……………………………… 128, 130, 131
鉄　針 ……………………………… 286, 288
鉄　板 ……………………………… 64, 262
鉄　砲 ……………………………… 209, 210, 213
鉄砲窯 ……………………………………… 244
鉄　矛 ……………………………………… 63
手彫り ……………………………………… 121
寺請制度 …………………………………… 90
寺鎮守 ……………………………………… 90
展開図 ……………………………………… 65
天下普請 …………………………………… 193
電気探査 ……………………………… 94, 197, 198
伝　子 ……………………………………… 144
電子方位磁針 …………………………… 204
天　主 ……………………………… 192, 193
電磁誘導探査 ……………………………… 94, 198
天井（部） …… 39, 40, 50, 54, 59, 60, 76, 98, 235-237, 239, 241-249, 256, 257, 260, 261, 265
天井石 ……………………… 31, 34, 49, 50, 54, 69
伝世品 ……………………………………… 179
典　籍 ……………………………… 174, 175
転　石 ……………………………………… 216
田　積 ……………………………………… 182
天　皇 …………… 75, 102, 138, 140, 149, 150, 164
天端石 ……………………………………… 226
天日干し …………………………………… 278
伝　票 ……………………………………… 171

385

索　引

伝　馬	144, 309
天目茶椀	228, 229
転用棺	65
転用硯	176, 178
転用材	227
転用品	251, 254
弩	179, 180
度〈度量衡〉	182
砥　石	5, 82, 177, 178, 277, 284, 285
トイレ	307
塔	3, 86, 87, 89-92, 94-99, 103-105, 107, 108, 110, 111, 114, 115, 117, 118, 120, 131-136, 177, 318
頭位（方向）	24, 37, 69
倒炎式（窯）	234, 235, 245, 246, 261
灯　火	114
頭蓋骨	10, 24, 25
東海道	139, 148, 308
灯火器	129
陶　棺	26, 41, 65, 73
幢竿支柱	87, 95, 99, 113, 114, 118
陶　器	229, 234, 237, 245
胴　木	226
陶器製作場	238
陶器納置所	238
銅　鏡	15, 322
道饗祭	165
東　宮	138
道具瓦	122, 134
銅　釘	66
盗掘（坑）	28, 29, 31, 42, 49-51, 53, 70, 72, 237
洞　窟	304
峠	150, 194, 309
統　計	68, 170
同型鏡	60
洞　穴	2, 8, 10, 15, 215, 304-306, 320
洞穴遺跡	2, 304-306
刀　剣	115, 229
銅　剣	20, 273
道賢上人冥途記	322
陶　工	237
等高線	29, 201, 205, 208, 217, 222, 238, 255, 260, 263
等高線図	51, 56
稲　穀	115, 143, 150, 153, 169, 181
踏　査	28, 153, 216, 217, 237, 322
投柴孔	244
銅　山	294
唐三彩	128, 129, 236
東山道	139, 148, 309, 311, 312
陶磁器	5, 81, 82, 84, 128, 150, 153, 176, 177, 231, 234, 251, 283, 320
陶質土器	234
動植物遺存体	302, 307, 316, 317
刀　身	63
塔　身	98
刀　子	61, 62, 81, 82, 177, 178, 181
導水溝	102
導水施設	44, 66, 320
透水層	307
銅精錬	275
陶　石	237
銅　銭	181
銅　像	94
刀装具	180, 229
銅　鏃	63
唐大尺	182, 185
投　弾	229
幢　幡	113, 114, 131
同范瓦	125, 133-136
同范関係	125, 135, 136, 251
同范鏡	60
東播（播磨東部）系須恵器	229, 237
道　標	309, 311, 322
胴　部	11, 68, 123
動物遺存体	291, 298, 299, 302, 304
動物骨	53, 301
動物埴輪	33, 34, 48, 66
銅　矛	20, 273
塔本塑像	130
灯明（皿）	91, 129, 320
銅　鈴	291
灯　籠	90, 114, 314
道路痕跡	309
道路側溝	164, 165, 310, 312
道路網	146, 170, 308
渡河点	150
土　管	108
研　ぎ	20
土器棺	12, 14, 16, 18-23, 26, 38, 65
土器棺墓	12, 15, 21, 36
土器収納施設	58
土器焼成坑	5, 234, 239, 240, 247
土器製塩	278
土器溜まり	279, 281-283
土器埋納	15, 18, 291
土器枕	60
土器炉	271-273, 277
鍍　金	62

386

土　偶	11	土木工法	312
土公神（どくじん）	115	土　間	97, 101
土坑墓（土壙墓）	3, 8-12, 14, 16, 17, 26, 32, 36, 42, 77, 81	鞆	66, 67
		巴　文	121, 125
床飾り	228	渡来（系）	74, 106, 135, 234
床釣り	270	渡来銭	82
常滑〈焼物〉	75, 321	トランシット	55
床焼き	270, 272	鳥　居	99, 114, 318, 320
土佐日記	141	砦	208, 212, 214
都　市	75-77, 90, 140, 141, 323, 326	鳥　衾	121, 122
綴じ合わせ目	123	取　瓶	5, 274
都市計画（基本）図	195, 201, 217	度量衡	182
都　城	2, 4, 75, 77, 84, 138, 139, 141, 152, 165, 170, 171, 176, 180, 257, 311	土　塁	4, 95, 119, 144-148, 151, 153, 157, 158, 163, 164, 167, 168, 190, 191, 194, 195, 197, 201-203, 206, 208-210, 213-215, 219, 221-224, 231, 320
土壌試料	20, 108, 169, 286, 316, 317		
土壌成分	21	頓　宮	150
土壌層	290	**な　行**	
土製鋳型	272, 277		
土製品	5, 33, 34, 42, 82, 180, 273, 277	内　陣	93, 97
土製容器	271-273	内　堤	32, 33
土　葬	12, 76, 78	茎（なかご）	64, 180
土層観察用畦	6, 16, 17, 42, 44, 46, 48, 49, 51, 52, 56-59, 80, 116, 167, 168, 223, 239, 248, 263, 307	長地型	289
		長持形石棺	34, 38
土層図	17, 52, 221	長持形木棺	37
土葬墓	78, 79, 81	長　屋	212
土　台	226, 318, 319	流　造	318, 319
土台建物	318	薙　刀	229
土　壇	92, 105	棗　玉	62
土地区画	92, 196, 290	ナデ	68, 125, 239, 279
度地尺	185	ナデ調整	123, 124, 128
土地条件図	307	斜め写真	317
土地測量	185	鍋	180, 181, 228, 229, 232, 237, 280, 282, 293-295
トチ塚	307		
土地利用図	307	ナマズ	292
トチン	252	鉛	294
独鈷杵	115	鉛ガラス	62, 271
突　帯	41, 68	鉛　玉	229
把　手	295	波板状凹凸面	310-312
ドットマップ	286	ナラ	268
土　手	33, 112, 119, 153, 163, 209, 215, 221	奈良三彩	128, 129, 176
土嚢（袋）	31, 46, 202, 258, 263, 315	ならし加工	226
土　馬	165, 180, 181	奈良火鉢	229
土　橋	206, 207, 210, 320	奈良坊目拙解	271
土　板	10, 11	縄	130, 208
飛　石	214, 314, 316	縄掛突起	38, 51
扉　口	99, 100	縄タタキ	120, 124, 134
烽（とぶひ）	150, 154, 309	縄張り	201, 208
土　塀	101, 112	縄張り図	199-201, 203-205, 207, 222, 230, 232
土木技術	4, 218	縄張り調査	203, 204
土木工学	70, 310	南海道	139

索　引

南　門	95, 99, 114, 119, 140, 143, 159
丹	14, 19, 23, 121, 143, 149, 177
二官八省	138
二　器	130
肉眼観察	69, 173-175, 252, 268, 302
二　彩	128
尼　寺	88, 93, 108, 114, 136, 140
二次焼成窯	244
二次葬	15
二次調整	287
二次的加工	172
二次的整形	174
二次墳丘	46
二重口縁	66
二重門	99
二次床	243
二上山凝灰岩	41
尼　僧	108
煮炊具	11, 185, 186, 228, 234, 235, 237
日常用土器	12, 15, 280
日常用容器	79, 279
二度焼き	236
丹塗り	121, 143, 149, 177
丹塗磨研土器	14, 19, 23
荷　札	171, 172, 280
尼　房	100, 108, 118
日本茜	295
日本書紀	138, 144, 147-149, 309, 323
二面廂（建物）	97, 101
庭　石	316, 317
鶏（形埴輪）	33, 66, 67
額田寺伽藍並条里図	87
貫	162
貫　穴	168
抜取痕跡	53, 54, 107, 109, 117, 168, 169
布　敷	108
布地業	104, 105, 156, 159
布　筒	123, 125
布　積	211
布掘り（柱掘方）	48, 104, 113, 114, 156, 162, 163, 168, 169, 213
布　目	123, 125
根　石	94, 104, 106, 116, 117, 160, 167, 224, 226, 227
根入れ	162, 166
熱残留磁気	268
熱ルミネッセンス法	258, 268
根巻粘土	104, 116
年　号	79, 182, 219
燃焼効率	243
燃焼室	236, 237, 244-247
燃焼部	235, 236, 240-242, 244, 246, 248, 249, 271, 272
年代測定	25, 258, 268, 269, 283, 302
粘土板	123-125, 320
粘土円筒	123
粘土塊	124, 239, 249, 251
粘土榔	26, 35, 36, 38, 50, 51
粘土棺床	34, 35, 50
粘土採掘坑	234, 247, 252, 261
粘土支柱	244
粘土被覆	34, 35, 50, 51
粘土紐	68, 69, 122, 123
粘土補強	124
燃料（材）	5, 214, 234, 239, 246, 252, 253, 256, 271, 272, 278, 283, 293
年輪年代法	168
年輪幅	252
納経塔	92
納　骨	75, 76, 78, 82
納骨遺跡	90
納骨施設	75-77
納骨信仰	75
農　村	76, 77
宇瓦（のきがわら）	121
軒　瓦	105, 120, 122, 125, 126, 128, 133-135
軒の出	98, 99, 110
軒平瓦	121, 122, 124-126, 128, 134
軒丸瓦	121, 122, 124-126, 128, 134-136
軒回り	109
鋸	194, 285, 287
野地板	127
熨斗瓦	121, 122, 128, 134
熨斗棟	127, 128, 134, 177, 187
野　筋	315, 316
野だたら	256
野面積	164, 211, 218
喉　仏	83
延　石	105, 106, 117
鑿	62, 216
野　矢	229
野焼き	68, 234, 235, 239, 240
法　倉	143, 154
ノロ	266
のろし台	150

は　行

歯	10, 11, 15, 25, 52, 79, 306
灰	80, 237, 239, 252, 261, 272, 274, 278, 279, 281, 282

索　引

排煙口	235, 241-243, 245, 247, 249, 260
排煙施設	242, 244, 247
排煙装置	235
排煙調整溝	242, 247
排煙調節施設	244
廃屋墓	8
胚芽	181
廃棄行為	299
廃棄単位（層）	283, 299-301, 306
廃棄土坑	276
廃棄年代	135
廃棄物	130, 249, 250, 255, 300
廃滓	257, 259, 260, 269
排滓	255, 259
排滓溝	259
排滓場	257, 259, 263, 264, 275
排滓量	255, 269
廃城	147, 193, 196, 197, 221, 227
佩飾	179
排水計画	201, 281, 315
排水溝	36, 53, 102, 118, 221, 222, 242, 245, 259-261, 307
灰スラシ	270
配石墓	8, 9
廃絶時期	312
灰層	238, 272, 306
配置計画	133, 185
買地券	82
拝殿	318, 320
排土	31, 58, 201, 202, 216, 218, 237, 239, 249, 261, 265
排土置き場	14, 202, 223
排土計画	201, 315
排土処理	31, 315
灰原	5, 234, 237-239, 243, 247-251, 253, 261
灰吹法	294
廃仏毀釈	93
ハイブリッド保存	296
廃炉	272
半折型	289
墓石	14
鋼	255, 269
秤	182
破却行為	227
馬具	42, 53, 63-65, 70, 149, 178, 179
白磁	128, 130, 194, 229, 231, 236
白線	225
羽口	5, 256, 257, 259-262, 265-269, 271-273, 275-277, 294
白土	131
剥片	18, 284-288
白釉	128
剥離痕跡	69, 240
剥離面	128
刷毛	18, 50, 295
ハケ目	68
箱形木棺	14, 37, 40, 41
箱型（形）炉	255, 256, 259, 264, 266, 267, 269
箱式石棺	14, 15, 19, 36-38, 41, 51, 54
箱式石棺墓	15, 17, 26, 36
鋏	83, 84
橋	136, 165, 207, 210, 213, 316, 320
箸	131
土師器	115, 128, 129, 150, 153, 174, 176, 177, 185, 186, 194, 229, 231, 234-236, 240, 283, 317, 320, 322
土師器窯	237
土師器焼成坑	235
土師質	41, 68, 180, 235
端間	99
破城	193, 222
柱位置	103, 224
柱切取穴	160
柱径	152
柱痕跡	104, 152, 156, 167, 169, 183, 224
柱座	91, 103
柱座造り出し	103
柱筋（の通り）	95, 98-100, 108, 109, 112, 152, 166, 183, 224
柱筋溝状遺構	108, 163
柱抜取穴	156, 160, 161, 167, 169, 186, 276
柱の当たり	224
柱の沈下痕跡	128, 177
柱配置	98, 99, 101, 158, 319
柱掘方	104, 111, 113, 152, 156, 161, 163, 167, 169, 183, 275, 319
柱間	99, 100, 152
柱間寸法	94, 95, 99, 100, 152, 159, 166, 182, 183, 224, 230
柱列	32, 111, 112, 160, 161, 164
外れ値	170
破損品	5, 298
破損面	128
破損率	185
機（はた）	295
裸焼き	245
馬鐸	63
畑	5, 12, 46, 88, 92, 150, 153, 167, 199, 257, 289, 290, 298
鉢	11, 129, 234, 243

索　引

鉢形土器	8, 15, 272
鉢巻式（山城）	146
八幡造	318
八角墳	26, 32
八脚門	99, 143
発掘記録	70
発掘区	6, 13, 44, 95, 96, 116-119, 158, 201, 202, 221, 222, 224, 230, 239, 258, 269, 281, 282, 305, 307
発掘担当者	6, 25, 29, 303, 316, 326, 327
伐採年代	168
抜歯	11
法堂	90, 97
発熱量測定	258, 268
馬蹄形貝塚	298
離れ砂	124, 125
埴輪（片）	27, 28, 31-34, 38, 42, 44, 47, 48, 65-72, 74, 234, 235, 251, 253, 254
埴輪棺（墓）	27, 38, 65, 73
埴輪焼成坑	239
埴輪列	32-34, 47, 48, 71
跳ね上げ橋	213
馬場	215
破片数	127, 185
浜床	282
銜（はみ）	65
羽目	110
羽目石	105, 106, 109
羽目板	107
破面	122, 123, 254
馬面	210, 219
隼人	59
駅馬（はゆま）	148, 309
祓	165, 180
祓所（はらえど）	165
貼石	14
針金	179
貼壁	243
張り出し（部）	80, 138, 148, 210, 219
貼り土	241
貼天井	243
梁行総長	183
榛名峠城法度	223
パレット（漆）	129, 295
ハレの場	192, 193
盤	228, 231
笵型	121, 122, 124, 125, 128, 133-136
笵傷	60, 124, 125, 133-136
搬出路	216, 217
番所	212
半截	17, 18, 36, 48, 105, 116, 121-123, 167

半地下式〈窯〉	241-244, 247
半地下式〈製鉄炉〉	255, 256, 259, 260, 264
版築	105, 112, 117-119, 163, 164, 210
版築基壇	133
版築土	107, 112
番付	171, 224, 227
藩邸	220
半倒炎（式）	236
搬入土器	176
搬入品	176
碑	2, 75, 78, 82, 173, 229, 293, 320, 321
樋	108, 111, 161, 274
火色	252
飛檐垂木	122
控え積み	34
控柱	99, 213
引き伸ばし法	62
曳き橋	213
火消し壺	79
火格子	236, 240, 241, 246
微細遺物	9, 10, 20, 52, 81, 266, 268, 276, 283, 286, 291, 301, 302, 305, 307, 321
廂	91, 97, 101, 102, 141, 150, 152, 194, 319
廂付建物	141
微小貝類	282, 283
翡翠	10, 11, 62, 284, 287, 288
糒倉	143, 181
被葬者	10, 19, 20, 22-25, 34, 37, 59, 73, 74, 76, 79, 81-84, 176, 303
常陸国風土記	144
筆管	178
引手	65
比抵抗探査	299
非鉄系遺物	267
人形（ひとがた）	165, 180, 181
雛型	131
火縄銃	229
被熱（痕跡）	11, 25, 80, 82, 198, 224, 239, 240, 242, 251, 268, 272, 273, 277, 279, 282, 283
被熱土器	272
被熱面	241, 285
ヒノキ	131, 294
火鉢	92, 229
火袋	114
碑文	173
紐	60, 68, 69, 81, 122, 123, 125, 172, 178
紐通し孔	172, 178
鋲	64, 65, 179
標高測定	316
標準（平均）重量	127

索　引

標準的グリッド	30, 96, 201
標準偏差	170
瓢　簞	175
鋲　留	64, 65
屛風絵	197
兵部省	186
兵部省式	179
表面調整	227
兵糧庫	150
平　入	59
平　瓶	178
平　窯	236, 237, 241, 244, 246-248
平窯型木炭窯	260, 261, 265
平　側	166, 319
平　瓦	105, 106, 120-128, 134, 136, 187
平瓦部	124-126
平　底	280
平　玉	62
平　積	106
平　根	229
平　場	4, 92, 119, 194, 216, 217, 322
鰭　部	122
尾　廊	100
広　縁	97
広　場	9, 11, 141, 143, 145, 155, 210, 212, 213
広　間	213
檜皮葺	128
鞴（ふいご）	255, 256, 259, 260, 263, 264, 266, 267, 269-274, 276, 277
鞴　座	276
鞴羽口	5, 262, 265, 267, 271-273, 275-277, 294
風　化	11, 82, 107, 127, 216, 220, 227, 277, 316
風景画	196
風字硯	177, 178
風　招	131
風　葬	8
風　炉	229
深　鉢	11, 234
深鉢形土器	8
深掘り	300
俯瞰図	56
武　器	20, 32, 43, 53, 62-64, 70, 84, 141, 144, 145, 150, 179, 180, 191, 214, 222, 228, 229, 231
葺き上げ	109, 122
葺　足	127, 128
葺　石	27, 32, 42, 44, 46, 47, 69, 70
武器形木製品	179
武器形青銅製品	19
武器庫	144, 150
武器工房	141

吹き差し鞴	277
武器生産	150, 179
葺　土	127, 131
吹放し	109
吹　屋	294
武　具	32, 33, 42, 43, 53, 63, 65, 145, 179, 180, 191, 228, 229, 231
副　屋	141, 144
複　郭	191, 207
復元整備	317
復元率	251
副　室	38, 256
副葬品	3, 8-11, 14, 15, 18-24, 38, 40, 42, 49-52, 54, 59, 61, 63-65, 69, 70, 72-74, 77, 79, 81-84, 240
副　都	138
複弁蓮華文	121
複　廊	100
武　家	89, 213
武家屋敷	212
武　士	75, 76, 191, 215, 220
腐　食	172, 174
腐植土	49, 52, 221, 321
武　人	66
伏間瓦	122
不整合	49, 55
敷設時期	312
布施屋	150, 309
伏せ焼き法	256, 260, 265
扶桑略記	322
付属院地	87, 88, 96, 102, 108, 118, 119, 129, 133
付属屋	101
蓋　石	15, 19, 38, 54, 320, 321
蓋　紙	153, 174
蓋　杯	60
縁　石	105
縁　金	229
付着物	60, 82, 277
普通円筒埴輪	33, 66
仏教（関係）遺物	91, 96, 136
仏教（関係）施設	3, 129, 131, 176, 187
仏教儀式	130, 136
仏　具	91, 92, 128-131, 176, 322
仏　像	93, 98, 110, 111, 129-131, 271
仏像台座	111
仏　殿	90, 93, 96, 97, 100, 101
仏　堂	89, 91, 94, 98, 101, 119, 186, 187, 215, 318
仏堂空間	89
仏　間	129

391

索　引

物理探査	28, 59, 94, 117, 155, 156, 197, 198, 238, 291, 299
筆	25, 50, 131, 169, 173, 174, 177, 178
不動倉	169
太型蛤刃石斧	293
フナ	292
舟形石棺	37, 38
舟（形埴輪）	34, 67
舟形木棺	36, 37
舟材	38
赴任国司	144
舟	43, 44, 165, 180
船	148, 149, 193
部分写真	317
部分図	217
踏石	109
踏板	109, 256, 259, 274
踏面	109
踏鞴（ふいご）	255, 256, 259, 260, 263, 264, 267, 274
豊楽院	139
プラント・オパール分析	181, 290
不良品	5
フルイ	9, 10, 18-20, 25, 50, 52, 53, 80-82, 118, 266, 285, 286, 299, 302, 306
風呂	102, 215
風炉	229
フローテーション法	169, 299
分炎柱	234, 236, 241, 243-246
分炎棒	243
文化財写真	296
墳丘（部）	3, 13-16, 19, 21, 23, 26-34, 36, 38, 40, 42, 44-46, 48, 49, 51, 52, 56, 58-60, 69-71, 73, 74, 77, 78, 80, 84, 323
墳丘解体調査	44-46, 51
墳丘墓	3, 12, 14
墳丘崩落土	47
墳丘盛り土	45, 56
墳形	27, 28, 31, 32, 46
分骨	75, 78
粉砕骨	20
糞石	302
分析科学	268
分析担当者	24, 25, 181
墳頂（部）	16, 27, 29, 32, 33, 42, 71
墳頂平坦面	27, 29, 32-34, 48
分布図	217
分布調査	2, 13, 29, 77, 154, 196, 216, 217, 253, 257, 258, 280, 284, 293, 298, 299, 304, 320, 324, 326
文房具	92, 177
文房四宝	177
墳墓堂	75
瓶	128, 129, 254
塀	141, 142, 155, 157, 161, 163, 167, 183, 184, 197, 198, 206, 213, 224
兵員	199
兵士	140, 144, 150, 177, 181, 212
兵舎	148, 160, 212, 213, 324
閉塞材	265
閉塞施設	52, 58, 59, 213
閉塞石	52, 59
閉塞部	42, 52, 58, 59, 69
平地居館	4, 192
平地寺院	88, 89
平地床	143
平面規模	99, 104, 152, 243
平面形式	143, 183, 224
平面写真	317
平面図	18, 19, 42, 45, 47, 52-54, 59, 60, 62, 63, 65, 168, 169, 183, 199, 230, 249, 263, 305, 316
平面直角座標系	30, 49, 95, 96, 201, 238, 300
平面直角座標値	30, 217, 238
平面分布	120, 307
壁画	43, 60, 131
壁画墓	43
碧玉	60, 62, 284, 287, 288
辟邪	165
別院	4, 97, 143, 144, 150, 153, 169, 187, 188
別区	33, 34
別当寺	90
ヘラ	243, 295
ヘラ書き	131, 175
ヘラ記号	68
偏角	30, 238
ベンガラ	69, 113, 294
偏向地割	132
便所	212, 215
編年	21, 66, 68, 72, 74, 133, 250
墓域	3, 9, 11-15, 19, 22, 23, 26, 73-77, 80, 84, 253
方位磁石（針）	204
崩壊土	112, 119, 224
方格地割	141, 142
方格道路網	146, 170
方眼北	21
方眼地割	95
包含層	2, 13-15, 19-21, 272, 275, 276, 283, 285, 286, 307

索　引

法起寺式〈伽藍配置〉………… 86, 87, 132, 135
宝篋印塔 …………………………… 75, 82, 323
防御機能 …… 4, 190, 198, 203, 208, 212, 219, 230
防御拠点 ………………………………… 190, 212
宝　玉 ……………………………………………… 115
防御具 ……………………………………………… 179
防御空間 ………………………………… 206, 209
防御施設 ………… 4, 163, 164, 190, 191, 193,
　　 197, 198, 203, 206-208, 211, 219, 221, 222
防御集落 ………………………………………… 194
防御線 ………………………………… 190, 206
方形館 ………………………………… 190-192
方形基壇 ……………………………………… 132
方形居館 ……………………………………… 190
方形区画 ……………………………………… 289
方形周溝墓 …………………… 3, 12-14, 16, 23
方形竪穴建物 ………………………………… 263
方形建物 ……………………………………… 285
方形壇 ………………………………… 32, 33, 42
包谷式（山城） ……………………………… 146
報告書 ………… 6, 21, 25, 30, 56, 167, 197,
　　 239, 250, 252, 254, 258, 264, 266-269, 287, 300,
　　 306, 327
方三間堂 ………………………………………… 97
ホウ酸ホウ砂水溶液 ……………………… 171
防湿施設 ……………………………… 270, 277
防湿装置 ……………………………………… 242
放射性炭素年代 ……… 25, 169, 258, 268, 283
宝珠硯 ………………………………… 177, 178
方　丈 …………………………………………… 97
棒状工具 ……………………………………… 312
放生（方丈）池 ……………………………… 318
棒状品 ………………………………………… 240
紡　織 ………………………………………… 295
坊主石 ………………………………………… 270
紡錘車 …………………………… 5, 62, 175, 295
紡錘車形（石製品） ………………………… 60-62
法　倉 ………………………………… 143, 154
砲　台 ………………………………………… 193
方　立 ………………………………………… 148
宝　塔 …………………………………………… 98
防腐剤 ………………………………………… 171
方　墳 …………………………………… 26, 27, 30
法隆寺式〈伽藍配置〉 ……………… 3, 86, 87
望　楼 ………………………………………… 212
焙烙（ほうろく） ……………………………… 79
ボーリングステッキ ………………… 237, 257
ボーリング調査 ……………………… 299, 307
捕獲圧 ………………………………………… 302
保管液 ………………………………………… 172

保管場所 ……………………………………… 303
補強資材 ………………………………………… 56
墨　書 ……………… 79, 82, 102, 131, 165, 171,
　　 173-175, 182, 224, 227, 283
墨書人面土器 ………………………………… 165
墨書土器 ………… 91, 115, 129, 131, 135, 136,
　　 141, 149, 150, 153, 165, 171, 174, 176, 181,
　　 186-188, 264, 319
北陸道 ………………………………………… 139
矛 ……………………………………… 20, 63, 179, 273
墓　坑 ……………… 8, 13-22, 26, 28, 29, 35, 36, 38,
　　 49-51, 69, 70, 77-81
歩行痕跡 ……………………………………… 311
墓坑通路 ………………………………… 28, 36
反故紙 ………………………………………… 174
墓　参 …………………………………………… 76
糒（ほしいい） ……………………… 143, 169, 181
糒　倉 ………………………………… 143, 181
補修回数 ……………………………………… 253
墓　誌 …………………………………………… 75, 82
墓　所 …………………………………………… 76
墓　制 …………………………… 11, 59, 75, 76, 298, 303
墓　石 ……………………………………………… 14
墓前祭祀 ……………………………………… 52, 58
舗　装 …………… 102, 105, 107, 108, 114, 310, 312, 317
保存処理 ………………… 25, 53, 173, 174, 283
保存目的の調査 ……… 6, 46, 51, 53, 57, 96, 120,
　　 158, 202, 227, 250, 298, 302, 326
墓　地 ……………… 75-77, 84, 90, 92, 151, 298, 299
北海道式古墳 ………………………………… 84
法華堂 …………………………………………… 75
墨　痕 ………………… 82, 169, 171, 173, 174, 178
掘立柱建物 ………… 9, 46, 88, 97, 103, 104, 108,
　　 110, 116, 117, 119, 128, 131, 139, 140, 145, 148,
　　 149, 152, 155, 156, 158-160, 166, 167, 169, 176,
　　 177, 183, 186, 187, 190, 194, 198, 212, 216, 219,
　　 223, 224, 247, 259, 262, 263, 269, 271-273, 275,
　　 276, 282, 285, 309, 318
掘立柱塀 …………… 101, 111-113, 118, 119, 140,
　　 141, 145, 161-164, 167, 183
火床（ほど）（炉） ……………… 245, 262, 266, 277
墓　道 …… 29, 30, 36, 39, 40, 44, 52, 57-60, 69, 72
骨組材 ………………………………………… 241
墓　標 …………………………… 9, 13-15, 75, 78, 92
濠 …………………………………… 32, 33, 93, 165, 307
堀 ………………………… 4, 190, 191, 193-199, 201, 203,
　　 206, 208-210, 212-214, 219, 221-223, 229, 231
掘　方 ……………… 14, 16, 17, 19, 36, 45, 48, 53, 163,
　　 168, 169, 227, 256, 259, 260, 262-264, 266
堀　切 …………………………… 206, 208, 221, 229

索　引

掘込地業	40, 104, 105, 108, 112, 118, 158, 159, 277
掘込墓坑	36
堀　底	206, 209, 210, 221, 222
ポリライト	69
梵音具	130
本　窯	238
本瓦葺	121
梵　字	82
梵　鐘	130, 271, 274
本尊仏	86, 93
本　殿	318-320
本殿建築	318
本　堂	90, 93, 97, 322, 323
本堂建築	97
本床（釣り）	256, 270
本　丸	192, 193, 198, 207, 208, 212, 213, 222
本　焼	234, 237, 246

ま　行

埋設土器	8, 9
埋葬位置	40, 53, 69
埋葬回数	52, 53, 69
埋葬儀礼	73
埋葬姿勢	10, 14, 21, 24, 81
埋葬施設	12, 14, 16, 17, 19, 21-23, 26-45, 49, 51, 52, 58, 59, 69, 70, 72-74, 77, 78, 84
埋葬習俗	22, 24, 82
埋葬順序	10, 25
埋置土器	71
埋納遺構	117
埋納坑	320
埋納施設	38
埋納状況	20, 82, 115
埋納場所	81
埋納物（品）	94, 115, 178, 197, 232, 291, 321
埋没時期	292
埋没谷	307
詣り墓	76
勾　玉	20, 61, 62, 284, 320
曲　屋	230
牧	5, 150
巻き上げ痕	123
巻きつけ法	62
枕	14, 51, 60, 72
枕　木	311
曲　物	79, 102, 316
孫　廂	97
真砂土	270
枡　形	210, 212, 222

磨製石器	284
町	191, 192, 196, 232, 257, 309
町　屋	90
町屋遺構	92
街割り	138, 170
町割り	196
末期古墳	84
末　社	318
間詰石	211
的　矢	229
丸　窯	245
丸　瓦	105, 121-128, 134, 187
丸瓦部	124, 126
丸太（材）	40, 162, 163, 168, 252, 265, 268, 307
丸　玉	61, 62, 284
丸　鞆	178, 179
丸　根	229
円　柱	148
間　渡	161
曼荼羅	93, 130
政所院	87, 88, 108, 118, 119
万葉集	141, 278
箕	44
見上げ図	54
ミガキ	176
ミカン割り	293
御　厨	191
巫　女	66
水　糸	55, 299
水　駅	148
瑞　垣	318
水溜め	259, 272, 275
水鳥（形埴輪）	33, 34, 66, 67
水　場	5, 293, 299, 307, 308
水　堀	191, 208, 215, 222
未成品	62, 178, 216, 217, 232, 262, 285-288, 293
禊ぎの場	320
溝状遺構	108, 163, 166
道饗祭	165
密　教	89, 97, 115, 130
密教大壇	130
密教法具	130, 131
御　堂	89
見通し図	18, 52
ミニチュア竈	165, 181
耳　石	109
耳飾り	8, 10, 61, 62, 284
耳　玉	72
麦	181
無段式（丸瓦）	121, 123

六連式土器	280	裳階（もこし）	98
陸奥話記	194	模骨	123, 124
棟通り	99-101, 152, 183	藻塩焼き	282
棟門	99	文字瓦	131, 135, 153, 171
無文銀銭	181	模式図	65, 69, 306
無釉（陶器）	229, 236	文字資料	131, 135, 153, 171, 175, 185, 186, 319
村	76, 77, 89, 154, 196, 257, 309	模造品	60-62, 165, 180, 284, 322, 323
名所図会	93, 155	持ち送り	34, 54
梅瓶（めいぴん）	228, 231	木梯	14, 36, 79
目隠し塀	161, 165	木棺	12, 14, 17, 18, 21, 26, 34-38, 40-42, 49-51, 53, 65, 66, 69, 72, 79
女瓦	121	木簡	91, 131, 140, 144, 149, 153, 169, 171-174, 177, 178, 280, 294, 319, 320
目釘	229		
目地	42, 56, 107, 211		
メダイ	84	木簡研究	173
馬道	101	木棺直葬	35, 36, 38, 50, 51, 84
瑪瑙	62, 115	木簡字典	173
目張り	15	木簡データベース	173
面戸瓦	121, 122	木棺墓	3, 8, 12, 14, 17, 26, 36, 42, 77, 79, 81
面取り	125	ものさし	182
殯屋	30	物原	5, 234
牧監庁	150	物見	148, 222
木材	36, 44, 55, 63, 80, 107, 109, 168, 252, 271, 308	模倣品	176
		籾殻	143, 181
木柵	33	籾摺り	181
木質遺物	257	籾粒	169
木芯粘土室	26, 40	桃	165
木製階段	109	身舎（もや）	101, 110
木製基壇	106, 107, 166	盛り土基壇	105
木製構造物	44	門	94, 99, 100, 114, 118, 139, 143-145, 148, 155, 210, 212, 213, 222, 224
木製立物	32, 42, 44, 66		
木製羽口	267	門形式	100
木製品製作遺跡	293	文書	115, 140, 145, 149, 153, 171, 174-178, 208, 214, 257, 294
木製容器	228, 293		
木胎	41, 66	文書作成	140, 152, 178
木炭	35, 78-81, 240, 246, 255-268, 270-273, 275-277, 283, 321	門扉	148
		文様甎	128
木炭置き場	259, 263	文様面	121
木炭椁	35, 78, 79	**や 行**	
木炭椁木棺墓	79		
木炭窯	199, 246, 253, 255-261, 265, 268, 269	屋	143, 149
木炭焼成坑	239, 240, 255, 256, 260, 261, 268	矢	179, 180, 210, 213, 215, 216, 229
木炭燃料	256	矢穴	216, 217, 225, 227
木炭粉	262	矢板	307
木柱	15, 32	館〈城館〉	190-192, 194, 197, 213-215, 220, 229-232, 314
木彫像	94		
木道	307, 308	館城	191, 209
木樋	108, 111, 161	矢柄	229, 294
木櫃	79, 82	焼塩（壺）	278, 280, 281, 283
木目	64, 125, 172, 173	焼台	236, 245, 254
木工（もく）寮	113	焼き歪み	240, 251

索引

やきもの	234-237, 251, 252
冶金学	270
薬医門	99
厄神	180, 181
やぐら	75, 111, 118
櫓	145, 163, 164, 167, 168, 206, 209, 210, 212, 224
櫓台	210, 212
焼土 → 焼土（しょうど）	
ヤコウガイ	303
屋敷地	77, 207
屋敷墓	75, 77
鏃	11, 19, 20, 62, 63, 64, 82, 179, 180, 198, 229, 294
鏃形（石製品）	60
矢矯具	180
駅館（やっかん）	149, 155
屋根景観	134
屋根形式	127, 134
屋根構造	127, 162
矢筈	229
矢羽	229
山田寺（式）〈瓦〉	121, 122, 124, 133, 134
山茶椀	232, 236
弥生土器	234
槍	38, 63, 179, 213, 229
鉇（やりがんな）	62
遣水	220, 313-315
有機質（遺物）	44, 50, 81, 82, 169, 284, 298, 321, 329
有機質素材	63, 180
有機質土層	49
有機物	19, 20, 50, 53, 60, 115, 291
有畦式平窯	234, 236, 237, 241, 244, 246-248
有牀式平窯	247
湧水	153, 242, 305, 307, 315, 316, 322
湧水地（点）	165, 316
有段式（丸瓦）	121, 123
釉薬	236, 251, 252
床石	15, 40
床板	102
床束	160
床束建物	107, 160, 169
床張り建物	107, 109
湯釜	102
靫（ゆぎ）	33, 63, 65-67, 179
湯口	20
湯殿	102
輸入陶磁器	128, 150, 153, 176, 283
湯冷え	20
指輪	62
湯船	102
弓	63, 209, 229
弓矢	179, 210, 213, 229
湯屋（遺構）	102
俑	129
窯外部	241, 242
熔解炉	271, 272, 274, 277
容器形（石製品）	60
窯業遺跡	234, 237-239, 247, 250-254
窯業地	237
熔結金属	276
陽刻	171
洋式高炉	256
窯側部	242
窯体（部）	236, 240-243, 246-251, 254
腰帯（具）	84, 153, 178, 179
熔着	251, 266
熔着滓	266, 267
徭丁	140-142, 144, 188
窯背部	241, 242
窯壁	245, 248, 253, 257
熔融金属	274
窯側部	242
容量	182, 280, 283, 296
浴室	102
浴場	102
浴槽	102
翼廊	100, 101
横穴系埋葬施設	26, 38-42, 51, 69, 70, 72
横穴式石室	26, 27, 30, 31, 33, 38-46, 51-60, 66, 69-71, 73, 74, 77, 84, 323
横穴式木室	40
横穴墓	26-32, 39, 40, 57-60, 73, 77
横板（壁・材・塀）	105, 111
緯糸	295
緯打具	295
横置き（型）	124, 255
横木	109, 114, 162, 163, 274, 275
横口〈窯〉	237, 240, 260, 261, 265
横口作業場	260
横口式石槨	26, 39, 40, 136
横口付木炭窯	255, 256, 260, 261, 265, 268
緯越具	295
横狭間	245, 246
横瓶	178
横堀	206, 208, 209, 221
横目地	211
横矢掛け	148, 206, 210
寄柱	113, 167
寄棟（造）	41, 59, 122

索　引

四手先 …………………………………… 98
甲（鎧） ………………………… 179, 180, 229

ら　行

来迎壁 …………………………………… 98
ライティング …………………………… 125
礼　堂 …………………………………… 97
礼拝空間 ………………………………… 97
礼拝石 ………………………………… 111
落石防止用ネット …………………… 305
洛中洛外図屏風 ………………… 213, 215
羅　城 ………………………………… 138
螺　鈿 ………………………………… 303
ラベル ………………………………… 171
螺　髪 ………………………………… 131
乱　杭 …………………………… 213, 221, 316
乱石積 …………………………… 109, 117
乱石積基壇 ……………… 105, 106, 110, 117
藍　釉 ………………………………… 129
里 ………………… 4, 138, 139, 142, 148, 289, 290, 311
力　士 …………………………………… 66
離　宮 …………………………… 108, 150
里　界 ………………………………… 290
立　石 …………………………… 9, 311, 315, 316
立体画像 ………………………………… 56
立地環境 ………………………………… 27
立面写真 ……………………………… 317
立面図 ………… 42, 47, 48, 53, 54, 59, 60, 225, 249
立面配置図 ……………………………… 60
略測図 ………………………………… 316
琉球石灰岩 …………………………… 219
流出滓 …………………… 263, 264, 266, 269
粒状滓 …………………… 5, 256, 262, 265, 266, 268
流通拠点 ……………………………… 228
流動滓 ………………………………… 266
流入土 …………………………… 58, 59, 248
流　路 …………………………… 169, 289
量〈度量衡〉 …………………………… 182
両側排滓 ……………………………… 255
領　国 ………………………………… 191
領　主 ………… 75, 92, 190, 192, 207, 208, 213, 214, 219, 231, 309
領主居館 ………………………… 4, 89, 190
令小尺 …………………………… 182, 185
令大尺 …………………………… 182, 185
令集解 …………………………… 143, 150, 182
両墓制 …………………………………… 76
緑色凝灰岩 ……………………… 60, 62, 284
緑泥片岩 ………………………………… 75
緑釉（陶器） ……… 129, 176, 177, 236, 241, 243, 244

リ　ン …………………………… 21, 240
臨池伽藍 ………………………… 89, 96
輪　宝 ………………………………… 115
類聚三代格 …………………………… 170
塁　線 …………………………… 206, 210, 212, 213
ルーペ …………………………… 62, 178
坩　堝 …………………………… 5, 271, 272, 274, 276
坩堝炉 …………………………… 271, 272, 274
レイアウト ……………………………… 69, 126
霊　場 …………………………… 75, 323
霊　地 ………………………………… 151
レーザー距離計 ……………………… 204
レーザースキャナー ………………… 60, 157
礫　梆 ………………………………… 35
礫　敷 ………………………………… 119
歴史的環境 ……………………… 4, 185, 188
礫　床 ………………………………… 34
暦年代 ………………………………… 171
劣　化 …………………… 25, 43, 50, 169, 267, 296
列　石 …………… 9, 14, 42, 56, 57, 147, 148, 151, 153, 164
列石遺構 ……………………………… 151
レベル …………………………………… 55
煉　瓦 …………………………… 128, 237, 259
連結ピット …………………………… 285
蓮華文 …………………………… 114, 121, 122
レンザティックコンパス ……………… 204
連子窓 ………………………………… 100
連鋳式 ………………………………… 179
錬　鉄 ………………………………… 255
連房式登窯 ……… 234, 237, 238, 241, 244-246, 252
連房状竪穴遺構 ………………… 160, 262
廊 ………………………………… 97, 100
楼　閣 …………………………… 140, 149, 160
牢　獄 ………………………………… 215
楼　造 ………………………………… 101
楼　門 …………………………………… 99
路　肩 ………………………………… 310
六道銭 …………………………… 81-83
ロクロ …………………………… 285, 293
ロクロピット ……………… 5, 236, 247, 285
炉構造 ………………………………… 272
露　地 ………………………………… 314
路　床 …………………………… 308, 310, 311
炉　床 ………………………………… 262
ロストル ……………………………… 246
路線復元 …………………… 155, 310, 312
六　器 …………………………… 128, 130
六古窯 …………………………… 237, 244
炉　底 …………………………… 259, 260, 263-268
炉底滓 …………………………… 264, 266, 269

397

索引

炉底粘土	266
露天掘り	293, 294
露　頭	216, 295, 320
炉内環境	268
炉内滓	264, 266, 269
炉背部	259, 260
路　盤	310-312
炉　壁	255, 258-260, 262-267, 272, 275, 277
炉掘方	259
路　面	114, 182, 309-312
路面舗装	310, 312

わ　行

脇　殿	140, 145, 159
和　鏡	320
和人墓	83
渡り土手	32, 33, 44
和同開珎	294
鰐　口	130
和名類聚抄	154
蕨手刀	84
割　石	103, 105, 107, 109, 110, 211, 212
割石積	164, 193, 211
割　材	252, 265, 268
割竹形〈窯〉	245
割竹形石棺	37
割竹形木棺	37
割れ口	82
割れ面	11, 227
椀	128, 182, 228, 236, 243
椀形滓	5, 262, 268

アルファベット

A0判	201
EXIF	296
Fe	269
Fe_2O_3	269, 294
FeO	269
GPS	96, 154, 217, 322
JPEG	296
OS	296
RAWデータ	296
TIFF	296
Web	296
X線画像	62
X線CT	50, 82, 115, 181
X線写真	60, 62, 130, 180
X線透過撮影	50, 62

Ⅱ　遺跡名など

あ　行

会津大戸窯（福島県）	242
青木遺跡（島根県）	318-320
赤井遺跡（宮城県）	159
赤塚古墳（大分県）	26
安芸国分寺（広島県）	105
秋田城（秋田県）	145, 146, 163, 168, 180, 194
赤穂城（兵庫県）	220
阿光坊古墳群（青森県）	84
安侯駅（茨城県）	188
旭山E-9号墳（京都府）	40
朝熊山経塚（三重県）	90
皆見樋ノ口遺跡（福岡県）	311
足柄城（神奈川県）	215
飛鳥池遺跡（奈良県）	179, 262, 271, 294, 295
飛鳥板蓋宮（奈良県）	139
飛鳥浄御原宮（奈良県）	139, 311
飛鳥寺（奈良県）	86, 103, 105, 108, 111, 113, 121, 135, 136
阿豆佐和気神社（東京都）	320
東の上遺跡（埼玉県）	310, 311
阿津賀志山防塁（福島県）	190
安土城（滋賀県）	192, 193, 207, 212, 215
阿津走出遺跡（岡山県）	280
渥美〈窯〉（愛知県）	237
穴観音1号墳（岡山県）	323
穴太廃寺（滋賀県）	117, 132, 135
アバクチ洞穴（岩手県）	304
阿倍山田道（奈良県）	311
雨の宮1号墳（石川県）	36, 50, 51
新井原12号墳（長野県）	44
有田〈窯〉（佐賀県）	229, 237
粟津湖底第3貝塚（滋賀県）	298
庵主池第一経塚（和歌山県）	321
アンチの上貝塚（沖縄県）	303
夷王山墳墓群（北海道）	83
伊福吉部徳足比売墓（鳥取県）	77
伊賀国庁（三重県）	187
伊賀駅家（三重県）	148

索　引

斑鳩寺（法隆寺若草伽藍）（奈良県）……… 108, 121,
　　132, 135, 136
池島・福万寺遺跡（大阪府）………… 289-292
伊皿子貝塚（東京都）……………………… 301
胆沢城（岩手県）……………………… 145, 146
石神遺跡（奈良県）………………… 159, 313, 314
伊治城（宮城県）…………………… 146, 164, 180
石山古墳（三重県）………………………… 33, 34
石山寺（滋賀県）…………………………… 98, 115
泉官衙遺跡（福島県）……………… 142, 183, 184
泉坂下遺跡（茨城県）……………………… 18
出雲国府（島根県）………………… 174, 184, 186
出雲大社（島根県）………………………… 319
伊勢国府（三重県）………………………… 141, 186
伊勢国分寺（三重県）……………………… 128
伊勢神宮（三重県）………………………… 319, 320
石上神宮（奈良県）………………………… 320
市坂瓦窯（京都府）………………………… 247
一乗寺（兵庫県）…………………………… 98
一乗谷朝倉氏遺跡（福井県）……… 213-215, 220,
　　228, 314
一の谷中世墓群（静岡県）………………… 77
市辺遺跡（兵庫県）………………………… 187
市道遺跡（愛知県）………………………… 159
出羽柵（秋田県）…………………………… 145
井出二子山古墳（群馬県）………………… 42, 44
糸数グスク（沖縄県）……………………… 210
怡土城（福岡県）…………………………… 147
伊那郡衙（信濃国）（長野県）……………… 181
伊場遺跡（静岡県）………………………… 188
今城塚古墳（大阪府）……………………… 34, 40
今山遺跡（福岡県）………………………… 293
岩ヶ平石切丁場（兵庫県）………………… 216, 218
石清水八幡宮護国寺（京都府）…………… 115
稲淵川西遺跡（奈良県）…………………… 159
石見銀山（島根県）………………………… 293, 294
岩村城（岐阜県）…………………………… 213
岩谷古墳（山口県）………………………… 46
上野Ⅱ遺跡（島根県）……………………… 256
上野廃寺（和歌山県）……………… 87, 96, 103, 105,
　　107, 108, 110, 111, 128, 133
上野原遺跡（鹿児島県）…………………… 11
植山古墳（奈良県）………………………… 30
宇佐弥勒寺（大分県）……………………… 88
牛頸窯跡群（福岡県）……………………… 253
後出2号墳（奈良県）……………………… 49
太秦遺跡（大阪府）………………………… 17
馬渡・束ヶ浦遺跡（福岡県）……………… 17
海の中道遺跡（福岡県）…………… 280-282
梅谷瓦窯（京都府）………………… 253, 図版6

上末釜谷2・5・6号窯（富山県）……………… 248
永納山城（愛媛県）………………………… 148, 257
江上館（新潟県）…………………………… 191, 192
越前〈窯〉（福井県）……………… 229, 237, 244, 245
越州窯（中国浙江省ほか）………………… 128
江戸城（東京都）…………………… 193, 212, 213, 216
海老名本郷遺跡（神奈川県）……………… 285, 286
江馬氏館（岐阜県）………………………… 220, 314
延暦寺（京都府・滋賀県）………………… 89
意宇郡衙（出雲国）（島根県）……………… 188
粟原カタソバ遺跡（奈良県）……………… 309
近江国庁（滋賀県）………………………… 162
近江国府（滋賀県）………………………… 166
大内氏館（山口県）……… 191, 214, 220, 229, 231, 314
大内城（京都府）…………………………… 191
大県遺跡（大阪府）………………………… 257, 262
大県郡条里遺跡（大阪府）………………… 290
大川遺跡（北海道）………………………… 150
大串遺跡（茨城県）………………………… 169
大坂城（大阪府）…… 193, 209, 211, 212, 215, 216, 218
大迫遺跡（福岡県）………………………… 77, 80
大角山遺跡（島根県）……………………… 287
太田茶臼山古墳（大阪府）………………… 27
大知波峠廃寺（静岡県）…………… 88, 89, 図版3
大塚遺跡（神奈川県）……………………… 12
大津宮（滋賀県）…………………………… 132, 135
大鳥井山遺跡（秋田県）…………………… 194
大野城（福岡県）…………………… 147, 148, 160
太安万侶墓（奈良県）……………………… 77
大船廻A遺跡（福島県）…………… 255, 図版7
大峯山（寺）（奈良県）…………………… 320, 322
大峯山寺経塚（奈良県）…………………… 130, 320
大神神社（奈良県）………………………… 318
大宅廃寺（京都府）………………………… 117
大山崎瓦窯（京都府）……………………… 253
大湯環状列石（秋田県）…………………… 9
岡遺跡（滋賀県）…………………………… 144
お亀石古墳（大阪府）……………………… 136
置塩城（兵庫県）…………………………… 220
沖Ⅱ遺跡（群馬県）………………………… 15
沖ノ島（福岡県）…………………………… 323
小郡官衙遺跡（福岡県）…………………… 187
小篠宿（奈良県）…………………………… 322
長行遺跡（福岡県）………………………… 293
忍城（埼玉県）……………………………… 213
御旅所北古墳（大阪府）…………………… 41
おつぼ山神籠石（佐賀県）………………… 151
小幡藩邸（群馬県）………………………… 220
面白谷遺跡（島根県）……………………… 285
落地遺跡（兵庫県）………………………… 153, 154

399

索　引

園養山古墳群(滋賀県)‥‥‥‥‥‥‥26,72,73

か　行

加賀〈窯〉(石川県)‥‥‥‥‥‥‥‥‥‥‥237
柿崎古墓(新潟県)‥‥‥‥‥‥‥‥‥‥‥79
鹿毛馬神籠石(福岡県)‥‥‥‥‥‥‥148,151
笠松遺跡(群馬県)‥‥‥‥‥‥‥‥‥‥‥158
鍛冶屋敷遺跡(滋賀県)‥‥‥‥‥‥‥274,275
春日大社(奈良県)‥‥‥‥‥‥‥‥‥‥‥318
上総国分寺(千葉県)‥‥‥‥87,88,108,119,131
上総国分尼寺(千葉県)‥‥‥‥‥‥‥‥88,108
堅田遺跡(和歌山県)‥‥‥‥‥‥‥‥‥‥272
片山廃寺(大阪府)‥‥‥‥‥‥‥‥‥‥‥117
加都遺跡(兵庫県)‥‥‥‥‥‥‥‥‥‥‥308
勝山館(北海道)‥‥‥‥‥‥‥‥‥‥‥‥219
金貝遺跡(滋賀県)‥‥‥‥‥‥‥‥‥‥‥320
金沢城(石川県)‥‥‥‥‥‥‥‥193,211,216
金山遺跡(栃木県)‥‥‥‥‥‥‥‥‥265,266
金山城(群馬県)‥‥‥‥‥‥‥‥‥‥‥‥207
金山城(岐阜県)‥‥‥‥‥‥‥‥‥‥‥‥193
金石城(長崎県)‥‥‥‥‥‥‥‥‥‥‥‥220
金沢地区製鉄遺跡群(福島県)‥‥‥‥‥‥256
金田城(長崎県)‥‥‥‥‥‥‥‥‥146-148,164
鹿の子Ｃ遺跡(茨城県)‥‥‥141,150,160,262,263
樺・金山製鉄遺跡群(熊本県)‥‥‥‥‥‥256
釜屋城(兵庫県)‥‥‥‥‥‥‥‥‥‥‥‥221
上栗須寺前遺跡(群馬県)‥‥‥‥‥‥‥‥130
神島(三重県)‥‥‥‥‥‥‥‥‥‥‥‥‥323
上毛郡衙(豊前国)(福岡県)‥‥‥‥‥‥‥184
上浜田遺跡(神奈川県)‥‥‥‥‥‥‥‥‥191
上淀廃寺(鳥取県)‥‥‥‥‥‥87,130-132,図版3
カムイヌプリ(北海道)‥‥‥‥‥‥‥‥‥322
カムィヤキ窯(鹿児島県)‥‥‥‥‥‥229,243
鴨神遺跡(奈良県)‥‥‥‥‥‥‥‥308,310,311
賀茂神社(京都府)‥‥‥‥‥‥‥‥‥‥‥318
唐古・鍵遺跡(奈良県)‥‥‥‥‥‥271,273,277
唐津城(佐賀県)‥‥‥‥‥‥‥‥‥‥‥‥208
カリンバ3遺跡(北海道)‥‥‥‥‥‥‥‥10
河内国分寺(大阪府)‥‥‥‥‥‥‥‥107,108
河内寺廃寺(大阪府)‥‥‥‥‥‥‥‥‥‥110
川原寺(奈良県)‥‥‥‥‥‥86,102,108,109,
　　112,135,136,274,図版8
川原寺裏山遺跡(奈良県)‥‥‥‥‥‥‥‥130
元興寺(奈良県)‥‥‥‥‥‥‥‥‥‥75,131
観自在王院(岩手県)‥‥‥‥‥‥‥‥‥‥220
願成寺(福島県)‥‥‥‥‥‥‥‥‥‥97,220
願成就院(静岡県)‥‥‥‥‥‥‥‥‥‥‥89
観世音寺(福岡県)‥‥‥‥‥‥86,87,93,97,105
神出窯(兵庫県)‥‥‥‥‥‥‥‥‥‥‥‥254
神門郡衙(出雲国)(島根県)‥‥‥‥‥‥‥188
神門横穴墓(島根県)‥‥‥‥‥‥‥‥‥58,60
観音寺城(滋賀県)‥‥‥‥‥‥‥‥192,203,214
観音正寺(滋賀県)‥‥‥‥‥‥‥‥‥‥‥203
観音塚古墳(大阪府)‥‥‥‥‥‥‥‥‥‥40
上原遺跡群(鳥取県)‥‥‥‥‥‥‥‥‥‥187
基肄城(福岡県・佐賀県)‥‥‥‥‥‥147,148
キウス周堤墓群(北海道)‥‥‥‥‥‥‥‥9
鞠智城(熊本県)‥‥‥‥‥‥‥‥‥‥‥‥148
キゴ山西丁場(石川県)‥‥‥‥‥‥‥‥‥216
騎西城(埼玉県)‥‥‥‥‥‥‥‥‥‥‥‥229
北岡遺跡(大阪府)‥‥‥‥‥‥‥‥‥‥‥130
北白川廃寺(京都府)‥‥‥‥‥‥‥‥‥‥120
北野遺跡(三重県)‥‥‥‥‥‥‥‥‥‥‥235
北畠氏館(三重県)‥‥‥‥‥‥‥‥‥‥‥220
木塚城(高知県)‥‥‥‥‥‥‥‥‥‥‥‥229
吉川氏館(広島県)‥‥‥‥‥‥‥‥‥215,220
キトラ古墳(奈良県)‥‥‥‥‥‥‥‥‥‥43
衣川廃寺(滋賀県)‥‥‥‥‥‥‥‥‥‥‥118
鬼ノ城(岡山県)‥‥‥‥‥‥‥148,164,257,263
城輪柵(山形県)‥‥‥‥‥‥‥‥‥‥146,165
吉備池廃寺(奈良県)‥‥‥‥‥‥‥‥‥‥86
岐阜城(岐阜県)‥‥‥‥‥‥‥‥‥‥‥‥192
喜兵衛島遺跡(香川県)‥‥‥‥‥‥‥280,281
喜兵衛島古墳群(香川県)‥‥‥‥‥‥‥‥280
久宝寺遺跡(大阪府)‥‥‥‥‥‥‥‥16,292
久宝寺1号墳(大阪府)‥‥‥‥‥‥‥‥‥35
行者塚古墳(兵庫県)‥‥‥‥‥‥34,47,図版2
清須(清洲)城(愛知県)‥‥‥‥195,196,208,212
金峯山(大峯山)(奈良県)‥‥‥‥‥‥‥‥320
鞠智城(熊本県)‥‥‥‥‥‥‥‥‥‥‥‥148
草戸千軒町遺跡(広島県)‥‥‥‥‥‥‥‥172
九頭神廃寺(大阪府)‥‥‥‥‥‥‥‥118,119
城久遺跡(鹿児島県)‥‥‥‥‥‥‥‥150,176
百済寺(大阪府)‥‥‥‥‥‥‥‥‥‥101,133
恭仁京(京都府)‥‥‥‥‥‥‥‥‥‥‥‥139
国富中村古墳(島根県)‥‥‥‥‥‥‥42,図版1
柊原貝塚(鹿児島県)‥‥‥‥‥‥‥‥‥‥298
久保泉丸山遺跡(佐賀県)‥‥‥‥‥‥‥‥3
求菩提山経塚(福岡県)‥‥‥‥‥‥‥‥‥320
熊野神社古墳(東京都)‥‥‥‥‥‥‥‥31,40
熊野堂大館(宮城県)‥‥‥‥‥‥‥‥‥‥229
熊野本宮大社(和歌山県)‥‥‥‥‥‥‥‥319
久米官衙遺跡群(愛媛県)‥‥‥‥‥‥‥‥174
栗栖山南墳墓群(大阪府)‥‥‥‥‥‥‥76-80
胡桃館遺跡(秋田県)‥‥‥‥‥‥‥‥‥‥145
来美廃寺(島根県)‥‥‥‥‥‥‥‥‥110,133
黒井峯遺跡(群馬県)‥‥‥‥‥‥‥‥‥‥310
黒田駅(島根県)‥‥‥‥‥‥‥‥‥‥‥‥188
黒姫洞穴(新潟県)‥‥‥‥‥‥‥‥‥‥‥306
桑幡氏館(鹿児島県)‥‥‥‥‥‥‥‥‥‥232

400

軍守里廃寺(韓国忠清南道)	106
気多郡衙(因幡国)(鳥取県)	187
毛原廃寺(奈良県)	92
元寇防塁(福岡県)	190
建長寺(神奈川県)	90
恋ヶ窪遺跡(東京都)	310, 311
小犬丸遺跡(兵庫県)	149
国府遺跡(大阪府)	10
甲賀郡中惣館城(滋賀県)	209
上毛郡衙(豊前国)(福岡県)	184
神指城(福島県)	196
香色山経塚(香川県)	321
上野国分寺(群馬県)	112, 113
興福寺(奈良県)	86, 87, 100, 101, 105, 109, 115, 129
古梅谷遺跡(神奈川県)	308
高野山(和歌山県)	75, 311
高良山神籠石(福岡県)	151
郡山官衙遺跡(宮城県)	145, 162, 185
久我畷(京都府)	311
虚空蔵人合滝遺跡(秋田県)	221
極楽寺(茨城県)	90
極楽寺経塚(兵庫県)	320
湖西窯(静岡県)	84, 242
小坂城(茨城県)	198
五色塚古墳(兵庫県)	27
御所ヶ谷神籠石(福岡県)	147, 164
五所川原窯(青森県)	243
巨勢寺(奈良県)	114
五斗長垣内遺跡(兵庫県)	256, 262, 図版7
小長曽窯(愛知県)	236, 237
小牧山城(愛知県)	192, 207
高麗寺(京都府)	113, 116, 117, 135
小湊フワガネク遺跡(鹿児島県)	303
小山池廃寺(広島県)	87
小山廃寺(奈良県)	114
五稜郭(北海道)	193
伊治城(宮城県)	146, 164, 180
恒川遺跡(長野県)	181
権田原遺跡(神奈川県)	16

さ 行

歳勝土遺跡(神奈川県)	12
斎宮(三重県)	150, 170
細工谷遺跡(大阪府)	136
佐位郡衙(上野国)(群馬県)	155
西国寺(広島県)	127
西寺(京都府)	101
西大寺(奈良県)	97, 101
西都原古墳群(宮崎県)	28
斎尾廃寺(鳥取県)	130
西隆寺(奈良県)	115, 120
坂田寺(奈良県)	110
埼玉古墳群(埼玉県)	26
定西塚古墳(岡山県)	41
猿投窯(愛知県)	243
狭結駅(島根県)	188
三軒屋遺跡(群馬県)	143, 155, 156, 159
三田末窯跡群(兵庫県)	253
山頂古墳(福井県)	37, 38
三内丸山遺跡(青森県)	9, 308
山王遺跡(宮城県)	141, 177
山王廃寺(群馬県)	104
山持遺跡(島根県)	295
岩立遺跡(沖縄県)	8
汐井掛遺跡5号墓(福岡県)	81
四王寺山経塚(福岡県)	130
塩津港遺跡(滋賀県)	319, 320
汐留遺跡(東京都)	324
塩喰岩陰遺跡(福島県)	305
信楽〈窯〉(滋賀県)	237, 245
紫香楽宮(滋賀県)	139
寺家遺跡(石川県)	280, 283
猪久保城(福島県)	231
志太郡衙(駿河国)(静岡県)	174, 186
志筑廃寺(兵庫県)	123
四天王寺(大阪府)	86, 111, 114, 135, 136
品川台場(東京都)	193
篠窯跡群(京都府)	236, 244
志海苔館(北海道)	219
芝塚古墳(大阪府)	図版2
島内地下式横穴墓群(宮崎県)	59
島田池横穴墓群(島根県)	57
島の山古墳(奈良県)	35, 図版2
下池山古墳(奈良県)	50
下総国府(千葉県)	141
下里割谷遺跡(埼玉県)	293
下高橋官衙遺跡(福岡県)	155, 187
下野国分寺(栃木県)	113
下野国庁(栃木県)	140, 159
下野国府(栃木県)	140, 141, 144, 157, 178
下野薬師寺(栃木県)	95, 114
下本谷遺跡(広島県)	153
周山窯(京都府)	246, 254
寿能遺跡(埼玉県)	308
聚楽第(京都府)	213
首里城(沖縄県)	219
将軍山古墳(大阪府)	34, 35
勝持寺(京都府)	119
上寺山古墳(大阪府)	40

索 引

賞田廃寺（岡山県）	105
上東遺跡（岡山県）	279-281
上人ヶ平遺跡（京都府）	247
笙ノ窟（奈良県）	322
勝負遺跡（島根県）	286
称名寺（神奈川県）	220
勝竜寺城（京都府）	213
城之越遺跡（三重県）	323
勝幡城（愛知県）	196, 197
白河殿（京都府）	89
白滝遺跡群（北海道）	293
白水阿弥陀堂（福島県）	97, 220
志波城（岩手県）	145, 146
新池遺跡（大阪府）	235
陣が峯城（福島県）	194
新宮城（福島県）	図版5
真光寺（兵庫県）	78
新堂廃寺（大阪府）	108, 114, 136
新免遺跡（大阪府）	310
崇福寺（滋賀県）	106, 135
陶邑窯跡群（大阪府）	242, 253, 261
周防国府（山口県）	141
鋤崎古墳群（福岡県）	53
杉崎廃寺（岐阜県）	101, 118
須玖永田遺跡（福岡県）	271, 273
須玖五反田遺跡（福岡県）	271, 273
須玖坂本遺跡（福岡県）	271, 273, 図版8
珠洲〈窯〉（石川県）	229, 237, 254
鈴鹿関（三重県）	149
砂入遺跡（兵庫県）	165
巣山古墳（奈良県）	34
西海渕遺跡（山形県）	9
石動山大宮坊（石川県）	215
関和久上町遺跡（福島県）	263
関和久官衙遺跡（福島県）	143, 144
瀬田丘陵生産遺跡群（滋賀県）	253
瀬田廃寺（滋賀県）	106
摂津関（大阪府）	149
瀬戸〈窯〉（愛知県）	229, 237, 238, 244, 245, 252, 254
仙台城（宮城県）	226
総持寺遺跡（大阪府）	27
造東大寺司（奈良県）	294
曽我遺跡（奈良県）	285
柚之内火葬墓（奈良県）	78
女山（神籠石）（福岡県）	151

た 行

大安寺（奈良県）	87
大威徳寺（岐阜県）	90
帝釈大風呂洞窟遺跡（広島県）	304, 305
大長寿院（岩手県）	89
大道寺経塚（京都府）	321
大中の湖南遺跡（滋賀県）	293
大ノ瀬官衙遺跡（福岡県）	184
太平寺・安堂古墓（大阪府）	81
当麻寺（奈良県）	97
台渡里官衙遺跡（茨城県）	156
台渡里廃寺（茨城県）	132
高井田横穴（大阪府）	43
多賀城（宮城県）	4, 140-142, 145, 146, 162, 163, 170, 175, 178, 図版4
多賀城廃寺（宮城県）	87, 146
高天神城（静岡県）	215
高梨氏館（長野県）	220
多賀柵（宮城県）	144
鷹ノ原城（熊本県）	193
高広横穴墓群（島根県）	58, 59
高松塚古墳（奈良県）	43
高安城（奈良県）	160
宝塚1号墳（三重県）	34
竹田城（兵庫県）	4
竹原古墳（福岡県）	43
多功遺跡（栃木県）	159
大宰府（福岡県）	4, 81, 128, 140, 150, 162, 170, 176, 186, 312, 図版4
但馬国府（兵庫県）	165
橘寺（奈良県）	136
舘越遺跡（福島県）	258
楯築遺跡（岡山県）	23
館堀城（秋田県）	232
田中城（熊本県）	212, 213
田辺廃寺（大阪府）	107, 128, 133
田原坂（熊本県）	324
玉津田中遺跡（兵庫県）	271, 273
玉手山古墳群（大阪府）	26
田村城館（高知県）	191, 192
多聞城（奈良県）	212
達磨寺3号墳（奈良県）	323
俵田遺跡（山形県）	165
丹波〈窯〉（兵庫県）	229, 237, 243
団原遺跡（島根県）	143
筑後国府（福岡県）	141
筑摩東山窯跡群（長野県）	253
千早・赤坂山城群（長野県）	191
中宮寺（奈良県）	111, 136
長沙窯（中国湖南省）	128
長者ヶ平官衙遺跡（栃木県）	181, 187, 188
長者ヶ原廃寺（岩手県）	113
長者原遺跡（神奈川県）	143

索　引

長者山遺跡(茨城県)	188
築山経塚(佐賀県)	320
作谷窯(滋賀県)	236, 244
鶴尾神社4号墳(香川県)	32
寺口忍海E-21号墳(奈良県)	41
寺口千塚10号墳(奈良県)	52
寺田遺跡(福岡県)	150
出羽国府(山形県)	165
出羽柵(秋田県)	145
伝一遍上人墓(真光寺)(兵庫県)	78
天台寺(福岡県)	110
天良七堂遺跡(群馬県)	142, 143, 155, 158, 187
堂ヶ谷経塚(静岡県)	320, 321
東山道武蔵路(東京都ほか)	311
東氏館(岐阜県)	220
唐招提寺(奈良県)	97, 110
東大寺(奈良県)	87, 94, 114, 178, 182, 274
東福寺(京都府)	97
堂法田遺跡(栃木県)	187
遠江国分寺(静岡県)	107, 114
徳島城(徳島県)	198
徳丹城(岩手県)	145, 146, 180
常滑〈窯〉(愛知県)	229, 237, 244
鳥坂寺(大阪府)	87, 109, 111
利島(東京都)	320, 323
鳥坂城(新潟県)	192
斗西遺跡(滋賀県)	150
鳥海A・B遺跡(岩手県)	194
鳥羽殿(京都府)	89
鳥羽離宮金剛心院(京都府)	108
飛山城(栃木県)	150
戸牧1号窯(兵庫県)	249
土保山古墳(大阪府)	37, 38
戸室石切丁場(石川県)	216, 217
豊浦寺(奈良県)	105, 117, 135, 136

な 行

縄生廃寺(三重県)	120
長岡宮(京都府)	100
長岡京(京都府)	139, 165, 170, 179
中尾城(京都府)	207
那賀郡衙(常陸国)(茨城県)	156
中里貝塚(東京都)	299
中妻貝塚(茨城県)	8
長門関(山口県)	149
長瀞遺跡(福島県)	263
長野A遺跡(福岡県)	150
中野清水遺跡(島根県)	295
長野城(福岡県)	199, 200
長登銅山(山口県)	294

中野谷遺跡群(群馬県)	13
中村遺跡(栃木県)	187
今帰仁城(沖縄県)	219
奈具岡遺跡(京都府)	285
名護屋城(佐賀県)	190, 211, 212, 214, 215
名古屋城(愛知県)	212, 216
那須官衙遺跡(栃木県)	143, 159, 167
那智経塚(和歌山県)	130
夏見廃寺(三重県)	3, 87, 96, 113, 133
七尾城(石川県)	198
七廻り鏡塚古墳(栃木県)	36, 37
難波京(大阪府)	138, 139
難波長柄豊碕宮(大阪府)	139
難波宮(大阪府)	139
隠駅家(三重県)	148
浪岡城(青森県)	212
行方郡衙(陸奥国)(福島県)	183
新治郡衙(常陸国)(茨城県)	188
西河原森ノ内遺跡(滋賀県)	181
西根遺跡(岩手県)	194
西野山古墓(京都府)	79
西別府祭祀遺跡(埼玉県)	165
西吉見古代道路(埼玉県)	311
新田(1)遺跡(青森県)	145
新田郡衙(上野国)(群馬県)	155, 187
如来2号墳(群馬県)	44, 45
人形塚古墳(千葉県)	46
額田寺(額安寺)(奈良県)	87
額田廃寺(三重県)	117
淳足柵(新潟県)	144
根岸遺跡(福島県)	143, 166
根古屋遺跡(福島県)	13
根来寺(和歌山県)	89
根城(青森県)	212, 213, 215, 231
野神古墳(奈良県)	図版2
野路小野山製鉄遺跡(滋賀県)	255
後飛鳥岡本宮(奈良県)	138, 161

は 行

芳賀郡衙(下野国)(栃木県)	181
博多遺跡(福岡県)	256, 262
白山平泉寺(福井県)	89, 90
牧野古墳(奈良県)	56
葉佐池古墳(愛媛県)	41
八王子城(東京都)	231
鉢形嶺経塚(長崎県)	130
初田館(兵庫県)	230
服部廃寺(岡山県)	114
馬場南遺跡(京都府)	129
浜尻屋貝塚(青森県)	298

403

早川石切丁場(神奈川県)･･････････216
幡羅遺跡(埼玉県)･･････････････165
幡羅郡衙(武蔵国)(埼玉県)･･････165
原城(長崎県)････････････････222
半高山(熊本県)･･････････････324
播州葡萄園(兵庫県)･･････････324
番塚古墳(福岡県)････････････55
板東俘虜収容所(徳島県)･･･････324
橙木原遺跡(滋賀県)･･････････247
比叡山(京都府・滋賀県)･･････322
比恵遺跡(福岡県)････････････161
東平遺跡(茨城県)････････････188
東名遺跡(佐賀県)･･････････300-302
東武庫遺跡(兵庫県)･･････････12
東山官衙遺跡群(宮城県)･･･146, 170
日置荘遺跡(大阪府)･････････190, 191
彦根城(滋賀県)･･････････････215
備前〈窯〉(岡山県)･･････････237, 244
肥前国府(佐賀県)･･････････141, 184
人ヶ谷岩陰(新潟県)･･････････306
檜隈寺(奈良県)････････････････87
日秀西遺跡(千葉県)･･････････143
百済寺(滋賀県)････････････････89
百間川米田遺跡(岡山県)･･･････150
日向国分寺(宮崎県)･･････････118
平等院(京都府)･･････････････89, 314
平沢官衙遺跡(茨城県)････144, 159, 184
平田遺跡(島根県)････････････262
平山城館(京都府)････････209, 図版5
昼飯大塚古墳(岐阜県)････････29
広田遺跡(鹿児島県)･･････････303, 329
敏満寺(滋賀県)････････････････90
武井地区遺跡群(福島県)･･･････260
福富Ⅰ遺跡(島根県)･･････････285-287
フケ遺跡(佐賀県)････････････19
普賢寺遺跡(大阪府)･･････････130
藤ノ木古墳(奈良県)････････････41
藤原宮(奈良県)････91, 111, 124, 139, 159-161, 236
藤原京(奈良県)･･････････････138, 170
布勢駅家(兵庫県)････････････149
二子山3号墳(福井県)････････52
二ツ梨一貫山窯(石川県)･･･････240
二ツ梨豆岡向山窯(石川県)･････図版6
敷智郡衙(遠江国)(静岡県)････188
府内教会墓地(大分県)･････････77
船橋遺跡(大阪府)････････････178
婦本路古墳群(岡山県)････････31
古市城(奈良県)･･････････････79
古郡遺跡(茨城県)････････････188
古坊遺跡(福岡県)････････････19

不破関(岐阜県)･･････････････149
文永寺(長野県)････････････････75
平安宮(京都府)･･････････････139
平安京(京都府)･･････････138, 139, 170, 179, 314
平城宮(奈良県)････100, 102, 111, 124, 128, 139, 155, 159-162, 164, 165, 171, 175-177, 180, 182, 186, 247, 262, 275, 313, 314, 317
平城京(奈良県)･･････････115, 138, 170, 179, 182, 185, 271, 276, 311, 313, 316
平城京上層(奈良県)･････････78, 80, 102
伯耆国庁(鳥取県)････････････140
法起寺････････････････････････86
伯耆大山寺(鳥取県)････････････89
法住寺殿(京都府)････････････89
法成寺(京都府)････････････････89
法堂遺跡(茨城県)････････････279
宝菩提院廃寺(京都府)･････････102
法隆寺(奈良県)････86, 98, 101, 108, 121, 132, 294
ホゲット遺跡(長崎県)････････293, 295
細川管領邸(京都府)･･････････213
細谷古墳群(京都府)･･････････56, 57
法華寺(奈良県)･･････････････115
法勝寺(京都府)････････････････89
払田柵(秋田県)････146, 162-164, 168, 171, 194
本庄地下式横穴墓群(宮崎県)････59
本門寺(東京都)･･････････････111

ま 行

舞子浜遺跡(兵庫県)････････････27
前波長塚古墳(岐阜県)････････28, 36
曲谷遺跡(滋賀県)････････････293
曲金北遺跡(静岡県)･･････････308
松岳山古墳(大阪府)････････････38
松代城(長野県)･･････････････213
松本城(長野県)･･････････････213
丸子館(岩手県)･･････････････223, 224
万代寺遺跡(鳥取県)･･････････143, 187
三河国分寺(愛知県)･･････････107
三木城(兵庫県)･･････････････190
御子ヶ谷遺跡(静岡県)････144, 163, 174, 186
神坂峠遺跡(長野県)･･････････323
水城(福岡県)･･････････････････163
緑ヶ丘落矢ヶ谷8号窯(兵庫県)･･240
南入A遺跡(福島県)･･････････図版7
南加賀製鉄・製陶遺跡群(石川県)･･253
南小泉遺跡(宮城県)･･････････232
南滋賀廃寺(滋賀県)･･････････135
美濃〈窯〉(岐阜県)････229, 237, 244, 245, 252
美濃国分寺(岐阜県)･･････････107, 128

見野古墳群(兵庫県)･････････････････ 54
御原郡衙(筑後国)(福岡県)･･･････････ 155
美作国庁(岡山県)･･･････････････････ 140
宮崎城(宮崎県)･･････････････････ 215, 220
宮の平遺跡(奈良県)･･････････････ 318, 320
宮の前廃寺(広島県)･････････････････ 107
妙音寺洞穴(埼玉県)･･････････････ 304, 306
名生館官衙遺跡(宮城県)･････････ 143, 186
弥勒寺官衙遺跡群(岐阜県)･･････ 144, 165, 166, 184, 188
武義郡衙(美濃国)(岐阜県)･････････ 165
向日丘陵古墳群(京都府)････････････ 26
武蔵国府(東京都)･･･････････････ 152, 158, 188
武蔵国分寺(東京都)･･････････････ 113, 114
武蔵国分尼寺(東京都)･･････････････ 114
陸奥国庁(宮城県)･･･････････････････ 140
陸奥国分寺(宮城県)･････････････････ 113
村上城(新潟県)･･････････････････････ 213
無量光院(岩手県)･･･････････････････ 220
室宮山古墳(奈良県)･･････････････ 34, 38
免ヶ平古墳(大分県)･････････････････ 26
毛越寺(岩手県)････････････ 89, 107, 109, 220
杢沢遺跡(青森県)･･･････････････････ 256
本佐倉城(千葉県)･･････････････････ 230, 231
本薬師寺(奈良県)････････････････ 87, 124
元屋敷遺跡(新潟県)･････････････････ 308
森遺跡(大阪府)･････････････････ 257, 262
森山遺跡(福岡県)･･･････････････････ 240
門田遺跡(福岡県)･･･････････････････ 24

や　行

八上郡衙(因幡国)(鳥取県)･･･････････ 187
薬師寺(奈良県)････････････ 86, 101, 129, 130
屋嶋城(香川県)･･････････････････････ 148
屋代城(長野県)･･････････････････････ 208
安永田遺跡(佐賀県)･･････････････ 271, 273
保光たたら(広島県)･････････････････ 270

野中寺(大阪府)･･･････････････････ 117
柳之御所遺跡(岩手県)･････････ 194, 229
山鹿貝塚(福岡県)･･･････････････ 8, 11
山垣遺跡(兵庫県)･･･････････････ 187
山崎廃寺(京都府)･･･････････････ 131
山背(城)国分寺(京都府)････････ 134
山田寺(奈良県)･････ 99, 100, 108, 109, 111, 113, 114, 120, 124, 133, 134
山田水呑遺跡(千葉県)･････････ 150
山中城(静岡県)･･････････････ 209, 229
野磨駅家(兵庫県)････････････････ 153
山の神遺跡(奈良県)･････････････ 322
山の神古墳(福岡県)･････････････ 28
柚井遺跡(三重県)･･･････････････ 171
雪野寺(滋賀県)････････････････ 130
ユクエピラチャシ(北海道)･････ 219
湯の里4遺跡(北海道)･･･････････ 8
弓谷たたら(島根県)･････････････ 270
永福寺(神奈川県)･････････････ 89, 220
横隈狐塚遺跡(福岡県)･････････ 17
横大道製鉄遺跡(福島県)･････ 258, 328
横滝山廃寺(新潟県)･････････････ 107
横見廃寺(広島県)･･･････････････ 106
吉野ヶ里遺跡(佐賀県)･････ 18, 273, 295
八尾南遺跡(大阪府)･･･････････ 22, 23

ら　行

雷山神籠石(福岡県)･････････････ 151
両宮山古墳(岡山県)･････････････ 28

わ　行

若狭国分寺(福井県)･････････････ 136
若狭神宮寺(福井県)･･････････ 89, 90
若杉山遺跡(徳島県)･････････････ 294
綿貫観音山古墳(群馬県)･････ 70, 71, 図版2
割田C遺跡(福島県)･････････････ 261
原間6号墳(香川県)･･････････････ 36

おわりに

　本書『発掘調査のてびき─各種遺跡調査編─』は、昭和41（1966）年11月に文化財保護委員会事務局（現文化庁）が出版した『埋蔵文化財発掘調査の手びき』を引き継ぐもので、文化庁が平成22（2010）年3月に刊行した『発掘調査のてびき─集落遺跡発掘編─』『同─整理・報告書編─』の姉妹編であり、『発掘調査のてびき』三部作（以下『発掘調査のてびき』と略記）の最終編にあたる。

　昭和41年の『埋蔵文化財発掘調査の手びき』は、地方公共団体の発掘調査体制が確立しつつある過程で、発掘調査の指針を示したものであり、多年にわたって版を重ねた事実が示すように、今日なお、それなりの意義を有している。

　しかし、昭和52（1977）年以降、発掘調査の件数や規模が急増するにしたがって、発掘調査体制の多様化が進み、調査の対象と内容、整理方法や報告書作成などの面で、地域や機関ごとに大きな差が生じるようになる。そして、ともすると、文化財を保護し、活用を図るという「文化財保護法」に掲げられた理念と齟齬をきたすような事態も惹起された。

　こうした状況に対処するため、文化庁は「埋蔵文化財の発掘調査体制等の整備充実に関する調査研究委員会」を設けて、多角的見地からさまざまな問題点を検討し、対策と指針を明らかにしてきた。それらの具体的内容は『発掘調査のてびき─整理・報告書編─』に付編として収録されている。

　『発掘調査のてびき』は、上記の委員会による平成9（1997）年以降の各種の報告を受け、今日的な発掘作業や整理等作業における基礎的知識と、具体的な手順や方法の標準を示したものである。したがって、今後は、行政目的調査をこの新しい『発掘調査のてびき』に準拠しておこなうことはもちろん、研究機関による学術目的調査であっても、「発掘調査は遺跡の破壊をともなう」ことを念頭において、本書を十分に生かしていただきたい。これは、先代の藤本強作成検討委員会座長をはじめ、本書の作成や検討に携わった関係者全員の切なる要望である。

　近年は、水分を多く含む場所での発掘調査も増加し、乾燥地の遺跡では遺存しにくかった有機物が数多く検出されるようになった。編物や組物などの製品のほか、その素材となる植物も発見され、時期的な変遷や地域的特色も判明しつつある。また、昆虫遺体なども見つかり、人間とのかかわりを考えるうえで貴重な資料となっている。

　これからも、従来あまり顧みられなかった分野を含めて、埋蔵文化財としての検討対象

が広がることは明らかである。実際、このような対象の広がりにともない、たとえば土器の胎土中の種子や小動物遺存体の外形を型取りして電子顕微鏡で把握するなど、新しい技術を用いた調査や記録の方法も確立されている。発掘調査では、今まで以上に、生態環境に対する知識の蓄積や調査技術の向上が求められるとともに、最新の機器や調査方法などの動向にも注意を払う必要がある。

　こうした趨勢の中、『発掘調査のてびき』で示した調査の対象や内容、方法などが、今後何年間にわたって標準たりうるか、作成検討委員会内部でも不安がないわけではない。しかし、発掘調査では、発掘担当者の見識の下で、遺跡の状況に応じた柔軟な対応が求められる。そして、遺跡からもたらされる情報から遺跡の価値を引き出し、あらたな生命力を賦与するのは、発掘担当者自身に課せられた責務であり、それは今後とも変わることがない。また、埋蔵文化財を、国民の共有財産としていかに将来へと継承していくかを考えるのも、各地域の地方公共団体とともに、発掘調査にかかわった者が果たすべき重要な役割である。その意味でも、本書が各方面で広く活用されることを願いたい。

　なお、本書の作成にあたっては、全国の地方公共団体や大学関係者など21名の方を作成検討委員会作業部会委員に委嘱し、奈良文化財研究所委員24名とともに、構成や内容の検討と執筆を担当していただいた。多忙な日常業務にもかかわらず、献身的な作業をしていただき、深く感謝したい。また、事務局は奈良文化財研究所におき、奈良文化財研究所と文化庁の担当職員が編集にあたった。

平成25年3月

『発掘調査のてびき』作成検討委員会

座長　甲元　眞之

おわりに

本書の作成経過

(1) 作成検討委員会

  第1回：平成22(2010)年9月29日（文部科学省ビル）
    『各種遺跡編』作成の趣旨と経緯・体制の説明および構成に関する検討

  第2回：平成24(2012)年3月29日（文部科学省ビル）
    『各種遺跡編』の構成と執筆原稿に関する検討

  第3回：平成24(2012)年9月25・26日（文部科学省ビル）
    『各種遺跡編』の修正原稿に関する検討

(2) 作成検討委員会作業部会

  第1回：平成22(2010)年12月20日（文部科学省ビル）
    『各種遺跡編』作成の趣旨と経緯・体制の説明、今後の進め方の検討

  第2回：平成23(2011)年2月23・24日（奈良文化財研究所）
    『各種遺跡編』の構成と内容に関する分科会での検討と全体協議

  第3回：平成23(2011)年6月29・30日（奈良文化財研究所）
    『各種遺跡編』の執筆原稿に関する分科会での検討と全体協議

  第4回：平成23(2011)年11月16・17日（奈良文化財研究所）
    『各種遺跡編』の執筆原稿に関する分科会での検討と全体協議

  第5回：平成24(2012)年7月10・11日（奈良文化財研究所）
    『各種遺跡編』の修正原稿に関する分科会での検討と全体協議

  第6回：平成25(2013)年1月11・12日（奈良文化財研究所）
    『各種遺跡編』の初校の検討

『発掘調査のてびき』作成検討委員会関係者

(1) 作成検討委員会委員

 甲元眞之（熊本大学名誉教授、座長）、上原真人（京都大学教授）、小野正敏（人間文化研究機構理事）、須田勉（国士舘大学教授）、田辺征夫（奈良文化財研究所長→大阪府文化財センター理事長）、寺澤薫（桜井市纒向学研究センター所長）、松村恵司（奈良文化財研究所長）、御堂島正（神奈川県教育委員会）、和田晴吾（立命館大学教授）、

(2) 文化庁（記念物課埋蔵文化財部門）

 禰宜田佳男、水ノ江和同、近江俊秀、林正憲、国武貞克

（3）作成検討委員会作業部会委員

　赤司善彦（福岡県立アジア文化交流センター）、網伸也（京都市埋蔵文化財研究所）、飯村均（福島県文化振興財団）、池淵俊一（島根県教育庁）、伊藤武士（秋田市教育委員会）、宇垣匡雅（岡山県教育庁）、江浦洋（大阪府文化財センター）、大橋泰夫（島根大学）、岡寺良（九州歴史資料館）、岡林孝作（奈良県立橿原考古学研究所附属博物館→奈良県教育委員会）、坂井秀弥（奈良大学）、重藤輝行（佐賀大学）、七田忠昭（佐賀県教育委員会→佐賀県立佐賀城本丸歴史館）、千田嘉博（奈良大学）、高橋克壽（花園大学）、冨田和気夫（石川県金沢城調査研究所）、菱田哲郎（京都府立大学）、藤澤良祐（愛知学院大学）、村上恭通（愛媛大学）、望月精司（小松市観光文化部）、若狭徹（高崎市教育委員会）

（4）奈良文化財研究所委員

　青木敬、石村智、井上和人、井上直夫、海野聡、小澤毅、小田裕樹、小野健吉、金田明大、小池伸彦、高妻洋成、杉山洋、清野孝之、玉田芳英、中村一郎、箱崎和久、平澤毅、廣瀬覚、松井章、森川実、山﨑健、山中敏史、渡辺晃宏、渡辺丈彦

　　　　　　　　　　　　　　　　　　　　（検討委員会関係者の所属は委員会当時）

『定本　発掘調査のてびき』について

『発掘調査のてびき』は、「集落遺跡発掘編」と「整理・報告書編」が平成22年3月に、「各種遺跡調査編」は平成25年3月に刊行されました。したがって、これまで前者2冊と後者1冊は別に刊行していましたが、本来は3冊が一体となって全体を構成する内容なので、この度3冊を1セットとして刊行することになりました。
　　　平成28年9月
　　　　　　　　　　　　　　　　　　　　　　　　文化庁文化財部記念物課

定本 発掘調査のてびき
――各種遺跡調査編――

2016年10月20日発行
2021年 4 月20日第 2 刷

監　修	文化庁文化財部記念物課
編　者	独立行政法人国立文化財機構 奈良文化財研究所
発行者	山　脇　由　紀　子
印　刷	岡村印刷工業㈱
製　本	協　栄　製　本㈱

発行所　東京都千代田区飯田橋4-4-8　㈱同成社
　　　　（〒102-0072）東京中央ビル内
　　　　TEL 03-3239-1467　振替 00140-0-20618

Ⓒ Bunkacho 2016. Printed in Japan
ISBN 978-4-88621-742-4 C3021

― 同成社出版案内 ―

史跡等整備のてびき —保存と活用のために—
文化庁文化財部記念物課監修　　Ｂ５判・四分冊・総頁1396・本体12000円

史跡等の保存と活用を目的とする整備事業を、適切かつ円滑に進めるに当たって必要となる各種の事項を総合的に取りまとめた手引書。
四分冊の内容　①総説編・資料編②計画編③技術編④事例編（各300～380頁）

日本の文化的景観
文化庁文化財部記念物課監修　　　　　　　Ａ４判・336頁・本体4300円

文化庁記念物課が平成12年度から15年度にかけて実施した『農林水産業に関連する文化的景観の保護に関する調査研究』の報告書。

都市の文化と景観
文化庁文化財部記念物課監修　　　　　　　Ｂ５判・220頁・本体3500円

都市や鉱工業関連の文化的景観とはどのようなものか、全国の選定地域とその評価ポイント、保存と活用の問題をとりあげる。また近年相次いで改正された景観関連法令も収録。都市計画、町おこし、観光関係者必読！

石垣整備のてびき
文化庁文化財部記念物課監修　　　　　　　Ｂ５判・232頁・本体5000円

城郭や寺社等の石垣、石積み構造物に関する歴史的理解をはじめ、修理・復元、整備事業に必要な事項を網羅した初の「石垣総合事典」。石垣整備にあたる技術者など、土木・文化財関係者や、城郭愛好家必携の書

遺跡保護の制度と行政
和田勝彦著　　　　　　　　　　　　　　　Ｂ５判・454頁・本体12000円

文化庁で埋蔵文化財保護行政に携わってきた著者による遺跡保護行政の歴史と制度の詳説。各種統計資料、法令、主要判例も載録した、遺跡に関わる行政担当者、考古学研究者、開発企業必携の書。

=== 同成社出版案内 ===

入門　埋蔵文化財と考古学
水ノ江和同著　　　　　　　　　四六判・162頁・本体1700円

入門パブリック・アーケオロジー
松田陽・岡村勝行著　　　　　　Ａ５判・194頁・本体1900円

文化遺産と現代
土生田純之編　　　　　　　　　Ａ５判・262頁・本体3200円

文化遺産と地域経済
澤村明著　　　　　　　　　　　Ａ５判・152頁・本体2000円

日本の世界文化遺産を歩く
藤本強著　　　　　　　　　　　四六判・202頁・本体1800円

新博物館学—これからの博物館経営—
小林克著　　　　　　　　　　　Ａ５判・226頁・本体2800円

新編博物館概論
鷹野光行・西源二郎・山田英徳・米田耕司編　Ａ５判・306頁・本体3000円

博物館と地方再生—市民・自治体・企業・地域との連携—
金山喜昭著　　　　　　　　　　Ａ５判・230頁・本体2400円

地域を活かす遺跡と博物館—遺跡博物館のいま—
青木豊・鷹野光行編　　　　　　Ａ５判・306頁・本体3600円